性別暴力
防治政策

黃翠紋

著

五南圖書出版公司 印行

二版序

　　維護個體「人身安全」免於遭受他人侵害，不僅是最基本的人權，也是個體得以幸福生活的基礎。然而長期以來，婦女與兒少的許多人權遭漠視，其中又以人身安全遭侵害情形最為嚴重。一旦經歷暴力事件，被害人的生活將可能完全改觀，他們可能面臨經濟損失、身心受創，以及創傷後長期的緊張與焦慮。犯罪被害的恐懼也可能擴及社會大眾，而降低人與人之間的信任、幸福感，以及社會凝聚力。雖然暴力自古就已存在人類社會，但自1970年代婦幼人身安全問題才漸受世人關注；今日，如何確保民眾的人身安全，已成為開發國家的重要社會政策。我國近三十年來，在許多人權團體的共同努力下，亦已累積相當多的具體成果。但另一方面，由於經濟快速成長，加上全球化的效應，社會結構蛻變加劇，舉凡婦女就業率提高、離婚率升高、新住民與單親或隔代教養家庭增加等現象，均直接或間接反映在社會環境與兒少照顧的問題上。迄今，報章媒體仍不斷披露婦女與兒少遭受暴力侵害的事件，無論在家或在工作職場中，甚或行走的社區街道，仍然無法得到足夠的人身安全保障，如何保護婦女與兒少免於遭受暴力攻擊，乃為我國當前必須面對的重要社會問題。

　　雖然我國現今社會人身安全問題越來越受重視，「人身安全」已不是一個陌生名詞，不僅許多法規陸續制定或修正，亦累積相當多寶貴研究。但相較其他人權領域，人身安全所涉及領域與知識相當廣泛，較少學者針對人身安全各面向進行有系統的研究，亦欠缺一本完整的教材，介紹人身安全各領域的知識。而就政府所推動的人身安全防治政策而言，相關論述背後除存在「人權保障」的動力外，主要是學習國外政策的成果。由於人身安全的危害因素有許多是與社會文化密切相關，而文化的改變需要時間。相較西方社會，臺灣人身安全防治政策推動的時間尚短，因此仍須持續落實推動相關防治作為，方能深耕於臺灣社會並發揮預期的效果。在這樣的觀察下，這本書是為了所有關心人身安全議題的人而寫。

　　本書第一版在2013年問世以來，一方面政府在相關法規與政策推動上，透過實務執行所遇到的問題而進行滾動式修訂；另一方面，受益於臺灣透過聯合國核心人權公約內國法化而舉辦的國家報告書國際審查，國際專家所提供的寶貴建議，也讓臺灣在人權保障方向更能與國際接軌。而原先有關「人身安全」

用語也逐漸採用國際近年所慣用的「性別暴力」一詞。因此，本次版本，除內容進行大幅修訂外，書名亦以《性別暴力防治政策》取代第一版所使用的《婦幼安全政策分析》。至於本書的架構仍維持二大部分，將先從被害人保護、婦女權益及兒少保護等基本概念與思維出發，繼而介紹性別暴力各子議題的現象與防治作為，並新增「跟蹤騷擾防制」專章。

　　雖然過去三十年來，作者長期關注與研究人身安全的各項議題，但要對各議題進行深入而周詳的論述並不容易。疏漏之處，尚祈各方賢達、讀者諸君不吝指正。

黃翠紋

2024年7月於誠園

序　言

　　維護個體「人身安全」免於遭受他人侵害，不盡是最基本的人權，也是個體得以幸福生活的基礎。然而長期以來，婦女與兒少的許多人權遭漠視，其中又以人身安全遭侵害情形最為嚴重。一旦經歷暴力事件，被害人的生活將可能完全改觀，他們可能面臨經濟損失、身心受創，以及創傷後長期的緊張與焦慮。犯罪被害的恐懼並會擴及社會大眾，而降低人與人之間的信任，減低幸福感及社會凝聚力。雖然暴力是自古就已存在於人類社會的現象，但自1970年代婦幼人身安全問題才漸受世人關注；今日，如何確保人民的人身安全，已成為開發國家的重要社會政策。我國過去20年來，在許多有心人士的共同努力下，亦已累積相當多的具體成果。但另一方面，由於經濟快速成長，加上全球化的效應，社會結構蛻變加劇，舉凡婦女就業率提高、離婚率升高、新移民與單親或隔代教養家庭增加等現象，均直接或間接反映於社會環境與兒少的照顧問題上。迄今，報章媒體仍不斷披露婦女與兒少遭受暴力侵害的事件，無論在家或在工作職場中，甚或外出，仍然無法得到足夠的人身安全保障，如何保護婦女與兒少免於遭受暴力攻擊，乃為我國當前必須面對的重要社會問題。

　　雖然我國現今社會婦幼人身安全問題愈來愈受重視，「婦幼安全」已不是一個陌生名詞，不盡許多法規陸續制定或修正，亦累積相當多寶貴的研究。但相較於其他人權領域，人身安全所涉及領域相當廣，較少學者針對人身安全各面向進行廣泛而有系統的研究，亦欠缺一本完整的教材，有系統介紹人身安全各領域的知識。而就政府所推動的婦幼人身安全防治政策而言，相關論述背後除了存在著「提升人權」的動力外，主要是學習國外政策的成果。由於婦幼人身安全的危害因素有許多是與社會文化密切相關，文化的改變需要時間，而人身安全防治政策在我國推動的時間尚短，因此未來仍須持續落實推動相關防治作為，方能深耕於台灣社會並發揮預期的效果。在這樣的觀察下，這本書是為了所有關心婦幼人身安全問題的人而寫。本書將從政策分析的角度，介紹政府推動人身安全防治政策過程與方向，並將評析政府所推動人身安全防治措施的效果。不論政府部門或相關研究人員，都可將這本書當作入門參考書，以減少盲目的摸索，迅速領會到如何協助婦幼被害人的竅門。本書的架構主要分為二大部分，將先從被害人保護、婦女權益及兒少保護等基本概念與思維出發，繼

而介紹婦幼安全各子議題的現象與防治作為。

　　基本上，本書是一種新的嘗試，嘗試從政策分析的角度，經由系統性研究，除探討各種婦幼安全類型的成因、對被害人影響及其防治之道，俾便對婦幼人身安全遭受危害的現象有所瞭解外，並提出防治策略之建議與方向，以期作為相關部門於擬定婦幼保護政策時之參考。雖然過去20年來，作者長期關注與研究婦幼安全的各項議題，但要對各議題進行深入而周詳的論述並不容易。疏漏之處，尚祈各方賢達、讀者諸君不吝指正。本書得以順利完成，特別需要感謝翎佑、建國、坤寶、幸娟等同學協助蒐集資料，讓本書內容得以更加充實。也要與摯愛家人，維德、顯珍與顯哲分享成書的喜悅。最後，僅以本書獻給在天國的母親，由於她無私與包容的愛，讓我得以在安全與和諧的環境下成長，讓我體會生命早期接受完整呵護與照顧對個體日後健全成長的重要性。也感謝她在世時全力協助照顧一雙兒女，若無她的盡心支持，個人是無法專心於學術研究和教學工作。

黃翠紋

2013年6月於誠園

第一章　緒　論

第一節　前言

　　「人權」是指：人類基於天性，與生俱來的各種人身、言論、財產、參政及受益等權利，失去了這些權利，就會使個體無法過著正常的生活。擁有自由和追求幸福的權利，才能讓個體充分的發展和運用人類的天賦、智慧與才能，滿足心理和其他需求。因此，擁有人權，人才能過著有尊嚴的生活，個人的價值也才能得到同等的尊重和保護。反之，否定人權，不只是個人的悲歌，更是形成社會、政治動盪不安的源頭。綜觀人類基本人權中，「免於遭受犯罪侵害」是個體所需要的最基本人權保障。而馬斯洛（Maslow）的需求層級理論也指出，能夠「安全」的生存是人類最基本的需求。因此，1948年聯合國「世界人權宣言」（UDHR）第3條即明白揭示「人人有權享有生命、自由與人身安全」。維護個體「人身安全」免於遭受他人的侵害，不僅是最基本的人權，也是個體得以幸福生活的基礎。而影響個體人身安全的因素相當多元，包括：犯罪、戰爭、恐怖攻擊、意外傷害及天然災害等事件，皆可能為個體人身安全帶來威脅，其中「犯罪被害」是最常見的因素之一。因此，經濟合作發展組織（OECD）在人身安全領域中的美好生活指數，即著眼於探討犯罪對幸福感的影響及其衡量指標（行政院主計總處，2011）。不僅如此，遭受犯罪侵害不單單影響個體的身心層面，對周遭的家人、朋友及社會整體也會產生重大的衝擊。受到影響者，可能面臨經濟損失、身心受創，以及創傷後長期的緊張與焦慮，而罹患創傷後壓力症候群（Posttraumatic Stress Disorder, PTSD）。若犯罪被害的恐懼擴及社會大眾，則會降低人與人之間的信任，不安全感與擔心焦慮則可能影響日常活動和社交，減低幸福感及社會凝聚力。從而衍生其他經濟上的成本，包括：犯罪防治的公共支出及後續矯正的花費等。以美國為例，每年因犯罪相關支出約高達GDP12%（行政院主計總處，2011）。今日，如何確保人民的人身安全，已成為開發國家的重要社會政策。

　　鑒於第二次世界大戰造成的混亂和殘忍暴行，除了許多殖民地國家追求獨立的意識高漲外，並促使國際間達成共識，認為應該要創設一個平台，一方面能共同處理戰後的殘局，同時也要防止如此可怕的人間浩劫再度發生，聯合國因而誕生。1945年聯合國成立時，保障人權成為成立章程中的中心理念；1948年，聯合國進一步制定「世界人權宣言」，第一次宣告了人權的普遍性，其中也包括了婦女與兒少權益。宣言中確立「人類大家庭的所有成員與生俱來的尊嚴……是世界自由、公義與和平的基石」，並認可人民的基本權利是所有人民的期待，包括：追求生存、自由、人身安全、能夠飽足的過生活、可以尋求他國政治庇護避免受迫害、保有個人財產、言論及意見表達自由、受教育、思想、感知、宗教自由、以及免受凌虐和羞辱的權利。這些權利都是個體與生俱來的，也是全球所有居民（無論性別、年齡、族群、社經地位）都應充分享有的權利。直到今日，世界人權宣言代表著各國共同承擔相同的目標和期望——期待世界將能成為一個融合的國際大社區。近七十年來，由聯合國推動下所制定的多項國際人權公約，已被各國廣泛接受，而人權亦已成為各國民主發展的重要指標。在人權議題國際化的同時，權利的內容與主體也趨向多樣化，婦女、兒少、原住民、新移民等較為弱勢的族群權益成為國際人權的焦點（林心如，1998）。其中，有關性別暴力更是攸關婦女、兒少的生命、身心與生活品質的重要課題。雖然一般咸認為，近代婦女權益運動始自1791年法國高潔絲女士（Olympe de Gouges）所發表的「女性權利宣言」（Declaration of the Rights of Woman），然而一直到1960年代以前，受限於社會的局勢，第一階段所追求的婦女權益主要在爭取婦女於選舉、參政與教育上的平等地位。第二波則從1960年代末至1980年代，本階段受到歐美諸國犯罪率居高不下所影響，人民對於犯罪被害恐懼感升高，使得被害人成為社會大眾移情的對象而獲得更多的關懷與同情，加上其他領域人權運動的助長，使得婦女權益有明顯地提升，許多有關性別暴力防治保障的法案得以制定（黃富源，2000；王雅各，1999a）。尤其，聯合國於1993年更進一步決議「消除女性受暴力侵害宣言」，明白宣告女性人身安全的侵害將阻礙世界和平發展。今日，隨著教育普及、民主發展、經濟進步以及社會結構的變革，廣泛討論婦女與兒少權益議題的氛圍已漸形成，而婦女與兒少所遭受的差別待遇亦逐漸受到應有的重視。保障性別暴

力防治已成為普世價值，也是國家人權的表徵。

在台灣，綜觀過去百年來的歷史，先期因受日本統治，而無基本人權可言；1949年則因兩岸分治、國家動盪，致長期戒嚴，人權受到限縮。解嚴後，社會開放，民主發展快速，人民越來越注重自身權益，在許多人權團體的努力下，人民基本權益已有大幅提升。然而，作為一個生活在台灣的女性，迄今仍然不斷聽到、看到或自身經歷到暴力事件，讓女性無論外出、在家或在工作中，還是無法得到足夠的人身安全保障。從表1-1可以發現，近年來警察機關所受理的刑事案件呈現先下降後又緩步升高的趨勢，以2019年為最低，近年因受詐欺犯罪所影響，而又呈現增加趨勢；而就暴力犯罪而言，則呈現逐年下降趨勢。再就女性所遭受的全般刑案被害比率而言。歷年均低於男性，但女性全般刑案被害率有逐年上升趨勢；再就歷年女性所遭受的暴力侵害，直到2018年為止，均遠高於男性甚多，惟自2019年開始，女性的暴力犯罪被害率已逐漸低於男性。是否受到性別暴力防治工作發揮效果？或是因為警政統計有關暴力案件僅統計重大暴力犯罪案件所致？則有待進一步觀察。

表1-1　2013～2022年警察機關受理刑事案件被害人性別比率

年度		2013	2014	2015	2016	2017	2018	2019	2020	2021	2022
全般刑案	男性	122,548	121,192	110,971	109,212	107,612	107,426	104,872	107,425	112,385	126,535
		58.74%	57.78%	57.22%	56.91%	57.07%	57.47%	56.75%	56.48%	55.89%	55.25%
	女性	86,082	88,560	82,972	82,677	80,958	79,510	79,940	82,772	88,698	102,504
		41.26%	42.22%	42.78%	43.09%	42.93%	42.53%	43.25%	43.52%	44.11%	44.75%
暴力犯罪	男性	1,072	942	847	822	769	591	555	447	449	354
		37.25%	36.43%	38.50%	42.72%	49.55%	48.44%	53.11%	51.98%	58.77%	56.82%
	女性	1,806	1,644	1,353	1,102	783	629	490	413	315	269
		62.75%	63.57%	61.50%	57.28%	50.45%	51.56%	46.89%	48.02%	41.23%	43.18%
總數		208,630	209,752	193,943	191,889	188,570	186,936	184,812	190,198	201,083	229,039

資料來源：內政部警政署（2023）。警政統計年報，https://www.npa.gov.tw/ch/app/data/view?module=wg063&id=2238&serno=11A1078255，搜尋日期：2023/6/23。

不僅如此，雖然我國少年人口呈現逐年下降趨勢，但從內政部警政署的統計則可發現，我國隨著社會環境改變，未成年犯罪被害人數有上升趨

勢，直到2013年才稍加趨緩，並以2018年的被害人數最低，但2019年又再呈現緩步上升趨勢（參閱表1-2）。顯示國內兒童遭受暴力、被害的情形，至今仍然是一個需要持續重視的問題，尤其偏鄉地區的弱勢兒童，以及兒童加入幫派等問題，更亟待國人關注與重視。

表1-2　2013～2022年警察機關受理刑事案件未成年被害人性別比率

年度		2013	2014	2015	2016	2017	2018	2019	2020	2021	2022
兒童 0～11歲	男性	581	556	554	551	611	594	608	670	604	607
		40.46%	40.52%	41.62%	41.40%	40.40%	42.13%	41.28%	40.19%	40.11%	38.06%
	女性	855	816	777	780	765	816	865	997	902	988
		59.54%	59.48%	58.38%	58.60%	55.60%	57.87%	58.72%	59.81%	59.89%	61.94%
少年 12～17歲	男性	3,869	3,575	3,288	3,230	3,216	2879	2944	3255	3291	3615
		44.49%	42.64%	43.67%	43.69%	45.92%	46.08%	45.54%	45.52%	46.80%	45.88%
	女性	4,828	4,810	4,241	4,160	3,787	3369	3521	3895	3741	4265
		55.51%	57.36%	56.33%	56.31%	54.08%	53.92%	54.46%	54.48%	53.20%	54.12%
未成年合計	男性	4,450	4,131	3,842	3,781	3,827	3473	3552	3925	3895	4222
		43.92%	42.34%	43.36%	48.53%	45.67%	45.35%	44.75%	44.52%	45.62%	44.56%
	女性	5,683	5,626	5,018	4,010	4,552	4185	4386	4892	4643	5253
		56.08%	57.66%	56.64%	51.47%	54.33%	54.65%	55.25%	55.48%	54.38%	55.44%
未成年被害人合計		10,133	9,757	8,860	7,791	8,379	7,658	7,938	8,817	8,538	9,475

資料來源：內政部警政署（2023），警政統計年報，https://www.npa.gov.tw/ch/app/data/view?module=wg063&id=2238&serno=11A1078255，搜尋日期：2023/6/23。

　　雖然性別暴力防治政策是關乎婦女、兒少生命及身心健康相當迫切的重要社會安全政策，然而相較於歐美社會，我國對於婦幼安全議題關切甚晚。隨著社會環境的變遷，兒少受虐與被害、婦女受暴等問題漸次浮上公共議題檯面，致性別暴力已經受到比過去更多的注目與關懷。近二十年來，政府以及實務界亦已投入比以往更多的資源和心力，進行性別暴力問題的處理與防治工作。就學界而言，晚近亦有越來越多的學者投入此方面議題的研究，但迄今對此議題進行系統性研究的學者並不多，亦缺乏專書，論述性別暴力各領域之政策方向與實務作為。再就近而言，期望透過

本書的介紹，能帶領對此議題有興趣的學者、實務工作者與同學，有更為完整而深入的了解。

第二節　一個漸受重視的社會問題

　　暴力是自古就已經存在於人類社會的現象，而且雖然自19世紀開始，犯罪學已成為一門獨立的社會科學，然而不論是犯罪學或是其他領域的社會科學及政策研究者對婦幼安全問題的關注，卻一直等到1970年代早期才開始。為何學術界遲遲未對於婦幼安全予以重視，而進行實證性研究？又是何種力量促使婦幼安全受到社會大眾的關心，而成為犯罪與社會問題呢？首先，Crosson-Tower（1999）指出，一個行為會被犯罪化必須滿足以下三個要件：一、被犯罪化的行為必須是容易合理而清楚地描述與認定；二、被犯罪化的行為必須能夠顯示出會對被害人造成傷害，而且這是社會所要預防的行為；三、犯罪行為所造成的傷害，並不必然比其所獲得的利益來得有價值。根據上述這三個要件，假使行為被認為是非道德的，即使證明其所造成的傷害不會太大，也可能會被犯罪化。然而假使行為是合乎道德或是正當的，除非有很強的證據證明已經對於被害人造成很重大的傷害，否則將不會被犯罪化。以對兒少的犯罪侵害為例，所有對於兒少的性侵害行為都符合犯罪化的要件，主要是因為社會的道德規範拒卻此種行為。至於其他對於兒少的精神與情緒會造成傷害的行為，往往只有在社會的道德規範拒卻該行為的時候，才會建立比較強的控制機制並予以犯罪化。因此，假使某個社會的人們認為，我們應該保護我們的婦女與兒少，使其免於遭受性侵害、家庭暴力與性騷擾，那麼相信性別暴力方面的權益也將會受到保護。

　　Straus（1993），以及Barnett、Miller-Perrin和Perrin（1997）等人也指出，婦幼安全之得以受到重視而成為政府所應該處理的社會問題，主要是受到四個文化和社會焦點的影響所致：第一，由於受到1960年代發生於東南亞的戰爭事件、暗殺、城市的動亂，以及漸增的凶殺事件所影響，學術界和社會大眾開始對暴力行為變得較為敏感。因此，也促使人們關

注到性侵害、家庭暴力等問題的嚴重性[1]。第二,由於第二階段婦女權益保護運動的興起,促使人們對於婦幼安全的重視(特別是受虐婦女所面臨的問題),當時Del Martin(1976)撰寫了第一本有關受虐婦女問題的書籍,而且此時也建構了全國性的婦女組織來從事受虐婦女的保護工作。第三個原因則是在社會科學研究上,保守主義的漸趨式微,取而代之的是衝突,或是社會行動模式的興起;第四個原因是有一些人開始倡導婦幼安全研究的重要性(黃翠紋,2004)。

在婦幼安全領域中,除了性侵害之外,家庭暴力是較早受到關注的議題,也是迄今受到最為廣泛重視的社會問題。而Gells(1985)則提出其他可以解釋為何家庭暴力在最初無法受到社會政策學者的關注,及如何能夠成為社會政策學家所關注焦點的原因。第一,在社會學的研究上,家庭暴力牽涉的層面相當廣,可以歸類成一個家庭的議題,也可以成為犯罪學上的議題,但是卻沒有它獨自可以成立的學門。就犯罪學者而言,家庭暴力只不過是它所關注的眾多暴力行為中的一個類型而已;而就關心家庭問題的學者而言,家庭暴力僅是一種「家庭中的偏差行為」而已;第二,大多數的家庭暴力是隱而不見的,只是屬於一種家門內的私人問題而已,並不像暗殺行動、種族問題、暴動和街頭上的暴力行為那麼醒目而令人觸目驚心。由於家庭暴力具有這種私人問題的本質,不但曚蔽了社會大眾和學者的關注焦點,也使得許多社會政策學家無法對於家庭暴力的加害人與被害人進行實證科學研究。反觀社工員、醫師、心理師在家庭暴力防治領域中,是最能夠直接接觸到加害人與被害人的專家。相形之下,其他領域的社會政策學家所能夠得到的研究資料則有所限制,大多數只能侷限於謀殺、攻擊或是官方所登錄有案的家庭暴力案件。同時,社會工作者和醫療院所的人員也常常以機密和維護當事人的隱私為由,而拒絕提供給社會問題研究學者相關研究資料。而到了1970年代,這種情況已經有所轉變,

---

1 1960年代美國正處於暴力的社會抗議及種族暴動的時期,再次地將社會大眾關注的焦點集中在暴力。於1950年代嬰兒潮出生的兒童此時已經成為青少年,就和18至24歲的成年人一樣,他們也從事許多犯罪和暴力行為,使美國的殺人、攻擊和強暴等案件的犯罪率居高不下。一般社會大眾認為他們正處於暴力的流行浪潮之中,例如根據Figgie的報導指出,有十分之四的美國民眾害怕自己會在家中、住處或是工作場所的附近街道上,遭受攻擊、搶劫、強暴或是殺害。而社會大眾也慢慢地認知到,對暴力的關切如果沒有和兒少保護與婦女權益保護運動並進的話,便不是那麼具有意義(Gells,1997)。

主要是因為（Gells, 1985）：一、此時已經建立了許多受虐婦女的安全中心或是庇護所，以提供受虐婦女所需。大多數的庇護所是婦女團體所建立，她們同意女性的社會問題與政策研究學者進入庇護所中從事研究。因此，大多數有關親密關係暴力被害人研究，都以庇護所中的受虐婦女為其研究對象；二、家庭暴力的調查研究說明了在這個領域的研究，也可以使用非臨床上的樣本為其研究對象。而這些早期研究則成為日後學者在家庭暴力研究上，研究設計與方法的基礎。

當社會科學家真正從事家庭暴力研究之後，他們發現有兩方面的使命是不容忽視的：第一，他們是假面具的拆除者，對於早期以醫療模式所進行的研究結果提出批判。社會政策學者對於過去的研究，在方法論上批評其樣本是少量而不具有代表性的樣本、缺乏對照組，以及不適當的資料分析方法；而在所建構的理論上，則是使用單原因的解釋模型，和事後回溯（post-hoc）的方式。社會政策學者指出，過去人們對於家庭暴力存在著諸多迷思，諸如：認為家庭暴力案件的發生並不多見，而且僅發生在有精神困擾或疾患的人身上；只有貧窮的人才會虐待自己的太太和小孩[2]；以及，受虐婦女本身就喜歡被虐待等論點。同時，社會政策學者也發掘了其他隱藏的家庭暴力類型，諸如：兄弟姐妹之間的暴力行為，以及對於父母與其他長輩的虐待行為（Steinmetz, 1984）。第二個使命，則是從社會政策的觀點並使用研究工具，以便了解家庭暴力的本質、程度，及其變化的情形。此外，在這個時期的社工人員與精神醫學專家，也從他們所受理親密關係暴力個案的實際狀況而獲得的資訊與社會政策學者合作，希望提出

2　事實上，婚姻暴力可能發生在任何社會階層的家庭中。由於現存研究的限制，使得研究者很難概化婚姻暴力被害人的社經地位。雖然有一些研究指出，有許多的婚姻暴力被害人在社會上是屬於那些經濟情況較差、社會階層較低，或是較年輕的人；同時，婚姻暴力較嚴重的家庭也往往是那些經濟情況較差，或是丈夫的教育程度比太太低的家庭。然而由於這些資料是根據官方受理的案件所進行的統計，而可能使其樣本來源有所偏誤。主要因為相較於社經地位較高的家庭，這些人由於其在社會上的弱勢地位，很可能使其無法以自己的力量來保護自己，因而需尋求官方的協助。例如，那些中上階層的婦女就比較不喜歡尋求婦女緊急庇護所的協助。而在一些國家中，其公立醫院的就診者也大多數是屬於那些社經地位較低的人，有錢人則喜歡由私人醫師為其看診，自然其病例資料就不會成為被研究的對象了。一般而言，來自社會福利機構所提供的資料，由於尋求協助者大多數是屬於那些經濟弱勢團體，他們為了獲得政府的救濟，因而必須填寫一些符合申請資格的條件。相反地，中上階層則可以以自己的力量解決，而不會引起政府與警方的注意。因此，也有一些使用小樣本的調查研究即發現，婚姻暴力是一種存在於任何社會階層、文化與種族的社會現象。

最好的處遇和預防方案。由於學者與專家的努力，不但揭開親密關係暴力的神祕面紗，也促使人們逐漸關心這方面的議題。

　　另一方面，在實務界也展開了諸多受虐婦女的保護措施。首先，由於女性常是親密關係暴力的被害人，於是在1960年代初，英美的婦運團體意識到親密關係暴力問題的嚴重性，而展開一系列的婦女保護行動。1972年英國成立第一個援助受虐婦女的庇護所；1974年，美國明尼蘇達州也成立第一個為受虐婦女辯護的組織。自此，保護受虐婦女的運動在英美如火如荼的展開。1976年，英國首先立法禁止家庭暴力行為；1984年，美國也通過有關保護受虐婦女的法案。1985年，Thurman女士控告康乃迪克州Torrington鎮警方對於親密關係暴力案件的被害人有差別待遇一案，引發州政府全面檢討既有系統對於家庭暴力案件的回應狀況，康州議會並於1986年通過「家庭暴力預防回應法案」（Family Violence Prevention and Response Act），重整家庭暴力防治體系的架構，該法案內容包括「強制逮捕策略」（mandatory arrest policies）、「刑事保護令」及要求設置家庭暴力處遇單位等措施。1994年9月，柯林頓總統簽署了「反婦女暴力法案」（the Violence Against Women Act），此為聯邦政府首次針對家庭暴力與性侵害案件所擬定的重要法案，自此之後，聯邦政府開始全面性參與婦女受暴案件，1996年通過修訂的「反婦女暴力法案」，針對跨州的婦女暴力案件制定共通的規範，並限制家庭暴力的施虐者不得擁有武器，以及設立全國性家庭暴力熱線（National Domestic Violence Hotline, NDVH）。從此，家庭暴力變成是一種違反刑罰的罪行，也使得長久以來認為打老婆、打小孩是一種「家務事」的觀念，轉變為禁止在家庭中實施暴力行為是「國家的責任」（黃翠紋，2004；高鳳仙，1998）。

　　隨著人們對於性別暴力問題的日益關心，在學術研究上也逐漸擴大研究的範疇，從女性議題、兒少保護、被害者學、醫療到刑事司法等領域都有學者專家從事這方面議題的研究。然而研究者也發現，與其他社會問題的研究比較起來，對於人身安全，尤其是兒少保護問題的研究顯得特別困難。究其原因，主要是因為此類問題的研究存在著許多先天上難以克服的研究困境，因而複雜化了學者們研究的努力。首先，由於被害人所面臨的問題相當複雜，必須有來自不同領域和觀點的專家投入這方面問題的研究，才能了解事實的真相；第二，過去在犯罪事件的研究上，多著重於加

害人的研究，但很少關注到被害人相關議題的研究；第三，對於這方面問題的學術上研究不過是最近四十年的事，不足以在如此短暫的時間內培養傑出的研究者。由於在人身安全被害人的研究上往往面臨這些困境，也造成相關研究資料蒐集特別困難的情形。不僅如此，由於許多人身安全的類型（如性虐待事件）相當敏感，致被害人不願意接受研究者的訪問，被害人也可能年齡太小而無力報告被害事實。此外，當兩造關係是認識的情況下，被害人陳述這些事件時，內心可能會害怕遭受加害人報復，也可能擔心加害人遭受法律制裁，這些因素都造成人身安全事件的犯罪黑數相當高，進而妨礙學術界對於此類問題的了解，並且阻礙了防治與處遇策略的擬定。

　　隨著婦女運動與世人對於人身安全的關注，已促使國際人權規範逐漸重視暴力侵害婦女與兒少的議題。也由於性別暴力議題的嚴重性，在婦幼人權調查上，有關人身安全的指標常是最需加強與注意的人權議題。此外，近年來隨著經濟全球化的影響，世界人口、資本與文化結構產生重大改變，國際移民的現象日益普及。尤其台灣社會的大陸及東南亞配偶等新移民的比例已經達到相當明顯的比例，由此對人口與家庭結構，以及階級與族群結構，也將發生量變與質變（陳志柔、于德林，2005）。婚姻移民在面臨「商品化婚姻基礎薄弱」與「生活適應」這兩道習題的雙重考驗下，若夫妻雙方無法同心協力克服、彼此相互扶持，日後在經濟與子女教養觀念之落差下，彼此間的摩擦增多、相互猜忌，容易埋下親密關係暴力的種子。又隨著台灣婚姻移民人數的增加，比例亦快速增加，婚姻移民家庭暴力問題已不容忽視，其牽扯到婚姻移民居留於我國時限的問題，遭受家暴新移民往往礙於取得國籍年限未到，擔心被遣返而不敢反抗，或因語言不通資訊接收不良，不知尋求保護管道，導致黑數眾多。因此，有關性別暴力的關注範圍，已擴及到婚姻移民與人口販運防治等面向。

第三節　性別暴力之定義與防治模式

　　遭受傷害是世界上各國人口死亡和造成身心障礙的主要原因之一。根據世界衛生組織的資料，在1998年全球約有580萬人（每10萬人中有97.9

人）因傷害死亡，傷害造成的疾病負擔占全球疾病負擔的16%。其中，道路交通傷害是第10大死因和第9大疾病負擔原因；自傷、跌倒和人際關係暴力緊隨其後。世界衛生組織在2021年進一步發布相關統計數據：一、全世界每年有440萬人因意外傷害和與暴力相關的傷害而喪生，占所有死亡人數的近8%；二、對於5～29歲的人口群來說，前5位死因中有3個與傷害有關，即道路交通傷害、他殺和自殺；三、估計有10%的人因傷害和暴力而變成身心障礙者；四、傷害和暴力對國家經濟帶來巨大負擔，每年在醫療保健、生產力損失和執法方面對各國造成數十億美元的損失；五、預防傷害和暴力將有助於實現多項永續發展目標（Sustainable Development Goal, SDG）。世界衛生組織也強調，除死亡和受傷外，遭受任何形式的創傷，尤其是在童年時期，都會增加精神疾病和自殺的風險；吸煙、酗酒和濫用藥物；慢性疾病，如心臟病、糖尿病和癌症；以及貧窮、犯罪和暴力等社會問題。因此，預防傷害和暴力，包括打破代間暴力循環，不僅避免身體傷害，還有助於促進實質的健康、社會和經濟利益。然而，其分布卻相當不均勻，有一些人比其他人更容易受到傷害，這取決於他們出生、成長、工作、生活和年齡的條件。而所有類型的傷害卻擁有共同的風險因子和決定因素，包括：酒精或毒品使用、成年人對兒少的監管不足、經濟和性別不平等、失業、環境缺乏安全、社會安全網薄弱、刑事司法系統脆弱、缺乏以一致和有效的方式解決傷害與暴力問題的政策，而導致傷害和暴力的後果可能會加劇（WHO, 2021）。

以下分就性別暴力之定義與防治模式，分述如下：

一、性別暴力定義

「基於性別的暴力」（gender-based violence，簡稱性別暴力）是指：因性別而針對個人或群體的有害行為，其根源在於性別不平等、濫用權力和有害的社會文化與規範。這個用語主要在於強調：結構性、基於性別的權力差異，而使得女性（婦女和女孩）面臨多種形式暴力的風險。雖然女性遭受性別暴力的比例明顯高於男性，但男性也可能成為目標。當提及與男性／女性氣質和／或性別規範相關的暴力時，該用語有時也用於描述針對不利處境性別（LGBTQI）群體的暴力行為（Office on Violence Against Women, 2022）。「性別暴力」和「對婦女的暴力」（violence against women）二個用語被視為同義詞並交互使用，這種互換性的原因是由於大多數對婦女和兒少的暴力行為，是由男性所犯下的暴行。根據聯合國婦女發展署的分類，性別暴力行為的類型主要可以區分成：親密關係暴力、性暴力（包括性侵害、強迫發生性行為、性剝削、性騷擾、跟蹤騷擾、辱罵、威脅、暴露、不受歡迎的觸摸、亂倫等）、殺害女性（因為被害人是女性而故意殺害她）、人口販運、女性生殖器殘割、童婚和強迫婚姻，以及網路或科技所促成的性別暴力（網路霸凌、未經同意散播性意涵的簡訊，以及發布有關被害人的私人或身分資訊）等（UN Women, 2022）。在盛行率方面，世界衛生組織指出（WHO, 2021）：（一）針對婦女的暴力行為，特別是親密關係暴力和性暴力，是一個重大的公共衛生問題，也是對婦女人權的侵犯；（二）世界衛生組織發布的估計顯示，全球約有三分之一（30%）的女性在其一生中遭受親密伴侶的身體和（或）性暴力或非伴侶性暴力，惟大多數暴力是親密伴侶暴力；（三）在全球範圍內，近三分之一（27%）15～49歲有戀愛關係的女性表示，她們曾遭受親密伴侶某種形式的身體暴力和（或）性暴力；（四）暴力會對被害人的身體、心理、性和生殖健康產生負面影響，並可能在某些情況下增加感染愛滋病毒的風險；（五）性別暴力行為是可以預防的，尤其衛生機關可以發揮重要作用，為遭受暴力的女性提供全面的醫療保健，並作為將女性轉介到她們可能需要的其他支持服務。

有別於傳統暴力的定義，性別暴力涵蓋身體、心理與精神等層面。例如，根據世界衛生組織的定義，任何性行為、試圖獲得性行為、不受歡迎的性評論、性霸凌或性挑逗、販賣行為，或任何人在任何情況下使用脅迫手段針對某人的性行為，無論其與被害人的關係如何，此類行為可能發生在任何場域，但常見於家庭、教育以及工作場所（Jewkes, Sen & Garcia-Moreno, 2002）。美國疾病管制與預防中心（Centers for Disease Control and Prevention, CDC）於2015年指出，性別暴力是任何違背某人意願的性或性別暴力行為，涵蓋一系列犯罪行為，包括性侵害、未遂的非自願性行為、不受歡迎的性接觸和非接觸性暴力（例如威脅性暴力、暴露狂、言語性騷擾）。世界衛生組織特別強調：在理解性別暴力時，必須對性別和權力進行審視，而且暴力侵害婦女行為源於父權社會規範和文化，以及個人和機構所持有的態度，而不是加害人的病態行為（WHO, 2012）。

自網路發達之後，性別暴力也開始出現在網路世界。雖然國際人權標準，例如「消除對婦女一切形式歧視公約」（Convention on the Elimination of All Forms of Discrimination Against Women, CEDAW，以下內文均以縮寫簡稱），長期以來一直將情緒和心理虐待視為暴力形式，包括經由使用科技實施性別暴力（United Nations, 2018），然而數位性別暴力是一個相對較新的現象，還沒有一個清楚的定義，導致應如何管制這些行為，以及相關的處罰規範都存在爭議。即使有一些針對某些形式數位性別暴力的新興法律，例如很多國家均已通過禁止未經同意散播性私密影像的法律，但被害人仍然因他們所經歷的科技助長之暴力而受到指責。例如，復仇式色情（revenge pornography, RP）被害人會遭受長期的心理、個人和社會後果，尤其性私密影像的散播可能會持續困擾他們一生。但被害人（通常是女性）可能會因為她們在一開始是自己（或同意）拍攝性感照片，而被指責為此類暴力的罪魁禍首，或者因為她們是具有性誘惑的名人（Dunn, 2021）。甚至相關用語，使用數位性別暴力，或網路性別暴力，都存在不同看法。例如Dunn（2021）認為，使用科技／數位性別暴力比網路性別暴力更適合，因為其可以涵蓋網路以及其他更廣泛的科技產品的使用。綜合相關文獻（Fairbairn, 2015; Kee, 2005），可以將數位／網路性別暴力的相關危害行為整理如表1-3所示。

而在臺灣，鑒於數位科技發展迅速，網路及其他數位環境之性別暴力叢生，2020年經行政院性別平等處召開研商會議決議，有關數位／網路性別暴力之定義、類型及其內涵如下（行政院性別平等會，2021）：

（一）定義

係指「透過網路或數位方式，基於性別之暴力行為。即針對性別而施加他人之暴力或不成比例地影響他人，包括身體、心理或性之傷害、痛苦、施加威脅、壓制和剝奪其他行動自由等」（參酌CEDAW一般性建議第19號第6段意旨）。

（二）類型及其內涵

1. **網路跟蹤**：(1)對於他人反覆實施跟蹤騷擾行為，致令他人感到不安或畏懼，如：傳送攻擊或恐嚇性電子郵件或訊息；對於他人網

表1-3　數位／網路性別暴力的相關危害行為

危害範圍	在數位空間的行為與接續的行為
性暴力（身體）	使用社群媒體獲得信任和／或安排在實體空間見面並實施性侵害；發布個人／位置資訊並鼓勵他人實施性侵害；記錄和／或傳播性侵害的影像。
性暴力／霸凌（心理）	性威脅；發送重複且不受歡迎的性訊息；使用社群網站宣揚性暴力或誹謗被害人，使其難堪或恐懼；竊取、脅迫和／或未經同意分享露骨色情圖片。
仇恨犯罪	因犯罪者對某人的性別、民族、種族、宗教、性取向、年齡、身心障礙或語言的仇恨而引發的犯罪。
侵害通訊權	創造敵意的數位空間，侵犯被害人各項權利，不僅包括見解和言論自由，還包括資訊權、隱私權、參與文化、語言、創造力、教育、和平集會和自決權等領域的權利。

資料來源：Fairbairn, J. (2015). Rape threats and revenge porn: Defining sexual violence in the digital age. In J. Bailey, & V. Steeves (Eds.), *E-Girls, E-Citizens: Putting Technology, Theory and Policy into Dialogue with Girls' and Young Women's Voices*, 237; Kee, J. (2005). Cultivating Violence through Technology? Exploring the Connections between Information Communication Technologies (ICT) and Violence against Women (VAW), 23.

路留言，發表攻擊性言論等；(2)跟蹤或監視他人活動，如：透過手機GPS定位或電腦、網路使用紀錄等方法為之；(3)監視或蒐集他人網路活動或資訊，進而違反他人意願與之接觸等。

2. **惡意或未經同意散布與性／性別有關個人私密資料**：惡意或未經同意而散布與性或性別有關之文字、聲音、圖畫、照片或影像等個人私密資料。

3. **網路性騷擾**：(1)未經同意逕將猥褻文字、聲音、圖畫、照片或影像等資料傳送他人，如：傳送具露骨性意味之電子郵件或簡訊；於社群網站或網路聊天室發表不適宜或具侵略性挑逗言論等；(2)對於他人實施性別平等工作法、性別平等教育法或性騷擾防治法所定性騷擾行為。

4. **基於性別貶抑或仇恨之言論或行為**：(1)對他人之性別、性傾向或性別認同等，發表貶抑、侮辱、攻擊或威脅等仇恨言論；(2)基於性別，對於他人之行為或遭遇，進行貶抑或訕笑，如：穿著性感、婚前性行為或遭受性騷擾等；(3)鼓吹性別暴力。

5. **性勒索**：以揭露他人性私密資料（文字、聲音、圖畫、照片或影像等）為手段，勒索、恐嚇或脅迫他人。

6. **人肉搜索**：透過網路搜索取得與散布未經他人同意揭露之文字、聲音、圖畫、照片或影像等私密資料。

7. **基於性別偏見所為之強暴與死亡威脅**：基於性別偏見，以強制性交或加害生命之事恐嚇他人，使他人心生畏懼者。

8. **招募引誘**：係指運用網路或數位方式遂行人口販運，如：佯稱提供工作機會，或使用盜用之圖片、內容製作虛假廣告，引誘他人賣淫；抑或從事人口販運者，利用網路聊天室等傳遞人口販運訊息或進行廣告等。

9. **非法侵入或竊取他人資料**：非法侵入他人電腦或相關設備，以觀覽、取得、刪除或變更他人個人資料等，如：侵入網路攝影機取得他人影像資料等。

10. **偽造或冒用身分**：偽造或冒用身分，以取得他人個人資料、侮辱或接觸他人、損害他人名譽或信用、遂行恐嚇或威脅，或據以製作身分證件供詐欺之用。

二、性別暴力防治模式

在眾多暴力行為中，性別暴力對被害人權益和社區民眾的影響極大，且付出極為龐大的個人與社會經濟成本，自1970年代開始，性別暴力逐漸受到聯合國以及各先進國家政府的重視。此類暴力常因犯罪者與被害人多為認識關係，甚至具有親密或家屬關係，以及犯罪者的人格特質等因素所影響，導致行為具有持續發生特性，甚至危害被害人生命安全（黃翠紋，2022）。時至今日，縱然許多先進國家立法將此類行為犯罪化，但案件仍然居高不下。聯合國的資料顯示，在2022年全球有近8萬9,000名女性被故意殺害，這是過去二十年有記錄的年度最高的統計數據。雖然全球凶殺案總數在2021年激增後已於2022年開始下降，但女性遭殺害案數量並未減少，大多數殺害女性的行為都是出於性別動機。2022年，全球約有4萬8,800名女性被親密伴侶或其他家庭成員殺害，亦即平均每天有超過133名女性被自己的家人殺害。雖然全世界大多數凶殺案都是針對男性（2022年為80%），但女性遭受家庭暴力而死亡卻相當嚴重，約占所有遭

家庭成員殺害的53%。而此數據存在區域差異，其中非洲在2022年有2萬名被害人，這是自2013年毒品和犯罪問題辦公室開始發布區域統計數據以來，非洲首次超過亞洲，是全球數據最高的地區；在歐洲，2010年至2022年間，女性親密關係／家庭暴力凶殺案數量大約減少21%；而來自幾個亞洲國家的現有統計數據也顯示，女性被殺的風險正在緩慢下降。但無論如何，全球與性別相關的凶殺案件仍未見趨緩，是各國必須正視的重大人權侵害問題（UNODC & UN Women, 2023）。

　　與其他社會行為一樣，暴力行為始終是個人因素和情境因素誘發的產物（Huesmann, 2018）。研究在在顯示，童年時期的暴力行為與青春期或成年期的暴力與犯罪行為有關。雖然性別暴力加害人可能跨越性別、社會階級、年齡、種族與職業，但會犯下嚴重性別暴力的加害人通常在成長過程中，曾經有遭受家暴或目睹暴力的經驗。尤其如果暴力行為很早就出現，並且合併經歷其他危險因素，例如破壞性行為、過動、神經發展缺陷和家庭逆境，在成年後將更容易出現性別暴力行為。例如，Magnusson和Bergman（1990）指出，成年人的反社會行為最容易預測的是童年期的一些特徵，包括：不安、注意力不集中、學業成績低和暴力行為，這些意味著，成年期的反社會和犯罪行為之間的關係相當複雜，不是單一原因所造成。研究普遍發現，從童年一直到成年中期，暴力行為具有一定的連續性，就性別差異而言，男女在童年時期的差異非常小，但男性通常會持續到成年期。有別於一般暴力犯罪，性別暴力存在嚴重的文化差異，因此各國之間的差異也很大（Kokko, Pulkkinen, Huesmann et al., 2009）。

　　暴力行為是一種旨在傷害或激怒他人的社會行為，關於暴力行為的發生有四個重要內涵，包括（Huesmann, 2018）：一、暴力行為與其他社會行為一樣，是個人特質和情境因素交互影響的產物；二、習慣性暴力行為通常在生命早期就出現，早期的暴力行為強烈預測日後的暴力行為，甚至子女的暴力行為。童年期就出現暴力的人，成年後往往會成為更具暴力的人；三、嚴重暴力傾向通常是多種環境和生物因素相互作用的產物，包括遺傳、腦外傷和神經生理異常、早期特質濫用或過動、注意力不集中、惡劣的社會環境（包括家庭暴力）、不良的教養方式、管教不當、貧窮和壓力、同儕群體暴力等因素，越多促發因素，將有更嚴重的暴力傾向；四、早期學習環境，在形成暴力或非暴力習慣性行為傾向方面發揮關鍵作用，

個體擺脫或陷入暴力社會化最重要的學習過程無疑是觀察學習。

　　暴力行為經常是個人和情境因素交互影響的產物，而且往往受到一個人對社會情境的解釋，及其個人的情緒狀態所影響。人的規範信念會告訴我們，在人際互動場合什麼是「可以做」或適當的行為。例如，如果一個男性突然發現他的妻子不忠，可能會興起暴力的念頭，但如果他有不可以打女性的規範信念，此時他可能就不會使用暴力，因為規範信念會變成他的自我控制能力，阻止他施暴的衝動。反之，具有使用暴力解決問題的人，通常更能接受暴力處理問題的規範信念（Huesmann, 2018）。暴力行為非常複雜，是由多種因素引起的，並共同交互影響而產生的。綜合過去相關研究，可以將性別暴力的風險因素歸納如下（Kolla & Bortolato, 2020; Pailing, Boon & Egan, 2014; Meltzoff, 2005; Seguin, Zoccolillo & Zelazo et al., 2004; Huesmann, Moise-Titus & Podolski et al., 2003; Caspi, McClay & Moffitt et al., 2002）：一、情緒的作用：情緒狀態會影響暴力過程，而這些過程又影響情緒狀態，當經歷令人厭惡的情況可能會激起許多人的憤怒和暴力傾向，但是否使用暴力則會因人而異。對大多數兒少來說，血腥場面是令人厭惡的，這使得使用暴力回應問題不是一個合適的處理問題方式；反之，若是兒少接觸暴力的次數越多，他們在思考使用暴力回應問題時產生的負面情緒就越少，對使用暴力的評價就越正面，則當情緒被激發時，就會使用暴力；二、生物因素：有一些研究已經發現，遺傳因素可能會影響攻擊性、反社會和暴力行為的傾向，其中與暴力行為最有關的是大腦中所分泌的單胺氧化酶（Agenetic deletion of monoamine oxidase A, MAO-A）較低，將會讓成年人暴力增加。然而這些生物因素仍然需要透過社會和情感因素，讓個體決定是否使用暴力；三、人格特質：具有一些人格特質的人，往往具有較高的暴力傾向。例如，若是兒少的人格特質顯得較為膽大，長大後似乎更具暴力，可能是因為他們對暴力的焦慮喚起較少。再者，難以延遲滿足的兒少，由於他們往往沒有深入處理資訊，經常會顯現更具暴力傾向。而精神疾病得分高的成年人出現暴力行為的風險較高，因為他們在評估使用暴力回應情緒時，不會感受到負面情緒。最後，自戀（權控感）得分高的人在受到威脅或挑釁時會表現得更具暴力，因為他們有一種膨脹的自我權控感。目前研究顯示，具精神變態、馬基雅維利主義和自戀傾向等三種人格特質（黑暗三人格）會有較高

的暴力傾向;四、社會化(學習)過程:在一個人成長過程中,父母(和社會)的重要任務是讓子女具備良好的社會化歷程,使其行為得體,大多數人在2歲左右時對身邊人的肢體暴力行為感受達到頂峰,若是暴力行為會為他們帶來即時的回報,則其會開始將暴力是解決問題的信念開始內化;五、模仿學習:模仿係行為的延遲複製,會形成一個人的認知。兒少在家庭、同儕、鄰居或大眾媒體中觀看到暴力或色情行為,若是所觀察到的行為得到獎勵,往往會內化成他們的認知,將會反映在日後的行為中。例如,如果一個兒少經常玩暴力電玩並認為很有趣,那麼他們就會認為暴力是無害而不會感到不舒服;六、環境影響:在一個充滿暴力、幾乎沒有監督、紀律或接觸親社會行為的環境中,兒少的暴力行為傾向會隨著時間的推移而內化,直到他們成為習慣並抵制改變。另一方面,為兒少提供監督、適當的紀律、接觸親社會行為並保護兒少免受暴力的環境,就是讓兒少在社會中擺脫暴力的環境。一旦兒少在發展的關鍵時期,獲得並牢牢地支持暴力或非暴力行為的社會認知,他們就會抵制改變。因此,更具暴力的兒少長大後通常會成為更具暴力的成年人。

除加害人的因素外,由於性別暴力是一種人際互動的產物,被害人本身,甚至社會文化也扮演重要角色。以親密關係暴力為例,由於親密關係本來就非常微妙,許多因素會影響兩造關係,當暴力成為兩造互動關係的一部分時,其會變得更加複雜。改變是一個需要時間、仔細思考和漸進行動的過程,改變關係或婚姻的動態並不容易。暴力的關係顯然是一種危險的關係。為了生存,被害人會反覆評估她們所感知的風險,這會影響她們關於保持或離開關係的決策。風險評估是實務工作者在協助被害婦女維護安全的焦點,但在評估時必須綜合評估每個婦女面臨的複雜需求和問題網絡、她的生存技能和優勢,以及她生活中面臨困難與待解決問題的優先次序。受暴婦女的風險評估,始於從所有可能的角度評估她們的處境。過去的經歷有哪些對她有利或不利?這些過去的經歷如何影響她對目前處境的看法?可以採取哪些不同的作法?她的個人和社會障礙是什麼?她因相對人的暴力而面臨什麼危險?對子女或其他家人有什麼危險?需要哪些資源可以協助她克服這些風險?這樣的評估將使每位女性能夠檢查她生活中所有因素及對她的選擇和決定的影響(Women In Transition, 2021)。

世界衛生組織指出(2012),被害人的受暴風險因素非常多元:

一、來自相對人的暴力風險因素包括：年紀較輕、教育程度較低；小時候目睹或經歷暴力；使用毒品或（和）酗酒；人格障礙；認為暴力是解決問題的方式之一；曾經有施暴親密伴侶的紀錄等因素；二、來自被害人的因素包括：教育程度較低；父母間存有親密關係暴力；童年期曾經遭到性虐待；遭受前親密關係伴侶暴力等因素；三、關係中的因素包括：衝突或不滿；男性在家庭中占主導地位；經濟壓力；有多個男性伴侶和教育程度的差距，以及女性的教育水平高於她的男性伴侶等因素；四、社區和社會因素包括：性別不平等的社會規範；貧窮；女性的社會和經濟地位低；對親密關係暴力的法律制裁薄弱；女性缺乏公民權利，性別不平等的家事事件法和離婚制度；社區對親密關係暴力的容忍度高；社會廣泛接受暴力是解決衝突的方式；和武裝衝突和社會中普遍存在的高度暴力。

　　Jaaber和Dasgupta（2002）的研究則提醒，有效的風險評估不僅要分析相對人的暴力，還必須同時評估現實生活中影響被害人選擇和決定的各種社會因素，尤其是關於她過去受暴的經歷。很多時候，這些社會因素有利於她的安全。然而，其同樣也可能是風險因素。在進行風險評估時，實務工作者必須意識到被害人生活中的各種關鍵社會因素，在評估過程中提出批判性和有見地問題的能力，並使她能夠探索每個障礙對其個人意義。根據每個被害人的社會環境和地位，社會風險對她具有不同的價值，而且社會風險不是由孤立的事件所引起，其是被害人過去的經驗和當下的處境交互作用所產生的結果，並影響被害人決策的能力。整體而言，在評估被害人的社會風險因素時，可以從以下三個層次進行分析：一、第一層是與個人有關的直接風險因素；二、第二層是與社會制度有關的風險因素；三、第三層則是與社會文化有關的風險因素，相關風險因素如表1-4所示。

表1-4　性別暴力被害人之風險因素

層面	風險因素
個人風險因素	無家可歸、家庭經濟責任、毒癮、面臨刑事犯罪、貧窮、缺乏技能和教育、性別認同、年齡、語言能力。
社會制度風險因素	社會福利與兒少保護服務體系、刑事司法系統、民事司法系統、移民身分、執法機關、相關法律規範。
社會文化風險因素	宗教信仰、國籍、種族、社會階層、文化規範和標準、童年社會化經驗。

資料來源：研究團隊整理。

　　以親密關係暴力為例，對被害人人權造成重大侵害，是一個嚴重的社會和公共衛生問題。根據歐盟的調查，大約有22%的歐洲女性從15歲起就成為親密關係暴力的被害人，而各國的比率從13%（西班牙）到32%（丹麥）不等。親密關係暴力成因相當複雜，是由多種因素相互作用造成的，其中與性別相關的規範和態度是這種暴力的主要驅動因素，而一般社會大眾對此類案件的態度尤其重要，縱容甚或助長此類行為的態度，是促成被害人容忍或無法向外求助的社會氣氛，從而造成此類暴力持續發生，因此無法單就官方犯罪統計判斷其盛行率（Ferrer-Perez, Bosch-Fiol & Ferreiro-Basurto et al., 2020）。動態關係既可以是親密關係暴力的風險因素，也可以是保護性因素，此類案件的特徵是不平等的權力動態、控制行為，或者伴侶持有縱容關係中暴力的態度或信念。另一方面，在夫妻溝通良好、雙方都持有性別平等態度和平等決策（包括經濟支出決策）的關係中，女性經歷親密關係暴力的可能性較小。世界衛生組織與婦女發展署（2020）曾制定防治的策略架構供各國參考[3]，其中有關親密關係暴力被害人之風險與保護因素，如表1-5所示。

3　世界衛生組織犯婦女發展署（2020）提出七大策略，包括：加強關係技能（Relationship skills strengthening）；賦予婦女權力（Empowerment of women）；保障服務成效（Services ensured）；脫貧（Poverty reduced）；創造有利環境（學校、工作場所、公共空間）（Enabling environments (schools, work places, public spaces) created）；防止虐待兒童和青少年（Child and adolescent abuse prevented）；態度、信念和規範的轉變（Transformed attitudes, beliefs and norms）。

表1-5 親密關係暴力被害人之風險與保護因素

因素	風險因素	保護因素
個人因素	1. 縱容暴力或將暴力視為正常或可接受的態度和作法（男性和女性）； 2. 自我效能感和自尊心低下（女性）； 3. 童年經歷過暴力和／或遭受家庭暴力（女性和男性）。	1. 性別平等態度和作法（女性和男性）； 2. 高效率和自尊（女性）； 3. 童年時期非暴力溝通方式和解決衝突的經驗（女性和男性）。
人際互動因素	1. 親密伴侶和姻親關係中高度不平等； 2. 溝通不良、衝突解決和問題解決能力低落。	1. 以性別平等為特徵的親密關係和家庭關係，包括共同決策和家庭責任； 2. 減輕暴力觸發因素的關係技能（例如解決衝突、溝通）。
社會因素	1. 維護男性特權並限制女性自主權的有害性別規範； 2. 貧窮和失業率高，對人際關係造成壓力。	支持非暴力、尊重多元性和性別平等並促進婦女賦權的規範。

資料來源：WHO & UN Women (2020). *RESPECT: Women: Services Ensured*. UN Women, 2.

第四節　建構性別暴力防治網絡的重要性

　　雖然性別暴力防治工作是以社政系統為主管機關，但由於人身安全事件成因複雜，被害人的需求可能相當多元，所牽涉的問題涵蓋社政、警政、醫療、司法、教育、心理輔導與復建等層面。故而需要各種不同的保護與服務項目，包括：保健上的醫療復健、心理上的輔導、行為上的管教約束、社會上的正式及非正式照顧網絡重建（如：家庭、鄰里、社區及學校與相關兒童福利機構的連繫配合）、生活上的安置或經濟協助、刑事司法系統的強制介入與協助、個案的資料建檔和追蹤管理，以及教育上的就學協助或課業輔導等。使得人身安全被害人的服務網絡除了需要傳統社會福利機構的處理外，更需要社區與政府部門中的相關體系之協調配合。甚且不少被害人亦常因種種因素的考量，而不願意讓其被害事件進入司法程序；又或是進入司法程序後，因警察、司法人員對於人身安全事件的認識

不清或存有不當迷思，使得被害人遭到二度傷害，甚至無法完成後續的刑事司法程序，讓被害人視面對司法程序為畏途。為有效解決以上問題，目前已有越來越多人體認到：在人身安全防治工作上，除了必須加強各相關防治網絡人員的人身安全防治專業知識之訓練外，還必須整合社區資源，才能在有限資源下，提升防治效能。經由結合來自於不同專業領域的專家，建構成一整合性的服務網絡，提供人性化的處理流程，並提升專業服務品質，克服人身安全事件處理困境，以減少人身安全事件加害人的再犯率，並能對被害人提供最有利的協助。

在變遷的社會中，社區原本就蘊藏許多潛在的問題，政策的制定與推動是期待能夠預防和解決問題，但政策的推動若欠缺周延的配套措施與資源的整合，則可能反而加重某些問題的嚴重性。而政府在人身安全防治政策的推動上，也不可僅是片面、簡要和應付式的綱領和計畫。政策的設計必須建構在理念的基礎上，也必須思考實務的可行性（黃翠紋，2004）。社區工作的推展，必須連結社區資源及社區媒體行銷以建立社區福利體系及服務輸送網絡，才能落實福利在地化理念。尤其在一個解組的社區中，不但具有較高的犯罪率，而政府在動員社區民眾的工作上，亦顯得較為困難。因此，如何強化社區功能以預防人身安全事件之發生，在晚近人身安全防治工作上越來越受到重視，而有逐漸轉向社區工作的服務模式。期望經由結合社政、警政、司法、醫療、教育、民政以及社福機構等系統的資料，共同組成團隊的模式，才能提供較為完整的保護服務。

經由這些機構間水平和垂直的分工與合作，建構完整的保護網絡，以提供被害人及其家庭必要的服務。透過相關防治網絡的建構，讓社區中的單位建立夥伴關係，共同處理轄內的人身安全事件，不僅比較能夠滿足被害人需求，對於降低加害人未來再犯也有相當助益。甚且從過去研究亦顯示，並非所有人身安全被害人所遭受的暴力攻擊皆非常嚴重。觀察被害人所遭受的暴力傷害嚴重性，可以發現：遭受輕微暴力攻擊人身安全被害人的比率遠比遭受嚴重暴力攻擊的被害人來得多（Giacomazzi & Smithey, 2001）。就這些遭受輕微暴力攻擊的被害人而言，縱使她們遭受極為嚴重的精神傷害，但由於舉證困難而使其事件往往無法透過刑事司法程序來解決。因此，在其人身安全問題的解決上，將無法單純仰賴刑事司法系統的處理，也使得在此類事件的處理上，必須採行多元的介入策略，以

及強調事前預防工作的重要性（Corcoran, Stephenson, Perryman, & Allen, 2001）。

在1970年代末期至1980年代之間所發展的社區取向的犯罪預防策略即是在這種情況下獲得實務人員的重視。他們強調，若是能夠經由民眾的自願參與以及花費少許的預算，將比其他的犯罪抗制策略來得合算。這個理論不但為保守派者所支持，而且由於它促使貧窮的組織受到重視，並供應金錢於社區組織的建設上，因而受到自由派的支持（Skogan, 1988）。而在社區犯罪預防方案的運作上，則有許多不同程度的控制與涉入措施，並存在著許多不同的運作方式。例如，在推動與設計社區犯罪預防方案時，將可能有三種不同的方式與層次：第一，它可能單純地只是由於專家的介入與服務的提供而發起，因此將是由社工員、警察、學者，或是其他專家優先來推動；第二，它的推動可能是和那些經由社區的改革，與財產的保護而能夠獲得實質利益的人員有關，例如：一些有錢人以及擁有自用住宅的人；第三，存在於鄰里這個層級的組織必須有政治行動的介入，才能改變現存的社會結構以及有效動員人力，以便運用最少的資源或是在政經系統的支配上沒有太大的反對聲音出現。而在實際運作時，則必須考量：當使用社區犯罪控制策略或是發動社區參與的組織時，其間將存在著不同的利益、不同的團體、不同的努力、不同的議程、不同的策略，以及跟國家有不同程度的關係等因素。因此，各地區所建構的人身安全防治網絡合作模式亦將可能有所不同。

若是想要讓團隊得以順利運作，團隊成員在團隊中的角色扮演上，必須能夠維持原來所屬單位的專業角色。所有的團隊成員不需要執行案件處理的每一個部分，而是要能夠透過清楚的分工方式，通力合作完成所有的程序。在工作的分配上，大約有以下三種類型（Pence & Wilson, 1994）：首先，在一些工作上（如詢問被害人），如果團隊發現成員在角色的扮演上，工作有明顯重疊的部分，團隊必須依據個人與專業的職責和經驗，來彈性的指派責任。第二，在有一些工作上（如偵訊嫌疑人），某一個單位（通常是刑事司法機關）可能會因為機關的職責以及受有特殊的訓練，而居於重要的地位，則其他單位的屬員應居於輔助的地位。第三，有一些法律所賦予的職責使該工作是歸屬於某一個特殊的機關，那麼在這些特殊的行動上只有這個機關可以執行，其他單位的屬員則無權干

涉。因此，在一剛開始的時候，每一個成員就必須了解團隊內其他成員所扮演的角色。否則不但會造成成員在責任的分擔上有衝突的情況，而且也會讓家庭暴力防治工作無法達成預期成效。團隊成員的角色相當不一致，而且可能會因為專業領域而分類。在團隊中，必須依據個人的經驗與技能而指派所應該擔負的職責，而且某一項工作通常只會隸屬於某一個專業領域的屬員。當然，在指派團隊成員工作的時候，相當重要的是，團隊成員的工作表現不只是代表所屬的單位，也代表了整個團隊。尤其在處理重大家庭暴力案件時，成員在案件處理過程中，必須知道並且分享團隊其他專業人員所需的資料，以避免處理過程的重複或疏漏。在性別暴力防治網絡中，各自所應該扮演的角色則如下所述（黃翠紋主編，2023）：

一、社工角色

一旦發生家庭暴力事件，通常是由警察負擔主要的調查責任。但由於社工在被害人保護服務工作上擔負主要的職責，使其工作內容較其他人員廣泛：

（一）詢問被害人，了解受暴情形。
（二）保護並確保被害人的安全，並評估保護安置的必要性。
（三）為防止被害人再次受暴，提供服務以改變被害人的處境。
（四）提供被害人家庭所需的服務，尤其當被害人為兒少時，更顯重要，其目標為授受虐保持家庭的完整性。
（五）評估並持續追蹤被害人的需求。

當性別暴力案件的被害對象為成年人時，社工通常僅會根據被害人的陳述評估其受暴情形與後續所需要的服務。但被害人若是未成年人，則社工就需要進入案家與主要照顧者會談，並評估兒少受照顧的情形。若是碰到危急的個案（如兒少必需要緊急安置或案家拒絕社工訪視），而必須使用強制力時，社工可能就需要警察的協助。此時，警察就不可以規避責任，適時提供社工協助。

二、警察角色

在性別暴力防治網絡中，警察主要是負責證據的蒐集與維護、犯罪現場的勘驗，以及偵訊事件關係人等工作。在必要的時候，警察也可以

逮捕施虐者，並將事件移送檢察官偵辦，而且警察機關也往往具有相當先進的偵查設備，以供警察於犯罪偵查工作上之所需（Pence & Wilson, 1992）。此外，警察也可視被害人的需求，轉介所需資源。警察經常必須執行以下的工作：

（一）案件受理與偵查工作：1.應以適當的態度回應報案電話；2.維護犯罪現場，且以確保被害人人身安全為首要；3.進行相關人員的訊問工作；4.注意嫌疑犯過去是否有犯罪紀錄；5.蒐集並保存當事人身體上的證物，假使必要的話，也要對於被害人加以照相；6.遇有必要時，逮捕嫌疑犯。

（二）預防加害人再犯行為：針對經交保飭回或是高危機案件的性別暴力加害人，施以約制查訪，使其了解應對其犯罪行為負責，預防再犯性別暴力行為。

（三）依法警察是責任通報人員，在受理案件後需同時通報直轄市、縣（市）政府主管機關。

（四）提供被害人安全資訊，告知相關權益行使、救濟途徑、服務措施，並視被害人狀況轉介相關單位，提供後續服務，具有網絡結合者的角色功能。

（五）協助社工訊問被害人，或是其他目擊證人。

（六）假使被害人有接受安置的需求，通知社工到場處理；如遇兒少受虐需帶離家庭時，若是社工有提出協助請求時，協助將被害人護送到安全的地方。

三、檢察官角色

檢察官身為犯罪偵查主體，其職責是擔任犯罪現場調查的幕後指揮者。由於他們具有專業的法律素養，使得他們對於犯罪偵查策略的擬定相當有幫助。但是在大多數的案件中，檢察官只有在事件進入到追訴的階段才會真正的採取行動（Pence & Wilson, 1992）。在合作團隊中主要的職責是擔任顧問的角色，指導調查人員進行事件偵查工作，直到事件已經偵查完畢要作裁定的決定時為止。因此，他們的職責主要是有以下數項：

（一）就法律議題給予指導。

（二）就所蒐集的證據加以評估，以決定是否要將該事件起訴。

（三）核發搜索票。

（四）在必要的時候，參與嫌疑犯的偵訊工作。

（五）決定案件是否要起訴，以及最好的起訴方式。

四、衛政醫療系統角色

性別暴力事件常因當事人有就醫或醫療處遇之需求，或是有關醫療專業上知識的協助，也需要將衛政醫療人員納入。這將為團隊帶來諸多益處，因為被害人可以從醫師或是受有特殊訓練的醫療專業人員身上，獲得醫療上的協助（Katzenbach & Smith, 1993）。衛政醫療人員的角色通常包括：

（一）為團隊解釋醫療上的知識。

（二）呈現醫療上的檢驗或診斷結果。

（三）提供有關醫療處遇上的訊息。

五、教育系統角色

雖然教育系統在性別暴力防治工作中扮演著相當重要的角色，但在過去卻常被忽略。由於兒少可能遭受來自於家庭成員的侵害，或目睹家庭成員的暴力，加上為改變傳統文化中，漠視對家人暴力行為之文化，均有賴教育人員的參與。教育人員的角色通常包括：

（一）發現兒少遭受性別暴力時須通報社政機關。

（二）針對學生遭遇性別事件後之心理諮商、在校生活照顧部分之處理。

（三）校園中有關性別暴力防治宣導工作。

六、其他單位人員

除了上述成員之外，團隊也可能會視個案狀況，再加入其他領域的人員共同處理性別暴力案件。例如，被害人若是為未歸化我國籍的新住民，則可能需要移民署的協助；若是性別暴力的因素為經濟因素，而被害人或是加害人有就業上的需求時，則可能需要勞政就業上的資訊與輔導。

總之，為了解決肇生性別暴力問題的因素，合作團隊往往需要不同的專業人員介入，至於所需的成員會視個案狀況，不一定需要很多領域的專

業人員，有時可能只要需要一位社工，加上一個警察人員就可以組成合作團隊。甚且合作團隊能夠成功的重要因素，不在於該團隊擁有哪些專業人員，重要的是團隊是否對成員所應該扮演的角色有清楚的定義。假使成員所應該扮演的角色沒有清楚地釐清，那麼將可能會造成某一個成員該做的工作沒有做，或是逾越本身的職責界限，而侵犯到他人的工作範圍。由此可知，清楚的角色界限是團隊得以正常運作，並收其成效的重要原則。

第二章　犯罪被害人權益與保護政策

第一節　前言

　　犯罪是自古就存在於人類社會的問題，而如何控制犯罪以及懲罰犯罪人則是各個國家與人民所共同關注的議題。因此，傳統的犯罪學與刑事司法研究，乃將研究重心置於犯罪現象、犯罪人特質與如何矯正犯罪人等方面的研究。然而另一方面，除少數所謂「無被害人犯罪事件」外，大多數犯罪事件皆有所謂的「被害人」，但相較於犯罪人權益與犯罪者學研究所受到的重視，對於犯罪被害人的了解與關心卻顯得相對不足。回顧人類歷史，在13世紀刑事司法系統建立以前，被害人或是他們的家人在犯罪的回應上，扮演著中心的角色。他們負責最初的工作和逮捕犯罪人。他們也施予懲罰、獲得犯罪人所支付的罰金，以及索取賠償以彌補損壞或是丟掉的財物。因此，人類古老社會於血親復仇、血族復仇或是同態復仇的時期，有關犯罪的追訴是由被害人、被害人的近親或是其所屬家族直接實施。在封建社會中，犯罪人是否受到法律的追訴，亦取決於被害人的意願。然而在13世紀當代法治國建立後，被害人喪失他們在這個程序的中心地位，他們在逮捕、審判、追訴等程序上的角色也就變得不明顯。被害人只能向相關當局報告其犯罪被害事件，並希望刑事司法系統能有所回應，但刑事司法體系對於犯罪人的關注往往多於對被害人的關心。被害人在犯罪事件中雖是直接被害的「當事人」，但在刑事訴訟程序上則將之排除於「當事人」角色之外。因此，綜觀近代有關被害人在刑事訴訟程序中的歷史，是一個遭受疏忽、再次被害、剝削和政治上操縱的歷史，而處理的結果亦無法滿足被害人需求、沒有實現他們的期望以及導致被害人挫折和疏離的歷史（許春金、黃翠紋，1998）。在現代國家中，除了少數犯罪允許被害人擁有自訴的權利外，對罪犯的懲罰成了國家的權力。被害人在刑事訴訟程序中的地位，並不如民事訴訟中的地位，不再是訴訟的直接當事人，許多案件的被害人連其因犯罪而遭受的直接損失都難以索回。

　　當代有關被害人保護政策與被害者學研究的源起，可追溯至二次世

界大戰前後。主要原因，除了對犯罪者的研究已達到極限外，對婦幼權益問題等人權議題之關注，也在時代更迭中，成為當代犯罪學、社會學、法學研究的重要議題。隨著人權觀念的高漲以及相關實證研究的普及，被害者學逐漸受到各國重視，並因而制定相關的被害人保護政策與法規。紐西蘭於1963年通過世界第一部被害人補償法，此後英國、澳洲、美國部分州及加拿大部分省等福利國家也陸續頒布相關法令，藉此保護及協助被害人及其家庭（Doerner & Lab, 2002）。不僅如此，為能解決官方犯罪統計黑數問題嚴重，美國總統執法與司法委員會乃於1966年建議舉行犯罪被害調查以為彌補。於是在1966年和1967年分別舉辦了三次先導研究（pilot study），這也是世界上最早的犯罪被害調查。截至目前，美國仍是犯罪被害調查的先驅，每年一次的調查使其能與官方犯罪統計相互比較，提供許多政策決定及學術研究等多用途的資料。世界上其他開發較早的國家，如北歐諸國、德國、英國、荷蘭、瑞士、法國及澳大利亞等亦均以蒐集犯罪被害調查的資訊並形成制度。累積的實證研究發現，許多過去被害人不為人知的犯罪被害後的處境與需求，因而促成犯罪被害人支持及協助組織的成立，並造成刑法上的革新（黃翠紋、孟維德，2012）。

時至今日，被害人補償法制與保護措施方興未艾，許多國家亦積極推動各種被害人補償立法。整體而言，目前各國被害人保護政策並非侷限於金錢的補償，除傳統的被害人補償方案外，許多國家也已經開始推動被害人保護措施與方案，重要者包括[1]：一、保障被害人在刑事訴訟上的權益；二、成立被害人支持組織；三、提供被害人諮商協助；四、設立被害人庇護所；五、提供被害人職業訓練與工作場所服務；六、採用被害人影

---

1 以日本為例，其民間組織對推動被害者權利保護運動亦不遺餘力，NPO法人組織「全國被害人支援網絡」，於1999年發布「犯罪被害者權利宣言」，主張被害者應有以下七項權利（全國被害人支援網絡，2013）：一、受到公正處遇的權利：犯罪被害人（包含被害者的家族，以下亦同）的各項處遇，應考慮到其個人尊嚴並受到公正的對待；二、知悉相關資訊的權利：犯罪被害人應可獲知刑事司法系統所提供的各種相關資訊，而這些資訊可用於損害賠償及制度所提供的保護；三、所受損害回復的權利：犯罪被害人可就其所受到，請求侵害得以迅速，妥善地受到回復；四、陳述被害意見的權利：犯罪被害人，得於刑事司法程序及保護機制程序之中，適時地陳述自己的意見；五、獲得各種援助的權利：犯罪被害人有權接受醫療上、經濟上、精神上，或其他社會生活上的援助；六、避免二次被害的權利：犯罪被害人應受保護，避免其受到再次被害的威脅；七、平穩安全生活的權利：犯罪被害人的隱私權應受保護，避免受到侵犯，以確保其能平穩且安全的生活。參照日本「全國被害人支援網絡」網站，http://www.nnvs.org/network/sengen.html，搜尋日期：2013/3/12。

響報告；七、推動修復式正義方案等（Sims, Yost & Abbott, 2006）。

　　在本章中，首先介紹犯罪被害者學研究與被害人保護政策的發展與趨勢，繼而介紹主要的被害人保護措施，包括：犯罪被害人補償制度、修復式司法方案、犯罪被害人司法程序上權益之保障等。但在各國推動被害人保護政策多年後，發現被害人實際所能夠獲得的協助相當有限，同時為了預防漸增的犯罪，亦開始推動犯罪預防工作。而隨著解釋被害理論的提出，亦使世人注意到，「被害預防」在犯罪預防與被害人保護工作中的重要性，本章亦將一併探討此部分。

第二節　一個漸受重視的新領域——犯罪被害者學研究

一、國際間的發展趨勢

　　古代社會有關「被害人」一詞，係指宗教儀式上，奉獻給神明的祭祀品。其間，被害人一詞所含括的範圍不斷擴充；今日有關「被害人」一詞則係指：因為自然災害、各種事故、遭受種族或性別歧視以及因他人犯罪侵害而受到傷害、損失或困擾的人。雖然早在19世紀就有研究者注意到，部分犯罪事件中，被害人對於遭到犯罪侵害負有某種程度的責任，但並未有研究聚焦於被害人身上，有關犯罪問題的研究始終著眼於加害人的研究。直至20世紀中期，被害者學的研究才開始慢慢受到重視。一般咸認為，德國犯罪社會學家Hans von Hentig在1941年所發表的「論犯罪人與被害人的相互作用」（Remarks on the Interaction of Perpetrator and Victim）這篇文章中，檢視被害人與犯罪人之間的互動關係，指出：被害人在犯罪發生的過程中扮演重要的角色，是奠定日後被害者學研究基礎的關鍵文獻。1947年，法律學者Benjamin Mendelsohn在精神病學學會上發表「被害者學：生物、心理、社會學的一門新科學」演講時，創造了「被害者學」這個名詞；1956年，他又發表「生物、心理、社會科學的新領域：被害者學」，並且提出「被害人有責性理論」之論述；1957年，又發表了「當代科學：被害者學」。此後，「被害者學」的觀念便在全球各地傳開來。然而在此時期，大多數犯罪學家的研究仍著重於對犯罪人的研究，

被害者學的研究則不受重視（Doerner & Lab, 2002）。甚且早期研究比較著眼於被害人在犯罪事件中所扮演的角色與責任，而顯少關注被害人因犯罪事件所遭受到的損害及其權益。直至1960年代末期，隨著人權觀念的高漲、被害人的實證調查研究，以及國際犯罪被害人協會的鼓吹，被害者學研究才逐漸受到各國重視，而研究主題也朝向多樣化發展。

自1960年代中期，犯罪學家和社會改革者開始參與被害者權利保護運動。而綜觀被害人的權益受到重視的主要因素有以下五項（黃翠紋、孟維德，2012；郭建安，1997）：

（一）面對犯罪率居高不下的情況，許多國家的法律界人士批評刑事司法系統對罪犯過於軟弱，司法訴訟過程僅著重於對罪犯權益的保障，但對於被害人要求嚴懲罪犯的呼聲則漠不關心，遂發起「恢復法律和秩序運動」，要求建立以被害人為中心的刑事司法制度。

（二）婦女運動經過長期努力爭取到政治和財產權利後，開始謀求其他領域的權利，其中包括了擁有自己性與人身自由的權利。因此，性侵害、婚姻暴力、性騷擾等議題開始受到重視。女權主義者鼓勵受暴婦女將其不幸的經驗說出來，以取得社會各界的同情，提供給這類被害人協助，並要求政府修改法律，嚴懲侵犯婦幼人身安全的加害人。

（三）民權運動者也開始將關注的焦點轉移到被害人身上，他們關注的焦點在於種族暴力與警察暴力等問題。他們批評刑事司法系統的運作過程具有歧視眼光，存在著雙重標準。當被害人是白人，而犯罪人是黑人時，警察對此類案件高度重視；但當被害人是黑人，而犯罪人是白人時，則警察對此類案件則往往不太重視。不僅如此，刑事司法其他子系統（檢察機關、法院等）亦抱持著相同的態度，致審判結果常不利於少數族群。

（四）新聞媒體與商業界也開始關心被害人的問題。由於新聞媒體發現，被害人的痛苦與處境是能夠引人入勝的新聞題材，故開始廣泛的報導他們的事件。至於商業界則發現，被害人與潛在的被害人具有廣大的保安器材市場，人們對於犯罪被害的恐懼感，可以為他們帶來龐大的商業利益。

（五）受到犯罪被害調查的研究發現所啟發。為了解決官方犯罪統計黑數問題嚴重的現象，美國分別在1966年和1967年舉辦三次先導研究。期間歷經了幾次的調查方法改革，到了1989年，美國聯邦政府對犯罪被

害調查進行了第五次改革，是為第五代犯罪被害調查之開始。重新設計後的犯罪被害調查擴增其蒐集犯罪資訊的能力，包括性侵害和家庭暴力均包括其中。同時，亦提高了受訪者回憶事件的能力，也探討公眾對犯罪的態度。這些設計均實質地改善了犯罪被害調查的廣度和深度，透過調查並獲得許多影響深遠的資訊。

　　隨著被害者學的研究漸受重視，自1973年起，國際被害者學術研討會[2]定期召開，而聯合國又於1985年通過「犯罪與權力濫用之被害人宣言」（Declaration of Basic Principles of Justice for Victims of Crime and Abuse of Power），將「犯罪被害人」定義為「因違反各國刑法或禁止權利濫用法律之各種作為或不作為，致使個人或團體遭受身體上、精神上之損害、情感上之痛苦、經濟上之損失，或其他對於基本人權有重大侵害之被害人」。[3]自此以後，已有越來越多人注意到被害人在刑事訴訟過程中所遭遇的不平等對待，並促使許多國家的政府開始重視被害人的權益。同時，在此背景下，有越來越多犯罪學家開始對被害人的相關議題進行了有系統的科學研究，今日，「被害者學」已成為一獨立的學科。

二、我國的發展狀況

　　我國於1980年以前，僅有少數刑事法學者關注到犯罪被害人保護的

2　1973年起，第1屆「國際被害者學研討會」（International Symposium on Victimology）在以色列（Israel）首都耶路撒冷（Jerusalem）召開，從此之後，研討會每隔三年定期集會一次，該研討會討論的議題包括：關被害人之法律問題、補償及賠償、被害預防、家庭暴力事件、被害人權及被害事實調查等議題。2012年5月，第14屆研討會在荷蘭（Netherlands）的海牙（Hague）舉行（http://www.14thsymposiumwsv.nl；http://www.facebook.com/worldsocietyofvictimology）。

3　此一宣言之目的在於提升被害人之人權保障，亦被稱為被害人人權宣言。1985年於義大利米蘭召開的「聯合國防治犯罪及罪犯處遇會議」（United Nations Congress on the Prevention of Crime and Treatment of Offenders）大會通過「聯合國犯罪與權力濫用之被害人宣言」（Declaration of Basic Principles of Justice for Victims of Crime and Abuse of Power，adopted by General Assembly resolution 40/34 of 29 November 1985），其主要內容包括：(1)犯罪被害人的定義；(2)被害人在司法程序上權利之保障；(3)加害人對被害人及其遺屬或被扶養人之公正賠償；(4)對於因犯罪而死亡或重傷之被害人未能由加害人得到充分賠償時，應由國家予以補償；(5)政府及社會應對被害人提供其所需之物質、精神及醫學等多方面之援助。此宣言促使被害人之刑事政策所關心的客體，從犯罪被害人補償制度及設立犯罪被害人之支援組織，逐漸發展至刑事司法程序上被害人權益之保護，並且於犯罪者處遇階段導入被害人觀點而強調修復式正義，以及強化犯罪被害預防及權利保障，更促進合理有效的被害人保護支援。

相關議題。首先，林紀東教授於1957年，基於無過失責任的觀念和社會保險的思想，提出被害人損害補償制度的概念，並將其定位為社會安全制度的一環。他認為，如犯罪人無力賠償時，應由國家代負損害賠償責任（林紀東，1957）。1961年，蔡墩銘教授亦指出，刑事法倘有犯罪賠償的規定，除可免於後續訟累外，並可讓被害人獲得即刻賠償，建議修改我國刑法相關規定（蔡墩銘，1961）。再者，1965年，對於被害者學關注最多、影響最深遠的張甘妹教授亦為文提倡被害者學的重要性。張甘妹教授主張：「被害者學」在於分析犯罪人與被害人間的生物學、心理學、社會學等諸多關聯，闡明被害人在人格、素質、環境上的特性。其歷史雖尚淺，但是其研究無論在犯罪原因學、犯罪偵查學及刑事政策學上，都有不可忽視的重要性。她並且進一步指出，有犯罪即有被害，惟因被害人其性質上對社會無害，故在犯罪人的研究（犯罪學）已有相當成就之今日，被害人之研究仍極少為人所注意（張甘妹，1965）。之後，張甘妹教授對被害者學有諸多研究著作，在1976年所出版的《犯罪學原論》乙書，對被害人相關議題的論述最為完整（張甘妹，1995），從此開啟了我國從事被害人保護政策研究之先河。透過諸多學者啟動了對此議題的探討，確實讓我國日後在被害人研究上獲得很大的啟蒙。

1980年代初，台灣社會發生一些重大婦幼人身安全事件，除被害人求助無門[4]、「原住民少女」被迫販賣為娼議題的持續發燒[5]，而婦運團體

---

4 例如：發生於1984年3月30日下午三點半的台北市螢橋國小潑灑硫酸事件，當時住在國小附近的36歲的蔡姓兇嫌，本身患有精神疾病，對學校放學時吵雜的聲音無法忍受而刺激到他的病情，當時他帶著一把刀和一桶硫酸潛進螢橋國小，對著二年級某班的小學生潑灑硫酸，造成43名學童灼傷。這個事件促使政府於1990年12月7日公布施行「精神衛生法」，但有關被害人的損失補償部分，則因當時兇嫌已自殺身亡，而其家屬又表示無力賠償，致家屬求助無門。

5 1986年底到1987年初，中國時報長期以散稿、專題系列報導、社論等形式，密集地報導、評論了「原住民少女」被迫販賣為娼的現象，後來人間雜誌、南方雜誌、時報新聞雜誌，也先後以專輯形式先後加以報導。在媒體相繼披露原住民少女被父母販賣從娼的事件之後，未成年少女從娼整體的問題漸為社會所重視。政府在輿論壓力下，在1987年3月開始執行「正風專案」，以掃蕩私娼寮，救援被壓賣的雛妓。而在輿論、學界及民間公益團體的疾呼下，雛妓在法律及社會上的角色定位也有了顯著的轉變，其不再被視為是偏差或犯罪者，而是「性剝削、性虐待」下的被害人。而許多的民間團體，諸如：婦女救援基金會、勵馨文教基金會、終止童妓協會、彩虹婦女事工中心及臺灣世界展望會等等，便毅然地投入雛妓救援與安置的工作，對於雛妓的研究也相較於以往有較為廣泛及深入的探討。

亦不斷倡導婦幼人身安全與保護措施，引發社會各界開始注意到被害人保護的相關議題，也促使政府部門逐漸關注被害人保護政策。在此同時，政府為因應世界人權保護的趨勢，於1981年7月1日實行國家賠償法，條文中針對公務員或是公有公共設施因設置或管理有欠缺，致人民生命、身體或財產受損害者，國家應負損害賠償責任，開創了我國被害人保護法制的先河。隨著臺灣經濟的起飛，在1987年正式宣告解嚴，性別平權觀念逐漸受到重視，民間團體蓬勃，各種社團相繼成立，其中有不少是屬於關心婦女人身安全的社團。

　　自1990年代起，婦女團體為了解決婦幼人身安全長期遭受漠視所引發的問題，開始展開立法上的壓力，促使政府於此時期通過一系列的犯罪被害人保護法令。在這個時期，政府、學術機關與民間團體亦展開不同程度的探索工作，逐漸確認了日後的發展方向。由於民間團體持續投入犯罪被害人保護工作與議題的倡導，除開創犯罪被害人服務方案外，並草擬相關法令。因此，此時期我國被害人保護議題迅速擴大、發展，並促使政府於此時期通過一系列的犯罪被害人保護法令，與婦幼人身安全有相關者包括：（一）1995年施行「兒童及少年性交易防制條例」，以保護未滿18歲的兒少，使其免於從事有對價的性交或猥褻行為；（二）1997年修訂「刑事訴訟法」與刑事訴訟相關的第248條之1第1項「偵查中受訊問之陪同」、第271條第2項「審判期日之到場陳述意見機會」，確保被害人的訴訟權益；（三）1996年制定並於1997年施行「性侵害犯罪防治法」，除了政府相關單位相繼地頒布處理性侵害犯罪案件相關法令[6]，以落實法案外，各級婦女權益促進委員會、性侵害防治委員會、侵害犯罪防治中心亦逐一成立並正式運作[7]，婦女人身安全工作開始有專責單位，並開始系

6　1997年2月26日法務部頒布「檢察機關偵辦性侵害犯罪案件處理準則」、1997年3月21日司法院公布「法院辦理性侵害犯罪案件處理原則」、1997年7月21日內政部公布「性侵害犯罪防治法施行細則」、1997年9月26日行政院新聞處公布「媒體對性侵害事件之報導保護被害人之處理原則」、1997年12月10日衛生署公布「性侵害事件醫療作業處理準則」、1998年5月13日內政部頒布「警察機關及性侵害防治中心辦理性侵害事件處理準則」、1998年11月11日內政部公布「性侵害加害人身心治療及輔導教育辦法」、1999年3月5日教育部頒訂「大專院校及國立中小學校園性騷擾及性侵犯處理原則」、1999年6月23日法務部函頒「法務部加強婦幼司法保護方案」。

7　1997年5月6日行政院成立行政院婦女權益促進委員會、1997年5月9日內政部成立「性侵害防治委員會」、1997年7月至1998年1月全國各縣市設置性侵害防治中心、1999年6月23日法務部函各地檢署成立「婦幼保護專組」。

統化推展防治工作。除此之外，內政部並設置全國性侵害防治「保護您專線」[8]，提供更為便利的保護服務；（四）1998年制定並公布施行「犯罪被害人保護法」，對於因犯罪行為被害而死亡者之遺屬或受重傷者，支付犯罪被害補償金、暫時補償金，並成立犯罪被害人保護機構[9]，協助被害人辦理緊急醫療及安置、安全保護、生理、心理治療及生活重建、訴訟進行、辦理補償與社會救助等事務，對於不幸因犯罪而受害之被害人及其家庭提供即時且必要之援助，以貫徹國家照顧被害人理念，以及社會福利國原則之立法宗旨。2009年本法修正，將補償對象從原先的因犯罪行為被害而死亡者之遺屬或受重傷者，擴大至性侵害犯罪行為之被害人，並且增加精神慰撫金為補償項目，擴大犯罪被害保護對象至性侵害、家庭暴力與人口販運犯罪、兒童及少年，以及大陸地區、香港、澳門與外國籍配偶或勞工等六類被害人，以及增訂法務部得設置犯罪被害人保護基金之法源依據[10]；（五）1999年制定並公布施行「家庭暴力防治法」，對於家庭成員間實施身體或精神上不法侵害等家庭暴力行為加以規範[11]。1999年4月23日內政部成立家庭暴力防治委員會，負責家庭暴力防治政策之研擬及監督政策執行；各縣市也紛紛於1999年6月成立「家庭暴力暨性侵害防治中心」，全面實施協助被害人相關危機處理與生活重健服務，並於2000年

8　1997年9月20日內政部性侵害防治委員會正式掛牌運作，全國性侵害防治「保護您專線080-000-600」同時啟用，提供受害民眾更為便利的保護服務。

9　依據犯罪被害人保護法第29條之規定，法務部於1999年1月29日會同內政部成立「財團法人犯罪被害人保護協會」，並受法務部監督指揮，復於1999年4月1日在各地檢署成立「財團法人犯罪被害人保護協會」所屬各辦事處，全面性推動全國性犯罪被害人保護工作。2003年12月11日各地辦事處改制為分會，成立委員會並由民間人士擔任主任委員，以廣納社會資源投入推動犯罪被害人保護工作。犯罪被害人保護協會的保護工作包含15項的保護服務，這15項的保護服務，大體可分成三個區塊，(1)是法律，包括法律協助、調查協助、出具保證書、安全保護、申請補償；(2)是心理，即心理輔導；(3)是社工，包括訪視慰問、查詢諮商、社會救助、安置收容、緊急資助、醫療服務、生活重建、信託管理及其他等。

10　我國自2003年9月1日開始施行新修正之刑事訴訟法，並將原有的職權進行主義修改為採改良式當事人進行主義，對被告的保護將更為周延。行政院於2004年9月27日核定修正「加強犯罪被害人保護方案」，強化有關救援協助、安全保護、補償損失、協助訴訟、教育宣導及其他相關具體措施共計39項，賦予其新的生命，使之與時俱進，俾符合保護被害人之本旨。此後，為配合2009年犯罪被害人保護法的修正，貫徹政府協助弱勢之施政主軸，2011年修訂「加強犯罪被害人保護方案」，藉以健全犯罪被害人保護制度，強化犯罪被害人保護措施，有效執行緊急救援、安全保護、輔導保護及生活重建、促進資源整合、確保犯罪被害人補償及民事求償權益，推廣修復式正義理念，促進社會安定。

11　參照最高法院93年度台抗字第951號裁定意旨。

6月全面實行民事保護令制度,是亞洲第一個實行家暴法的國家;(六)1998年行政院核定「加強犯罪被害人保護方案」,以期有效整合政府各機關力量,針對各類型犯罪被害人需要,建構完整的保護網絡,全面推動加強被害人保護工作,該方案訂有:救援協助、安全保護、補償損失、協助訴訟、教育宣導等多達45項相關具體措施。行政院並設立「重大犯罪被害人申訴窗口」,來受理重大犯罪被害人之申訴,並妥速予以處理,以維護被害人權益;(七)訂頒性騷擾防治專法,首先於2002年施行「兩性工作平等法」,並於2008年修正名稱為「性別工作平等法」、再於2023年更名為「性別平等工作法」、2004年制定並公布施行「性別平等教育法」;2005年制定公布並於2006年施行「性騷擾防治法」;(八)2009年制定並公布施行「人口販運防制法」,以防制相關犯罪並保護被害人之權益。

　　行政院在2016年11月至2017年8月舉辦司法改革國是會議,歷經意見徵集、分組會議、總結會議三個階段,來自各界的委員充分合作,針對現行司法制度提出諸多寶貴的建議(總統府,2017a)。司法改革國是會議分組決議總計做成12項決議,第7項決議為「保護隱私及弱勢群體的權利」,其中有關「保護犯罪被害人」的政策方向為:建立關於犯罪被害人保障之基本政策及法制以「有溫度的連結」為核心理念建立「單一窗口聯繫機制、全程服務制度」;「保護弱勢族群」的政策方向為:落實司法體系對於弱勢者的制度性保障,尤其要照顧聾啞等身心障礙者,以及因語言、文化等隔閡影響其司法近用權之弱勢者。還要建立有效保障原住民族司法權益之機制,並加強宣導工作,以落實保障原住民族之精神。而第8項決議為「建立保護兒少的機制」,其中有關「檢討兒虐防治政策」方向為:通盤檢討兒虐防治政策,強化兒童保護機制(總統府,2017b)。

　　到了2023年,「犯罪被害人保護法」名稱修正為「犯罪被害人權益保障法」並修正全文,於2023年1月7日經立法院第10屆第6會期第14次會議三讀通過。以行政院核定之「加強犯罪被害人保護方案」為基礎,並參採聯合國「犯罪與權力濫用被害人之司法基本原則宣言」(Declaration on the Basic Principles of Justice for Victims of Crime and Abuse of Power)、歐盟「犯罪被害人權利、支援及保護最低標準指令」(Directive of establishing minimum standards on the rights, support and protection of victims of crime）之精神，由以往之補償與保護提升為強調尊嚴及同理，並透過公私協力，擴大、深化服務規模，進而落實其權益保障（立法院，2023）。

雖然我國持續訂定相關犯罪被害保護法規，但另一方面，在實際執行上，卻因政府財政於1990年代中期開始出現負成長，致面臨資源與人力不足、補償金過低、保護對象難以擴大、保護層級過低，以及重補償輕尊嚴等諸多困境。以1998年制定並公布施行的「犯罪被害人保護法」為例，在研擬本法之際，預估一年至少要耗費約10億元的經費。但2009年4月，法務部前部長王清峰在立法院的報告中指出：在被害補償方面，自1999年7月1日起至2008年12月底止，各地方法院檢察署共計受理7,823件申請案件，並提供3,749位被害人或其遺屬即時的經濟援助，總共支付11億1,815萬元補償金[12]。因此，被害人所受到的保護並不如「犯罪被害人保護法」制定時所預期的效果。而反觀國際間被害人保護運動於該法施行後則更顯蓬勃發展，各國莫不致力於提升對被害人的照顧與保護，國內亦多所倡議擴大被害人保護，立法委員亦提出「犯罪被害人保護法」部分條文修正草案，主張擴大被害補償對象，應增加性侵害犯罪被害人，並於2009年8月1日通過施行；2011年11月15日再次修正本法，讓在臺不分國籍的犯罪被害人均享有一樣保障，落實政府人權立國施政理念，對我國犯罪被害者人權保障之進程具有劃時代意義。而2023年所修正的「犯罪被害人權益保障法」，修正重點則包括：將犯罪被害人保護層級提升至行政院；司法人員於偵查或審判時，應依相關法令規定，就犯罪被害人或其家屬的需求，提供必要協助或採取適當保護措施；檢察機關或法院得依犯罪被害人或其家屬的聲請，提供案件進度查詢或通知服務；調整犯罪被害補償金的整體制度，從代位求償改為社會補助，提高遺屬補償金為新臺幣180萬元；強化宣傳品、出版品、廣播、電視、網際網路內容提供者或其他媒體，應維護犯罪被害人名譽及隱私的規範。本法修正施行後，落實保障犯罪被害人之尊嚴與人權，就尊重對待、知情、保護服務、經濟支持、獲得賠償等予以規範，對於完善以犯罪被害人保障為核心精神之落實，具有劃時代的意義（立法院，2023）。

---

12 參照立法院第7屆第3會期第9次會議議案關係文書，2009年4月15日，頁45。

第三節　犯罪被害人補償制度

隨著被害人權益受到關注，有越來越多的犯罪者被要求需要補償被害人的損失（此措施稱為「賠償」restitution），或是為社區提供勞務。然而由於許多案件並未破獲，且大多數的犯罪者都沒有被判刑，只有少數的被害人獲得賠償。為了幫助被害人，因此許多國家成立了犯罪被害人補償方案。補償方案有二個特色與賠償方案不同：一、在補償方案中，被害人係從政府基金中獲得補償，而不是直接從加害人中獲得。被害人因此較有可能獲得一些補償金；二、不論犯罪者是否被定罪，補償方案均會給予被害人補償金。然而補償方案的設立卻可能無法解決所有被害人的問題。主要原因包括：由於被害人補償基金不多，被害人若是申請全額補償經常受到否決。其次，並非所有案件類型均適合援用被害人補償方案，有一些特定的犯罪被害類型被排除於補償的資格之外。例如，在美國某些州，酒醉駕車肇事的被害人無法申請補償。第三，被害人補償方案並非適用於所有被害人，當被害人的收入若超過一定的金額以上，也無法獲得補償（Sims, Yost & Abbott, 2006）。

由於中世紀以來，公法體系與私法體系的分離與獨立，刑事訴訟程序與民事訴訟程序因而加以區隔。普遍認為，刑事訴訟程序是為了確立加害人的犯罪行為與刑事責任的機制，倘被害人想得到損害補償，就得另循民事訴訟程序途徑。然而倘若被告沒有財產或財產不足以補償犯罪所造成的損失時，被害人的救濟就難以填補了。受到啟蒙運動、人道主義思想的影響，無罪推定等原則成為刑事訴訟制度的基本原則，加害人的訴訟主體地位受到彰顯，並逐漸成為刑事訴訟程序的主角。基於對國家權力的不信任和濫用權力的恐懼，人們把全部注意力集中在防止國家權力濫用、保護被告權益，被告與國家之間的關係成為刑事訴訟程序的核心任務，而被害人在刑事訴訟中的地位，則處於被遺忘的窘境（柯納爾、鄭昆山、盧映潔，2003）。在被害人的基本訴求不能得到滿足情況下，就有可能會選擇採取私力報復等方式來對待加害人，以平復其不滿，而形成所謂「第三次犯罪被害」。如此一來，對社會將造成另外一種秩序衝突的現象，不但不能真正解決犯罪事件所帶來的各種問題，更難以達到刑罰預防犯罪的目的。

事實上，犯罪被害人補償制度之創設並非新的思潮，早在18世紀

末，邊沁就曾系統化地對建立被害人公費輔助補償制度等相關問題加以論證。而加洛法羅、菲利等實證學派學者，亦多次於國際刑法及監獄會議（1878年在瑞典斯德哥爾摩、1885年在羅馬召開）上呼籲，應以國家資金對被害人進行救濟。墨西哥亦曾在1929年、古巴在1936年時嘗試過實施被害人補償制度，但均因國家資金不足而終告失敗（陳彬、李昌林、薛竑、高峰，2008）。

第二次世界大戰後，對被害人的保護思維逐漸興盛。由於學者體認到被害人的基本需求無法獲得滿足所衍生的諸多弊端，遂萌發了建立被害人國家補償制度的想法。在被稱為被害者學之父的德國學者Hans von Hentig、以色列律師Benjamin Mendelshon，以及加拿大精神醫師Henri Ellanburger等人的倡導下，被害者學興起，並成為一門獨立學科，被害人補償問題並因而得到了前所未有的關注。1964年1月，紐西蘭率先施行了「犯罪傷害補償法」（Criminal Injuries Compensation Act 1963），後來在1974年，重新訂定「意外事故補償法」（The Accident Compensation Act）來取代「犯罪傷害補償法」，成為各國犯罪補償法制的先河。事實上，英國的女性刑罰改革運動家Margery Fry法官早在1957年就曾建議，應由國家補償被害人受到的損害，並引起英國政府和工黨的重視。但遲至1964年6月24日，英國才制定「刑事傷害補償方案」（The Criminal Injuries Compensation Scheme），並於同年8月1日施行。後來英國在1995年11月8日通過「犯罪傷害補償法」（Crirninal Injuries Act）、同年12月12日通過新的「犯罪傷害補償方案」（The Criminal Injuries Compensation Scheme），並於1996年4月1日施行（許啟義，2000）。2001年，英國再次對該方案進行修正，並通過「犯罪傷害補償方案」（The Criminal Injuries Compensation Scheme）。

在美國部分，聯邦政府早在1964年就致力於建立補償計畫，自1965年起，美國國會開始討論聯邦政府應如何鼓勵並幫助州的補償計畫問題。而加州在1965年率先創立了最早的被害人補償方案，至1972年，美國有9個州設有被害人補償方案，提供被害人最直接援助；到1980年，則有28個州設立了被害人補償方案。到目前為止，美國各州，以及哥倫比亞特

區、維爾京群島、波多黎各都設有被害人補償方案[13]。其次，美國並於1977年創立犯罪被害人補償協會；1988年，美國國會通過「刑事被害人法」（Victims of Crime Act, VOCA），確立了最終聯邦補償制度，由司法部所屬的犯罪被害人局（Office for Victims of Crime, OVC）[14]負責執行補償計畫，並在財政部設立了補償基金，用以補償聯邦的被害人、協助各州的補償計畫、指導各州的補償立法，並透過資金的支持來讓各州的補償制度逐漸趨於一同。而聯邦基金則源自於犯罪人繳納的罰金、附加罰金、債券罰金，以及對犯罪的個人或企業所徵收的專項稅捐。自1986年起，各州開始收到來自聯邦的被害人法案基金；聯邦於1988年修訂該法，將各州補償的範圍擴大到家庭暴力被害人。1998年，「刑事被害人法」再次修訂，要求各州應提高被害人獲得補償的比率，並且將獲得補償的處理速度加快（陳彬、李昌林、薛竑、高峰，2008）。

被害人補償制度的風潮也迅速影響到其他國家和地區。歐洲許多國家在1970年代陸續建立了被害人補償制度，如：瑞典於1971年訂定「刑事損害補償法」、奧地利於1972年訂定「刑事被害人救助法」、芬蘭於1974年訂定「刑事損害補償法」、荷蘭於1975年訂定「刑事傷害補償基金法」、丹麥於1976年訂定「刑事被害人國家補償法」、前西德於1976年訂定「暴力犯罪被害人補償法」、法國於1977年訂定「刑事訴訟法典（第四卷）」等。在亞洲部分，受到歐美各國的被害人保護運動所影響，香港於1973年率先建立了被害人補償制度，而後於1996年制定了「被害人憲章」。日本於1980年頒行「犯罪被害人等給付金支付辦法」，並於2001年修訂該法。韓國於1987年制定「犯罪被害人救助法」、菲律賓於1992年制定「不當拘禁以及暴力犯罪補償請求委員會設置法」、印度的馬德拉斯邦於1995年設立對暴力犯罪被害人的「被害人支援基金」。1998年5月27日，我國公布「犯罪被害人保護法」，並於同年10月1日施行。至此，全世界已超過30個國家和地區建立了被害人補償制度（許福生等人，2012）。

不僅如此，國際組織也對被害人補償問題給予高度關注。聯合國大

---

13 參照http://www.nacvcb.org/index.asp?bid=14.，搜尋日期：2013/3/20。
14 參照http://www.ojp.usdoj.gov/ovc/，搜尋日期：2013/3/20。

會於1985年11月29日，以第40/34號決議通過了「聯合國犯罪與權力濫用之被害人宣言」（Declaration of Basic Principles of Justice for Victims of Crime and Abuse of Power，adopted by General Assembly resolution 40/34 of 29 November 1985[15]），要求聯合國成員國為不能獲得賠償的被害人提供經濟上的補償。在宣言中對於被害人補償問題作出了補償（Compensation）專章的規定[16]，第12條規定：「當無法從罪犯或其他來源得到充分的補償時，會員國應設法向下列人等提供金錢上的補償，（一）遭受嚴重罪行造成的重大身體傷害或身心健康損害的受害者；（二）由於這種受害情況致使受害者死亡或身心殘障，其家屬、特別是受扶養人。」[17]第13條規定：「應鼓勵設立、加強和擴大向受害者提供補償的國家基金的作法；在適當情況下，還應為此目的設立其他基金，包括受害者本國無法為受害者所遭傷害提供補償的情況。」[18]

　　歐洲理事會[19]（European Council）則更從1970年代起，就已對使用公共基金補償被害人問題進行關注，並於1983年通過了「歐洲暴力犯罪被害人補償公約」（European Convention on the Compensation of Victims of Violent Crimes），並自1988年起生效。比利時、丹麥、芬蘭、法國、德國、希臘、盧森堡、荷蘭、葡萄牙、西班牙、瑞典和英國12個國家簽署了該「公約」，丹麥、芬蘭、法國、德國、盧森堡、荷蘭、葡萄牙、西班牙、瑞典、英國、亞塞拜然、賽普勒斯、捷克共和國、挪威和瑞士等國等

---

15 參照http://untreaty.un.org/cod/avl/ha/dbpjvcap/dbpjvcap.html，搜尋日期：2013/3/20。

16 參照http://www.un.org/ga/search/view_doc.asp?symbol=a/res/40/34，搜尋日期：2013/3/20。

17 聯合國犯罪與權力濫用之被害人宣言該條文原文為：12. When compensation is not fully available from the offender or other sources, States should endeavour to provide financial compensation to: (a) Victims who have sustained significant bodily injury or impairment of physical or mental health as a result of serious crimes; (b) The family, in particular dependants of persons who have died or become physically or mentally incapacitated as a result of such victimization. (http://www.un.org/ga/search/view_doc.asp?symbol=a/res/40/34)。

18 聯合國犯罪與權力濫用之被害人宣言該條文原文為：13. The establishment, strengthening and expansion of national funds for compensation to victims should be encouraged. Where appropriate other funds may also be established for this purpose, including in those cases where the State of which the victim is a national is not in a position to compensate the victim for the harm. (http://www.un.org/ga/search/view_doc.asp?symbol=a/res/40/34)。

19 也被稱為歐盟首腦會議、歐盟高峰會或歐洲高峰會，是由歐盟27個成員國的國家元首或政府首腦與歐盟委員會主席共同參加的首腦會議。

國家批准了該「公約」。此外，1989年，歐洲理事會通過了「關於暴力被害人的決議」；1998年，通過了「維也納行動計畫」；2001年通過了「歐盟犯罪被害人決議」（許福生等人，2012）。

　　此外，世界被害者學會召集各國被害人保護領域的學者專家，在2005年12月為聯合國起草了「為犯罪、濫用權力和恐怖主義受害者取得公理和支持的公約（草案）」。該公約草案要求締約國，當被害人無法從犯罪人或者其他管道獲得賠償時，應致力於向遭受嚴重罪行造成重大身體傷害或身心健康損害的被害人，以及由於這種受害情況造成死亡或身心殘障的被害人家屬，特別是受扶養人補償，並鼓勵創立、加強、擴展國家、區域或地方性的被害人補償基金，而且可以考慮通過一般收入、特殊稅收、罰款、私人捐贈或其他途徑來籌集資金，在跨越國境的犯罪案件中，發生犯罪的國家應根據互惠原則對外國當事人進行補償（陳彬、李昌林、薛竑、高峰，2008）。

　　從各國的發展趨勢我們可以發現，被害人補償制度基本上是由國家所主導，國家以專門的立法和國家資金為保障，按照法律所規定的程序，對於某些特定範圍內的被害人或其親屬給予一定額度的經濟補償。因此，國家是被害補償制度的主要主體，此制度係以國家，或由國家設立專門的部門或機構為義務主體，並以國家所籌措的經費為補償金之來源。而從各國的發展趨勢，則進一步發現，補償金支付的對象，除了直接的被害人外，尚包括狹義的間接被害人，包括被害人的配偶、子女、父母等近親。犯罪學的研究發現，犯罪是由於社會多種因素所共同作用的結果，並不能直接歸咎於某一個體的具體行為，其中隱含著為保障社會成員共同利益而代表全體社會成員履行的社會互助責任。據此，政府以納稅人支付的政府財政經費作為被害補償的經費來源，是具有正當性的基礎。至於影響被害補償制度立法的因素，亦與該國家（或地區）的社會保障水準、經濟發展水準，以及社會安全狀況密切有關，而這些因素也決定了被害補償制度的建構程度。其中，「經濟發展水準」是一項非常重要的影響因素，除了滿足社會成員不可或缺的物質需求基礎外，並直接決定了政府可支配財力的豐裕程度，進而影響到政府支應補償金的財政能力（許福生等人，2012）。

第四節 修復式司法方案之推動

「修復式司法」（restorative justice，或稱修復式正義）一詞，最早是由Albert Eglash於1977年所提出來的。在修復式司法概念的發展上，最早是由一群實務人員所提倡的，而各地所發展的模式並不一致，因此有關「修復式司法」的定義與模式，相當多元[20]。但整體而言，修復式司法模式對於犯罪問題的處理係有別於當代刑事司法，它並不是將國家視為犯罪行為中的主要被害對象，並讓被害人與加害人處於被動的角色；取而代之的，該模式認為犯罪所直接傷害的是與其有關的個體。它假設那些受到犯罪影響的人，都應該有機會主動參與衝突的解決過程，讓加害人可以為其行為後果負起直接責任，進行傷害的修復工作，並且協助被害人走出犯罪被害的陰霾，而能夠回歸正常的生活[21]。

---

20 修復式司法並非人類社會的新發明，而是集合傳統社會舊有的賠償、補償、和解、彌補、社區服務、調解及保險的綜合概念。現代修復式正義的復甦實務與被害人權益保護運動的發展密切相關，一般認為最早的操作實務為1974年在加拿大安略省一群絕望受挫的觀護人開始要求犯罪人與被害人見面討論所受到的傷害以減少再犯，其他國家也開始運用此方案。但在1980～1990年代所推動的修復式司法方案被批評係以矯治更生為中心，過度重視加害人修復而忽略被害人需求，其後才慢慢融入被害人與社區修復的意涵（黃蘭媖、許春金、黃翠紋，2011）。

21 Albert Eglash在「Beyond Restitution: Creative Restitution」這篇文章中指出，刑事司法應可劃分成三種類型，包括：以懲罰為基礎的「應報司法」（retributive justice）、以治療處遇加害人為基礎的「個別司法」（distributive justice），以及以復原為基礎的「修復式司法」。他指出，不論是懲罰或是處遇模式都將處理的焦點集中在加害人的行為上，而沒有讓被害人參與司法過程，以及只是要求加害人消極的參與即可。但是相反地，修復式司法則將處理的焦點集中在加害人行為所造成的損害結果上，在賠償與矯治的過程中，讓加害人與被害人有積極參與的機會。此後，有許多的學者亦採用「修復式司法」一詞，但是在字義上有些許的不同。例如，Howard Zehr（1990）認為應該區分成二種司法類型，即應報司法與修復式司法。他認為修復式司法是一種：「犯罪是一種侵害個體與人際關係的一種行為，司法應該讓加害人負起責任。因此，司法程序應該讓被害人、加害人，甚至是社區能夠共謀解決問題的方式，而提升復原、和解與再保證（reassurance）的成效。」Zehr也進一步就修復式司法與傳統刑事司法之間的差異加以分析，認為傳統的刑事司法較具有懲罰性，而修復式司法對於犯罪事件的處理則比較強調責任（accountability）、復原（healing），以及終結（closure）。另外，Martin Wright（1991）則認為，此種模式是一種提倡：「處理犯罪的方式並不是要增加處理過程對於被害人所造成的傷害，也不是要造成加害人未來的傷害，而是要讓當事人得以儘可能地復原。因此，社區提供協助給被害人，而加害人則必須負起責任，也必須彌補被害人的損失。關注的焦點不應僅侷限在行為的後果上，也必須能夠發展出讓被害人與加害人有受到尊敬的感覺，以及對其有人道的關懷。」不論對修復式司法的定義為何，基本上學者們普遍認為，修復式司法模式對於犯罪行為與被害人，有著與傳統刑事司法不一樣的思維方式。

綜觀1970年代以前，許多國家的刑事司法管理者是以增加經費與人力的策略，來對抗漸增的犯罪。但是到了1970年代末期，由於地方與國家財政緊縮，加上犯罪率節節升高，以及犯罪年齡低齡化，使得此種策略面臨考驗。理論上，現代國家的刑事司法制度是使用罪責相當的刑罰，主持公義、嚇阻犯罪。然而它對於改正犯罪人或是嚇阻功能往往非常有限，而且經常讓事件更形惡化。為了改善此種情況，有許多學者開始反思犯罪抗制策略的成效，並試圖尋求新的出路，以維持社會治安。此時所出現的「社區犯罪預防理論」（community crime-prevention theory）即是植基在：犯罪抗制策略若是能夠深植於民眾對犯罪抗制的覺醒，將可以節省很多國家預算的理論基礎上。修復式司法模式即為社區犯罪預防方案中，廣被採用的策略之一。有幾個因素促成修復式司法模式的適用變得普遍（Committee of Ministers of the Council of Europe, 1999）：

　　一、此種方式比較有彈性、適用範圍廣泛、以問題解決為導向，而且是傳統刑事程序的一種替代方式。

　　二、是一種參與式的問題解決方式，可以滿足當事人（包括被害人與加害人）、與犯罪事件有關的其他人，甚至是社區參與事件處理過程的需求。

　　三、由於認知到，有越來越多的被害人對於他們犯罪被害事件的處理過程與結果有發言表達的權利，包括：與加害人對談，以及獲得道歉與賠償。

　　四、由於認知到，鼓勵加害人為自己的行為負起責任，並且有機會為自己的行為辯解的重要性，因為這些對於預防他們未來再犯，以及復歸社會是相當重要的。

　　五、由於認知到，調解可以讓雙方當事人、社區在預防和處理犯罪或是其他人際間衝突問題上，都扮演重要的角色。

　　六、由於認知到，調解需要特殊的技巧、操作的規定，以及讓調解員接受適當訓練方能勝任的重要性。

　　七、此種方式讓社區民眾有參與解決犯罪事件的機會，因此具有讓政府和民間的力量結合在一起，共同處理犯罪問題的潛在利益。

　　以下將先說明修復式司法模式與傳統刑事司法模式之差異，接著探討影響政府強制力嚇阻婚姻暴力施虐者無效的因素，以及修復式司法模式之

運作型式。

一、修復式司法模式產生背景

修復式司法模式的支持者回溯古老時代人們對於犯罪的舊有觀念而指出，犯罪行為固然破壞了法律，但更重要的是，它造成了犯罪被害人、社區，甚至是加害人本身的傷害，然而這些傷害卻被現代大多數的刑事司法體系所忽略。修復式司法模式係一種以被害人為中心的犯罪處理模式，企圖使犯罪被害人、加害人及社區回復到原來的狀態，幫助所有與犯罪有關的人能夠儘早從犯罪傷害中復原，建立一個祥和的社區（Van Ness, 1996）。這個模式並不是一個新的概念，而是援用人類古老社會對於犯罪問題的解決方式，只是在新的世紀中賦予不同的外貌，其間的差異如表2-1所示。一般而言，人類古老社會對於犯罪的定義、參與者以及預期的目標，均與現代社會有相當大的不同，而與修復式司法模式的原則類似。

表2-1　古老社會與現代社會對於犯罪處理的差異

模式 區別	古老模式	現代模式
犯罪的定義	傷害被害人及其家人	違反法律的行為
參與者	被害人、加害人、社區以及政府	加害人以及政府
預期目標	彌補傷害以及重建正確的關係	經由應報、懲罰、嚇阻以及監禁以降低未來違反法律的行為

資料來源：Van Ness, D. & Strong, K. H. (1997). *Restorative Justice*. Cincinnati, OH: Anderson Pub, p. 7.

澳洲犯罪學家Braithwaite曾經根據這些原則，在明恥整合理論中提出「羞恥」（shame）與「復歸」（reintegration）二個概念。在該理論中，「羞恥」（shaming）的概念居於核心地位，認為決定個體是否從事犯罪的關鍵在於「羞恥」。Braithwaite表示，羞恥是一種對犯罪行為表達非難的社會過程（social process of expressing disapproval），而這種非難過程是指所有意欲或影響被羞恥者感到悔悟的過程，以及讓其他知道該羞恥作為之人發出譴責的過程。羞恥的型式隨文化不同而有所差異，可以從諸如

刑事審判之類的極正式化儀式，到極細微的非正式動作，例如翹翹眉毛等肢體語言的使用。Braithwaite更進一步將羞恥分為兩種類型：一種是修復性羞恥（reintegrative shaming），另一種是烙印性羞恥（stigmatizative shaming）（黃富源、孟維德，1997）。修復性羞恥（明恥）意謂著：（一）非難的同時依然維繫尊敬的關係；（二）確認（certify）偏差行為的儀式會被取消確認（decertify）偏差行為的儀式所終止；（三）對行為的罪惡非難，但並沒有把人標籤為邪惡之人；（四）並沒有把偏差行為變成主要的身分特徵。因此，修復性羞恥是植基於非正式社區罪行非難的一種社會控制型式，但是讓犯罪者有機會重新復歸到社區中。至於烙印性的羞恥（羞辱）則意謂著：（一）缺乏尊敬的非難、羞辱；（二）僅有確認偏差行為的儀式，而沒有取消確認偏差行為的儀式；（三）不僅對行為，同時也將個人標籤為邪惡之人；（四）將偏差行為變成主要的身分特徵。Braithwaite主張，大多數有效的犯罪控制需要積極的社區參與，不但羞恥加害人，也讓他們有復歸社會的機會。因此，當羞恥是具有復歸作用時，再犯就會減少；當羞恥變為烙印時，標籤理論所預期的結果就會出現，再犯就可能增加。此外，他更強調，羞恥的作為是落在一個從高度復歸性羞恥形式，到高度烙印形式的連續構面之上；文化是複雜的混合體，所有的文化均包含修復性及烙印性的羞恥作為。Braithwaite認為，當文化中修復性的羞恥作為較烙印性的羞恥作為為主流時，此等文化中的犯罪將會較少（黃富源、孟維德，1997）。

　　以目前的刑事司法制度運作而言，主要的焦點是集中在政府及加害人的對立上。政府希望經由法律的制定與懲罰違法的人，以建立社會的秩序。但因為政府的權力實在太大了，因此程序正義乃轉而希望能夠確保加害人的權益，以及在接受政府對其審判時，能夠受到公平的待遇。為了防止政府的權力過度擴大，乃發展出幾個刑事政策應該遵守的原則，諸如：（一）法治國原則：在形式上，國家的刑罰手段都必須有法律上的依據；在實質上，則法律的制定必須有「正義」的基礎，或是「正當性」的根源。同時，刑罰的宣告與執行則都應由法官為之；（二）人道主義原則：要把人當人看，一個人必須把他人當成目的而不是手段，所強調的則是對於人性尊嚴的尊重；（三）責任主義原則：刑事刑罰僅能對於犯罪者就其犯罪之行為具有可非難時，始能適用。因此，刑罰是以犯罪者的責任為前

提，沒有責任就沒有刑罰（林東茂，1997）。後來此種模式乃演變成在訴訟程序中，加害人是站在防禦的立場（經常是消極的抵抗），而政府則是扮演積極的角色。至於刑事法庭則是政府與加害人激烈辯論的戰場，在這裡決定了加害人是否有違反法律，以及應科予何種的應報。

　　在此種模式下，政府與加害人的關係如圖2-1所示：

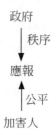

政府

↓ 秩序

應報

↑ 公平

加害人

圖2-1　政府與加害人之間的關係

　　此外，近年來已有越來越多人體認到，傳統刑事司法處理犯罪模式並不足以解決犯罪問題。第一，許多國家的刑事司法系統都面臨許多無法解決的問題。除了傳統應報目的外，在許多矯治政策制定者與實務人員之間所持的懲罰與矯治理念，也存在著相互矛盾的衝突，基本量刑目的並不明確。

　　第二，犯罪被害人在參與刑事訴訟程序的過程中，可能會遭受二度傷害而感到挫折，並轉而採取疏離的態度。在兩造對立的刑事訴訟過程中，被告很少會願意承擔他們行為後果所需負擔的責任，而且在政府機關處理案件及律師們企圖解析案情的過程中，將會降低他們主動參與的意願。加以證據蒐集不易，而訴訟過程又會形成當事人對立的情形，容易導致當事人與法院疏離。即使刑事司法系統已經採取嚴格的刑事政策來處罰犯罪人，但是在整個訴訟過程中，被害人在訴訟程序的進行上，仍然沒有作決定的權利，被害人可以參與的程度事實上是相當低的。被害人並非訴訟主體，充其量只不過是擔任檢察官的證人而已。因此，他們幾乎無法掌控訴訟的過程，也沒有參與訴訟程序的權利。就許多被害人而言，往往會因為遭受忽視、經常沒有被告知訴訟程序、法院開庭日期，以及案件的判決情形，因而增加其挫折感與忿怒的情緒。從過去的研究也發現，被害人在出

庭作證過程中，也往往會遭受刑事司法系統的二次傷害，包括：時間耗損、金錢損失、起居不便，遭人恐嚇騷擾，並因而使其飽受心靈上的創傷（黃翠紋、孟維德，2012）。至於刑事司法人員則很少會花費時間來傾聽被害人的犯罪被害恐懼感，並且讓他們在加害人對於自己行為辯解時能夠在場。在這樣的過程中，被害人的內心往往會感到遭受二次傷害──第一次被加害人所傷害，第二次則是被刑事司法系統所傷害。因此，在此種制度下，往往促使被害人採取不合作的態度，而無法與政府合作共同追訴犯罪者，不但讓犯罪者逍遙法外，並將可能促使更多的人成為被害人。

目前在許多國家中，其刑事司法系統已經呈現飽和的狀態：對於眾多的申訴案件沒有採取處置措施；法院在案件數量過多的情形下，案件往往無法受到詳細徹底的審理，反而耗費當事人相當多的時間、金錢與精力；監獄已經比過去來得擁擠；然而由於財政上的危機，卻使得系統的容量無法擴充（Wright, 1996）。

刑事司法系統所面臨的另一個問題，則是增加懲罰無法降低犯罪率。假使嚴格的懲罰與監禁能夠有效嚇阻犯罪，那麼這個社會將會是非常安全的，然而從諸多的證據卻顯示出，這些策略的成效是相當有限的。累犯的比率比以前增加很多，而且一直沒有一個最好的監護與處遇方法。即使可能，也不一定可以讓民眾的犯罪被害恐懼感得以降低。以警察的可見度（visibility）為例，增加警察可見度或許可以暫時增加民眾的安全感，然而眾多的實證研究卻顯示，增加警察在公共場所的可見度，事實上反而也可能同時增加民眾的不安全感。

最後，就社區的成員而言，他們也很少有機會直接參與訴訟的進行，他們只可能被傳喚充當證人。而在海洋法系國家中，他們充其量只是多了一項參與訴訟程序的機會──擔任陪審團的成員而已。面對這些問題，有許多人乃開始反思傳統刑事司法系統在犯罪抗制上的成效，並試圖尋求新的出路。

二、修復式司法模式的內涵

修復式司法模式認為，犯罪被害人是那些直接或是間接受到加害人所傷害的人。所有犯罪被害人都有使他們生活得以重新獲得控制的需要，他們也同時有為其本身的被害事件辯解的需求。由於被害人在整個過程中無

法預防事件的發生,將使其對犯罪被害經驗感到無力感(甚至因而產生犯罪被害創傷症),因而可能需要重新獲得適度安全而有力的感覺。由於犯罪被害也是一個由他人錯誤所造成的結果,這意味著被害人也需從政府人員獲得一些有關不法行為的訊息、案件進行的程度,以及可能獲得的賠償等資訊。在社區方面,其所受到的損失是它的秩序、一般的價值觀、社區成員對於它的信賴感,以及它所提供的安全環境等,均遭受挑戰與侵蝕,使社區成員無法免於犯罪被害的恐懼。至於加害人則往往同時從犯罪事件中獲得利益與遭受傷害。其所受到的傷害也可能是在犯罪之前即已存在,並且因某種因素而促發了加害人的犯罪行為。

在修復式司法模式中,政府及社區所扮演的角色是建立一個祥和的社會。此目標之得以實現,部分是需要仰賴政府對秩序的維護,然而社區也需在它的成員之間負起形成強健、穩固,及平和關係的責任。此種在社區與政府之間的合作關係,是犯罪預防的基礎。

在政府與被害人及其加害人的關係方面,政府所扮演的角色是要能夠確保賠償得以實現,能夠重建社區秩序。當確信加害人受到公平的待遇後,經由復原和賠償,使被害人能夠受到有利的補償。在社區與被害人及其加害人的關係方面,社區所扮演的角色在於尋求被害人與其加害人之間和諧關係的重建。社區對於被害人的目標,在於使其所受到的損失得以重建;而社區對於加害人的目標則在於使其接受矯治。因此,修復式司法模式主張犯罪問題的處理,各系統的關係應如圖2-2所示。圖中顯示:光是有祥和的社會卻沒有秩序時是不完善的,此種情況就猶如被害人只獲得賠償卻沒有辯解的機會一樣;光是對被害人進行復原的工作卻無法使其獲得補償,就猶如加害人只接受矯治卻沒有得到公平的待遇一樣,都是不完善的。由於一個社會無法只選擇這個模式中的某一個部分,而忽略其他部分,每一個部分都有存在的必要。因此,修復式司法模式嘗試尋求被害人、加害人、社區及政府四者之間權力及責任的平衡。

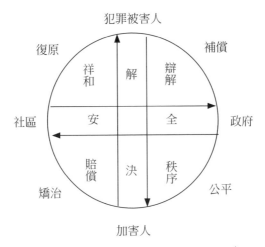

圖2-2　修復式司法模式運作模式

資料來源：Van Ness, D. W. (1996). Restorative justice and international human rights. In B. Galaway & J. Hudson (Eds.). *Restorative Justice: International Perspectives*. New York: Criminal Justice Press, p. 28.

三、修復式司法模式的運作要素

　　聯合國的基本原則中針對刑事案件應用修復式司法方案十分強調雙軌制的精神，即由刑事司法轉介的案件最終仍需要回到刑事司法程序中進行最後清楚明確的處理，而不能在其間被稀釋與模糊化。同時，也有越來越多的人認為修復式司法方案是唯一可以滿足刑事司法程序中不同參與者，且又能達成預防犯罪與維護社會安寧秩序的途徑，故將其稱為整合性的司法（黃蘭媖、許春金、黃翠紋，2011）。具體而言，修復式司法模式的目標是期望建立一個可被接受的有效犯罪處理模式。而隨著修復式司法模式適用與需求的逐漸增加，評估何種方案有效、如何運作才能夠更有效，以及對於哪些人是有效的處理方式，就變得有其存在的必要性。近年來，已有不少研究評估修復式司法模式的成效，特別是對於被害人與加害人協商方案，以及家庭團體會議方案的評估（Cobb, 1997; Stubbs, 1997）。然而除非方案的一些要素，諸如：目標與適用的對象等已經被定義清楚，而且程序的測量、結果的評估，以及服務的草案都已制定好，否則就很難清楚說明方案的成效如何。

　　由於並非所有犯罪案件都適合以此模式處理，在啟動方案的運作之前，方案負責的人員必須先行篩選適合參與方案的對象，以避免被害人再次受害。當方案沒有篩選加害人，或是任由實務人員自由選取，那麼方案啟動的決定將會隨著人員的不同而有所不同；假使加害人並不適合參與調解方案，不但會對於問題的解決沒有任何助益，甚且會為被害人帶來負面效應，使其遭受更大傷害。因此，修復式司法模式需要一個獨特的篩選方式，而且此種方式應該可用以評估加害人對於被害人所造成的情緒上傷害之可能性，亦即所謂的被害危險性（victim-risk）。因此，在修復式司法模式的運作中，其中一個最為根本要素即是如何系統性地篩選適合的加害人，方能啟動此類方案。

　　在篩選的要件上，首先必須選取有意願參與調解的加害人參與。其次，則需注意到加害人的特質是否適合參與此類方案。其中，Presser和Lowenkamp二人所列出之預測指標是頗具參考價值的，因而本書予以援用。表2-2係經由列出加害人特質與被害人需求的關聯性，以了解被害人風險評估之項目。每一個被害人復原先決條件，都列在加害人特質的旁邊[22]。例如，假使一個加害人欠缺同理心（empathy）將無法使被害人放心，因為他（她）將不能夠了解被害人的恐懼與缺乏安全感（Presser & Lowenkamp, 1999）。加害人欠缺同理心應該是可以預測被害風險，但是在過去卻被排除在傳統的危險評估工具中，因為它與再犯危險性之間並不具有很高的相關性（Andrew & Bonta, 1994）。與同理心有關的是道德的成熟度，當加害人具有不成熟的道德思想時，將比較不能夠符合修復式司法模式的賠償要求，也比較不能夠在會談過程中達成共識（Van Voorhis, 1985）。

---

22 此外，Zehr亦曾經列出修復式司法模式所想要達成的被害人復原的六個先決條件，包括：灌能（empowerment）、說實話、回答問題、回復損失、再保證，以及感覺人們已經做了一些事情來幫助加害人改變其行為。而Presser與Lowenkamp即是根據這些條件列出評估的項目。有關這六條件請參閱Zehr, H. (1995), *A New Focus for Crime and Justice: Changing Lenses*. Scottdale, PA: Herald Press, pp. 24~24.

表2-2　修復式司法模式的被害人風險評估項目

加害人危險因素與應有特質　被害人需求	加害人危險因素	加害人應有特質
灌能	推卸責任、濫用權力	願意負起責任、道德成熟
說實話	不誠實、不在乎、精神狀況不穩定、認知不成熟、道德不成熟、心理病態人格者	誠實、注意力能夠集中、精神狀況穩定、認知成熟、道德成熟、不是心理病態人格者
回答問題	不誠實、不在乎、欠缺參與的動機	誠實、注意力能夠集中、有參與的意願
賠償損失	欠缺參與的動機	有參與的動機
再保證	欠缺同理心、低的情緒智能	同理心、情緒智能
感覺人們已經做了一些事情來幫助加害人改變其行為	難應付、缺乏一般的責任感	具有責任感

資料來源：引自Presser, L. & Lowenkamp, C. T. (1999). "Restorative justice and offender screening." *Journal of Criminal Justice*, 27(4): 339.

四、修復式司法模式於我國的實踐現況

　　近代我國刑事司法改革一方面朝向保障被告人權，另一方面亦受到被害人保護之壓力。2003年刑事司法制度產生重大變革以保障被告人權，訴訟制度朝向當事人進行主義以及法庭交互詰問。法務部為避免此變革導致案件負荷提升以及訴訟時間增加，亦鼓勵針對微罪採取附帶條件的緩起訴、認罪協商和緩刑，以增進訴訟經濟及提升效率，而「修復式司法」亦逐漸成為犯罪被害人保護的重要議題。在2008年犯罪被害人保護國際研討會中，法務部郭文東司長的報告明確指出：被害保護未來的方向是朝向推動修復式司法。而在施茂林部長任內，亦推動在監獄中對受刑人實施被害影響宣導計畫。此外，保障被告人權之際，法務部也在保護司中特別設置被害人保護科專司被害人保護工作研究發展與執行等。前法務部王清峰部長於2008年11月「關懷無國界」國際研討會手冊為序提到「十年來，全面推動修復式司法，使犯罪被害人的保護措施燦然大備，績效普獲肯定」。法務部保護司在同一研討會中報告犯罪被害人保護業務策進作為，

特別以修復式司法為結尾：「協助被害人及加害人兩造參與調解、協談，促進兩造和好，轉化對立為寬容，和解共生，促進社會和諧。」法務部2009年7月出版之「司法改革十年之實踐與展望」一節中，將推動修復式司法列為制度性改革的項目之一，期許重建司法公信力、贏得人民信賴。為求更具體推動被害人與加害人的和解與修復方案，法務部於2010年擇定士林、板橋、苗栗、台中、台南、高雄、宜蘭、澎湖等八個地檢署參與本次試行方案。至2012年，則已推行至全國各地檢署，但由於此方案在我國係屬新作為，因此大多數地檢署目前處於試驗性的階段。

第五節　犯罪被害人司法程序上權益之保障

　　長久以來，各國刑事訴訟程序的運作原則，在考量人權保障及刑罰公平下，均將其定位於國家（科以刑罰）與犯罪嫌疑人（接受制裁的加害人）之間的互動規範。依據我國刑事訴訟法第3條規定：「本法稱當事人者，謂檢察官、自訴人及被告。」明文排除被害人及告訴人成為刑事訴訟程序中當事人的地位，而委由代表國家公益的檢察官為被害人追訴加害人的不法行為，將親身經歷事件經過的被害人作為證人加以訊問。不僅如此，加害人與被害人於刑事訴訟的程序權利則頗為不對等。加害人擁有聽審權（其內涵包括請求資訊權、請求表達權及請求注意權）、辯護權及在場權、聲請調查證據權、對質詰問權以及救濟權等權利。然而不論是被害人或告訴人，相較於刑事訴訟法明文保障加害人人權的現象則顯然居於弱勢。被害人在我國現行法上僅享有：收受文書送達權、於偵查中受訊問時可由特定人員陪同在場並陳述意見權、緩起訴處分書收受送達權、審判期日受傳喚通知權、請求檢察官上訴權，以及於協商程序得徵詢其意見等權限。其他國家立法例亦多採行此種原則，例如美國刑事訴訟程序亦否認被害人為當事人，而在程序上賦予被害人審判庭在場權、程序進行通知權、量刑陳述權及獲知判決結果的權利；日本則賦予被害人審判庭在場權、詰問權及陳述意見權；至於德國則將被害人作為「訴訟參與人」之一，讓被害人得加入檢察官提起的公訴程序中，而擁有自己訴訟權利的程序（稱為「從屬告訴」制度），其權利則包括：受律師輔佐權、主要審判程序中的

在場權、庭期及判決的受通知權、閱卷權、提問權、異議權及聲請調查證據權等（賴芳玉、楊汝滿，2013）。因此，不論在刑事司法制度，或者是一般社會輿論之中，各國的犯罪被害人均扮演著「被遺忘的存在」之角色。

隨著犯罪被害調查研究之展開，讓世人逐漸發現，犯罪被害與其日常生活有關。不僅如此，過去研究亦在再顯示，被害人除了在犯罪事件中直接遭受「第一次被害」外，在刑事訴訟過程中，被害人亦常遭受來自於刑事司法機關的「二次傷害」。再者，部分被害人也可能因第一次與第二次被害經驗而自暴自棄，導致被害人的「第三次被害」。為解決此種現象，1970年代起，重視人權保障的國家，開始啟動犯罪被害補償制度，而聯合國亦於1985年通過「犯罪與權力濫用之被害人宣言」，要求各國對被害人「應給予同情與尊重他們的尊嚴」，大大提升了犯罪被害人人權的保障程度。從1980年代開始，許多國家紛紛將犯罪被害人保護制度擴大到刑事訴訟程序之上，加強犯罪被害人於訴訟程序上之保護，並確立其法律地位。而這些訴訟程序上之保護措施，諸如：保護被害人訴訟程序之參與權、受協助權、資訊取得權、隱私權、安全維護、救援與扶助、損害回復等。

時至今日，各先進國家的司法制度各有其不同的歷史沿革，且受到各國因應其內部社會環境、時勢潮流變遷等因素所影響，而發展出不同的被害人保護政策思維，致其在刑事程序上對被害人保護的內容與方法亦有出入，難以有特定基準來論斷其制度優劣。然而綜觀各國立法規範中，有關被害人刑事司法之參與，一般認為主要內容有四：一、刑事程序中相關被害人保護措施；二、訴訟進行中對於被害人提供程序資訊；三、訴訟進行中被害人之程序參加；以及四、刑事程序中之被害損害賠償之救濟（賴芳玉、楊汝滿，2013）。其中，為考量犯罪被害人權益之資訊保護，現行法中有關被害人之姓名等得可以特定化被害人之事項，於起訴狀朗讀、起始陳述、書證朗讀、證人詰問、被告詢問、論告、辯論等各項訴訟活動中，免於公開法庭中揭露的情形。近來，各國實務運作上法庭朗讀起訴狀時，得因法庭訴訟指揮，於詢問辯護人意見後，有得以隱藏被害人姓名之考量。因此，相關制度運作必須在法院、檢察官、辯護人三者均同意之情況下，方有實現之可能。而在立法例上，有於被害人及其辯護人提出聲

請時，經法院詢問被告或其辯護人之意見認為相當時，得宣告於公開法庭中不得揭露被害人事項之裁定。同樣地，基於被害人權利保護之考量，若被害人有意對案件有所了解，立法規範上放寬、擴大審判紀錄閱覽、謄寫條件以及範圍，落實、擴大刑事程序上保障被害人「知的權利」。再者，所謂「被害人訴訟參加制度」，為被害人想了解案件的原委，或意圖回復被殺害人的名譽，要求刑事程序中作為當事人而參加訴訟。亦即，被害人及其代理人實際進入審判區域，就近坐在檢察官身邊，雖受一定限制，但仍得詰問證人及詢問被告，且訊問證人終了後，同檢察官論告、求刑得實施最終意見陳述。所謂「損害賠償命令制度」，相對於歷來被害人若有意提起民事裁判時，通常必須於刑事裁判外，另行向民事法院提起訴訟，然本項制度則是於刑事裁判終了後，該刑事法官接續進行民事的審理，故民事、刑事訴訟得藉由一次審判程序終了，被害人因提起訴訟所受精神上之痛苦，亦因而得以減少一次。同時也可避免刑事、民事裁判矛盾，且獲致簡易、迅速救濟等，這些事項對被害人而言，乃為具有重大實質利益之制度。

相較於成年被害人，過去的犯罪偵查工作往往不重視受虐兒童，使他們較不可能將所經歷或目擊的犯罪事件告訴警察人員。至於警察人員的偵訊過程，也往往不注重受虐兒童心理感受，而造成二度傷害，進而使其心生抗拒，不願意擔任證人。Goodmen和Bottoms（1993）的研究即指出：兒童經歷或是目擊的犯罪事件其犯罪黑數較成人被害人，或是目擊證人高出很多。在必須由兒童擔任證人的事件中，他們可能會因為目擊其他陌生人遭受暴力攻擊而擔任證人，亦可能因為本身的犯罪被害事件而擔任證人。雖然任何犯罪類型的兒童被害人及目擊者，都可能以證人的身分在法庭上作證，然而隨著兒童虐待事件逐漸受到重視，在訴訟事件中兒童證人仍然以兒童的性虐待事件為主。主要是因為此類事件往往沒有明顯的跡證，故而特別需要仰賴兒童所提供的證詞。例如，Leippe等人（1989）曾經針對佛羅里達（Florida）檢察官所承辦的兒童證人事件進行統計，結果發現其中以兒童遭受性虐待事件占了一半[23]。隨著性侵害與兒少保護事件

---

23 在過去，由於兒童遭受性虐待往往沒有明顯的傷痕，而且他們可能因為以下的原因而不去報
　案：(1)施虐者威脅他們不可以把此事件告訴他人；(2)如果施虐者為自己的（繼）父母親，則

逐漸受到世人的重視，有關兒童遭受性侵害而成為被害人的改革措施就相對受到矚目，致其在訴訟上的權益保障亦較廣泛。例如，美國聯邦政府在1990年所通過的「兒少虐待法案」中（Child Abuse Act），賦予兒童被害人和證人許多權利與保護措施，這些措施包括（Whitcomb, 1992）：一、兒童可以選擇留在法庭上作證，或是選擇在審判時使用雙向的閉路電視，或是使用錄影帶作證；二、推定兒童擁有在法庭上擔任證人的資格；三、在兒童作證期間，關閉法庭的大門或選擇其他友善處所；四、製作兒童被害影響的評估報告；五、運用許多專業團體以提供醫療和精神的健康服務給兒童被害人，如：運用程序監理人、採行專家作證、案件管理，和對於法官和法院人員的加強訓練；六、任命代理監護人在訴訟進行中，維護兒童被害人的最大利益；七、對於兒童受虐事件應該速審速決；八、將兒童遭受虐待自訴的訴訟時效，延長到成年後。

第六節　被害預防在被害人保護工作的重要性

　　雖然早從1960年代開始，各國就陸續啟動了犯罪被害人補償制度，然而絕大多數學者的研究卻發現，犯罪被害人從補償方案中所獲得的僅是些許的補償，這些方案的存在，往往僅具象徵性的功能而已。對被害人而言，所獲得補償不但太少而且也太遲了。非常諷刺地，研究者也發現，那些曾經要求及經歷過被害補償程序的被害人，甚至那些最後有獲得補償的被害人，比那些沒有要求補償的人更不滿意。不得不令吾人懷疑，若是沒有被害人補償方案的存在，被害人的滿意度是否會來得好一些（Doerner & Lab, 2002; Elias, 1993）。例如，Elias（1993）針對美國犯罪被害人對犯罪補償程序的滿意度進行研究即發現，申請者對於訴訟的遲延、不便、資訊的不足、沒有能力參與，及嚴格的申請要件等均感到不滿意。這些情緒隨著許多的被害補償申請被拒絕，在被害人中產生了負面的態度。而

兒童受虐者會害怕事件為人知道後，他們將被迫移置其他處所而離開家門；(3)認為就算把事情說出來，可能別人也不會相信，只有徒增自己的困境。由於以上的原因，使得兒童遭受性虐待到事件為人知為止，平均大約已經經過三至四年的時間（Morgan & Zedner, 1992）。而近年來由於刑事法庭上的諸多改革措施，已經逐漸增加兒童及其家人的報案意願。

根據Maguire和Shaplan（1997）對荷蘭的犯罪被害補償制度進行研究亦指出，補償審核程序是非常官僚的、需要律師的參與，而且被害人獲得補償往往需要歷經二年的時間。而Smith和Hillenbrand（1997）檢視被害人可能獲得財務補償的三種途徑：犯罪被害人補償、被害人與犯罪人和解計畫，及國家補償方案等，結果發現僅有一小部分的人從這些方案中獲得補償。主要的原因是：很少人知道有補償方案的存在、加害人沒有能力或意願付給補償金、國家的補償金不夠，以及犯罪被害人能夠獲得補償資格的限制。

　　不僅如此，原本立意良好的援助工作，也可能在其他方面會傷害到犯罪被害人。例如，過去研究顯示，對被害人的治療不僅成效有限，若未經評估其接受治療的必要性，亦可能存在部分始料未及的風險。對於被害人的干預和治療，原本都是考量到他們的最佳利益、需要、福利，是值得讚揚的，但卻可能產生負面的、未達預期的效果。事實上，犯罪被害服務是個人化的服務、個人化的協助，和個人化的治療或諮商，有許多的變項，包括：社會人口、心理、文化、社會情境等因素都可能影響個體的復原力[24]。由於被害人特質的分歧，意味著犯罪被害的影響和被害事件的結果，在不同的團體與不同個體間，是非常地異質。因此，犯罪被害經驗對不同個體將可能有不一樣的影響，而不同被害人其需求亦有所差異，均需有良好的理論為基礎。Lurigio和Resick（1990）即指出，由於個體對於犯罪的反應和其他有害的經驗經常是相當的分歧，因此研究個體的差異在回應犯罪被害上就變得很重要。他們指出，由於被害人本身的特質、事件的本質、被害人的認知、對事件的解釋，以及在犯罪被害後所發生的事件等因素，皆可能造成個人在被害復原上的個別差異情形。因此，若只一味地強調對犯罪被害的治療，將促使被害人相信：他們無法獨自應付他們的問題，或是無法完全依靠他們的家庭或是社會網絡幫助的印象，而必須有某種程度的干預才能夠解決，包括：精神科醫師或心理師的處遇、諮商

---

[24] 為何有些人可以在逆境中重生，但有些人卻在無助及失意中一蹶不振？答案在於：「每個人的復原力不同。」復原力可以說是一種對生活困境、壓力、創傷所產生的積極性反應，使自己迅速地回復正常生活的能力。自1980年代，助人工作領域開始尋找個體復原的有利條件，並強調「賦權」（empowerment）的理念，協助案主發展正向能力與自我效能感的提升。復原力的概念也在這個潮流中受到重視，並運用在各個專業助人領域中（江振亨，2009）。

等，這些對於被害人利益的回復和被害效應的痊癒是有必要的。但如此一來，卻可能延緩他們的復原時間，並造成他們的負擔。而Davis和Helnley（1990）檢視了過去的研究，發現只有很少的研究指出，在治療犯罪被害之後的創傷上，使用諮商的技術是有效的。他們也指出，由於欠缺何種處遇措施應該做，何種不應該做的知識，因此有很多錢被花費在犯罪被害人危機干預的服務上面，然而這些干預若是沒有好好的被運用，不僅會延緩被害人自然痊癒的過程，而且會延遲而不是縮短被害人的創傷。

　　近半個世紀以來，在政治、立法與意識型態上，有關被害人權益和保護運動的確有著顯著的成就。然而另一方面，被害人權益運動卻也衍生了部分問題，並遭致一些批評[25]。姑且不論這些論述與批評，但由於各國推動被害人保護政策的效能有限，加上為了對抗漸增的犯罪，而於1970年代興起了「社區犯罪預防」的觀念與方案，已使越來越多人注意到被害預防的重要性。尤其從過去有關個體成為被害人因素的研究發現，犯罪並不是隨機發生的事件，而每一個人犯罪被害的機率也都不相等。研究顯示，有一些人會比其他人更容易成為被害人，他們可能較容易誘發犯罪或是不會保護自己、可能他們本身即有違法的行為，或是他們的生活型態致誘發犯罪。甚且，少數的被害人解釋了相當大比例的被害事件，亦即大量的被害事件集中在有限的被害人身上（Braga, 2002; Doerner & Lab, 2002）。當被害人使某人的犯罪行為變得更為容易時，他已經扮演著犯罪促進者的角色；當某人不小心或是思慮不周時，他可能會引誘有犯罪傾向的人犯罪，而增加犯罪行為的可能性。有一些犯罪可能是被害人助長的結果，在這些事件中被害人首先開始了這些事件的事端。對於這個現象最先報導的是Marvin Wolfgang在1950年代對於費城的謀殺犯罪被害人研究所提出來的。他發現遭謀殺的被害人中，有相當多的被害人是首先使用武力的人。他下結論說：機會決定了誰是犯罪人與被害人，他稱這種謀殺為：「被害人促發」的謀殺。他並進一步分析，因為被害人的促發而導致的謀殺案

---

25 這些批評諸如：採取更為嚴格的刑事政策、重懲犯罪者。然而Weed（1995）則提醒：以被害人權益來質疑犯罪人權益，或是以犯罪人權益的減少當作被害人權益增加的指標，是將法律正義的本質給誤解了。因為，當代刑事司法有關犯罪嫌疑人人權保障的制度設計，是在「預防『強大政府』對『弱小人民』權力濫用」的人權保障理論下所設計的，若將犯罪人與被害人權益的消長視為是零和的過程，將損及全體人民的基本人權。

件有38%，但是所導致的強姦案將則只有4%。雖然「被害人促發」的論點，對絕大多數婦幼人身安全案件被害人而言，並不合適、也不公平，但對於了解案件的發生，以及後續的預防工作卻有某種程度的效益。此後，Michael Gottfredson、Michael Hindelang和James Garolfalo等犯罪學家，則於1978提出「生活方式暴露理論」，係根據人們如何過他們的生活、他們在那裡花費他們的時間與金錢，以及他們所扮演的社會角色為何所建構而成的。他們發現，會因為個體的生活方式不同，而使人們在遭遇犯罪風險的機率上也會有所不同，某些人由於生活方式使他們有較高的比率成為被害人。而Cohen與Felson（1979）則進一步提出「日常活動理論」。他們從研究中發現，多數犯罪導自於機會。同時，犯罪的發生，需要三個條件，分別是合適的標的（suitable target）、有動機的犯罪者（motivated offender）以及缺乏監控（absence of guardians）在時空上的聚合。雖然日常活動理論的驗證，大多以財產性犯罪（property crime）為對象，但暴力犯罪的發生也深受日常活動的影響。在早期的驗證中，Cohen與Felson（1979）發現人們在戶外停留的時間，與犯罪數量顯著相關。戶外的活動，增加了潛在犯罪者與被害者接觸的機會。Mustaine與Tewksbury（1998）的研究發現，家宅竊盜的發生，受到戶外活動、監控數量以及外出活動類型的影響。有關暴力犯罪的研究，也有類似的發現，諸如強盜、搶奪及性侵害犯罪，經常與當事人的日常活動有關（Lab, 2010；黃翠紋、孟維德，2012）。從上述這些研究與理論，指出了犯罪發生時，被害人在事件發生上扮演著相當重要的角色，若是在犯罪預防工作上，能從傳統的「犯罪預防」，擴及到「被害預防」；若是能減少潛在被害人的被害風險，或是避免被害人成為重複被害人的機會，將可使被害人保護政策更為積極。

第七節　小結

　　憲法有關基本權的功能，在於保護人權，刑事訴訟法亦不能脫離憲法的範疇，故不可偏重於被告人權的保障，而忽視被害人的基本人權。再就社會秩序而言，亦不能偏重犯罪預防而忽視被害預防工作的重要性。被

害人的保護，如同對犯罪的防治，是一件艱難與巨大的工作，不僅工作橫跨行政、司法與立法單位，對於整體規劃的工作，更是國家責無旁貸的任務。

被害人權益在遭受漠視幾個世紀後，直至20世紀中葉，才又逐漸成為一個受到世人重視的議題。而從1963年，紐西蘭通過了世界第一部被害人補償法後，多年以來，不論在國際潮流抑或國內司法體制上，在推動被害人補償制度、修復式司法方案、被害人司法程序上權益等多種被害人保護措施，其成效已逐漸顯現，雖然各項成果未臻理想，但至少在保護被害人基本人權方向上的努力是正確的。但另一方面，累積的實證資料亦提醒吾人：犯罪被害服務和被害人協助方案係基於善意、人道主義，和慈善的舉動，因此有很好的理由必須小心的評估他們的執行結果。尤其截至目前為止，由於被害者學是一門新興的社會科學，有許多與被害相關的議題尚未深入研究，諸如：遭受犯罪侵害對於被害人的影響？是否重複性的犯罪被害人會產生累積性的效果？被害人的創傷治療效果為何？是否會隨著後來所發生的被害事件而變得更堅強；或是對於被害變得較不敏感？如何協助被害人復原？過去有關被害人協助方案的效能如何？這些議題，由於累積的學術研究並不多，故有待後人後續持續研究。

可以肯定的是，在未來，對被害人的權益的保護，仍將持續地朝向以被害人為中心的刑事司法制度發展，婦女運動與民權運動也將持續再深化，而在犯罪被害調查加大了廣度與深度之後，相關的資訊更加豐富化之後，勢必引發另一波的犯罪被害研究。伴隨著國際間持續的檢討與發展，國內對被害者學的相關實證研究亦應急起直追，並適時檢討相關刑事政策以符合世界潮流的趨向。

第三章　婦女人權與性別主流化

第一節　前言

　　雖然不分性別，人人均應享有基本人權，但人類社會長達數千年歷史維持農業與封建社會型態，男性有著生理結構優勢，掌握多數的社會資源與分配權力。因此，長久以來，期待讓每一個個體不因性別差異，而有相同的機會發展自我，活得自主、有尊嚴的目標，在人類社會中，可說困難重重。至今婦女的生存、就業與人身安全維護等議題，仍然受到漠視與忽略。雖然聯合國成立時在「聯合國憲章」的序言中，明確宣示「對基本人權、人類的尊嚴及價值、男性和女性以及大國和小國平等權的信念」，就已確立維護婦女人權是聯合國的重點工作之一。而1948年聯合國大會通過「世界人權宣言」第1條：「人人生而自由，在尊嚴權利上一律平等。」強調「人生而平等的精神」，為國際保障女性人權相關國際公約與宣言的依據。世界人權宣言強調：所有人在尊嚴和權利應該都是一視同仁的，因此提倡與落實性別平等也成為聯合國工作的重心之一。然而由於傳統、偏見與政治經濟利益，以及將女性生活經驗視為「私領域」的考量下，女性地位被邊緣化或排除於基本人權的定義與解釋之情形，仍相當普遍。

　　為保障全球婦女基本權利、爭取婦女參與發展機會、促進世界和平，達成性別平等目標，聯合國不斷透過國際公約、宣言及會議決議的行動綱領，建構對婦女人權的保障。從聯合國先後召開四次重要的世界婦女大會，和二次特別會議中所討論的議題及其達成的共識，以及後續所提出的行動方案，不難發現婦女人權的思潮隨著時代在變化，女權運動的策略隨著性別平等的進程在調整，而婦女議題的範圍更隨著社會發展與變遷的腳步在擴充（李安妮，2011）。尤其是在國際組織對於婦女人權的倡議下，藉由國際公約的簽訂，更有效監督各國對於性別平等觀念的實施。而為能實踐性別平等，「性別主流化」自1990年中期之後，在各國間也成為追求性別平等的新策略取向。「性別主流化」的概念首次出現在奈洛比

舉行的第3屆婦女會議，之後持續在聯合國的各個發展組織中進行，並在
1995年第四次世界婦女大會正式提出「性別主流化」此一名詞。聯合國
經濟暨社會理事會接續在1997年提供了一個關於性別主流化綜合性的解
釋：「……任何計畫性活動對女人和男人影響的一個評量過程，它是讓一
個女人和男人關心並體驗政治、經濟和社會層面中的設計、執行、監督和
評估等主要面向的策略，使女人和男人從這之中平等的受益，而不是延續
過去的不平等。最終目的是達到性別平等。」（謝臥龍，2010：86）。
而在臺灣，根據行政院婦女權會（2007）（行政院性別平等會的前身）
針對性別主流化所下的定義為：「性別主流化係指，所有政府的政策與計
畫要具有性別觀點，並在作成決策之前，對於該政策對於女性和男性的影
響分別進行分析研究。政府在規劃國家的各項政策時，應該全盤地從性別
的觀點去思考。對於既存的各種國家法律、政策與司法制度都要從性別的
角度出發，重新檢驗既有的政策是否符合性別平等的目標。」

　　我國是聯合國的創始會員國，聯合國在1945年成立時發表「聯合國
憲章」，於序言中即開宗明義宣示「兩性平等」的信念；而我國亦將此信
念融入在1947年所訂定的「中華民國憲法」中，明文揭示「男女……在法
律上一律平等」；1991年憲法增修條文第10條，則更進一步增訂「維護
婦女之人格尊嚴，保障婦女之人身安全，消除性別歧視，促進兩性地位
之實質平等」。我國雖非聯合國會員，但過去二十餘年來在婦女團體的努
力下，促使政府積極提倡「性別平等」的觀念，使我國女性人權有不少進
展。但展望未來，迄今社會上仍有些人存在著根深蒂固的傳統觀念，使
女性在許多方面仍有不平等的待遇。對照聯合國1979年所通過的「消除
對婦女一切形式歧視公約」（Convention on the Elimination of all forms of
Discrimination Against Women, CEDAW）標準，我國還有很多需要努力
的空間[1]。為能促使社會更加的平權，CEDAW施行法已於2012年1月正式

1　「消除對婦女一切形式歧視公約」於1979年經聯合國大會通過，並在1981年正式生效，為聯
　　合國五大人權公約（Human Rights Conventions）之一，目前僅次於「兒童權利公約」為聯合
　　國體制下第二大的人權公約。其內容闡明男女平等享有一切經濟、社會、文化、公民和政治
　　權利，締約國應採取立法及一切適當措施，消除對婦女之歧視，確保男女在教育、就業、保
　　健、家庭、政治、法律、社會、經濟等各方面享有平等權利。此一公約可稱之為「婦女人權
　　法典」，是婦女人權的完整清單，同時也是各國用以檢視其婦女人權保障執行情況的最佳評
　　估指標。本公約開放給所有國家（state）簽署加入，不限於聯合國會員國，目前全世界已有
　　187個國家簽署加入。

施行，而行政院組改後所成立的性別平等處亦於同年1月正式成立，負責統合跨部會各項性別平等政策，督導中央各部會及地方政府落實性別主流化，讓政府整體施政能落實性別平等及納入性別觀點。相信對於我國婦女人權保障將有實質的助益，亦為我國推動性別平等工作的重要里程碑。

第二節　性別主流化及我國在地實踐

　　「主流」（mainstream）係指：在社會中被認為是標準或正常的觀念、行為與態度。因此，主流雖然可能是社會中大多數成員的共識，但也經常反映出社會上許多面向較為傳統、保守之處；它是大多數人之所以生活的價值標準。然而，正因為主流的觀念是由大多數的社會成員所共享的，一旦有新觀念能夠被納入主流價值之中，它就可能較快與較有效地為大眾所接觸並進一步實踐。至於「主流化」（mainstreaming）則係指：將不受重視或邊緣化的議題導入工作核心及主要決策過程。主流化在國際間已成為一個正式的政策工具，用以提倡一些處於邊緣的議題或群體的權益；而作為貫穿國際婦運領域諸多重大議題的「性別主流化」（Gender Mainstreaming, GM），更是國際間最能得到承諾及資源的主流化形式（李秉叡，2009）。性別主流化源於男女有不同的生命歷程、需要、經驗和取捨，性別觀點主流化正是要顧及男女所關心的事情和需要，企圖在長期、廣泛和新的國際經濟秩序的脈絡裡，提供一個務實且有效的全球行動方針。

　　在本節中，將先從國際間性別主流化的發展歷程出發，繼而探討我國婦女人權發展的歷程，最後將介紹我國性別主流化的實踐概況。

一、性別主流化發展歷程

　　1972年聯合國婦女地位委員會在第24屆會議上，將1975年定為「國際婦女年」，並確定該年的重要活動是召開一次專門討論婦女問題的世界性政府間會議，即為第一次世界婦女大會[2]。該次大會主要目的是透過舉

2　「世界婦女大會」（World Conference on Women）是專門討論婦女問題的政府間的世界性大會，世界婦女大會期間同時舉辦「非政府組織婦女論壇」簡稱「論壇」，它是世界婦女大會

辦全球的對話，喚醒各界對性別歧視的持續關注。具體行動，除了通過「墨西哥宣言」和「世界行動計畫」外，並將1976年至1985年這段時間訂為「婦女十年」，以及成立「國際婦女發展研究及訓練中心」（International Research and Training Institute for the Advancement of Women, IN-STRAW），和「聯合國婦女發展基金會」（United Nations Development Fund for Women, UNIFEM）等機構，提供婦女發展研究、訓練及推動相關活動。此次會議中，與會者強烈要求各國政府必須針對女性權利平等，制定出性別平等的國家政策、策略與優先順序。而「墨西哥宣言」則對男女平等下了以下定義：「是指男人與女人的尊嚴、價值、權利、機會和責任均平等。」（全國婦女國是會議，2011）。

　　為了建立該公約在國際婦女社群中的共識，於1980年再度召開第二次世界婦女大會，會議除了審查和評價「聯合國婦女十年」前半期所取得的成就，通過「聯合國婦女十年後半期行動綱領」外，並舉行「消除對婦女一切形式歧視公約」的簽訂儀式。與會各國認為，在「婦女受保障的權利」和「婦女行使這些權利的能力」間，仍有相當程度的落差。因此，除了重新思考二者之間的差異外，也確認：實際落實女性的權利並達到性別平等還有一段落差，會議最後確立了「平等」、「發展」與「和平」是未來性別平權政策推動的主軸。

　　1985年召開第三次世界婦女大會，適逢CEDAW施行以及「婦女十年」期程結束的關鍵時刻，故藉由CEDAW這項公約，回顧並評價「婦女十年」總目標所達成的成效，而為大會揭開了序幕。儘管聯合國一再重申：「在發展過程中，不僅要考慮新國際經濟秩序的目標，也必須在此過程中將婦女整合進來。」可惜報告顯示，過去十年的目標雖在提升婦女地位，但結果卻只有少數婦女受益，尤其發展中國家的婦女仍嚴重處於邊緣位置。由於造成性別不平等的因素多元，是整體人類與社會的活動與結構所導致，要達到性別真正的平權，就需讓婦女參與社會所有活動（United Nations, 2006）。因此，在會議上通過了「到2000年提高婦女地位奈洛比

的輔助性會議，在大會舉辦前一週召開並與大會有1～2天交叉。它涉及面廣，參加人數眾多，是民間組織討論婦女問題的主要場所，人數往往超過大會本身。召開論壇是聯合國類似會議的習慣作法。論壇沒有正式議程，不通過決議和宣言，但決議可透過出席會議的代表轉交給大會。

前瞻性戰略」（Forward-looking Strategies for the Advancement of Women to the Year 2000）（簡稱「奈洛比前瞻策略」），企圖在長期、廣泛、新國際經濟秩序的脈絡裡，提供一個務實且有效的全球行動方針。對日後婦女運動藍圖規劃了新的方向，將解決問題的策略從改善個人條件導向，調整為改變整體結構導向，也讓婦女議題成為人類發展的重要課題。至此，已確認有關婦女權益問題不僅要在傳統的家庭、就業、健康、教育、社會服務領域中被關心，甚至在工業、科學、通訊及環境各種領域裡都要能充分被討論。

　　婦女人權雖在多項世界婦女權益相關會議被討論過，但真正納入主流的人權議題，則始自1993年維也納世界人權會議。其決議宣言是要求世界各國應視婦女人權為基本人權，但需將女性的人權獨立於一般人權之外，原因是：一般人權只重視人在公領域中的基本人權，但婦女人權則牽涉到私領域中女性的特殊人權，必須將女性從私領域中解放。換言之，婦女人權的面向不僅是公領域人權，尚需關注私領域人權。為達此目標，必須將「性別」納入政策的發展核心。無論是中央、地方；無論是政府、非政府部門，其政策、方案、措施都應具有性別敏感的規劃過程，並且評估男女在政策上受到的不同衝擊與不同的影響，將性別統計分析作為政策發展的基礎（許金玲，2010）。雖然在持續不斷努力下，全球婦女於各方面的條件及資源上都有相當程度的提升，但各國仍普遍存在著性別不平等最基本的結構性問題——世界上絕大部分影響人們生活的決策還是由男性主導，缺乏女性觀點及女性經驗。因此，促成了第四次世界婦女大會之召開。1995年第四次世界婦女大會的主題為：以行動謀求平等、發展與和平；次主題為：就業、保健與教育。本次大會的核心思維，在於增進女性參與決策的能力，並讓各項重要決策過程中，能多一些女性價值為主體的政策輸出。第四次世界婦女大會最珍貴的貢獻，在於訂定「北京宣言暨行動綱領」（Beijing Declaration & Platform for Action），反映各國婦女共同關心的問題，確定了各國和國際社會日後在提高婦女地位方面的共同目標。與會者試圖運用性別主流化策略，將婦女的觀點、議題與權利融合在社會各面向、各階層、各領域。此種轉變也代表了對婦女權益的再認識，不但肯定婦女議題是人權議題，也宣示性別主流化工作的推動是跨世紀的全球重要課題。尤以設置一個可運作的性別平等機制，被列為綱領中12

項重要領域之一[3]。除此之外，本次大會齊聚了有史以來最多的非政府組織代表，實際參與行動綱領的討論與制定，並成為日後監督各國政府履行承諾的最佳監督者。此後，持續由婦女地位委員會在紐約聯合國總部舉辦2000年的「北京加五年會議」（Beijing＋5）檢視與評估「奈洛比策略」、「北京宣言」與「行動綱領」執行情形；而2005年召開的「北京加十年會議」（Bejing＋10），則是針對「行動綱領」十年進行檢視，以工作坊的形式針對12項婦女議題進行意見交流，並因應世界潮流與新的挑戰制定了新的策略方針。有關歷次世界婦女大會辦理情形，彙整如表3-1所示。

表3-1　世界婦女大會辦理情形彙整表

會議名稱與地點	參與對象和人數	會議成果	非政府組織婦女論壇
第一次世界婦女大會：1975年6/19～7/2在墨西哥首都墨西哥城舉辦。	來自133個國家和地區的代表團，聯合國各專門機構和有關組織的1,000多名代表與會，代表中的70%是婦女。	通過「關於婦女的平等地位和她們對發展與和平的貢獻的宣言」（簡稱「墨西哥宣言」）和「實現婦女年目標而制定的世界行動計畫」（簡稱「世界行動計畫」）。	
第二次世界婦女大會：1980年7/14～31日在丹麥首都哥本哈根召開，名為「聯	來自145個國家及聯合國係統有關組織和專門機構的代表2,000多人與會。	大會擬定並通過「聯合國婦女十年後半期行動綱領」，為早日實現平等、發展與和平的目標，會中特別強調就	有100多個國家和地區的8,000多名代表參加論壇，舉辦50多場討論會、協商會。

3　這12個領域包括：婦女貧窮與福利（women and poverty）、婦女與教育及訓練（education and training of women）、婦女與健康（women and health）、暴力威脅婦女（violence against women）、婦女與戰爭（women and armed conflict）、婦女與經濟（women and the economy）、婦女決策能力（women in power and decision-making）、制度化的提升婦女（institutional mechanisms for the advancement of women）、婦女與人權（human rights of women）、婦女與媒體（women and the media）、婦女與環境（women and the environment）、以及女孩（the girl child）。從1997年開始，聯合國婦女地位委員會每年於3月召開「聯合國婦女地位委員會暨民間婦女團體會議」（UNCSW NGOs Meetings），討論12項綱領中的兩個主題。

表3-1　世界婦女大會辦理情形彙整表（續）

會議名稱與地點	參與對象和人數	會議成果	非政府組織婦女論壇
合國婦女十年中期會議」。		業、保健和教育是發展的重要工作，會會並舉行「消除對婦女一切形式歧視公約」的簽字儀式。	
第三次世界婦女大會：1985年7/13～26日在肯尼亞首都內羅畢召開，名為「審查和評價聯合國婦女十年成就世界會議」。	來自157個國家和地區的代表，56個聯合國系統專門機構和各有關組織以及享有聯合國經社理事會咨詢地位的非政府組織的觀察員等6,000多人與會。	大會通過「到2000年提高婦女地位奈洛比前瞻性戰略」，簡稱「奈洛比戰略」，是聯合國觸及婦女受暴議題之開端。同年12月，第40屆聯大核准「奈洛比戰略」。	論壇圍繞大會「平等、發展與和平」的主題和「健康、教育和就業」次主題，就婦女的法律和經濟地位、營養、農村發展、城市化、難民、家庭暴力、人口和計劃生育、參與決策等問題進行討論，共舉辦1,000多場討論會，同時還舉辦手工品展覽會、文藝演出等活動。
第四次世界婦女大會：1995年9/4～15日在中國北京召開。會議主題：以行動謀求平等、發展與和平；次主題為：健康、教育和就業。	來自189個國家的政府代表團，聯合國系統各組織和專門機構，政府間組織及非政府組織的代表15,000多人與會。	大會制定並通過進一步加速執行「奈洛比戰略」的「北京宣言」和「行動綱領」，指出提高全球婦女地位的主要障礙，並制定日後的戰略目標和具體行動。	來自世界各地非政府組織的31,549人參加論壇。論壇圍繞「平等、發展與和平」此一主題，討論全球婦女關注的問題及涉及婦女的各類問題。共進行3,900場討論、協商會，舉辦5,000多場圖片、書籍、展覽、表演等活動。

註：聯合國秘書長潘基文和第66屆聯合國大會主席納賽爾聯合提議2015年召開第5屆世界婦女大會，但此決議並未付諸實際行動，然而在2005年8月31日，紀念第四次世界婦女大會十週年會議在北京閉幕，達成並公布了「北京+10宣言」。2020年3月，聯合國婦女署發表「北京會議召開25年後婦女權利審查」報告，指出各國在實現性別平等方面的進展緩慢且非常不均衡。

　　自1945年迄今，聯合國在性別議題的發展與推動經歷了幾個不同的
階段，每個階段皆有其中心任務，而隨著四次世界婦女大會的召開，促進
性別平等的追求邁向了全新的階段。回顧這段歷史進程，無論從婦運的
軌跡，或是從發展的軌跡來看，都再再顯示兩項無可逆轉的事實：一是
人類的未來已不再由單一性別來主導，而是一個需要性別平等參與、共治
共決的社會；另一個則是經濟發展的果實必須為全人類所共享，而社會發
展的目標是在維持一個萬物共生的永續環境。整體而言，這是一個從立法
保障婦女權利，到促使女性有效行使權利的過程；也是一個從聚焦於婦女
議題到聚焦於性別議題的過程；亦是一個性別議題從邊陲到主流的過程；
更是一個從鼓勵女性參與，到追求典範轉移的過程（李安妮，2011）。
雖然許多國家距離性別平等的目標還有很長一段歷程，但從法國高潔絲女
士（Olympe de Gouges）發表「女性與女性市民權利宣言」後迄今，過去
二百年來世界婦女人權發展已有長足的進展，茲將其歷程整理如表3-2所
示。

表3-2　婦女人權發展歷程

1791年	法國高潔絲女士（Olympe de Gouges）發表「女性與女性市民權利宣言」。
1794年	法國「國民公會」將財產繼承基本原則規定於法典中，保證男女同等財產權與繼承權。
1868年	美國懷俄明州的婦女優先享有地方選舉權，開啟了婦女參政之序幕。
1893年	紐西蘭婦女獲得投票權、參政權。
1911年	美國、德國、奧地利、丹麥、瑞士等國的勞動婦女首次舉行了國際勞動婦女節的紀念活動。從此，紀念「三八」婦女節的活動逐漸擴大到全世界。1977年3月8日，聯合國大會通過第32/142號決議，要求其成員國將3月8日定為「聯合國婦女權益和國際和平日」。
1918年	英國下議院通過「人民選舉法」、「國會議員婦女代表選舉辦法」，規定婦女年齡30歲以上者得具選舉權、有選舉權婦女得被選為下議院議員
1919年	德國將性別平權列入國家法律綱領。
1920年	美國國會提出第19條憲法修正案，正式將婦女參政權列入憲法保障，成為世界上第一個將婦女參政權列入憲法保障之國家。
1937年	國際聯盟設置調查女性法律地位之專門委員會。

表3-2　婦女人權發展歷程（續）

1945年	「聯合國憲章」中人人一律平等的平等權利準則。
1946年	聯合國在「經濟及社會理事會」的婦女發展部內設立「婦女地位委員會」。
1948年	聯合國通過「世界人權宣言」，第16條及第25條宣言中，明言對女性婚姻權及母職的保護。
1949年	「人身買賣及剝削娼妓禁止公約」，企圖打擊涉及人身販賣的性剝削職業體系。
1951年	「男女勞工同工同酬公約」（ILO 100號），世界人權史上首度具體保障女性享有平等經濟權的公約。
1952年	通過「婦女政治權利公約」，規定女性在選舉權、被選舉權及任職公職或執行公務上和男性擁有相同的權利。
1957年	通過「已婚婦女國籍公約」。
1958年	通過「職業差別禁止公約」（ILO 111號）。
1960年	通過「教育差別禁止公約」。
1962年	通過「允許結婚、最低結婚年齡以及婚姻登記公約」。
1966年	通過「公民與政治權利公約」，其中包含司法賠償權、生命權、行動自由權、隱私保護權、集會自由權、婚姻平等權、少數民族文化語言宗教自由權等，為國際人權公約中保障男女公民權及政治權的總結，本公約對締約國具有強制的約束力。
1967年	通過「消除對婦女歧視宣言」，但僅為宣言，無法律效力。
1972年	聯合國婦女地位委員會在第24屆會議上，將1975年定為「國際婦女年」。
1974年	通過「緊急及武裝衝突狀態下女性及兒童保護宣言」，係為了保護武力衝突下的婦幼安全而訂。
1975年	於墨西哥的墨西哥市舉辦「第一次世界婦女大會」。
1979年	通過「消除對婦女一切形式歧視公約」。
1980年	於丹麥哥本哈根舉行「第二次世界婦女大會」。
1981年	正式實施「消除對婦女一切形式歧視公約」，並通過「具有家庭責任的勞工公約」（ILO 165號），將保障範圍擴大至有相同困境的男性，反映出家庭結構及男女在家庭中所扮演角色的改變，家庭責任不再只是女性的負擔。
1982年	「消除對婦女一切形式歧視公約」委員會開始運作。
1985年	在肯亞奈洛比舉行「第三次世界婦女大會」。
1989年	發表第一次「世界發展中的婦女地位調查」報告。

表3-2　婦女人權發展歷程（續）

1990年	婦女地位委員會開始檢視「奈洛比策略」的落實與進展。
1993年	奧地利的維也納「世界人權會議」中肯任「婦女人權即是人權」，並於會議中建議組成特別小組進行針對婦女暴力的調查。聯合國大會通過「消除對婦女暴力公約」，在宣言中明白宣告女性人身安全的損害將阻礙全球的和平及發展。
1994年	通過「兼職勞動者公約」（ILO175號）。
1995年	於中國北京舉行「第四次世界婦女大會」。
1996年	通過「家庭工作公約」（ILO177號）。
1999年	通過定12月25日為「國際消除對婦女暴力日」。
2000年	於美國紐約舉行「聯合國千禧年高峰會」（UN Millennium Summit），簽訂「千禧年宣言」（*Millennium Declaration*）。
2005年	「北京加十年」針對「行動綱領」十年進行檢視，以及因應新的世界潮流與挑戰制定新的策略方針。
2007年	聯合國大會於12月18日第62/136號決議敦促會員國與聯合國各組織和民間社會合作，採取措施，在國家、區域和全球發展戰略中改善包括原住民婦女在的農村婦女境境。
2008年	國際婦女日以「投資在婦女與女童」為主軸，提倡對婦女與女童的權利重視與提升。
2011年	聯合國大會於12月19日通過66/170號決議，宣布10月11日為國際女童日，以確認女童權利以及世界各地女童所面臨的獨特挑戰。
2020年	10月1日，聯合國舉行舉辦北京世界婦女大會召開25週年紀念特別大會，來自100多個國家的部長層級以上的領導人與會，回顧二十五年前許下的實現婦女人權的莊嚴承諾──沒有一個國家完全履行，女權不僅沒有進步，反而有所倒退跡象[4]。

4　同樣的狀況，也出現在性騷擾防治工作者，在#MeToo運動席捲全球五年後，兩份近期公開的報告顯示，女性仍需要花費百年以上的時間，才能追上男性在各領域的權利地位。社會對女性的偏見與十年前如出一轍，包含女性自己在內，全球接近九成的人口仍對女性抱有某種偏見，這也導致女性在政治與職場中遇到更多阻礙。聯合國開發計畫署（UNDP）2023年6月12日所出版的「性別社會規範指數」（GSNI）報告指出，全球有一半人口仍然認為，男性能成為更優秀的政治領袖；超過40%的人贊同，男性能成為更好的企業高管。而更令人吃驚的是，有25%的人認為男人打妻子是對的。另根據世界經濟論壇（WEF）21日發布的年度性別差距報告，以目前的平權進步速度來估算，若要弭平在經濟和政治參與、教育和健康領域的性別差距，東亞和太平洋地區還需要一百八十九年，全球平均則還需要再花一百三十一年。換句話說，要等到2154年（風傳媒，2023）。

二、我國婦女人權發展的歷程

　　與其他國家相似，我國婦女人權長久以來一直是個被漠視的邊緣人權，而婦女議題也一向不被視為社會中的主流議題，加上受到國內外政治社會環境因素的影響，早年婦運的動能幾乎全部來自民間。即使婦女人權在1980年代以後，已於國際人權舞台上逐漸被視為主流人權議題，但是在臺灣，婦女人權與議題依然沒有得到應有重視。直到1990年代中期之後，隨著解除戒嚴及民主體制的成長與發展，婦女團體開始對政策產生影響力，修法與制定新法的成果才得以持續累積。2000年以後，政府部門對於性別主流化的推動，加速了臺灣婦女權益的進展。在法律規範方面，我國於1990年之後共訂定十多項改善婦女處境相關法案，讓婦女在人身安全、婚姻家庭、就業勞動、教育文化、福利脫貧、健康醫療等各領域的權益有更進一步的保障。其中，防暴三法確保婦女在公私領域中的人身安全，性平三法則明訂不同性別者在職場、教育體系與公共場所中應享有的權利。而民法親屬篇的多次修正，包括修改子女姓氏的規定，則打破了傳統父系思維的陳規（胡藹若，2004）。以下將就我國婦女人權發展歷程、我國婦女人權指標及我國婦女人權政策等三方面分述如下：

（一）我國婦女人權發展歷程

　　依據胡藹若（2004）對於臺灣女權運動的歷程分析指出，由1949年至2000年臺灣婦女人權運動的特質分析，就目的而言，有相當大的轉變過程，並以1970年為界，劃分為：1949年到1970年政府透過婦女工作、運動，達成社會教化的目的，並形塑臺灣婦女成為忠黨愛國、反共抗俄的賢妻良母，以安定國家局勢、貫徹反共國策；1971年到2000年民間自發性婦女團體，則從各個不同的面向出發，以專業、深入的角度，提出保障婦女權益的訴求，並促使政府正視政策的不當、從事政策改革，達到政策影響的目的。風潮所致，即使三大官方主導的婦女團體，亦不得不順應潮流、修正方向，以迎合臺灣婦女人權運動的發展。由於追溯移民來台時期婦女運動過於久遠，礙於篇幅，本章將以國民政府播遷來台後婦女運動之發展為界，說明我國婦女人權發展歷程。據此，本部分將臺灣婦女運動劃分為三個時期，分別為：女性運動起步時期（1949～1970）、女性運動

起飛時期（1971～2000）、女性運動國際化時期（2000～迄今）。

1. 女性運動起步時期（1949～1970）

1947年頒行中華民國憲法，我國婦女獲得投票權及參政權。隨後，政府播遷來台，國民黨在臺灣的婦女政策，係以第一夫人蔣宋美齡所領導的隸屬政府之婦女組織：「臺灣省婦女會」、「反共抗俄婦女聯合會」及「國民黨婦女工作委員會」為中心。而Doris T. Chang（2009）認為，前述三個婦女組織是以儒家為中心的意識型態，並配合國民黨收復大陸的軍事動員為目的。1930年所頒布的工廠法與民法親屬篇條文，認為相關的婦女政策僅是增設婦女家庭經濟與幼兒照護的設施，並未有助於提升婦女地位和改善性別不平等的狀況。反之，強調男女分工的倫理學女性主義，強化賢妻良母的角色，並使女性擔負家庭與經濟之雙重責任。此外，隸屬政府的婦女組織屬於慈善性質，且以中上階層婦女菁英為首，由上而下動員各地女性執行婦女工作。因此，戰後至1970年代初期的婦女團體與婦女議題，以黨國政策為主，女性主義論述並未彰顯，且多半呈現威權體制國家（authoritarian state），性別不平等的情況頗為普遍（吳雅琪，2010）。

臺灣近代婦女運動開始於1970年代。當時婦女團體只有國民黨的婦工會及蔣宋美齡領導的婦聯會，而兩個組織不定時舉辦婦女活動，可謂婦女運動之發軔。1970年末期女權運動之發展，首要為呂秀蓮所帶領。呂秀蓮於美國留學期間深受西方女性主義影響，回台後批判以男性為中心的社會，且爭取性別平等與社會正義。呂秀蓮與具有相同理念的中上階層婦女菁英欲成立婦女團體，但在威權體制下無法實現，僅能採取建議途徑，包含：訴求修改民法親屬篇、女性監護權、重視家庭暴力問題及女性墮胎的權利等。此外，呂秀蓮和女性主義倡議者，成立「拓荒者出版社」，出版女性議題的書籍。為了避免招致太大的反彈及非議，提倡「新女性主義」，將西方女性主義思想引進臺灣，鼓勵婦女發揮所長，認為「新女性」是指「一個以生為女人自傲，能充分發揮志趣，適度保持自我，負責任盡本分，有獨立的人格思想而與男女兩性均維持和睦真摯關係的女人」。強調應以「先做人、再做男人或女人」為其中心思想。無論男女「都應『具備』其所以為人的基本條件，諸如權利和義務，尊嚴與

能力」，再扮演好自己的角色，藉以爭取女性在家庭、社會、就業及婚姻的權利（呂秀蓮，1977）。自呂秀蓮提出「新女性運動」後，陸續開展一連串的活動與作為，以積極態度「喚醒女性自主意識」，不斷提出女性在社會地位上的弱勢與不公平待遇，批判及對於傳統婦女概念的質疑，是具有女性意識的女性，為組織團體從事女性運動的開端（王雅各，1999）。Doris T. Chang（2009）認為，在戒嚴時期呂秀蓮的婦運論述融合西方女性主義理論與儒家核心價值，以消除性別偏見，去除以雙重標準看待女性，乃是屈就當時社會情況，巧妙地將激昂的言論轉化為折衷的女性主義言論。由於呂秀蓮倡議人權與臺灣獨立，此在戒嚴時期成為禁忌，隨著呂秀蓮因美麗島事件被求刑監禁，拓荒時期的婦運路途至此中斷。

2. 女性運動起飛時期（1970～2000）

邇後，李元貞受呂秀蓮「新女性運動」影響，認為婦女運動不能中斷，自1977年起投身婦女運動。號召關心婦女處境的朋友，在1982年開辦「婦女新知」雜誌社，並於解嚴後改組為「婦女新知基金會」，正式成為戰後第一個標舉女性主義的婦女團體。以推動性別平等、促進婦女參政及法令研修為目標。李元貞的女性主義思想受到自由女性主義、存在主義及激進女性主義的影響，乃於「婦女新知」中，促進婦女在各方面性別平等、破除性別二分法、激起女性意識與自我認同、消除以生物性原則決定母職及爭取女性權利等臺灣女性主義論述，期望透過報導與分析，向婦女大眾傳遞理念。「婦女新知」以策略性的低姿態聯結多樣性的婦女議題，透過出版書刊雜誌、演講、座談會及調查研究等方式，探討女性主義、剖析臺灣婦女問題外，更利用婦女話題造勢，藉以影響國家政策、法律制定的方向，特別針對修正優生法與墮胎法中性別不平等的條文，主張法律保障婦女權益與性自主的運動。至此，婦女議題走向多元化，單向式的婦女言論逐漸沒落（吳雅琪，2010；范碧玲，1990）。

臺灣自1987年解嚴後，政治壓力減輕，使得婦女團體成立的阻礙與風險都大為降低，許多單一性議題或專業性婦女團體如雨後春筍般成立，他們帶動社會對女性議題的關注，也提供對女性議題多元化思考的方向。在轉變的臺灣社會中，多元化不只展現在結構層面，更擴及意識層面。而此民主化的過程也助益了婦運發展與多元化的作用。婦女團體除了服務與

救援的工作外，亦積極介入政治改革，嘗試與政黨合作，藉由與政治人物或政黨合作相互聲援。其運動訴求的形式從早期靜態、室內活動，至演變成街頭抗議、集會遊行而逐漸轉型為與政策對話。並透過公職人員改選的選舉場合提供政見給候選人，要求候選人採納與認同，提升婦女議題的可見度（鄭麗君，2008）。而事實證明，此種策略的確發揮影響政黨及國家政策的效果。

　　解嚴後至1990年代初期，以行動力實踐女性主義論述的婦運更加豐富和深化，婦運的街頭抗爭與立法遊說同時進行，在社會倡議之外，雖然開始出現修法成果，但是尚難深入政府體制、撼動社會既有的性別關係（全國婦女國是會議，2011）。1990年代見證了婦女、勞工、原住民、農民等各種社會運動的勃興，主流政治上也經歷直轄市市長民選、總統直選、修憲等重大事件，樹立臺灣民主的里程碑。臺灣並非聯合國會員國，1995年第4屆世界婦女大會雖有民間團體與會，「性別主流化」的觀念與詞彙在當時並未普及，但臺灣本身仍然在全球化浪潮下，學術界出身的婦運行動者積極引介西方女性主義思潮鼓吹婦運理念，再加上民間團體實務工作者的努力，形成了1990年代臺灣的本土婦運。婦女團體相繼成立，如現代婦女基金會、勵馨社會福利基金會、婦女救援基金會、晚晴協會等，而1994年後，婦女新知分出「婦女新知協會」，也有女學會和號稱本土意識的女權會，以及女大學生組成的「女研社」相繼成立，探討各種女性議題。當時主要是使用「婦女運動」、「婦女權益」、「兩性平等」等詞彙，雖然沒有使用「性別主流化」的字眼，但是在主要作法上仍有異曲同工之妙，特別是在性別平等機制的設立（林芳玫，2009）。但另一方面，1990年代中期以降，隨著女性外籍勞工、女性新移民逐漸增加，形成新的女性主義問題；公娼、同性戀等性別議題亦成為另一關注的議題，遂導致女性主義者論述不同，而造成婦運分歧（Chang, 2009）。此時，女性議題越發多元，除了女性人權訴求外，也出現情慾自主訴求的聲音，以女性主義者何春蕤最具代表性。何春蕤以「豪爽女人」主張性解放的激進女性主義論述，以及同性戀女性主義（Lesbian feminism）批評儒家父權體制和異性戀社會，是女性議題多元化的表現。2000年起，由行政院院長擔任召集人，將「性別主流化」落實於中央政府體制；2005年婦權會已成為總統府及各縣市政府的婦女權益合議式決策平台，行政院陸

續建置完成中央各部會性別聯絡人，各部會也著手規劃性別主流化的實施計畫，建立我國性別統計資料。

3. 女性運動國際化時期（2000～迄今）

自2000年以後，臺灣社會在女性人權方面有些許的進步與發展，在婦女參政與人身安全方面的進展，尤其是2000年3月總統大選後，政府大幅度進用女性擔任內閣閣員，使得臺灣女性參與公領域掌握政治權力的比例快速增多。同時，也由於「性侵害犯罪防治法」、「家庭暴力防治法」、「婦女人身安全政策及實施方案」等婦幼人身安全法規與方案的實施，相對提供許多婦女人身安全的保障（許金玲，2010；黃翠紋，2004）。整體而言，1987年政府宣布解嚴後，至防暴三法：性侵害犯罪防治法（1996）、家庭暴力防治法（1998）及性騷擾防治法（2005）的陸續通過，十多年來，陸續成立許多關心婦女人身安全的婦女團體及策略聯盟組織，使得臺灣婦女保護與性別平權運動蓬勃發展。2005年修憲，將立法委員選制改為「單一選區兩票制」，並規範政黨的不分區當選名單中，婦女不得低於二分之一。婦女參政權的入憲，讓女性在國會的影響力增加，女性席次比例由1998年之19.1%成長至2008年的30%以上。「地方制度法」亦於1999年明定地方議會四分之一婦女保障名額，女性參政及當選率得以增加。臺灣已於2007年1月，經立法院通過簽署加入「消除對婦女一切形式歧視公約」（CEDAW），然礙於政治因素，臺灣未能成為CEDAW簽署國。儘管如此，民間團體可以藉由撰寫替代報告，落實CEDAW公約的在地行動，向國際社會宣示，我國保障女性權益之決心。同時，立法院2011年5月20日三讀通過「消除對婦女一切形式歧視公約施行法」，並自2012年1月施行，則以國內法的位階落實公約內容，保障性別平權。法案施行後，未來政府每四年要提出國家報告，檢討推動狀況，政府各機關也要在三年內全面檢視相關法規。法案規定，各級政府機關行使職權應符合公約中有關性別人權保障的規定，而且各機關要負責籌劃、推動和執行公約規定的事項；政府也要和各國政府、國內外非政府組織以及人權機構共同保護和促進公約保障的各項性別人權，諸如修改或廢除對婦女構成歧視的法律、規章，確保婦女在本國政治和公共領域的平等地位，並確保婦女在法律行為能力和權利能力的平等地位。

　　值得注意的是，臺灣在性別人口結構失衡下，因婚配需求而吸引許多婚姻移民進入臺灣，這批補充婚姻需求的新移民婦女，已累積可觀的人口數。現今國內婚姻移民人數已占50餘萬人次，數量已不容小覷，且異國婚配之下，所衍生的家庭與社會問題，已非冰山一角。若未先對移民問題進行深入了解，提出的政策勢必將只會流於表面化，空泛而不實際（徐建麟，2008）。目前社會對於新移民普遍存有瓜分資源的偏見，未正視新移民對於我國家庭生產力挹注的重要性，並普遍將新移民下一代列為弱勢兒少的範疇內，如同對於新移民的歧視。而Yu和Williams（2006）也指出，普遍存在的歧視也出現於這些「新臺灣之子」上。展望未來，對於新移民及其子女，我們不宜因種族、文化差異、價值觀念不同及語言隔閡而予以歧視對待，國家應積極介入預防與消除她們可能遭受到之歧視及不正義，承認她們都是社會的一分子，並以尊重、接納的態度，透過多元文化的照顧輔導措施，協助其與社會人士融合，建構社會支持網絡，支援新移民在社區內自在的生活，期使臺灣成為一個包容、平等、多元文化以及和諧融洽的社會（邱汝娜、林維言，2004）。

　　雖然我國對於移民的方針已然由移民法制轉變為移民輔導，然而對於女性新移民人權的關注與發展上，卻猶如蠻荒之地，亟待開發。婚姻移民帶給臺灣社會多元文化新挑戰，多元文化是文明茁壯的根源和創造力的來源，若要建立多元文化價值的國家，對於婚姻移民應以了解、包容取代排斥（葉乃靜，2007）。宋世傑（2009）指出，目前臺灣正在往多族裔社會的方向變遷。面對這一變遷趨勢，社會大眾應及早體認臺灣社會的組成將越來越國際化與多元化，跨國婚姻的增加也使得新生人口的族裔、文化背景更加多樣化，如何讓國人正確認識多族裔、多文化的社會變遷，確保婚姻移民及其子女能擁有一個包容尊重的社會環境，已成為當前政府與社會必須共同面對的課題。目前臺灣人口結構朝向高齡化、本國籍女性不婚比例增加、少子化的社會趨勢下，婚姻移民必然成為孕育臺灣下一代重要的一群，我們除了應該給予更多的協助，幫助她們適應成為我國的一員之外，更應該破除種族歧視下，對於新移民婦女人權的忽視，理應正視新移民婦女在臺相關人權之保障，以提升我國人權之素養。

（二）我國婦女人權現況

「人權指標」係指：能說明與反映人權關照與原則，是與人權規範以及標準有關之某一事件、活動或結果狀況之特定資訊／具體資料，並可用來評估與監測人權的促進與落實情況（黃嵩立、黃默、陳俊宏，2014）。為落實與監督人權保障狀況，人權指標的建構是近年來聯合國相當強調的項目，期望各國能因應國內制度，建立各自的人權指標，設定基準，以便評估人權的落實程度，進而掌握國內各項人權的進展。而目前在國內，有關人權指標的發展與人權狀況進行調查歷史最為悠久與完整的單位，當推中華人權協會所進行的調查。該協會自1991年起[5]，每年均邀請多位專家學者進行臺灣年度人權指標調查，歷經數次增修擴展至現今規模，目前設有「政治」、「經濟」、「環境」、「司法」、「文教」、「婦女」、「兒童」、「老人」、「身心障礙者」、「勞動」及「原住民」等11項人權指標。以2015年調查結果為例，婦女的人權評分為3.10，屬普通傾向佳，但稍低於總體人權。顯示，婦女團體與政府近年來的努力，已漸具成效。

表3-3　2015年各項人權類別指標評分表

類別指標	總體評分	評價
司法人權	3.45	普通傾向佳
政治人權	3.40	普通傾向佳
文教人權	3.40	普通傾向佳
經濟人權	3.13	普通傾向佳
婦女人權	3.10	普通傾向佳
勞動人權	3.06	普通傾向佳
兒童人權	3.05	普通傾向佳

5　中國人權協會於1979年成立，並於2010年正式更名為「中華人權協會」，該會自1991年起所做之人權指標調查研究，係以問卷評估方式，針對專家、學者舉辦臺灣地區年度人權指標調查，調查內容包括政治人權、經濟人權、環境人權、司法人權、文教人權、婦女人權、兒童人權、老人人權、身心障礙人權、勞動人權等十項。為我國人權概況與趨勢，提供完整與有系統的參考資料。然而本調查只到2015年，此後並未再進行類似調查，頗為可惜。

表3-3　2015年各項人權類別指標評分表（續）

類別指標	總體評分	評價
身心障礙者人權	3.00	普通
老人人權	2.95	普通傾向差
環境人權	2.88	普通傾向差
原住民人權	2.67	普通傾向差
總體人權	3.13	普通傾向佳

　　中華人權協會自1991年到2015年間，每年所舉辦的人權指標調查，均係分就民意調查與德菲法（Delphi method）（專家問卷）二種方式進行。在調查指標方面，中華人權協會有關婦女人權概況的問卷指標內容包含：1.社會參與權；2.教育與文化權（在2014年以前為教育權）；3.健康、醫療與照顧權（在2014年以前為健康權）；4.政治參與權；5.人身安全與司法權（在2014年以前為人身安全權）；6.婚姻與家庭；7.就業與經濟權（在2014年以前為工作權）等七個指標，而在調查問卷的問項內容設計上，會配合社會發展需要與現況，再經專家焦點團體討論而修正。以2009年為例，修正後總共有15道題目，實施至2011年新增8道題目，修正為23道題目；2012年再度修改新增兩道題，總共為25道題指標；2013年評估指標再經學者專家會議討論，修改了4道題，新增了工作權1道題，總共為26道題指標；2014年修改2題，調整序號3題；2015年再度修改題目，計有34個題項。其中，「社會參與權」著重於婦女參與社區、社團與擔任志工的經驗及其性別角色分工。「教育與文化權」在於了解婦女在接受正規教育的機會平等與否之外，同時也了解終身教育與家庭教育之內涵與形式是否具有明顯性別刻板或性別差異等議題。「健康、醫療與照顧權」除了了解女性生育健康的理念外，進一步強調女性在生命週期中不同年齡階段可能面對之健康需求與醫療照顧的議題。「政治參與權」著重於了解婦女參與國會與地方議會、高階公職、國家重要決策及領導能力之培養及現況。「人身安全與司法權」包括婦女在私領域（家庭）與公領域（工作場域、校園與教育場域）與資訊網路之騷擾與暴力經驗，及遭受各種形式暴力之後的救援機制與資源網絡等。「婚姻與家庭權」包括家務分

工、婦女生育權利、婦女在家中的地位與權力、及婚姻中的財產權與監護權等。「就業與經濟權」指標包括婦女在職業的選擇、工作機會、升遷、薪資、退休權益、及家庭照顧可能對婦女工作權益的影響（趙碧華，2015）。每個題目的評分，採李克特式五等分量表計分（Likert 5-point scale），按該項指標受保障程度分為5個等級，保障程度最差給1分，保障程度最佳給5分。在5個等級中，以3分的程度為「普通」，3分以上的程度為「普通傾向佳」，3分以下的程度則為「普通傾向差」。有關近八年婦女人權指標調查分數如表3-4所示，本表顯示，歷年婦女人權指標皆以「人身安全與司法權」的平均分數最低分，而以「社會參與權」的程度最佳。觀察我國女性在公開場所表達自我意見的活躍度與男性幾無差異，而參與社會活動的自由度亦與男性相當，因此社會參與的權益頗佳；但反觀婦女在公私領域遭受暴力侵害的狀況並未因為防暴三法的實施而有所改善，顯示是最需加強與改善的婦女人權部分，因此政府未來在性別政策的推動上，尤需重視人身安全防治政策的推動。

　　再就國際婦女人權指標而言，自1990年以來，兩性是否平等已成為國際社會檢驗各國文明進步的重要指標，而聯合國開發計畫署（UNDP）為了解世界各國性別平等發展程度，陸續研發不同的評估指標。由於我國並非聯合國會員國，加上處境特殊，為了解臺灣的性別平等程度，因此行政院主計總處乃依聯合國公式，將我國資料帶入後計算出我國的分數與排名。從表3-5可以發現，在由聯合國開發計畫署所研發的各項國際性別平權綜合指數中，我國以性別不平等指數的名次最佳。姑且不論這些調查比較的落差，但仍能顯示我國百年來婦女不平等處境的改善，為一個性別平等的社會奠定堅實基礎。

表3-4　2007～2015年婦女人權指標分數

年份	指標	社會參與	教育權（教育權、文化權）	健康權（健康、醫療與照顧權）	政治參與	人身安全（人身安全權與司法權）	婚姻家庭	工作權（就業與經濟權）
2007	分數	3.67	3.53	3.25	3.00	2.44	2.86	3.03
	程度	普通傾向佳	普通傾向佳	普通傾向佳	普通	普通傾向差	普通傾向差	普通傾向佳
2008	分數	3.60	3.80	3.27	2.80	2.49	2.90	2.79
	程度	普通傾向佳	普通傾向佳	普通傾向佳	普通傾向差	普通傾向差	普通傾向差	普通傾向差
2009	分數	3.62	3.79	3.38	2.72	2.52	2.55	2.77
	程度	普通傾向佳	普通傾向佳	普通傾向佳	普通傾向差	普通傾向差	普通傾向差	普通傾向差
2010	分數	3.78	3.81	3.33	2.94	2.47	3.00	2.85
	程度	普通傾向佳	普通傾向佳	普通傾向佳	普通傾向差	普通傾向差	普通	普通傾向差
2011	分數	3.76	3.73	3.48	3.20	2.67	3.09	3.00
	程度	普通傾向佳	普通傾向佳	普通傾向佳	普通傾向佳	普通傾向差	普通傾向佳	普通
2012	分數	3.89	3.48	3.61	3.45	2.73	3.13	3.11
	程度	普通傾向佳	普通傾向佳	普通傾向佳	普通傾向佳	普通傾向差	普通傾向佳	普通傾向佳
2013	分數	3.70	3.55	3.56	3.39	2.95	3.13	3.11
	程度	普通傾向佳	普通傾向佳	普通傾向佳	普通傾向佳	普通傾向差	普通傾向佳	普通傾向佳
2014	分數	3.85	3.37	3.53	3.37	2.74	2.97	3.06
	程度	普通傾向佳	普通傾向佳	普通傾向佳	普通傾向佳	普通傾向差	普通傾向差	普通傾向佳
2015	分數	3.23	3.26	3.38	2.87	2.58	2.75	2.61
	程度	普通傾向佳	普通傾向佳	普通傾向佳	普通傾向差	普通傾向差	普通傾向差	普通傾向差

資料來源：整理自中華人權協會，http://www.cahr.org.tw，搜尋日期：2016/1/12。

表3-5　我國國際性別平權綜合指數統計表（2007～2021）

指標 年度	人類發展指數HDI[6]		性別落差指數（GGI）[7]		性別不平等指數GII[8]	
	數值	排名	數值	排名	數值	排名
2007	0.87	-	0.680	53	-	-
2008	0.87	-	0.693	52	0.071	-
2009	0.87	23	0.696	53	-	-
2010	0.88	23	0.705	42	-	-
2011	0.88	22	0.708	40	0.061	4
2012	0.879	25	0.713	39	0.053	2
2013	0.882	21	0.716	39	0.055	5
2014	0.882	25	0.721	41	0.052	5
2015	0.885	27	0.724	43	0.058	9
2016	0.903	21	0.729	38	0.056	
2017	0.907	21	0.734	33	0.056	8
2018	0.911	21	0.738	32	0.053	9

6　人類發展指數（Human Development Index, HDI）是聯合國開發計畫署（UNDP）從1990年開始發布，用以衡量各國社會經濟發展程度的標準，採用預期壽命、教育程度及生活水平等三個指標，數值介於0至1之間，值越高越佳。2014年時，教育領域指標計算方式由原幾何平均改為簡單平均，因此行政院主計總處配合2014年人類發展報告追溯修正2005、2008、2010年到2012年的資料在分數與評次均稍有退步，但整體而言，本項指標均維持穩定的排名。2014年版平均每人國民總收入GNI，按購買力平價PPP折算，由名目值改採實質值，利用相同方法重新計算後，臺灣2010年人類發展指數為0.882，在188國家中居第25名。

7　GGI用以衡量兩性平權落差，值介於0～1之間，值越高越佳。我國資料係由行政院主計總處依世界經濟論壇（WEF）公式，將我國資料帶入計算而得。各年綜合指數之編算以WEF所採計各項指標資料年為主，且WEF針對各指標女男比例設有平等基準，除健康平均餘命女男比例為1.06、出生嬰兒女男比例為0.944外，其餘為1，比例超過平等基準者以平等基準值取代。

8　性別不平等指數（Gender Inequality Index, GII）係由UNDP自1995年起推出，選用的指標共計5大項，包括：孕產婦死亡比率、未成年婦女生育率、國會議員女性代表比率、25歲以上受過中等教育以上的男女人口比率、男女性勞動市場參與率，分別用以衡量兩性在「生殖健康」、「賦權」與「勞動市場」三大面向，因為性別不平等所造成的發展損失。GII數值介於0至1之間，值越低越佳。0代表非常平等，1代表完全不平等，2011年版公式調整孕產婦死亡率係數，以使其最小值截取為10，故各國性別不平等指數GII較2010年大幅降低。本指標於2014年再度修正，修正後我國的分數為0.052，居世界第5名。

表3-5　我國國際性別平權綜合指數統計表（2007～2021）（續）

年度＼指標	人類發展指數HDI[6]		性別落差指數（GGI）[7]		性別不平等指數GII[8]	
	數值	排名	數值	排名	數值	排名
2019	0.916	23	-	-	0.045	6
2020	0.923	19	0.746	29	0.036	7
2021	0.926	19	0.748	38	0.058	9

註：1. HDI用以衡量一國於健康、教育及經濟領域之綜合發展成果，值介於0～1之間，值越高越佳；2.GGI用以衡量性別平權落差，值介於0～1之間，值越高越好；3.GII用以衡量兩性發展成就之差異，值介於0～1之間，值越小越好。
資料來源：行政院主計總處（2023），我國國際性別平權綜合指數，https://www.stat.gov.tw/cp.aspx?n=3067，搜尋日期：2023/6/25。

三、我國性別主流化的實踐概況

　　截至2023年5月底，我國現住人口男性為11,516,801人，女性為11,785,167人，女性人數已經超過半數，顯示女性在臺灣社會及發展上的角色越來越重要。我國傳統文化雖存在男尊女卑的不平等現象，但隨著國際社會性別意識的抬頭，帶動我國性別平等觀念的發展。而在政府與民間的共同努力下，今日我國有關女性權益的推動，亦已呈現相當的績效。1995年台北市首設婦權會，1996年11月底發生震驚臺灣社會的彭婉如命案，中央政府在面對婦女團體和社會各界對婦女人身安全和治安維護的雙重壓力下，遂以成立「教育部兩性平等教育委員會」（現已更名為教育部性別平等教育委員會）和「行政院婦女權益促進委員會」（現已更名為行政院性別平等會），透過這兩個委員會的建置，以及許多民間委員介入參與的努力耕耘，終讓我國的婦女團體逐漸由體制外走向體制內。不只獲得參與公共事務與政府事務的機會，也開始向政府申請補助，奠定了今天臺灣能夠與國際社會接軌推動「性別主流化」政策的基礎。

　　行政院為促進政府各機關的橫向連繫，強化推動婦女權益工作的整體效能，特於1997年5月6日成立任務編組的「行政院婦女權益促進委員會」（以下簡稱婦權會），1999年成立財團法人婦女權益促進發展基金會，可說是國內性別平等機制的開端。自此，我國攸關婦女權益政策就由

該委員會協調各部會加以推動，並透過基金會建構政策溝通平台，擴大民間意見的參與和交流。1999年婦權會開始推動性別統計、2000年提出「跨世紀婦女政策藍圖」、2004年通過「婦女政策綱領」，作為國家婦女權益政策發展的總方針。這段時間地方政府也陸續成立由首長擔任召集人的婦權會，並循行政院婦權會兩性共治，官民合作的運作模式，推動地方上的婦女權益工作。2005年婦權會進一步促成各部會訂定「性別主流化實施計畫」，除規定行政院各部會暨所屬機關均應設置層級最高的性別平等專案小組外，也要求中央各級委員會的組成需符合三分之一性別比例原則，這是我國邁向多元治理的一大進程。在中央部會積極推動「性別主流化」政策下，行政院主計總處完成「性別統計」建置，並進行多項「性別分析」報告，也研議「性別預算」編列及績效評估流程；人事行政總處也在「性別意識培力」上持續辦理各種在職訓練課程、積極促進中央各部會所屬委員會性別比例改善，並自2003年起每年舉辦「金馨獎」給推動性別主流化績效優良的機關[9]；國家發展委員會更研擬了「性別影響評估」，將行政院重大中長程計畫與法案修訂納入性別觀點，建立各種指標及管考機制，各級政府機關自2009年起所推動的中長個案計畫皆需填寫「性別影響評估檢視表」。期望讓性別議題融入經濟、財稅或公共建設等傳統上陽剛且欠缺人性化的領域，讓政策更具性別正義及弱勢關懷，並回歸施政以人為本的國家治理價值（李安妮，2011）。

　　其中，於2004年所通過的「婦女政策綱領」主要包括六大行動政策，分別為：（一）婦女的政治參與，工作方向包括：1.推動中央性別平等專責機制之建立；2.婦女參政突破三成，並邁向四成目標；3.提升政府公務人員體系的兩性平等；4.於各級政府部門廣設參與式民主機制，並提升女性的代表性；5.深化女性結社權，並促進婦女國際參與；（二）婦女勞動與經濟，工作方向包括：1.落實兩性工作平等法及就業服務法，消除婦女職場就業障礙，營造友善、尊重兩性平權之就業環境；2.建立多元管道，開發女性勞動力，並輔導女性創業，以促進女性就業能力之延伸與發

9　為持續倡導性別平權觀念及促進性平小組業務之推動，人事行政總處於2014年7月11日更進一步採用「世界咖啡館」方式，辦理各部會性別平等專案小組交流會，以「性別與人才進用」為討論主題，並邀請各部會副首長或主任秘書參加，以利各部會高階人員就人才進用等各項重要性別平等政策進行意見交換。

展；3.訂定彈性工時制度，反映女性勞動參與之特性；4.強化家庭支持體系，累積女性勞動參與之人力資本；5.加強婦女勞動力研究分析，強化婦女勞動力投資，提升婦女人力資源與勞動素質；（三）婦女福利與脫貧，工作方向包括：1.建立普及照顧福利服務制度及體系；2.結合促進婦女充分就業政策，推動照顧福利服務；3.充分計算女性勞動貢獻，建立老年婦女經濟安全制度；4.提供各類弱勢婦女脫貧、照顧、住宅、生活等福利措施；5.加強福利機關（構）的人力與資源；（四）婦女教育與文化，工作方向包括：1.儘速通過「性別平等教育法」（草案）作為全面推動性別平等教育的法源基礎；2.檢視並整合現有相關法令，落實具性別平等意識的教育及文化政策；3.積極蒐集建立女性史料，多方培植女性文化人才，公平分配相關文化資源；4.改革具貶抑、歧視女性的民俗儀典觀念，落實兩性平等；5.教育大眾識讀媒體，消除族群、性別的歧視；（五）婦女健康與醫療，工作方向包括：1.制定具性別意識之健康政策，建立有性別意識醫學倫理與醫學教育；2.強化性教育，提升女性身體及性自主權，避免性病及非自主之懷孕；3.健康決策機制中應考量性別的平衡性；4.落實對婦女友善的醫療環境，並充分尊重女性就醫權益及其自主性；5.全民健康保險制度之決策及資源分配，應力求地區、階級、族群及性別的平衡；6.從事具性別意識的女性健康及疾病研究；7.檢視並改善女性健康過度醫療化的現象；（六）婦女人身安全，工作方向包括：1.加強專責機構的人力與預算；落實並深化現行婦女人身安全保障政策；2.從婦女不同的處境、年齡、社會地位觀點出發，發展不同的婦女的人身安全政策；3.創造婦女餐與治安決策機制；4.改造中央與地方警政機關，逐年增加女性警政人員參與決策之比例；5.提升公共環境之安全設計，減少犯罪機會，以保障婦女人身安全；6.推動家庭暴力防治法令的修改，建立客觀且免於性別歧視審判原則；7.訂定法規嚴禁警政、司法、醫療、教育、社政等單位以作為或不作為方式，導致女性二度傷害之問訊、診療資料或現場畫面流入媒體。

我國經由民間與政府共同協力下，參考國內現況與環境動態並考量施政延續性，於2011年6月修正「性別平等政策綱領」[10]，除了將2004年

---

10 行政院性別平等處於2021年4月26日再次修正通過「性別平等政策綱領」，相關內容請參閱註7。

婦女政策綱領中所關切的六大領域加以擴充或合併外，並因應國內外面臨的迫切議題，增加「人口、婚姻與家庭」以及「環境、能源與科技」兩篇，使本綱領更具完整性與前瞻性。其基本理念包括：（一）性別平等是保障社會公平正義的核心價值；（二）婦女權益的提升是促進性別平等的首要任務；（三）性別主流化是實現施政以人為本的有效途徑；（四）參與式民主是促進兩性共治共決的實踐策略；（五）混合式經濟體制是婦女經濟安全的最佳屏障；（六）性別觀點的人口政策是健全社會發展的基礎；（七）具性別意識的教育媒體文化政策是建構性別平等社會的磐石；（八）消除性別歧視與性別暴力是捍衛人身安全的重要關鍵；（九）性別友善及身心並重的觀點是增進健康政策成效的要素；（十）女性關懷融入環保與科技是對永續社會的承諾。

　　2012年適逢政府組織改造年，行政院為了強化我國推動性別平等工作的措施，配合政府組織改造，在院內設置專責「性別平等處」，作為我國第一個性別平等專責機制，以處理婦女權益與性別平等事務。該處下設綜合規劃科、權益促進科、權利保障科和推廣發展科，統合督導各部會和地方政府，落實各項性別平等政策及措施，並「推動消除對婦女一切形式歧視公約」、「中央到地方政府的性別主流化工作」，以及「落實性別平等政策綱領」等重點工作。未來我國如何配合國際潮流，在既有的基礎上繼續往前走，調整中央與地方在性別平等推動上的步調，強化政府與民間在婦女權益及性別平權工作上的夥伴關係，促進國內外婦女組織的緊密聯繫，共同面對各項挑戰，克服各種困境等，都需要更具前瞻的規劃與策略。

第三節　婦女人身安全權保障歷程與內涵

一、國際間的發展趨勢

　　由於婦女在傳統社會中常被當成附屬品或私有財，甚至不具獨立人格，導致婦女雖占世界人口的一半，全球各地婦女人權卻皆遠不及男性人權之保障。回顧婦女人權發展歷史，自1791年法國高潔絲女士（Olympe

de Gouges）發表「女性權利宣言」後，女權運動發展至今已逾二百年。
而世界上關於性別平權措施首在1794年法國「國民公會」將財產繼承基
本原則規定於法典中，保證男女同等財產權與繼承權，而開啟性別平等的
序幕。此後，有關婦女參政權之取得，則是由1868年美國懷俄明州的婦
女優先享有地方選舉權，開啟了婦女參政序幕；1893年紐西蘭婦女獲得
投票權、參政權；後來其他國家陸續開放婦女的參政權。1918年英國下
議院通過「人民選舉法」、「國會議員婦女代表選舉辦法」，規定婦女年
齡30歲以上者得具選舉權、有選舉權婦女得被選為下議院議員；1919年
德國將性別平權列入國家法律綱領；1920年美國國會提出第19條憲法修
正案，正式將婦女參政權列入憲法保障，成為世界上第一個將婦女參政
權列入憲法保障的國家。1945年聯合國成立，並於成立憲章中強調「兩
性平等」，接著隔年在「婦女發展部」（Division of The Advancement
of Women）內，成立「婦女地位委員會」（Commission on the Status of
Women, CSW）[11]，從此以聯合國為首的國際組織將提升女性地位列為重
點工作。其以國際公約的規範、婦女人權機構的創設、實際援助的提供等
方式，作為改善全球婦女處境的重要途徑（林心如，1998）。

　　聯合國的婦女地位委員會（Commission on the Status of Women,
CSW）於1946年6月21日成立後，其所關注的焦點遍及全球女性權益及法
律保障，而其第一項任務即為調查各國女性人權狀況，結果發現：全球女
性權益在四大領域中明顯不足：一、女性在該國不具或極少政治參與權；
二、法律上不承認女性個人或在家庭中的權益；三、女孩與女性缺乏教育
及職業培訓機會；四、工作上遭遇諸多不平等待遇。基於對全球女性普遍
困境的認知，婦女地位委員會與各國際女性非政府組織從這些領域開始
推動具法律約束力的國際公約，藉以要求各會員國實踐「聯合國憲章」
及「世界人權宣言」的平權原則。因此，聯合國在1949年到1962年間，
接續通過「禁止販賣人口及取締意圖營利使人賣淫公約」（The Conven-
tion of the Suppression of the Traffic in Persons and of the Exploitation of

---

11 聯合國內推動婦女事務計有五大機構，包括：1946年成立「婦女地位委員會」（CSW），
　1976年成立「提升婦女地位國際研究訓練所」（INSTRAW），1976年成立「婦女發展基
　金」（UNIFEM），1978年成立「提升婦女地位司」（DAW）（屬秘書單位），以及1979年
　成立「消除婦女歧視委員會」。

the Prostitution of Others）、「男女勞工同工同酬公約」（The Convention Concerning Equal Remuneration for Men and Women Workers for Work of Equal Value）、「婦女政治權利公約」（The Convention on the Political Rights of Women）、「已婚婦女國籍公約」（The Convention on the Nationality of Married Women）、「僱傭與職業歧視公約」（Discrimination (Employment and Occupation) Convention）、「反教育歧視公約」（The Convention against Discrimination in Education）、「關於婚姻之同意結婚最低年齡及婚姻登記之公約」（The Convention on Consent to Marriage, Minimum Age for Marriage and Registration of Marriages）等重要國際公約（婦女權益促進發展基金會，2012）。

　　1967年聯合國大會先通過「消除對婦女歧視宣言」（Declaration on the Elimination of Discrimination against Women），用以消除生活中各種對婦女歧視，並協助女性伸張、行使「世界人權宣言」中人人應享的基本權利，此宣言亦直接催生了目前最重要的婦女國際公約，即1979年通過的「消除對婦女一切形式歧視公約」（Convention on the Elimination of All Forms of Discrimination against Women, CEDAW）。該公約於1981年9月3日生效，要求政府立法消除性別歧視，實踐性別平等，成為各國保護女權的法源依據，是現行最重要的維護婦女人權的國際公約[12]，要求政府立法消除性別歧視，實踐性別平等，成為各國保護女權的法源依據，故亦稱為「婦女權利憲章」。依照CEDAW第18條規定，締約國應於加入一年後提出國家報告，說明實行本公約各項規定所採取的立法、司法、行政或其他措施以及所取得的進展與婦女處境現況。以後則應每隔四年提出工作報告，說明執行公約內容進度及影響本公約規定義務履行的各種因素和困難。此外，公約的議定書中，更允許受到性別歧視的婦女可以提交申述書

---

12 本公約共分為六大部分、30個條文。第一部分，定義「女性歧視」，闡明推行消除歧視政策之法、加速實現兩性平等之特別措施的必要性及暫時性，並建議調整形塑刻板性別印象的社會文化行為模式。第二部分，為女性在政治參與權的改善，包括選舉權、參與政府及非政府組織事務的決策、女性代表國家參與國際社會活動的機會、國籍的變更及獲得。第三部分，在於保障女性在教育、工作、保健、經濟與社會方面的平等權利。解除因生育天職遭受到的困境與農村婦女權益的爭取也在文中明確規定。第四部分，係規範女性在法律上的平等地位，如訂定契約與管理財產之平等權利。第五、六部分則是訂定負責監督公約實施狀況的消除對女性歧視委員會之規範。

給國際公約組織。至此，婦女人權擁有相同於其他人權的個人申述程序，並以具有法律約束力的形式載明國際公認適用於所有領域婦女的權利原則，詳細定義歧視內涵（第1條），並要求「締約各國譴責對婦女一切形式的歧視，協議立即使用一切適當辦法，推行消除對婦女歧視的政策」（第2條），為國家的行動設定了相關議程，並以終止一切歧視為目標，婦女方有可能實質享有一般國際人權公約羅列權利的機會。

相較於其他領域的婦女權益保障，人身安全的權益保障起步是較晚的[13]，而CEDAW所關注的婦女權益問題，亦是在20世紀下半葉才緩慢關注。在聯合國成立三十年後，直到1985年第三次世界婦女大會重新檢視「聯合國婦女十年」（UN Decade for Women）的活動，而所通過的「奈洛比前瞻策略」才特別強調婦女遭受暴力的問題需要得到更多關注。之後，1993年聯合國在維也納舉辦「世界人權會議」（World Conference on Human Rights）發表「維也納宣言暨行動綱領」，婦女團體喊出有名的口號「女權就是人權」（women's right is human right），並通過「消除對婦女暴力宣言」，則是第一次為「對婦女的暴力行為」下了定義：「不論發生在公共場所或私人生活中，對婦女造成或可能造成身心上或性行為上的傷害或痛苦的任何基於性別的暴力行為」。本宣言積極明確宣誓國家應保障婦女身心安全的職責，因為婦女無論居住在何處、地位如何、接受何種教育程度，每一種暴力行為對婦女都是傷害，甚至剝奪她們的人權與基本自由，讓她們無法充分參與社會、就業。該宣言特別強調：對婦女的家庭暴力，是對婦女人權和基本自由的侵犯；至於女童則會因為遭受性侵害或家庭暴力，而影響她們接受教育的機會或學習能力，讓她們難以充分發揮個人才能，影響後續的正常發展。1995年在北京舉行的第四次世界婦女大會，189個會員國進一步通過「北京宣言暨行動綱領」（BPFA），並承諾實現性別平等，範圍涵蓋婦女權利、性別平等、婦女賦權等議題的策略目標與行動方案，提出目前各國均積極推動的「性別主流化政策」（聯合國婦女署，2014；謝若蘭，2008）。本次大會並再次將對婦女的暴力侵害問題列為主題，且成為會議通過的行動綱領中一項重點內容。聯合國

---

[13] 雖然男性亦可能遭到人身安全侵害，但從各國統計數據上顯示，仍以女性所遭到的侵害，遠比男性被害比率超出許多，因此在本部分之探討仍以女性為對象。

大會於1999年通過11月25日為消除對婦女的暴力國際日。大會邀請各國政府、國際組織和非政府組織在這一天舉辦紀念活動，藉以提高公眾對這個問題的認識[14]。

在國際人權文件上，針對婦女的暴力行為在1990年代初首次被視為人權問題，並透過二個重要的基礎文件：聯合國大會在1993年通過「消除對婦女暴力行為宣言」（UN General Assembly Declaration on the Elimination of Violence against Women, GA Resolution 48/104）和CEDAW第19號一般性建議（Committee on the Elimination of Discrimination's General Recommendation 19），除了確認暴力侵害婦女行為是一種歧視形式外，也是一種犯罪行為。「消除對婦女暴力行為宣言」將暴力定義為：對女性造成或可能造成身體、性或心理傷害或痛苦的任何行為，包括威脅實施此類行為、脅迫或任意行為剝奪自由，無論發生在公共生活還是私人生活中。「消除對婦女暴力行為宣言」積極明確宣誓國家應保障女性身心安全的職責，因為女性無論居住在何處、地位如何、接受何種教育程度，每一種暴力行為對女性都是傷害，甚至剝奪她們的人權與基本自由，讓她們無法充分參與社會、就業。在具體解決針對女性的暴力問題時，「消除對婦女暴力行為宣言」談到三個領域發生的暴力：家庭、社區和國家（參閱表3-6），但也特別強調：對婦女的家庭暴力，是對婦女人權和基本自由的侵犯；至於女童則會因為遭受性侵害或家庭暴力，而影響她們接受教育的機會或學習能力，讓她們難以充分發揮個人才能，影響後續的正常發展。

此外，涉及保護婦女和兒少權利、防止暴力和其他傷害的其他聯合國文書和標準還包括：「公民權利與政治權利國際公約」及其任擇議定書（International Covenant on Civil and Political Rights and Optional Protocols thereto）、「經濟、社會及文化權利國際公約」、「CRC」、「婦女政治權利公約」（Convention on the Political Rights of Women）、「禁止販賣人口及取締意圖營利使人賣淫的公約」（Convention for the Suppression of Traffic in Persons and of the Exploitation of the Prostitution of

---

14 事實上，早從1981年起，一些婦女運動人士就將這一天作為反抗婦女暴力問題的紀念日，因為在1960年的這一天，多明尼加共和國的政治人士米拉瓦爾三姐妹，被特魯希略政權（1930～1961）惡毒暗殺。

表3-6　聯合國對暴力侵害婦女行為的定義

場所	行為
家庭	身體、性和心理暴力，包括毆打；對家庭中的女性進行性虐待；與嫁妝有關的暴力；婚內性侵害；女性殘割和其他對婦女有害的傳統習俗；與性剝削有關的暴力。
社區	身體、性和心理暴力，包括性侵害；性虐待；工作場所、教育機構和其他地方的性騷擾和恐嚇；販賣婦女和強迫賣淫。
國家	無論發生在何處，國家實施或縱容的身體、性和心理暴力。

資料來源：Fairbairn, J. (2015). Rape threats and revenge porn: Defining sexual violence in the digital age. In J. Bailey, A. Flynn & N. Henry (Eds.) *The Emerald International Handbook of Technology-Facilitated Violence and Abuse*, 231.

Others），以及「禁止酷刑公約」。在此基礎上，聯合國在第四次婦女問題世界會議通過「行動綱要」（Platform for Action），其中為會員國制定三項策略目標，對於性別暴力防治工作至關重要（UNODC, 2010）：（一）採取綜合措施預防及消除性別暴力；（二）研究性別暴力的原因和對被害人影響，以及預防措施的有效性；（三）消除人口販運並協助因賣淫和販運而遭受暴力的被害人。

　　而21世紀，除婦女在政治、法律、社會等方面的權益外，婦女的人身安全問題也更受重視，尤其是在衝突地區的婦女，更須將保障其人身安全當成重要目標。聯合國在2000年通過具指標性的1325號決議（Resolution 1325），首度將婦女權利與性別平等納入聯合國安理會的範疇中。該決議強調，婦女（包括民間社會行動者）有必要參與防止戰爭、衝突解決與所有衝突後和平重建等決策制定過程，同時也強調婦女在衝突中的經驗，以及法律和人身安全的保障，均須納入婦女權利保障的考量範圍。自2000年以來，安理會接續通過六個決議，優先事項包括：終止衝突中的性暴力、確保婦女參與和平進程的每個階段皆受到保障，以及必須為婦女提供跨部門服務。不僅如此，安理會也在武裝衝突發生地區成立性暴力特別辦公室，負責監控並報告相關情形（聯合國婦女署，2014）。其後，在2005年3月於美國紐約召開的「Beijing +10」會議上，「北京宣言暨行動綱領」（the Beijing Declaration and Platform for Action）也再次重申這一點。聯合國秘書長科菲‧安南再次強調反對對婦女和女童的暴力。暴力

不僅對婦女的身體和精神造成了很大的傷害，而且使他們不能在家庭、社區以及社會上發揮自己的能力。2008年6月19日，聯合國安理會一致通過關於婦女、和平與安全的第1820號決議，要求世界衝突地區交戰各方立即停止針對婦女的暴力行為，並採取更加有力的措施保護婦女免受此類攻擊。2013年10月18日，聯合國人權理事會消除對婦女歧視委員會（Committee on the Elimination of Discrimination Against Women, UN Council of Human Rights，簡稱「CEDAW委員會」）更進一步通過第30號一般性建議，以回應全球化所帶來的變遷對女性處境的影響[15]。

　　在數位化時代，網路和資訊通訊科技正在迅速創造新的社交數位空間，改變人與人之間見面、交流和互動的方式，從而更廣泛地重塑整個社會。這種發展對於新一代的女孩和男孩來說尤其重要，他們的人際互動廣泛使用新技術，影響到生活的各個方面。隨著網路普及，網路充斥性別暴力，許多被害人求助無門，聯合國特別報告員從人權角度審視新技術和數位空間助長暴力侵害女性現象。2018年，聯合國暴力侵害女性行為及其因果問題特別報告員，從人權角度編寫一份關於針對女性遭受網路暴力的報告。特別報告員在確定關鍵的法律和實際問題時指出（United Nations Human Rights Council, 2018）：「網路和資訊通訊技術助長的暴力，侵害女性形式變得越來越普遍，特別是隨著社交媒體平台和其他技術應用程式無所不在的使用（A/HRC/32/42和Corr.1）。」CEDAW委員會在第67屆會議（2017）公布第35號一般性建議，強調：「在許多國家，涉及基於性別暴力侵害女性行為的立法幾乎不存在，不充足，或執行不力。因傳統、文化或宗教等意識型態的名義而合理化暴力行為，對旨在消除基於性別的歧視或暴力行為的法律和政策框架的腐蝕，……。在民主空間縮小以及隨之而來的法治惡化背景下，所有上述因素將助長基於性別的暴力侵害婦女現象蔓延，並導致形成有罪不罰的文化。」（CEDAW資訊網，2023）。性別暴力有多種形式，包括國家、社區和家庭所實施的身體暴力、性暴力和心理暴力（United Nations, 1993）。在所有環境中，性別暴力包括：

---

15 有鑒於婦女及女童在武裝衝突地區常成為受害最深之對象群，同時也常在預防衝突及復原重建過程中遭受輕忽或暴力，CEDAW委員會通過的第30號一般性建議的宗旨和目的，即在提供「關於立法、政策和其他適當措施的權威指導」，以確保締約國全面遵守《公約》規定的義務。

親密關係暴力；性侵害；工作場所、學校，或是公共場所的性騷擾或跟蹤騷擾；強迫婚姻，或是未成年人的童婚；女性殘割（Female Genital Mutilation, FGM）和其他有害作法；人口販運和網路暴力、經濟暴力，還有心理或精神虐待。雖然這些暴力形式多種多樣，但它們也是相互關聯的。例如，童婚現象非常普遍，它與家庭暴力的增加有關（UN Women, 2017）。

　　雖然自1990年代初以來，國際社會已經認識到性別暴力問題，並認識到這一問題損害被害人獲得和享受國際法賦予的所有權利。縱然國際社會與各國婦女團體付出許多努力，但在全球範圍內，仍然面臨著三分之一女性遭受性別暴力的情況（World Health Organization, Department of Reproductive Health and Research, London School of Hygiene and Tropical Medicine, South African Medical Research Council, 2013）。性別暴力的犯罪損害是非常昂貴的，除被害人所遭受身心嚴重傷害外，經濟成本也是由整個社會承擔。雖然國際社會近年來為消除對婦女暴力行為做出諸多努力，許多國家亦制定相關規範防治婦女免於遭受暴力，然而女性所遭受的暴力危害和嚴重性，在很多國家和地區仍沒有受到足夠的重視，侵害行為仍然普遍存在。導致全球迄今仍有為數不少的婦女、兒少籠罩於暴力的陰影下。聯合國婦女發展署的資料顯示：性別暴力造成的損失約占全球國內生產毛額（GDP）的2%，而且對被害人參與教育、就業和社會生活等各面向的負面影響，會導致就業和生產力喪失，並耗盡社會服務、司法系統、醫療保健機構和雇主的資源（UN Women, 2016）。而在貧窮、戰亂地區這種問題尤其嚴重。在戰亂地區的主要被害人並非士兵，而是婦女及兒少，對女性的暴力經常是一種最普遍的侵犯人權行為。以盧安達為例，根據估算，1994年4月至1995年4月間，約有1萬5,700至25萬名女性遭到性侵害。2008年6月19日，聯合國安理會一致通過了關於婦女、和平與安全的第1820號決議，要求世界衝突地區交戰各方立即停止針對婦女的暴力行為，並採取更加有力的措施保護女性免受此類攻擊。有關婦女人身安全推動歷程整理如表3-7所示。

表3-7 婦女人身安全推動歷程

1979年	聯合國通過「消除對婦女一切歧視公約」，開啟積極性的婦女人權保障時代。
1985年	第三次世界婦女大會通過「奈洛比前瞻戰略」中，特別強調婦女遭受暴力的問題需要得到更多關注。
1992年	CEDAW委員會通過第19號一般性建議，開始關注對婦女的暴力行為，強調：基於性別的暴力，是嚴重阻礙婦女與男性平等享受權利和自由的歧視形式。
1993年	聯合國通過「消除對婦女暴力宣言」，第一次為「對婦女的暴力行為」下了定義。
1995年	在北京舉行的第四次世界婦女大會再次將此一問題列為主題，並成為「北京行動綱領」的一項重點內容。
1999年	聯合國大會通過11月25日為「消除對婦女的暴力國際日」。
2005年	於美國紐約召開的北京+10會議上，「北京行動綱領」再次重申對婦女和女童的暴力是一種最普遍的侵犯人權行為。
2008年	聯合國安理會通過「關於婦女、和平與安全」的第1820號決議，要求世界衝突地區交戰各方立即停止針對婦女的暴力行為，並採取更加有力的措施保護女性免受此類攻擊。
2013年	CEDAW委員會通過第30號一般性建議，「女性、和平與安全」議程正式透過CEDAW進入國際人權公約機制。
2017年	CEDAW委員會通過「關於基於性別的暴力侵害婦女行為」的第35號一般性建議，更新第19號一般性建議。
2020年	CEDAW委員會通過「關於全球移民背景下販運婦女和女童問題」的第38號一般性建議，將履行《公約》第6條規定的締約國打擊一切形式販運的義務置於全球移民的背景下。

二、我國的發展狀況

臺灣在1990年代，隨著多件女性人身安全事件發生所帶來的社會關注與民意壓力，除了於1996年底通過性別暴力三法之一的「性侵害犯罪防治法」，亦於1997年接續通過「家庭暴力防治法」，並促使教育部在1997年婦女節前夕成立性別平等教育委員會；而行政院會也於1998年5月14日通過「教育改革行動方案」。這些法律不僅對加害人有實體上的處罰規定，亦對於婦女人身安全提供了更為周全的保護規範。

　　而2004年行政院婦女權益促進委員會第十八次委員會議所通過的「婦女政策綱領」則更進一步明白揭示婦女政策之內涵主要有六大領域，分別為：婦女政治參與、婦女勞動與經濟、婦女福利與脫貧、婦女教育與文化、婦女健康與醫療及婦女人身安全等。而透過性別主流化政策的推動，將性別觀點帶入各種公共事務推動中，已逐漸讓社會大眾重視性別的議題。該次會議所通過的婦女政策與警察工作最有關係者當屬婦女人身安全之維護。其所揭示的重點工作包括：（一）加強專責機構的人力與預算；落實並深化現行婦女人身安全保障的政策；（二）從女性不同的處境、年齡、社會地位觀點出發，發展不同的婦女人身安全政策；（三）創造婦女參與治安決策機制；（四）改造中央與地方警察機關，逐年增加女性警政人員參與決策之比例；（五）提升公共環境之安全設計，減少犯罪機會，以保障婦女人身安全；（六）推動家庭暴力防治法令的修改，建立客觀且免於性別歧視的審判原則；（七）訂定法規嚴禁警政、司法、醫療、教育、社政等單位以作為或不作為方式，導致二度傷害女性之問訊、診療資料或現場畫面流入媒體。而在2011年婦女國是會議，則進一步指出，政府未來在性別暴力政策的努力方向應該包括：（一）消除對婦女之暴力行為與歧視；（二）消除任何形式之人口販運；（三）建立具性別意識之司法環境，包括：1.各體系相關專業工作者應教考訓用合一，並建立專業工作者之證照制度；2.警察體系應研議提升中央婦幼業務單位之層級與人力配置，並於縣市警察分局層級配置婦幼保護工作專責單位與人員；3.訓練專業的通譯人才，設置認證制度，並強化其專業倫理知能訓練；4.各相關專業養成教育課程中，應包含性別平等、性別暴力防治與法令之研習訓練課程，並應編列經費鼓勵大專院校相關系所開設司法保護學程；5.司法相關工作人員、調解人員、警政、修復促進員與律師之培訓養成過程及在職教育，應有性別歧視、反歧視、多元文化及同理心之訓練，強化法官性別平等專業知能；6.司法與警察體系應普設被害人保護服務機制與方案，並研議推動設置司法社工、警察社工及心理諮商員；7.合理調整保護性業務社工之工作條件，重視工作安全問題，並編制專業津貼與危險加級。這些項目皆和警察機關與人員有著密不可分的關係。

　　再者，為能與國際社會接軌並保障婦女人權，我國於2007年1月經立法院通過簽署加入CEDAW，然礙於政治因素，臺灣未能成為CEDAW簽

署國。儘管如此，民間團體可以藉由撰寫替代報告，落實CEDAW的在地行動，向國際社會宣示，我國保障婦女權益之決心。同時，立法院2011年5月20日三讀通過「消除對婦女一切形式歧視公約施行法」，並自2012年1月施行，則以國內法的位階落實公約內容，保障性別平權。我國第一次國家報告書於2009年提出後，政府每隔四年均需提出國家報告[16]，檢討推動狀況，政府各機關也要在三年內全面檢視相關法規。法案規定，各級政府機關行使職權應符合公約中有關性別人權保障的規定，而且各機關要負責籌劃、推動和執行公約規定的事項；政府也要和各國政府、國內外非政府組織以及人權機構共同保護和促進公約保障的各項性別人權，諸如修改或廢除對婦女構成歧視的法律、規章，確保婦女在本國政治和公共領域的平等地位，以及婦女在法律行為能力和權利能力的平等地位。值得一提的是，CEDAW締約國根據公約所規範，有下列三個義務（Byrne, Graterol & Chartres, 2007）：第一是尊重的義務，不允許締約國在法律、服務、資源與機會上，有任何政策違背女性的權益。第二是保護的義務，締約國應對妨礙婦女權益的第三者，採取預防與禁止措施，因此必須有足夠的法律、有效的申訴機制、適當的補救、完整的政策、一致的行動計畫、持續的監控與提升意識。第三是達成的義務，締約國應有適當的立法、行政、預算、司法以及其他配套措施以維護女性的人權。本公約比較特殊的地方是，相對於簽約國，非政府組織可選擇兩種方式提供CEDAW委員會該國婦女人權的真實情況，以及國家政策在實際操作的缺失。包括：（一）針對國家報告提出「影子報告」；（二）不針對特定國家報告，提出替代報告。因此，是目前臺灣婦女團體可以與聯合國CEDAW委員會的成員、各國高層以及NGO代表近距離接觸，介紹臺灣現況的極佳平台。

---

16 迄今政府已經完成4次國家報告書。其中，第四次國家報告具體展現2017年至2020年間，我國在消除婦女歧視、提升婦女人權以及促進性別平等之重要成果，包括2019年國際性別不平等指數（Gender Inequality Index, GII），臺灣性別平等表現稱冠全亞洲；2019年通過同性婚姻合法化；以及2020年女性立法委員比率突破四成，為亞洲最高。本次國家報告書在2023年11月28日至12月2日舉辦，邀請國際婦女人權專家來臺審查國家報告，提供我國推動婦女人權具體建議，邀請五院代表與會，並開放民間團體共同參與，透過CEDAW國家報告審查機制建立國際對話平台，並和國際接軌。未來政府將依專家審查後之結論性意見與建議，研擬後續施政，持續將性別觀點帶入政府各項施政計畫中，營造尊重多元與性別平等的公義社會（行政院性別平等會，2023a）。

　　CEDAW施行法第6條規定政府應依公約規定，建立消除對婦女一切形式歧視報告制度，每四年提出國家報告，並邀請相關專家學者及民間團體代表審閱，政府應依審閱意見檢討、研擬後續施政。我國業於2009年提出初次報告，並依法每四年提出國家報告，並自2014年6月於提出第二次國家報告時，邀請國外專家來臺參與報告審查會議，提供我國推動婦女人權具體建議，邀請五院代表及非政府組織團體共同參與，透過CEDAW國家報告之發表建立國際對話平臺，俾與國際接軌，迄今已舉辦4次國家報告國際審查（行政院性別平等會，2022）。就我國性別暴力維護政策推動現況而言，歷次國家報告結論性意見與建議可以整理如表3-8所示。

表3-8　CEDAW國家報告結論性意見與建議有關性別暴力維護政策推動內容

一、CEDAW第二次國家報告結論性意見與建議／2014年6月10日
17. 雖然已有許多為法官舉辦的CEDAW或是性別平等的訓練案，審查委員會嚴重關切在6歲女童遭性侵的案例中，法官錯誤審量了「意願」問題，這是在法定強姦罪案例中不會出現的問題。審查委員會強烈建議，政府應進行檢察官與法官這類錯誤引用法律普及性之研究。同時也敦促政府懲戒犯錯的檢察官與法官。
18. 審查委員會對婚姻移民持續受到家庭暴力的高普及率，以及未能對暴力被害人提供足夠的保護表示關切。委員會也關切，保護令未能儘速核發，以保護被害人免於來自加害者的暴力行為。審查委員會建議政府：(1)徹底實施「家庭暴力防治法」；(2)配置特定資源以打擊家庭暴力；(3)評估家庭暴力現況、政策措施有效性、挑戰及克服挑戰之方法等，並提出未來行動；和(4)確保保護令依法即時核發。
二、CEDAW第三次國家報告結論性意見與建議／2018年7月20日
28. 審查委員會關切基於性別對女性的暴力行為之比率居高不下，包括身體、心理、性、經濟方面之暴力，以及當前發生於網路及其他數位環境之暴力形式。審查委員會亦關切據傳有大量專業司法人員並不認為家暴是性別議題。審查委員會亦關切家庭暴力防治法中並未具體提及針對女性之家暴。
29. 審查委員會建議政府：(1)根據CEDAW委員會第35號一般性建議，修正家庭暴力防治法以明確指出基於性別對女性暴力行為；(2)提升對於網路暴力之認知並針對仇恨言論制定措施，此措施應包含提供監管機制以評估措施成效並設計補救作法行動，並特別聚焦於面臨基於性別或意識型態仇恨言論導致交叉歧視之女性，如同性戀、雙性戀、跨性別女性及雙性人；(3)透過被害人去汙名化及提升大眾對此等行為之犯罪本質的認知，鼓勵女性舉報暴力事件，確保有效調查所有通報事件，並起訴及適當懲罰犯罪者；(4)確保有關被害人／倖存者之所有法律訴訟、保護及支持措施和服務皆尊重並增強被害人／倖存者之自主性；(5)系統性地蒐集對女性施暴所有形式之統計數據，依暴力形式、年齡、身心障礙、族裔、犯罪者與被害人關係來分類，並蒐集犯罪通報、起訴、定罪、判刑之數據，以及被害人獲得賠償之數據。

表3-8　CEDAW國家報告結論性意見與建議有關性別暴力維護政策推動內容（續）

三、CEDAW第四次國家報告結論性意見與建議／2022年12月1日
32. 國際審查委員會建議政府應根據CEDAW第35號一般性建議：關於基於性別的暴力侵害婦女行為，更新CEDAW第19號一般性建議的內容；(1)採取全面和整合的政策，辨識和打擊對婦女暴力行為的根源和不同的形式，包括對婦女的家庭暴力；(2)還應制定有效措施，防止一切形式的暴力，包括對婦女的家庭暴力，平等保護所有被害人，起訴和懲罰施暴者；(3)為此撥出充足的預算資源，並對人員進行充分培訓；以及(4)定期蒐集和依照暴力類型、與施暴者的關係、年齡、身心障礙情形、被害人和施暴者的族群、申訴類型、起訴和定罪率、判刑類型和賠償金額分類，公布針對婦女的家庭暴力資料。
33. 國際審查委員會還對於工作場所和其他地方發生的，涉及濫用權勢的性侵害事件，以及婦女被害人在此類案件中訴諸司法的機會表示關切。司法部門對此類行為的意識和敏感度，以及適當的具性別敏感度的立法，對於被害人在這些案件中獲得正義至關重要。
34. 國際審查委員會建議透過舉辦關於此議題的司法研討會和專題討論會，提高法官對性別議題的敏感度和認識；規定法官必須參加這些活動，和／或將參加這些活動列入法官和其他司法人員的晉升標準。還應鼓勵司法界與致力於婦女人權和基於性別的暴力議題的民間組織合作。國際審查委員會還建議定期蒐集有關性暴力案件數量和頻率的統計資料，包括涉及利用權勢性暴力案件的起訴和定罪率資料。

資料來源：整理自行政院性別平等會（2022），國家報告，https://gec.ey.gov.tw/Page/4F123 6117429F91E。

第四節　小結

　　受到工業革命和18世紀啟蒙思想的影響，在歐洲出現一群女性中產階級。1789年10月，法國大革命爆發後，隨之亦爆發了聲勢較大的女權運動，一群巴黎婦女進軍凡爾賽，向國民議會要求與男子平等的合法人權，揭開了世界婦女參政運動的序幕，迄今西方婦女運動發展已經有兩百多年的歷史。聯合國過去半個多世紀以來，不斷透過國際公約、宣言及會議決議的行動綱領，內容包羅萬象，部分公約更對簽約國具有約束力。其中，於1948年通過「世界人權宣言」（Universal Declaration of Human Rights）第一次宣告人權的普遍性，在序言中亦特別強調「鑒於各聯合國國家的人民已在聯合國憲章中重申他們對基本人權、人格尊嚴和價值及男女平等權利的信念，並決心促成較大自由中的社會進步和生活水準的改

善」；而第16條及第25條宣言中更明言對女性婚姻權及母職的保護，則進一步揭開了人權開始從男性的權利走向男女共用的時代。在1993年第2屆世界人權大會通過的「維也納宣言和行動綱領」則是宣示婦女的平等地位和婦女的人權應匯入聯合國全系統活動的主流；「公民與政治權利國際公約」第3條，亦再次宣示確保男女平等之權利，透過這些國際公約與宣言將婦女人權提升到更加重要的位置（李永然、葉建偉，2010）。

聯合國婦女人權公約及宣言的制定，雖缺乏強制性，但卻深具強化婦女權利意識型態的意義。女權即人權（Women's rights are human rights），今日對婦女人權重視的普及化已伴隨著基本人權國際化而來，婦女人權保護早已成為國際社會關注的重要課題。這些努力雖使得全球婦女在各方面的條件及擁有的資源上都有相當程度的提升，但另一方面，迄今各國仍普遍存在著結構性的性別不平等問題。今日，婦女所面臨的最大困境是潛藏在深層社會文化的性別刻板角色，大部分的決策還是由男性主導，缺乏女性觀點及女性經驗。而社會文化結構的改變並非一蹴可幾，只要婦女被侷限在傳統思考模式之中，就無法跳脫舊時框架，也非國際公約短期內所能影響。

過去二、三十年來，臺灣雖然不是聯合國的會員國，但始終沒有自外於性別主流化的國際潮流。近年來，臺灣婦女人權發展亦已累積部分成果，與婦女權益相關的法律改革陸續完成，為臺灣婦女人權保障法制化打下基礎。但隨著社會變遷而產生新的邊緣婦女，諸如原住民婦女、新移民、女性外勞、女同志等族群的人權保障卻易被忽略，更因而突顯出臺灣潛在的社會矛盾與性別文化的問題，故未來應積極重視轉型中臺灣社會所出現的各弱勢婦女族群的人權議題。而以1979年聯合國通過的「消除對婦女一切形式歧視公約」來檢視這些邊緣婦女的處境，正可說明臺灣婦女人權有待改善與努力的方向。尤其，我國近幾年新移民人口增加許多，相對的遭受家庭暴力的人數也是有增無減，而被害人因為身分與法律資源缺乏，經常面臨嚴重傷害而求助無門或礙於身分取得因素而不願向外求助，這是一群易受忽略的受害族群，非常需要關心與注意（許金玲，2010）。

自1995年聯合國第4屆世界婦女大會提出「性別主流化」策略後，在國際間已被視為推動性別平等的重要策略，此世界趨勢帶動了婦女相關政

策的成熟。一個國家的婦女政策係主導婦女權益，落實婦女人權的國家策略，反映著政府對婦女地位、婦女角色、婦女福祉的態度。今日婦女人權的進展，則更進一步從落實性別平權與減少性別歧視的傳統目標，擴大為鼓勵女性積極參與國家重要政策的討論與規劃，接納女性以平等的地位參政決策，開拓婦女發揮更大空間的積極目標。從「婦女政策」發展到「性別平等政策」，意味著政府不只要保障婦女權益，更要積極促進女性行使權利。對女性而言，性別平等的社會是一個美好的願景，然而這個願景的實現，最終的受益者並不只是女性，「性別主流化」所要彰顯的性別平等關係，男性同時也是性別解放的受益者。誠如聯合國前秘書長安南所說：「女性培力意味的不只是為女人爭取較好的生活品質，而是爭取所有人類較好的生活品質。」如何讓女權得以突破文化的藩籬，女性人權的實踐過程仍有長遠的路途要走。而為配合社會的脈動以及對婦女議題發展的掌握，政府則需要有更前瞻的政策和具體作為。但長期上看來，只要政府、非政府組織、學術界等有心人士持續耕耘，必然會有收穫。不容諱言，性別平權運動在法律制度面的改善已有相當成果，而婦女意識也已逐漸抬頭。然而在性別主流化的潮流中，我們亦不得不正視到：法律上的平等只是提供形式上的平等（如均等的機會），但這並不表示女性在真實生活中實際地享受平等的權利。因此，法律上的平等只是性別平等的第一步，是取得性別平等的先決條件。法律上對權利平等或是機會均等的要求，並不會自動的為實際生活帶來均權，亦即擁有法律上的平等對取得實際生活上的平等，是一個不可或缺的要素，但並不能保證它的存在。為推動性別主流化運動，真正達到性別平等的社會，我們就不得不正視營造一個：讓每一位國民皆能夠尊重他人的人權並且共同分擔責任，不分性別地讓每個人的個性和能力都能充分發揮的社會之重要性。而這樣的尊重，落實到現實生活中，便不僅止於男女、宗教、種族、階級、黨派，更包含對少數族群，以及同性戀等各種跨性別者。

第四章　兒少權益與保護政策

第一節　前言

　　在古代，兒少常被視為家族的私有財，有時更被當作動物一般作為經濟生產工具，不具有獨立的人格。文藝復興運動後，雖然兒少的權益和自由議題開始受到重視，但只限於特定社會階層的兒少，並未擴及所有階層。直到18世紀，盧梭（Rousseau）才提倡不分身分和階級，所有的兒少都應受到平等待遇的思想，主張要賦予兒少充分的自主性，並尊重兒少的人格。1914年第一次世界大戰爆發，造成許多人喪命，又以處於弱勢的兒少和婦女受害最大。為了避免再度發生戰爭，維持世界和平，於1920年1月成立了國際聯盟。國際聯盟參酌「世界兒童憲章」在1924年9月26日第5屆大會中通過有關兒少權益保障的「日內瓦兒童權利宣言」。此為國際上自覺應對兒少負起給予最佳利益之義務，要求各國對第一次世界大戰中受害最深的歐洲兒少提供緊急救濟與保護措施。其後，隨著兒少地位持續受到重視，針對保護兒少權益之國際宣言、公約也持續推展，尤其1989年聯合國通過「兒童權利公約」，並明訂每年11月20日為「國際兒童人權日」，要求各簽約國共同遵守，使得兒少保護與權益保障邁向另一個新的里程碑（李園會，2000；黃翠紋，2000；余漢儀，1996）。

　　國際間對兒少保護運動的推展，迄今已持續超過一個世紀之久，而且也造成二個意義深遠的社會變遷。一個是培植專精於處理兒少與家庭問題的專業工作人員，這些專業人員散在各個領域，包括：醫療照護人員、教育人員、兒少保社工員、警察，以及司法人員等；另一個隱藏在兒少保護運動的變遷，則是婦女解放運動的誕生，由於越來越多婦女走出家庭進入到工作職場中，因而促使晚近的婦女運動，並進而催化第二次的兒少保護運動。此階段賦予政治上的動力，對於兒少保護有所關注。婦女團體開始討論性侵害、家庭暴力等人身安全議題，並且發表有關此方面的不幸個案遭遇，終而促使兒少保護專家開始尋找此類被害人。因而讓社會大眾對於兒少保護問題有新的認知，進而促成政府採取實際的保護行動。

　　從許多方面而言，這二個變遷催化了我們對於兒少保護觀念的轉變，以及政府公權力介入民眾私生活。這些轉變已經消除許多家庭內神祕的面紗，揭露暴力和虐待存在的事實，而這些先前是不為人所知，更確切地說，是為人所漠視的。其產生原因，部分是由於婦女經濟上的獨立，增加她們訴請離婚的能力，並藉以提供社會對於家庭生活中破碎關係的了解。

　　至於這些變遷所帶來的觀念轉變，則可歸納成二個命題。第一個命題是：社會已經越來越能夠獲得共識，認為兒少最初的社會化過程應該是透過愛，而不是體罰和嚴厲的教養方式，因為後者將不利於他們身心上的發展。第二個命題是：父母的權威並不是絕對的，父母對於子女的幸福並不一定總是能夠做最好的判斷，因此也不能夠讓父母擁有毫無限制的權威。社會上有越來越多人已經接受這二個命題，創造對於兒少保護的基本觀念——是一種父母濫用權力的行為。因此，為了兒少的利益，政府和專家將有權力介入家庭。

　　本章主要內容在於對兒少保護的發展趨勢有一個概括的認識，將先介紹兒童權利公約的內涵，接續介紹中、外兒少保護的歷史脈絡，以了解受虐兒少保護的過去、現在與未來發展趨勢，再行探討兒少保護政策的政策方向。

第二節　兒童權利公約的制定與內涵

　　自1924年「日內瓦兒童權利宣言」（Geneva Declaration of the Rights of the Child）問世以來，國際社會開始自覺應承擔對兒少提供最佳利益的義務，並要求各國為第一次世界大戰中受苦最深的歐洲兒少，提供緊急救濟和保護措施。1959年，聯合國通過「兒童權利宣言」（Declaration of the Rights of the Child），為全球兒童權利提供更進一步的保障。但因這兩個宣言對各國並無約束力，經過超過半個世紀的努力，聯合國於1989年通過「兒童權利公約」（Convention on the Rights of the Child, CRC），1990年生效，是兒童權利發展史上最重要的里程碑，保障兒童擁有基本人權，更確立劃時代意義的人權標準。除確立兒少是權利的主

體，揭示：兒童是權利的主體，而非國家、父母的附屬品，要求各締約國共同遵守外，還將每年11月20日定為「國際兒少人權日」，使得兒少保護和權益保障達到一個新的里程碑。此外，CRC也是目前九大核心人權公約中締約國數最多的公約。為了監督和評估各締約國對於CRC的履行情形，CRC設置聯合國兒童權利委員會，要求各締約國每五年向其提交一份報告書，說明該國在兒童權利方面的實踐和進展。這些報告書也是非政府組織分析和評論各國政府，在兒少保護政策上的主要依據。在CRC的實質和程序上，都具備完整性的前提下，CRC開始發揮其功能，並獲得正面的評價。同時，聯合國兒童權利委員會對於各國報告書的回應和建議，也受到了廣大的關注和重視，並產生一定程度的促進作用（施慧玲、廖宗聖、陳竹上，2014）。CRC為維護兒童的權利，提出四大原則：一、禁止歧視原則；二、兒童最佳利益為優先考量；三、兒童的生存及發展權；四、兒童有表達意見的權利。

　　由於「日內瓦兒童權利宣言」對各國並沒有約束力，歷經逾半個世紀的努力，聯合國「兒童權利公約」終於問世，是目前九大核心人權公約中締約國數最多的公約。有關兒童權利公約制定歷程請參閱表4-1。

表4-1　兒童權利公約制定歷程

1924	日內瓦兒童權利宣言	第5屆國際聯盟大會，討論結果共有5項宣言。宣言中規定所有國家的男女不分種族、國籍都應承認人類負有提供兒童最好的福利之義務。
1948	1. 世界人權宣言 2. 第二次兒童權利宣言	第3屆聯合國大會，討論結果共有30項人權宣言，這些基本人權成為兒童人權的基礎。同時在第二次兒童權利宣言發表後，加速草擬兒童權利宣言之內容，也促成了1959年第三次兒童權利宣言。
1959	第三次兒童權利宣言	第14屆聯合國大會，討論結果共10項內容，主要以上二次的宣言內容為基礎，再加以擴大，此次的宣言已有兒童權利公約的雛型。
1961	兩國際人權公約	兩公約是世界人權的一大進步，並也成為了將來兒童權利公約前41條制定之依據。
1976	兩國際人權公約發揮效力，強力約束各國政府有義務並立法尊重和保障個人人權	第31屆聯合國大會決議，將在「關於兒童的權利宣言」發表滿20週年的1979年，定為「國家兒童年」。

表4-1　兒童權利公約制定歷程（續）

1978	波蘭提議	由於「關於兒童的權利宣言」並未具備拘束力，因此，波蘭等九個國家，就提案建議，應締結公約，以發揮其功效，立即獲得大多數國家的贊同。
1979	成立公約起草委員會	希望能趕在「關於兒童的權利宣言」發表的第三十年，完成兒童公約的草案提供聯合國大會討論。
1989	通過CRC	共54條，並對各締約國具有法令的約束力。
1993	在越南舉辦「世界人權高峰會」	制定至1995年的目標——CRC的推廣與全球性的認可，並且在當年年底已有185國政府認可此項公約。我國制修兒童福利法，將CRC若干條文的精神與內容納入修正條文中。
1999	已有191國政府認可	只有美國和索馬利亞二國未參與，美國有意願加入（但由於美國憲法規定，履行公約前必須得到三分之二的參議院議員同意，經過多年爭議後，公約仍未獲得正式施行），但索馬利亞因為還未有一個有組織的政府，所以未能加入。在臺灣的中華民國政府因為聯合國第2758號決議文，亦未能加入，但有20幾個民間團體籌組「臺灣加入聯合國兒童權利公約推動聯盟」，積極朝2003年加入聯合國兒童權利公約的目標努力。
2014	總共193個締約國	除索馬利亞、南蘇丹及美國未參與外，聯合國的會員國都已批准或加入公約，總共193個締約國，成為九大核心人權公約中締約國數最多的公約。我國於11月20日起施行「兒童權利公約施行法」。

　　而為檢視及監督各締約國實踐兒童權利公約之情形，公約設立了聯合國兒童權利委員會（第43條第12項），各締約國應每五年透過聯合國秘書長向兒童權利委員會遞交該國履行兒童權利公約之報告書（第44條第1項）。各國所提供的報告書為非政府組織用以探討一國政府關於兒童保護政策的主要依據。公約在實體及程序面應兼備的情況下開始運作，執行狀況頗獲肯定。而兒童權利委員會所作關於各國報告書的評論及建議，亦受到廣泛的重視，而產生相當程度的促進效果（施慧玲、廖宗聖、陳竹上，2014）。但另一方面，雖然兒童權利公約推行已屆三十年，不過根據聯合國2014年的人類發展報告，發展中國家的兒童有超過五分之一生活在貧窮線以下，且在發展中國家（其兒童總數占全球兒童總數的92%），每

100名兒童中就有7人未滿5歲即夭折，50人沒有出生登記，69人沒有接受兒童早期教育，17人一輩子也無法接受小學教育，30人發育不良、25人生活於貧困之中。食物短缺、衛生設施缺乏、以及個人衛生問題等因素將助長疾病感染和發育不良風險。而且值得注意的是，如果母親貧窮、受教育程度低、罹患憂鬱症或處於高度壓力和痛苦之中，那麼兒童也會受到影響，如遭受家庭暴力、居住環境欠佳和欠缺福利等。越來越多的研究也顯示，個體在幼兒時期遭受虐待、暴力和其他不幸，不僅影響其發育外，亦會導致其成年後在健康、心理和行為等方面的問題，包括：罹患冠狀心臟病、高血壓、第二型糖尿病、肥胖等，並會導致精神或行為疾病，如憂鬱症、酗酒和濫用其他藥物等，甚至比一般兒童有更高的暴力傾向（The World Bank, 2011；Holt, Buckley & Whelan, 2008）。

　　此外，CRC也注意到兒少觸法行為之處理原則，第12條規定：應讓有能力表達自身觀點的兒少，有權表達自己的觀點。就少年司法而言，這意味著少年犯應有權參與他們作為當事方的任何司法或替代程序。而涉及少年司法的CRC條款，還有第37條和第40條，CRC要求各國為兒少提供有別於成年人的司法對策，承認兒少因其獨特的生理、心理、情緒和教育特徵，以及兒少不斷發展的能力，強調為充分保護兒少的程序性權利，而必須採取相關保障措施的重要性。第40條第2款，列出當兒少成為刑事調查對象時，必須採取的程序保障措施清單，包括：獲得有關指控的提示和直接資訊的權利、獲得法律或其他適當協助的權利、獲得口譯員協助的權利，以及在整個訴訟過程中尊重其隱私的權利。此外，兒少也有權從父母那裡獲得適當的幫助；也應立即將指控通知兒少的父母或監護人，並且父母或法定監護人應參與訴訟程序，除非認為這不符合兒少的最大利益。這些步驟包括確保一貫地使用友善兒少的語言，訪談空間物理環境的適當性，並確保兒少得到所有從業人員的支持、獲得法律代表以及適當成年人的支持（獲得有效法律代表的權利以及父母、監護人或其他親屬的最大支持）。值得一提的是，委員會明確表示這些是最低標準，各國應努力實施更高的標準（Committee on the Rights of the Child, 2019: para2）。

　　因此，必須減輕兒少與司法程序接觸所帶來的傷害，但並不是要消除司法系統的角色。此後，2007年所公布的CRC第10號一般性意見書有關「少年司法中的兒童權利」再次強調：在少年司法範圍內所做的所有決

定中，兒少的最大利益應成為首要考慮因素。兒少在身心發展、情感和教育需求方面與成年人不同……保護兒少的最佳利益意味著：刑事司法的傳統目標，如鎮壓／報復是最後手段，必須著重在兒少的再犯預防，並採取修復式司法為首要考量，並可以與關注有效的公共安全相結合來達成目標（Committee on the Rights of the Child, 2007: para 10）。2019年所公布的CRC第24號一般性意見書取代第10號一般性意見，重申少年司法系統中的兒少權利議題，兒童權利委員會指出：往往因為誤解，而對觸法兒少有負面描述，並且呼籲對犯罪採取更嚴厲的應對措施存在非常高風險，委員會也再次強調，優先考慮兒少最佳利益的司法對策，也同時能夠符合公共利益（Committee on the Rights of the Child, 2019: para111）。

然而時至今日，兒少權利經常被誤解、忽視或引起爭議，兒少仍然經常被視為成年人善意的對象，只是服務的接受者，或僅將其視為弱勢群體，而不是擁有權利的主體。在此背景下，聯合國秘書長要求動員聯合國體系，共同加強和提升兒少權利，並採取積極策略推動兒少權利主流化（Child Rights Mainstreaming）。同時，呼籲各國應該了解：一、兒少是完全的權利持有者，擁有一套獨特的權利，需要聯合國採取獨特的行動；二、兒少是自己生活的專家，他們有意義的參與對於聯合國行動的充分性和效率是必要的；三、兒少因其身分而在行使和主張其權利時，面臨特定障礙；四、兒少權利與聯合國憲章所有三大支柱（和平與安全、人權，以及發展）的所有倡議、政策和計畫相關；五、聯合國外部和內部的宣傳、政策和計畫對兒少的影響與對成年人的影響不同。此外，它也涉及以下綜合和有針對性的行動：一、在整個聯合國體系和各實體內部，在新的和既定的進程和程序中，將兒少權利作為明確、系統和持續的考慮因素；二、採用有針對性的介入措施，來解決兒少面臨的具體限制和挑戰（United Nations, 2023）。

第三節　兒少保護的歷史脈絡

　　回顧社會上對於孤苦無依、遭受虐待和疏忽兒少的關心，以及公共政策的發展，早期是起源自私人、非營利（nonprofit）的組織[1]。在當時，政府所扮演的是消極功能，僅對赤貧者提供救助，而且此種救助亦基於懲罰性與抑制性的理念，此階段所呈現的乃為「殘補模式」（residual model）的觀點。工業化為人類社會帶來極大的衝擊，原有社會支持網絡已經無法發揮功效，而新的社會問題又逐漸萌芽，政府才轉而積極介入兒少福利的提供，逐漸邁向「制度模式」，成為福利提供者，而民間部門的參與空間則越為縮小。隨著1970年代政府角色的重新定位與轉換，此時期私有化的理念應運而生[2]（Rice, 1985）。因此，晚近各國兒少福利政策發展最值得注意的方向是，私人和公共機關責任的重疊，並因而產生新的責任與計畫的發展。

　　一般而言，兒少福利的職責主要是代替以及支持那些因為某些理由，而無法履行照顧子女責任的家庭所應該扮演的角色。因此，兒少福利的代理觀念（substitutive philosophy）主要是在於代理家庭功能的不足。晚近公共政策對於兒少福利提供的目標，是將其視為支持家庭養育子女任務的主要輔助者。然而在公共服務和支持的層面上，目前並沒有調整成較為一般性的家庭支持角色。針對需要保護的兒少，雖然社會已經逐漸獲得共識，認為將兒少帶離原來的家庭並且安置到寄養家庭中，對於兒少不僅是不安定的處理方式，也可能製造更多兒少和原生家庭與社會環境不必要的隔離。不幸地，對於家庭支持的基礎並不如兒少拯救（child rescue）來得深遠。晚近這些議題越形複雜並有其重要性，可以視為是兒少福利政策有所進步的產物與指標。此外，早期私人以及非營利組織在兒少福利上所扮演的重要角色，也為目前兒少福利所面臨的挑戰提供一些解決的途

1　我國的兒童福利在國民政府遷臺以前，是以民間的社會慈善事業為主。政府遷臺以後，隨著社會保險立法的通過，政府在社會福利領域才開始扮演重要角色。在此之前，政府的兒童福利工作僅以孤兒院等救濟性業務為主（李淑容，1998）。

2　所謂「私有化」係指由私人部門取代政府部門，或政府部門與其他私人部門訂定合約關係，由政府部門提供經費，而由其他私人部門對於政府部門所要提供的服務項目或目標，團體提供服務。

徑——製造公私合作關係（public-private partnerships）的兒少保護系統。
但由於公務部門內社政人力極度不足，政府如何整合並有效運用這些資
源，乃成為主政者要思考的課題。

一、英美兒少保護歷史

受到文藝復興運動與工業革命的影響，英國從很早就開始重視對兒少
的照顧。早期那些失去家庭養育的兒少，大多由他們的親戚、鄰居或是熱
心的宗教團體來照顧；到了中古世紀，教會更明確指定傳教士要負責教區
內孤兒及貧民生活的照顧。然而在16世紀，由於許多寺院受到宗教改革的
影響而遭到迫害，原先依賴寺院收容救濟的貧民與孤兒，亦連帶失去容身
之處而成為遊民。及至17世紀與18世紀，乃有許多志願性的兒少福利組
織陸續成立，可惜彼此之間並沒有相互連繫，使其對於兒少援助所能發揮
的效能相當有限（李瑞金，1997）。

雖然傳教士、教會，以及慈善家在英國早期的兒少保護工作上，扮
演著領航者的角色，但是對於兒少權益的倡導工作，並不如宗教家與慈善
家所期待的那麼順利。在當時，對於兒少保護工作提倡最力的知識界人
士，當推英國小說家狄更斯（Charles Dickens）。他在12歲那一年，就從
家鄉被送到倫敦的工場去工作。他的父親經常被囚禁在收容債務人的監所
中，而他的母親則遺棄他，這對於他往後的生命與作品造成很大的影響。
在1838年，他出版了《Oliver Twist》一書[3]，這是一本自傳式的小說。故
事以霧都倫敦為背景，一名年輕的孕婦昏倒在街上，人們把她送進了收容
院。第二天，她生下一個男孩後就死去，這個男孩就是故事的主角——奧
利弗（Oliver Twist）。奧利弗在孤兒院長大，10歲時被送到棺材店裡當
學徒。由於不能承受繁重的勞動和老板的打罵，他逃到街上，成了一名霧
都孤兒。在倫敦遊蕩的時候，他誤入賊窩，被迫與狠毒的罪犯為伍，善良
的他一次次化險為夷，依靠自己的努力和熱心人的幫助，最終與自己的親
人團聚。誠如Gardner（1980）所言，這本書代表了狄更斯的最初社會福

3　《Oliver Twist》（譯為孤雛淚或霧都孤兒）是19世紀最有影響的經典小說之一，如同狄更斯
的其他小說，本書揭露許多當時的社會問題，如救濟院、童工、以及幫派吸收青少年參與犯
罪等，試圖喚起大眾的注意。該書自出版後相當暢銷，被譯成世界上幾十種語言，並多次被
改編成電視劇和電影。

利行動，此後也有許多小說描述有關兒少遭受虐待、遺棄，甚且變成殘障的故事情節。到了19世紀中葉，狄更斯的作品已經相當受歡迎，除歐洲外，其影響也遍及全美。

至於在美國本土，殖民地時期亦沿襲英國政策，將貧窮視為一種罪惡，為了拯救窮人就必須讓其工作。而窮人的小孩則必須遠離懶惰的深淵，因此經常被帶離原生家庭，安置到收容機構或是寄養家庭中（Costin,
1985）。殖民地時期，兒少福利措施有一些是根源於英國的救貧法。這些法案將支持所有居住在社區內居民的工作視為社區的責任，因此拯救不被期待或是遭受遺棄的兒少，也是整個社區及教會的責任。

從19世紀中葉開始，有許多私人組織將貧窮、居無定所的兒少帶到比較好的家庭中（但經常是被帶離至其他社區），其中最有名的即是「兒少慈善協會」（Children's Aid Society）。這些組織將兒少帶離東北部的工業城，將他們安置到需要大量童工的中西部農業城。而這也是一般安置照護系統的先驅——即讓兒少在收容機構中長大，而不是在他們自己的原生家庭中（Costin, 1985）。主要的理念乃是認為，窮人的下一代應該要有清白的經歷，擁有住所、食物、受教育以及接受中產階級價值觀念的機會，如此才能夠在社會上擁有競爭的能力；退而求其次，若是沒有平等的競爭能力，至少也必須能夠提供給兒少遠離貧窮的機會。因此，為兒少所建立的收容機構，主要是希望為兒少建立平等的立足點，讓每一個兒少都有成功的機會。在此觀念下，當時並沒有同情那些貧窮父母的處境，為其發展經濟支持方案，而只是在家庭經濟狀況無法養育子女時，就將兒少帶離親生父母的身邊。

18世紀末至19世紀，英、美社會處理貧窮問題的另一個方式，則是設立濟貧院（almshouse），這是收容那些極端貧窮民眾的機構（Costin,
1985），濟貧院多數設立在大城市，收容的對象則包括兒少與成人。同時，社區對於遭受遺棄，或是不被期待下出生嬰幼兒的援助，則促使19世紀初棄兒救濟院的設立。此時期，資本主義社會的產生，導致懷孕的貧窮婦女在丈夫尋找就業機會的過程中，遭受遺棄。同時，由於懷孕經常會對家庭經濟造成不利的影響，也是夫妻感情生變的重要因素。都市化、工業化，以及移民等現象，造成流浪兒少的情況相當普遍。以19世紀末期的紐約市為例，就有數千個兒少無法受到家人的照顧而流浪街頭。此時，興起

了私人慈善組織幫助這些兒少的家庭,而對於那些無家可歸的兒少則將其安置到收容所內,直到他們可以開始工作為止(Costin, 1985)。因此,將兒少安置到收容機構內,是非常普遍的救濟措施。由於19世紀政策制定者的推動,使其所創造的公共政策成果與我們今日的處理情形頗為相似。事實上,我們今日似乎只是保護兒少使其免於遭受虐待,而在政策的擬定上並沒有擴及支持那些暴力家庭,而且需要保護的兒少大多數是來自於低社經地位家庭的小孩。

雖然美國自19世紀加速了對兒少的拯救行動,但是自願組織或是政府在遭受虐待兒少的問題所應該擔負的責任,卻沒有清楚區分。私人組織對於遭受虐待兒少的重視,是從19世紀末期開始的。在當時推動了所謂的「反殘酷社會運動」,不但獲得社會大眾的廣泛支持,並且造成20世紀初期絕大多數的大都市推動保護兒少免於遭受殘酷對待的運動。後來變成「美國人權協會」(American Human Association)的一部分,這是一個全國性的組織,主要目的是在於保護兒少以及動物。這些保護兒少社會運動的主要目標,是調查成人對待兒少的疏忽以及暴力行為、製作不利於加害人的紀錄,並且協助法院對於加害人的控訴。在19世紀之前,除非父母是極端貧窮或是父母做錯事的兒少,否則一般的兒少很少會成為公眾所照護的對象。從1825年開始,社會才介入遭受虐待兒少問題的處理上,但是在當時這方面的問題仍然很少受到關注。1877年紐約市在「預防殘酷對待兒少協會」(Society for the Prevention of Cruelty to Children, SPCC)的推動下,通過法律來保護兒少,並且干預和懲罰對於兒少所作的一些錯誤行為。到了1882年麻薩諸塞州才立法允許那些遭受虐待的兒少可以接受保護。有許多人將這個反暴力的運動,視為中產階級對抗低下階級移民父母的運動,然而所造成的影響卻極為深遠(Costin, 1985)。在紐約市的「預防殘酷對待兒少協會」,將警察機關所發現的兒少遭受虐待事件送到州的地方法院,調查所有涉及兒少被虐待的事件,他們被賦予警察權;而且即便在審理中的事件,也可以對兒少採取保護的措施。至於這些措施所需的經費,則同時來自民間以及政府的補助。在19世紀只有一個州——印第安納州,設立政府機構來執行這些任務,其他的地區則是由「預防殘酷對待兒少協會」來執行這些任務。1899年通過一個法律,在鎮以及郡設置「兒少監護委員會」(由巡迴法院指定六個人來擔任),賦

予其職權來調查疑似兒少保護的事件，審判加害人，保護兒少，並且將他們安置到臨時的收容所中（Costin, Karger & Stoesz, 1996）。

早期兒少保護領域的領導者絕大多數是來自於私人、非宗教的組織，而不是宗教或是政府的部門。這些組織在保護兒少的工作上，扮演相當積極的角色，而且也推動立法，以及鼓吹公共部門需要積極介入以保護兒少權益。私人兒少保護運動的初期，主要是採取懲罰與執法的取向，慢慢也有一些地區會採取比較廣泛的政策取向，透過社會的支持來維持並改善家庭的生活。兒少保護運動最初並沒有與一般的兒少福利運動合併，後來逐漸變成兒少福利運動的一部分。

麻薩諸塞州的「預防殘酷對待兒少協會」在1878年設立，最初也是以法律作為保護的手段，但是並沒有放棄慈善的職責。因此，該協會強調對於加害人的教育以及改革、家庭的復原，並且避免將兒少送到收容機構中，同時它也希望能夠和其他的兒少福利機構、州和地方官員、教育人員，以及警察人員密切合作（Antler & Antler, 1979）。它認為要解決兒少保護的問題，除了必須透過社區與家庭的重整之外，同時也必須採取法律的保護行動。

美國根據第1屆「白宮兒童會議」（White House Conference on Children）的決議，於1909年在聯邦政府底下設立了「美國兒童局」（U.S. Children's Bureau）。兒童局在設立方案的標準上，扮演了的積極角色。他們積極將協助孤苦無依的兒童方案，納入到1930年代「社會安全法案」（Social Security Act）中。此時，有許多老舊的人權協會不再為兒少提供保護服務，他們的功能已經被許多政府以及志願性的組織（諸如少年法庭、少年保護協會、家庭福利協會），以及地方的福利部門所取代。也有一些預防殘酷對待兒童協會以及人權協會與政府福利部門合併，使得在許多新的政府部門中仍然保有預防殘酷對待兒童協會的傳統理念，來執行其政策。此種國家以及地方政府逐漸負起兒少保護的責任，象徵著兒少福利運動的新紀元。其中，1935年所制定的「社會安全法案」（Social Security Act），是第一個促使聯邦政府投入經費到兒少福利的法案（Costin, Karger & Stoesz, 1996）。

美國於1920年設立「美國兒童福利聯盟」（Child Welfare League of American, CWLA），當時麻州的預防殘酷對待兒童協會會長Carstens被

任命為它的執行長。透過兒童福利聯盟以及其他組織的努力，制定標準化的全國性兒少福利計畫，強調暫時性而不是永久性的將那些需要保護的兒少安置在收容機構中，而且也要儘可能保存家庭完整性。在當時，這個目標不但受到許多州的支持，而且也與1909年「白宮兒童會議」中，兒童局所陳述的政策相符：除非不得已，否則沒有任何兒少應該被帶離家庭，因而必須建立以及提供給家庭資源，以便讓兒少可以獲得安全的成長處所（Costin, Karger & Stoesz, 1996）。由此可知，在當時的理念是認為：解決兒少遭受虐待的問題，應該是從矯治兒少原生家庭開始著手。

為了矯治以及重整家庭原來的生活，有許多地區的預防殘酷對待兒童協會擴充原來的保護措施，不再只是侷限於兒少本身的拯救活動。到了1919年即使是紐約市的預防殘酷對待兒童協會也擴充本身服務的內容，包括矯治以及家庭生活的重建。到了1930年代，自由派以及保守派的觀念就真正的結合在一起（Antler & Antler, 1979）。

隨著1930年代社會個案工作方法的發展，以及1940年代提供一個主要動力，促使兒少保護遠離了執法、懲罰的議題，而轉變成社會服務以及矯治的議題。激進的個案工作（aggressive casework）在1950年代逐漸受到重視，結果讓社工人員體認到，個案工作方法也可以適用到那些沒有意願尋求外界服務的家庭上（Antler & Antler, 1979）。

晚近兒少保護受到世人普遍的關注，可以歸功於Kempe及其同僚在1962年所發表的「受虐兒童症候群」（The Battered-Child Syndrome）一篇文章，兒少保護的問題才慢慢受到學者及社會大眾的重視。此後由於許多醫療專業人員的努力，才使得兒少保護真正成為各國所重視的議題。但事實上，世人在這之前對於兒少保護的關注已經有很長一段歷史。早在19世紀，社會工作者已經確認兒少保護的現象，但卻沒有撰寫過有關於這方面問題的文章。拜X光發明之賜，小兒科的放射線學者John Caffey透過X光的檢查，發現有一些兒少遭受不明原因的複雜骨折，在1946年已經確認兒少骨骼斷裂的類型，不但揭開長久以來兒少斷顎、斷骨的疑惑，也了解如何治癒受虐兒少被照護者所傷害的斷裂部分。雖然Caffey的發現在1950年代早期受到其他醫師的支持，然而由於當時的社會環境使然，這個問題的嚴重性並沒有受到重視。此後醫師們持續研究這個現象，一直等到Kempe及其同僚的文章出版後，才獲得世人普遍的迴響。醫師在動員其

他領域的專家方面，並沒有太大問題，他們將此種聯盟視為改善兒少處境的機會，促發了新的價值觀。同時，在這個過程中也為他們本身的權威與專家的地位，製造了新的機會。這個聯盟於1970年代早期，在建立目前的兒少保護系統、制定責任通報法案、將虐待兒少行為犯罪化，以及設立兒少保護工作團隊等方面是非常成功的（Crosson-Tower, 1999）。

　　從1963年到1967年這段期間，美國各州先後通過通報法，強制社工員以及其他專業人員必須共同合作，保護那些需要被保護的兒少，並且要求公共福利部門必須負起社會福利調查的責任，以及追蹤施虐家庭與加害人，因為他們可能會遷離原來的社區，到另外一個社區去。圍繞在通報法發展的主要議題有（Crosson-Tower, 1999）：（一）是否警察人員或社工人員應該負起處理通報的主要責任？（二）通報的內容是否應該包括精神上的虐待或是照護疏忽的行為，或是僅僅侷限於身體與性的虐待行為？（三）兒少疏忽與虐待的定義為何？（四）國家、地方兒少福利組織以及責任通報者的責任各為何？這些議題的解決，賦予社會福利部門在處理此類問題上，扮演重要的角色。主要是基於期待提供給遭受虐待兒少及其家庭服務，將可以改善照護者親職不張的現象。同時，為了確保通報責任得以履行，強制專業人員必須通報其所知悉的疑似兒少受虐事件。此外，美國聯邦經費對於州的補助資格，則是植基在對兒少保護通報的系統性處理上。

　　依據美國國會在1974年所通過的「兒童虐待防處法案」（Child Abuse Prevention and Treatment Act），於聯邦健康、教育以及福利部底下設立美國國家兒童虐待與疏忽中心（National Center on Child Abuse and Neglect）。這個法案提供經費協助州、地方政府，以及非營利組織，為那些遭受虐待的兒少及其家庭，發展方案以及提供服務。人們期待聯邦政府應該扮演領導的角色，鼓勵各州所制定的法律以及政策能夠符合國家的標準。各州必須能夠滿足聯邦所制定的通報法令以及處理程序的標準，才能獲得聯邦經費的補助。而一般人也都認為，「國家兒童虐待與疏忽中心」在改善美國的兒少虐待事件通報上，具有相當大的貢獻。可惜這個法律並沒有提供服務給那些遭受通報的兒少和他們的家庭。主要是因為州的經費實在太少，以致於無法為他們提供服務方案，或是讓社工員接受足夠的訓練。1970年代早期，是聯邦政府提供經費急速成長的階段。尤其在

1971年到1972年之間，補助經費成長了一倍（從7億4,100萬美元，成長到17億美元），因此到了1970年代中期，各州政府花費在兒少福利的總經費中，有一半是由聯邦政府所補助的。此後，雖然補助經費仍有成長，但是比率並不高。另一方面，在兒少保護事件的通報數量上則急速的成長，從1976年到1993年之間，通報數量成長了347%，使得整體的經費相形之下就減少很多（Crosson-Tower, 1999）。

　　柯林頓總統在1993年簽署了一個新的法案，賦予「社會安全法」一個新的名稱——「家庭維護與家庭支持法」（Family Preservation and Family Support Act）（Costin, Karger & Stoesz, 1996）。新的法案旨在讓政府扮演一個促進者的角色——為那些弱勢的兒少及其家庭，建立一個公共支持服務系統，以便有效處理兒少保護通報事件，並且能夠化解那些可能會導致子女被安置到收容機構的家庭危機。目前在經費的部分是很平穩的，但是在各州所進行的方案中，則加入了許多社區組織與資源。

　　茲將歐美兒少保護歷史演進整理如表4-2。

表4-2　歐美兒少保護歷史演進

發展進程	重要內涵
古希臘	為維持4：1的人口政策，將大部分的女嬰殺死。
古羅馬	兒少是父親的財產，父親具有絕對權威，對兒少生命有其掌管權，可販賣他們或作為祭品。
中古世紀	兒少被視為非理性且具有欲望的動物，並不具有獨立人格，但為救援流離失所的兒少，教會明確指示傳教士要負責教區內孤兒及貧民生活的照顧。
文藝復興	人權鬥士伊拉斯穆斯（Erasmus）強調兒少的人格尊嚴應和成人一樣受到尊重，此刻才注意到兒少議題。
16世紀	古羅馬法規定，養育畸形兒是非法的，先天畸形兒不是被殺死就是被丟棄；而寺院也因為受到宗教改革的影響而遭到迫害，原先依賴寺院收容救濟的貧民與孤兒，亦連帶失去容身之處而成為遊民。
17～18世紀	兒少福利志願性的組織陸續成立，但彼此之間並沒有相互連繫，故對於兒少援助所能發揮的效能有限
18世紀	思想家盧梭（Rousseau）在《愛彌兒》一書中提及「大人對兒少的情況完成無之」，並主張應給予兒少充分的自主性，尊重兒少的人格等觀念，人們開始關注兒少的世界。

表4-2　歐美兒少保護歷史演進（續）

發展進程	重要內涵
19世紀初	都市化、工業化，以及移民等現象，造成流浪兒少的情況相當普遍，故開始設立棄兒救濟院。
1838年	狄更斯（Charles Dickens）出版《*Oliver Twist*》一書，描述一位來自貧窮家庭的小男孩去都市當學徒，最後卻與青少年竊盜集團為伍的故事。本書代表他最初的社會福利行動，此後也有許多小說描述有關兒少遭受虐待、遺棄，甚且變成殘障的故事情節。到了19世紀中葉，狄更斯的作品已經相當受歡迎，除歐洲外，影響也遍及全美。
1860年	法國巴黎醫學教授Ambroise Tardieu首創以「兒童受虐症狀」，建立受虐兒少身體傷害案例。
19世紀中葉	許多私人組織將貧窮、居無定所的兒少帶離東北部的工業城，將他們安置到需要大量童工的中西部農業城。而這也是一般安置照護系統的先驅。其中，最有名的即是兒少慈善協會。
1873年	美國教會工作者Etta Wheeler在紐約市成立「訪視住宅」服務，發現9歲兒童被父母獨自關在家中，由訪視員向Henry Berg通報。
1875年	紐約市「預防殘酷對待兒少協會」（Society for the Prevention of Cruelty to Children, SPCC）成立，1877年在其推動下，通過法律來保護兒少，並且干預和懲罰對於兒少所作的一些錯誤行為。
19世紀末	私人組織開始重視遭受虐待的兒少，推動「反殘酷社會運動」，不但獲得社會大眾的廣泛支持，並且造成20世紀初期美國絕大多數的大都市推動保護兒少免於遭受殘酷對待運動。
1909年	美國根據第1屆「白宮兒童會議」（White House Conference on Children）的決議，在聯邦政府底下設立了美國兒童局，並成立「美國嬰兒死亡率研究與預防協會」。
1912年	美成立「兒童局」，兒少權利倡導護運動開始。
1920年	設立了美國兒少福利聯盟（Child Welfare League of American, CWLA），制定了標準化的全國性兒少福利計畫，強調暫時性而不是永久性的將那些需要保護的兒少安置在收容機構中，而且也要儘可能保存家庭完整性。
1924年	國際聯盟通過「兒童權利宣言」，揭示「人類具有提供兒少最佳事物條件」的義務。
1935年	美國制定「社會安全法案」（Social Security Act），是第一個促使聯邦政府投入經費到兒少福利的法案。
1946年	John Caffey透過X光的檢查，確認兒少骨骼斷裂與遭受虐待的關聯性，並了解如何治癒受虐兒少被照護者所傷害的斷裂部分。

表4-2　歐美兒少保護歷史演進（續）

發展進程	重要內涵
1959年	聯合國通過「兒童權利宣言」：載明「人類具有提供兒少最佳事物條件」的義務外，更規定兒少應為權利的主體，並訂定條款來保障兒少權益。
1962年	Kempe及其同僚發表「受虐兒童症候群」（The Battered-Child Syndrome）一文，兒少保護的問題慢慢受到學者及社會大眾的重視。
1963年	美國各州陸續制定兒少虐待責任通報法案。
1974年	美國國會通過「兒童虐待防處法案」（Child Abuse Prevention and Treatment Act），在聯邦健康、教育以及福利部下設立美國國家兒童虐待與疏忽中心（National Center on Child Abuse and Neglect），並提供經費協助遭受虐待的兒少及其家庭。。
1989年	聯合國通過「兒童權利公約」，乃符合世界各國兒少現實情況與需求，且具法律約束力，成為保障兒少權利的國際共通標準。簽署國在國內制定法律，完成相關配套措施，義務執行有關「兒少最佳利益」的事項為優先。

二、我國兒少保護歷史

我國對於兒少保護的理念與措施由來甚久，且歷朝歷代均持續為之。早在隋唐時期，官府為了賑濟飢民，防止飢民流亡造反，乃興建義倉和社倉，而形成古代所盛行的救助性質措施，對救濟貧困鄉民及其子女，發揮過重要的作用。只是在過去的農業社會中，由於注重人親土親的觀念，並且在講求血緣、地緣關係而成立的互助式生活體制下，兒少保護的工作主要是親族或是鄰里分內的事，至於政府則少有介入。尤其在宋明以後，隨著近代家族制度的形成，許多家族也常常仿照官辦義倉的形式，在鄉里設立家族救濟的小型義倉。有的家族義倉、義穀的設立除了備荒賑濟外，還規定用於撫卹貧困、孤寡殘疾，及遭遇不幸事故而無力生存者。政府即使介入，亦多是視時視事而為，缺乏規劃與系統性的扶助工作，此時期可視為我國兒少福利觀念的醞釀期（雷家宏，1998）。

及至民國建立，受西方各國社會工作蓬勃發展的影響，以及美國1909年「第一次白宮會議」後所發表的「兒童權利宣言」所影響，使得國人逐漸注意到兒童保護工作的必要性，並透過熱心社會公益人士的提倡，我國近代兒童保護工作才逐漸展開。但此時百廢待舉，又有各地軍閥

割據，紛擾頻頻，國民政府較為重視兒童的教育，1923年北平私立燕京大學社會系首開兒童福利課程。1928年，開始重視婦幼保健工作，並於同年成立「中華慈幼協會」，而後各地響應，廣設兒童福利機構。而兒童福利的政策與相關重要會議到1938年以後才開始，在此之前的草創階段，兒童福利慈善事業主要政策是由民間提供，比較具代表性的有「北平香山慈幼院」及「中華慈幼協會」。

及至1938年至1948年間，因戰事不斷、造成難童無數，照料以及保護不幸兒童的工作，就成為兒童福利工作上最為迫切的任務。本時期主要是根據國父立國思想進行主要政策的擘劃與觀念啟發，是我國福利制度由傳統社會轉型為現代社會的奠基期。此時期工作有二種形式：最初是以機構教養院方式收容兒童，日後由於兒童福利觀念逐漸積極後，乃發展出兒童補助方式以保護待助的兒童及其家庭。這個時期除了中央政府成立「社會部」外，還召開三次全國兒童福利會議，對我國兒童福利政策與立法的制定，及兒童福利工作的推動，均有莫大的影響力。可惜的是，由於當時國內征戰連年，使得這些福利制度始終無法在全國有效推廣，而福利業務的範圍也相對著重於彌補戰爭所造成的破壞。此時期兒童保護工作尚未有實質的作法，但育幼院的設立卻成為日後兒少保護家外安置的最後一道保護防線。

至於臺灣地區兒童保護工作，則始自1946年7月行政長官公署籌設「台北育幼院」。當時該院收容未滿15歲的孤苦、貧寒、無法生活且無親屬可依靠的兒童。而1949年政府播遷來臺，以「民生主義現階段社會福利政策綱領」為前提，開始提出積極的社會安全方案，這段時期可以說是兒童福利體制的新興期。政府自1959年開始推動貧苦兒童家庭補助制度，最初是由省立台北、台中二育幼院試辦，而後「高雄育幼院」亦參與辦理。在政策研討上則召開了一次兒童福利研討會。不過，到這個時期為止，福利對象仍僅止於12歲以下的國民，鮮少有提及少年人口的福利保障。聯合國兒童基金會（UNICEF）自1948年起，就對我國兒童福利有諸多贊助；1963年，聯合國兒童基金會援助我國兒童社會服務，撥款支援臺灣的農忙托兒所，並在彰化設立「臺灣省兒童福利工作人員研習中心」。但隨著1971年我國退出聯合國，聯合國對我國兒童福利的援助亦告一段落。在民間團體的設立方面，一些至今為止都在兒童福利

領域占有相當重要地位的兒童福利機構，皆在此時期成立或拓展在臺灣的服務，如：基督教兒童福利基金會（CCF）、臺灣世界展望會（World Vision）、臺北兒童福利中心等。至於在兒童保護方面，此階段仍未有具體作法或宣導，然而與目前家外安置業務有關之育幼院在此階段則持續成長，但主要以救濟性質為主，服務或安置對象則以貧窮或孤苦無依院童為主。

自1973年「兒童福利法」公布施行後，使得我國對於兒童的保護工作益發蓬勃發展，由以往僅強調對於孤兒、棄嬰以及貧苦兒童的照顧，進而強調照顧所有的兒童；由消極性的處置式福利服務，更進而提供積極性的諮詢福利服務；由政府全責運作，擴大為政府與民間共同參與。至1980年代之後，台灣社會急遽變遷，兒少保護事件有日漸增加的趨勢，兒少保護課題遂成為70年代末期台灣社會所關注的焦點。1973年至1990年這段期間，民間社會福利組織蓬勃發展，包括許多身心障礙機構的成立、因雛妓救援行動而成立的婦女救援基金會、勵馨基金會和善牧基金會等少年福利推動組織，以及為推動兒少福利法修法而成立的兒童福利聯盟基金會等。尤其1987年解嚴之後，政治環境走向民主化，也促使台灣社會更加重視兒少的權利與關注兒少的生存環境。在此階段，兒少受虐及疏忽開始受到關注，實務界快速反映兒少保護的需求性；寄養家庭制度被引進，並正式確立其定位；安置型機構擺脫過去救濟色彩，而開始投入受虐兒少的緊急庇護工作。

1992年至2001年這段期間，除兒童局成立外，許多與兒少相關的重要法規也一一修訂，可堪稱「兒少福利的黃金十年」。為因應父母無暇照顧子女，兒少受虐待、被疏忽事件有層出不窮的趨勢，兼又因舊法對兒少保護與福利機構的管理缺乏明確有力的法源，乃對「兒童福利法」進行修法工作，並於1993年2月經總統公布施行，開啟臺灣地區制度化回應兒少保護工作的開端，為我國在兒少保護工作的推動上，奠定了一個嶄新的里程碑。隔年內政部修正公布「兒童福利法施行細則」，並擴大辦理全國兒少福利機構評鑑、兒少福利觀念之宣導、兒少醫療補助、兒少福利服務中心及緊急庇護所之設置、兒少保護專線之設置等措施。而1995年所頒布實施之「兒童及少年性交易防治條例」，則更催化了1995年12月18日所開辦的24小時兒少保護專線，加強受理受虐兒少通報及救援的工作（台

灣省社會處，1998）。1998年，開始將兒少保護的調查與後續服務的角色區隔，當年通過之「家庭暴力防治法」引進「民事保護令」和「監督探視」等制度，確立國家公權力介入家庭私領域之法源依據，其保護對象亦擴及受虐待的兒少。1999年，民間團體實驗以家庭保存（family Preservation）為概念的家庭服務方案，內政部並補助臺灣兒童暨家庭扶助基金會編印「兒童少年保護工作手冊」，將家庭維繫、家庭重整、永久安置列為兒少保護工作之主要處遇計畫。同年11月20日，兒童局正式成立，成為我國第一個中央兒少福利專責機關，使我國兒少福利的行政制度更加周全，兒少福利的拓展更邁向新的世紀。兒童局下設保護重建組，專責受虐及受疏忽兒少之保護工作。此階段最重要的發展是兒少保護工作正式獲得法源依據，賦予國家公權力捍衛兒少被適當照顧之權利，同時強調支持與維繫家庭的重要性（彭淑華，2011；余漢儀，1996）。當臺灣制度化回應兒少保護工作已然開展之際，相關的服務輸送制度也隨之陸續推動，而跨過制度建制此一階段，亦促使我國兒少保護進入下一個嶄新的蛻變整合期。

　　為整合對於兒童及少年的保護工作，落實對於兒少的福祉照顧，2003年5月2日立法院通過將原有「兒童福利法」及「少年福利法」合併修正為「兒童及少年福利法」。2004年底，兒童局因應連續發生的嚴重兒少保事件，訂頒「高風險家庭關懷輔導處遇實施計畫」，希冀發現社會中處於某些狀態下而可能危及兒少的家庭，進行即時且及早的關懷輔導，最基本的目標在於預防兒少遭受疏忽或虐待之產生。同年，內政部社會司修訂「社會福利政策綱領」，提出「支持多元家庭」及保護兒少成長與發展的政策目標，有關兒少保護政策及法規更趨完備，更切合福利發展趨勢與社會需求。

　　不過「兒童及少年福利法」在公告實施後，引發諸多爭議，主要存在兩個問題，第一，「拼湊」：當初兒少法整併時，是以兒童保護為主要觀點，拼湊少年福利法而成，法條的精神仍是把將兒童視為社會保護的對象，在少年部分，也只著重處理特殊需求少年的問題，缺乏回應一般少年的成長需求，缺乏對弱勢少年的權益維護。第二，「重視補救、輕忽發展」：過度偏重補救性的福利措施，缺乏全面觀照兒童及少年所需的支持性、發展性福利措施。尤其缺少攸關少年獨立發展所需的權益：如休閒權益、就學權益、就業權益、社會參與權益，嚴重限縮少年福利的推展空

間。2011年11月11日於立法院完成修法三讀通過的「兒童及少年福利與權益保障法」，則使我國的兒少權益邁向新的里程碑。但徒法不足以自行，如果要徹底落實，勢必需要社會觀念的改變、國家資源的投入，同時亦需解決城鄉差距帶來的資源分配錯置或不公等諸多問題。為能督促政府落實兒童保護工作，我國進一步於2014年5月20日通過「兒童權利公約施行法」，並於同年的11月20日生效實施。本施行法除確立兒童權利公約所揭示之保障及促進兒童權利的規定具有國內法效力外，也要求適用公約規定之法規及行政措施，應參照公約旨意及聯合國兒童權利委員會對公約的解釋。然而無差別殺人、兒保案件仍層出不窮，因此行政院在2018年2月即已核定「強化社會安全網第一期計畫」，接續在2021年公布施行「強化社會安全網第二期計畫」（2021～2025）。而主管機關衛生福利部除在2018年11月函頒「社會福利服務中心辦理脆弱家庭服務指標、工作流程及表單，接續並在2020年11月修正，各網絡單位得依脆家需求面向與脆弱性因子辨識多重議題之家庭，並通知地方政府社福中心提供後續服務。但相關統計發現，兒少被害狀況並未因而改善，顯示本計畫雖然已經投入數百億的經費，卻因為最根源的問題未解決，導致方案成效不佳的窘境（行政院，2018、2021）。

　　統合過去百年來我國兒少保護的發展歷程，分就政府組織與會議、法規以及民間社會發展等面向的重要措施整理如表4-3至表4-4。

表4-3　我國兒少保護的發展歷程與重要措施──政府組織與會議面向

階段	改革措施
民初草創期 （1912～1927）	1934年及1936年分別舉行有關兒少福利之全國性會議。
體制奠基期 （1928～1949）	1. 1938年，行政院設「中央賑濟委員會」。 2. 1940年，中央政府設置「社會部」；1942年，各省也先後設立「社會處」。行政體系的理論上，逐步形成福利網絡架構，我國的兒少福利，也正式納入政府行政體系。 3. 舉辦3次全國性兒少福利會議，會議成果包括：促成全國各大學配合開設課程，訓練兒少福利工作人員；成立兒少福利研究社，以調查、諮詢及實驗方式研究法我國兒少福利工作；並通過十七點大會宣言，為我國兒少福利立法及行政，提供明確標竿。 4. 1943年和1946年分別在北平和南京設置兒童福利實驗區。

表4-3　我國兒少保護的發展歷程與重要措施——政府組織與會議面向（續）

階段	改革措施
	5. 1946年起，設立台北、台中育幼院。 6. 1947年4月成立臺灣省政府、6月成立臺灣省政府社會處。
體制新興期 （1950～1972）	1. 1959年，臺灣省政府由省立育幼院先行試辦「貧苦兒童家庭補助」。 2. 1967年，臺灣省立高雄育幼院成立。 3. 1968年，實施九年制國民義務教育，加強國民教育基礎訓練。育幼院安置之院童年齡亦配合延長到未滿15歲，此舉使得育幼機構的安置工作超脫單純教養之消極功能，而附帶積極之教育性功能。 4. 1970年，臺灣地區召開遷臺後第一次全國兒少福利會議，舉辦「全國兒童少年發展研討會議」，研訂「中華民國兒童少年發展方案綱要」，並組成「中華民國兒童少年發展策進委員會」，以推動該方案之實施。 5. 1972年召開「家庭生活研討會議」、「學前兒童工作研討會議」、「學齡兒童工作研討會議」及「少年發展研討會議」等四場研討會。
法制建立期 （1973～1991）	1. 1986年，召開「全國兒童福利專業人員研討會」，臺灣省全面實施「兒童家庭寄養服務」。 2. 1988年，臺北市政府及民間團體分別開始受理兒少受虐案件。「中華兒童福利基金會」與東海大學合辦「兒童保護研討會」，緊接著出版特輯「搶救20萬被虐兒童」，並辦理「臺灣地區兒童虐待研討會」，派員赴美受訓、延聘美國專家來臺培訓等，開始臺灣地區對於受虐與受疏忽的兒少保護工作。 3. 1989年1月，臺北市政府兒童保護專線正式開線；9月，臺灣省各縣市全面設置兒童保護專線電話。 4. 1990年，三所省立育幼院成立「受虐兒童緊急庇護所」，開始機構式收容受虐兒童。 5. 1992年，臺灣省政府進行第二次全省育幼院評鑑。
拓展創新期 （1992～2003/4）	1. 1995年，全省兒少保護熱線成立，擴大對於兒少的保護工作。 2. 1999年11月，兒童局正式成立，下設保護重建組，專責受虐及受疏忽兒少之保護工作。 3. 2001年，「家庭維繫」、「家庭重整」服務理念開始推展。家庭暴力防治委員會及兒童局整合相關服務專線成立「113婦幼保護專線」提供通報、緊急庇護與相關服務。 4. 2002年，兒童局訂定「受虐兒童家庭維繫及家庭重整服務實施計畫」提供經費補助。

表4-3 我國兒少保護的發展歷程與重要措施——政府組織與會議面向（續）

階段	改革措施
蛻變整合期（2003/5～2018/1）	1. 2003年，少年福利（含兒童及少年性交易防制法制工作）自9月1日起移撥兒童局辦理。 2. 2004年，內政部社會司修訂「社會福利政策綱領」，提出「支持多元家庭」及保護兒少成長與發展之政策目標，有關兒少保護政策及法規更完備，更切合福利發展趨勢與社會需求。 3. 2005至2006年，兒童局規劃進行24縣市家庭處遇服務之評估。 4. 2006年，委託學者進行「家庭處遇服務模式發展之研究」；同年，行政院通過增加兒少保護工作人力約320位；推動弱勢家庭制及少年緊急生活扶助等計畫；辦理「兒童及少年保護家庭處遇觀摩暨實務研討會」、「兒童保護工作模式國際研討會」等。
強化社會安全網計畫（2018/2迄今）	結合政府各部門的力量，建構一張綿密的安全防護網，扶持社會中的每一個個體，在生活或所處環境出現危機時，仍能保有生存所需的基本能力，進而抵抗並面對各種問題，推動脆弱家庭服務方案。「脆弱家庭定義」係指：家庭因貧窮、犯罪、失業、物質濫用、未成年親職、有嚴重身心障礙兒童需照顧、家庭照顧功能不足等易受傷害的風險或多重問題，造成物質、生理、心理、環境的脆弱性，而需多重支持與服務介入的家庭。

表4-4 我國兒少保護的發展歷程與重要措施——法規面向

階段	改革措施
民初草創期（1912～1927）	1. 1932年頒布「小學法」。 2. 1935年頒布「實施義務教育暫行辦法大綱及實行細則」。
體制奠基期（1928～1949）	1. 1940年公布「國民教育實施綱領」及「國民學校設施要則」和「鄉（鎮）市中心學校設施細則」。 2. 1940年頒布「私立托兒所監督及獎勵辦法」。 3. 1944年訂定「國民學校法草案」，同年，各政府公布「強迫入學條例」。 4. 1947年，公布中華民國憲法。
體制新興期（1950～1972）	1. 1955年，研擬農忙托兒所推行辦法，內政部發布「托兒所設置辦法」。 2. 1962年，臺灣省政府發布「臺灣省育幼院組織規程」、「獎助私立救濟院福利設施辦法」。 3. 1963年，臺灣省政府發布「臺灣省立育幼院扶助兒童辦法」。 4. 1964年，公布「私立救助設施管理規則」。 5. 1965年，公布「民生主義現階段社會政策」。

表4-4　我國兒少保護的發展歷程與重要措施——法規面向（續）

階段	改革措施
法制建立期 （1973～1991）	1. 1973年，「兒童福利法」正式制定通過，同年7月，公布「兒童福利法施行細則」。帶領我國的兒童福利邁入一個新的境界。然而宣示意義遠超過實質意義，以致立法重點仍放在對失依兒少救助的殘補式工作上。 2. 1989年，立法院通過制定「少年福利法」，適用於12歲以上至18歲之少年，確立我國社會福利體系中少年人口的主體性。 3. 1990年，頒布「少年福利機構設置標準及許可辦法」。
拓展創新期 （1992～2003/4）	1. 1993年「兒童福利法」修正通過，擴大原有法規內容至六章54條條文，有關保護受虐及受疏忽兒童的條文，如通報、安置保護、監護權轉移及主管機關權責等多所規範，開啟臺灣地區制度化回應兒少保護工作的開端。 2. 1994年內政部公布新修正之兒童福利法施行細則。 3. 1995年「兒童及少年性交易防制條例」立法通過。 4. 1998年，通過「家庭暴力防治法」引進「民事保護令」和「監督探視」等制度。確立國家公權力介入家庭私領域之法源依據，其保護對象亦擴及受虐待之兒少。 5. 2003年兒童福利法及少年福利法合併修法完成。
蛻變整合期 （2003/5～2012）	1. 2003年5月2日立法院通過將原有「兒童福利法」及「少年福利法」合併修正為「兒童及少年福利法」，為我國推動兒少福利相關業務之主要法規。該法中，對於兒少保護列有專章，實施兒少保護個案家庭處遇服務計畫。 2. 2004年，兒童局訂頒「兒童及少年福利機構設置標準」、「兒童及少年福利機構專業人員資格及訓練辦法」、「私立兒童及少年福利機構設立許可及管理辦法」、「內政部兒童及少年福利機構評鑑及獎勵辦法」等規定。
人權模式	2011年11月11日於立法院完成修法三讀通過的「兒童及少年福利與權益保障法」，讓我國的兒少權益邁向新的里程碑。

三、兒少保護政策的概觀

　　綜觀許多國家兒少保護政策的主要目的，是要幫助那些貧窮，或是功能失常的家庭。而今日兒少福利系統的基礎，則在於強調家庭的重要性，以及強調支持和提升家庭功能的需求，而不是阻礙它的能力與資格，並且在可能的情況下盡力維持家庭的完整性，讓兒少仍然能夠與親生父母住在一起。這些改變可以從許多方面觀察到，諸如：強調預防性的安置；重新

定義安置照護，將重點集中在家庭的重整上；在方案的設計與服務的提供上，強調市民、消費者以及自助團體的參與；比較有意願提供預防以及早期干預服務方案；以及將兒少保護的根源植基在兒少及其家庭所居住的社區中，強調社區發展工作的重要性。

綜觀一個世紀以來的兒少保護政策取向，主要約可區分成三個取向，即自由放任主義、國家干涉主義，以及尊重家庭與雙親權利的政策發展取向（黃翠紋，2000；彭淑華，1998）：

（一）自由放任主義取向

此種觀點起源於19世紀，到了20世紀仍然被廣泛採用。此種政策取向主張，政府應儘量減少扮演照顧兒少的角色，必須尊重雙親與子女關係的隱私權與神聖性。照顧兒少應為家庭的權責，政府則應減少參與，退居幕後擔任監督及補充的角色。支持自由放任主義者認為，國家對於兒少照顧的角色應該遵守二個基本原則：1.將對家庭的干預減至最低：越有為的政府應越尊重家庭的自主性，以及個人的自由權，僅在對兒少的福祉有相當危害的情境下，政府的公權力方得介入。而此種最低干預原則，不論是對政府或是家庭而言都是有利的；2.父母對於子女的養育方式有充分的決定權：父母對於子女的照顧將可以強化親子之間的特殊連結，政府介入干預則有害此種連結。

因此，除非不得已，政府不宜強制干預家庭對兒少的照顧，同時應以下列情形為限：1.父母主動要求終止權利或是監護權時；2.當兒少與長期照護者關係密切，而且照護者亦想要保留兒少，或申請領養兒少時；3.父母發生特殊情形致無法照顧兒少時，諸如：父母死亡、消失、入院或入獄等情形；4.父母對兒少性侵害，或對兒少造成精神困擾時；5.父母對兒少身體虐待時；6.父母不能給予兒少適當的醫療照護，以致影響兒少的健康時。

（二）國家干涉主義

此種觀點與19世紀末，20世紀初政府介入福利事務有密切的關係。國家干涉主義主張，政府應該積極介入家庭事務，避免兒少遭受不適當的照顧，以兒少的福祉為優先考量。強調兒少權益的重要性，雙親的權利與

自由則其次。這個取向認為，父母對於兒少的照顧不完全都是好的，同時孩童並非父母永遠的資產，唯有持續的付出，有責任感的父母才能擁有親權，但並不一定立基於血緣基礎上。因此，此派觀點亦主張透過寄養或收養制度，以便加強對兒少的保護與照顧。

有別於自由放任主義的觀點，國家干涉主義強調政府公權力積極介入，主要目的即希望對於兒少的保護。在此觀點下，兒少不再是父母永久的資產，父母對兒少的照顧應以兒少福祉為依歸，並且應該如同受託者一樣用心經營。相較於自由放任主義，此種取向的觀點受到更多人的支持，但由於貶抑了原生家庭與子女間的親情連結，而招致相當多的爭議。

當加害人拒絕與兒少福利機構合作的時候，法院是社會保護弱小兒少的主要手段。然而法院何時可以被賦予權力，以保護兒少之名，侵入家庭處理其家務事？在整個兒少保護的領域中，這是最難以回答的問題之一，因為這涉及父母管教子女的權利，以及國家保護兒少的權力二大勢力的抗爭。父母有憲法上的權利來管教他們的子女，至於政府則不得介入干預。然而在兒少的養育上，父母的權利雖然很重要，但卻不是絕對的。當父母的行為影響兒少福利時，國家有很大權力可以限制父母的自由與權利。特別是當父母的決定將會危害兒少的健康或是安全時，法院將可能會介入家庭。法院此種權力主要是有二個法源依據：「政府監護權」（parens patriae authority），以及「警察權」（police power）。政府監護權是政府保護人民的固有權力，特別是針對那些沒有能力保護自己的兒少；至於警察權則是政府保護人民，使其免於遭受其他人不法侵害的權力。

沒有人會反對法院具有保護兒少的權力。然而至今仍然存在著難以解決的問題是：此種權力行使的界限何在？法院是否應該擁有很大的權力介入家庭，以確保兒少的安全並且提供最大的保護？或是法律應該限縮干預的程度，以避免不適當的介入？早期曾經有一些法律允許政府有最大的干預程度，當時只要父母沒有提供給子女「合適的」照護，或是當兒少的家庭「不勝任」時，就允許政府的干預。然而這些法律所存在的問題是：難以決定家庭何時不勝任，或是父母何時沒有提供給子女合適的照護。這些定義廣泛而模糊的法律，由於造成政府的過度干預（特別是對於那些貧窮的父母）而招致批評。到了1970年代中期，學者們已經注意到：由於法律的規定過於寬廣，而存在過度干預的危險性，並且主張政府僅能擁

有狹窄的干預權限，因而推動政府干預要有較為狹窄標準的運動（Wald，1976）。人們亦逐漸對法院在處理受虐待或是受疏忽兒少時所產生的各項缺失（諸如：許多涉及此類事件的家庭並無法自有關社會福利機構獲得所需要的服務；任意將許多身體安全並未受到威脅的兒少自其原生家庭中移出，先後被安置於不同之寄養家庭，而少有機會獲得永久性的家庭安置等情形）深感不滿（彭南元，1998）。

（三）尊重家庭與雙親權利取向

此種政策取向與二次世界大戰後福利國家的擴展有密切關係。此派觀點強調：原生家庭對於雙親和兒少相當重要，應該儘可能維繫親子關係。即使因為特殊理由必須讓父母與子女分開時，仍應該儘可能加強父母與子女之間的聯繫。政府所扮演的角色既不像自由主義般消極干預，也不像國家干涉主義般的積極干預，而是在於保護與維繫家庭的發展。為了維繫兒少與原生家庭的關係，政府應該提供給家庭所需的各種服務，以確保家庭的整合。

此派觀點雖然與自由放任主義一樣，都強調政府的干預應該有所限制，但後者主張政府應該採取消極的不干預政策，而前者則重視心理與生理上連結的價值。原生家庭是兒少成長、養育與發展的最佳場所，這不僅是因為父母與子女有血緣上的生物性連結，同時亦能滿足親子之間的心理上連結。因此，政府雖亦介入家庭事務中，但政府的角色是支持性的，故可避免政府職權過度擴張所衍生的不良後果。

相較於國家干涉主義，此派支持者認為，國家干涉主義過分強調父母所應該負擔的責任，但卻忽略父母所應該享有的權利；過分強調兒少為獨立的個體，卻忽略親子之間早期互動關係。雖然此派觀點亦贊成廣泛的國家干預，但卻非強制性的。政府不應對一般原生家庭有過多的介入，應該將兒少福利政策的重點，置於較容易引起兒少照顧問題的現象或家庭，如貧窮、單親家庭等。因此，此派觀點可說是對於前二項觀點的反省與調整，亦為目前大多數國家所採行的政策取向。然而在此取向下，仍有一些議題值得進一步深思，諸如：如何在「兒少保護」與「家庭維繫」的理念下，找出適當的平衡點？如上所述，雖然我國兒少福利法具備國家干涉主義的特質，但當進一步探討政府與家庭的角色分工時，不難發現兒少福利

法在本質上，亦重視原生家庭父母與子女親情的連結，並認為此親情不應被剝奪，由此可知其兼採「雙親與家庭之權利」取向。

第四節　兒少虐待加害人的處遇政策

　　政府有權透過強制力嚇阻社會大眾不可以對他人造成嚴重的傷害，這個權力即稱之為「公權力」[4]。兒少遭受虐待即是民眾遭受傷害的一個重要例子，政府可能會使用公權力來嚇阻與懲罰。甚且在某一些嚴重的兒少受虐事件中，起訴加害人有其必要。事實上，從兒少保護運動的早期，就已經開始起訴加害人（Gordon, 1989）。在歐美兒少保護觀念發展比較早的國家，從1970年代開始，此類事件遭受起訴的數量急速增加，而且為了達到保護兒少的目的，在美國，每年都有好幾千件兒少虐待事件被起訴。時至今日，面對起訴事件仍有增加的趨勢，使得專家對於刑事司法的介入程度持有不同的看法：有人主張應加強追訴加害人，有人則主張應採取矯治措施較為有效。前者主張法律應該積極介入兒少虐待事件的處理，認為刑事司法系統應該在社會處理兒少虐待問題上，扮演領航員的角色；後者則反對公權力過度介入，質疑刑法追訴政策的效果，認為司法系統太具有懲罰性，反而不利於像兒少虐待事件這樣複雜問題的解決，更何況兒少虐待是社會上根深蒂固的問題，無法單靠司法系統即能解決（Myers, 1994; Pelton, 1985）。持後面這個觀點的人主張，對於兒少虐待問題的解決，應該是植基在對於人類行為有更深入的了解，並宜透過增加預防的資源，以及人道而治療的取向等方式來努力。批評追訴政策錯誤的人也同時主張，由於害怕遭受監禁，將會讓虐待子女的父母將問題隱藏起來，而不會積極為自己與子女尋求所需的幫助（Pelton, 1985; Myers, 1985）。由於我國兒少保護觀念起步較晚，因此在國內迄今尚無此方面的論述，但這些

4　「公權力」乃國家基於政治上之需要，為維護、增進國家或人民之利益，而由公法所規定之權利。這是國家所享有，屬於統治權的一種，其行使有特殊的目的，對人民有命令強制的效果，人民不得抗拒，否則即屬違法行為，需要接受法律的制裁。公權力屬於國家，理論上各級政府之公務人員居於國家機關之地位都可以行使。若就公權力之目的加以分類，則約可區分為軍事權、警察權、財政權、行政處罰權，以及保育權等（廖義男，1997）。

論述對於我國兒少保護政策之發展仍具有參考的價值，因此將分就這二個不同的觀點整理臚列如下。

一、主張矯治者的意見

雖然大多數的兒少虐待通報事件都是由兒少福利主管機關或兒少福利機構來評估，但是負責兒少受虐通報事件的調查單位卻有二個：兒少福利主管機關與警察機關，而且警察人員經常將其處理的事件侷限在那些有犯罪證據的事件上（Tjaden & Thoennes, 1992）。當事件調查終結，並認定是屬於兒少受虐的犯罪事件時，該事件將會移交給檢察官，並由檢察官判斷是否要將該事件起訴。檢察官具有很大的裁量權，決定何時應該將事件起訴，何時不應該將事件起訴。在決定是否應該將事件起訴時，檢察官會衡量許多因素，特別是證據的強度、犯罪的嚴重性，以及成功追訴的可能性等方面（LaFave & Israel, 1985）。

不幸的是，兒少受虐事件在法庭上經常很難被證實。美國最高法院即指出：「兒少受虐事件是最難以偵查與追訴的犯罪類型之一，主要是因為此類事件往往除了被害人，就沒有其他證人。」（Pennsylvania v. Ritchie, 1987: 60）。因此，兒少被害人經常是此類事件最重要且唯一的目擊證人，而且在決定是否要起訴時，兒少的發展情形是相當重要的影響因素。雖然有一些學齡前的兒童太幼弱以致於無法擔任證人，但是仍然有許多3、4歲的兒童有能力提供有效的證詞。誠如數百年前英國大法官William Blackstone所言：「即使非常年幼的兒童，也經常能夠提供最清楚、而且最真實的證詞。」（Myers, 1994: 76）。

在英、美等海洋法系國家中，大多數的檢察官都會與被告律師進行認罪協商。其結果則是，被告所承認的罪行，往往比檢察官最初起訴的罪行來得輕微，一個犯重罪的人可能到最後只承認輕微的罪行（Myers, 1994）。在美國，根據Gray（1993）的研究發現，有70%至90%的重罪在審判之前就進行認罪協商程序，同時只有大約10%的兒少受虐事件有經過審判的程序。在這些接受審判的兒少受虐事件中，大多數事件到最後都被定罪。

因此，與其他的犯罪類型一樣，有許多虐待兒少的加害人並沒有被監禁在監所中，法官只是對其進行緩刑的宣判。甚至1990年在美國所有

的犯罪中，大約有四分之一被定罪的犯罪人，法官最後宣判緩刑以取代監禁，而且不論是重刑犯與輕罪者都有可能被宣判緩刑（Arthur, 1992）。一個人如果受到緩刑的宣判，則可以繼續居住在社區中，但必須接受觀護人的監督。而且大多數的法官在進行緩刑宣告時，也同時會命令犯罪人必須參與心理或是其他的處遇方案，以減少未來再次發生虐待兒童的行為。犯罪人如果沒有參與處遇方案，將會被取消緩刑而改判監禁。有許多犯罪人由於害怕喪失緩刑所賦予的自由，將會迫使他們接受處遇方案。特別是對於緩刑中的犯罪人，司法系統提供所需的強制力以迫使犯罪人必須持續接受治療。截至目前為止，已經有許多對於性虐待加害人的處遇方案持續在進行，其中成效最好的處遇方式是「認知行為治療法」（cognitive behavioral treatment）。根據Becker和Hunter（1992）的研究發現，接受此種處遇方式的性虐待犯罪者有較低的再犯率。他們同時也主張，就性虐待犯罪人而言，使用法律迫使其長期接受診療是相當有必要的。

　　然而截至目前為止，對於是否要運用公權力積極介入兒少受虐事件，社會大眾及學者專家之間仍未達成共識。有一些人認為兒少受虐並不適合以刑法來處理，調停與和解的方式才是最佳的處理策略。他們提倡以福利和治療模式來處理，而避免讓刑事司法體系過度干預；至於刑罰的介入則是最後手段，應該是侷限於那些相當嚴重的個案。他們反對的理由包括（黃翠紋，2000）：

　　（一）刑罰最主要的目的在於處罰，本身並沒有矯治（rehabilitation）的效果。

　　（二）為了保障加害人的人權，刑罰最主要是以行為人過去的行為為處罰的基準，而很少顧及未來的行為。

　　（三）在許多國家中，刑事訴訟程序往往忽略犯罪被害人的需求，例如：刑事司法系統往往很難對受虐兒少提供必要的協助與注意其感受，也不會教導加害人不要再對被害人施暴。

　　（四）法律施行的成效如何，是受到刑事司法系統的人員（警察、檢察官與法官）所左右。在過去，這些刑事司法人員有許多並未正視兒少受虐問題的嚴重性，也不願意介入此類事件的處理。

　　（五）即使刑事司法人員已經介入處理，卻可能因為罪證不足而無法將加害人繩之以法。

（六）在一些事件中，加害人雖已經被逮捕與起訴，但最後對其處罰卻可能是很輕微的。

（七）刑罰的紀錄與處罰的基準，可能不僅僅只是對加害人不利，更可能擴及被害人及其家庭。

（八）不論加害人是否遭受起訴，都無法有效確保其再犯的行為，對於被害人的安全也無法有周全的保護。

（九）假使加害人被科處自由刑，被害人或許可以獲得短暫的紓解，然而一旦加害人服刑期滿之後，他將懷恨在心，而使其行為變得比以前更加暴力。

（十）將兒少受虐加害人起訴之後，將可能讓被害人的處境比以前更加糟糕。例如，在傳統社會價值觀念下，加害人的行為將被認同或是容忍，而使得被害人與家庭和社區隔離，加害人的其他家庭成員甚至會報復他（她）。

（十一）在起訴加害人的成效未獲得之前，已經有一些研究發現，治療與和解在降低兒少受虐的累犯上其成效相當好。

二、支持公權力積極介入政策者的意見

支持公權力積極介入政策的人並沒有否定兒少受虐是根深蒂固的社會問題，他們也沒有低估預防和處遇的價值。只是那些相信刑法追訴在兒少受虐事件的處理上具有重要角色的人也同時認為，任何人不論與兒少的關係為何，只要他們攻擊兒少的身體，甚至對他們有性侵害的行為，就已經犯下嚴重的犯罪行為，應該接受法律的制裁（Peters, Dinsmore & Toth, 1989）。在本質上，兒少受虐是相當複雜而嚴重的事件，以刑法來追訴加害人既不能解決問題，也不是萬靈丹（panacea）。然而它卻可以讓兒少完全與成人一樣接受法律的保護，至於加害人（不論是兒少的父母、其他的照護者，或是陌生人）則需為其錯誤行為負起應有的責任。

就理論的層次而言，對於犯罪行為加以懲罰具有四個理由（Myers, 1994）：

（一）具有嚇阻（deterrence）效果：犯罪行為是行為人理性選擇的結果，對於犯罪行為加以懲罰，則可以讓加害人認知到犯罪是不值得的，進而將可以嚇阻犯罪行為的發生。雖然對於刑罰的嚇阻成效，至今仍爭論

不休，但是並沒有人可以否定其在維持社會秩序上所扮演的重要地位。

（二）可以達到公正懲罰的效果：大多數主張懲罰犯罪行為有其合理原因的人士是認為，加害人應該為其本身犯罪行為負責，他們應該受到一些權利上的剝奪，因為那是他們應得的。

（三）可以達到保護社會大眾的效果：將那些危險的加害人監禁起來，將可以保護一般社會大眾，只要加害人留在監所中，就可以確保社會大眾的安全。

（四）具有矯治的效果：公正懲罰的最終目的是要懲罰加害人。透過對於加害人施以處遇的措施、職業訓練，並且教導他們遵守社會的法律規範，將可以防止未來犯罪的可能性。

雖然從1960年代開始，矯治加害人的主張相當盛行，然而在美國，自1980年以來則轉而強調保護社會大眾與對於加害人的懲罰。其次，在上述的公正懲罰主張下，構成了對於兒少受虐事件刑罰的規定，希望經由對加害人的懲罰，可以嚇阻此種犯罪行為。保護兒少使其免於遭受加害人的侵害，則是上述第三個立法以及懲罰的重要目的。將加害人監禁在監所中，可以傳達：社會大眾已經不再容許虐待兒少行為的訊息，而且就那些有極度危險性，會虐待其他兒少的加害人而言，施以長期的監禁有時將是唯一有效的懲罰措施。

綜觀支持公權力積極介入政策者的意見，是認為不論犯罪被害人是誰，以暴力行為攻擊他人都是一種不正確的行為，應該受到處罰。他們認為兒少受虐應該與其他暴力犯罪行為一樣受到重視，更何況其對於個人與社會都有長期與短期的不良效應與代價。因此，主張應該運用公權力積極介入方式來保護兒少受虐被害人，他們認為兒少受虐被害人應該受到國家法律的保護，以充分的保障其權益。這些主張將兒少受虐犯罪化是最好處理方式人士所持的論點如下（黃翠紋，2000）：

（一）逮捕、起訴和判刑的程序很清楚告訴加害人，其行為已經受到社會的非難，他必須為個人的行為負責。

（二）從犯罪的結果顯示出，發生於家庭成員間的犯罪與發生於街頭陌生人之間的犯罪事件是相同的。

（三）被害人有接受國家保護的權利，在維護被害人與施虐之間的關係或是維持家庭的完整性之前，應先考量被害人的需求。

（四）法律應該扮演重要的象徵和教育角色，它可以形塑和改變加害人的態度，而將虐待子女的行為予以犯罪化即具有一些象徵性意義。因為在過去此種暴力行為被忽視與否認。要根絕發生於家庭中的暴力行為，便需要讓社會大眾共同認知到，這是一種不被接受與容忍的行為。

（五）逮捕、起訴與判刑的過程，可能會對加害人有直接的嚇阻作用。有一些研究發現，警察介入處理兒少受虐並且將加害人移送檢察官起訴、判刑，不只在短期內能有效停止加害人的暴力行為，即使對其未來的行為也有很大的嚇阻作用。這些研究結果顯示出，不論是在暴力發生的現場或是在警察局之內，逮捕及其隨後的刑事訴訟程序都可以降低加害人再犯的危險性。因此，強制性的追訴處罰將可以有效抗制兒少受虐的發生。

（六）和解並不是一種很好的策略，因為它並不重視暴力的行為。它試圖重建被害人與加害人之間的關係，以及維持家庭的完整性。它轉移加害人所應該擔負的責任，使被害人也需共同為發生於其身上的暴力行為負責（雖然是很小的程度）。

（七）保護的模式並沒有非難暴力的行為，也沒有清楚告訴社會大眾家庭內的暴力行為是不被容許的行為。更重要的，強調保護的程序忽略了問題的根源。

整體而言，儘管這二派主張至今仍是爭論不休，但是大多數人都會同意：以刑罰來追訴加害人的必要性。其間的爭議點則在於：由於資源有限，到底應該將此有限的資源投入到對於加害人的追訴上，亦或是投入到兒少受虐事件的預防與對於加害人的處遇上？

第五節　小結

西方工業先進國家在受虐兒少的保護服務提供上，最早是仰賴私人慈善組織，及至1940年代所形成的「福利國家」體制下，政府變成主要的服務提供者。但到了1980年代，福利國家體制面臨危機，為了解決所面臨之危機，乃需從二方面著手：一是要脫離經濟成長的困境，另一個則是要重振公共服務的績效。此時，早期私人以及非營利組織在兒少福利上所扮演的重要角色，也為兒少保護所面臨的挑戰提供一些解決的途徑——製

造公私合作關係。至於在臺灣地區，自1987年解嚴之後，政治環境走向民主化，也促使臺灣社會更加重視兒少的權益與關注兒少的生存環境。兒少保護的議題亦在1980年代末期逐漸萌芽，在民間有中華兒童暨家庭扶助基金會開始有計畫倡導兒童保護、發展受虐指標，並於1988年設立兒保專線。而隨後台北市亦率先於1990年設立專線受理兒虐事件，此後其他縣市則紛採與民間合作方式，進行兒少保護服務工作。期間陸續有諸多政策與學術研究積極回應。及今，社會已獲得共識，並確認建立兒少保護服務系統的重要性。值得注意的是，臺灣地區的兒少保護服務提供雖未如歐美的發展模式般演進，但從近幾年來民間社會福利組織如雨後春筍般增加的現象觀之，已反映出民間存在著可運用的資源相當豐富，政府如何整合及運用這些資源乃成為主政者亟需思考的課題。同時，兒少保護政策以及加害人的處遇政策上，早期的方式是著重在拯救受虐兒少，而不是家庭的支持服務提供上；強調對於加害人的處罰來實現正義，而不強調矯治的作為。但到了1990年代的兒少保護政策，則轉而強調家庭的重要性，以及強調支持和提升家庭功能的需求，而不是阻礙它的能力與資格。並且在可能的情況下，儘可能維持家庭的完整性，讓受虐兒少仍然能夠與其親生父母住在一起。而此種政策取向亦是我國未來在兒少的保護服務上，必須持續努力的方向（黃翠紋，2000）。

　　近年來，在政府及民間兒少福利團體共同努力耕耘下，無論在法規制定與政策方案推動上均有相當多的開展。但面對多元變動社會，家庭亦面臨更多壓力及挑戰，家庭中兒少首當其衝，亦促使許多國人不願生育的現象。政府除應持續努力檢討我國的人口政策，以舒緩我國面臨的少子女化現象與趨勢及其連帶不利於未來社會經濟發展的效應外，亦應積極推展社區化且優質的幼托服務、降低就讀私立幼托機構費用負擔、規劃更為多元彈性的照護時間、規劃保母登記納管妥善照護幼童、解決偏遠地區幼托機構的不足等等，協助父母能在家庭與職場間有所平衡，同時減少隔代教養問題。而針對經濟弱勢家庭的扶助方面，目前對於兒少之經濟安全措施係以社會救助體系為主，惟納入該體系中的兒少有限，目前只有不到5%的低收入及中低收入家庭兒少受到政府福利照顧，所照顧對象的涵蓋比例，相對而言明顯不足。未來實應逐步擴大對收入較低的經濟弱勢家庭兒少之補助範疇，支持家庭照顧子女的能力，確保其享有基本的教育、醫療

及福利權利，以提升人口品質，落實社會公平正義。而在兒少保護預防工作上，則應持續落實推動脆弱家庭關懷輔導處遇實施計畫，強化風險預防工作，積極結合教育、醫療、民政、警政、戶政等基層系統發掘兒虐高風險家庭，建構脆弱家庭篩選轉介輔導機制。值得一提的是：家庭脆弱性面向與樣態，並非即為「服務對象」，仍需進行完整脆弱性面向評估（含支持資源）、家庭功能評估與需求評估，始得決定開案與否或服務建議。如既有系統服務中個案有福利需求，亦可透過資源轉介連結以進行跨網絡合作。脆弱家庭需求面向與脆弱性因子，如表4-5所示。

表4-5　脆弱家庭需求面向與脆弱性因子

需求面向	脆弱性因子	參考樣態
一、家庭經濟陷困需要接受協助	（一）工作不穩定或失業	1. 家中主要生計者連續失業6個月以上。 2. 家中主要生計者突發性遭受資遣或非自願性失業。 3. 家中主要生計者為低薪非典型就業型態。
	（二）急難變故	因天災、意外或非個人因素致家庭經濟陷困，且影響家庭成員日常生活。
	（三）家庭成員因傷、病有醫療或生活費用需求	因疾病、傷害事故就醫所生全民健康保險之部分負擔醫療費用或健康保險給付未涵蓋之醫療費用以最近3個月之醫療費用累計達新臺幣3萬元以上，且影響家庭成員日常生活。
	（四）家庭因債務、財務凍結或具急迫性需求	財產或存款帳戶因遭強制執行、凍結或其他原因未能即時運用，致生活陷於困境。
二、家庭支持系統變化需要接受協助	（一）天然災害或意外事故等突發性事件致家庭支持功能受損	1. 天然災害：風災、水災、震災（含土壤液化）、旱災、寒害、土石流災害、火山災害等。 2. 其他意外災害：火災、爆炸、公用氣體與油料管線、輸電線路災害、礦災、空難、海難、陸上交通事故、森林火災、毒性化學物質災害、生物病原災害、動植物疫災、輻射災害、工業管線災害、懸浮微粒物質災害等災害。 3. 因上述災害致家庭成員生命、財產嚴重受損，影響家庭基本生活功能。
	（二）家庭成員突發性變故致家庭支持功能受損	1. 家庭成員死亡或失蹤。 2. 家庭成員入獄服刑。 3. 家庭成員突患重大傷病。

表4-5　脆弱家庭需求面向與脆弱性因子（續）

需求面向	脆弱性因子	參考樣態
三、家庭關係衝突或疏離需要接受協助	（一）親密關係衝突（未達家庭暴力程度）或疏離致家庭成員身心健康堪慮	1. 主要照顧者與夫妻、同居人、伴侶間經常發生口語衝突、冷戰或其他事件，致影響家庭成員日常生活。 2. 主要照顧者離婚、失婚後與他人同居，且頻繁更換同居人，致影響家庭成員日常生活。
	（二）家庭成員關係衝突（未達家庭暴力程度）或疏離致家庭成員身心健康堪慮	1. 家庭成員（如親子、手足、代間關係）中時常爭吵、有帶年幼子女與人同居、或有離家出走之念頭，致影響家庭成員日常生活。 2. 非親屬關係同住人口眾多，家庭關係衝突或疏離，致影響家庭成員日常生活。
四、兒少發展不利處境需要接受協助	（一）具有特殊照顧需求之兒少，致主要照顧者難以負荷或照顧困難有疏忽之虞	1. 發展遲緩兒童。 2. 身心障礙兒少。 3. 罹患重大疾病兒少。
	（二）主要照顧者資源或教養知能不足，且無合適替代性照顧者或輔佐人	1. 主要照顧者失蹤或失聯，且無合適替代性照顧者或輔佐人。 2. 主要照顧者因資源匱乏或資源不足，無力提供兒少基本生活所需或無法協助兒少發展所需資源。 3. 未成年父母且親職功能不足。 4. 學齡前子女數三個以上之家庭且家庭功能不足。 5. 居住不穩定，一年搬遷3次以上。
	（三）兒少不適應行為，係因家庭功能薄弱致有照顧問題	因兒少個人或家庭功能薄弱，致有擅自離家、遊蕩或自我傷害等不適應行為。
五、家庭成員有不利處境需要接受協助	（一）家庭成員生活自理能力薄弱或其他不利因素，致有特殊照顧或服務需求	有關失能、失智或身心障礙，應優先由長照管理系統及身心障礙服務系統服務。其餘有生活自理能力薄弱或其他不利因素，致有特殊照顧或服務需求。
	（二）疑似或罹患精神疾病致有特殊照顧或服務需求	1. 疑似或罹患精神疾病致家庭成員無力照顧，或影響家庭成員日常生活。 2. 有醫療照顧需求，應同步連結或轉介各地衛生單位。

表4-5　脆弱家庭需求面向與脆弱性因子（續）

需求面向	脆弱性因子	參考樣態
	（三）酒癮、藥癮等成癮性行為致有特殊照顧或服務需求	1. 使用具成癮性、濫用性等麻醉藥品或酒精致家庭成員無力照顧、未獲適當照顧，或影響家庭成員之日常生活。 2. 有醫療照顧或戒癮服務需求，應同步連結或轉介各地衛生單位。
六、因個人生活適應困難需要接受協助	（一）自殺／自傷行為致有服務需求	1. 自殺或自傷行為致家庭成員無力照顧、未獲適當照顧，或影響家庭成員之日常生活。 2. 有自傷行為，且依自殺通報之簡式健康量表（俗稱心情溫度計）分數10分以上（中重度情緒困擾）或自殺想法2分以上（中等程度）者。 3. 於知悉有自殺行為情事時，進行自殺防治通報作業。
	（二）因社會孤立或排除的個人致有服務需求	1. 社會孤立：與他人缺乏相同的網絡或得到社會支持。 2. 非正式資源連結薄弱：係指被社會排除的家庭或個人，缺乏和社會的接觸或溝通包含身體、社會或心理因素的排除。 3. 缺乏親屬、朋友、社群、職場、鄰居、宗教團體、學校、醫師、社區機構、醫療機構和其他醫療照顧及社會服務資源。 4. 非屬社會救助法第17條所定對象。

資料來源：衛生福利部社會及家庭署（2022），什麼是脆弱家庭？要如何辨識脆弱家庭？https://topics.mohw.gov.tw/SS/cp-4531-50117-204.html。

第五章　親密關係暴力防治

第一節　前言

　　雖然不同性別者均可能遭受親密關係暴力，但從世界各國的統計仍可發現，被害人的比率都以女性所占比率最高。再者，婦女遭受親密關係暴力現象自古即已存在，對被害人的傷害亦極為深遠，卻始終未受應有重視。直至近世紀，對於婦女人身安全之保護才成為世界許多先進國家的基本國策；而我國憲法增修條文第10條亦明文規定，國家應維護婦女之人格尊嚴，保障婦女人身安全。在政策目標上，政府應該負起創造安全的社會環境，保障婦女人身安全之基本權益，以使所有婦女於公私領域皆不被侵害，充分享有免於恐懼自由、生活幸福並充分享有完整之人權保障。就國際人權規範而言，雖然1979年的「消除對婦女一切形式歧視公約」中未包括禁止對婦女實施暴力的具體條款，但消除對婦女歧視委員會在其第19號一般性建議（1992）提醒各國應加強防範對婦女的暴力，到了2017年，第35號一般性建議，更進一步更新第19號一般性建議，除重申公約第1條有關歧視之定義包括對婦女的暴力外，更強調：「各國仍普遍存在基於性別的暴力侵害婦女行為，……，且有罪不罰的現象尤為嚴重。因傳統、文化、宗教……名義而合理化對旨在消除基於性別歧視或暴力行為的法律和政策框架的腐蝕，以及經濟金融危機後作為所謂的《緊縮措施》的一種手段大力削減公共開支的行為進一步削弱國家的應對措施。在民主空間縮小以及隨之而來的法治惡化背景下，所有前述因素將助長基於性別暴力侵害婦女現象的蔓延，並形成有罪不罰的文化。」（United Nations, 2017）。

　　觀察親密關係暴力事件對被害人的威脅，主要是因為這些事件的被害人與相對人之間，具有相當的私密性與隔離性，難以預防或由政府介入。而在過去，由於傳統文化約束，以及受到「法不入家門」、「清官難斷家務事」等迷思影響，發生在家庭內的悲劇常淪為犯罪黑數。伴隨著1960年代人權運動而興起的女性法學主義，或主張性別平等的刑事政策，則使

得親密關係暴力成為許多國家所關注的社會問題。而隨著越來越多的社會大眾體認到親密關係暴力嚴重性，使得目前世界上大多數的國家已經不再將親密關係暴力認定成「家務事」（Saunders, 1993）。最常使用的方式則是將親密關係暴力行為犯罪化，希望透過政府強制力積極介入處理，防止事件惡化，並保護被害人。而在台灣地區，自1990年代起，婦女團體為解決婦幼人身安全長期遭受漠視所引發的問題，開始展開立法上的壓力，促使政府於此時期通過一系列的犯罪被害人保護法令，陸續制定通過性侵害犯罪防治法與家庭暴力防治法等婦幼安全專屬法規。隨著「家庭暴力防治法」於1999年6月24日的正式實施，對於我國家庭暴力防治工作有了劃時代的影響。本法不僅整合現有的防治資源，讓親密關係暴力被害人能夠獲得更具體的協助，亦提升社會對於親密關係暴力的意識，為社會大眾對親密關係暴力行為之認知帶來諸多衝擊。為使親密關係暴力被害人得以獲得確實而完善的保護，本法除引進英美法系國家的保護令制度，而使我國成為在亞洲大陸法系國家中，首創完成保護令制度之立法國家。

在親密關係暴力防治工作上，由於被害人與加害人之間往往具有強烈的情感繫屬關係，就大多數的被害人而言，其最大心願往往是期待加害人的暴力行為得以終止，卻不希望加害人因此而遭受刑罰制裁。甚且從許多實際案例亦可發現，親密關係暴力行為並不會因為被害人申請保護令或是離婚（分居）而結束。雖然各國致力於親密關係暴力防治工作已超過三十年的時間，但是每年全世界各地仍有許多被害人因為遭受加害人的攻擊而導致嚴重傷亡事件發生。為解決日益嚴重的親密關係暴力問題，以及受到刑事司法體系與精神衛生領域開始對親密關係暴力議題的關切與因應等兩股力量影響下，使得許多學者開始致力於加害人危險評估量表之編製（鄭瑞隆、王文中，2002）。我國亦體察此一重要性，於2009年開始推動家庭暴力安全防護網實施計畫，期望能夠有效整合網絡資源，並透過危險評估量表之使用，篩選高危機個案，及早介入暴力家庭，以防止事件惡化。

在本章中，將先介紹親密關係暴力的定義與原因，繼而論述親密關係暴力受虐婦女停留受虐關係之原因及其脫離受虐關係的途徑，最後則將探討親密關係暴力防治作為以及加害人的特質與危險評估的現況。

第二節　親密關係暴力的定義與原因

定義的問題在描述婦女所遭遇的暴力型態，以及了解其發生的嚴重程度時是非常重要的。為能了解親密關係暴力的特質，在本部分將先對親密關係暴力的定義與類型進行了解，再行探討親密關係暴力事件發生的原因。

一、親密關係暴力的定義與類型

雖然各個社會和文化對於暴力的定義不盡相同，但過去大多數犯罪問題研究者都將其研究焦點鎖定在加害人身上，並且將暴力行為視為是一種會對身體造成傷害的行為。他們為暴力行為所下的操作性定義為：「一種對他人身體上的攻擊行為，只限於會造成他人身體上明顯的痛苦或是傷害的身體攻擊行為。」例如，Straus和Gelles（1990）將暴力行為定義成是：「一種意圖對他人造成身體傷害或痛苦的行為。」（Straus & Gelles, 1990: 76）。至於與其相近似的名詞「攻擊行為」，其含意則往往較為廣泛，是指以武力脅迫或威脅使用武力，其結果則不一定會有明顯的身體傷害發生。

至於在親密關係暴力的定義上，則出現比一般暴力行為更為分歧的定義。因此，我們在了解親密關係暴力的定義時必須注意到：由於學者對於發生在婦女身上的暴力行為有不同的定義，使其對於暴力行為的指標，以及所使用的理論觀點亦將有所不同，甚且由於所選取的研究樣本不同，都將可能產生不同的研究結果與解釋（Weis, 1989）。有一些學者可能會對親密關係暴力行為採取比較廣泛的定義，將虐待、強制與控制的行為都包括在暴力的行為中；而有一些學者則會將親密關係暴力行為侷限在：係一種發生於現有或曾有夫妻關係者之間的身體上攻擊行為，或是對於身體的嚴重攻擊行為（Buzawa & Buzawa, 2003）。然而不管採取何種定義，研究者都必須說明其對於暴力行為的操作性定義，並對於所選取的研究樣本特性加以說明，惟有如此，才能讓人清楚了解其所研究的內容，而日後其他研究者也才能就這些不同研究定義與樣本進行比較，進而建立彼此對話的平台。

大體上，在親密關係暴力研究領域中，有許多的研究者將暴力行為

視為是一種虐待行為，泛指：一切意圖對配偶造成身體或精神傷害，或是藉以控制其行動、自由與思想的身體上、言語上與精神上的行為。因此，虐待行為除了包括傳統暴力行為對於被害人身體的傷害外，也包括言語和精神上的虐待行為。而在親密關係暴力行為態樣上，亦有許多研究者將親密關係暴力區分成身體的、心理的（或是精神的），以及性的虐待行為，是一種藉著暴力行為的使用，而在親密伴侶關係中獲得主宰與控制權力的行為態樣。因此，發生在婦女身上的親密關係暴力行為，不能單純的視為只是加害人對被害人在身體、心理或性方面的暴力攻擊行為，而是發生在親密關係中的暴力與虐待的行為與經驗，甚且這種暴力與虐待的行為往往是導因於對性別角色與行為、在親密關係中不平等的性別權力，以及持續威脅或虐待行為與結果（DeKeseredy, 2000; Pence & Paymar, 1993）。例如，Pence與Paymar根據對Duluth受虐婦女的研究結果即指出，這些婦女所遭受到的親密關係暴力是一種身體、心理和性的虐待與壓迫，而加害人的動機則是想要藉此主宰與控制這些婦女。他們指出：「**暴力行為是加害人用以控制被害人的行為，……而加害人的目的則是要藉以控制他們配偶的行動、思想以及感覺……，暴力是某種行為的一部分，可能是導因於受壓抑的忿怒、挫折或痛苦的感情。**」（Pence & Paymar, 1993: 1~2）。

由於親密關係暴力的定義有廣義與狹義之分，同樣地，在親密關係暴力行為類型上，亦有廣、狹之分，狹義的類型是用以專指對於被害人身體上的攻擊行為，包括身體與性的侵害行為，其結果則是導致被害人的受傷或是死亡。但有些人則認為：若要對被害人有更為周延的保護，則應將其範圍擴大為包括：言語和精神方面的暴力行為。此時，重複的言語虐待，以及身體、經濟和個人資源上的限制與剝奪都應該包括在內。在加害人與被害人的關係部分，有些人將親密關係暴力的範圍擴及到家庭成員間的衝突行為，以及目前或是過去具有某種人際關係人之間所發生的衝突行為（黃翠紋，1998）。而本書對於親密關係暴力則採取較為狹小的範圍，是指：「**發生於具有親密伴侶關係的當事人間，有一方對他方實施身體或精神上不法侵害之行為，而且他們目前住在一起或是曾經有同居關係存在。**」在此定義下，加害人沒有性別的限制，被害人的性別也不限於女性，男性亦可能受到配偶的傷害。在含括的對象上，並不以有婚姻關係為限，除了目前已有婚姻或是同居關係外，亦包括離婚或是與前配偶分居的

對象在內。雖然從過去的實證研究中我們發現，女性加害人的暴力行為往往是較輕微的，而且經常是回應其配偶暴力行為下的產物（Buzawa & Buzawa, 2003）。然而為了強調以暴力的方式來處理問題是一種錯誤的行為，因此在定義親密關係暴力時是不應該有性別之分的[1]。

親密關係暴力的類型，可以區分成身體虐待、精神虐待，以及性虐待等三大類型。每一種類型的暴力嚴重程度不同，而且對於被害人的傷害情形亦有所差異。一個被害人可能只遭受一種類型的傷害，但亦同時可能遭受此三種類型的暴力傷害（Wallace, 2002）。

（一）身體虐待

身體虐待可能會從輕微的暴力攻擊行為開始，而逐漸演變成嚴重的虐待行為。它可能會從抓取被害人手臂、丟東西，或是在被害人臉上打一巴掌。而在加害人對被害人所施加的暴力嚴重性方面，其暴力攻擊行為往往會逐漸增強，直到被害人脫離彼此關係為止。常見的身體虐待類型包括：

1. **毆打行為**：加害人可能會毆打被害人的臉頰、四肢或是身體其他部位。
2. **丟東西或破壞財物**：加害人可能會丟一些小物品在被害人身上，而且也可能會破壞家中的財物。
3. **控制或抑制的行為**：加害人可能會透過控制被害人的日常行動，或是禁止其從事某些行為，以顯示其比被害人更有權力或是力氣。
4. **使用物品連續毆打**：加害人可能會使用皮帶、竹條或是其他物品連續抽打被害人。
5. **威脅性的暴力**：有一些加害人為了要讓被害人感到更加地無助，會在毆打前令其脫去衣服。

（二）性虐待

加害人對被害人的身體虐待，經常會合併著性虐待行為的發生，而被

1　即使如此，但由於向警察機關求助的婚姻暴力被害人係以女性為主，女性被害人所遭受之傷害往往較男性嚴重，而且男性被害人之樣本不多，因此本書所研究之被害人乃侷限於女性被害人而未擴及男性，故在本書對於被害人之指稱，有時會以受虐婦女代替。

害人則可能會認為她別無其他選擇，或是沒有任何選擇的自由，她將可能會屈服於加害人對其性的要求。在此類型的虐待行為方面可能包括：

1. **羞辱或貶抑被害人**：加害人可能會不顧被害人的感覺或是意願，而要求被害人對其進行口交或是肛交。在進行性行為時，加害人也可能說一些話來羞辱被害人。此外，也有少數比較嚴重的個案，加害人可能會要求被害人與他的朋友或同事進行性行為。

2. **性行為合併著暴力發生**：在加害人與被害人進行性行為時，可能會對被害人施加暴力，或是以粗暴的方式企圖讓被害人受傷。

3. **在施暴後進行性行為**：有一些加害人可能會在對被害人施暴後，再要求與其發生性行為，藉以掩飾其暴力行為。如此一來，將會讓被害人誤以為丈夫還是愛著她，而且不會再對其施暴。

在夫妻衝突過程中，如果丈夫對妻子施以性虐待，通常會合併著身體虐待或精神虐待發生，而不會只單純地發生性虐待行為。在過去，並沒有夫妻間的妨害性自主行為，人們皆認為丈夫對妻子有性的權利，而妻子則對丈夫有提供性服務的義務，使得此類行為並沒有被禁止。而時至今日，雖然刑法上已對此類行為有科處之規定，但相較於發生在其他人身上的妨害性自主行為，此類行為是屬於告訴乃論之罪，而且相當難以舉證，因此在刑法修正後，至今所成立的事件並不多。

（三）精神虐待

雖然此類虐待行為在被害人身上可能看不到外顯的傷痕，但是由於遭受精神虐待會讓被害人感到無助與無力感，使得被害人往往需要更長的時間才有辦法恢復。其可能的型態包括：

1. **使用言語控制**：就加害人而言，他可能為了顯現自己的權威，或是在被害人的面前顯示自己高高在上，而使用言語控制被害人。而被害人則可能因此覺得自己一文不值，或是需要聽命於加害人。當她以言語反擊時，則可能會引發加害人對其暴力相向。

2. **孤立**：加害人可能會經由限制被害人在金錢、交通工具以及其他日常用品的使用，來限制其自由。他也可能會對被害人的家人、朋友顯示出敵意，而使她的家人與親友逐漸離她遠去。最後，被害人可能將因此而變得與外界隔離。

3. **產生罪惡感**：加害人經常會將其暴力原因歸咎在被害人身上，指責被害人沒有善盡職責而引發彼此的暴力相向，讓被害人為發生於其身上的虐待事件產生自責，甚至會有罪惡感的產生，而為加害人的行為尋求合理化的藉口。

4. **恐懼**：加害人可能會藉由威脅被害人，將對其家人或是其他親友不利，而使其心生恐懼。加害人也可能會威脅被害人，回家後將會毆打她，而使她在加害人回家前這段時間感到擔心害怕。此外，也有許多加害人不願意被害人離開他，而會威脅被害人，使其心生恐懼，繼續停留於受虐的關係中。而最常見的現象是拿孩子來威脅被害人，使得許多被害人會因為顧慮子女的幸福，而停留在受虐的關係中。

5. **羞辱**：加害人可能會當著被害人的朋友、家人或是在子女面前當眾責罵她。在一些比較特殊的事件中，加害人甚至會要求被害人在他人面前與其進行性行為。此種型態的精神虐待將會傷害被害人的自尊，而加害人亦往往會藉由羞辱被害人，來達到控制的目的。

二、親密關係暴力的原因

截至目前為止，已有許多文獻探討親密關係暴力發生原因，有一些學者著重於當事人本身所具有的特質對其親密關係暴力事件的影響。這些特質在加害人的部分，可能包括：低自我評價、缺乏安全感、情緒表達有困難、易被觸怒、對配偶過分依賴而控制欲非常高、工作的不穩定，以及有不良的習性與嗜好等（Walker, 1994; Wiehe, 1998）。而在被害人的部分，則往往發現具有：低自尊、低度自我評價、缺乏社會支持，以及嚴重的社會孤立等特質（Wiehe, 1998；黃翠紋，2004）。基本上，此類學者的論點係採用精神病理學模式來探求親密關係暴力的原因。也有學者著重於家庭生活事件與壓力的探討上，常見的壓力源包括：金錢的使用、工作職位、收入、善忌、使用酒或藥物、居住爭執、管教子女、性關係不協調、親屬間關係不良等（Wiehe, 1998; Dutton, 1995）。基本上，此類學者的論點係採用社會學模式來探求親密關係暴力的原因。而如果是女性主義者的觀點，則會著重於探求權力現象，認為親密關係暴力是肇因於夫妻

雙方權力不對等的結果。最後，也有學者認為，單一理論在解釋親密關係暴力現象時，常有捉襟見肘、解釋偏誤的困境，因此乃發展出整合性的觀點來解釋親密關係暴力。此類研究取向，除了重視加害人與被害人的個人因素外，暴力家庭的夫妻互動、人際互動，及環境因素亦逐漸受到研究者的重視（Wiehe, 1998; Dutton, 1995）。綜觀過去相關研究文獻，往往由於研究者所持觀點不同而各有其偏重的部分，且就像犯罪學其他領域所研究一樣，迄今我們對於親密關係暴力的解釋仍然無法建構出標準的解釋模型。但從過去的研究，我們仍可歸納出一些較常被學者們所提及的親密關係暴力原因，約可包括以下六項：

（一）生活壓力

家庭雖然是人類安全感與精神支持的主要來源，但卻也是人們可能遭受暴力的主要環境之一。在這個人類終其一生居住的環境中，許多人認為暴力主要是源自於生活壓力。從國內過去相關研究可以發現，家庭內最常發生的壓力包括：金錢使用問題、工作不穩定、發生外遇、孩子管教問題、親屬間關係不良等（黃翠紋，2004；陳若璋，1992a）。當個體感受到來自於外界的壓力逐漸增加時，若是沒有良好的疏通管道或方式，就有可能爆發家庭內的暴力行為，而且壓力所產生的暴力行為常常是發洩在配偶的身上。當然，並非社會上每一個承受高度壓力的人，都會引發在家庭中的暴力行為（Gondolf & Fisher, 1991）。只是從過去的研究可以發現，加害人往往具有較低的情緒疏解能力，不但個性較為衝動，也較容易以憤怒方式來表達其情緒（周月清，1996）。

由於人類在家庭中的行為（如居住、穿著和言行舉止），有許多是與在社會上的行為不同。而在家庭內使用肢體暴力的行為，也常常是可以被容忍的行為，除了父母體罰子女的行為可以被社會所接受外，也可能會因為個人的利益而將肢體暴力施加於其他家庭成員的身上。因此，當一個即使在外面世界沒有暴力行為的人，也可能在面臨外在社會的壓力後，將暴力施加於家庭成員（尤其是配偶）的身上。

（二）權力不對等

權力是一種將個人的意願施加在他人身上，並做重要決定的能力。

配偶之間如果能夠分享權力，或是擁有相等的決策權，將比較不會有衝突或是暴力行為發生。當有衝突時，此類家庭具有最大的能力抗拒暴力的使用。至於親密關係暴力的特質之一，則是有一方配偶濫用權力的結果。假使丈夫具有男性沙文主義，想要在婚姻關係中擁有權力，並且控制他們之間的關係，這將是引發其暴力行為的重要因素之一（Kurz, 1992）。Sets與Straus（1990）指出，當發生了控制的問題時，就容易衍生暴力行為；而當彼此的關係變得更加惡劣時，控制的問題就變得更加具有影響力，也就更容易產生暴力的行為。因此，受虐婦女也常會自陳在家中沒有權力作決策。至於加害人則往往對於被害人的行為有強烈的控制慾望，認為被害人是自己的財產，自己有權利告訴被害人該做些什麼，且需絕對服從（Gerbi, 1994）。

（三）依賴關係

　　社會文化往往會助長婦女對丈夫的依賴，而婚姻上的依賴關係之內涵，則主要包括經濟與心理上的依賴在內。在許多家庭中，婦女的經濟與社會成就往往是依賴於她們的丈夫，雖然今日此種情況已較過去改善許多，但是男女之間的不平等仍有許多地方有待改善。此種導因於社會結構性的不平等，將導致部分婦女產生其必須依賴配偶的認知，亦將可能讓部分婦女產生壓力，以及沮喪或消極的情緒。如此一來，可能進一步衍生緊張的婚姻關係，而增加夫妻之間發生衝突的可能性（Ogle, Maier-Katkin & Bernard, 1998）。

　　其次，從過去研究亦可發現，受虐婦女往往缺乏獨立自主的能力，不論是在經濟、心理上都要依賴他人才得以生存。而由於婦女必須在許多方面依賴她的丈夫與婚姻，增加婦女忍受暴力的情形（周月清，1996）。許多婦女因為家庭因素而辭去原有工作，但在遭逢家庭變故後，則將頓失經濟上的支柱，而使其本身與子女生活皆將陷入困境。由於受虐婦女往往擁有很小的子女，甚至沒有謀生能力，使其必須仰賴丈夫提供維生所需。至於婚姻上的依賴關係通常具有數種概念，包括經濟、情感以及迫使婦女必須依賴她的丈夫之社會因素。根據Straus、Gelles和其同僚的研究也發現，依賴與親密關係暴力具有很強的關係，當婦女必須高度仰賴她的婚姻時，對於暴力的容忍則較強；當婦女低度仰賴婚姻關係者，則較不會容忍

暴力（轉引自Kalmuss & Straus, 1990）。由此可知，依賴關係將會助長親密關係暴力的持續發生。

（四）加害人具有不良惡習

從過去的研究可以發現，親密關係暴力的加害人常具有不良的習性與嗜好。加害人常見的劣習，包括：賭博、喝酒以及吸毒等。過去一般的社會通念認為，男性在飲酒後較會毆打他的太太，不論是電影、報章雜誌或是我們的一些生活經驗都支持酒精會引發夫妻關係上的一些問題。因此，過去已有不少研究嘗試了解酒精與親密關係暴力之間的關係，而且也有一些理論說明酒精與暴力之間確實存有某種關係。例如，去抑制理論（disinhibition theory）是以酒精移除了個體的抑制力與改變判斷能力為基礎，而醫學上有關酒精對於中樞神精系統影響的證據，亦支持這個理論。然而晚近有關這個理論的驗證卻發現，酒精對於人的影響需視個體的期待而異（Sher, 1985）。第二個常見的理論則是社會學習理論——Coleman和Straus（1983）認為，個體透過觀察他人喝酒並變成有暴力傾向的行為，因而學習到飲酒之後的暴力行為。此種暴力行為由於施暴的人喝醉酒，使其暴力行為會被寬恕、赦免或是合理化，而不需要為本身的暴行負責。他們同時也認為，個體會利用酒精來增加他們有權力的感覺，並且產生法律所不容許的以力量施加於他人身上的暴力行為，而親密關係暴力亦容易在此情形下發生。實務上也發現，親密關係暴力加害人常是那些有酗酒習慣者。例如，根據Hotaling、Straus和Lincoln（1990）的研究發現，有酗酒習慣的先生和太太較可能毆打配偶及他們的小孩。有酗酒習慣的丈夫與太太之間暴力行為的比率，是三倍於沒有酗酒習慣的配偶，在對太太施暴的事件中有四分之一的案例是跟酒有關係。

（五）年齡與結婚期間

曾有研究指出，懷孕與親密關係暴力二者間具有關係存在，但是其間仍有問題需要進一步釐清：懷孕是否會導致親密關係暴力，或是其他的因素引發親密關係暴力？為了釐清其間的關係，Straus和Gelles所進行的美國國家家庭暴力調查（National Family Violence Survey）曾經對這個問題加以檢視。他們發現，婦女懷孕的家庭確實存在比較高的暴力現象。但是

他們指出，過去對於親密關係暴力與懷孕之間具有關係的假設並不正確，年齡與結婚期間才是決定暴力與否的重要因素，而不是懷孕。剛結婚不久的年輕婦女比年長婦女有較高的懷孕比率，而且經歷了較多的暴力行為，其中又以低於25歲的年輕婦女是受虐的高危險群（Gelles, 2000）。而國內陳若璋教授（1992b）對於55位受虐婦女的研究也發現，有57%的人其第一次親密關係暴力是發生在結婚二年內，若能度過此時期，就比較能夠有改善彼此關係的可能性。而根據湯琇雅的研究也發現，婚後不到一年即產生親密關係暴力者占總研究樣本的50%，甚且有17%的樣本在婚前就曾經被毆打（湯琇雅，1993）。

（六）社會孤立

當Gelles和Straus發現夫妻間的攻擊事件比陌生人間的攻擊事件來得多時，乃在1970年代早期提出「結婚證書就猶如一紙毆打證書」一詞，來突顯問題的嚴重性（Kalmuss & Straus, 1990）。他們指出，造成這個現象的主要原因，是由於習慣法的傳統允許丈夫體罰妻子所致。Kalmuss和Straus（1990）也根據美國第二次全國家庭暴力調查，發現以下的因素可能會影響那些婚姻狀態屬於同居關係婦女的安全：1.孤立：同居關係的人可能會比已婚夫婦和外界的關係更加的疏離，部分的原因是由於結婚前的同居關係在社會上仍是有汙名的。由於欠缺朋友或是家庭的社會支持網絡，使得同居人間易發生親密關係暴力行為；2.自治權與控制：有一些人喜歡同居關係勝於婚姻關係，主要是因為想要保有他們的獨立性。事實上，婚姻狀態除了可能形成親密關係暴力之外，亦可能影響親密關係暴力的嚴重性。此外，Connolly、Huzurbazar和Routh-McGee（2000）的研究也發現，相較於有婚姻關係的夫妻，相互攻擊的情形比較容易發生在同居男女朋友的身上。

然而由於任何的居住狀態都會帶來責任、義務、緊張，並且導致意見不合的情形發生。因此，也有其他的研究指出，婚姻狀態與暴力並沒有顯著關係。不論是約會中的男女朋友、同居或是已婚的夫妻關係，都可能使婦女處於危險的狀態中（湯琇雅，1993）。影響親密關係暴力發生的重要因素，需視家庭與外界社會互動的情形而定。事實上，那些遭受嚴重暴力攻擊的受虐婦女，也往往是那些與外界社會隔離的婦女（Cazenave &

Straus, 1979）。從過去研究我們亦不難發現，不論是加害人或是被害人若是有社會孤立的情形，將比較容易產生親密關係暴力事件。而國內的研究也發現，被害人往往很少與朋友、家人連繫；當遇到問題時，亦很難找到可以提供其協助的社會支持系統（湯琇雅，1993）。

從上述的探討我們可以發現，親密關係暴力產生的因素顯然相當多元，這些因素亦將進一步影響到親密關係暴力的型態，而且左右受虐婦女是否會向外求助，及其求助的情形。

第三節　影響受虐婦女停留受虐關係的原因

從過去對受虐婦女的研究可以發現，受虐婦女往往要在反覆離開加害人數次後，才會真正走出自己的天空，而我國從事婦女保護的實務工作者也常面臨相同的狀況。但由於許多實務工作者（包括警察與社工員）往往無法理解為何受虐婦女在向外求助後，過了一陣子又跑回家中，而之後又來求助。如此一再重複循環，往往令實務工作者感到挫折（甚至不堪其擾）（丁雁琪，1995）。因此，在親密關係暴力的防治工作上，人們經常會關注的一個問題是：為何受虐婦女會持續停留在受虐的關係中？或是，為何她們在向外求助後，又會回到加害人的身邊？了解這些問題，將有助於親密關係暴力的防處工作。以下本書將介紹解釋受虐婦女停留受虐關係的常見理論。

一、成本效益分析理論

Pfouts運用社會學交換理論的成本效益分析，將受虐婦女的反應區分成幾個不同的類型。根據該理論，成本效益比（benefits-costs ratio）在受虐婦女決定離開加害人，或是採取其他因應策略的過程中，扮演相當重要的角色。這個模式認為，受虐婦女可能會在有意識，也可能會在無意識間對其所處的受虐情境採取二階段的決策步驟。首先，她必須就自己目前的婚姻、收入、家庭、朋友以及居住等狀況的滿意度或是益處，與其從親密關係暴力中所遭受的痛苦、目睹親密關係暴力對於子女的影響等方面所付出代價，兩個方面相互衡量。根據這個決策的結果，她接著必須就受虐的

程度，以及她所可以選擇的因應方式加以評估。不論婦女選擇申請保護令將丈夫逐出家門，或是受虐婦女帶著子女離家，都可能使其必須負擔起經濟上的責任，以及喪失親戚與朋友所提供的社會支持，因而迫使受虐婦女必須理性評估其處境（Pfouts, 1978）。

根據上述的決策過程，即形成受虐婦女可能的四種回應方式，其情形如表5-1所示。

表5-1　Prouts的受虐婦女決策模式

比較選擇非暴力的經濟、社會和心理剩餘價值 受虐婦女的選擇策略	受虐婚姻關係的經濟、社會與心理結果	
	婚姻的剩餘價值：低	婚姻的剩餘價值：高
替代選擇策略的剩餘價值：低於受虐的婚姻關係	I、自我懲罰反應 受虐婦女責備自己陷入暴力的婚姻關係中，使其不但無法改變丈夫的行為，也無法為自己和子女尋求非暴力的替代策略	II、攻擊反應 受虐婦女使用暴力的方式回應暴力，有時候是攻擊自己的丈夫，但是更常的情形是虐待自己的子女，或是將自己的憤怒發洩到第三者的身上
替代選擇策略的剩餘價值：高於受虐的婚姻關係	III、及早解脫 由於受虐婦女已經有謀生的能力，使其將會很快地擺脫婚姻，不然就是強迫丈夫放棄暴力的行為	IV、不情願地脫離婚姻 由於受虐婦女已經花費很多年的時間來拯救婚姻，一旦有一天她認知到受虐關係使其本身與子女付出很大的代價時，她將不甘願地作出選擇脫離親密關係暴力關係的決定

資料來源：Pfouts, J. (1978). "Violence families: Coping responses of abused wives." *Child Welfare*, 57: 105.

從表5-1可以發現，受虐婦女就其受虐程度與可以選擇的因應方式兩相衡量後，即產生下列四種可能情形（Pfouts, 1978）：

（一）自我懲罰反應的產生，主要是因為受虐婦女發現自己處於低度婚姻剩餘價值的情境中，而且替代選擇策略的成效也非常低。影響此種無助情境的因素包括：本身欠缺可以養活自己與子女的工作技能、低度自我概念、在功能失常家庭（甚至是暴力家庭）中成長，以及認為當她離開家

庭時丈夫將不會持續支持家庭。此類婦女不論自任何觀點而言，都是受虐婦女。至於其子女也可能因為居住在這樣的環境下，需要面對社會心理上的諸多問題，而付出相當大的代價。

（二）攻擊反應的主要特徵，是有某些受虐婦女使用暴力來回應其所經歷的親密關係暴力。她們出現暴力的反應，一部分原因是由於她們衡量自己留在婚姻關係中，可能比替代選擇策略的剩餘價值來得高的結果。因此，這些受虐婦女反擊回去，至於暴力則變成這些家庭的生活方式，而其子女亦在不知不覺中，學習到暴力是解決人際衝突的一種方式。

（三）假使脫離婚姻關係的成果將比停留在婚姻關係的成果來得大時，就可能讓受虐婦女採取及早解脫的反應模式。職業婦女由於擁有工作技能，使其能夠對是否要讓自己停留在暴力婚姻關係有所選擇，而其主要的壓力來源，則可能會來自於丈夫是否要讓她們離開。有許多此類婦女從未求助於親密關係暴力救援團體，但是她們可能會在法院的系統中尋求離婚的解決途徑。

（四）情願地脫離婚姻關係反應模式的主要特徵，是此類婦女不論是停留在婚姻關係，或是選擇脫離婚姻關係的成果都相當高。一般而言，這些婦女會為子女而花費許多年的時間來挽救自己的婚姻，但是最終仍因為親密關係暴力而使其希望破滅。當她們的子女進入大學而不再需要仰賴家庭的保護，或是當子女已經能夠自給自足時，這些婦女通常就會選擇與施虐的丈夫分開。但是對子女而言，其代價仍然是相當大的，主要是因為此類夫妻的子女經常會與父母雙方建立不錯的關係，想要同時與父母親在一起，而不願意從二者間作一抉擇。而此種情形又特別容易在假日、婚禮，以及與家庭有關的其他事務上發生困擾。

二、習得無助理論

另一個探討為何受虐婦女選擇留在親密關係暴力關係的理論，是強調「習得無助」（learned helplessness）所扮演的角色。習得無助是以社會學習理論為基礎，認為假使受虐婦女感覺她對自己的受虐處境已經無計可施，對於自己的處境感到絕望，甚至她可能會認為這是她自己應得的。此時，她將不會對自己的受虐關係採取行動，而這會更加增強其無助感的認知。誠如Walker所言：「一旦我們認為無法控制發生在自己身上的事件

時，將會相信無論自己再怎麼做，也不會對事件有所影響。這個觀念對於吾人了解為何受虐婦女不願意脫離受虐關係的情形很有幫助。一旦受虐婦女產生無助的信念，不但在內心會出現沮喪或焦慮，她們對於自己的受虐處境亦將變得被動、順從，並且感到沒有希望。此種心理狀態將會耗盡受虐婦女的精力，使她們越來越難採取實際的行動，她們讓那些她們認為無法掌控的事情，到後來真的變得無法為她們所掌控。但是當人們聽到受虐婦女對於她們受虐事件的描述時，卻常常會認為事件並非如這些婦女所想像的那樣糟糕，而沒有改變的可能性。」（Walker, 1979: 47~48）因此，受虐婦女的行為主要是受限於她們負面的認知，或是她們對於什麼事情她們可以做或是不能夠做的主觀知覺，而不是依據實際的狀況來決定。

　　McCormic（1999）認為，雖然習得無助觀念來自於動物的實驗，但在受虐婦女身上也可以發現此一現象。許多受虐婦女相信，任何情形皆無法改變其所處的情境，所以寧可待在熟悉的環境中。她同時也認為，受虐婦女不願意逃離受虐情境，也受到一些因素的影響。包括：（一）受虐的嚴重程度：當所遭受的傷害情形較不嚴重，或是次數較少時，較不願意離開；（二）抱持傳統男尊女卑的觀念：較有男尊女卑傳統社會觀念的婦女比較不願意離開；（三）恐懼遭受加害人報復：害怕離開後可能會招致更嚴重傷害的婦女較不願意離開；（四）社會支持情形：缺乏親人、朋友之幫助，以及無業等社會支持薄弱的婦女較不願意離開；（五）自責性高：將親密關係暴力原因歸諸於自己身上，此種自責性高的婦女將較不願意離開加害人。因此，如果外界能夠及早介入干預，將可能轉變受虐婦女的心理狀態。可惜受虐婦女在受虐期間往往會與其家人和朋友逐漸疏離，而讓她們在財務上與心理上越來越依賴加害人，最後可能不願意採取具體的行動來保護自己和子女（轉引自Buzawa & Buzawa, 2003）。

　　Herbert、Silver和Ellard（1991）曾經以130位婦女為受試樣本，其中有35%的樣本表示仍然與其丈夫維持婚姻關係，有65%的婦女表示目前已經脫離受虐的關係。當他們比較這二個團體時，發現這二個團體之間的差異主要有三個變項。那些停留在受虐關係的婦女，對於自己的婚姻有比較正面看法，認為對於自己受虐事件的頻率與嚴重性，或是感受到來自於丈夫的愛與情感的量沒有多大的改變可能性，而且也認為她們的受虐情形並不是真的很糟糕。例如，這些婦女會認為，至少她們的丈夫並沒有外遇；

加害人的暴力行為頂多一個月發生一次，甚至更少；在其他的時間中，他們還是維持相當不錯的關係等。Herbert等人指出，受虐婦女之所以仍然留在加害人的身邊，主要是因為她們認為加害人還算是一個不錯的男人。同時Herbert等人也認為，分析親密關係暴力的最有用途徑，是從受虐婦女經歷以及處理壓力的方式來了解。

Lempert（1996）以32位年齡介於21至57歲自陳遭受重複親密關係暴力的受虐婦女為對象，研究他們對於親密關係暴力事件的處理模式。結果發現，她們處理施虐行為最常使用的策略，是讓那些施虐行為隱而不見，如此才不會讓其他人發現暴力行為。就受虐婦女而言，讓施虐行為隱而不見，主要的目的是要維持本身的自尊。

此外，也有一些學者將受虐婦女與加害人之間的依附關係，描繪成是具有斯德哥爾摩症候群（Stockholm Syndrome）所致。此模式將受虐婦女的心理特質，視為是與遭受綁架的人質類似，並且強調加害人與其受虐婦女之間的權力是極端不對等，就猶如綁匪與人質之間的權力關係，因而會產生強烈的情感依附關係（Wiehe, 1998）。

習得無助理論的確對某些受虐婦女的受虐關係作了某種程度的解釋。但卻也招致一些批評，包括：並非所有婦女皆會有此現象，有許多婦女並非感覺到全然無助，她們在受虐時會設法保護自己與子女、以及會有向外求援或報警的動作，同時從Walker的資料顯示，只有約38%的婦女會真正經歷整個週期。因此，此理論充其量僅能解釋部分受虐婦女為何繼續停留於受虐關係中。

三、創傷羈絆理論

Dutton和Painter發展出「創傷羈絆理論」（traumatic bonding theory），來解釋為何受虐婦女會選擇繼續停留在受虐的關係中。這個理論認為，當婦女最後決定離開加害人時，她的直接恐懼開始縮小，使得她對於加害人隱藏的依附情感就會開始浮現出來。情感上的枯竭與脆弱，讓她對其配偶的愛意變得相當敏感，並且變成迫使其重回受虐關係的壓力。當她的恐懼減小，以及對於配偶的需要增加時，她可能會決定再給配偶一次機會（Dutton, 1995）。

這個理論是以權力的分配，以及著重於虐待的動態關係之情感依附為

基礎，而不是以任何的人格缺陷或是受虐婦女的社會經濟地位等變項為基礎。Dutton（1995）指出，權力不平衡的現象以及虐待的間歇特質這二個要素，可以解釋為何受虐婦女會選擇繼續留在受虐關係中，或是離開加害人後又會重回他的身邊。當配偶間存在著權力不平衡的關係時，擁有較小權力的人將會產生負面的自我評價（self-appraisal），而且比較沒有能力可以自我防衛，因此會對於比較有權力的人產生依賴需求。依賴與低自我概念二者之間會重複地循環，最後會對於比較有權力的人產生強烈的情感鍵。

　　創傷羈絆理論的第二個要素是受虐具有間歇的特質。這種現象是發生在加害人周期性地威脅，或是身體虐待受虐婦女的情況下。在暴力事件發生的間歇期間中，加害人的舉動經常是正常，並可以為社會所接受的行為。因此，受虐婦女會有主觀的負面覺醒，而在信念上也會期待暴力行為會有停止的時候（Dutton, 1995）。

四、角色歸納理論

　　角色歸納理論主張，處於衝突情境下的個體，有一方在衝突後會因為被說服或是勉強同意，而接受對方的看法；當受虐婦女遭受丈夫的虐待後，她們的行為經常會類似於其他衝突類型的人。Ferraro和Johnson（1983）曾經以129位尋求庇護幫助的受虐婦女為研究樣本，從角色歸納（role induction）的觀點來分析受虐婦女對於其受虐事件的反應。他們認為，受虐婦女用以回應其受虐事件的角色歸納過程中，會產生六種合理化的情形：

　　（一）訴諸於救助的倫理：受虐婦女視自己的快樂與安全不如丈夫來得重要，並且認為自己有責任來幫助他。受虐婦女可能會認為她必須工作來拯救她的丈夫與婚姻。

　　（二）否認被害事實：不論是加害人或是受虐婦女，都不會認為加害人該為施虐行為負責，而將暴力的原因視為是受到外在因素所影響，諸如：工作壓力、經濟問題或是物質濫用等因素所引起。

　　（三）否認傷害：受虐婦女所經歷的痛苦，有時可能會因為漠視已經發生的事件而減輕。而這可能是因為受虐婦女想要維持與加害人未來的關係，而拒絕接受已經發生的傷害所致。

（四）歸咎於自己：受虐婦女將已經發生的受虐事件歸咎於自己。她們將會尋找一些原因來寬恕加害人的行為，諸如：在加害人下班回家之後，受虐婦女還未將晚餐準備好，或是家裡凌亂不堪。在一些個案中，受虐婦女可能會因為認為：假使在暴力事件發生時她不要激怒加害人，將可以避免受虐事件的發生，因而責備自己。

（五）拒絕做選擇：即使受虐婦女在現實生活中有選擇的機會，但她卻認為除了繼續留在加害人的身邊之外，別無其他選擇的方法。有一些受虐婦女可能會拒絕接受庇護，或是其他諮商機構的協助，而選擇繼續留在加害人的身邊。

（六）訴諸於較高的忠貞：即使受虐婦女必須付出相當大的代價，但她仍可能因為遵從傳統的價值觀念或信仰，而忽略掉受虐的事實，選擇繼續留在加害人的身邊。

由前述探討可以知道，受虐婦女選擇繼續留在加害人的身邊，其因素是相當複雜的，可能是為了子女，或是加害人與子女的互動情形還可以接受；也可能是本身的因素，諸如：沒有謀生能力、比較低的自我評價、認為加害人還有改變的可能性，或是親密關係暴力的情形並非很嚴重；甚且可能受到外在因素所影響，諸如：外在價值觀念、欠缺社會支持，或是司法不公等。而這其中又往往以考慮子女是最主要的因素。在社會化的過程中，婦女往往被要求要能夠顧及他人的感受，特別是自己子女的社會與情緒需求。因此，過去研究也發現，受虐婦女之所以會持續停留於受虐關係中，主要是顧及其子女。當認為子女的幸福可能會被威脅時，受虐婦女往往會為了顧及子女的最佳利益，而不會考慮（甚至犧牲）自己的權利，此種情形又特別容易發生在子女尚年幼的婦女身上。因此，只要加害人不是一個相當惡劣的父親，有許多婦女為了讓子女仍然同時擁有父親的情形下，會隱忍加害人對其暴力行為（Shalansky, Ericksen & Henderson, 1999；黃翠紋，2004）。同樣地，影響受虐婦女尋求終止受虐關係的因素亦相當多，往往需要許多條件的配合，才能讓受虐婦女鼓足勇氣脫離受虐關係。除了受虐婦女本身的因素，諸如：經濟上可以自足、個人以及子女的安全可以確保外，還必須擁有適當的支持系統，包括正式與非正式社會支持系統的配合。由於社會支持可以降低受虐婦女壓力，故而亦是影響受虐婦女作選擇的重要因素。因此，當我們在了解受虐婦女尋求外界協助

時，都必須對這些因素加以探討。

第四節　受虐婦女脫離受虐關係的途徑

親密關係暴力受虐婦女所遭受的傷害，往往除了身體上的痛楚外，還可能由於不幸婚姻經驗而造成其心理與精神層面的創傷。在遭受暴力初期，大多數受虐婦女會採取忍耐的態度，期待能等待加害人良心發現。但當其無法再忍耐或是無法以自己的力量阻止暴力繼續發生時，就會開始嘗試透過向外求助的方式，解決與加害人的暴力衝突。從過去研究我們可以發現，決定受虐婦女能否成功脫離受虐關係，或是終止暴力行為的重要影響因素，除了本身的因素之外，就需視其是否能夠獲得外界的協助而定。

在探討受虐婦女脫離暴力關係的途徑時，許多學者常從受虐婦女因應親密關係暴力的方式著手。所謂因應方式係指：受虐婦女為解決或適應親密關係暴力時所採取的行動與想法的改變，這是親密關係暴力受虐婦女求助歷程中重要的一部分。一般而言，受虐婦女對於親密關係暴力的因應方式，約可區分為以下五種（陳婷蕙，1997；湯琇雅，1993）：一、直接行動：直接面對問題，靠一己之力立即付諸行動，受虐婦女甚至會因為自衛而對暴力行為加以反擊[2]；二、壓抑行動：將問題擱下，暫時不予處理；三、尋找資料：受虐婦女會先蒐集與問題有關的資料之後，再考慮、思索下一步要如何進行；四、運用心理防衛機轉：受虐婦女可能使用心理防衛機轉，來調適其心理在面對問題時的壓力；五、尋求外界支持與協助：受虐婦女可能會對外發出求救訊息，向他人尋求協助。不幸的是，當受虐婦女無法以一己之力改善關係，亦無法自外界獲得適當的支持時，將會增加其受虐的嚴重性。例如，根據Dibble和Straus的研究即發現，當暴力家庭缺乏外界的資源協助時，會增加加害人的暴力傾向；當受虐婦女不知如何獲取外界可資協助的資源時，將使其越容易遭受虐待（轉引自劉秀娟，1996）。以下除將針對親密關係暴力受虐婦女向外求助的管道及影

2　例如，根據Gelles與Straus第二次對於全美家庭暴力所進行之研究發現，有24%的受虐婦女會對於暴力行為加以反擊。但是那些遭受嚴重暴力攻擊的受虐婦女由於已無力反擊，反而比遭受輕微暴力攻擊的受虐婦女更不願意對加害人還擊（轉引自劉秀娟譯，1996）。

響其求助因素加以探討外，並將就筆者對於親密關係暴力受虐婦女求助管道所進行之實證調查加以分析。

　　而可能對受虐婦女提供協助的管道，則可以概分為非正式社會支持系統，以及正式社會支持系統二大類。前者包括：受虐婦女的家人、親戚、朋友、同事或是宗教團體等，可以提供受虐婦女忠告、建議、支持或庇護等協助；後者則是指警政、司法、社政以及醫療等專業體系，可以提供受虐婦女人身安全保護、法律制裁、心理諮商、資源轉介與連結，以及醫療協助等服務。由於他們對於受虐婦女所提供協助並不相同，因此必須經由二大系統的協助，才能使受虐婦女在各個層面皆獲得滿足，而儘早改善受虐關係，或是脫離受虐關係。但是從過去研究我們卻可發現，受虐婦女往往是在個人的支持網絡無法提供其所需的協助時，才會轉而求助於正式的支持系統。主要原因在於，非正式社會支持系統是受虐婦女較為熟悉且易接觸得到的，而且許多人也抱持著家醜不外揚的觀念，故非正式社會支持系統較易為受虐婦女所使用。例如，根據周月清（1996）對於受虐婦女求助行為的研究發現，大多數的受虐婦女第一次向外求助的對象，是向非正式的社會支持系統求助。在其研究樣本中，有75%受虐婦女第一次的求助行為，是向朋友、親戚與同事等非正式的社會支持系統求助。至於那些第一次會向正式支持系統求助的受虐婦女，則有46%的婦女表示是在缺乏非正式社會支持系統可以提供協助的情形下，才轉而向正式的社會支持系統求助；其次，則有28%的婦女是抱持著姑且一試的想法。但是在向正式的社會支持系統求助者之社經地位方面，則過去研究有不同的發現。例如，根據Gourash（1987）以及周月清（1996）的研究發現，年輕人、中產階級，以及知識分子比較會向醫療、法院或心衛生機構等專業機構求助。但是另有研究則發現，當那些貧窮及缺乏其他社會資源的人遭受親密關係暴力時，將會比有錢的人或是工作穩定者，更容易請求警察及社會福利機構的協助。例如，根據Straus（1980）的研究發現，向正式社會機構求助的受虐婦女中，低收入家庭所占比例是高收入家庭的五倍。

　　其次，從過去研究也可以發現，所謂非正式社會支持系統至少應該有二個層面的意義：一、與他人接觸的頻率，這些人可能包括親友、鄰居，以及同事；二、可以從他人獲得協助的情形。這二個層面的社會支持意涵並不完全相同，一個人可能會與周遭的人有很頻繁的接觸，但是他碰到困

難時，卻可能無法從其周遭的人獲得實質地協助。在過去有關個體因應犯罪被害事件（如遭受性侵害）與社會支持的研究，多以第二個層面的社會支持為其操作性定義（Wyk, Benson, Fox & DeMaris, 2003）。而在親密關係暴力的研究上，則必須同時考量這二個層面的社會支持定義。以第一個層面的社會支持定義為例，目前已有一些研究發現，加害人往往會嘗試控制受虐婦女，將其與社會隔絕，不准她與他人聯絡。藉由將受虐婦女與他人疏離，可以避免加害人施加於受虐婦女身上的暴行曝光。同時，當受虐婦女的社會關係是疏離的情形下，將會加深其對於加害人的依賴。反之，當受虐婦女與他人具有極強的社會支持鍵時，則其在回應其親密關係暴力時將具有比較多的資源可以處理，故而也比較能夠脫離受虐關係（Mac-Millan & Gartner, 1999）。

最後，影響受虐婦女向外求助的因素是非常多元的，綜觀過去相關研究，我們約略可以將其區分成以下三個方面（陳婷蕙，1997；周月清，1996；陳若璋，1992a）：

一、受虐婦女本身因素

受虐婦女過去的成長背景、個人人格特質，以及價值觀等因素，都會影響受虐婦女對於婚姻的期待，以及對於親密關係暴力的看法，並會進而影響受虐婦女對於外界的求助行為。而一旦受虐婦女感受到暴力對其生活或生命造成威脅，或是對婚姻失望而決定離婚時，則會轉而尋求外界協助。

二、家庭因素

受虐婦女與加害人、家人、親戚以及朋友的關係與互動情形，亦會影響其是否向外求助，以及求助的情形。例如，根據陳若璋（1992a）的研究發現，伴隨外遇問題而來的，常是夫妻之間更為嚴重的衝突，並進而產生暴力攻擊行為。而當婦女遭受身體與內心極大的痛苦時，會使得原本未求助的受虐婦女轉而向外界求助。此外，周月清（1996）也指出，當孩子亦同時遭受加害人的虐待時，常常是造成受虐婦女離家，或是考慮離婚的重要因素。因此，當加害人與子女關係不良或虐待子女時，將會促使受虐婦女為保護子女而向外求助，甚至考慮離婚。

三、外在社會因素

當社會文化、社會大眾的信念,以及大眾傳播媒體等都將親密關係暴力視為社會問題時,將較容易提供給受虐婦女協助,而受虐婦女亦將較可能向外求助。反之,若社會漠視親密關係暴力的存在,或是對受虐婦女提供的協助非常少時,則受虐婦女向外求助的意願將會較低。在國內,於家庭暴力防治法實施之前,不論是司法、警政、醫療等機構對於親密關係暴力的介入情形極為消極,專業人員對此服務亦多抱持著負面的態度(陳婷蕙,1997;周月清,1996)。

世界衛生組織檢視2014年至2015年這段期間,各國所推動的親密關係暴力和其他對女性暴力的介入方案發現,縱然在高收入國家,效果仍然相當有限,更何況在中低收入國家,檢視情形摘錄如表5-2。世衛組織和聯合國婦女署在其他12個機構的支持下,根據2015年聯合國防止暴力侵害婦女行為行動框架(UN framework for action to prevent violence against women),在2019年提出七大策略防治性別暴力,包括加強人際關係技巧(Relationships skills strengthened)、賦予婦女權力(Empowerment of women)、保障服務成效(Services ensured)、脫貧(Poverty reduced)、改善環境的安全性(Environments made safe)、防止兒少受虐(Child and adolescent abuse prevented),以及轉變態度、信念和規範(Transformed attitudes, beliefs and norms)。

表5-2 親密關係暴力與對女性暴力介入方案類型之效益

介入方案類型	描述	有效性證據
諮商介入或心理支持充權,以促進獲得服務和宣傳	此類介入包括為婦女提供資訊、支持和陪伴,以獲取廣泛的可能服務,包括諮商、社會心理支持或法律建議。主要服務提供者包括設社工或心理師,他們向婦女提供資訊和支持,以便她能夠就是否尋求幫助以及從哪裡尋求幫助做出明智的選擇。這	來自高收入國家的有希望的證據顯示,這種介入措施可以在短期內減少女性遭受某些形式的IPV(包括身體和情感IPV)的經歷,特別是在大力宣傳的情況下。然而,長期影響的證據有限。至於中低收入國家需要更多證據,因為對倡導介入措施的評估很少,但至少一項研究顯示與暴力相關的中間結果有所改善,例如採取一些安全行為。這些介入措施主要在高收入國家實施,包括產前保健服務,並且是資源密集的。因此,

表5-2　親密關係暴力與對女性暴力介入方案類型之效益（續）

介入方案類型	描述	有效性證據
	些服務提供者經常陪同婦女接受服務並倡導她們的權利。	它們在中低收入國家環境中的適用性仍需確定。
庇護處所／安全住宿	庇護所介入措施為暴力行為的女性被害人及其子女提供緊急或過渡性住房，通常還提供或協調獲得其他服務的機會，包括心理諮商、醫療保健、就業、經濟協助和培訓。	高收入國家和中低收入國家都需要更多證據，來證明庇護所是否會減少被害人的暴力行為，一些研究顯示，庇護所可能會在短期內增加暴力行為，但從長遠來看會減少暴力行為。這可能取決於離開庇護所的婦女是否能夠獨立生活並離開施虐的伴侶，從而防止未來暴力再次發生。庇護所還可以改善與暴力相關的次要結果，包括被害人感到更安全。然而，關於庇護所影響的研究存在許多方法上的侷限性，包括對自我報告數據的依賴。
求助專線	電話或線上求助專線是危機介入的一種形式，暴力被害人或與其關係密切的人可以與某人交談並獲得有關如何獲得支持的資訊。	高收入國家和中低收入國家都需要更多證據來評估求助專線在減少婦女暴力經驗的有效性。然而，有證據顯示，在這兩種類型的環境中，求助熱線都可以改善與暴力相關的次要結果，包括被害人感到受到支持，以及他們獲得資源的需要。
一站式危機介入中心	一站式危機介入中心是跨網絡合作方法之一，在一個地點提供各種服務，通常包括健康、社會和法律服務。 這些中心可以是獨立的，也可以位於醫院或法院等衛生或法律機構內。一站式危機中心只是提供協調的多部門服務的一種方式。	高收入國家沒有證據顯示一站式危機中心對婦女暴力經驗的影響。中低收入國家需要更多證據。兩項系統性研究發現，嚴格的評估並不多，而且在已評估的評估中，沒有證據顯示一站式服務可以改善服務的獲取或品質或改善健康或幸福感。中低收入國家的一些專案評估表明，它們可以提高使用者滿意度、充權感並提高揭露的舒適度。然而，它們可能成本高昂，並且不適合所有情況，因此應與其他服務提供方法一起考慮。
藥酒癮預防介入措施	酒精或毒品濫用預防介入措施針對的是毒品或酒精成癮的男性加害人。一些介入措施也可	高收入國家和中低收入國家都需要更多證據證明酒精濫用預防介入措施可以成功減少親密關係暴力。當與其他健康或親密關係暴力預防方法（例如心理治療

表5-2 親密關係暴力與對女性暴力介入方案類型之效益（續）

介入方案類型	描述	有效性證據
	能針對酒精或毒品濫用的女性被害人。	和性別轉變方法或夫妻介入措施）相結合時，有證據表明酒精濫用預防介入措施可以有效。然而，獨立的酒精濫用介入措施在減少女性經驗和男性實施暴力侵害婦女行為方面的有效性的證據好壞參半。在高收入國家和中低收入國家，酒精濫用介入措施可以減少與暴力相關的風險因素，包括改善心理健康或減少酒精和藥物使用。
加害人處遇	針對男性加害人的處遇措施試圖減少再次犯罪，而且往往針對因被捕而被法庭裁定強制參與的男性。這些處遇措施可以包括關於憤怒管理或認知行為治療的會議，重點是暴力的使用，或心理教育方法，包括關注關係中的權力和控制的女性主義方法。這些處遇措施有時會結合藥酒癮治療。	對於男性加害人處遇是否能成功預防再犯，高收入國家的實施經驗存在相互矛盾的證據，現有證據中存在一些重大的方法論挑戰。一些介入措施將男性加害人處遇措施與藥酒癮戒治或夫妻諮詢結合一起，儘管這些綜合處遇措施也產生了好壞參半的結果。中低收入國家需要更多證據來證明加害人處遇措施的有效性，現有證據特別關注藥酒癮戒治，並提供一些對減少風險因素有影響的處遇。
女子警察局／單位	這些介入措施通常涉及建立警察單位，為婦女（有時也包括兒少），特別是那些遭受暴力的婦女提供專門服務。他們的工作人員通常是接受過處理暴力侵害婦女案件專業訓練的女警官。這些單位可以履行一系列職能，包括接收暴力投訴和報告、提供其他服務轉介以及協助採取法律行動。這些單位有時也可能對暴力侵害婦女案件進行調解或初步調查。	沒有證據測試這些介入措施在高收入國家的有效性，無論是在減少性別暴力還是改善與暴力相關的其他問題。而在中低收入國家需要更多證據。有證據顯示，建立婦女警察局或單位可以改善與暴力相關的次要結果，包括報案行為。然而，幾乎沒有證據顯示婦女警察局或單位可以減少性別暴力案件或是風險因素，儘管巴西最近的一項研究顯示，婦女警察局的存在與某些地區女性凶殺案的減少有關。

表5-2　親密關係暴力與對女性暴力介入方案類型之效益（續）

介入方案類型	描述	有效性證據
健康服務篩檢	篩檢介入措施包括在醫療保健諮詢之前或期間使用一系列標準工具、方案或問題詢問所有女性在接受醫療服務時是否經歷過IPV。	來自高收入國家的證據顯示，篩檢介入措施對於減少性別暴力行為無效。儘管篩檢可能會增加被害人報案的機會，但沒有證據顯示這會增加轉診和接受服務的機會。沒有證據顯示篩檢介入措施對於減少中低收入國家的性別暴力案件或風險因素的有效性。
機構人員的宣傳與訓練（不改變機構環境）	此類介入措施包括與警察、司法和衛生服務提供者等機構行為者進行關於暴力侵害婦女行為的認識、預防和應對方面的宣傳和基於技能的培訓。	來自高收入國家和中低收入國家的證據顯示，僅對機構行為者進行培訓並不能有效減少暴力後果。然而，若是採取全系統制度變革的培訓以及涉及性別態度、制度政策和對計畫工作人員支持的內容，則可以改善以被害人為中心的回應措施。

資料來源：WHO & UN Women (2020). *RESPECT: Women: Services Ensured.* UN Women, 4~9.

　　聯合國婦女發展署（UN Women, 2023, 2022）也呼籲，應在各級政府和社會中採取行動和以結果為導向的目標，降低致命或嚴重的性別暴力案件持續對被害人造成危害，並解決被害人在訴訟程序面臨的困境。具體而言，各國應該採取以下策略：

　　（一）傾聽並相信被害人：當一名被害人分享她受暴經歷時，她就邁出打破暴力循環的第一步，我們所有人都有責任為她提供發聲和被傾聽所需的安全空間。而在處理性別暴力案件時，被害人的清醒程度、衣著和性取向都無關緊要，加害人是造成暴力的唯一原因，必須獨自承擔責任。停止指責被害人的觀點，才能確保得以為她／他們伸張正義。圍繞性別暴力的禁忌使加害人有罪不罰，並阻止被害人獲得所需的幫助：遭受暴力的女性中只有不到40%尋求任何形式的幫助。

　　（二）理解同意的重要性：不同的人有不同的界限，每個人都應該得到尊重，徵得同意後可以創造一個尊重而安全的性別空間，若是缺乏同意可能構成家庭暴力、性侵害，並將受到法律制裁。創造一種同意的文化，需要我們所有人都能有意識地改變與他人互動的方式。從孩子很小的時候開始，就必須教導同意的重要性。它是全面性教育的一個組成部分，旨在

讓社會大眾了解自己的權利。像是「她自找的」或「男孩就是男孩」這樣的用語，試圖模糊性同意的界限，將責任歸咎於被害人並為犯罪者開脫的行為應該停止。

（三）教導下一代並向他們學習：我們必須為兒少樹立榜樣，重新塑造他們對性別、尊重和人權的思考。儘早開始有關性別角色的對話，並挑戰傳統性別特徵和刻板性別角色印象。無論是媒體、家庭、學校或社區，必須為兒少澄清他們經常遇到的刻板印象，讓他們知道與眾不同是可以的。傾聽兒少對他們的世界經驗的看法也很重要，透過向兒少提供資訊並教育他們有關性別權利的知識，我們可以為所有人建立更美好的未來。必須以適合兒少年齡的方式談論同意、身體自主和承擔責任等議題。例如，討論「明確同意」的重要性，你的身體是你自己的，你對它發生的事情做出選擇，以及我們必須如何明確對自己的行為負責。

（四）尋求符合目的的回應和服務：為被害人提供的服務是基本服務。這意味著需要為有需要的人提供庇護所、求助熱線、諮詢以及對性別暴力被害人的所有支持。

（五）了解暴力的跡象以及提供協助：針對婦女的暴力行為有多種形式。它可以是身體的、性的或情感的。它可以是公開的或私人的、線上的或離線的、由陌生人或親密的伴侶實施的。無論它如何、在何處或為何發生，它都會對被害人產生嚴重的短期和長期後果，並阻礙她們充分和平等地參與社會。

（六）反對傳統性別刻板觀念：傳統的男性特質觀念傾向於強調攻擊性、力量和控制等特徵，同時貶低同理心、脆弱性和其他傳統上與女性氣質相關的特徵，此種傳統的男性氣質持續助長性別暴力行為。例如，傳統性別角色和行為強化男性主導地位和性別不平等，讓男性更有可能成為親密關係暴力的加害人。性侵害文化是一種允許性別暴力正常化和合理化的社會環境，而持續存在的性別不平等以及對性別和性的態度則助長了這種文化。

（七）支持女性領導力：婦女在決策領域的代表性有助於確保女性的需求成為危機應變、人道主義與和平協議以及各種政策的首要和核心。同時，女性領導人面臨更高的暴力風險：在五個地區，82%的女議員報告在任期內遭受某種形式的心理暴力。增加女性在領導階層的代表性，並加強

對擔任權力職位的女性的保護。

（八）聯合其他人權活動：針對女性的暴力行為與其他形式的傷害和不公義有著相互關連性，包括種族主義、仇視同性戀、仇外心理、體能歧視、貧窮和氣候變遷。當大家可以相互合作時，將可展現更大的改變力量。

（九）結束有罪不罰現象：為了結束性別暴力文化，必須追究加害人的責任。透過起訴性別暴力案件，我們承認這些行為是犯罪行為，並發出零容忍的強烈訊息。

（十）了解數據並持續增加更多數據：為了有效打擊性別暴力，我們需要了解這個問題，相關數據蒐集是實施成功預防措施和為被害人提供正確支持的關鍵。性別敏感資料蒐集的差距比以往任何時候都更加明顯，各國政府投資蒐集有關性別暴力的數據。

第五節　親密關係暴力防治作為

在傳統社會父權文化背景下，親密關係暴力問題被定型為具有高度隱私性，僅是夫妻間爭執、溝通不良的正常現象；而毆妻則被視為丈夫管教太太的特權，外人不宜過問。因此，過去親密關係暴力不被視為社會問題，也未有專責機構處理。1987年，劉可屏教授發表臺灣第一篇探討親密關係暴力的專文──〈虐妻問題〉出爐，爰引國外研究，探討虐妻的定義範圍、虐妻者與受虐妻子的特性、受虐妻子停留受暴關係的原因、親密關係暴力對子女的影響、虐妻問題之處理、預防等，揭開我國親密關係暴力學術研究的序幕。1988年臺北市成立「北區婦女福利服務中心」，將親密關係暴力列入正式的服務項目，提供受虐婦女相關服務；現代婦女基金會成立臺北市「婦女護衛中心」；1989年，設置「康乃馨專線」，除了提供受虐婦女電話諮詢服務外，亦出版婦女防暴手冊並進行媒體宣導工作；同年，高雄市設置婦女服務專線07-561-3838，是南臺灣婦女保護工作的開端。此後，臺灣對於親密關係暴力防治工作的推動，已逐漸轉變為政府籌辦、而民間承接的模式（周坤寶，2012；潘淑滿，2003）。

直至1998年，我國制定了亞洲第一部家庭暴力防治法，正式宣告法

入家門時代的來臨；1999年6月，家庭暴力防治法正式實施後，我國家庭暴力防治工作進入法制期，政府也推動了許多防治作為。以下將從三級預防觀點，介紹親密關係暴力防治作為。

一、初級預防

　　教育或宣導在初級預防措施上扮演最重要的角色。其目的是希望經由教育或是宣導方式，以減少親密關係暴力事件，並且希望能夠進一步預防引發親密關係暴力因素的發生。這些干預的措施經常都是在社會的層級，經由大眾的認知來發起運動或是成立支持的團體，然後透過社會、法律，和教育的過程以促進家庭良好的互動及增進其健康，其中又以教育所扮演的角色最為重要。透過教育與宣導，我們必須讓一般社會大眾及加害人認知到：社會無法容忍親密關係暴力的存在，親密關係暴力事件不是「家務事」，而是一種犯罪行為，是一個值得社會大眾關注和譴責的公共議題。

　　Gelles（1997）認為，在初級預防的階段，可以透過以下行動來預防親密關係暴力的發生：

　　（一）減少社會上及家庭內所讚揚的或是合法的暴力行為，例如：減少媒體將暴力的使用當成是一種娛樂的方式[3]。

　　（二）透過教育以改變社會上的男性沙文主義色彩。

　　（三）改變對於小孩的教育方式，儘量不要使用體罰的方式，以打破暴力的代間循環。

　　（四）將社區內的家庭結合起來，以便形成一個連繫網絡，來降低家庭和外在社會的疏離感。

　　（五）降低社會所製造的促發形成親密關係暴力壓力的因素（如貧窮和不公平）。

　　上述措施是在親密關係暴力的預防上，針對社會及家庭等社會化機構應該努力的一些基本措施。然而這些措施的成效卻無法立即可見，其間牽涉到資源的重新分配，和社會組織的重整等問題。因此，雖然是最重要的

3　雖然「暴力行為會招致暴力行為的發生」（Violence begets violence）這個論點仍是有待考驗，但審視過去的實證研究仍不乏支持此論點者。例如，根據Eron等人（1987）的實驗即發現，與控制組相較，接受實驗處置的兒童及青少年於觀看暴力影片之後有較多的暴力行為發生。轉引自Gells, R. J (1997). *Intimate Violence in Families*. CA: Sage Pub.

預防層面，卻不容易付諸實施。而且從過去世界各國所投注在親密關係暴力的資源觀之，大多是用在回應已經發生的親密關係暴力事件上，而不是預防它的發生。所幸親密關係暴力議題在許多先進國家中已引起政治人物的重視，認為這是一個頗值得他們關注的社會問題，因此目前已有改善的趨勢。而我國家庭暴力防治法也於第60條規定：「各級中小學每學年應有四小時以上之家庭暴力防治課程，但得於總時數不變下，彈性安排於各學年實施。」而為增進國民家庭生活知能，健全國民身心發展，營造幸福家庭，以建立祥和社會，由教育部所推動的「家庭教育法」，亦已於2003年2月公布施行，並於2011年12月修正公布第2、14、15條條文。此法若能夠落實，相信對於國人在家庭關係之營造上能夠更加和諧。

二、次級預防

就某些加害人而言，其訴諸於親密關係暴力的因素並不一致，因此要準確預測親密關係暴力發生的時機並不容易。然而家庭內的攻擊和暴力事件的發生，往往是由於某些特定的因素所誘發而成的。因此，仍然有人是在某些特定壓力的情況下，才有親密關係暴力的行為，若能早期發現促發親密關係暴力的原因，及改善潛在的暴力行為是較為實在的。在這個層級中，衛生和社會服務機構的人員扮演重要的角色，他們可能會因為民眾的報案，而定期的與一些需要他們幫助的家庭接觸；也可能是經由被害人（甚至加害人）主動求助而介入。此種監督是次級預防中最基本的措施，其目的在於經由縮短及減低家庭的壓力和負面互動過程的頻率，並經由早期的偵測及立即有效的介入措施，以減低危險因素對於家庭的衝擊。

親密關係暴力風險的介入措施，是對於有限資源彈性和合理分配，及發揮他們最大功效的一種管理工具。這種風險管理措施是將親密關係暴力的層級，區分為高風險和低風險的家庭。其目標是希望這些需要幫助的家庭，在還未發生親密關係暴力之前，即能因為特別的關注而防止暴力的發生。社會福利機構使用這個措施時，是透過對於風險的管理而確認需要幫助的家庭。但是這些程序仍然需要花費每一個社區額外的資源，包括：（一）發展偵測親密關係暴力危險因素的方法；（二）訓練衛生照護和社會工作人員偵測危險的方法；（三）提供介入的措施，以改善無法預知的結果。

　　然而這些程序涉及了財政和倫理上的問題，特別是在風險的因素已經確認，而現有的資源卻不足以幫助改善這些家庭內的風險因素時。當降低親密關係暴力潛在因素的資源不足時，偵測和評估的成果將無法實現。其次，將一個家庭定義為有親密關係暴力風險的代價，也必須和他所能獲得的協助相平衡，否則衛生和社會福利人員的努力將會助長親密關係暴力，而非預防其發生。一般而言，大多數的人（不論是男性或是女性）經常都不願意承認，以及告訴他人自己家庭內所發生的問題，也恥於告訴他人家中有暴力的發生。因此，預先偵測出親密關係暴力家庭的風險程度，是有助於降低親密關係暴力行為發生的危險性。然而在確認風險時卻是要非常小心，這些評估風險的專業人員必須接受良好的訓練，能夠很準確地評估家庭成員存有壓力的不良互動關係，及影響家庭的不利因素為何。然而考量政府的資源，目前有關親密關係暴力的危險評估，主要在於預防重大家庭暴力事件發生，故我國目前並未於此層級進行評估工作。事實上，最理想的情形應是由當事人有意願改善其不和諧的婚姻關係，主動尋求社會機構的諮商服務。親密關係者間的諮商服務，主要的目的是降低其間所可能產生的暴力衝突。就像婚姻治療一樣，婚姻諮商是一種社會影響過程，二者都可用於以個人、團體或是家族為基礎的環境中。晚近在婚姻治療上，「心理動力學」（psychodynamic）、「認知行為論」（cognitive-behavioral），以及「人本論」（humanistic）等三種理論，被認為是舒緩造成夫妻間關係不和諧問題的有效方法（Browne, 1995）。

　　此外，目前政府亦提供電話諮詢服務供民眾使用，其中又以113婦幼保護專線的設置，最能耳熟能詳。衛生福利部於2001年1月將全國保護您專線080-000-600及兒童少年保護專線080-422-110，整合為簡便容易記憶的「113」婦幼保護專線。113代表「一個號碼、一個窗口、三種服務」：「一個號碼」是指113婦幼保護專線統合以往家庭暴力防治、性侵害防治保護您專線、兒童少年保護專線，及各直轄市、縣（市）獨立設置之保護專線，讓「113婦幼保護專線」與110緊急報案、119消防救災等相同，成為全國統一，方便民眾記憶之專線；「一個窗口」指無論何時何地，都可以使用一般家用電話、行動電話或公用電話撥接，讓保護網絡沒有死角；「三種服務」則是指無論親密關係暴力、兒童青少年保護或性侵害等相關問題都可以24小時通報及諮詢。「113」專線設置之後，已發揮其諮

詢功能，觀察衛生福利部家庭暴力及性侵害防治委員會所公佈的統計資料可以發現，家庭暴力事件通報單位比率最高為警察機關與醫療院所，但「113」專線設置後，通報比率逐年上升，顯見113專線的設置分擔了其他通報單位的比例。另為使女性新移民也能直接透過113專線求助，2005年4月起，113保護專線增設英、越、泰、印、柬等五國外語通譯服務；2006年2月起，增加性騷擾防治相關諮詢及轉介服務；2007年9月並由衛生福利部集中接線。

隨著親密關係暴力防治工作的推動，衛生福利部亦體察親密關係暴力事件與一般暴力犯罪的差異性，乃於2004年6月設置0800-013-999男性關懷專線，提供男性在夫妻關係與相處、親子管教與互動、親屬與家屬溝通發生障礙，或對親密關係暴力事件提供相關法律說明、情緒抒發與支持、觀念澄清，激發個案改變的動機，並視需要提供諮商轉介服務。期望透過本專線提供潛在的男性加害人傾訴的管道，以舒緩家內的相處壓力並協助釐清情緒背後夫妻之間的權利義務角色，以提早預防親密關係暴力事件的發生。

三、再犯預防

親密關係暴力第三層級防治措施的目標，是要降低加害人重複發生暴力攻擊行為的機會，以減低被害人遭受生理和心理重複傷害的危險，進而減少被害人受傷、殘廢，或是死亡的機率。很顯然地，此層級防治措施經常使用的干預方式是控制與處遇親密關係暴力行為。此類措施著重於對那些遭受明顯傷害的被害人，將其與加害人隔離或是經由處遇使其復原。值得注意的是，雖然一般觀念認為，夫妻二人都必須為親密關係暴力的循環發生負責，但這些干預措施大多數是著重於保護受虐婦女。當然，這可能導因於男性不願意承認自己的過錯，以及主動為暴力關係尋求改善的方法所致（Browne, 1995）。然而由於親密關係暴力事件的性質有別於一般的暴力犯罪，若是要視同一般的犯罪事件處理，並不一定能夠滿足被害人的需求。甚且由於當事人關係的特殊性，導致許多親密關係暴力當事人常從其自身的觀點出發，多認為自己是該紛爭的被害人，而對造則是生活中的妨礙者或加害人。因此，往往會由於細微的言行，而逐漸加強對方的加害形象與自己的被害傾向。為能提升加害人處遇方案的效能，Wiehe

（1998）認為應該秉持下列六個基本原則：

（一）雙方當事人都必須為其行為負責，被害人不會單獨引發暴力的行為，但亦不可規避其在親密關係暴力中所需負起的責任。

（二）憤怒不能作為暴力行為的合理藉口。

（三）暴力是一種選擇的行為，一種具有負面效果的失常、具破壞性的選擇。

（四）選擇非暴力的替代措施，以作為一種正常、合適的選擇。

（五）暴力是一種經學習而得的行為，加害人過去既然學習到以暴力的行為來解決問題，他也將可以學習使用非暴力的方式來解決問題。

（六）暴力會影響所有家庭成員，雖然子女遭受暴力的短期傷害不如被害人來得嚴重，但卻可能讓他們學習到暴力亦是一種解決問題的方式。

　　家庭暴力防治法實施後，政府在再犯預防工作上採取相當多的措施，包括：（一）為了避免親密關係暴力被害人遭受加害人繼續施暴，家庭暴力防治法特別引進外國經驗，在國內創設民事保護令制度，並於家庭暴力防治法公布施行一年後實施；（二）行政院衛生署為落實推動加害人處遇計畫，於1999年6月發布訂定「家庭暴力加害人處遇計畫規範」，作為國內推動相關工作之依據，2001年2月並針對處遇計畫執行困境修正「家庭暴力加害人處遇計畫規範」，創設家庭暴力相對人裁定前鑑定制度，以促進法官加強裁定命加害人完成處遇計畫，落實被害人保護；（三）為避免因親密關係暴力影響未成年子女享有父母雙方的養育與關愛之權利，及兼顧保護被害人之人身安全，家庭暴力防治法第46條規定直轄市、縣（市）政府應設置未成年子女會面交往處所，並辦理監督會面交往，以執行法院裁定未成年子女會面交往之保護令款項；（四）為解決受虐婦女的謀生困境，避免其持續停留受虐關係中，1999年11月勞委會職業訓練局頒布「家庭暴力個案職業輔導處理程序」，執行職業訓練、就業輔導、與就業資訊透明化等措施，協助被害人增加脫離暴力的動機；（五）為加強對遭受親密關係暴力之被害人服務，衛生福利部警政署於1999年6月通令各直轄市、縣（市）警察局督導所屬各分局妥派一名熱心服務、資深穩重的官警擔任「家庭暴力防治官」，專責辦理家庭暴力防治相關業務。2000年6月在刑事警察局犯罪預防科增設「婦幼組」，並於台灣省11個縣（市）警察局設置「女子警察隊」，餘未設置者，則於警察局少年隊

下設置「女警組」，專責婦幼安全工作之推動及處理，2005年9月1日為建立職能區分之正式編組，加強保護婦幼業務功能，嚴密婦幼案件偵處流程，並要求各縣市警察局全面成立婦幼警察隊。考量到親密關係暴力事件大多由派出所受理，衛生福利部警政署乃進一步於2007年10月要求各直轄市、縣（市）警察局跟進，於各分駐（派出）所設置1至2名社區家防官，期藉由員警的專業素養，積極的介入處理此類事件，以提供被害人更妥適周延的服務；（六）家庭暴力防治法公布施行後，越來越多的親密關係暴力被害人循司法程序維護自身的安全與權益，法院也因此成了必須進出的場所。為就近提供被害人心理支持、福利資源與法律協助，臺北市政府於2002年1月起委託民間團體辦理「家庭暴力事件聯合服務處方案」。由於實施成效頗佳，衛生福利部自2006年起，更有計畫地輔導地方政府相繼結合民間團體成立駐地方法院「家庭暴力事件服務處」；（七）衛生福利部有鑒於家暴問題涉及雙方當事人之感情、親情牽絆處理不易及複雜，且家暴事件對於被害人、家庭及社會所造成重大之影響，絕非單一部門或單位就能克盡其功，家暴防治工作是需要跨領域、跨專業的合作，才能有良好成效。因此，於2009年4月30日函頒訂定「家庭暴力安全防護網計畫」，期望透過社政、警政、教育、衛生、司法、勞政等跨部會間之分工與合作，建構綿密之防治網絡，建立以家庭為中心之服務，達到「落實高危險評估、對抗家暴再犯危機、建置家暴安全防護網」。本方案係透過第一線受理家庭暴力事件相關專業人員實施危險評估，加強高危險個案之辨識與轉介，並強化防治網絡之橫向聯繫與合作，確保被害人安全。

　　除社政系統外，衛生與警察機關亦是親密關係暴力案件發生後，重要的介入單位，亦是親密關係暴力防治網絡的重要成員。世界衛生組織與婦女發展署也特別針對二者可以提供的內涵進行說明，如表5-3所示（WHO & UN Women, 2020: 12）。

表5-3 衛生與警察機關對親密關係暴力被害人提供服務之內容

服務內容	基本內涵
衛生機關：提供性健康和生殖健康（包括孕產婦和兒少健康）、心理健康服務和愛滋病毒服務	1. 衛生系統是接觸暴力被害人的重要社會部門，因為即使被害人沒有明確披露暴力行為是使用健康服務的原因，衛生保健實務工作者往往也是被害人接觸的第一個聯絡人。世衛組織關於應對親密關係暴力和針對婦女的性暴力的指南建議，必須將針對暴力侵害婦女行為的護理納入初級衛生保健層面的現有衛生服務，包括性健康和生殖健康、愛滋病毒、心理健康和少年健康服務，而不是成為獨立的中心。 2. 所有醫療服務提供者必須接受培訓，以了解如何識別遭受親密關係暴力的女性、提供被害人遭到性侵害後的醫療照護與驗傷採證。 3. 訓練也必須針對實務工作者的性別態度，並改善醫療衛生系統的程序，包括透過：指導照護的書面協議；建立負責單位來支持護理服務；改善被害人到院後的處置流程和設備以保護隱私和保密；當被害人有其他需求時應該轉介到其他機關。
警察機關，包括女子警察局／單位	1. 警察機關，包括婦女警察局和單位，是親密關係暴力被害人進入正式司法系統的重要關口，甚至也可以與初級預防介入措施相聯結。 2. 儘管幾乎沒有證據顯示婦女警察局在減少親密關係暴力案件的效益，但有一些證據顯示，婦女警察局可以幫助被害人獲得司法服務並提供心理支持，因此可以提高被害人對自身受暴事件的看法。 3. 透過警察與社工、律師和心理學家一起提供多部門服務的模式，可以預防親密關係暴力。

資料來源：WHO & UN Women (2020). *RESPECT: Women: Services Ensured*. UN Women, 12.

第六節　親密關係暴力案件風險評估與管理

　　就親密關係暴力被害人之保護工作重點而言，核心目標在於確保被害人及其子女之安全。為了實現為被害人提高安全性的目標，社工和相關網絡人員不可避免地必須識別最危險的相對人，並管理對被害人構成的風險。而迄今國際社會已經開發數十種家庭暴力領域的風險評估工具，來評估相對人再次對被害人施暴以及被害人遭受致命攻擊風險的評估工具。「風險評估」是一個決策過程，經由該程序評估一個人或情況的某些

特徵，然後使用該訊息來預測、估計、識別犯罪風險的可能性，並據以擬定最佳的行動策略（Nicholls et al., 2006）。使用風險評估的目的包括（Logan & Ericlucas, 2020）：協助被害人和家庭暴力防治網絡成員制定更切合實際的安全計畫；幫助刑事司法系統確定哪些相對人需要更高的保釋金，釋放後附條件命令，並制定強化監管策略；對刑事司法從業人員和服務提供者進行有關家庭暴力的教育，並提供有關風險因素的共通語言；協助相對人處遇方案選擇治療的數量和類型。

　　雖然臺灣家庭暴力防治法實施已逾二十年，但家庭暴力通報件數仍呈現逐年上升趨勢。衛福部保護服務司因應逐年上升之家庭暴力事件，乃於2009年3月份遴選推動家庭暴力防治績優縣（市）人員至英國考查Multi-agency risk assessment conference (MARAC)方案推動情形。考察回國後，接著擬定「家庭暴力安全防護網」推動計畫，希望透過本方案之實施而能達成以下目標：一、建立及發展防治網絡共同使用的案件處理流程與風險評估工具，提升防治網絡成員能區辨被害人安全上出現危機的敏感度；二、發展家庭暴力安全服務防治措施，擬定以個案為中心的安全計畫，有效對個案進行高風險、致命危險性篩檢，透過個案研討會議，資訊分享，加速對高危機個案回應，提升被害人及其子女與家人之安全，降低個案致命危機；三、掌握相對人的危險因素，加強司法機關逕行拘提逮捕及刑事附條件命令之運用，提升法院核發相對人處遇計畫保護令，強化家庭暴力相對人認知輔導教育及酒癮戒治處遇服務，阻絕暴力危險因子，避免家庭暴力事件再犯；四、建構在地化防治網絡整合資源服務模式，提供被害人安全服務計畫及家庭暴力相對人處遇方案，建立防治工作的連繫與合作機制（黃翠紋、林淑君，2016）。

　　由於桃園市政府親密關係暴力多元處遇服務方案，首重對於被害人的安全進行評估，再者，建置在「親密關係暴力案件風險評估與管理」之思維下，有必要針對親密關係暴力風險評估工具，以及家庭暴力案件[4]風險

4　「家庭暴力」一詞，從衛生福利部統計處的歸類，雖然可以區分成親密關係暴力、兒童保護、老人保護以及其他家庭成員間的暴力等四大類型，然而我國在2009年開始推動的「家庭暴力安全防護網計畫」，則多聚焦於親密關係暴力，甚至本計畫用於評估暴力風險之工具「臺灣親密關係暴力危險評估表（TIPVDA）」，迄今仍只能用於評估親密關係暴力。至於桃園市政府家防中心委託民間團體所辦理之「親密關係暴力多元處遇服務方案」，雖以親密

評估和風險管理框架等二部分進行探討。最後,則將介紹風險評估時面臨的挑戰及注意事項。

一、親密關係暴力風險因素之評估

　　親密關係本來就非常微妙,許多因素會影響兩造關係,當暴力成為兩造互動關係的一部分時,它們會變得更加複雜。改變關係或婚姻的動態並不簡單——改變是一個需要時間、仔細思考和漸進行動的過程。暴力的關係顯然是一種危險的關係。為了生存,被害人會反覆評估她們所感知的風險,這會影響她們關於保持或離開關係的決策。風險評估是社工在協助被害婦女維護安全的焦點,但在評估時必須綜合評估每個婦女面臨的複雜需求和問題網絡、她的生存技能和優勢,以及她生活中面臨困難待解決問題的優先次序。受虐待婦女的風險評估始於從所有可能的角度評估她的處境。過去的經歷有哪些對她有利或不利?這些過去的經歷如何影響她對目前處境的看法?可以採取哪些不同的作法?她的個人和社會障礙是什麼?她因相對人的暴力而面臨什麼危險?對子女或其他家人有什麼危險?需要哪些資源可以協助她克服這些風險?這樣的評估將使每位女性能夠檢查她生活中所有因素及對她的選擇和決定的影響(Women In Transition, 2021)。

　　被害人的受暴風險因素非常多元,根據WHO(2012)的研究指出,相對人的暴力風險因素包括:年紀較輕、教育程度較低;小時候目睹或經歷暴力;使用毒品或/和酗酒;人格障礙;認為暴力是解決問題的方式之一;曾經有虐待親密伴侶的紀錄等因素。來自被害人的因素包括:教育程度較低;父母間存有親密關係暴力;童年期曾經遭到性虐待;遭受前親密關係伴侶暴力等因素。關係中的因素包括:衝突或不滿;男性在家庭中占主導地位;經濟壓力;有多個男性伴侶和教育程度的差距,以及女性的教育水平高於她的男性伴侶等因素。社區和社會因素包括:性別不平等的社會規範;貧窮;婦女的社會和經濟地位低;對親密關係暴力的法律制裁薄弱;缺乏婦女的公民權利,性別不平等的家事事件法和離婚制度;社區對

關係暴力被害人為服務對象,但仍期各單位能將服務對象擴及案家子女、其他家屬以及相對人。因此,本研究有關風險評估和風險管理框架乃使用「家庭暴力」一詞,以求周延。

親密關係暴力的容忍度高；社會廣泛接受暴力是解決衝突的一種方式；和武裝衝突和社會中普遍存在的高度暴力。

　　Jaaber和Dasgupta（2002）的研究則指出，有效的風險評估不僅要分析相對人的暴力，還必須同時評估被害人現實生活中影響她選擇和決定的各種社會因素，尤其是關於她的受虐經歷。很多時候，這些社會因素有利於她的安全。然而，它們同樣也可能是風險因素。在進行風險評估時，社工必須意識到受虐婦女生活中的各種關鍵社會因素，在評估過程中提出批判性和有見地的問題的能力，並使她能夠探索每個障礙對個別被害人的個人意義。根據每個婦女的社會環境和地位，社會風險對她具有不同的價值，而且社會風險不是由孤立的事件所引起，它們是被害人過去的經驗和當下的處境交互作用所產生的結果，並影響她決策的能力。在評估被害人的社會風險因素時，可以從以下三個層次進行分析：第一層是與個人有關的直接風險因素，第二層是與制度有關的風險因素，第三層則是與社會文化和態度有關的風險因素，相關風險因素如下圖所示。

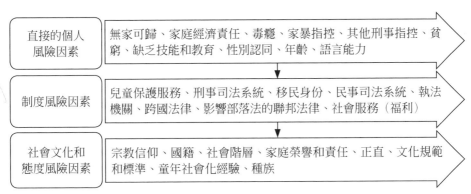

直接的個人風險因素	無家可歸、家庭經濟責任、毒癮、家暴指控、其他刑事指控、貧窮、缺乏技能和教育、性別認同、年齡、語言能力
制度風險因素	兒童保護服務、刑事司法系統、移民身份、民事司法系統、執法機關、跨國法律、影響部落法的聯邦法律、社會服務（福利）
社會文化和態度風險因素	宗教信仰、國籍、社會階層、家庭榮譽和責任、正直、文化規範和標準、童年社會化經驗、種族

圖5-1　親密關係暴力被害人之三個層次社會風險因素

二、親密關係暴力風險評估工具

　　自1970年代以來，對相對人的暴力風險評估在刑事司法和矯治領域有著越來越重要的作用。刑事司法環境中使用的大多數風險評估工具包含兩種類型的風險因素：靜態和動態因素，前者是固定不變的風險因素，

例如人口統計因素（例如年齡、性別）、童年經歷和犯罪歷史；後者則係指：會隨著時間波動並反映個人的內部狀態或暫時情況，例如信念和認知、日常交往和敵意情緒。因此，動態風險因素是可以改變的因素，這些變化可能與風險水平的變化有關，它也被稱為「犯罪需求」。一般暴力累犯的常見靜態和動態風險因素的例子包括犯罪史、藥物濫用、犯罪者年齡小和社會經濟地位低（Northcott, 2013）。有關親密關係暴力案件中的風險評估通常屬於以下三種模型或方法之一：非結構化臨床判斷（Unstructured clinical approach）、結構化臨床判斷（Structured Clinical Judgment）和精算風險評估工具（Actuarial Risk Assessment Tool）：

（一）非結構化的臨床方法

風險評估的非結構化臨床評估方法，是對相對人可能構成的暴力風險水平之猜測或預感，其優勢是具有靈活性，是早期最常用的風險評估方法。但另一方面，由於本方法是根據評估人員個人的經驗或專業知識，不受特定框架約束，導致無法確保所有專業人員的決定都是一致的。由於評估者根據個案資料、個案會議或專業經驗做出判斷，但沒有相關的風險因素可以參考，因此這種方法評估的信、效度頗具爭議（Helmus & Bourgon, 2011; Harris & Hanson, 2010）。

（二）結構化臨床判斷

第二種臨床決策方法是結構化臨床判斷，也稱為結構化專業判斷和指導臨床方法。在結構化臨床判斷方法中，評估人員遵循一套指南，其中包括應考慮的特定風險因素（靜態和動態），這些風險因素是根據理論和實證資料來確認的。這種方法不包含風險因素的加權或組合，有關風險的最終決定係取決於評估者。本方法的主要目標是預防暴力，支持者認為這是透過包含動態且可以有針對性的風險因素來實現的。透過這種方法蒐集的訊息可用於指導處遇計畫和風險管理。結構化臨床判斷方法有許多優點。支持者認為它比精算方法更靈活，並且由於風險因素是根據實證資料驗證結果選取的，因此這些工具相較精算工具係以特定人群為對象開發的工具更具普遍性。此外，它比非結構化臨床判斷更加一致和透明，但也保持了非結構化方法的一些靈活性和專業判斷，尤其他是將風險的具體

因素和處遇措施之間進行系統性的連結（Helmus & Bourgon, 2011; Kropp, 2008）。

（三）精算風險評估工具

　　精算評估是使用已經經過驗證的預測或風險因素，對相對人暴力行為風險因素進行客觀評估。這些風險因素被分配一個數值再進一步計算風險的總分，進而估計個人在特定時段內再次犯罪的機率，使用此種方法，需要訓練評估人員正確使用精算工具。本方法又可區分成二種：其一為使用純精算預測方法，另一個則是以臨床個案進行臨床調整的精算方法，它從既定的精算評分開始，然後考慮精算計算之外的因素，允許評估者判斷所評估對象再犯的其他因素，但目前沒有親密關係暴力風險評估工具使用此種方法（Singh, Grann & Fazel, 2011）。透過精算預測，可以將相對人暴力風險按照等級進行低、中和高等級分類。這種分類方法的工作原理是針對受評估者（相對人）所具有與暴力有關的特定背景因素進行分析，並據以估計受評估對象暴力的風險等級。精算方法有許多優點，已被證明比非結構化臨床方法具有更好的預測能力，而且由於精算工具使用相同的標準，因此可以輕鬆複製結果，評估人員最終可以根據固定和明確的規則做出有關風險的決策，而沒有接受過臨床培訓或資格的評估員，或者沒有在家庭暴力領域接受過培訓的評估員也可以使用精算方法。另一方面，精算方法也存在一些侷限性和批評。首先，Kropp（2008）認為精算方法沒有提供太多關於暴力預防策略的訊息，無法很精確地適用到每一個受評估的個案，其結果只能表示受評估者所具有的特性可能與暴力具有關聯性，但無法清楚說明其因果關係。再者，本評估方法讓評估者所評估的因素限制在一組固定的因素上，從而忽略了也應該考慮的個案獨特的因素。更重要的，這些工具沒有考慮不常發生的因素（例如殺人意念），但可能與案件相關並且已發現與暴力適度相關（Helmus & Bourgon, 2011）。

　　目前國際社會已經開發數十種經過實證研究的親密關係暴力風險評估工具，根據風險評估的目的，存在不同的專門工具來幫助評估人員實現其目標，有一些風險評估工具側重於評估相對人的狀況，而有一些則側重於被害人以及他們再次被害的風險。但整體而言，經過這些評估工具，可以協助實務工作者及被害人確認相對人致命暴力的可能性，以及相對

人再次施暴被害人的風險和暴力的嚴重程度。這些工具多使用結構化專業判斷（Structure Professional Judgment）風險評估方法。使用此類風險評估工具可以為個人提供具有臨床意義的評估並建議後續處遇目標。但另一方面，儘管有大量的親密關係暴力風險評估工具可以使用，但還沒有進行足夠的實證研究來斷定哪一種工具或哪一種工具類型是最好的（Helmus & Bourgon, 2011）。而在確定使用哪種風險評估工具時，應考慮以下因素：1.風險評估的目的：是預測累犯、防止暴力，或兩者兼而有之。如果評估的目的是確定親密關係暴力再犯的可能性，評估者可以選擇諸如遭配偶攻擊風險評估指南（SARA）或家庭暴力篩檢量表（DVSI）等工具。如果目的是確定親密關係殺人的可能性，評估者可以選擇危險評估（DA）或DV-MOSAIC；2.評估的焦點：是以相對人還是被害人為評估的焦點，有一些工具旨在評估相對人的再犯可能性，有一些工具的目標是制定風險管理策略，另外有的則是側重於被害人是否會再次受到傷害；3.完成風險評估所需的時間與專業知識：有些工具包含的項目較少，可以使用簡短的時間來完成，因而適用於第一線實務工作者。另外，有一些工具需要心理學的背景才能完成評估，因此就必須考慮評估人員是否具備專業知識，再者此類評估的題項很多，因此需要考慮進行評估所需的時間；4.評估工具的準確度：考慮研究文獻對特定類型評估工具的發現也很重要。在一般風險評估中，已發現非結構化臨床方法預測風險的準確度低於結構化方法。在一般風險評估文獻中，精算和結構化臨床判斷方法經常相互比較，然而由於迄今無法確定哪種類型的工具在具體預測親密關係暴力方面最準確，因此在使用某一種工具時，評估人員必須考慮特定類型工具的優勢和侷限性（Northcott, 2013）。

親密關係暴力風險評估工具有許多優勢，但也有其侷限性。就優勢而言，風險評估工具可以提供一種通用語言，可在涉及親密關係暴力案件的眾多專業人士中使用，並可向服務提供者提供訊息。此外，親密關係暴力風險評估工具有助於確保將服務分配給最需要的人，並且這些服務是根據相對人和被害人的需求和情況量身定制的（例如，制定安全計畫）。與僅依靠實務工作者的專業判斷相比，風險評估工具還提供了更準確的評估方法。最後，進行風險評估所需要蒐集的評估資料有助於決策者和保護服務系統的透明度和責任制。但不可否認地，親密關係暴力風險評估工具有幾

個侷限性。首先：1.評估人員的最低資格沒有專業標準；2.實務運作上，何謂「最佳作法」？不易定義；3.評估人員所需的培訓；和4.對於評估結果的監測機制落實情形（Kropp, 2008）。綜整過去相關研究文獻，以下將介紹幾種在國際社會較常使用的親密關係暴力風險評估工具。其中，由於目前臺灣所普遍使用的「臺灣親密關係暴力危險評估表」（TIPVDA）係以風險評估（Danger Assessment, DA）為基礎，在衛福部長期委託學者進行本土化工具研發而成，因此將花比較多的篇幅介紹本工具，其他工具則簡略介紹。

（一）危險評估（Danger Assessment, DA）

本工具係由Jacquelyn C. Campbell博士所帶領的團隊，在1985年開發，並在1988年進行可靠性評估後予以修訂。主要是用於幫助被害人評估他們被殺害或再次遭到相對人攻擊的危險性。本工具最初是為護理人員與被害人交談而開發的，以提高被害人為自己的安全制定計畫的能力。所有風險訊息都是從被害人那裡獲得的。此工具適用於機密環境，或已實施協議和作法以確保此訊息不會落入相對人之手的情況。完成本評估工具可以幫助女性評估她面臨的危險程度，並考慮她接下來應該做什麼。最初的評估題項計有15題（Campbell, Webster & Koziol-McLain et al., 2003）。

在接受評估的女性被害人得分方面，若是高於8分者具有非常嚴重的再犯或致命風險，得分為4至7分者屬於很高的風險族群，若得分在3分以下者可不計入受虐風險中。調查結果顯示，危險評估工具可以清楚區分婦女是否為受虐高風險族群。該研究還發現，在所研究遭到謀殺的婦女中，幾乎有一半被害人沒有意識到她們正面臨很高的被害風險。但值得注意的是，83%的被殺女性的得分為4分以上，但也有40%的未被殺的女性得分在4分以上。因此，本工具的確可以作為受暴婦女的風險評估工具之一，但它不可作為準確的精算工具，而且也需要更精確的截止分數。在題目的重要度方面，並不是每一個題目的重要性都一樣，具有高度相關的題目是：「使用槍支和威脅要殺死被害人」，遭到相對人持槍攻擊的女性被謀殺可能性是其他女性的20倍，其次依序為「他是否威脅要殺死妳和／或認為他有能力殺死妳」、「他有沒有試圖窒息（勒脖子）妳」、「他是不是經常懷疑妳外遇」、「有沒有在妳不願意的情況下強迫妳發生性關係」、

「家裡有槍枝」、「身體暴力嚴重程度增加」、「是否控制妳大部分或全部的日常活動」、「過去一年中，身體暴力的頻率有所增加」，而最不具預測力的題目依序是：「妳曾經威脅或試圖自殺」、「他曾經威脅或試圖自殺」、「他有暴力傾向」等（Campbell, Webster & Koziol-McLain et al., 2003）。

到了2003年，DA擴增到20題，包括增加四個項目：「相對人失業」、「被害人家中有一個孩子不是相對人生的而且威脅要傷害他」、「相對人有跟蹤行為」，以及「被害人與相對人結束關係但仍住在一」起。根據DA分數將危險等級區分為：1.可變危險（0〜7分）；2.危險增加中（9〜13分）；3.嚴重危險（14〜17分）；4.極度危險（18分及以上）。使用DA或任何風險評估方法應該只是安全規劃或風險管理過程的第一步。DA的使用有助於證實被害人和／或臨床醫生對在刑事司法和社工服務等系統中對風險的評估。DA也可以用作相對人干預計畫的輔助手段（Campbell, Webster & Glass, 2009）。本工具在2019年又做了一次修訂，題目數量仍維持20題，僅作題目順序的調整，以及有少數題目修改用語。茲將DA修正前後的題目整理如表5-4所示。

表5-4　DA修正前後對照表

1988年版／15個題項	2003年版／20個題項	2019年版／20個題項
1. 過去一年中，身體暴力的頻率是否增加？	1. 在過去6個月內，身體暴力的頻率或嚴重程度是否增加？	1. 在過去一年中，身體暴力的嚴重程度或頻率是否有所增加？
2. 過去一年中身體暴力的嚴重程度是否有所增加和／或擁有武器或曾經使用過武器的威脅？	2. 他曾經使用過武器或用武器威脅過妳嗎？	2. 他有槍嗎？
3. 他是否曾經勒住妳的脖子或試圖讓妳窒息？	3. 他是否曾經勒住妳的脖子或試圖讓妳窒息？	3. 同居後妳離開了他嗎？
4. 他在家裡有放槍枝嗎？	4. 他在家裡有放槍枝嗎？	4. 他失業了嗎？
5. 他有沒有在妳不願意的情況下強迫妳發生性關係？	5. 他有沒有在妳不願意的時候強迫妳發生性行為？	5. 他是否曾經對妳使用過武器或用致命武器威脅過你？
6. 他有吸毒嗎？	6. 他有吸毒嗎？	6. 他威脅要殺了妳嗎？
7. 他是否威脅要殺死妳和／或妳認為他有能力殺死妳？	7. 他是否威脅要殺死妳？	7. 他有沒有避免因家庭暴力而被捕的動作？
	8. 妳認為他有能力殺死妳？	8. 妳的孩子中是否有一個不是他的孩子？
	9. 他是否幾乎每天都大量飲酒或喝醉？	9. 他有沒有在妳不願意的時

表5-4　DA修正前後對照表（續）

1988年版／15個題項	2003年版／20個題項	2019年版／20個題項
8. 他是否幾乎每天都喝醉？ 9. 他是否控制著妳的大部分或全部日常活動？ 10. 妳懷孕的時候被他打過嗎？ 11. 他是不是經常懷疑妳外遇？ 12. 妳曾經威脅或試圖自殺嗎？ 13. 他曾經威脅或試圖自殺嗎？ 14. 妳有沒有孩子不是他親生的，而他對妳的孩子有暴力傾向嗎？ 15. 他在家裡有暴力傾向嗎？	10. 他會控制妳的大部分或全部日常活動嗎？ 11. 妳懷孕的時候被他打過嗎？ 12. 他是否對妳充滿精神暴力和不斷的嫉妒，或經常懷疑外遇？ 13. 妳曾經威脅或試圖自殺嗎？ 14. 他曾經威脅或試圖自殺嗎？ 15. 他是否威脅要傷害妳的孩子？ 16. 妳有沒有孩子不是他親生的？ 17. 他失業了嗎？ 18. 前一段時間妳離開（分手）他了嗎？ 19. 妳目前是否有另外（不同）的親密伴侶？ 20. 他是否跟蹤或監視妳、留下威脅性筆記（記號）、破壞妳的財產，以及／或在妳不要他繼續跟妳聯絡，他卻還是一樣跟妳聯絡（打電話）嗎？	候強迫妳發生性行為？ 10. 他有沒有試圖勒死妳或讓妳窒息？ 10a.（如果是）他做過不止一次，還是讓妳昏倒或頭暈？ 11. 他是否使用毒品？ 12. 他有酗酒者嗎？ 13. 他會控制妳的大部分或全部日常活動嗎？ 14. 他是否經常對妳精神暴力和不斷的嫉妒，或經常懷疑外遇？ 15. 妳懷孕的時候有被他打過嗎？ 16. 他曾經威脅或試圖自殺嗎？ 17. 他是否威脅要傷害妳的孩子？ 18. 妳相信他有能力殺死妳嗎？ 19. 他是否跟蹤或監視妳、留下威脅性筆記（記號）、破壞妳的財產，以及／或在妳不要他繼續跟妳聯絡，他卻還是一樣跟妳聯絡（打電話）嗎？ 20. 妳曾經威脅或試圖自殺嗎？

資料來源：研究者整理。

　　而為了讓第一線護理人員可以針對親密關係暴力的風險進行評估，Snider、Webster、O'Sullivan和Campbell（2009）針對危險評估（2003）的簡短版題目，內容包括[5]：「1.在過去一年中，身體暴力的頻率是否

5　比較特別的是，在本份工具中，採用性別中立的觀點，不再侷限於以女性為被害人的角度進行風險評估。再者，當評估結果若有4題以上的答案為「是」時，屬於危急狀態，應該直接

增加」、「2.他／她是否曾經對妳／你使用過武器或用武器威脅過妳／你」、「3.妳／你認為他／她可能殺死妳／你」、「4.他／她是否曾經勒住妳／你的脖子或試圖讓妳／你窒息」，以及「5.他／她是否對妳／你充滿精神暴力和不斷的嫉妒或經常懷疑妳／你外遇」（Snider, Webster, O'Sullivan & Campbell, 2009）。本簡短工具經Messing、Campbell和Snider（2017）以2009年至2013年期間警察所受理的親密關係暴力案件中，招募1,081位願意參與研究的女性親密關係暴力被害人為對象，使用敏感性、特異性和ROC曲線分析技術評估本工具對嚴重或再次遭受相對人致命攻擊結果的預測有效性。研究結果發現，預測嚴重或接近致命的重複暴力效果相當良好（AUC=.68），而且當相對人曾經勒住被害人的脖子、或做出讓被害人窒息的動作時，醫護人員對於高風險的親密關係被害人立即轉介到相關部門進行保護作為，並檢查窒息行為對被害人所造成的生命危害情形。

此外，傳統的DA量表適用於女性遭受男性親密伴侶暴力的案件，至於發生在同性間的親密關係暴力則缺乏評估工具。因此，Glass和Campbell二人在2007年研發出新工具，包括8個原始DA項目和10個新項目，評估女同志間親密關係暴力再犯風險評估工具，但無法評估致命風險（Danger Assessment-Revised For Use in Abusive Female Same-Sex Relationships）。在2008年經Glass等人以93名被害人為樣本，驗證其信度，經評估本工具在以下項目上具有非常高的預測效果，包括：相對人是否在社交上孤立被害人；相對人身體暴力的嚴重程度和頻率是否增加；相對人是否使用槍支；被害人是否是與相對人同住，以及相對人是否威脅被害人以前的伴侶、家人或朋友。如果這些情況都存在，被害人很可能處於極度危險之中，社工應該告知被害人，她再次遭受暴力的風險很高，並協助她共同制定安全計畫（Glass et al., 2008）。

跟警察或家暴中心通報，請其立即介入本案件；如果有3題的答案為「是」時，則應該進行全面的危險評估或轉介專責人員進行全面性的風險評估；如果有2題的答案為「是」時，應該告訴被害人，他／她處於危險狀態，並請被害人服務社工跟被害人聯繫，如果評估結果只有0～1題的答案為「是」時，則繼續進行親密關係暴力的正常轉介或處理流程。

（二）親密關係暴力風險評估（Spousal Assault Risk Assessment, SARA）

本工具是由Kropp、Hart、Webster和Eaves等學者所制定的一套結構化的專業準則，用於評估親密關係暴力相對人的再犯風險，它係以家庭暴力研究和家庭暴力男性相對人臨床文獻，綜整成20個評估項目，其內容涵蓋四類暴力風險因素領域：相對人犯罪史、社會心理適應情形、親密關係暴力史和目前的暴力行為。本工具提供兩個估計數值，以協助評估人員做出最終風險判斷：一種是計算風險行為的數量，另一種是計算風險因子的數量（Kropp & Hart, 2000）。SARA係用於緩刑個案的管理策略或是審前評估。本工具從以下方面蒐集數據：與相對人和被害人的面談、身體和精神虐待、吸毒和酗酒行為，以及警察的案件紀錄等（Dutton& Kropp, 2000）

（三）安大略家庭暴力風險評估（Ontario Domestic Assault Risk Assessment, ODARA）

在加拿大所廣泛使用的ODARA，是一種精算工具，它除可用於評估相對人再次施暴的風險，還可以預測未來暴力發生可能的時間，以及未來暴力嚴重程度。ODARA的目的是提供給警察用來識別高風險的家庭暴力案件，並提供有關風險升級的共享訊息，以幫助網絡成員之間進行合作與分工。ODARA共有13個題目，採是或否選項，內容包括相對人是否使用毒品、暴力和犯罪行為紀錄、最近對被害人暴力行為的細節以及被害人的脆弱因子（如貧窮、有共同子女等）（Battered Women's Justice Project, 2021）。

（四）家庭暴力篩檢工具（Domestic Violence Screening Instrument, DVSI-R）

DVSI-R是效果非常好的風險評估工具，適用於不同類型的相對人以及不同類型的家庭關係。而且實證結果顯示，關於被害人即將面臨的風險和對他人風險的結構化臨床判斷與DVSI-R風險評估總分對累犯的預測一致，但這些評分的影響顯著強於感知風險——對被害人或對他人的感知

風險。DVSI-R可以透過審查相對人之前的法院和緩刑記錄來完成，如果DVSI-R評估結果顯示風險水平高，則隨後將進行更深入的評估。它已經被證明在識別相對人再犯方面具有預測效度。DVSI共有12個問題，每題給出0～3分，主要與相對人的犯罪歷史、就業和其他幾個風險因素有關。風險評分為0～30，分為兩個風險類別，非高風險和高風險案件。它主要被用於審前評估提供訊息，以及被篩選為與家庭暴力相關的再犯高風險的相對人處遇管理工具（Williams, 2012）。

（五）親密關係暴力風險識別清單（Domestic Abuse, Stalking and Honour Based Violence Risk Identification Checklist, CAADA-DASH Risk Identification Checklist）

CAADA-DASH風險識別清單是一種24個題項的風險評估工具，在英格蘭和威爾士盛行，由處理家庭暴力的一線實務人員，如警察、家庭暴力服務社工、相對人處遇計畫、醫療保健、心理健康服務，和兒童保護等專業人員共同使用。

綜上，這些工具中，DVSI-R、ODARA和SARA的目標是在預測相對人再次暴力攻擊現任或前任親密伴侶的可能性，而DA旨在評估被害人遭受致命或接近致命暴力的風險。顯示工具的預期用途以及工具的使用時機與內容有所不同。例如，DA、DVSI、ODARA和SARA都有是／否問題或評分項目，內容包括相對人過去的施暴和使用毒品等題項。然而，只有DA有關於讓被害人無法呼吸的題項，這已被確定為婦女遭到殺害的危險因素。

至於在臺灣，目前在親密關係暴力風險評估所使用之工具，係使用DA量表並在2005年推動「家庭暴力案件危險分級管理試辦方案」中使用，到了2009年6月起配合推動「家庭暴力安全防護網」實施計畫，並由衛生福利部委託學者修訂DA量表成為「臺灣親密關係暴力危險評估表」（TIPVDA），在各縣市廣為適用至今。然而本量表僅適用於親密關係暴力案件，且僅宜用於評估男性相對人的暴力風險（黃翠紋、孟維德，2017；現代婦女教育基金會，2010）。再者，雖然DA的原作者，歷經多次修改，但是臺灣的資料並未隨之更新，是否妥適？亦值得進一步思考。整體而言，對照國際社會有關親密關係暴力風險評估工具之研究與實務運

用的蓬勃發展，臺灣在此領域的研究極為欠缺，因而更需仰賴社工在服務過程中，個人的專業判斷。

三、家庭暴力案件風險管理策略和框架

為了能有效地識別暴力風險（風險評估）和對家庭暴力被害人的需求做出回應（風險管理），先進各國陸續發展出「家庭暴力案件風險評估和風險管理框架」（Family Violence Risk Assessment and Risk Management Framework），其重要組成包括六個部分（Department of Human Services, 2012）：（一）所有實務工作者對家庭暴力風險應該有共同的理解[6]；

---

6 澳洲維多利亞州政府的推動經驗值得我國參採與借鑑。該州政府在2012年的「家庭暴力案件風險評估和風險管理框架」工作手冊中，提及實務工作者對於家庭暴力及其風險應該有共同的認知，其內涵包括（Department of Human Services, 2012）：(1)家庭暴力是對基本人權的侵害，任何形式的暴力都不應該被接受；(2)對家人實施的人身暴力或性暴力是一種犯罪，應該有強而有力的司法作為介入；(3)對家庭暴力的防制對策必須認識到：家庭暴力是使用暴力者（主要是男性）和遭受暴力者（主要是婦女和兒童）之間的權力失衡和性別不平等問題所衍生的；(4)任何家庭暴力防制對策都應該將遭受家庭暴力婦女和兒童的安全置於核心工作；(5)使用暴力的男人應該承擔責任，並應對自己的行為負責；(6)家庭暴力對整個社區都會有影響，而且無論社會階層、經濟、健康狀況、年齡、性別、種族或宗教為何，都可能發生家庭暴力，但回應措施則必須考慮到來自不同社區和背景人們的需求；(7)在任何社區或文化中，家庭暴力都是不可接受的犯罪行為；(8)如果能整合家庭暴力的回應措施並以提高婦女和兒童的安全性為核心目標，則能發揮其效能；(9)社區的所有成員都有責任防止家庭暴力，因此要讓社區所有成員理解家庭暴力是不可接受的犯罪行為。到了2020年，修改並增加原有的項目變成10項原則，分別是（Victorian State Government, 2020）：(1)家庭暴力涉及一系列嚴重的風險和表現，在任何社區或文化中，任何形式的暴力都是不可接受的；(2)專業人士應通力合作，以提供協調有效的風險評估和管理對策，包括在首次發生家庭暴力時及早進行干預，以避免升級為高危機案件以及造成其他傷害；(3)家庭暴力的促發因素主要是性別不平等，也可能與其他形式的結構性不平等和歧視有相關性；(4)相關機構在與被害人接觸時，應該尊重他們的尊嚴，尤其是專責社工必須與被害人密切合作，在進行風險評估和管理過程中，被害人需要扮演積極的決策參與者，在被害人參與司法程序中也應該提供必要支持，藉以實現公平和公正的司法結果；(5)家庭暴力可能會讓案家未成年子女直接遭受暴力或目睹暴力，必須將兒童視為被害人，各種措施應該以兒童最佳利益為核心，確保兒童的福祉並得以正常發展；(6)對家庭暴力家庭中兒童所提供的服務，應該注意到他們的獨特經歷、脆弱性和需求，包括家庭暴力造成的創傷和累積傷害所造成的影響；(7)向原住民社區提供的服務和應對措施，應該具有文化適應性和安全性，並認識到原住民族對家庭暴力以及自決和自我管理權的理解、考慮到他們的系統性暴力和歧視經驗，並認識到歷史事件、慣例和當前經驗的交互作用；(8)對老年被害人所提供的服務和回應措施應該易於獲得，且必須具備文化敏感度，服務應該具有包容性和非歧視性；(9)應鼓勵相對人承認其暴力行為並承擔責任，方有可能終止其暴力，並且應透過網絡合作方式來回應相對人的需求，藉以終止暴力行為；(10)當家庭暴力相對人是青少年時，他們的暴力行為態樣往往有別於成年人，甚至過去他們可能也是家庭暴力的被害人，因此需要對青少年相對人做出不同的回應策略。

（二）識別和評估風險應該採取標準化的方法；（三）確保案件處理程序
和訊息共享機制的品質；（四）風險管理策略的內涵需要兼具持續評估和
案件管理；（五）網絡間相關數據蒐集和分析應該一致，確保系統能夠有
效回應不斷變化的暴力風險；（六）為確保風險管理品質，所採取的回應
策略和措施都應該持續改進。

　　在家庭暴力風險評估和風險管理框架下，家庭暴力防治網絡所有相
關人員之間應該達成以下協議：（一）了解風險評估的目的；（二）花在
進行評估上的時間必須合理，減少人員抗拒；（三）了解應該如何鼓勵被
害人說出其遭遇，鼓勵參與風險評估；（四）了解被害人對訊息使用的看
法；（五）釐清訊息保密範圍；（六）確認哪些人應該進行風險評估；
（七）確認進行風險評估人員所需的資格和培訓；（八）確認評估中蒐集
的訊息將如何處理；（九）確認將傳達給被害人的訊息以及與之交流的
方向或建議；（十）確認傳達給其他網絡的訊息，例如：有哪些訊息（包
括以什麼形式）應該提供給觀護人、檢察官或法院；（十一）確認進行評
估所獲得的資訊將儲存在哪裡？誰可以使用跟查詢它？以及（十二）建構
組織之間的正式夥伴關係，可透過聯合培訓、合作備忘錄、訊息共享或
其他為持續改善服務而採取的共同行動（Department of Human Services,
2012）。

　　風險管理策略是運用跨網絡合作系統來回應並減少暴力，而所有家
庭成員（被害人、兒童和相對人）都應該包括在風險管理中。風險管理策
略之內涵必須考慮家庭成員的需求，並評估未來持續發生暴力的可能性和
嚴重性。自1960年代末期開始，受到婦女運動以及被害人保護運動的影
響，性別暴力開始受到重視的時期，也促使社會開始重視家庭暴力問題。
其中，尤以美國賓州在1976年，率先通過免於虐待之保護法案，允許婦
女可以單獨向民事法院申請民事保護令，不必經由訴請離婚或婚姻無效請
求，即可獲得保護。此後，美國各州以及其他國家陸續仿效（陳世杰，
2002）。然而家庭暴力事件成因複雜，被害人的需求可能相當多元，所
牽涉的問題涵蓋社政、警政、醫療、司法、教育、心理輔導與復建等層
面。故而需要各種不同的保護與服務項目，包括：保健上的醫療復健、心
理上的輔導、行為上的管教約束、社會上的正式及非正式照顧網絡重建
（如：家庭、鄰里、社區及學校與相關兒童福利機構的連繫配合）、生活

上的安置或經濟協助、刑事司法系統的強制介入與協助、個案的資料建檔和追蹤管理，以及教育上的就學協助或課業輔導等。使得家庭暴力防治網絡除了需要傳統社會福利機構的處理外，更需要社區與政府部門中的相關體系之協調配合。甚且不少被害人亦常因種種因素的考量，而不願意讓其被害事件進入司法程序；又或是進入司法程序後，因警察、司法人員對於家庭暴力事件的認識不清或存有不當迷思，使得被害人遭到二度傷害，甚至無法完成後續的刑事司法程序，讓被害人視面對司法程序為畏途。為有效解決以上問題，目前已有越來越多人體認到：在家庭暴力防治工作上，除了必須加強各相關防治網絡人員專業知識之訓練外，還必須整合社區資源，才能在有限資源下，提升防治效能。經由結合來自於不同專業領域的專家，建構成一整合性的服務網絡，提供人性化的處理流程，並提升專業服務品質，克服家庭暴力事件處理困境，以減少相對人的再犯率，並能對被害人提供最有利的協助（黃翠紋主編，2023）。

　　倡導以團隊合作模式處理家庭暴力事件者認為，家庭暴力之解決以及它對於被害人所產生的影響與傷害，無法單獨仰賴單一機關力量排除，必須整合社工、警察、心理、醫療、教育等單位，也須跟民間團體或社區密切合作。美國明尼蘇達州的Duluth由於在1980年推出家庭暴力介入方案（Domestic Abuse Intervention Project, DAIP）而成為最早發展出整合性社區回應模式的城市之一。該地區此種以社區為基礎的防治體系，透過有系統的規劃並制定明確的執行方案，以約束處理人員的裁量權並能有一標準的處理程序，而被公認為是相當成功的家庭暴力防治方案。其根本的思維是：社區而不是個別的個體必須負起責任，來督促相對人為其暴力行為負責，以確保被害人的安全。Duluth對於家庭暴力案件的處理是採取社區介入的方案，主要是由八個要素所構成（Pence & Shepard, 1999）：（一）創造一個以被害人安全為中心的取向；（二）為網絡團隊發展一個最佳的實務政策與方案，以有效整合各單位的力量；（三）強化社工的網絡連結能力；（四）服務網絡間必須建立監督與追蹤的機制；（五）確保被害人所處的社區是一個具有支持性的結構（組織）；（六）為相對人提供處遇的管道，但也必須督促相對人承擔應有的責任；（七）保護家庭暴力家庭子女的安全；（八）從被害人安全的觀點，評估整合性社區取向服務方案的成效。

　　此後，各國先後仿效此模式，並持續進行滾動式的修正。以澳洲為例，維多利亞州政府在2015年2月建置澳洲第一個皇家家庭暴力委員會，對家庭暴力進行全面性的防治作為。委員會接續在2016年3月提交一份完整的家庭暴力防治報告，提出227項工作建議，希望所有被害人的人身安全和需求可以獲得協助，相對人要對自己的行為負責。在該報告中，委員會指出，過去所實施的「家庭暴力風險評估和管理框架」Family Violence Risk Assessment and Risk Management Framework（也稱為共同風險評估框架Common Risk Assessment Framework, CRAF）雖然建立相當完整的服務系統和實踐環境，但仍有改善空間。除應該將此共同風險評估框架納入「2008年家庭暴力防治法」（Family Violence Protection Act 2008）中，並重新制定維多利亞州「家庭暴力跨網絡風險評估和管理框架」（Victorian Family Violence Multi-Agency Risk Assessment and Management Framework, MARAM框架）取代舊有的「家庭暴力風險評估和風險管理框架」，至2020年止，已有超過855個組織和3萬7,500名專業人員參與本框架的運作。本框架係建構在四個基本理念，包括（Victorian State Government, 2020）：

（一）網絡所有成員對家庭暴力要有共同的理解

　　所有網絡專業人員，無論其角色如何，都必須對家庭暴力和相對人的行為有共同的了解，包括驅動因素、行為態樣、盛行率和暴力行為造成的影響。這樣才可以在整個服務系統中採用更加一致的方法，來進行風險評估和管理，除能清楚辨識相對人的再犯暴力風險並促其承擔責任外，並期確保被害人及兒童安全。因此，網絡成員應該就以下方面建立共識：1.了解構成家庭暴力的因素，包括相對人常見的行為和舉止，以及強迫和控制的方式；2.了解家庭暴力的成因，特別是社區對性別的態度，以及其他形式的不平等和歧視；3.根據證據確認暴力風險因素，尤其是那些與發生嚴重暴力程度有關的風險因素。

（二）合作策略必須始終如一的貫徹

　　當網絡成員間建立對家庭暴力的共識後，接續則是建立針對不同專業角色和部門的家庭暴力風險評估和管理的一致且合作的策略。應該使用結

構化的暴力風險專業判斷，俾能適合每個系統專業人員使用。而風險評估則根據以下幾個方面的判斷：1.被害人對暴力風險的自我評估；2.使用相關風險評估工具；3.防治網絡專業人員共享訊息，精進家庭暴力專業判斷和決策分析；4.在進行專業判斷以確定風險等級時，必須同時就各面向的資料進行綜合比較分析。

（三）落實風險評估和管理職責

當確定風險等級後，必須落實家庭暴力風險管理的責任。它提供有關專業人員和組織如何定義職責的建議，以支持整個服務系統中策略的一致性，並闡明不同組織、專業人員和被害人及其家人的期望。

（四）針對成果進行系統性分析並持續改進

所有網絡單位蒐集的數據應該共享，並且透過跟兩造，尤其是被害人的合作，持續監督和評估暴力風險變化情形。經由整合網絡各單位的數據，方能落實風險管理並滾動式修正評估結果。

表5-5說明維多利亞州「家庭暴力跨網絡風險評估和管理框架」中，10項風險評估和管理職責，以及對應的網絡成員行動策略之指引。

表5-5　風險評估及行動策略指引

風險評估和管理職責	網絡成員的行動策略
職責1：尊重、具文化敏感度並讓被害人能安全地參與風險評估	1. 確保網絡成員了解家庭暴力的性質和動態，進而營造適當、可操作，具有文化回應性的環境，讓被害人能安全地披露訊息，並敏感地應對披露。 2. 確保網絡成員認識到：必須讓被害人在安全環境下參與，避免被害人在相對人壓力下，不敢據實陳述或拒絕服務。
職責2：確認家庭暴力行為	1. 確保網絡成員能正確使用從被害人和其他案件相關人員接觸而蒐集的訊息，或是經由使用篩選工具來協助識別暴力風險因子，藉以識別相對人暴力風險以及對被害人及其子女（包含其他家庭成員）受影響的程度。 2. 確保網絡成員了解何時可以在安全的情況下，向相對人提出問題，以準確識別暴力風險。
職責3：執行風險評估	1. 確保網絡成員能夠使用結構化專業判斷的適當工具，包括簡要和更為準確的評估工具，對被害人和兒童進行準確的風險評估。

表5-5　風險評估及行動策略指引（續）

風險評估和管理職責	網絡成員的行動策略
	2. 確保網絡人員（通常是警察）能夠經由與相對人互動（包括對相對人的行為評估），俾能準確地評估相對人的暴力風險，並能讓相對人對其行為負起責任。
職責4：執行風險管理	1. 確保網絡成員積極回應被害人和兒童立即的風險和安全問題，並進行風險管理，包括擬定安全計畫。 2. 與相對人有直接互動的實務工作者能對相對人的暴力風險進行準確評估，從而了解被害人安全計畫應有的方向與內容。
職責5：尋求諮詢以進行全面的風險評估、管理和轉介	藉由家庭暴力防治專家的協助，建構內部監督機制，確保網絡成員的合作效益，俾能對相對人、被害人和兒童進行全面性的風險評估和管理，並由專家審視回應措施的有效性。
職責6：促進與其他服務的訊息共享（經法律授權）	確保網絡成員積極共享與評估和管理家庭暴力風險有關的訊息，並根據家庭暴力訊息共享計畫、隱私權保障法或其他立法授權，確保共享訊息的品質與應有的保密作為。
職責7：全面評估	1. 確保專門負責家庭暴力工作的人員培訓品質，以全面而有效地評估被害人和兒童的受暴風險、需求和保護因子。 2. 確保專門從事與相對人合作的實務工作者受過培訓，並具備進行全面風險和需求評估的能力，以精準確認相對人的暴力風險嚴重性，量身定制的干預和支持選擇，並協助相對人對其行為負起應有責任。
職責8：全面的風險管理和安全計畫	1. 確保社工能接受完整之家庭暴力風險評估與管理訓練，藉以提升被害人及兒童安全計畫（包括持續的風險評估）制定之品質、並能持續進行風險管理。 2. 確保與相對人工作的網絡人員，能經由制定、監測和採取風險管理計劃（包括訊息共享）來進行全面的風險管理 3. 應能對整個服務系統（包括司法系統）的運作品質進行監測，藉以採取適當行動，讓相對人對其行為負責。
職責9：網絡成員合作執行風險管理	藉由集結多學科與跨機構之人員，確保網絡成員共同參與風險管理，工作內容包括訊息共享、被害人安全計畫或連結相關資源、相對人處遇計畫或相關司法資源之介入。
職責10：網絡合作並持續進行風險評估和管理	確保網絡成員具備持續合作監控、評估和管理風險的能力，以識別暴力風險評估等級的變化，並確保風險管理和安全計畫可以對不斷變化的情況（包括風險升級）做出回應，藉以確保所制定安全計畫之有效性。

資料來源：Victorian State Government (2020). *Family Violence Multi Agency Risk Assessment and Management Framework: Practice Guides*. Australia, Family Safety Victoria, pp. 14-15.

綜上，風險管理策略必須包括持續的風險評估機制，實務工作者應該深入了解親密關係暴力事件的風險因素與實際情形，並協助被害人及其子女制定安全計畫，若被害人有其他需求，在跟被害人協商後應該進行適當的轉介。就風險評估機制而言，由於風險水平可能快速變化，因此必須透過持續的監視和評估過程不斷審視風險。而此過程，社工必須跟被害人密切合作，協助被害人認知自己的暴力風險、提高警覺，避免受到進一步的傷害，因此需要持續審查風險變化情形以及案家的需求。同樣地，對相對人的狀況也必須進行一致的風險評估，而且涉及的所有服務也都應該了解其構成的風險（Department of Human Services, 2012）。被害人安全計畫需要減少相對人的所有風險，除了協助被害人及其子女免於持續遭受身體暴力外，還要讓被害人有能力掌控其生活環境，例如身心健康、免於貧窮或偏見和歧視。因此，社工在服務被害人的角色中，安全計畫除包括減少相對人的暴力和權控外，也必須防止對兒童造成傷害的策略。再者，安全計畫仍然需要視被害人個人狀況制定，以減少他們及其子女面臨的風險。這些計畫包括減少相對人造成身體暴力和其他傷害風險的策略，還包括解決收入、居住、醫療保健、食物、子女照顧和教育等基本人類需求的策略。每個計畫的細節，取決於被害人的生活環境和資源、相對人的暴力和控制方式以及程度、兩造間是否有子女以及被害人是否想要繼續與相對人保持親密關係或聯繫。當被害人想要與相對人繼續保有接觸，其安全計畫很可能與離開相對人的被害人計畫不同。如果被害人想要與相對人持續保持聯繫，則被害人的安全計畫將側重於協助相對人移除暴力因素，被害人的安全計畫將可能必須包括蒐集相對人的訊息和轉介所需資源，諸如：為他提供處遇或治療以協助他改變暴力和控制行為；加強其養育子女或促進更安全探視的計畫；以及就業或醫療服務。但無論如何，安全計畫要發揮其效果，必須是全面且滿足人類的基本需求並提供生活計畫，而不僅僅是應對身體暴力的策略（Davies, 2011; Davies, Menard & Davis, 2011）。

整體而言，就安全計畫之制定而言，不論被害人是否準備要離開親密關係，協助她／他做好安全計畫，以強化她／他的安全是十分必要的。制定安全計畫的目的包括：（一）避免暴力持續發生；（二）若是無法避免暴力之發生時，如何降低傷害。當然，也必須提醒被害人：無法保證安全計畫一定有效，避免被害人對安全計畫抱持不合理期待，反而可能招致更

大的危機（新北市政府家庭暴力及性侵害防治中心，2021）。社工在跟被害人共同討論安全計畫時，必須邀請被害人積極參與，繼而與被害人共同辨認危險訊號，並採行相關預防作為。而有關安全計畫之內容，至少應該包括（Department of Human Services, 2012）：（一）列出家庭暴力防治網絡的聯繫電話；（二）列出緊急聯絡人電話；（三）確認被害人有危險時可以去的安全地方，以及如何到達那裡；（四）確認在緊急情況下可以提供幫助的朋友、家人或鄰居，以及如何與他們聯繫；（五）確認被害人在緊急情況下獲得金錢援助的方式；（六）確認存放貴重物品和重要文件的地方，以便被害人在需要時可以使用它們；（七）具體解決被害人執行安全計畫的任何可能障礙。

四、執行風險評估可能面臨挑戰及注意事項

（一）風險評估可能面臨的挑戰

被害人對自己處境的分析是主觀的，儘管有些人可能不了解影響的全部程度，但通常會從其處境或過往的經驗做選擇。被害人認識他們的伴侶，知道他過去做過什麼以及他能做什麼。被害人知道自己害怕什麼，也了解她們面臨的其他風險，例如如果她們離開關係將失去監護權；她們必須離開目前的住居或將失去工作；擔心自己子女面臨的風險。社工與被害人對目標設定可能存在歧見，當社工將降低／移除相對人對被害人身體暴力和控制視為優先事項時，被害人可能不同意該優先事項。許多被害人存在比遭受伴侶的暴力和控制行為更擔心的事情，特別是如果這種暴力不嚴重時。當然，這並非意味被害人接受暴力或他們沒有受到傷害或影響，而是暴力並不是他們當下必須處理的首要或最重要的事情。除了不同的優先事項，許多被害人有充分的理由不與社工分享他們對風險的認知。例如，如果被害人認為社工會評判她、舉報她、由於文化差異而無法理解她，或者除非她離開關係否則無法協助她，那麼她可能會跟社工分享很少的訊息（Davies, 2011; Davies, Menard & Davis, 2011）。

有些被害人被相對人的暴力和現實生活所打壓，以致於她們很難看出暴力對自己及其子女的影響，這些被害人需要社工溫暖的支持，並在她們所處的位置與她們會談，而不是以外部的觀點強加給她們。身為社工，

必須支持被害人並在互動過程中建立他們的信心和力量，也必須在被害人的安全和她們的處境和需求間達到微妙的平衡。社工面臨的另一個挑戰是在兒童受到傷害時，有效的服務仍然必須從了解成年被害人的觀點，並對暴力風險進行徹底和尊重的評估。具體而言，常見的困境包括（Davies, 2011; Davies, Menard & Davis, 2011）：1.當社工對被害人風險的看法與被害人相左時，試著理解：為什麼你的觀點與被害人不同？是什麼影響了你的觀點？你的觀點準確嗎？你明白她的真實想法嗎？安全計畫的一個關鍵要素是與每個被害人一起評估風險。這可確保社工提供的選項和資源與每個被害人的風險和生活環境相關。風險評估是安全計畫的一部分，需要技巧和微妙的方法；2.為什麼被害人會改變自我處境風險分析和安全計畫：被害人可能由於生活環境、自我選擇矛盾或相對人的行為發生變化，而會不斷地改變她們對風險的看法和安全策略。例如，社工和其他網絡成員經常在暴力、相對人被逮捕或其他緊急情況後與被害人一起制定安全計畫。被害人剛開始在驚嚇和憤怒的情緒時，可能很容易同意律師或警察的建議，她選擇離開相對人並尋求法律保護。但幾天後，現實問題開始出現，保護令不會支付被害人的生活費，如果相對人被定罪將失去工作進而失去家庭的經濟來源，以及子女想念他們的父親。儘管可以理解和合理，但不斷變化的決定可能會讓社工和其他網絡成員感到沮喪。了解被害人改變計畫的原因，是社工與被害人工作的重點之一。

（二）風險評估時應該注意事項

風險評估必須包括三個步驟（Davies, 2011; Davies, Menard & Davis, 2011）：

1. 先了解被害人的觀點

被害人如何看待暴力？她如何看待風險？她還擔心哪些風險或問題？她所面臨的困境對她有什麼有影響？她有什麼優先考慮事項？什麼時候讓她害怕／為什麼不會感到害怕？她對子女暴露在親密關係暴力的看法為何，以及如何保護子女？與相對人親密關係的持續，她做出了哪些決定？她為什麼做出這些決定？

2. 社工檢查自己的觀點

社工往往具備了解被害人面臨風險的知識和經驗，然而由於時間限

制、缺乏信任、文化差異或其他原因，社工往往對特定被害人的情況知之甚少。因此，當社工的觀點與被害人的觀點不同時，必須檢查自己觀點的準確性。問問自己，為什麼我的觀點與被害人不同？必須持續檢查文化偏見和盲點，特別是如果社工與被害人有不同的文化觀點，例如，年齡上的差異、教育或財務資源比被害人多。

3. 嘗試形成共識

風險評估應該尊重每個被害人的觀點，但提供訊息和外部觀點也很重要，且必須以支持每個被害人的文化、決定和應對機制的方式提供訊息。在進行評估時必須包含兩個主題：(1)被害人遭受致命暴力的可能性：一般而言，當被害人告訴社工：她認為她的伴侶有能力殺死她或子女，請相信她；反之，如果社工認為被害人處於高危機狀況，但被害人的認知卻不一致，就必須和她進一步探索，且社工必須問自己：是否已經跟被害人建立足夠的融洽關係，並可以提供足夠的協助，以便她能坦誠說出自己的處境或顧慮；(2)對兒童造成嚴重傷害的可能性：兒童是大多數被害人安全計畫的中心焦點，每次評估都必須考慮兒童的情況。什麼是影響其暴露於正在發生或已經發生的任何暴力和虐待？他們是否受到攻擊或性虐待？

在評估的內容方面，必須就被害人與相對人的狀況分別進行評估。首先，社工在評估被害人的暴力風險及其危機程度時，除使用現有的風險評估工具外，並應查明以下問題，包括（Sponsler-Garcia, 2015: 35~36）：

(1)暴力現場，是否對被害人以及現場其他人（如子女）造成直接傷害或威脅？

(2)案發時，相對人是否使用武器或其他可能造成傷害的物品？

(3)相對人是否威脅要殺死被害人、子女或其他人？

(4)案發時被害人是否有被勒脖子或相對人使用被害人無法呼吸的手段攻擊？

(5)被害人是否需要立即就醫？

(6)被害人現在與相對人的居住／婚姻狀況？是否存在分手議題？若有，何種因素造成？

(7)相對人過去是否有家暴或其他暴力前科？

(8)相對人是否有心理健康問題？

(9)案發時，兒童是否在場？有無受到方式或程度不一的傷害？

(10) 被害人是否懷孕？

(11) 被害人家裡是否有非相對人親生的子女（或相對人懷疑子女不是他親生的）？

(12) 是否有子女監護權或探視權的糾紛？

(13) 被害人是否已經有保護令或正在聲請保護令？相對人是否有附條件釋放？

(14) 兩造是否有任何待解決的訴訟案件？被害人是否正在考慮提告？是否即將開庭？

(15) 相對人是否曾因被害人報警、尋求協助或上法庭等，而對被害人進行報復或心生不滿？

其次，有關相對人的評估事項，包括（Sponsler-Garcia, 2015）：

(1)本次衝突事件中，相對人所發生的暴力和脅迫？

(2)相對人對被害人暴力的嚴重程度或頻率是否升高？

(3)相對人是否對被害人性虐待或強迫性行為？

(4)相對人在與被害人親密關係和其他關係中，使用暴力和脅迫的經驗？

(5)相對人過去是否曾經遭到警察逮捕、法院判刑、緩刑和違反保護令？

(6)相對人在親密關係暴力事件對被害人和其他人構成的危險？相對人是否對被害人施加致命攻擊行為？

(7)相對人是否使用毒品或有酗酒問題？這些行為是否與其對被害人施暴的行為有關？

(8)相對人是否有心理健康問題？這些症狀或疾病是否與其對被害人施暴的行為有關？

(9)相對人是否因經濟壓力而發生暴力攻擊被害人行為？是否有就業輔導需求？

(10) 兩造是否有分手議題？是否被害人想離開，而相對人不願意？是否有第三者介入兩造親密關係？

從傾聽被害人的聲音和其經驗中了解到，社工可能會了解離開並不會讓部分被害人或他們的孩子變得更好。然而當碰到以下幾種狀況時，社工

則應該與被害人討論，結束與相對人的關係或限制與其接觸：(1)當被害人想要探索這些選項時；(2)當被害人或社工確認有可能發生危及生命的暴力時，或者當兒童身體狀況不佳並面臨嚴重風險，並且離開相對人或減少接觸會有所幫助時。在討論離開相對人的議題時，社工可以連同其他議題一起討論，並向被害人表明社工會尊重他們的決定。若只是談論結束關係或限制接觸，可能會讓一些被害人感覺社工並不了解她們的生活狀況，並可能破壞彼此的關係（Davies, Menard & Davis, 2011）。

第七節　親密關係暴力家庭處遇和被害人需求評估

一、家庭處遇服務定義

　　「家庭處遇服務」是指社會工作者及其他專業人員，依照家庭需求擬定個別化的處遇目標與服務策略，使家庭恢復功能的服務。至於其內容則包括：家庭功能評估、人身安全與安置評估、親職教育、心理輔導、精神治療、戒癮治療或其他與維護家庭正常功能有關之協助及福利服務方案（台灣群力權能發展協會，2018：3～4）。換言之，家庭處遇服務是指：社工員（師）及其他專業人員，依照家庭的需求、能力、問題及資源等特殊性，擬定個別、獨特的服務目標與計畫，設定執行期程，陪同服務家庭共同執行計畫，過程中適時引進資源、排除阻礙，協助提升服務家庭的能力，進而使家庭恢復功能之服務。在進行全面的家庭功能評估過程，需同時評估家庭的優勢和保護因素，找出可以支持家庭、滿足其需求的資源。全面的家庭功能評估結合了經由安全評估蒐集的訊息，並將該訊息整合到以行為為中心的個別化案例計畫中。一旦了解家庭的功能，社工和服務的案家就可以合作制定家庭處遇計畫，該計畫有最佳機會來改變導致親密關係暴力的原因，並有助於暴力終止。

　　需求和優勢評估（Needs and Strengths Assessment, ANSA）是一種多用途工具，旨在支持家庭處遇計畫之規劃與執行，促進質量改進計畫並允許對服務結果進行監控。需求與優勢評估是從溝通的角度開發，目的是促進評估過程與個別化服務計畫（包括基於證據的實踐）的設計之間的

關聯性（Lyons, 2009）。對家庭需求和優勢的評估（Assessment of family strengths and needs）是一個持續的家庭指導過程，服務過程依照家庭需求與問題進行調整，因此不一定是線性的。家庭評估經過對話和引導性反思，圍繞三個主要要素，這些要素通常遵循邏輯順序（Cordell, Snowden & Hosier, 2016）：（一）案家確認自己的需求和優勢；（二）家庭自定的優勢用於概述和記錄其資源，即他們已經獲得和／或已為自己提供的支持和服務；（三）家庭自定的需求，用於評估早期處遇措施的成果，成果則是家庭期望並在生活中有意義的未來和成就。其目的是經由邀請家庭成員分享他們的故事、觀點、希望和夢想，讓社工與被害人及其家庭成員共同制定個性化的干預計畫，以滿足他們的獨特需求（Lyons, 2009）。換言之，社工在家庭需求與優勢評估過程，是與家庭一起進行或為家庭做的活動。社工有責任與家人討論進行家庭評估的原因以及在蒐集此訊息中所扮演的角色。

　　本方案社工服務被害人的目標，是如何提升被害人及其子女的安全。至於「安全」的定義很廣，除了被害人不再遭受相對人的暴力和權控外，也必須能夠滿足基本的人類需求。如果僅偏限於降低被害人及其子女遭受身體或性暴力的風險，但卻得不到長期的經濟來源（或支持）並不能使她安全，而忽視被害人心理健康症狀、藥物濫用或創傷問題也不會讓她或她的孩子安全。然而社工和被害人對安全的定義卻可能出現歧異，被害人將根據其伴侶的暴力和控制程度以及她的生活環境和文化來形成對安全的看法；就社工而言，目標是期待每個被害人不論現在或未來都是安全的，成功意味著被害人及其子女不再遭到伴侶的傷害或控制，至於被害人可能因其需求或處境，而可能不會優先考慮減少身體暴力。碰到這種狀況，社工不必放棄對安全的看法，仍需繼續提供支持每個被害人免受相對人的暴力和權控，但也不要用自己的判斷和決定來代替被害人的判斷和決定（Davies, 2011; Davies, Menard & Davis, 2011）。

　　至於社工應該如何確認哪些策略可以增強被害人及其子女的安全，並在服務過程中建立她的力量？與制定安全計畫一樣，本過程必須將安全策略納入每個被害人的特定風險一起評估，並與被害人討論可能的服務選項。但在討論之前，需先詢問被害人過去曾經嘗試過什麼努力？這些努力的結果為何？社工也可以將自身過去與其他被害人服務經驗，納入本次和

被害人的討論中。對於服務的案主，重要的是要找出對她來說安全的事情，並據以制定服務策略。社工可以詢問：相對人對被害人有哪些控制行為？在哪些事情，他允許被害人自己做決定？在哪些地方，相對人不會去打擾被害人（如上班的地方、教會、娘家）？經由探索誰已經是被害人的支持來源，並制定策略來增強和保護被害人獲得該人和支持的機會，據以評估在兩造關係中，被害人可以選擇的服務或非正式支持系統。在評估時不要預設立場，因為可能是意想不到的人，例如她的家人或朋友圈。反過來，不要假設她的家人或朋友會支持她。重要的是要詢問每個被害人誰是支持者？誰會是被害人的負擔，從而摧毀她生活或阻礙她的安全？當然，身體和性暴力一定是討論的重點。藉由詢問：你知不知道他什麼時候會發生暴力行為？有什麼情況讓他生氣？藉此討論被害人可以嘗試保護自己和子女的安全策略。兒童往往是被害人決策過程中的首要考慮因素，應強化討論兒童安全的策略，並將其納入被害人的安全計畫中。此外，在討論過程，應該探索與被害人風險相匹配並可能增強她的安全計畫的所有選項。選項可以分為兩大類。正式的社會服務、政府或法律系統選項以及被害人的家人、朋友、信仰機構和社區組織等非正式網絡（Davies, 2011）。

有關相對人暴力風險評估，是被害人安全計畫制定的過程需要納入考量的重要因素。首先，應該從被害人那裡了解更多關於相對人使用暴力和控制的訊息。可詢問被害人嘗試過哪些服務或措施改善處境，以及相對人是否嘗試過改變。強調他決定使用暴力，他有責任結束暴力，只有他才能決定改變。與她討論她認為可能會推動／支持相對人做出改變決定的因素。其次，社工可以經由以下問題，確認相對人所需處遇資源以及改變的可能性（Davies, Menard & Davis, 2011）：

（一）相對人對被害人做了哪些動作，被害人想讓他停下來？

（二）被害人過去尋求哪些幫助？是如何協助以及有幫助嗎？如果沒有尋求過協助，是為什麼嗎？相對人對他的暴力行為有嘗試改變嗎？她有沒有尋求幫助來減少他的暴力行為？這些協助的內容是什麼，以及對相對人暴力行為有改善嗎？

（三）被害人認為這些協助有幫助嗎？

（四）相對人是否意識到他的行為後果以及所造成的影響？他是否意識到他的行為對子女不利？

（五）相對人有沒有採取動作，改變任何行為讓兩造的狀況變得更好？他有改變的意願嗎？他對暴力行為有承擔責任還是責怪別人？他是否想成為一個更好的伴侶／好父親還是父親形象？

（六）相對人有說他需要什麼？

（七）他現在是否有密切互動或聯繫的重要他人？誰對他有影響力？他在他的支持系統中聽誰的？他尊重誰的意見？

前述討論內容，旨在確認對相對人提供改變機會的可能選項和計畫，經由跟被害人討論可能會得出處遇方向。如果確認相對人不可能自願改變或使用任何資源來改變自己，社工的服務就應該轉向討論保護被害人及其子女的安全策略，以及可能使用更具強制性的干預措施，例如司法介入。而在與被害人討論過程，社工應該告知被害人，社區中可用於協助相對人的處遇計畫（Davies, Menard & Davis, 2011）

親密關係暴力家庭的處遇中，在被害人及其家庭成員的參與下，社工蒐集所有可能訊息並進行分析，繼而將評估結果用於規劃家庭處遇計畫。在與案主及其家人共同制定處遇計畫時，社工必須做出以下判斷（Ramsey County Community Human Services Department, 2010）：

（一）根據他們對家庭功能的了解，確認導致暴力的原因及其對被害人與子女安全或未來有持續遭受傷害風險的影響，以及行為或狀況是否可以確實改變？

（二）如果不是，則必須確認最有效的安全計畫，以確保被害人與子女在易受傷害情況下的人身安全，同時需要確認安全聯絡人有哪些？

（三）如何在計畫過程中運用家庭優勢，激勵家庭或被害人改變導致親密關係暴力的行為或條件？

（四）確認服務的優先等級，以便解決涉及兒童安全問題的家庭功能與親職能力。

（五）哪種干預措施將可最有效地改變導致兒童不安全的行為或狀況？

在制定處遇計畫後，社工還必須保持持續評估的思路。持續評估的目的不是評估家庭的依從性，而是評估干預措施在改變導致親密關係暴力狀況方面的功效（Ramsey County Community Human Services Department, 2010）。結案是一項重大決定，要能夠移除親密關係暴力的威脅並建立

家庭支持系統，以幫助應對可能存在的任何持續風險。在做出結案之前，必須先探討並回答與案件開始階段提出的類似問題：是否存在安全威脅的風險與因素？如何與案主及其家人審視自身處境和情況？如果被害人決定繼續與相對人同住，相對人是否繼續表現出行為上的變化（增強的保護能力）？有哪些親屬或非正式支持系統的資源可以持續使用？被害人及其子女需要何種協助，以防止再次發生暴力（Ramsey County Community Human Services Department, 2010）？

　　整體而言，社工在制定被害人的服務時，需要先了解每個被害人的需求、資源、觀點和文化背景，再將被害人的需求和觀點與社工的訊息、所能提供的資源和協助相結合，以增強被害人的安全策略。接續，社工和被害人將共同努力實施這些策略，配合被害人的生活和環境的變化而修改它們。被害人服務不能侷限在傾聽及做被害人希望提供協助的事。相反，社工的參與應該具備積極、動態和文化敏感的訊息和資源共享過程，為每個被害人創造和改進選擇的能力（Davies, 2011）。

二、家庭處遇服務步驟

　　無論是要對整個系統的服務成果進行完整評估，或只要評估一小部分服務執行狀況，原則上都必須遵循以下步驟（Adopt US Kids, 2019; Lyons & Fernando, 2017; Lyons, 2009）：

（一）規劃服務策略

有以下原則可供參考：

1. 儘可能跟所服務家庭的成員對話，從多個角度進行聆聽並獲取有意義的家庭訊息，有時要面對面對話可能很困難，但對於家庭系統改進而言，是有價值的和必要的。
2. 以開放的態度了解所服務家庭的全般樣貌，首先必須有意願了解所服務案家以及評估過程中產生的對話。
3. 對於服務策略之規劃，不要有先入為主的評估結果，或者草率決定應該優先採取的行動步驟，必須在進行完成評估後才能確定優先採行的策略。

（二）定義家庭處遇服務的目的並蒐集訊息

相關原則包括：

1. 所設定家庭處遇目標不同，完成評估的過程與結果也可能會大不相同。進行家庭處遇服務評估時，應該先確認服務的目的和範圍，包括：希望達成的服務目標為何？服務對象群為何？

2. 每一個案家的需求都不同，進行評估時應該針對服務案家的系統，確認要添加到處遇服務中的所有措施或服務。

3. 確認家庭處遇訊息蒐集方法。處遇方向必須從所接觸服務案家的相關人員蒐集訊息，可以透過多種方式蒐集處遇評估所需要的訊息，包括：面訪、電訪、其他與案家有接觸的網絡單位，必要時也必須召開個案研討會，藉以蒐集案件的動態訊息。

4. 為確保與服務對象之間對話的品質，最好在對話前預先規劃對話時應該蒐集哪些訊息？並評估所蒐集資料的品質。

5. 與家庭處遇有關的其他網絡單位共享訊息，可提前與所有參與者共享進行評估的目標，以便他們有時間進行深入思考並提出問題，提升參與的品質。

6. 制定家庭處遇的時間表。無論案家處遇的範圍如何，為家處計畫規劃時間表都是有幫助的，如此就可以按時完成目標。

再者，在與案家會談前，對案家先前接受服務訊息的相關資料進行審查是必不可缺的。它有幾個目的（Ramsey County Community Human Services Department, 2010）：

1. 若是案家目前有其他服務的資源，則這些人員對案家的狀況已經有一定程度的了解，將可充分了解安全隱患。

2. 正在提供服務的工作人員將了解這個家庭以前是否曾參與過該系統，而其服務案家累積的經驗，將可以協助評估案家暴力風險因素。

3. 服務對象不必重複提供訊息，他們會感覺到自己以前說過的話已經被聽到並記住了。

4. 社工可以更有效地縮短評估時間。

5. 社工可以快速了解案家可能需要立即處理的具體需求。

6. 讓社工可以為即將面臨的問題，做更為完善的準備。

（三）確認並吸引家庭處遇對象的參與意願

此階段有以下幾個注意要項：

1. 與案主討論優勢／保護因素、資源和需求，並評估是否願意接受協助和做出改變。過程中應該鼓勵案家對其所發生的事情以及為什麼現在要介入協助進行自我評估。但在此過程應該注意可能的文化因素，如果合適，請詢問家庭問題的文化背景。

2. 在與案主第一次會面中，就應該建立融洽的關係，並表現出無條件的積極尊重（誠懇和非判斷的態度）。在一開始，社工就應該解釋自己的角色、對家庭的承諾，並對調查過程中發現的安全威脅和風險的理解。

3. 確認誰是最能回答有關服務案家問題的對象？誰是最了解正在服務案家成員者？尋找對服務有深刻見解的不同對象，對於後續服務進行有意義而全面的評估至關重要。這些人的觀點，特別是那些服務使用者本身，將會讓評估更加穩定和準確。

再者，於此階段有幾點必須注意：

1. **減少參與障礙**：如果會談會讓參與者錯過工作或學校，則必須避開這些時間，而且須考慮交通因素，因為這些都將影響他們參與的意願。

2. **評估會議過程中的權力動態關係**：與服務對象的互動若是無法採行一對一的方式進行，則必須考慮會談對象間的相互關係，以及這些關係如何影響他們開誠布公談話的意願和能力。為了讓評估有意義，必須積極主動地創建盡可能安全的空間。也可以提供聯繫方式，在會談結束後方便進行聯繫，讓受服務者有時間思考。

3. **仔細考慮在哪裡舉行會談**：如果要舉行面對面的會談來完成評估，應考慮選擇的地點對會談對象可能造成何種影響？

（四）開始進行評估工作

1. 評估是否提供服務？應該提供哪些服務？
2. 評估服務的品質為何？對於每個提供的服務，按所設定的指標對

該服務進行評估。

3. 製作個案紀錄，除了案家的狀況外，還應該包括評估的結果以及與案家對話的詳細訊息。

（五）評估可能的結果

1. 在評估階段，應該避免對可能結果進行價值判斷。在制定行動計畫之前，應該等待完整的評估完成，並採取其他措施來了解結果。

2. 根據所蒐集的資訊評估可能的結果，清楚地了解評估對象所說的話以及下一步要做什麼。

3. 簡要說明評估過程，以便那些沒有參與的人可以了解社工是如何蒐集訊息。

4. 說明案家的優勢和需求，藉以說明社工的處遇評估執行品質。

5. 進行結果評估時，應該專注在所蒐集的資料，分析時應該避免推測或使用不準確的數據。同時，也應該說明有哪些問題尚未解決？未來應解決方向等問題。

（六）確認處遇計畫並著手執行

當已經對可能的處遇結果進行完整評估，則可以採取行動來改善案家的狀況。在此階段有以下幾個項目需要特別留意：

1. 確認應該達成的目標數量。當評估結果發現案家有多重問題須要改善，則選取優先或可改善的少數幾個最急迫目標，而不是專注於案家所有需要的領域。

2. 根據評估結果制定所需要投入的資源，例如：評估結果需要對案家提供喘息服務時，則考慮是否需要連結其他服務資源。

3. 針對服務過程進行評估。縱然經過詳盡的事前評估，然案家仍可能存在許多問題是真正提供服務時才會發現，因此在提供服務過程需要保持開放與謹慎的態度，針對案家的需求和優勢進行滾動式修正。

4. 必須針對優勢領域，而不要將所有重心侷限在案家需要的領域採取行動。當社工決定採取何種行動時，也要尋找案家的優勢領域。

可以獲取哪些方面適合家庭使用的訊息，並提出擴展這些服務的建議，或者複製先前服務中案家在其他方面取得成功的情況。

5. 儘管社工的行動計畫是對家庭系統進行整體改進的核心內容，但是還有其他方法可以使用評估結果使行動計畫之外的資源讓案家受益。為提升處遇計畫之成效，必須建置服務區域中的資源地圖，以確保案家所需要的資源可以順利獲取。再者，社工也應該建置一個進行家庭處遇常見問題的解答表，以解決評估過程中出現的議題或常見問題。

第八節　小結

雖然近年來，已有許多學者關注親密關係暴力議題，使得吾人對於此一問題比起過去有更多的了解。然而由於親密關係暴力的複雜性，累積的資料仍相當有限，使得相較於其他社會問題，吾人對於此一問題之了解仍有待努力。在父權社會中，女性一輩子必須從屬於家中的男性，此種權力結構，注定了婦女在婚姻中的弱勢。而一旦不幸遭受親密關係暴力，仍然必須隱忍，否則將無法於鄉里中立足。而即使到了今日，舊時父權社會對於婦女不公平對待的文化依然留存於許多社會中，使得許多婦女在剛開始受暴時往往採取隱忍的態度，直到無法忍受配偶的暴力相向時，才不得不向外界求助。但如此一來，不僅受虐婦女遭受身心上的創傷，對於家庭中未成年的子女而言，其影響則更加深遠。而就整體社會而言，每年亦因為親密關係暴力事件付出了極為龐大的社會成本。所幸我國自家庭暴力防治法施行後，亦促使政府必須更積極地介入親密關係暴力事件，相信對於許多受虐婦女及其子女而言，都是有相當大的助益。至於親密關係暴力發生的原因由於非常多元，使得許多學者雖然嘗試建構理論來解釋親密關係暴力發生的原因，但是至今仍無一理論被所有學者專家所接受。因此，晚近乃有學者嘗試以整合理論來解釋親密關係暴力的發生原因。而在本章中，作者則歸納過去相關研究，舉出最能預測親密關係暴力發生的原因有六個，分別是：生活壓力、權力不對等、依賴關係、加害人具有不良惡習、年齡與結婚期間，以及社會孤立。

　　其次，許多實務人員從其工作中發現，受虐婦女往往要在反覆離開加害人數次後，才會真正走出自己的天空，而我國從事婦女保護的實務工作者也常面臨相同的狀況。從過去諸多相關研究文獻我們可以發現，在影響受虐婦女停留於受虐關係的因素中，以考慮子女的處境是最主要的因素。當加害人與子女關係不良或虐待子女時，將會促使受虐婦女為保護子女而向外求助，甚至考慮離婚。因此，影響受虐婦女尋求終止受虐關係的因素亦相當多，往往需要許多條件的配合，才能讓受虐婦女鼓足勇氣脫離受虐關係。就許多受虐婦女而言，往往無法單靠本身的力量脫離受虐關係，而需仰賴外界的協助。至於這些外界協助的管道則可概分為非正式社會支持系統，以及正式社會支持系統。前者可以提供受虐婦女忠告、建議、支持或庇護等協助；後者則可提供受虐婦女人身安全保護、法律制裁、心理諮商、資源轉介與連結，以及醫療協助等服務。由於其所能提供的服務不同，若是能夠透過這二大系統的共同協助，將可儘早改善其受虐關係，或是脫離受虐關係。但由於非正式社會支持系統是受虐婦女較為熟悉且易接觸得到的，而且在家醜不外揚的觀念下，較易為受虐婦女所使用。在觀察受虐婦女脫離受虐關係時，另一個值得注意的問題是：當受虐婦女離開加害人後，是否從此就可免於遭受暴力攻擊？很不幸地，親密關係暴力並沒有因其離開加害人就因此而終止，許多受虐婦女在與加害人分居或離婚後執行子女探視權的過程中，再度遭受對方的暴力攻擊。這顯示出，加害人對於受虐婦女的權力控制行為並不會因為雙方的分手，而停止了其對於受虐婦女的控制慾望。但另一方面，雖然分居或離婚婦女是高受虐的危險群，但由於許多受虐婦女是在親密關係暴力持續惡化的情況下，才會與加害人分居或離婚。因此，究竟其所遭受的親密關係暴力是延續了過去所遭受的暴力，亦或是與加害人分居或離婚所招致的結果，仍有待更多的實證研究加以證實。

　　隨著越來越多的人要求警察與其他刑事司法系統必須積極介入親密關係暴力事件處理，已使得刑事司法系統在親密關係暴力事件處理上，有了許多改革措施，而這也促使許多加害人進入刑事訴訟程序。但另一方面，從過去研究我們亦發現，並非所有的加害人暴行皆對被害人的安全造成嚴重威脅，或是具有再犯的傾向。因此，也有越來越多學者呼籲，必須要改善對於親密關係暴力加害人危險評估的方法，否則只是浪費刑事司法體系

的資源，並將可能產生排擠效應，而造成有實際接受保護的被害人無法獲得足夠保護之現象（Goodman, Dutton & Bennett, 2000）。至於危險評估工具具備風險管理的概念，目的是期待透過及早辨識出高危機的個案，以幫助實務人員對於高危機的個案具備較高的警覺性，並快速集中資源處理，以預防親密關係暴力事件的發生。因此，親密關係暴力危險評估工具可提供實務人員判斷的基準，操作者可經由題項的協助快速了解被害人遭受暴力行為的態樣與危險因子，在很短的時間內對於被害人的危機程度有一概略的掌控，並幫助網絡成員統合最需要了解的現況與建立被害人洽談的溝通管道。但我國目前有關親密關係暴力危險評估量表的使用尚在起步階段，為能精確進行評估，未來有關親密關係暴力的評估量表還有很大的修正空間。

第六章　性侵害犯罪防治

第一節　前言

　　從犯罪學的觀點，性侵害行為的本質係屬於暴力犯罪，是一項特殊的犯罪類型，此種犯罪行為不僅以暴力行為強行侵害個人最隱私的身體部位，同時加害人為逞其犯行，也可能運用各種殘忍手段對付被害人。因此，根據研究及臨床資料顯示，不管是兒少或成人遭受性的侵害皆對其生理、心理及行為上造成重大影響。短期的效應包括：產生情緒、行為、社交及性功能困擾等問題；長期的效應則會導致：人際關係不良、創傷後壓力症候群、邊緣性人格及各種人格障礙。不僅如此，性侵害事件也會對社會大眾造成嚴重的恐懼感與傷害，其影響包括：使民眾產生不安、恐懼、憤怒，甚至無奈與無力感，影響人際之間相互信賴的關係。此外，由於犯行常發生於極隱密處，除被害人自行陳述外，不易有第三者以為證人，在舉證不易下，性侵害犯罪始終是所有犯罪類型中最難定罪、犯罪黑數最高的犯罪（許春金，2010；涂秀蕊，2001）。過去有關性侵害犯罪黑數（隱匿未登錄的犯罪件數）的估算可高達7至10倍，並為所有犯罪類型中最高的黑數。探究其原因，乃因性侵害被害人在求助過程中，常面臨身心治療、警方報案、檢察機關起訴與司法單位審判等諸多需求，所涉及的單位與人員眾多且龐雜，若有任何單位處理不當，皆可能阻礙被害人的復原。然而這個浩大的「性侵害被害人保護系統」相關人員，可能因訓練不足，導致對性侵害問題認識不清，或存有不當的價值與態度，甚至可能因相關部門各行其事，使服務輸送系統欠缺整合，導致被害人有再度受創之虞，而不敢出面求助（黃富源，2000）。

　　雖然個體遭受性的侵害並不是新的社會現象，對被害人亦造成極大的傷害，其影響可能終其一生。然而各國卻一直到1960年代末期，才關注如何保護性侵害被害人與破除刑事司法體系對於性侵害被害人的歧視，以及如何讓性犯罪者（或稱性侵犯）得到應有的處罰等議題，並逐漸成為法律改革的重點。而兒少遭受性侵害則甚至延遲到1970年代末期，才逐漸

成為專業工作人員與學術界所重視的議題。晚近受到被害者學及婦女與兒少保護運動的影響,改變人們對於性侵害事件的看法與處理方式,促成世界許多國家受理此類事件的數量激增,它才成為社會大眾所關注的焦點之一。為何過去這個議題受到忽略?主要的原因雖很難確認,但一個可能的原因是:對大多數的人來說,性侵害事件是一件不可思議的事,在直覺上無法相信那些遭受嚴重性侵害被害人所陳述的事實。假使一個人不相信這是很普遍的現象,那麼他將很難注意到周圍任何可疑的證據,或者是判斷其所目睹的證據。加上所有的性行為都是相當隱密,而任何的性侵害事件也有此特性,因此不論是加害人或是被害人都很難被揭露出來。

我國一直到1994年,在法制上都將性侵害犯罪當作是一般犯罪行為,刑法對於性侵犯的處遇方式,與對其他犯罪類型加害人的處遇方式並無二致。之後,立法院始仿效外國立法例,在刑法第77條增訂「犯刑法第十六章妨害風化各條之罪者,非經強制治療不得假釋」的規定,首度將性侵犯應經「治療」的觀念引進國內。同時,在1999年刑法中性侵害規範大幅修正前的舊刑法係以社會風化為中心,舊刑法中「與性有關之犯罪」大多脫離不了與貞操或名節之間的關係(金孟華,2010)。以修正前刑法第221條規定「對於婦女以強暴、脅迫、藥劑、催眠術或他法,至使不能抗拒而姦淫之者,為強姦罪,處五年以上有期徒刑。」為例,當時將被害的客體限縮在「婦女」,男性則被排除在性侵害被害的可能範圍外,主因在於傳統觀念認為男性是性秩序的主導者;甚且課予女性保護自身貞操、名節的義務,反映在法條中,就成為了「至使不能抗拒」此一構成要件。而在實務的操作中,法官於審理過程會希望看到被害人因反抗而受傷的證據,而社會亦認為女性的貞操價值高於生命。舊刑法再在顯示女性的性是依附在社會風化上,當時法律所保護的是社會法益,所謂的「社會風化」是男性本於性資源的合理分配所制定出來的遊戲規則,女性則是這場遊戲中被分配的對象,她們沒有獨立的人格,更沒有法律值得保護的法益。隨著女性權益意識抬頭後,因而引發一連串性犯罪法律改革運動(黃翠紋、陳佳雯,2012;金孟華,2010)。

有鑒於性侵害犯罪對於被害人傷害與社會危害的嚴重性,對於性侵害犯罪這項議題,本章除探討性侵害犯罪特性以及我國性侵害犯罪防治政策與法制之推動沿革外,鑒於被害人以未成年居多,故最後將進而從三級預

防的角度，介紹預防作為。

第二節　性侵害犯罪特性

一、性侵害犯罪的定義

性侵害的定義一般是指：「涉及性意涵的行為」，從嚴重的性器官接觸的口交、體外射精或侵入性的性交行為，到輕微的沒有肢體接觸的帶有性意味的威脅或暴露性器官，甚至是窺視的動作，都可以被視為是性侵犯的範圍（鄔佩麗，2002）。Groth（1979）則認為，兩人產生性關係可以透過同意、施壓、暴力三種主要方式，而只要是未經雙方同意的性行為，不論是以權力或地位來施壓，或是以身體暴力或傷害來達到目的，都是性侵害。羅燦煐則指出，若行為具有以下特質，即可稱為性暴力行為：（一）與被侵犯行為者的性或性別有關的暴力；（二）不受被侵犯行為者歡迎或接受的暴力；（三）違反被侵犯行為者的自由意志或清醒意識的暴力；（四）對被侵犯行為者造成負面或傷害的結果之暴力（轉引自吳正坤，2009）。

而從法律上的定義來看，我國刑法所稱性侵害事件及依2005年2月5日修正「性侵害犯罪防治法」第2條觀之，是指「觸犯刑法第二百二十一條至第二百二十七條、第二百二十八條、第二百二十九條、第三百三十二條第二項第二款、第三百三十四條第二款、第三百四十八條第二項第一款及其特別法之罪」。亦即包含刑法的「強制性交罪」、「加重強制性交罪」、「強制猥褻罪」、「加重強制猥褻罪」、「乘機性交猥褻罪」、「強制性交猥褻罪之加重結果犯」、「強制性交猥褻等罪之殺人重傷害之結合犯」、「對未成年男女為性交或猥褻之行為」、「利用權勢性交或猥褻罪」、「詐術性交罪」、「對配偶強制性交、強制猥褻罪」、「強盜結合強制性交」、「海盜罪結合強制性交」、「擄人勒贖結合強制性交」等罪。性侵害之定義，隨著刑法的修正，其所涵蓋範圍更為廣泛。除了將原本保護對象由女性擴大至男性，也將傳統「姦淫」行為增加態樣，定義更為明確，以及提出加重強制性交的種類；另外，夫妻間的強制性關係，也

屬性侵害行為。

二、不同性別性侵犯類型與犯罪特性之分析

　　雖然有效的分類系統，是建構以證據為導向刑事政策之基礎，但現有對性侵犯類型的實證研究是有限的，而且相關類型也頗不一致（Harris, 2010; Bickley & Beech, 2001）。傳統分類系統中最常見的分類變項，是分就加害人的性別進行分類研究。考量過去國內幾無研究介紹女性性侵犯的特性，因此以下將分就男性與女性性侵犯的類型與犯罪特性介紹，並進一步就傳統性侵犯類型分類存在的缺點進行分析。

（一）成年男性性侵犯

　　成年男性性侵犯是一個相當異質的群體，使得迄今為止在類型學的研究上產生許多成人性侵犯的類型，過去學者會依據性侵犯的行為動機是否基於性慾望的犯案動機而進行分類。本文依據過去相關研究，將成年男性性侵犯的類型重新組合成五個類型（見表6-1）：

1. **權力補償型**：此類性侵犯是那些懷疑自己的能力、缺乏自信、社會互動技能差，犯案過程不會刻意傷害他們的被害人，其性侵的動機是基於性行為的幻想。正如Freund（1990）所描述的，這些人是「求愛障礙」的個體，亦即他們缺乏與同齡伴侶形成正常關係的能力。此類性侵犯透過性侵讓他們的自卑感可能因而消散，在犯案過程使用武力的情形比其他類型的性侵犯更少，有時被稱為「紳士性侵犯」（gentlemen rapists）──只使用足夠的武力來完成性侵行為，只有在被害人抵抗時才表現出憤怒；過程可能使用口頭、武器或體力來恐嚇被害人，而如果被害人尖叫或反擊他們也可能會逃跑；犯案過程可能會花很短的時間與被害人互動，部分原因是因為他們對自己沒有信心或欠缺社交技能，但是順從的被害人可能會在遭受攻擊後接受到性侵犯的「枕邊談話」（pillow talk）。

2. **虐待狂型**：此類性侵犯對他們造成被害人的痛苦和恐懼會感到興奮，他們在攻擊被害人之前會先有計畫尋找加害的目標，而被害人幾乎都是陌生者，性侵犯對他們的行為絲毫不會自責，他們可

能對被害人實施酷刑（例如：透過使用酷刑工具、插入異物、毆打、咬人、鞭打和電擊），對被害人施加多種形式的暴力。即使被害人沒有抗拒，這些性侵犯也可能使用暴力，而當被害人有抵抗行為時，則可能造成嚴重傷害，甚至導致性的謀殺。與權力補償型性侵犯相反，虐待狂性侵犯是由侵略和暴力引起的。根據Barbaree等人（1994）研究發現，虐待狂性侵犯比其他類型性侵犯有更高的精神疾病和武器使用率。

3. **憤怒型**：此類性侵犯是憤怒報復型的加害人，更具體來說，是被權力、憤怒和暴力攻擊慾望所驅使的人。他們經常使用較為嚴重的暴力來攻擊和性侵被害人，由於此類性侵犯對女性長期累積的憤怒，會讓他們透過性侵害的行為來懲罰婦女。他們在性侵被害人過程往往使用侮辱性的行為和語言，也有可能是預先針對某一特定目標或「閃電式」（blitz）的攻擊點燃他們憤怒的人。憤怒報復型性侵犯的攻擊通常被認為是涉及權力和攻擊需求的人際行為。根據Groth（1979）的定義，這些性侵犯是：「經由性侵的行為來表達其憤怒報復需求，而不是在攻擊過程有性的慾望。」

4. **權力控制型**：最常見的性侵犯是由權力和控制驅動的，此類型尤其容易發生在兩造為親密關係或熟識者間的性侵案件（Finkelhor, 1984），而在作案過程，性侵犯也可能使用性侵藥物（Struman, 2000）。雖然Struman（2000）指出，藥物性侵可以是計畫的或機會主義的，但他指出，不管是哪一種情況，性侵犯都會產生控制被害人的情況。在戰時，以性侵作為權力和控制的目的也很明顯。戰爭局勢鼓勵極端類型的男子氣概與霸權形式的陽剛氣概，戰爭期間的性侵往往是出於對另一方的權力和控制的需要，而被用來作為一種武器，以破壞和摧毀交戰國家（社區）的榮譽。此時，性侵通常被視為對敵人的最大羞辱，因為它象徵著對戰敗國人民的玷污（Lees, 1996）。

5. **機會主義／反社會**：此類型性侵犯會犯下強制性交行為的動機，並不是因為性慾望的驅使，他們往往是在犯下另一種犯罪類型時巧遇被害人，一時性衝動而性侵被害人。因此，他們的性侵害行為是沒有計畫的，做案過程對被害人表現出很少的憤怒，除了遇

到被害人抵抗外，不太會使用暴力，他們的性侵行為常因情境使然，只在滿足一時的性衝動。他們還可以進一步分類為高社會能力或低社會能力者二種類型。

茲將前述五種類型性侵犯的動機與行為態樣整理如表6-1所述。

表6-1　男性成年性侵犯的類型

類型	主要動機	行為描述	相關研究
權力補償型	性慾望所致	有性幻想而且攻擊行為較輕微	Groth (1979); Prentky et al. (1985); Freund (1990); Barbaree et al. (1994); Hazelwood (1995)
虐待狂型	性慾望所致	表達強烈的性幻想	Groth (1979); Becker & Abel (1978); Rada (1978); Prentky et al. (1985); Barbaree et al. (1994); Knight & Prentky (1990)
憤怒型	與性慾望無關	性侵害是基於憤怒的情緒	Groth (1979); Hazelwood (1995); Barbaree et al. (1994); Knight & Prentky (1990)
權力控制型	與性慾望無關	實現權力和優越感的慾望	Groth (1979); Prentky et al. (1985); Finkelhor (1984); Lees (1996); Barbaree et al. (1994); Struman (2000); Robertillo & Terry (2007)
機會主義／反社會行為	與性慾望無關	一時的性衝動，常因情境使然	Groth (1979); Prentky et al. (1985); Barbaree et al. (1994); Knight & Prentky (1990); Hazelwood (1995)

資料來源：作者自行整理。

（二）成年女性性侵犯

長期以來，與男性的性犯罪相比，女性所犯的性犯罪一直被認為是相對少見的現象（Harris, 2010）。鑒於大多數男性性侵犯類型無法適用於女性性侵犯。因此，有一些研究人員開始專注於創造女性的犯罪類型。然而早期關注女性性犯罪類型發展的研究人員，以相對較少的女性性侵犯樣本進行分類，導致有不同的研究發現。例如，Sarrel和Masters（1982）是最先針對女性性侵犯進行分類的研究人員，他們以11名男性被害人為樣本，發現女性性侵犯可以分為四種類型：1.強迫毆打；2.保姆；

3.猥褻；4.占主導地位的女性性侵犯。而在相關研究中，則以Matthews等人（1989）所進行的女性性侵犯分類研究，受到最廣泛的關注，他們將女性性侵犯分為三種類型：1.教師／情人；2.事先安排好；3.被男性所強迫。不久之後，他們擴大樣本重新對女性性侵犯進行分類，包括兩個比較大概念的類別：1.由女性自己發起的罪行；2.幫助犯，而在這二大類型下，則有其他幾個小的類型（Matthews, 1993）。

　　此後，研究人員持續努力改進性侵犯類型學研究的方法，晚近最全面的分類研究則是由Vandiver和Kercher（2004）二位學者所進行的研究，他們以471名社區登記的女性性侵犯為樣本，此一樣本規模明顯大於以往任何女性性侵犯類型學研究。此外，不像以前的研究，在他們的樣本來源還包括臨床樣本和個案研究，樣本則是取自德州（Texas）刑事司法性侵犯登記處。Vandiver和Kercher（2004）的女性性侵犯分類系統包括六種類型：1.異性戀照顧者：通常是未成年被害人的照顧者或者是被害人的老師，而被害人則通常是未成年的男童；2.沒有犯罪前科的同性戀者：沒有犯罪前科的女同性戀者與男性合謀共同加害於一個女性被害人，此類女性性侵犯在犯罪之前往往沒有犯罪前科；3.女性性捕食者（sexual predator）：此類女性性侵犯的行為通常更具侵略性，她們會選擇男童（未滿12歲）為加害對象，根據Vandiver和Kercher二人的分類，此類型性侵犯最有可能再犯性侵害案件；4.年輕的成年兒童性剝削者：此類型的性侵犯在六類型中，是年紀最輕的性侵犯，她們傾向於選擇更年輕的被害人（大約7歲），而且此類性侵犯似乎沒有性別偏好；5.有前科紀錄的同性戀者：這種類型的女性性侵犯被描述為為了獲得金錢上的利益而從事性犯罪，因此她們很可能會強迫被害少女賣淫或從事性行為；和6.激進的同性戀者：此類型性侵犯是最具有攻擊性的同性戀者，她們傾向於傷害成年女性。之後，Sandler和Freeman（2007）複製了Vandiver和Kercher（2004）的研究，最後他們提出了一個觀點，即女性性侵犯是相當多樣化的族群，不容易清楚歸類。

（三）有關性侵犯類型分類存在的缺點

　　最後，傳統有關性侵犯類型學方法採用描述性的統計分析方法，而且也已經對男女性侵犯進行相當深入的研究，這無疑為實務人員和研究人員

提供了一種有組織的方法來分類和研究性侵犯。然而另一方面，這些研究也招致相當多的批評，有關性侵犯的傳統分類最常被批評的問題，包括：

1. 學者之間的分類結果不一致，因而招致相當多批評。例如，Bickley和Beech（2001）深入探討類型學發展的方法學侷限性，包括抽樣方法上的問題、性侵犯再犯率不如一般社會通念那麼高。而且大多數對於性侵犯的類型，也都未能解決治療問題和不具有再犯預測的效果（Camilleri & Quinsey, 2008）。

2. 雖然性侵犯的特徵相當多元，但他們卻存在著類似的臨床問題或犯罪需要，使得傳統性侵犯分類不僅無法清楚說明性侵犯的特徵，而不同類型之間又無法互斥。性侵犯的特徵包括：許多性侵女性的男性性侵犯抱持著強烈的男性傳統性別刻板印象，對女性有消極的看法且具有性侵迷思；個人特質又傾向於缺乏自尊、沒有存在感、缺乏同情心、社會適應困難，並常有藥物濫用問題，以致於無法控制自己的暴力傾向，並具有使用暴力處理問題的信念；情緒調節障礙、有著煩躁的情緒狀態（特別是容易憤怒、恐懼和／或憂鬱症）；許多性侵犯來自破碎的家庭，遭受來自主要照顧者的暴力，而且管教態度不一致（Barbaree, Seto, Serin, Amos & Preston, 1994; Scully, 1990）。

3. 晚近性侵犯分類系統在犯罪學文獻中也受到質疑，主要是性侵犯的類型學研究認為性侵犯有別於傳統的非性侵犯（Blokland & Lussier, 2015; Harris et al., 2009）。事實上，過去有關性侵犯的犯罪手法及態樣有二個主要假說。第一個假說係認為，性侵犯會重複犯下性侵害犯罪，而且犯罪手法會專精化。第二個假說則認為，性侵犯不會侷限於某種特定類型的犯罪，其犯罪的態樣是多樣化的，而且犯罪者除了會犯下性侵害案件外，也會有其他的犯罪紀錄。而在犯罪學理論中，則各有代表的理論，前者為犯罪副文化理論，該理論認為，犯罪者接觸了犯罪的副文化，並從中學習，繼而專精於某類型的犯罪，具有特殊的犯罪手法與態樣，而且性侵犯與非性侵犯有很大的區別；而後者，則以一般化犯罪理論為代表，該理論認為，犯罪事件的發生，除了犯罪者具備低自我控制特質外，尚需有促成犯罪發生的機會存在，才會實施犯罪

行為，而過去均有實證研究支持這二個理論，但以後者受到大多數的研究所支持。再者，傳統的性侵害犯罪專精化解釋模式，大多是以對兒童施加性侵害的罪犯為對象，研究發現他們只會以兒童被害人為對象，而且經常沒有其他前科素行。這一類型的性侵犯已被證實有一個獨特的犯罪成因——童年期有遭受性虐待的經驗（Burton, 2003）。

三、性侵害犯罪特性

性侵害犯罪較常被提及的特性包括：

（一）加害人與被害人的關係以認識者居多

在研究性侵害事件的被害人與加害人特性上，被害人與加害人間的關係是非常重要的。當二造的關係不同時，後續案件的處理亦將有所不同。例如：LeBeau（1987）的研究發現，陌生人間的性侵害事件往往是閃電式的，加害人與被害人間並無互動，加害人亦不會留下任何的實體資訊（tangible information）。二造的關係亦將影響人們對於事件的觀感，根據Williams（1984）的研究發現，如果受到陌生人的攻擊，被害人會認為自己是真正的被害人，警察、加害人亦會作如是觀。

而值得一提的是，若是被害人為未成年人時，實務工作者可能會面臨一個特殊的現象：當直接詢問那些疑似遭受性侵的兒少被害人時，他們很可能會在剛開始時即否定該事件，或是在回答之後又否認自己先前所陳述的事實。而這個現象亦受到實證研究的支持，例如，Sorensen和Snow（1991）的研究即發現，在116個已經確認的性侵害事件中，有將近四分之三的兒少剛開始時願意透露被害的事實，只有11%的被害人從一剛開始即承認或是證實被害的事實。兒少拒絕承認被害事實可能是因為來自於性侵犯或是家屬的壓力，也可能是因為他們自己過去對於案情的表白，已經為本身或是其他人帶來不良的後果所致。因此，有許多兒少表示他們不敢告知的原因，是害怕因而產生不良的結果。而即使當兒少真的透露被害的事實，而且日後案情也已經被證實，但他們的陳述依然會很不一致，事後

可能會予以否認[1]。Elliott和Briere（1994）指出，這主要是導因於「兒少性虐待調適症候群」（accommodation syndrome），使得被害兒少無法有足夠的能力將被害事實表達出來[2]。

（二）被害人年齡以未成年者居多

許多研究均指出，性侵害是一種需要膽量及大欺小的犯罪事件，加害人的年齡往往大於被害人的年齡。再者，學者們也發現，會隨著被害人的年齡層的不同，而與加害人有著不同的關係。例如，Katz和Mazur（1979）分析1968年至1975年有關性侵害犯罪之16篇研究，他們發現當樣本的年齡越年輕，犯罪人為陌生人的比例就越低。同時，在性侵害事件的加害人與被害人關係上，也會因為資料來源的不同而有所差異。他們從兒童性侵害事件通報系統和臨床上的處遇方案中發現，在所有亂倫事件中，以發生於家庭內的事件占大多數。若是以一般的人口進行調查，則在所有的事件中，受到親生父母親或是繼（養）父母性侵害的比率為6%至16%之間，受到其他親屬性虐待的事件約為四分之一[3]。在這些非臨床的樣本中，陌生人的比率相當低，約占5%至15%之間，其餘有相當大比率的加害人是與被害人或是與家庭成員熟識的人。

（三）被害人性別以女性為主但男性被害率有上升趨勢

在被害人的性別部分，從衛生福利部保護服務司的統計可以發現（參閱表6-2），歷年來性侵害被害人的性別絕大多數為女性，但男性被害人的比率有逐年上升的趨勢。

---

1 被害兒少對於事件的否認，就猶如一個人初次聽到醫生聲稱他已經得絕症一樣的無法令其接受。就被害兒少而言，此種傷害對其內心的衝擊是相當的巨大，使其在剛開始時予以否認不敢告訴第三者。暫時對於事件的否定對被害人有時是一種有效的情緒緩衝劑，可以讓其尋求情緒上支持與穩定的資源，然而長期的否定則將帶來負面的效果。
2 兒少性虐待適應症候群會使兒少出現以下幾個狀況：守祕、無助、欺騙和適應等，而使得兒少會遲延、不承認案情，或是對於已承認的案情又予以否認。
3 Russell（1983）指出，此種情形在再婚或是寄養家庭中尤其明顯。繼（養）父對繼（養）女往往有較高比率的性侵害，主要是因為：1.一般文化中的性禁忌在繼父女關係中也許較為缺乏或脆弱；2.繼父女間的父女關係鍵較弱，甚至不以父女關係看待，而「性化」了其間的關係；繼父女之間的年齡差距小，因此性關係較易建立，而繼父的朋友對繼女往往亦缺乏一般社會關係中的性約束或性禁忌；4.有時母親在外工作，或較脆弱順從，甚至性冷感，使得繼父轉而向繼女尋求性滿足。

表6-2 性侵害案件被害人統計表

年度	性別	未滿18歲				18歲以上							不詳	總計
		0~6歲未滿	6~12歲未滿	12~18歲未滿	合計	18~24歲未滿	24~30歲未滿	30~40歲未滿	40~50歲未滿	50~65歲未滿	65歲以上	合計		總計
2008	男	19	90	228	337	30	9	5	1	1	1	47	48	432
	女	213	510	2,958	3,681	909	558	484	241	91	24	2,307	659	6,647
	不詳	5	17	57	79	24	11	9	4	2	48	98	29	206
	總計	237	617	3,243	4,097	963	578	498	246	94	73	2,452	736	7,285
2009	男	16	114	329	459	31	18	7	1	0	0	57	57	573
	女	244	528	3,349	4,121	960	556	582	242	106	18	2,464	633	7,218
	不詳	10	16	78	104	26	16	13	9	1	17	82	31	217
	總計	270	658	3,756	4,684	1,017	590	602	252	107	35	2,603	721	8,008
2010	男	28	140	443	611	61	16	10	3	2	1	93	61	765
	女	228	665	4,045	4,938	1,024	608	650	291	103	33	2,709	711	8,358
	不詳	6	17	58	81	20	7	11	2	4	0	44	72	197
	總計	262	822	4,546	5,630	1,105	631	671	296	109	34	2,846	844	9,320
2011	男	13	185	712	910	79	18	12	7	2	1	119	111	1,140
	女	274	739	4,964	5,977	1,132	567	547	278	127	22	2,673	971	9,621
	不詳	7	20	111	138	24	8	14	8	1	0	55	167	360
	總計	294	944	5,787	7,025	1,235	593	573	293	130	23	2,847	1,249	11,121
2012	男	27	205	831	1,063	87	30	18	12	2	1	150	122	1,335
	女	270	734	5,409	6,413	1,254	585	635	315	125	34	2,948	947	10,308
	不詳	11	9	112	132	18	11	8	4	3	0	44	247	423
	總計	308	948	6,352	7,608	1,359	626	661	331	130	35	3,142	1,316	12,066
2013	男	34	161	860	1,055	90	34	24	12	5	2	167	107	1,329
	女	216	617	4,735	5,568	1,144	496	648	318	143	18	2,767	824	9,159
	不詳	5	18	138	161	26	5	6	5	4	0	46	206	413
	總計	255	796	5,733	6,784	1,260	535	678	335	152	20	2,980	1,137	10,901
2014	男	30	208	946	1,184	121	40	33	7	10	1	212	142	1,538
	女	224	625	4,827	5,676	1,176	492	623	273	133	25	2,722	724	9,122
	不詳	4	20	160	184	29	6	14	3	4	2	58	184	426
	總計	258	853	5,933	7,044	1,326	538	670	283	147	28	2,992	1,050	11,086

表6-2　性侵害案件被害人統計表（續）

年度	性別	未滿18歲				18歲以上							不詳	總計
		0~6歲未滿	6~12歲未滿	12~18歲未滿	合計	18~24歲未滿	24~30歲未滿	30~40歲未滿	40~50歲未滿	50~65歲未滿	65歲以上	合計	不詳	總計
2015	男	31	234	1,022	1,287	102	31	32	12	6	5	188	84	1,559
	女	200	646	4,500	5,346	1,142	457	588	301	137	34	2,659	509	8,514
	不詳	4	23	131	158	21	9	6	6	1	0	43	180	381
	總計	235	903	5,653	6,791	1,265	497	626	319	144	39	2,890	773	10,454
2016	男	32	159	804	995	50	27	20	11	8	4	120	44	1,159
	女	151	426	3,517	4,094	943	471	579	260	122	36	2,411	229	6,734
	不詳	2	7	116	125	24	6	11	5	3	1	50	73	248
	總計	185	592	4,437	5,214	1,017	504	610	276	133	41	2,581	346	8,141
2017	男	37	192	920	1,149	110	41	31	13	1	0	196	8	1,353
	女	188	447	3,312	3,947	986	504	594	309	137	27	2,557	141	6,645
	不詳	2	20	122	144	25	9	8	2	2	3	49	23	216
	總計	227	659	4,354	5,240	1,121	554	633	324	140	30	2,802	172	8,214
2018	男	37	236	905	1,178	90	37	25	18	12	4	186	10	1,374
	女	207	518	3,280	4,005	1,109	529	631	309	149	28	2,755	158	6,918
	不詳	4	13	96	113	25	14	13	6	1	1	60	34	207
	總計	248	767	4,281	5,296	1,224	580	669	333	162	33	3,001	202	8,499
2019	男	37	206	963	1,206	98	35	33	15	6	4	191	2	1,399
	女	256	495	3,274	4,025	952	578	655	316	138	49	2,688	6	6,719
	其他	0	0	0	0	2	1	0	0	0	0	3	0	3
	不詳	3	4	31	38	1	0	0	0	0	0	1	0	39
	總計	296	705	4,268	5,269	1,053	614	688	331	144	53	2,883	8	8,160
2020	男	54	234	1,244	1,532	111	49	37	26	12	4	239	2	1,773
	女	275	521	3,626	4,422	1,085	593	706	387	151	47	2,969	15	7,406
	其他	0	0	0	0	0	1	1	0	0	0	2	0	2
	不詳	0	4	20	24	1	2	2	2	0	0	7	0	31
	總計	329	759	4,890	5,978	1,197	645	746	415	163	51	3,217	17	9,212

表6-2 性侵害案件被害人統計表（續）

年度	性別	未滿18歲				18歲以上							不詳	總計
		0~6歲未滿	6~12歲未滿	12~18歲未滿	合計	18~24歲未滿	24~30歲未滿	30~40歲未滿	40~50歲未滿	50~65歲未滿	65歲以上	合計		總計
2021	男	45	185	879	1,109	96	56	44	34	8	3	241	1	1,351
	女	165	441	2,784	3,390	1,037	618	733	392	164	50	2,994	22	6,406
	其他	0	0	0	0	0	2	0	0	0	0	2	0	2
	不詳	0	4	17	21	2	1	1	1	1	0	6	1	28
	總計	210	630	3,680	4,520	1,135	677	778	427	173	53	3,243	24	7,787
2022	男	35	157	950	1,142	93	53	53	20	16	5	240	1	1,383
	女	167	450	3,023	3,640	1,119	709	776	469	202	45	3,320	22	6,982
	其他	0	0	0	0	2	1	0	0	0	0	3	0	3
	不詳	1	1	25	27	0	0	2	0	0	0	4	2	33
	總計	203	608	3,998	4,809	1,216	763	831	489	218	50	3,567	25	8,401
2023	男	31	230	1,032	1,293	135	83	86	42	15	6	367	5	1,665
	女	175	532	3,122	3,829	1,185	804	948	582	241	76	3,836	33	7,698
	其他	0	1	1	2	2	0	0	0	0	0	2	0	4
	不詳	0	4	27	31	1	3	5	3	0	0	12	3	46
	總計	206	767	4,182	5,155	1,323	890	1,039	627	256	82	4,217	41	9,413

資料來源：衛生福利部保護服務司（2024）。性侵害案件被害人年齡與性別交叉統計，https://dep.mohw.gov.tw/dops/cp-1303-59309-105.html，搜尋日期：2024/7/27。

第三節　我國性侵害防治政策推動沿革與內涵

　　我國於1990年代因發生多起重大性暴力犯罪事件，而使性侵害防治工作受到更為廣泛的關注。綜觀我國性侵害防治政策之推動歷程，約莫可區分為以下四個階段（黃翠紋、陳佳雯，2012；金孟華，2010）：一、舊刑法規定時期（1987年以前）：此時期法制顯示女性的性自主是依附在社會風化上，當時法律所保護的是家族、國族的利益，是一種社會法益，被害人沒有獨立的人格，更沒有法律保護的法益；二、性侵害法規創立萌芽期（1987～1996）：自1987年政府宣布解嚴，婦權運動和其他社

會運動一樣，展現社會改造旺盛企圖心。但當時時空環境沒有法律的保障，民間機構無法發揮保護婦女的功能，自1990年開始，婦女團體積極參與性侵害犯罪防治法的制定，於1994年將法案送進立法院，希望和相關的刑法一起修改，但遭到男性立委的質疑，因而遭到擱置；三、性侵害法令及政策發展期（1997～2007）：此時期除訂頒性侵害犯罪防治法外，行政院婦女權益促進委員會亦於1999年1月15日核定「婦女人身安全政策及實施方案」，重要政策方向在於：推動反性別歧視，強調性別平等的婦女人身安全政策，建構反性別暴力的防治網絡；而刑法妨害風化罪章亦在1999年大動作地全面修改通過。此後，法務部與內政部依規定開始採行防治作為；四、性侵害防治網絡及資源整合期（2007年迄今）：為精進性侵害防治工作，內政部警政署於2007年間，就性侵害案件處理流程、證物採集保全、團隊合作模式等面向檢討改進，並研議推行試辦性侵害整合性服務方案，性侵害防治政策正式進入資源整合時期。初期以建構被害人保護網絡為主，自林國政案後更促使政府必須進一步建構加害人處遇的防治網絡。

　　綜合我國性侵害再犯預防政策的內涵，主要有三個方向：第一是推動性侵害相關法令的修法工作，由於時代不斷變遷，政府的政策也必須跟著改變，致使相關的法令規範也需隨之修正，因此修法乃成為中央在推動性侵害防治工作的重點。第二是對於被害人的保護措施，政府最初在規劃性侵害防治政策時，主要是推動以被害人為中心的服務政策，而最早所推動的方案是「減少被害人重複陳述作業」，此後並逐漸加入被害人服務作為。第三是推動加害人處遇措施，雖然加害人處遇的概念是早在性侵害防治法立法前就已有的概念，但一直未受重視。而由於部分性侵犯的再犯率頗高，因此近年來政府發現，如果只是針對被害人提供所需要的服務，而忽略加害人處遇作為，將嚴重影響性侵害防治政策的推動成效。

一、性侵害法制面的變革

　　我國舊時法制將性侵害犯罪當作是一般的犯罪行為，基於性侵害犯罪的特殊性，在婦女團體的努力下，立法院於1994年始仿效外國立法例，在刑法第77條增訂「犯刑法第十六章妨害風化各條之罪者，非經強制治療不得假釋」的規定，首度將性侵犯應經「治療」的觀念引進國內。1997

年通過的「性侵害犯罪防治法」，則進一步為性侵犯的社區處遇制度奠定了基礎。2005年「性侵害犯罪防治法」與刑法的修訂，增訂了對性侵犯施以科技監控、測謊、驗尿、登記及報到等措施，且性侵犯無故不接受治療者，新法也增加可以處以刑事罰的規定。以下將分就訂頒性侵害犯罪防治法、修正刑法相關規定等二方面分述如下。

（一）訂頒性侵害犯罪防治法

　　我國社會一直到1980年代末期，性侵害犯罪問題才逐漸受到矚目。當時的時空環境對於性侵害防治並沒有法律的保障，及至1990年代起，婦女團體才以更積極方式推動法令修訂，期望達到變革社會制度的目標。從1991年起，現代婦女基金會集合學者與律師，輔以社會工作員的服務心得，並參考國外性侵害危機處理中心運作模式，開始起草「性侵害犯罪防治法」。於1994年將法案送進立法院，希望和相關的刑法一起修改，但遭到男性立委的質疑，因而遭到擱置（王燦槐，2001）。直到1996年，由於發生致力於婦女運動的彭○如遭性侵後殺害，與白○燕遭陳進興等人綁票後殺害等事件，震驚當時的臺灣社會，這些不幸而駭人聽聞的事件更加速婦運團體在性侵害犯罪相關立法的推展，婦運團體所草擬推動的「性侵害犯罪防治法」終於在1997年1月順利通過。自此才有較完整的處遇程序與積極的執行，除加強性侵害被害人的保護與扶助外，並成立各級單位，以統籌處理與防治性侵害相關事宜，也建立性侵犯的社區治療制度。內政部並依性侵害犯罪防治法第4條規定於同年5月9日設立「性侵害防治委員會」，在第一年的委員會議中，民間團體代表及學者專家最為關注的問題，就是社區性侵犯身心治療及輔導教育制度應如何規劃。從相關資料顯示，性侵犯社區治療最重要者在於建立社區監督系統，透過相關單位合作減少性侵犯再犯機率，是一項需要高度整合各專業領域的團隊工作。國內在研擬「性侵害犯罪加害人身心治療及輔導教育辦法」草案時，業務單位體認此項工作務必結合矯正、觀護、精神醫療、臨床心理、警察、社工等相關領域工作人員，因之制度規劃過程，考量重點在於透過制度設計以延續監獄內強制診療之療效、掌握其犯罪及治療之資料、評估其身心狀況、規範其治療期間、加強對性侵犯追蹤等。後來，內政部依法會同法務部、教育部、行政院衛生署於1998年11月11日發布「性侵害犯罪加

害人身心治療及輔導教育辦法」，開啟我國對性侵犯施以社區治療之處遇措施（吳素霞、林明傑，2001）。

及至2005年，因應刑法修正性侵犯接受強制治療的規定，性侵害犯罪防治法也新增性侵犯接受處遇、治療的規定，令其在接受有期徒刑或保安處分執行完畢、假釋、緩刑、免刑、赦免或緩起訴處分時，經評估認有施以治療輔導之必要者，直轄市、縣（市）主管機關應命其接受身心治療或輔導教育。同時，增加評估機制，在考量個別差異及減少行政資源浪費的前提下，使鑑定評估再犯風險能適切地依據性侵犯的個案差異性（例如未成年兩小無猜之性交、猥褻）而為治療輔導與否之認定；而七年內應定期向警察機關辦理登記、報到，只要身分、就學、工作、車籍等資料有異動時也應主動登記。再者，也增加觀護人在執行保護管束時處遇的選擇，例如密集約談及訪視、協請警察機關查訪、驗尿、限制住居、宵禁、測謊、禁止接近特定場所或對象、轉介其他相關機構以及輔以科技設備（電子腳鐐）監控。

2011年林○政案發生後，「刑後強制治療」制度的執行成效引起相當大的社會輿論與檢討聲浪。林○政在服刑期間共接受七次「性侵害治療評估」，均顯示其再犯機率非常高，因此無法申請假釋。依據「性侵害犯罪加害人身心治療及輔導教育辦法」的規定，獄方在林○政服刑期滿前一個月應發函至雲林縣政府家庭暴力及性侵害防治中心安排在出獄後一個月內進行輔導治療，卻因雲林縣內心理師人手不足，將林○政的心理評估輔導工作向後排期。且縣警局給予林○政的報到通知是2011年4月2日，依法送達戶籍地，但受刑人是否能接到通知是另一大疑問（聯合報，2011）。顯然在一連串的疏忽空窗期之間，林○政在出獄後沒有立即接受任何輔導與有效的監控下，便回到自由的社會生活，於是這顆不定時炸彈瞬間被引爆了。基於林○政案，引發了國內關於性侵犯矯治政策之思考。按照我國刑事司法體系只針對獲得假釋出獄之性侵犯在假釋中須交付保護管束，但對於服刑期滿者便無法交付保護管束，在欠缺有效監控情況下，行為人再犯的可能性便大幅提升（周佳宥，2011）。因此，在2011年10月25日，「性侵害犯罪防治法」便立即增訂了第22條之1，針對2006年6月30日以前犯有性侵害犯罪的加害人，在刑滿出獄後，可由檢察官或直轄市、縣（市）主管機關檢具評估報告，向法院、軍事法院聲請強制治療。同時增

訂了第23條之1，針對未依規定接受治療輔導、辦理登記報到之被告，或經判決有罪確定而有逃亡或藏匿情形經通緝的性侵犯，警察機關得將其身分資訊登載於報紙或以其他方法進行公告。此外，有鑒於警察機關的查訪會帶給性侵犯極大的外部約制力量。為落實性侵犯社區監督，另於第23條第4項修訂性侵犯於登記報到期間，應定期或不定期接受警察機關查訪及於登記內容變更之7日內，辦理資料異動之規定（立法院，2011）。在強化性侵犯社區監督及再犯預防機制上，第20條有關性侵害犯罪加害人於保護管束期間，運用科技設備監控的適用時機與範圍，不再侷限於「宵禁」或「限制住居所」。同時也修正測謊實施對象，觀護人只要認為有實施測謊必要時，於報經檢察官許可後即可實施（內政部警政署，2011）。因應網路時代，網路性剝削與利用網路實施性侵害之行為漸增，性侵害犯罪防治法在2023年有了重大修法，明定課予網際網路業者移除不法性影像的義務，強化被害人於案件偵查審判期間的保護措施，明文要求加害人進行身心治療、輔導等處遇措施，以降低再犯風險，並配合修正「兒童及少年性剝削防制條例」，對於不法拍攝、製造、散布兒少性影像者，加重刑責。此外，還有其他重大修正，使得本法從原有的25個條文，一口氣擴增到56個條文，除第13條自公布後6個月施行外，其餘自公布日（2023年2月15日）施行。相關修正重點，請參閱表6-3。

（二）修正刑法相關規定

我國刑法針對性侵犯再犯危險性而採取強制治療處遇措施的法律規定，係在1994年1月28日所公布之刑法修正案第77條增加第3項規定：「犯刑法第十六章妨害風化各條之罪者，非經強制治療，不得假釋」，要求性侵犯非經強制診療不得假釋，建立獄中強制診療的法源，開啟國內性侵犯必須接受治療的大門[4]。本規定是國內首度認為性侵犯有心理問題因此必須接受治療，並將性侵害犯罪視為一種特殊的犯罪類型。但由於當時

---

4 本法條增修緣由係當時法務部為了要解決監獄人滿為患之問題，提出放寬假釋要件的刑法修正案，然卻未考慮性侵害加害人的特性，在立法院將近審議完成時，發生女大學生應徵家教遭到性侵殺害案件，此一事件隨後引起國內各界震驚與立法者注意，女學生就讀之學校學生並與被害女學生家屬於立法院會期的最後一天前往立法院陳情抗議並高喊出「惡魔出獄婦女遭殃」、「強姦犯累犯不得假釋」以及「強制治療病態罪犯」的口號訴求與要求。

尚未修正刑法有關妨害風化罪章以及其他非典型性犯罪的罪名，故當時刑法第77條第3項的規定並非妥適（盧映潔，2005）。

其次，刑法在1999年有了相當大幅度的修正。修正前的舊刑法再再顯示女性的性是依附在社會風化上，只要與性有關的犯罪大多脫離不了與貞操或名節之間的關係。所謂的「社會風化」是男性本於性資源的合理分配所制定出來的遊戲規則，女性則是這場遊戲中被分配的對象，她們沒有獨立的人格，更沒有法律值得保護的法益，法律所保護的是家族、國族的利益，是一種社會法益。例如，修正前刑法第221條規定「對於婦女以強暴、脅迫、藥劑、催眠術或他法，至使不能抗拒而姦淫之者，為強姦罪，處五年以上有期徒刑。」在此規範下，男性是性秩序的主導者，被害人的客體僅限於「婦女」，因此男性不可能是強姦罪的被害人，此外，由於社會風化為了維護男性所建立的性秩序，因此課與女性保護自身貞操、名節的義務，反映在法條中，就成為了「使不能抗拒」之要件。儘管強烈反抗可能導致被害人陷入更高的風險當中，但是法院還是會要求女性以生命捍衛貞操（陳佳雯，2012）。隨著社會的進步，在婦女團體結合女性立法委員的極力推動下，刑法在1999年全面修改並通過修正原刑法第十六章規定，不但改變舊刑法對妨害性自主罪（強姦罪）的構成要件認定，將「妨害風化罪」章改為「妨害性自主罪」章，而且幾乎將該罪章所有條文全面修改，也調整量刑輕重；另外在刑法總則中加入「性交」定義的規定（刑法第10條第5項）並且在第十二章保安處分加入對性侵犯強制治療規定（刑法第91條之1）。有關性侵犯強制診療的部分，取消舊刑法第77條第3款規定，改為刑法第91條之1，其第1項有如下規定：「如犯相關之罪者（即相關性犯罪），於裁判前應經鑑定有無施以治療之必要；有施以治療必要者，得令入相當場所，施以治療。」因此，經過此次修法，性侵犯除了在必要時必須強制接受治療外，有嫌疑的性侵犯也必須經過此鑑定的程序（蕭蒼澤，2009）[5]。對於加害人的治療不再視為假釋要件，將觸犯妨害性自主罪的治療處分，視為保安處分之一種，性侵犯於判決前應經診斷有無強制治療之必要，經診斷有必要者，應於刑之執行前命其強制治療至治癒為止，期間最長不得逾三年（吳素霞、林明傑，2001）。本次修

---

5 蕭蒼澤（2010）。性侵害犯罪立法變遷之研究，國立台北大學犯罪學研究所。

法不亦是性侵害防治工作的一大進步，但亦有不少學者對修法內容有意見及批評。例如，周愫嫻（2005）即指出，性交定義的改變、修改強暴脅迫行為無須達到「致使不能抗拒」程度以及從告訴乃論罪改為非告訴乃論罪對審判實務可能產生重大影響。

　　有關性侵犯強制治療規定（刑法第91條之1）的優點在於將所有性侵害加害人在裁判前就先經過鑑定，有無治療之必要，可以降低不必要的治療人力成本。然而此種立法設計，在實務執行上卻出現困難，特別是有關鑑定評估部分。由於鑑定人質疑行為人有無犯罪不明下，無以憑作鑑定的質疑，亦或有出現判決與鑑定意見相左的情形，且多數學者及精神醫學專家咸認為在出獄前一年至二年之治療對於性侵犯是最具成效（林明傑，2004）[6]。因為對於性侵犯的治療概念，特別是對於高危險或高再犯的性侵犯不應該是治癒，而是終身控制，在判刑執行前為之的治療策略，顯然是不恰當的，而且所謂「得令入相當的處所」，大多是指監獄的高度戒護環境而言。然而性侵犯在監獄裡缺乏足夠的犯罪情境進行犯罪，自然難以判斷是否有性衝動「控制」的能力，遑論「治癒」。因此，在假釋之前或刑之執行完畢前為之，配合出獄後延續性的身心治療與輔導教育最為有效（周煌智，2001）[7]。還有，為加強對性侵犯的監控，主事機關（即內政部性侵害防治委員會）曾經提議在性侵害犯罪防治法增列條文，欲仿效美國所謂的「梅根法案」，一方面希望對有多次性暴力犯罪紀錄的犯罪人科予無限期延長的刑罰，他方面則希望針對釋放後的性侵犯建立所謂的登記與公告制度，以達社區監控之效，惟因反聲浪大而未能形成草案共識（盧映潔，2008）[8]。

　　2005年2月刑法再次修正。修法之後關於性侵害防治重大的轉變在於性侵犯治療無效者不得假釋，取消刑前鑑定與刑前治療改採刑後強制治療制度。至於修法主要理由為：其一，將性侵犯接受強制治療的時機從刑前變更到刑後，因性侵犯有無繼續接受強制治療之必要，係根據監獄或社區

6　林明傑（2004）。性犯罪之再犯率、危險評估、及未來法律展望，律師雜誌，301：74-97。
7　周煌智（2001）。性侵害犯罪加害人鑑定與刑前治療實務，刑事法雜誌，45(3)：127-144。
8　盧映潔（2008）。性犯罪「刑後強制治療」之法律適用，亞洲家庭暴力與性侵害期刊，4(1)：33-49。

之治療結果而定，將可避免原規定的鑑定因欠缺確定的犯罪事實或為無效之刑前強制治療。其二，性侵犯的強制治療應以強制治療目的是否達到而定，故期限以「再犯危險顯著降低為止」為妥。惟應每年鑑定、評估，以避免流於長期監禁，影響性侵犯權益（立法院，2011）。

為能更清楚了解我國性侵害法制面的變革情形，茲將性侵害相關法規修法歷程整理表如6-3所示。

表6-3　性侵害相關法規修法歷程一覽表

時間	修正條文	重要修法內容
1994年1月28日	刑法修正第77條增加第3項規定：「犯刑法第十六章妨害風化各條之罪者，非經強制治療，不得假釋」。	要求性侵犯非經強制診療不得假釋，可說是國內性侵犯必須接受治療的濫觴。
1997年1月22日	訂頒「性侵害犯罪防治法」。	制定公布全文20條；並自公布日施行。
1998年2月18日	訂頒「性侵害加害人檔案資料管理及使用辦法」。	訂定發布全文8條；並自發布日施行，本辦法依性侵害犯罪防治法第9條第2項規定訂定。
1998年11月11日	訂頒「性侵害加害人身心治療及輔導教育辦法」。	本辦法依性侵害犯罪防治法第20條第6項規定訂定之。
1999年4月21日	修正公布第10、77、221、222、224～236條條文及第十六章章名「妨害性自主罪」章；並增訂第91-1、224-1、226-1、227-1、229-1條條文及第十六章之一「妨害風化罪」章；並刪除第223條條文。	納入兩性平等觀念、性侵犯強制治療施以保安處分賦予法源依據等。重要改變臚列如下：1.增訂妨害性自主罪章；2.將性犯罪之被害對象及於男女，肯定男女雙方性自主權及身體自由權；3.以「性交」用語，取代原「姦淫」字眼，性交包括了性器接觸、口交、肛交、異物插入等行為；4.強暴脅迫等行為無須達到「致使不能抗拒」之程度；5.限縮告訴乃論範圍，將妨害性自主罪之行為，原則上列為非告訴乃論罪，亦即除對配偶犯普通強制性交罪（第221條第1項），或未滿18歲之人犯與帥童性交或猥褻

表6-3　性侵害相關法規修法歷程一覽表（續）

時間	修正條文	重要修法內容
		罪（第227條）仍保留為告訴乃論外，其餘本章各罪均改為非告訴乃論；6.原則上降低各犯罪類型之法定刑，普通強制性交罪的法定刑（第221條第1項）從舊法強姦罪之五年以上有期徒刑降為三年以上有期徒刑，但是加重強制性交罪（第222條第1項）將8款情形全部加重，科以較重之無期徒刑或七年以上有期徒刑，與舊法輪姦罪之法定刑相同；7.增訂性侵害犯罪加害人需接受強制治療處分之規定。
2005年2月2日	修正公布第10、77、91-1、222、225、229-1條條文；並自2006年7月1日施行。	修法後關於性侵害防治重大的轉變在於性侵加害人治療無效者不得假釋，取消刑前鑑定與刑前治療等，並自2006年7月1日起開始施行。說明如下：1.刑法總則性交定義之修正。本法之「性交」行為，爰增列法條內「非基於正當目的所為之」等文字；另為顧及女對男之性交行為，並修訂第5項第1、2款增訂「或使之接合」之行為，以資含括；2.假釋制度之改變，新修正刑法第77條採美國「三振法案」的精神，明示「受徒刑之執行而有悛悔實據者，無期徒刑逾二十五年，有期徒刑逾二分之一、累犯逾三分之二，由監獄報請法務部，得許假釋出獄」，惟於下列情形，不適用之：「犯第九十一條之一所列之罪，於徒刑執行期間接受輔導或治療後，經鑑定、評估其再犯危險未顯著降低者。」；3.取消刑前鑑定與刑前治療將原先第91條之1之「裁判前應經鑑定」與「刑前治療」規定廢除，修改為「徒刑執行中治療」與「刑後治療」。
2005年2月5日	修正公布性侵害犯罪防治法全文25條；並自公布後6個月施行。	1.因應刑法修正性侵害犯罪加害人接受強制治療的規定，性侵害犯罪防治法也新增有關性侵害犯罪加害人接受

表6-3 性侵害相關法規修法歷程一覽表（續）

時間	修正條文	重要修法內容
		處遇、治療的規定，也就是提升「社區處遇」的重要性，意即性侵害犯罪加害人在接受有期徒刑或保安處分執行完畢、假釋、緩刑、免刑、赦免或緩起訴處分時，經評估認有施以治療輔導之必要者，直轄市、縣（市）主管機關應命其接受身心治療或輔導教育；同時七年內應定期向警察機關辦理登記、報到，只要身分、就學、工作、車籍等資料有異動時也應主動登記；2.增加觀護人在執行保護管束時處遇的選擇，例如密集約談及訪視、協請警察機關查訪、驗尿、限制住居、宵禁、測謊、禁止接近特定場所或對象、轉介其他相關機構以及輔以科技設備（電子腳鐐）監控。
2005年7月5日	訂頒「性侵害犯罪付保護管束加害人測謊實施辦法」。	全文11條；並自同年8月5日施行，本辦法依性侵害犯罪防治法第20條第9項規定訂定之。
2005年7月26日	訂頒「性侵害犯罪付保護管束加害人採驗尿液實施辦法」。	全文16條；並自同年8月5日施行，本辦法依性侵害犯罪防治法第20條第8項規定訂定之。
2005年8月3日	訂頒「性侵害犯罪付保護管束加害人科技設備監控實施辦法」。	全文16條；並自同年8月5日施行，本辦法依性侵害犯罪防治法第20條第9項規定訂定之。
2005年8月5日	修正性侵害犯罪加害人身心治療及輔導教育辦法。	依性侵害犯罪防治法第20條第8項規定辦理。
2005年11月11日	訂頒「性侵害犯罪加害人登記報到及查閱辦法」。	全文17條，依性侵害犯罪防治法第23條第4項規定訂定
2010年1月13日	修正公布性侵害犯罪防治法第11、25條條文；並自1999年11月23日施行。	配合修正公布之民法總則編（禁治產部分）、親屬編（監護部分）及其施行法部分條文，將「禁治產宣告」修正為「監護宣告」。
2011年11月9日	修正公布性侵害犯罪防治法第4、7～9、12～14、20、21、23、25條條文；	1.增訂性侵害犯罪加害人易服社會勞動者，經評估認有施以治療輔導之必要時，直轄市、縣（市）主管機關應

表6-3 性侵害相關法規修法歷程一覽表（續）

時間	修正條文	重要修法內容
	增訂第22-1、23-1條條文；刪除第5條條文；並自101年1月1日施行。	命其接受身心治療或輔導教育，並配合實務運作，修正科技設備監控之運用等觀護人採取之處遇方式；2.為解決1996年6月30日以前犯性侵害犯罪之加害人，於接受獄中治療或社區身心治療或輔導教育後，經鑑定、評估，認有再犯之危險者，因不能適用1996年7月1日修正施行後之刑法第91條之1有關刑後強制治療規定，而產生防治工作上之漏洞，導致具高再犯危險之性侵犯於出獄後不久即再犯性侵害犯罪，衍生法律空窗之爭議，爰增列第22條之1；3.將犯刑法第224條、第228條及曾犯第227條再犯同條之罪之加害人一併納入登記、報到範圍；且鑒於警察機關對於性侵犯之定期或不定期查訪，對於性侵犯心理發生極大之外部約制力量，為落實性侵犯社區監督，爰增列規定。
2011年12月30日	訂頒性侵害犯罪防治法第22條之1加害人強制治療作業辦法。	全文共14條，自2012年1月1日施行。本辦法依性侵害犯罪防治法第22條之1第5項規定訂定之。
2015年12月8日	修正公布第2、3、8、13、17、20、22-1及25條條文；增訂第13-1、15-1、16-1及16-2條條文，除第15-1條自2017年1月1日施行外，餘自公布日施行。	1.第13條之1明訂，任何人都不得以媒體或其他公開方式揭露被害人的姓名或是足以辨識身分的資訊；2.專業人士除了依性侵害犯罪防治法第15條之1規定，得於偵查或審判中陪同被害人在場並陳述意見外，並賦予其得協助被害人詢問，且詢問筆錄具有證據能力，以維護兒童及智能障礙者司法權益；3.第16條之2明訂，性侵害犯罪被告或其辯護人，在審判中對被害人有任何性別歧視的陳述與舉止，法官應即時制止。
2023年2月15日	修正公布性侵害犯罪防治法，全文從原有的25個條文，擴增到56個條文；除第13條條文自公布後6個	修正重點包括：1.增訂性侵害被害人及專業人士定義（修正條文第2條）；2.直轄市、縣（市）主管機關應整合跨局處資源設

表6-3　性侵害相關法規修法歷程一覽表（續）

時間	修正條文	重要修法內容
	月施行外，其餘自公布日施行。	立性侵害防治中心，推動性侵害防治業務，並得與家庭暴力防治中心合併設立（修正條文第6條）；3.增訂刑法妨害性隱私及不實性影像罪之被害人準用本法被害人保護措施及相關違規裁罰規定（修正條文第7條、第46條至第48條）；4.增訂主管機關知悉性侵害犯罪行為人為兒童或少年時，應依相關法規轉介權責機關提供必要之協助（修正條文第12條）；5.增訂網際網路平臺提供者、網際網路應用服務提供者及網際網路接取服務提供者，知有性侵害犯罪嫌疑情事，應先行限制瀏覽、移除犯罪有關網頁資料、通知警察機關及保留相關資料之義務（修正條文第13條）；6.增訂專業人士辦理協助兒童或心智障礙者性侵害案件詢（訊）問之相關程序、方式等事項；少年保護案件、少年刑事案件之被害人，或犯罪嫌疑人、被告或少年事件之少年為心智障礙者，得準用相關規定（修正條文第19條至第22條）；7.增訂犯性騷擾防治法第25條第1項之罪及犯刑法第319條之2第1項之罪經判決有罪確定者、性侵害犯罪經緩起訴處分確定者，施以身心治療、輔導或教育，並定期登記、報到及不定期查訪，於未履行時可予裁罰並通知撤銷緩起訴處分或緩刑（修正條文第31條、第32條至第35條、第42條、第50條及第51條）；8.增訂少年保護官對實施性侵害犯罪行為而受保護處分之少年可採取之處遇方式（修正條文第34條）；9.增訂犯性騷擾防治法第25條第1項之及犯刑法第319條之2第1項之罪經判決有罪確定者、性侵害犯罪經緩起訴處分確定者應定期登記、報到（修正條文第7條及第42條）；10.加害人未依規定執行強制治

表6-3 性侵害相關法規修法歷程一覽表（續）

時間	修正條文	重要修法內容
		療、身心治療、輔導或教育；未依規定辦理登記、報到及接受查訪，加重其處罰。（修正條文第44條及第50條）

資料來源：作者整理。

二、性侵害防治方案推動現況

　　政府所推動的性侵害防治方案可分為二個面向，被害人服務方案與加害人處遇方案。其中，被害人服務方案主要的訴求是精進案件處理品質，減少被害人二度傷害，並治療其性創傷。這些方案如：減少被害人重複陳述作業、警察機關處理性侵害案件改進方案、性侵害整合性團隊服務方案、性侵害被害人的保護（服務內容包括驗傷採證、心理諮商復健等部分）及個案服務等作為（如陪同出庭等）。另一個面向，則是性侵犯處遇措施之執行。目前政府有關性侵犯處遇工作的重點為身心治療、社區監控，及透過無縫接軌措施之執行以建立性侵犯防治網絡。

（一）被害人服務方案

　　截至目前為止，政府所推動有關被害人服務方案比較重要的方案包括：「性侵害案件減少被害人重複陳述作業方案」、「警察機關處理性侵害案件改進方案實施計畫」及「性侵害件整合性團隊服務方案」。

1. 性侵害案件減少被害人重複陳述作業方案

　　我國在1999年將刑法中大多數的妨害性自主罪改為非告訴乃論後，幾乎所有的被害人均被迫進入司法程序中。因此，司法的流程需要更完善的措施來保護被害人可能遭受的二度傷害；且內政部家庭暴力及性侵害防治委員會（行政院組改後整併至衛生福利部保護服務司）為解決性侵害案件處理實務上遭遇的困境，諸如多次重複訊問、訊問品質不佳、偵審程序冗長等問題，在參酌美國司法改革所做的努力後，擬企圖從檢警與社政的處理流程上，尋求突破性的整合方案在各方專家的集思廣益下，經過12次正式的會議與無數次的協商，委員會終於在檢察、警察、社政、醫

療各體系中，建立起共識，訂定「性侵害案件減少被害人重複陳述作業方案」（以下簡稱減述方案），期望再藉著「性侵害案件減少被害人重複陳述作業」，提升服務品質並強化對被害人保護措施。本作業的推動有三大目標：第一，整合服務體系：整合檢察、警察、社政、醫療四大體系，使被害人感受到保護是整體且合作的，以減少體系間斷層所帶來的傷害。第二，減少被害人重複陳述：本作業的操作，是藉著檢察、警察、社政與醫療四大體系的緊密合作，透過會同詢（訊）問的方式減少被害人在各單位加總起來陳述的次數，以降低對被害人的傷害。第三，提升偵辦時效與品質：檢察官提前指揮進入詢（訊）問，並有社工員或專業人員在場，本作業以全程錄影（音）進行，避免被害人日後因距案發時間久遠，而記憶不全或喪失至無法陳述或陳述不完整。對提升性侵害案件偵辦的時效與品質，將有所助益。

　　本方案的作法是藉由結合檢察、警察、社政、醫療等服務團隊的工作方式，以達成提升詢問品質的過程目標與減少重複陳述的結果目標，最終完成被害人保護的目的，並提升偵查的時效與品質，以達到保障性侵害被害人權益的理想。方案的內容設計包括（黃翠紋、陳佳雯，2012；陳佳雯，2012）：

　　(1)處理流程：受理通報與陪同驗傷診療、指派專責社工人員進行訊前評估，並陪同筆錄詢問，由警方將蒐集到的相關證據與資料移送地檢署偵辦。

　　(2)社政評估作法：訊前訪視評估，指派專責社工以面對面方式進行評估（評估有困難時，請其他專業資源輔助：如特教老師等），減述作業服務對象及評估標準如下：A.18歲以下之被害人（兩小無猜、兩情相悅者除外）；B.精神、身體障礙或其他心智缺陷者；C.案情重大，遭受立即性侵害者（需保全證據或逮捕現行犯等急迫情形，應由警（檢）方初詢（訊）完畢後，再由社工評估進行訊前訪視）；D.被害人要求進入或社工訪視評估需進入者經社工評估符合上述要件且需要進入減述作業之性侵害案件，由警方聯繫地檢署婦幼組輪值檢察官，報告案情後，由檢察官指揮進入減述作業及後續相關偵辦事宜。

　　(3)專責社工員一案到底：社會局（處）受理性侵害案件後，指派專責社工員接案處理，一案到底，由專責社工員進行訊前訪視評估，並陪同

被害人製作偵訊筆錄及提供情緒支持、安撫，後續陪同出庭，其他相關處遇服務。

(4)專責警政人員處理偵訊、陪同驗傷採證：派出所受理報案後，通知分局性侵害專責人員接案處理，由女警或社工陪同被害人到責任醫院驗傷診療，責任醫院設置個別驗傷診療室，由醫師、護理人員、社工人員在內的醫療小組，依照醫療院所擬定的「疑似性侵害案件醫療及蒐證流程」，提供檢驗傷服務，以期減輕被害人身心傷害的焦慮。之後由女警同仁詢問製作筆錄，2人1組一問一記錄，並陪同被害人就醫驗傷，或由婦幼隊受理偵辦全程服務，處理偵訊、陪同驗傷採證等。

(5)檢察官指揮執行減述訊問作法：針對進入減述案件，檢察官於必要時會到場指揮偵辦，或為增加辦案之準確性，由警方帶同被害人前往地檢署進行訊問，或由警方製作被害人筆錄後，傳真予地檢署檢察官檢視有無其他需補詢事項；其他案件由檢察官另行指定複訊時間，由警方帶同被害人前往地檢署複訊。

(6)驗傷採證：由女警或社工陪同被害人到責任醫院驗傷診療，責任醫院設置個別驗傷診療室，由醫師、護理人員、社工人員在內的醫療小組，依照醫療院所擬定的「疑似性侵害案件醫療及蒐證流程」，提供檢驗傷服務，以期減輕被害人身心傷害的焦慮。

2. 警察機關處理性侵害案件改進方案

從內政部家防會的統計資料顯示，雖然我國的性侵害案件破案率高達九成以上，但不起訴案件卻占三成；另外，性侵犯平均刑期為37個月，在宣告有期徒刑案件中，卻有56%低於二年，符合緩刑條件者，有近60%獲判緩刑。而不起訴理由中，近九成為嫌疑不足（黃翠紋、陳佳雯，2012）。為精進性侵害案件偵查品質，提升起訴與定罪率，內政部警政署於2007年就案件處理流程、證物採集保全、團隊合作模式等面向檢討改進，並研議推行性侵害案件專責方案，首由基隆市警察局及桃園縣政府警察局先行辦理，加強驗傷採證的品質。經初步評估其具體執行情形，發現在警察受（處）理及移送的案件時間縮短、防治網絡較能有效整合、較能落實減述作業、以及提升被害人的信賴和嚴守保密規定。但由於性侵害案件所遇問題涉及層面廣泛，陸續與家防會、衛生署、法務部、教育部、及各地方政府研討策進作為。是項方案推行後，首先於2008年修正

為「警察機關處理性侵害案件改進方案實施計畫」，以提高性侵害犯罪偵辦蒐證品質及起訴率。由基隆市、桃園縣、台中市、彰化縣及高雄市政府警察局推動第一階段「性侵害案件改進方案」，以「專責處理」、「全程服務」等二大核心概念，結合以被害人為中心的減述作業精神，提供被害人完整的服務品質，改善驗傷採證處理及證物保全品質，協助伸張司法正義之目標。

3. 性侵害件整合性團隊服務方案

為幫助性侵害被害人克服對刑事司法之恐懼、避免司法程序對被害人可能造成的二度傷害，並提高服務效能，衛生福利部賡續推動辦理「性侵害案件專責處理全程服務改進方案」，而為貫徹及落實推動性侵害案件整合性團隊服務之概念，將性侵害案件改進方案名稱修正為「性侵害案件整合性團隊服務方案」，以「專責處理」、「全程服務」，建立在地化的處理模式，整合性侵害防治團隊之社政、警政、醫療及司法等專業的服務，以專業及全程處理，減少被害人二度傷害，達全面提升性侵害案件處理品質的目標，並納為內政部中程施政計畫。本方案的實施期程迄今共計推動四階段，如表6-4所示。

表6-4　性侵害整合性團隊服務方案推動期程一覽表

階段	期程	參與縣市
第一階段	2008年7月1日起開始推行，2009年賡續辦理	基隆市、桃園縣、彰化縣、台中市、高雄市等5縣市
第二階段	2009年6月研訂實施計畫核定後開始推行	台北市、新竹市、台中縣、雲林縣、高雄縣及宜蘭縣等6縣市
第三階段	2010年2月研訂實施計畫核定後開始推行	台東縣、花蓮縣、苗栗縣等3縣市
第四階段	2011年全面推動至全國實施	嘉義市、台南市（含台南縣）、新北市、新竹縣、南投縣、嘉義縣、屏東縣、澎湖縣等8縣市

資料來源：內政部家暴暨性侵害防治委員會。

而本方案為促進各單位討論與交流的機會，則透過諮詢督導會議與個案研討會議之召開等方式，以解決實務困難並培養團隊合作默契。其辦理

方式如下：(1)諮詢督導會議：按衛生福利部2011年推動「性侵害案件整合性團隊服務方案」計畫內容，各直轄市、縣（市）政府以每半年召開1次諮詢督導會議為原則，並應邀集網絡單位檢視工作推動情形，會中會邀請學者專家參與提供諮詢。大部分縣市均依照內政部規定召開諮詢督導會議，次數為每半年至少1次，一年2次以上。會議內容係有關整合性團隊服務方案運作情形或是流程內容有無需要增修之處，在會議上提出與各網絡單位討論並由諮詢委員給予意見；(2)個案研討會：按照內政部2011年推動「性侵害案件整合性團隊服務方案」計畫內容，個案研討會議以每3個月召開1次為原則，並視需要酌予增加，以問題為導向，針對不起訴或遭遇瓶頸之案件提出討論，以精進案件處理品質。個案研討會的會議內容，大部分的縣市幾乎都是以討論特殊個案為主，如陌生人性侵害案件、幼童遭性侵害案件或是校園與機構內的性侵害案件等。部分實施一站式服務方案的縣市則會特別針對進入一站式案件逐案討論，以檢視各網絡在流程的配合上有無問題？是否需要再修訂？個案的討論，除了檢視案件處理流程的缺失外，另一方面則會透過會議做案件資訊的交流，而有助於案件偵破，亦可針對各網絡單位遭遇問題研討解決方案，如衛生醫療單位會在該會議上提出加害人處遇個案的問題，併入會議中討論。

　　若能落實本方案，將可整合性侵害防治網絡團隊的專業，持續改善性侵害案件驗傷診斷、採證處理及偵查流程，加強醫療驗傷採證及刑事蒐證偵處，強化偵辦性侵害犯罪案件之證據能力，落實性侵害防治網絡間專業服務品質之要求，以提高性侵害案件司法機關之起訴及定罪率。但根據黃翠紋和陳佳雯（2012）分析其推動現況，發現存在以下執行困境：

　　(1)家庭暴力及性侵害防治中心層級過低以致難以發揮資源統籌功能：防治中心必須結合警政、教育、衛生、社政、司法等相關單位共同推動防治工作，要能達成此目標，防治中心就必須具備整合相關部門的資源與能力。然而問題就在於：防治中心的層級過低，防治網絡中的單位與防治中心無隸屬關係，無法直接指揮統籌。目前皆以透過縣市政府的層級，進行所屬間組織協調，但往往會有協調及合作上的困境。

　　(2)人力不足：目前性侵害防治網絡各單位普遍皆有人力不足的現象，且人力不足亦造成各單位人員案件及業務負擔過重的情形，進而導致案件處理品質低落以及個案服務不夠深入等情形。

(3)人員流動頻繁致經驗累積不易：性侵害防治工作具高度勞力密集性質，需要資深及不同領域的專業人力投入，故個人與組織經驗的累積傳承相當重要。惟現行行政機關組織編制，長期存有社工人力經費員額不足的問題，甚且人力普遍流動頻繁；而在警察、醫療及其他專業單位，也都面臨相同處境。如此一來，地方上無論個人或組織，根本無法累積足夠經驗。

(4)性侵害相關防治資源不足：目前各縣市有關性侵害防治政策推動，亦普遍存在防治資源不足的問題。大部分縣市資源不足的情形，主要在司法鑑定資源、智能障礙者的陪同偵訊資源以及特殊性個案的安置資源上。而少數縣市則更有民間團體數量較少，以致於服務方案難以委外辦理此一重大問題。

(5)網絡合作關係有待加強：在性侵害防治工作的推動上，由於各單位專業知能與工作內容的不同，且網絡間的關係，係屬合作關係而非上下隸屬關係，而易產生各網絡單位本位主義的情形。甚且若在分工上如無明確法規依據，所協助項目是否逾越各該職權範圍，亦將導致有網絡合作、協助的界線不明情形，而易產生衝突。

(6)司法單位案件處理品質有待加強：在被害人保護部分，至今仍有許多性侵害被害人除了要經歷冗長的司法程序外，還要不斷出庭重複陳述被害經過，如此的司法程序不但未能使被害人獲得司法正義，甚至會造成被害人更嚴重的二次傷害，導致後來拒絕再度出庭的情形發生。以減述作業為例，減述流程的目的在結合警察的筆錄和檢察官的訊問於一次進行。但在執行減述作業過程中，檢察官常因值勤過於忙碌時，聯合詢問並非每場必到，以致要進行二次以上的詢問。根據實務的狀況，反而檢察官親自指揮的少之又少，通常的作法是由現場的司法警察和社工員進行筆錄，完成後，再傳真給檢察官。然後再等待檢察官看完，回傳意見，再進行補詢問，接著再以傳真來回確認。整個詢問的時間，花在等待檢察官的時間，為時不少。而在加害人處遇工作方面，亦需司法單位的配合。目前就行政機關而言，以對於沒有經濟能力且居無定所的加害人最難執行監控，且其再犯率偏高。雖可透過移送裁罰的機制來約束加害人，但移送裁罰又涉及加害人對於登記報到或是處遇是否合法收受送達通知，而有是否符合裁罰要件及裁罰次數如何計算的問題，此時，法院的強制力應立即進入處理。

但實務上，往往案件移送至司法單位時，不是發生分案錯誤石沉大海，就是拖很久才判決或是裁罰過輕的情形。顯見在加害人處遇的整體流程上，司法單位仍有改善進步的空間。最後，於法官審理過程中，證人因需出庭作證而可能造成加害人日後對證人恐嚇、威脅的情形，如何加強對證人的保護，亦當是未來應該努力的方向。

(7)醫療單位驗傷採證品質及被害人保護觀念有待加強：目前醫療服務所存在的缺失包括：仍有拒絕提供醫療服務及拒開診斷書的情況、忽略精神和心理的傷害、忽略個案隱私的保護、醫療人員態度不佳、醫療人員與其他防治網絡的互動不足、診斷書記載過於簡化、醫療人員處理技巧不佳、醫療人員的保護觀念不足，等問題。尤其在驗傷採證部分，部分驗傷醫師的驗傷專業能力有待加強，而驗傷單亦應有更清楚的述明，方能有助於案件判斷。

（二）性侵犯處遇方案

根據沈勝昂、林明傑（2007）的研究指出，性犯罪行為的發生並非完全是衝動、未經計畫的。亦即性犯罪通常都是有特定的過程與步驟，且其犯行的各步驟間環環相扣，形成所謂的「路徑」，而在「路徑」「上癮」後，犯罪習慣形成「性犯罪循環」路徑，每一步驟都有其功能性的價值，成為強化或削弱後續行為的發生。因此，性侵害發生的預兆（即「危險因子」）是可以被辨識出來的，其中立即的「預兆」就是監控加害人社會、身心狀態需要確認的再犯動態「危險因子」。以性犯罪心理、病理發展模式或性侵犯罪路徑為基礎，可以找出性侵犯加害人早年發展的靜態與目前潛在的動態危險因子（吳正坤，2009）。因此，性侵犯的防治作為可以根據此套路徑加以設計，透過區分再犯高危險群並對其進行特別的治療與監控計畫及觀護策略，以減低其再犯的發生。

其次，今日有關性侵犯的防治工作，已經不只是將其定罪判刑而已，而是發展到嘗試了解性侵犯的特性、心理特徵。經由過去研究也了解部分性侵犯的犯罪行為是不大可能經由治療而完全不會再犯。因此，必須努力降低其再犯的風險。但相較於財產犯罪，性侵害犯罪對被害人影響與傷害甚大，更需強化其防治作為。因此，性侵犯處遇工作將必須包含身心治療、社區監控等作為。而在林○政案後，政府則更著重於建構性侵犯處

遇的防治網絡，其概念與被害人保護網絡的概念不同，因此推動「無縫接軌」措施。期望透過無縫接軌方案的實施，從性侵犯出獄回到社區中所涉及的單位都能夠合作無間，有良好的轉銜機制，以改善以往獄政、社政、衛政及警政單位各自為政的狀況，加強網絡橫向聯繫並適時交換性侵犯資訊。至於有關性侵犯處遇工作的作用，在整體性侵害防治工作上像是一道防護線，必須能預防性侵犯再犯，方能確保防治政策的品質。被害人保護工作與加害人處遇工作雖然都在性侵害防治工作的範疇之下，兩者的資源多有重疊之處，並且必須互相連結，但是兩者的工作重點卻不盡相同，對於性侵害被害人的工作重點在於「保護」，而對於性侵犯的工作重點則在於「處遇」，主要在於避免其再次犯罪，偏向風險管理（黃翠紋、陳佳雯，2012）。

目前我國有關性侵犯的處遇措施，包括（黃翠紋、陳佳雯，2012；吳慧菁、鍾志宏，2009）：

1. 監獄處遇（刑中處遇）：目前法務部共計指定11所矯正機關專責辦理性侵害受刑人的篩選與強制身心治療業務，除依刑法、監獄行刑法辦理外，並訂定「妨害性自主罪與妨害風化罪受刑人輔導及治療實施辦法」，明定處遇流程。

2. 社區處遇：係由各地檢署、縣市家庭暴力及性侵害防治中心與警察機關依「性侵害犯罪防治法」及「性侵害犯罪加害人身心治療及輔導教育辦法」，安排性侵犯接受社區處遇。此類處遇可分為治療、輔導及監控三方面。性侵犯如無正當理由不到場或拒絕接受評估、身心治療或輔導教育者及無正當理由不按時到場接受身心治療或輔導教育或接受之時數不足者，得處新臺幣1萬元以上5萬元以下罰鍰，並限期命其履行；屆期仍不履行者，處一年以下有期徒刑、拘役或科或併科新臺幣5萬元以下罰金。是類性侵犯如為假釋、緩刑、受緩起訴處分或有期徒刑經易服社會勞動之加害人，檢察官得通知原執行監獄典獄長報請法務部、國防部撤銷假釋或向法院、軍事法院聲請撤銷緩刑或依職權撤銷緩起訴處分及易服社會勞動。目前許多縣市政府已能體認性侵犯社區處遇工作的重要性，認為要有效預防性侵犯再犯應該投注相當資源在社區處遇工作上，而且現行有關性侵犯處遇的相關法令規定及配套措

施是足夠的。然而在實際執行上，卻可能因為網絡人員對於規定的不熟悉，以至於無法發揮現行規定的功能及預期效益。而目前社政單位必須投入較多資源的性侵犯處遇工作是家內亂倫案件。由於家內亂倫案件不僅需要服務被害人還要協助家庭重整，甚且性侵犯的處遇計畫也涉及兩個層面，一個是性侵害部分的處遇，一個是家庭暴力部分保護令上的處遇計畫。

3. **隔離處遇**：性侵犯依刑法第77條、監獄行刑法第81條及性侵害犯罪防治法第20條施予治療、輔導後評估其自我控制再犯預防仍無成效者，得依監獄行刑法第82條之1、性侵害犯罪防治法第22條及刑法第91條之1，聲請強制治療（刑事保安處分），本項處遇之實施處所為公私立醫療機構。如性侵犯的犯罪行為日於1996年6月30日以前，則依性侵害犯罪防治法第22條之1，聲請強制治療（民事監護處分），本項處遇實施處所則為醫療機構或其他指定處所。前二項處分的治療期間，均係至其再犯危險顯著降低為止，即執行期間採絕對不定期之設計，俾利其危險性確實降低後，始能回歸社會生活。

我國性侵犯處遇含括刑罰、保安處分、社區等不同領域，而執行單位則跨越法務部、內政部、衛生署、國防部、地方政府等各相關政府部門。在2011年，雲林縣性侵害累犯林國政服刑期滿出獄後，旋即再犯並殺害被害人一案，震驚社會，本案凸顯網絡各機關間橫向聯繫機制欠佳。為避免類似憾事再次發生，內政部乃邀集司法院、法務部、行政院衛生署、警政署和內政部家防會等相關單位召開會議，針對本案進行檢討改進，並提出「無縫接軌」方案。內政部並於2012年4月12日通過「性侵害犯罪加害人登記報到及查閱辦法」修正草案，期望從監獄到社區明定性侵害犯罪加害人治療及監督機制，落實無縫接軌措施。本方案係以各縣市家庭暴力及性侵害防治中心為窗口，統一接收及轉發各網絡單位公文及資訊，不論是刑滿出獄的性侵犯，或是假釋或緩刑附保護管束的性侵犯都有其事先通知程序，應提早告知防治中心。由防治中心以公文內會或轉發的方式轉知警政、衛生醫療等單位，以便相關人員進行登記報到及處遇治療工作，並依規定召開網絡監督會議及個案研討會，以加強網絡合作關係。

「無縫接軌」措施在推動上比較重要的特色有二個部分（黃翠紋、陳

佳雯，2012）：

1. **召開性侵害加害人聯繫會議**：各縣市有關「無縫接軌」措施的執行現況，係以防治中心為統一窗口聯繫發文，並加強落實性侵犯登記報到、社區處遇及定期查訪的工作。在加強各地方政府轄內的聯繫機制部分，也要求各直轄市及縣市政府應由縣長、副縣長或秘書長等高階主管每3個月邀集警政、衛生、社政、處遇執行機構等單位，定期召開聯繫會議進行業務協調與聯繫，針對有可能危害民眾安全的個案進行討論，並進一步擬定有效的治療或監督計畫。目前各縣市召開會議頻率不一，部分縣市原本就有良好的聯繫合作關係，就依照以往合作模式執行，會議召開情形頻繁效果也較為顯著；部分縣市則是透過本項措施，來建立並加強各網絡單位合作模式，會議召開頻率按照中央規定次數。但亦有少數縣市未落實執行，例如在召開會議上面，僅就舊有的相關網絡會議聯繫討論加害人處遇工作事宜，而未再依中央規定另外召開會議。

2. **評定危險等級由警政單位執行約制查訪**：對於經評估為高再犯危險的性侵犯，各地警察局應嚴格執行「治安顧慮人口查訪」工作，至少每週應進行查訪一次。在警察機關執行部分，當地警察局在收到公文後應立即查詢並確認性侵犯的戶籍資料，要求服刑期滿的性侵犯出獄隔天即向戶籍所在地的警察局報到，並定期至警察機關辦理登記報到。

（三）性侵犯處遇原則

隨著研究資料的累積，讓處遇人員了解到性侵犯類型及成因的多樣性，因此處遇方法也應該考量多種因素（Marshall, Marshall, Serran & Fernandez, 2006）。同時，最初打算適用於刑事司法制裁（即判刑、轉向處遇和社區監督）的犯罪預測模式，也被發現或許更適合運用在性侵犯處遇而不是制裁。其中，最受關注的，莫過於Andrews、Bonta和Hoge等三位學者在1990年提出風險需求回應模型（The Risk-Need-Responsivity, RNR）並在美國、加拿大和世界許多國家的性侵犯處遇有許多成功的案例。本項模式是由三原則所構成：

1. **風險原則**：強調犯罪行為可以成功地被預測，而不同的再犯風險程度，應該接受不同時數的處遇治療，至於處遇重點則應該側重於高風險的犯罪者（McGrath et al., 2010）。根據風險原則，處遇措施的程度必須與性侵犯所構成的風險程度相當。低再犯風險的性侵犯可能不需接受專門處遇，而只需要例行監控即可，最密集的處遇措施則應該留給更高風險的罪犯，因為處遇以及監督的時間必須夠長，也應該更頻繁地應用，包括處遇人員與性侵犯必須有更多的接觸時間，才能了解性侵犯再犯風險程度。若能遵守對於風險控管的原則，除了是對有限資源的最佳利用外，也因為處遇的強度必須與性侵犯再犯風險一致，處遇才能提高減少再犯的效果（Andrews & Bonta, 2010; Hanson & Yates, 2013）。Bourgon和Armstrong（2005）以再犯性侵害風險程度和是否會接近觸發性侵害因子等二項因素，作為處遇治療強度與時數的參考指標，他們發現，100小時的治療時數足以減少有中等再犯性侵風險以及不會有觸發再犯性侵害因子的性侵犯行為，若是治療時數能達到200小時則效果更好；而當性侵犯有很高的再犯風險或有多個觸發犯罪的因素存在時，則至少需要300個小時或更多的治療時間來減少再犯。Hanson和Yates（2013）的研究則建議，對低再犯風險的性侵犯不需進行專門的處遇治療，中等再犯風險的性侵犯所需處遇時間則為100至200個小時，而高再犯風險且有數個觸發犯罪風險因子存在，則至少需接受300個小時的治療。

2. **需求原則**：強調性侵犯的犯罪需求在設計和提供處遇治療方面的重要性。本原則要求處遇的重點是性侵犯的犯罪需求，而且重點應該放在跟犯罪行為直接相關的動態風險因素來規定處遇措施的執行[9]，唯有改變這些風險因素，才能減少再犯的機率（Andrews

---

9 由於性侵害的發生是一個複雜的過程，因此任何單獨的一項因素都無法準確地預測性侵害加害人的再犯發生，必須將所有的因素同時合併考量，才能提高再犯預測的準確度，而目前最廣為使用的方法則是以性侵犯的靜態與動態因子作為再犯風險預測的指標（沈勝昂，2005）。其中，靜態危險因素（static factor）係指與性侵犯個人有關的特徵（例如性別、年齡）或是已經發生的事件（如過去的性犯罪紀錄以及兩造的關係與被害人的年齡、性侵犯家庭狀況）屬於個人過去的歷史、固定之變項，其主要特質是無法透過處遇作為改變的因素。動態因子（dynamic factor）則是指會隨著時間產生改變之變項，如非正式社會支持網絡、生

& Bonta, 2010）。同時，處遇過程需考慮個案的優點、學習風格、個性、動機和人口特徵（如性別、種族），透過提供認知行為治療和調整對性侵犯的學習方式、動機、能力等方面的處遇，儘可能地提高犯罪者從處遇中學習到一些能力。再者，處遇目標是針對性侵犯的再風險因素，而不應集中於非犯罪的需要，因為將資源用於處理這些非犯罪因素（包括自尊、個人感受）不太可能減少再犯的因素（Andrews & Bonta, 2010）（參閱表6-5）。

表6-5　風險需求因素與處遇目標

主要需要	風險／需要因素	處遇目標的指標
反社會人格模式	衝動 喜歡尋求冒險刺激 躁動不安和易怒	建立自我管理技能、教導憤怒情緒管理
支持犯罪的態度	對犯罪的合理化、對法律的消極態度	反犯罪合理化與親社會[10]態度、建立親社會身分
支持犯罪的社會網絡關係	不良偏差友伴 與初級社會團體（如家人）成員隔離	取代不良偏差友伴 建立和同事與親社會朋友的關係
濫用藥物	濫用酒精和／或藥物	減少藥物濫用、使用藥物替代療法
家庭／婚姻關係	不適當的父母監督和管教 家庭關係不良	傳授育兒技巧、增進熱情和關愛
學校／工作	能力差、滿意度低	提高工作／學習技能、 培養人際關係（在工作或學校環境中的關係）
親社會娛樂活動	缺乏參與親社會的娛樂／休閒活動	鼓勵參與親社會 娛樂活動 教授親社會的興趣和運動

活型態等。至於在風險控管上，則動態危險因素比靜態危險因素更為重要。

10 親社會行為（prosocial）是一種「旨在造福他人」的自願行為，其目的是使其他人或整個社會受益」，其內容也包含遵守團體規則和符合社會接受的行為。

表6-5 風險需求因素與處遇目標（續）

次要需要	指標
自尊	低自尊、低自我價值感
個人感受	焦慮、憂鬱感受

資料來源：整理自Andrews, D. A. & Bonta, J. (2010). *The Psychology of Criminal Conduct* (5th Ed.). Cincinnati, OH: Anderson Publishing; Andrews, D. A., Bonta, J. & Wormith, S. J. (2006). The recent past and near future of risk and/or need assessment. *Crime and Delinquency*, 52: 7-27.

3. 回應原則：回應原則涉及性侵犯與處遇人員之間的互動關係，主要係在於說明如何透過認知行為治療方法教導性侵犯學習新的行為，過程中應該針對性侵犯各種特點的了解，如語言認知能力、文化、個性風格、智商、焦慮水準、學習風格和認知能力等特點，從而強化性侵犯的參與動機和減少參加治療的障礙，藉以協助性侵犯調整學習方式、動機和親社會的能力（Andrews & Bonta, 2010）。而不管犯罪行為類型如何，有效的認知社會學習策略都須根據以下兩個原則運作：(1)關係原則：治療人員需與個案建立熱情、尊重和合作的工作聯盟；(2)構造原則，透過適當的增強、解決問題技巧等來影響性侵犯對親社會的變化方向。

總之，處遇治療的實施應多種多樣，並以性侵犯個人的風格和能力調整處遇模式，以提升處遇的功能。當然，這涉及到處遇人員的臨床能力。再者，過去研究已經證實，風險需求回應模型及其原則對於預防再犯的效果非常好，研究顯示：若能符合上述三項原則的處遇，優於不遵守這些原則和單獨實施刑事制裁的處遇。而且此一模式對一般罪犯、青少年罪犯、暴力罪犯和女性罪犯都有不錯的處遇效果。重要的是，性侵犯的處遇若能遵守這些原則也能達到很好的再犯預防效果（Hanson & Yates, 2013; Andrews & Bonta, 2010）。研究也顯示，影響性侵犯再犯的風險因素中，以性偏差和反社會生活方式（反社會人格、反社會特徵、暴力前科、衝動控制能力差、生活方式不穩定和有其他前科素行）是兩個最重要的預測因素。必須特別強調的是，過去研究再再顯示，性侵犯更有可能犯的是跟性侵害無關的其他犯罪類型（Hanson & Morton-Bourgon, 2005）。

另外，不同類型的性侵犯，預測其再犯的因素是不同的。因此，在治療過程中所規劃的處遇原則，需注意有可能發生的再犯類型，並隨著治療的進行而調整處遇原則。至於跟性侵犯再犯有關的動態危險因素，包括：偏差的性傾向、缺乏積極的社會影響、沒有親密伴侶、性的自我調節問題、一般的自我調節問題、對性侵害的態度以及對社區監控的配合度等問題。在處遇過程中，需先對這些進行評估，並斟酌靜態風險因子，將這些因素綜合評估，規劃個別化處遇計畫，才能更精準確定治療的強度（Yates et al., 2010; Hanson, Harris, Scott & Helmus, 2007）。

第四節　兒少性侵害的預防措施

　　兒少遭受性侵害對於被害人的傷害是非常巨大的。自1980年代早期，人們開始利用各種可能的管道，如：影片、電影、木偶、書籍、漫畫、角色扮演、討論團體等方式，以減少此類事件的發生，或是減少對被害人的傷害。如果根據Caplan（1964）在心理衛生模式所提出的預防概念，將其援用到兒少遭受性侵害事件的預防工作上，也可以區分成三個預防層級，包括：一、初級預防：經由消除可能的危險因素，及兒少發展的危險因素，以預防兒少遭受性侵害事件的發生；二、二級預防：儘早確認兒少遭受性侵害的可疑因素，以便及早介入處理，而能夠防止事件的發生；三、三級預防：運用處遇方案，以降低事件對受害兒少的傷害，並預防事件繼續發生。在這三個層級的預防措施上，以前二個層級的預防措施最為重要，是對於可能的危機予以管理；至於最後一個層級的預防措施則有學者質疑其預防成效，認為已於事無補。因此，嚴格來說並不算是一種預防措施，充其量只能說是一種危機的處理措施而已。而Cohn和Daro（1987）也曾經檢視了美國從1977年至1986年的主要處遇方案評估報告發現：「檢視過去十年來在處遇方案的評估研究發現，處遇的效果一般而言都沒有成功，投入所有的經費在個案事後的處遇上，事實上是於事無補的。」

　　以下將分就性侵害二級預防作為與遭受性侵害後的處遇作為論述如下：

一、性侵害二級預防作為

（一）初級預防

1. 提高父母親、學校老師，及其他兒少照護者的警覺性，讓他們知道兒少性侵犯可能存在於社會上各個層級。這些性侵犯經常是一些年輕的男性（有時候也可能是女性），他們可能原來就與兒少有一些關係存在，或是透過某些管道來接近兒少。

2. 認知到男童也像女童一樣，有可能成為性侵害的被害人，特別是在10歲以後。

3. 教導兒少當陌生人接近他（她）時，一些簡單的應對技巧。

4. 教導兒少人們可能接近他（她）身體隱私處的一些特別知識。

5. 提供兒少有關個人與社會關係的互動界限，使他們對於可能發生在他們身上的各種形式性侵害事件能夠較為敏感。

6. 建立兒少性侵害較為顯著的社會警戒，以嚇阻潛在的兒少性侵犯。

7. 在刑事政策上，將那些嚴重及持續的兒少性侵犯予以隔離，因為有許多的兒少性侵害事件是他們所犯下的，而且對於兒少有極大的潛在危險性。

（二）二級預防

1. 透過正式與非正式的方法，在學校與家庭中為孩子創造一個他們感覺到可以將其遭受侵害的事實或是面臨的危險告訴大人的環境，以及教導他們一些字彙（至少讓他們認識自己的身體構造），如此才能夠使他們在不幸遭受性侵害時可以儘早將所遭遇的事件報告出來。

2. 父母親、學校老師，以及其他人對於他們所偵測出來的可疑徵兆要能立即採取行動。

3. 有許多兒少性侵害事件的發生，都沒有特別的原因存在，尤其是老師應該注意一些發生在兒少身上的性侵害跡象，而不應該只注意那些明顯的行為異常或是心理上的指標。

4. 要清楚認知到，兒少幾乎不會捏造遭受性侵害的事實[11]。

5. 對於那些處於危險情境的兒少要提高警覺，特別是那些沒有與親生父母同住的女童。目前兒少遭受性侵害的通報事件漸增，有一部分的原因即是因為家庭結構改變，兒少的親生父母親離婚或是分居之後，再婚或是與他人同居所致。

6. 假使兒少性侵害事件是發生在兒少自己的家中，那麼就應該讓施虐者離開兒少的家庭，如果不可行，則必須將兒少帶離自己的家庭安置到安全的處所，防止事件繼續擴大。

二、兒少遭受性侵害後的處理措施

非常明顯地，外界對被害人的救援與幫助若是能夠及早介入，則成效將會越大。一旦發現兒少遭受性侵害應該立即採行以下作為：（一）對於所揭露的事件提供一個憐憫、了解與支持態度的回應方式；（二）保持有規則的訪談與處遇，以降低性侵害事件對於兒少傷害的程度；（三）與受虐兒少溝通，讓他們認知到：即使他們在案發當時對事件有所認知，他們也不應該為事件自責與負責任；（四）對於適應有困難的性侵害倖存者提供諮商，或是心理治療服務。

但另一方面，由於性侵害的類型相當多樣，就部分被害人而言，可能無法在被害當時得到適時的幫助，有一些被害人甚至一直要等到長大成人後才能夠（或是才有勇氣）公開被害的事實。另外有一些被害人則可能在孩提時期曾經企圖尋求幫助，卻被大人當成他（她）在說謊，或是在當時只是獲得少許的幫助而於事無補。就這些未獲幫助的倖存者而言，待其長大成人後仍可透過許多有益的管道，而使其心靈的創傷稍獲平息。尤其是那些自願尋找幫助的人，這些遲來的幫助特別有效。因此，實務工作者面對尋求幫助的被害人，應小心處理，避免其遭受二度傷害。以下本書將介紹一些實務上可用以幫助性侵害被害人的處理措施。

---

11 根據Herman和Hirschman（1980）的報告指出，有超過99%的被告發兒少性侵害事件是真實的。兒童不會謊報性侵害的原因，是因為謊報性侵害對他而言得到不任何好處；反之，在他坦承之後卻可能承受莫大的壓力，如：不被相信、支持、他人異樣的眼光，而若是施虐者是其重要的親人，家庭更可能瀕臨破碎或是導致施虐者入獄（轉引自陳若璋，1994）。

（一）積極的傾聽

被害人可能會試圖尋求一個他所信賴的實務工作者，能夠傾聽他過去不愉快的經驗。這些過去的經驗有時候可能會出現在倖存者的記憶和感覺中。告訴一個懂得傾聽的人，將可以幫助他平息這些過去經驗所產生的夢魘。至於實務工作者則在傾聽到兒少的經驗時，則不可以顯現出震驚、痛心、憤怒或是非難的態度。

（二）提供積極的信念

當被害人已經傾吐過去的被害經驗後，傾聽者還需要採取一個積極的態度，傳達給被害人應有積極的信念。就兒少而言，他們幾乎沒有力量與認知來抵抗性侵害事件的發生，因此不要責備自己。就成年的倖存者而言，他們童年期所受到的創傷並不會損害到個人存在的價值。

（三）設定界限

當被害人尋求實務工作者的幫助，而且可能只有尋求幫助而未向他人求援時，有些實務工作者可能會感到些許的挫敗。對於富有同情心的人來說，可能就會盡可能提供幫助。但是實務工作者設定一個適當的範圍，以界定他可以提供幫助的限度，不論就實務工作者或是被害人而言都同樣的重要。假使實務工作者變得太投入，而且將專業關係轉變成朋友的關係時，則會使情況變得很危險。此時，被害人可能會變得過度依賴實務工作者，而且當他所信賴的實務工作者轉換工作，或是必須以其他被害人為優先時，將會覺得實務工作者背叛了他。因此，建立清楚的界限和介入的程度，將是非常有必要。其優點在於：1.它可以防止工作人員疲憊不堪或是工作負荷過大；2.它可以為那些可能無法堅定的說「不」，而沒有罪惡感的實務工作者，提供一個與被害人互動的模式。實務工作者應該對其輔導或受理的被害人，很適當地說明可以幫助的界限，而沒有負面的結果出現。

當被害人是兒少時，實務工作者在與其身體上碰觸的界限必須十分清楚。其次，實務工作者可能會嘗試想要擁抱一個痛苦不堪的被害人，但是這麼做必須清楚讓他（她）知道用意，而且也要了解是否有違犯到他（她）的意願與自尊。事實上，就許多成年的倖存者而言，身體上適度的

碰觸（如拍拍肩膀等）對他的復原是很有幫助的。

（四）提供可協助的資源

下一個步驟則是與倖存者共同決定他需要何種幫助。有許多可能的幫助管道彼此之間並沒有互斥，不同類型的幫助可能可以接續或是同時運作，例如：

1. 他們可能需要特殊的諮商或是性機能失調的專家。
2. 他們可能與其他倖存者一起參加諮商輔導團體。
3. 他們可以在家裡觀看許多有助於他們復原的書籍或是錄影帶。
4. 對於那些有自殺傾向的倖存者則必須求助於電話救援專線，以及專業的精神科醫師的幫助。

（五）告訴第三者

實務工作者必須相當留意保密的問題。倖存者可能會毫無保留的將案情告訴實務工作者，而那是因為他（她）認為實務工作者是值得信賴的。然而有時候，實務工作者卻也不得不將案情告訴第三者。此種情形大多是因為倖存者需要尋求其他人幫助的時候。此時，被害人可能也在尋求此種幫助，因此對於實務工作者的處理方式相當高興。然而就另外一些倖存者而言，他們可能只是單純想以自己的方式來卸下心裡面的重擔，而不願意事件讓更多人知道。實務工作者應該可以看出倖存者所需要的幫助技巧為何，必要時必須嘗試說服倖存者接受特殊的幫助，但是卻不可以使用強制的手段強迫其接受。

倖存者有時候會不知道如何將案情告訴自己的父母親與朋友，他們的支持與了解對於他而言是很重要的，但有一些家屬對於事件的反應卻沒有顯現同情或是很不適當[12]。倖存者必須確定家屬能夠分享他的經驗，因為他不想獨自保有這個令他感到有罪惡感及痛苦的祕密，但他也必須確認家屬是否會對事件有一些負面的反應。有時候倖存者期待能與其他家庭成員分享這個祕密的另一個目的，是希望藉此而能夠問一些存在他心裡相

---

12 與成年的性侵害被害人相較，兒童被害人如果能夠得到父母親及家屬的支持與幫助，復原的情況將較為良好，而成年的性侵害被害人則比較需要來自於朋友的支持（Feiring et al., 1998）。

當長久的問題：當施暴者不是母（父）親時，他們想要問為何案發當時母
（父）親無力保護他呢？他想要知道如果當時其他兄弟姐妹也遭受性侵害
時怎麼辦呢？他想要知道為何在其他家庭不會發生此類事件，而卻發生在
自己的家中呢？當他們問這些問題時，需要很大的勇氣，而且假使家屬的
反應是憤怒、拒絕、否認等情況時，將會讓他們受到更嚴重的二度傷害。
實務工作者應該適時鼓勵倖存者將事件告知家屬，但是也必須要在倖存
者已經準備好的情況底下，並且要為可能獲致的負面結果預先做好心理準
備。

（六）處理情感上的問題

　　有許多倖存者情緒上的問題，可以經由積極的傾聽和提供積極的信念
而得到舒緩，但是還可透過其他技術得到此種效果。特別是放鬆技巧可以
幫助他們處理焦慮和某種程度的憤怒情緒。由於社會化的過程，女性被害
人經常有表達性憤怒的問題，而且可能導致自我毀滅的行為；在男性被害
人的部分，則由於很難承認自己恐懼和無力的感覺，而可能將他們憤怒的
情緒轉化成攻擊或是暴力行為。他們需要幫助以便認知事件的發生，是加
害人脆弱與失控的結果。實務工作者需要幫助男性與女性被害人了解到，
憤怒也可能是一種建設性的情緒，過去有一些重要的改革者就是被憤怒的
情緒所激勵的。

　　倖存者有絕對的權利對他們的施虐者表達憤怒的情緒，但他們卻無權
將情緒發洩在第三者的身上，特別是對兒少。同時，他們也可能將此種情
緒發洩在幫助他們的實務工作者身上，這就是為什麼當實務工作者沒有感
知或是有不適當的行為時，這些倖存者也會表現出憤怒的情緒。因此，對
於這些個案的處遇，最適當的方式是耐心與了解。

（七）復歸

　　復歸是性侵害被害人復原的首要工作。就倖存者而言，復歸的最重要
工作是懷念與原諒他們兒少期的我（child-self）。有許多人不會責備受虐
兒少，然而他們卻會責備自己的被害。實務工作者可以鼓勵他們回憶自己
兒時的情形，必要時可以使用兒時的照片。然後他們必須嘗試去想像，假
使當一個兒少告訴他們他（她）遭受性侵害時，他們可能的處理方式。他

們需要隱喻性地提供兒少期的我安慰與諒解。他們應該要告訴這個兒少他（她）是不應該受到責備的，他沒有錯，也不應該被虐待。最後，他們將會學習去原諒這個兒少期的我，然後自我的懲罰行為才可以停止。當他們認知到自己是值得保護，而加害人則沒有權利去傷害他們時，他們的自我概念才得以提高。這個過程透過團體的諮商療法最為有效，因為倖存者可以經由實務工作者及和他有相同境遇的人，而能夠增強自我的價值與無罪惡感。

　　總之，就某些倖存者而言，過去的事件對於他們的傷害是如此之大，使得他們已經喪失了對未來的信心。假使他們對於自己的憤怒，和他們過去的情境可以予以客觀化，將可以產生很好的效果。毫無疑問的，成為一個受虐者是一件非常痛苦的經驗，它不是任何兒少可以忍受的經驗。而此種經驗卻只有曾經遭受性侵害的人體會最為深刻，他（她）對於其他受虐者的處境最能夠感同身受，也最能夠提供支持與安慰給他們。憤怒結合了同理心與了解，使得一些曾經是受虐者的人，投入幫助其他受虐者的行列中。有一些倖存者選擇成為實務工作者來幫助其他被害人，而有一些人則是因為其他理由才加入。但他們都發現，加入這個行列之後，不但可以幫助其他被害人，就他們本身而言也是很有幫助的。

第五節　小結

　　性侵害行為侵犯了人類身體最隱私的區塊，對被害人身心靈皆造成極大傷害與羞辱，容易導致被害人長期的創傷、無力感與創傷後壓力症候群（PTSD），所產生的影響可能終其一生。我國為防治性侵害事件，在婦女團體的努力下，自1990代開始，針對性侵害犯罪制定了「性侵害犯罪防治法」並修訂刑法相關規應來加以因應，而政府亦開始推動諸多防治作為。性侵害事件發生後，需要許多不同工作層面的單位共同處理，並非一個單位所能解決。需要社工的處遇、警察的介入、醫療的服務、教育系統的支持、被害人與加害人的輔導、律師的諮詢、司法的偵辦，甚至勞工單位的介入等。是以我國在面對性侵害犯罪問題，以刑前治療、社區處遇，以及刑後治療來針對加害人進行處遇，並推動「性侵害案件減少被害人重

複陳述作業方案」以及「性侵害件整合性團隊服務方案」以提供被害人協助。在2011年林○政甫出獄後又涉嫌性侵殺害女學生案發生後，更是對於性侵害犯的出獄或假釋後的社區處遇嚴格律定無縫接軌。

　　然而由於性侵害事件並非僅靠單方之力量便能加以阻絕與防治，檢視我國針對性侵害的防治現況，仍有許多層面需要改進：在加害人處遇部分，應建構以觀護人為主導者的加害人社區處遇網絡制度並建立性侵害犯罪加害人支持網絡協助加害人復歸社會；在被害人保護部分，除了落實現有政策及方案之執行，應辦理專業訓練以強化主管及基層人員性侵害防治概念，提高防治中心層級以統籌資源並指揮執行，在執行層面需補足人力並專責久任；另外，亦應積極開發並運用兒童及心智障礙者專業資源，使得網絡合作關係應更加密切，以及更強化司法單位在性侵害防治工作的功能及角色。

　　此外，由於遭受性侵害對於兒少所造成的影響，並不僅僅限於未成年期的許多不良後果，更會持續到成年之後，而形成持續性的危險因子，對於倖存者的健康、心理，以及生理機能都造成不良的影響。因此，「預防重於治療」這句話在兒少性侵害事件的防治工作上，尤為重要。本書認為，在所有的預防層級中，以初級預防最為重要，其次則是二級預防，這二個層級的預防措施著重於事件的危機管理，希望能夠防微杜漸；而三級預防則是在案發後才介入，著重於危機的處理，其目的在於防止事件繼續延續下去，並期減少傷害的程度。當然，若是不幸事件已經發生，被害人若是能夠儘早接受處遇，則其癒後效果越好。然而與其他被害事件不同之處，在於性侵害事件的犯罪黑數極高，被害人在被害後往往無法（或是不敢）適時將事件披露出來，常常是躲在暗處獨自傷悲，甚而自暴自棄。直到長大成人之後，有些被害人才敢向外尋求協助。至於其處遇方式，則需視個案不同，而有不同的處遇方法。癒後效果亦需視個案而異，被害人可能試圖尋求幫助，但最後的療效仍需視其認知及傷害的程度而有所不同。

第七章　性騷擾防治

第一節　前言

所謂「性騷擾」（sexual harassment）係指：透過強迫、威脅或不受歡迎的言詞、非言詞和身體接觸等方式，使人感到不舒服而與性或性別有關的交換式性騷擾或敵意環境性騷擾的行為。因此，性騷擾事件是加害人以帶性或性別暗示的言詞或動作針對被騷擾對象，強迫被害人配合，而引起被害人不悅感的事件。不論國內、外的研究均指出，性騷擾被害對象以女性所占比率最多，而產生此種結果的原因，主要是受到父權文化與性別刻板印象所影響。男性在傳統社會中，政治、經濟等社會權力均優於女性，這其中當然也包括性的關係，導致男性與女性長期處於支配與被支配的地位，性騷擾因而普遍呈現出男性騷擾女性的現象（賴慈芸、雷文玫、李金梅，1993）。性騷擾的發生是無所不在的，只要在有兩性相處的場域中，不論是在工作職場、校園中，甚至是公共場所，都有可能發生性騷擾事件。但在最近一份分析近二年251件的性騷擾事件研究中卻發現，性騷擾案發生在居所附近居多，達23%，其中46.6%加害人為陌生路人，而且被害人以未成年的學生、兒童最多，另外發生在職場的性騷擾則占22%（現代婦女基金會，2013）。

根據羅燦瑛（2000）的研究發現，儘管男女均認為與性別或情慾有關的言語、動作、行為及物品等，如令被行為者覺得不舒服，都算是性騷擾，但不同性別者在實際性騷擾事件的認定上卻有很大的差異。與女性相比，男性較傾向採用嚴格的認定標準。換言之，女性認定為性騷擾的事件，男性或許並不認為有那麼嚴重[1]。此外，騷擾行為界定和騷擾嚴重

---

1 對女性來說，遭遇性騷擾時，傾向經歷相當負面且持久的心理衝擊。這些衝擊包括：覺得噁心、污穢、害怕、恐懼等。歸納學者研究，「性騷擾症候群」至少有以下幾種症狀（黃富源，1995）：1.憂鬱、沮喪，睡眠與飲食行為改變，抱怨不明的頭痛或其他病痛而不願工作；2.喪失自信心，工作表現一落千丈；3.無力感、無助感和脆弱感；4.對工作、職務，產生莫名的不滿或疏離感；5.與其他同事有隔離感；6.對兩性關係的態度與行為有所改變；7.無法集中注意力；8.害怕與焦慮；9.易與家人或朋友齟齬；10.可能導致酗酒與藥物成癮依賴。

程度界定都與對性騷擾認知呈負相關，研究顯示，界定越多行為為性騷擾者，對性騷擾的忍受度越低；界定的騷擾嚴重程度越高者，對性騷擾的忍受度也越低（林玥秀，2003）。性騷擾防治工作棘手之處，除了因長期性別權力不對等或性別刻板印象的社會文化，導致容許加害人（通常為男性）以言詞或肢體對女性或部分族群（如因性傾向而被騷擾者）造成心理或生理上的不愉快外，其次便是其定義上的困難了。性騷擾問題在現今社會上，並不像性侵害或是家庭暴力事件受到大眾的廣泛重視，原因不外乎性騷擾事件不會發生如同性侵害或是家庭暴力事件，會對被害人造成身體上的傷害。然而性騷擾不僅造成被害人心理上的創傷，甚且漠視性騷擾亦可能引發加害人後續合理化對被害人施加性侵害或其他暴力行為，因此是一個不容小覷的社會問題。

在全球均開始重視人權及性別歧視議題的現今，我國政府也順應這波潮流，重視性騷擾問題在國內的嚴重程度並積極建構全面的性騷擾防治體系。觀察我國婦女權益的發展歷程，在傳統男尊女卑的父權意識型態觀念壓抑以及政治生態影響下，起步比西方國家來得晚。解嚴後至1990年代初期，清大的小紅帽運動開啟了婦運街頭抗爭男性長久以來習以為常的性騷擾惡習，522的「女人連線反性騷擾」大遊行更是帶動了社會女性民眾的深層怒吼。隨著解嚴及民主體制的成長與發展，我國的政治、經濟與社會面臨重大的轉型期，民間婦女團體與政府的關係，也在批判對抗之外，出現參與治理的夥伴關係，開始產生對政策的影響力，修法與制定新法的成果也持續累積，終使我國性騷擾的相關防治法規陸續完成立法並施行（行政院婦女權益促進委員會，2011）。我國首度在2002年施行「兩性工作平等法」，接著2004年的「性別平等教育法」與2005年的「性騷擾防治法」的陸續問世，性騷擾防治三法（或稱性平三法）針對工作職場、校園以及公共場所等三個場域所會發生的性騷擾事件，量身制定法律及申訴管道，建構起性騷擾防治網，期待能為所有國人打造一個性別平等及友善的生活環境。

本章將闡述性騷擾的概念與特性、性騷擾法規制定的沿革、性騷擾事件處理的機制，希望讀者們能對於性騷擾有更進一層的認識。

第二節 性騷擾的特徵與類型

性騷擾雖是一個自古存在的問題，但在1970年代以前，此類事件並不被重視，因此性騷擾尚未有一個明確的名稱。過往被騷擾的婦女們，只能暗地裡將此類不愉快的經驗稱之為「小強姦」（little rape）。當時女性在遭遇此類不舒服經驗時，想要抱怨或舉發，卻經常不知道該怎麼講或講不清楚，一般人對性騷擾亦存在諸多迷思，令受騷擾者只能默默承受（參閱表7-1）。時至今日，累積的研究與法令的制定，已使性騷擾的概念與定義越發明確了。

表7-1 性騷擾事件常見的迷思

類型	性騷擾的迷思	迷思的破除
行為人的特徵	性騷擾行為人是因為被騷擾者有意無意的引誘；或是性騷擾犯是有特殊性癖好的人。	性騷擾行為人非常多樣，少數是有精神疾病者，但大多數是因為性別歧視或性別界線較模糊者，他們將性騷擾視為對特定性別的愛意表達，或是一種支配行為；也可能是較以自我中心、缺乏尊重和同理心的特徵，致忽視他人的感受。
被害人特徵	從事某些工作的女性，較易遭到性騷擾。	雖然女性在性騷擾中的比例較高，但任何性別、年齡、長相、穿著或職業等，都有可能成為性騷擾的被害人。
淡化性騷擾行為	性騷擾事件只是個別男女間的衝突，或只是行為人不經意的行為。	不論行為人的意圖如何，性騷擾經常是對他人的侵犯，對被害人造成尷尬和困擾，甚至帶來恐懼。應該讓性騷擾行為人確切認知，性騷擾是不尊重他人界線和尊嚴的表現。
發生場域和二造關係	性騷擾事件只發生在工作場所；性騷擾事件多發生在陌生人間。	性騷擾可以在各種環境中發生，包括學校、社交場所、家庭以及網路空間。性騷擾的形式也不僅限於肢體接觸，還包括透過社群訊息傳遞性騷擾意圖的圖象及文字。
性騷擾結果	性騷擾的後果並沒有像性侵害那麼嚴重，女性不必小題大作，大驚小怪！	被害人在生理、情緒和人際關係上都會受到影響，甚至影響到工作權，造成極大的壓力和人身安全的恐懼，因此被害人有權大聲向騷擾者說「不」！

資料來源：作者整理。

一、性騷擾的特徵

觀察有關性騷擾的概念，早期性騷擾被界定為是一種性別歧視的行為，而晚近已擴大其適用的範圍。根據黃富源（1997）的定義，性騷擾是一種在權力或對性別不平等狀況下所發生的「本質為性而不受歡迎的口語或身體的行為」；從更寬廣的角度來看，性騷擾事件其實就是一種性別歧視。但高鳳仙（2005）則認為，有關性騷擾的定義必須考慮加害人與被害人的性取向、對他人施加性騷擾的動機、對於兩性是否有差別待遇等因素，若將性騷擾的定義侷限在性別歧視，不僅容易產生解釋上的紛爭，而且也無法涵蓋所有性騷擾類型，會使某些被害人（例如因性取向而遭受性騷擾的被害人）無法得到法律的保護。為使每個人皆享有免於遭受性騷擾的權利，晚近對於性騷擾已採取更為廣義的定義，不再將性騷擾僅定義為是一種性別歧視的行為，而係將認定的重點置於性騷擾行為本身。有關性騷擾的定義與認定必須審酌事件發生時，具體個案所處的環境、背景、當事人的關係、行為人的言詞與認知等具體事實。而不論對性騷擾的界定為何，通常研究者都將性騷擾轉化為具有性本質的行為。至於性騷擾事件則可分為以下幾個特徵（邱琦，2005）：

（一）與性或性別有關

性騷擾的行為具有性本質（sex nature），或與性別（gender）有關。相關的言行舉止又可分為兩類：

1. 意圖獲取性利益之性要求行為，而這些行為具有「性本質」的特性，例如以手觸摸被害人的大腿、胸部或是強吻等。
2. 戲弄、威脅、恐嚇、攻擊等具有與性或性別有關的敵意行為，例如侮辱特定性別之人的言語舉止。

（二）讓被害人感到不舒服

根據Catharine A. MacKinnon的研究顯示，遭受性騷擾的被害人在性騷擾行為發生當下或是之後，也會像被性侵害的婦女一樣，會因而感到羞辱、被貶損、羞恥、窘迫或覺得自己很低賤以及憤怒難平，甚至產生難以釋懷的共犯感（賴慈芸等譯，1993）。

（三）嚴重者影響被害人就業／就學的機會或表現

　　雖然遭受性騷擾對被害人的身體並不像遭受性侵害被害人一樣，會受到嚴重暴力對待，但是在其心理層面上卻可能有著相同的受侵害程度。甚且，當被害人所處的社會或環境對性騷擾事件存有迷思或誤解時，將會對被害人有所指責或非難，而可能使被害人產生二度傷害。根據調查，約有百分之九十的被害人會出現「壓力創傷症候群」，出現抑鬱、喪失自信心、恐懼與焦慮、對兩性關係的態度與行為有所改變，亦可能導致酗酒與藥物成癮等症狀（張錦麗，1999）。以職場性騷擾事件為例，不但會形成員工彼此間的猜忌敵對，而且也會造成工作士氣低落及生產力降低。由於整個工作環境氣氛惡劣，更容易造成工作效率降低、缺席率偏高及員工跳槽流動性增加的困境。而此類事件所可能產生的訴訟及損害賠償費用，也可能相當可觀（焦興鎧，2006）。若是曾經閱讀過《北國性騷擾》（North Country）這本書或觀看過此部影片的人，就能了解遭受性騷擾對被害人生活上的影響程度。這是一個描述發生在美國明尼蘇達州礦場女工集體遭受性騷擾的真實故事。故事背景發生於1970年代末期的美國，當時兩性地位逐漸平等，傳統以男性為主的礦場，也漸漸開放錄用女性員工。書中女主角單親媽媽裘絲‧艾米斯（Josey Aimes），為了獨自撫養二個孩子，決定成為一名礦工，好獲取跟男性一樣的待遇。但在以男性為主的工作環境中，大部分的男礦工對女礦工充滿敵意及輕蔑，於是她開始爭取屬於自己的權益。然而當性騷擾事件成了法庭的攻防戰，裘絲的不堪過往也被對手律師拿來品頭論足一番，讓裘絲在訴訟過程中備嘗艱辛。不僅是來自公司的敵意，甚至是在女性同儕間也得不到諒解，甚至讓她罹患憂鬱症（紀建文譯，2006）。這個事件是美國史上第一件性騷擾集體訴訟（class action），這場訴訟從1985年開始，直到1998年鋼鐵公司決定和解，一共費時十四年，最後終於讓女主角得償宿願。而法院也頒發強制令要求鋼鐵公司制定性騷擾防治政策，並建立性騷擾申訴管道，讓礦場中的婦女終於可以安心工作。

二、性騷擾的構成要件

　　在判定某一行為是否構成性騷擾時，應同時參酌該事件的主、客觀

因素。主觀因素係指，當事人是否感覺遭到性騷擾。但尚須從以下三個客觀、實質要件審酌行為是否構成性騷擾，才能在處理性騷擾事件的過程中，不至於引發爭議（黃翠紋主編，2023）。

（一）平均值觀點：所謂平均值的觀點係指社會上一般人平均值的觀點，即不分性別、種族、社會地位等，立於一般人的狀態下，對某一性騷擾事件實施判定的意見集合。故在我國「性騷擾防治三法」當中，對於性騷擾的判定皆採取委員合議制。另性騷擾事件在統計上呈現出加害者極端偏向男性，而被害者極端偏向女性；且又顧及當前性別平權意識尚未充分的前提下，我國在性騷擾防治相關委員會的性別比例，女性委員應占全體委員1/2以上之人數。

（二）當代觀點：性騷擾事件乃人類在社會互動過程中產出，其涉及許多社會制度與價值的內涵，諸如：當時社會人際互動的界線、社會禮儀制度、道德標準、性別主流化程度等，皆會牽動對性騷擾判斷的結果。因此，性平三法皆明定性騷擾之認定「應就個案審酌事件發生之背景、環境」。

（三）正常（必要）觀點：性騷擾的判定，除了須視該行為的當代性審查外，亦應檢視該行為是否具有正當或正常（必要）性的審查。誠如前段所述，社會行為的標準會隨著社會文化的進展與變遷，而有不同程度的標準，某一行為是否可以通過當時代社會道德或價值的檢驗，尚須視該行為是否合乎正常（必要）性的檢核。

三、性騷擾的類型

根據性騷擾的相關概念，國內、外學者所描述的性騷擾特質不盡相同，大體上有三種分類方式，分別是依性騷擾的程度、型態以及由行為人的身分來加以區分：

（一）以性騷擾的程度區分

早期的研究對性騷擾定義及相關術語的運用並無一定標準，直到學者Till（1980）在蒐集社會各界對性騷擾的看法，提出將性騷擾分為：1.概化的性別歧視評論或行為；2.不適當且具攻擊性、但不會受到制裁的性冒犯；3.允以報酬的性誘惑或與性有關的行為；4.威脅懲罰的性脅迫；

5.觸法的性犯罪、性攻擊等五大類型後，性騷擾研究始較為嚴謹（Till，1980；蔡婉瑜，2009）。而後Fitzgernald（1988）便依此將性騷擾以程度等級區分為五類，分別為性別騷擾、性挑逗、性賄賂、性要脅以及性攻擊（性侵害）。其具體態樣歸納如下（蔡婉瑜，2008；羅燦煐，2002）：

1. **性別騷擾**：包含一切強化「女性是次等性別」印象的言行、舉止與評論，如：過度強調性別角色的刻板化印象、女性的性別特徵及性吸引力等。
2. **性挑逗**：包括一切不受歡迎、不合宜或帶有性攻擊的口頭或肢體上的冒犯行為，如對穿著短裙子的女孩猛盯、猛吹口哨。
3. **性賄賂**：以獎賞（rewards）誘使被害人從事與性活動相關或與性有關的行為，亦即同意以與性有關的服務作為交換利益的手段，如滿足騷擾者與性有關的需求，藉以得到僱用、升遷機會、加薪或享有特權等。
4. **性要脅**：以威脅強迫的方式來獲取性行為或性服務的行為。
5. **性攻擊（性侵害）**：所有具有傷害或凌虐性的暴力和性行為，包括強吻、強行撫弄、觸摸及性交等。

（二）以性騷擾的型態區分

Gruber（1992）則主張，性騷擾不僅包括人際互動間的行為，更包括工作環境中或社會制度裡的性騷擾，故將性騷擾分為三大類、11小項[2]：

1. 言語上的要求（Verbal Requests）

(1)性勒索：以威脅或承諾給予好處的方式，要求他人滿足自己與性有關的要求。例如提供升遷機會或工作上的好處、利益等。

(2)性的要求：一再地運用親密或羅曼蒂克的言詞要求有關性方面的進展或發生性關係，此種一再的要求侵犯了個人隱私且破壞社會關係的均衡狀態。

(3)關係上的示好：運用寫信、打電話等方式示好，尋求建立一種較為親密的社會關係。雖未直接表達出性的慾望或意圖，但因會重複地、明顯地發生，故有騷擾的意味。

2　其後張錦麗（1999）更將性騷擾類別簡化，以言語、文書、動作三種方面來區分。

(4)隱約地示好或提出性要求的壓力：例如探詢他人的性生活、透露自己的性生活或性癖好等。性要求的目標或對象雖不明顯，但從互動的本質而言，即含有騷擾的意味。

2. 言語上的評論（Verbal Comments）

(1)評論：針對某特定對象，當面對其下評論。如評論或揶揄某人的身體特徵、三圍或性生活等。

(2)物化：視女性為物品，在其面前或背後公開討論某位女性的身材、性特徵或生活。

(3)性類別化的言詞：充滿著詆毀或歧視女性意味的言論，如講黃色笑話、具性別歧視意識的言詞。

3. 非言詞方面的表現（Nonverbal Displays）

(1)性傷害：具有強迫性、攻擊性的性接觸，如：強暴或企圖強暴等行為。

(2)具有性意味的碰觸：指較為短暫、自然、但含性意味的身體碰觸，如：輕拍、捏掐、擦掠等動作。

(3)具性暗示的姿勢：不顧人與人間應有的適當距離而一再靠近，試圖有身體的碰觸，但並未直接碰觸身體，如：色瞇瞇地注視、吹口哨、跟蹤等。

(4)性的資料：展示某些有關色情或褻瀆女性的資料，如：色情電影、雜誌、海報或圖片等。

另外根據教育部（2006）的校園性侵害或性騷擾事件處理作業參考手冊，則將性騷擾的類型分為以下四種：

1. **言語的騷擾**：在言語中帶有貶抑任一性別的意味，包括帶有性意涵、性別偏見或歧視行為及態度，甚或帶有侮辱、敵視或詆毀其他性別的言論，如：過度強調女性的性徵、性吸引力，讓女性覺得不舒服；或者過度強調女性之性別特質及性別角色刻板印象，並加以貶損（或明褒暗貶）。

2. **肢體上騷擾**：任一性別對其他性別（通常較多出現在女性）做出肢體上的動作，讓對方覺得不受尊重及不舒服，如：擋住去路（要求外出約會、做出威脅性的動作或攻擊）、故意觸碰對方的

　　肢體（掀裙子、趁機撫摸胸部及其他身體的部分或暴露性器等）
等俗稱吃豆腐的行為。

3. **視覺的騷擾**：以展示裸露色情圖片或是帶有貶抑任一性別意味的
海報、宣傳單，造成當事人不舒服者。

4. **不受歡迎的性要求**：以要求對方同意性服務作為交換利益條件的
手段，如：教師以加分、及格等條件要求學生約會或趁機占性便
宜等。

（三）以騷擾者的身分區分

　　黃富源與張錦麗（1995）則根據性騷擾二造的關係，將性騷擾區分
為「陌生人性騷擾」與「非陌生人性騷擾」。陌生人所為的性騷擾（如公
共場所性騷擾）雖不是長期的行為，但還是可能會對被騷擾者產生相當的
心理傷害。而非陌生人性騷擾便是我們所稱的「職場性騷擾」或「校園性
騷擾」行為，其對象可再細分為三類：同事、客戶以及職權性騷擾。而
「職權性騷擾」又可再分為「上司性騷擾」及「業務性騷擾」（就學）兩
種。其所區分的性騷擾類型如圖7-1所示。

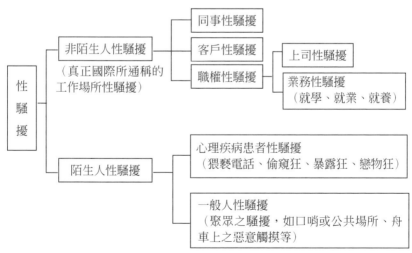

圖7-1　性騷擾分類圖解圖

資料來源：張錦麗（1999）。性騷擾對被害人之傷害及防治之道，社區發展季刊，86：
　　　　218。

另外，職場上對於性騷擾的界定多採用美國平等就業機會委員會[3]（Equal Employment Opportunity Commission, EEOC）在1980年所頒布的「性別歧視指導原則」所界定的兩種類型：（一）交換式性騷擾；（二）敵意環境性騷擾。此兩種性騷擾類型，含括了學者對於性騷擾的詮釋，並為性騷擾下了新的名稱（方淑薇，2009；謝鵬翔，1999）：

（一）交換式性騷擾（quid pro quo sexual harassment）

交換式性騷擾是傳統典型的性騷擾模式，是指藉由性騷擾獲得性方面的好處與獲得實質工作利益的條件交換，也就是一個掌握僱用機會的人以維持或是給予某較好之僱用機會條件向下屬提出做「性方面」的要求。被害人往往為了保住自己的工作，或換取職務遷調、或換取高額薪資，不得不強迫自己屈服於受侮辱的性要求，故交換式性騷擾是有「交換目的」的（方淑薇，2009）。

（二）敵意環境性騷擾（hostile environment sexual harassment）

敵意環境性騷擾之禁止起源於1980年美國就業機會委員會發布之指導原則的規定：「若一不受歡迎且係因性而產生的行為已不合理地影響到受僱人正常的工作表現，且該行為已使受僱人感到充滿敵意，令人懼怕及具冒犯性的時候，該不受歡迎的行為即已構成違反民權法第七章的要件，應視為工作場所性騷擾之一種。」（謝鵬翔，1999）。敵意環境性騷擾與交換式性騷擾的不同點在於，交換式性騷擾是上對下的利益交換，而敵意環境性騷擾的行為雙方彼此的地位大致上是相等的，並且事件多發生在較為公開易見的場合。但這兩種性騷擾類型所牽涉的均是關於權力的濫用。

我國對於性騷擾的界定規定於性騷擾防治三法（性別平等工作法、性別平等教育法以及性騷擾防治法）中，仔細觀察條文規定可發現我國相關

---

3 美國平等就業機會委員會將性騷擾定義為：「對一個人在性方面做任何不受歡迎的性接近、性要求，或具有其他意味的言語或身體行為，且發生在下面的任一種狀況：
1. 以明示或暗示來使其行為屈服為個人僱用條件。
2. 以屈服或拒絕該行為來作為判定僱用的基礎。
3. 這類的行為影響個人的工作評價，或製造一種壓迫、敵意、或侵犯的工作環境。」（何慧卿，2005）。

法規對於性騷擾的分類，亦屬於交換式性騷擾與敵意環境性騷擾兩種性騷擾類型：

（一）性別平等工作法第12條第1項

第1款：「受僱者於執行職務時，任何人以性要求、具有性意味或性別歧視之言詞或行為，對其造成敵意性、脅迫性或冒犯性之工作環境，致侵犯或干擾其人格尊嚴、人身自由或影響其工作表現。」

第2款：「雇主對受僱者或求職者為明示或暗示之性要求、具有性意味或性別歧視之言詞或行為，作為勞務契約成立、存續、變更或分發、配置、報酬、考績、陞遷、降調、獎懲等之交換條件。」

（二）性別平等教育法第3條第3款第2目

1. 「以明示或暗示之方式，從事不受歡迎且與性或性別有關之言詞或行為，致影響他人之人格尊嚴、學習、或工作之機會或表現者。」
2. 「以性或性別有關之行為，作為自己或他人獲得、喪失或減損其學習或工作有關權益之條件者。」

（三）性騷擾防治法第2條第1項

第1款：「以明示或暗示之方式，或以歧視、侮辱之言行，或以他法，而有損害他人人格尊嚴，或造成使人心生畏怖、感受敵意或冒犯之情境，或不當影響其工作、教育、訓練、服務、計畫、活動或正常生活之進行。」

第2款：「以該他人順服或拒絕該行為，作為自己或他人獲得、喪失或減損其學習、工作、訓練、服務、計畫、活動有關權益之條件。」

第三節　性騷擾防治法規制定的沿革

我國性騷擾防治是由性別平等工作法、性別平等教育法以及性騷擾防治法三種法規所組成（又稱為性平三法），涵蓋了國人所有日常生活中會

遭遇到性騷擾的生活場域。在適用時，係以性騷擾事件中被害人與加害人間的關係作為區分點，將發生在不同人際關係及不同場域的性騷擾事件加以區分，而有不同的法規適用，亦有不同的處理方式。

我國性平三法的立法草案草擬都與國內的婦女團體有密切關聯。其中，婦女新知基金會為性別平等工作法的主要推手；性別平等教育法的推動者民間推動聯盟，亦是由婦女團體為組成主力[4]；而性騷擾防治法則先後由現代婦女基金會與台灣防暴聯盟為主要推動者（陳素秋，2009）。性平三法中以兩性工作平等法在2002年公布施行為最先，其後分別是性別平等教育法在2004年公布施行，以及2005年公布、2006年施行的性騷擾防治法。以往我國的性騷擾防治策略，皆依照各發生場域或人員身分屬性之不同，採取各自立法的方式，惟於2023年台灣地區興起「Me Too」運動，不僅在工作職場、學校或一般社會情境皆有揭露早期遭受性騷擾不幸經驗而隱忍之事件，進而引發社會輿論高度關注與政府極高的重視，最後終於促使政府修法並將所謂的「性平三法」統籌衡酌下，於2023年8月16日完成修法並公布實施。

本次修法重點計有三大面向（行政院，2023）：

一、強化「有效」打擊加害人的裁罰處置：（一）增訂權勢性騷擾類型：明確定義一般權勢性騷擾（如主管）及特別權勢性騷擾（如雇主或機關首長），且加重相關處罰；（二）明確規範性騷擾管轄權：校園事件優先適用性平法，再來是工作職場的性工法，其餘歸在社會型性騷法處理，避免出現一個性騷擾事件卻有三法適用的爭議；（三）擴大適用範圍：雇主為行為人時由主管機關裁處，軍警校院及矯正學校納入適用性平法；（四）分層級處罰行為人：新增民事懲罰性賠償，對利用權勢者、雇主加重最高5倍；新增雇主為行為人行政罰1萬元到100萬元、一般性騷行為人罰鍰最高10萬元、權勢性騷最高科處罰鍰60萬元；刑事部分則新增利用權勢犯性騷擾罪者加重其刑1/2；（五）強化外部申訴及監督機制：性騷擾行為人是最高負責人，以及受害人不服雇主調查結果時，可向地方主管

---

4 性別平等教育法民間推動聯盟組成團體為：台灣性別平等教育協會、婦女新知基金會、台北市女性權益促進會、台灣婦女團體全國聯合會、台灣女性學學會、台灣同志諮詢熱線協會等六個民間團體（陳素秋，2009）。

機關申訴，再由其調查、裁處。另雇主接獲申訴及調查結果均需通報主管機關，強化外部適法性監督。

　　二、完備「友善」被害人的權益保障及服務：（一）保護扶助入法：編列預算，增加被害人保護扶助措施，同時完善保密規定，不得報導或公開足資識別被害人身分之資訊，周延被害人保護；（二）延長性騷擾申訴時效，增訂離職後、具權勢關係及未成年者申訴的特別時效：一般性騷申訴時效為知悉事件起二年，自事件發生起五年；權勢性騷申訴時效為知悉事件起三年，自事件發生起七年；性騷若於未成年時發生，申訴時效為成年後三年，而如果是雇主性騷，被害人得於離職後一年後，自事件發生起十年內申訴。

　　三、建立「可信賴」專業的性騷擾防治制度：（一）增訂情節重大的最高負責人、主管停職，或調整職務的暫時措施：確保事件調查過程獨立公正，不受行為人權勢影響，讓被害人能夠勇於申訴；（二）性平會調查成員具性平意識與專業：建置人才資料庫，培訓及遴選具性平意識的成員；（三）引進民間團體資源：授權民間專業人士或團體提供協助調查。

　　接著，便以三法施行時間先後為順序來討論其制定歷程，從而了解性騷擾防治政策的沿革。

一、性別平等工作法

　　雖然從女性主義的觀點，不論男女，只要他（她）有能力與意願，所有成年人幾乎都可以從事社會上任何的工作類型。然而在傳統上，卻將男性刻劃成是堅強的、活潑的、粗心的、富有攻擊性的工具性角色，而女性則被刻劃成是柔弱的、乖巧的、細心的、會照顧人的情緒性角色，此種對於男女性別角色的刻劃，使得女性的角色被侷限在生兒育女與保護家庭的工作上，亦造成工作職場中性別隔離的現象。「性別職業隔離」是指：在勞動市場中，男性和女性雇員被分配、集中到不同的職業，擔任不同性質的工作。亦即：各職業中從業者的性別分布呈現失衡狀態，且進入和升遷管道被主流性別人口所壟斷（William, 1993）。性別職業隔離通常可分為：水平隔離（horizontal segregation）和垂直隔離（vertical segregation）（Anker, 1997；陳月娥，2000）。水平職業隔離係指男女兩性分別從事不同的職業，且職業中的性別比例分布不均；而垂直隔離則是指在同

一職業中，職位分配失調現象和流動呈現性別差異現象。亦即，男女兩性雖然從事同一職業，但是女性通常處於低職位、低薪資與較少升遷機會。兩性勞動力所組成的不同職業中，不僅隱含著職業的被預期性和職業的性別標籤化[5]（sex labeling），也隱含著勞動市場的性別不平等。通常男性主導的職業會受到較多青睞，享有較高的薪資給付、評價和社會地位的認可；相反地，女性為主的職業則受到不同的待遇——貶低（devalue），認為女性勞動力是較低技術性、低薪資等，且視女性為職業的產業後備軍。

在過去，性別職業隔離現象於美國社會被社會大眾視之為當然，基於這種「預期性的社會化」結果，使得男性和女性從事不同的職業，且不易逾越此固有的性別界線，同時也造成職業成就和薪資差異（蔡淑鈴，1987）。在1900年初，勞動市場的職業隔離程度並沒有太大的改變，從1910年到1970年代職業隔離的程度來看，只從69%降到67.6%，三十年間下降不到2%。直到1970年代，受到女性大量投入勞動市場的影響，使得性別職業隔離現象稍有緩和，但職業隔離現象仍然隨處可見；在一些行業中，更是一直存在著此種現象，而未見緩和的趨勢（Hayghe, 1998; Jacobsen, 1994）。許多學者的研究皆發現，職業內部存在著很大的隔離，不管是男性主導的職業或女性主導的職業，男性傾向集中於較高職位或領取較多的薪資（Lazarsky, 1999）。

同樣地，我國社會長期受到父權思想男尊女卑的箝制下，女性投入就業市場的腳步遠比男性來得緩慢[6]。即使憲法上保障工作權的平等，女性在職場上的角色始終處於弱勢的次級地位，女性於就業市場上遭受諸多限制與權益阻礙，如：同工不同酬、升遷限制與性別歧視等。從國內對於工作場所性騷擾的一些非正式調查可發現，性騷擾的狀況是很普遍的。例如，根據360d才庫人力資源在2011年3月2日公布的「職場騷擾妖怪大

5　即將職業分為：男性主導的職業（male-dominated occupations）、女性主導的職業（female-dominated occupations）與中性職業（neutral-dominated occupations）。

6　依據行政院勞動部所做的性別勞動統計資料中（勞委會，2011），在1977年男性的勞動參與率為77.96%，女性勞動參與率僅有39.13%；到了2011年男性勞參率為66.67%，而女性勞參率已上升於49.97%，與日本的女性勞參率48.5%、韓國的女性勞參率49.4%相距不遠，雖低於美國女性的勞參率58.6%，但此份數據顯示我國女性已經逐漸成為國內就業市場上一股不可或缺的主力。

調查」顯示，超過六成（61%）的受訪上班族（不論男女）表示自己或身邊的同事曾遭遇過職場性騷擾；而最常碰到的是「言語上」（開黃腔、挑釁、羞辱或性暗示言詞）的性騷擾占九成；騷擾方有近八成為「同事」（78%）（今日新聞，2011）。然而在勞委會的正式統計數據中卻發現，2011年所受理的職場性騷擾案件（含交換式性騷擾與敵意式性騷擾）只有93件，成立的案件數更只有25件（勞委會，2011）。這顯示會尋求正式管道申訴遭受性騷擾的民眾與實際有被性騷擾經驗的民眾間，有著一段相當大的落差。探求其中原因，可能是不了解申訴管道，抑或者是想息事寧人，然而不論其間原因為何，都是讓性騷擾事件日益嚴重的緣由之一。工作場所性騷擾的問題會發生在男女比例懸殊、高度性別職業隔離[7]的工作職場中，如軍、警或醫護體系。在這類職場中，更容易將性騷擾問題視為理所當然的合理化行為，以致處於該職場的弱勢性別族群對於性騷擾事件更是有苦難言。

　　職場上有關性騷擾的爭議案件在性別平等工作法實施前，只能以勞工法、刑法、民法相關規定處理，公務員則以公務員服務法第5條「放蕩」行為約束，然而工作場所性騷擾的情況多樣化，其適用範圍有限，無法保護周全（林明鏘，1995）。雖然在憲法中提到了「國家應維護婦女之人格尊嚴，保障婦女之人身安全，消除性別歧視，促進兩性地位之實質平等」。然而國內兩性同工不同酬的現象仍普遍存在，在1980年女性的年平均所得只占男性的69%，到了2011年女性的年平均所得上升至83%[8]，但仍低於男性（行政院主計處，2012）。其次，公部門公然進行歧視性招募更是時有所聞，經常出現性別不公平對待的規定，包括有些類別僅限男性報考、有些是刻意壓低女性錄取名額、或對兩性採用不同的錄取標準。即使女性被錄取，亦常被列冊候用，或延遲分發。更多的情況是，在被錄取或分發後，女性也很少獲得在職進修或升遷的機會。女性受僱者在工作職場上所遭受到這些不合理的歧視與騷擾情況，卻是在政府與社會的默許下持續進行中。

7　性別職業隔離是指某一性別的人口，以超過其適當比率的大多數集中於某種職業或行業，而被認為理所當然，社會大眾也對於某種性別來擔任哪種職業或行業有所預期，如護士由女性來擔任，而警察由男性來擔任等（Esptein, 1970: 152，轉引自徐宗國）。

8　此處兩性年平均所得的行業別僅採計工業和服務業來計算，不含農林或養殖業。

性別平等工作法的立法，起源於1987年在國父紀念館57位員工以及高雄市立文化中心44名員工抗議「單身條款」[9]，引起了社會的關注以及議論。當時婦女團體也立即聲援這些女性員工，但發現除了「就業服務法」有一條模糊的規定外，就沒有相關法律可以在不同勞動階段維護性別間的平等（黃淑玲、游美惠主編，2012），因此她們更進一步呼籲社會應重視性騷擾的問題。為此，婦女新知基金會結合其他民間婦女團體、熟悉女性勞動權益的學者專家，致力於「男女工作平等法」的催生運動，於1990年提出「男女工作平等法草案」，提交立法院審議。然而「男女工作平等法」引起企業界強大反彈，工商建研會更上書當時總統李登輝先生，指稱該法是逼迫企業出走的「十大惡法」之一，也因此行政院遲遲無法提出相對草案，立法院則以「沒有院版」而延宕該法案的審查（李元貞，2010）。該法案在企業界反對以及行政院遲遲不提相對版本的雙重打壓下，婦女新知基金會的男女工作平等法共提出6次版本，草案中禁止基於性別之僱用、薪資、升遷、配置、職訓歧視，並專章規範職場性騷擾。後行政院勞工委員會在1999年3月終於提出「兩性工作平等法草案」。行政院與婦女新知基金會的版本均有工作場所性騷擾的規定，惟該二草案對性騷擾的定義、防治、與救濟等規範被疑有不足之嫌。在1999年現代婦女基金會亦提出「性騷擾防治法草案」，該草案採單獨立法方式，將性騷擾的適用範圍擴及工作、學習或訓練、專業服務或大眾服務場所中，影響他人利益或有損他人人格尊嚴的行為，其防範的範圍較前述草案廣泛。因性騷擾的規範是否應單獨立法於兩性工作平等法之外，學者專家見解不一，為整合各界意見，立法院第4屆第1會期司法、衛生環境及社會福利、內政及民族三委員會於1999年6月9日邀請學者專家及政府代表就性騷擾防治法草案舉行公聽會（方淑薇，2009）。

贊成單獨立法者認為，兩性工作平等法草案所規範的立法架構過於簡單，適用範圍狹隘，不足因應其他場所或類型的性騷擾，強調性騷擾行為應獨立於就業歧視外訂定。不贊成單獨立法而覺得應專章立法者則

---

9 在當時，女性應考時即需與館方簽訂切結書，自願於年滿30歲或結婚、懷孕時自動離職。類似因這種「單身條款」或「禁孕條款」等不合理約定而被迫離職的事件在當年非常普遍（黃淑玲、游美惠主編，2012）。

認為，工作場所性騷擾本屬就業歧視之一種，兩性工作平等法草案或男女工作平等法草案所規範的立法架構已足以因應工作場所性騷擾的類型並防止，如單獨立法必造成功能疊床架屋的現象，浪費國家資源（馬翠華，2004）。然而各方意見仍然歧異，因此最後委由謝啟大委員接手負責法案協商，共有九個版本三種形式，第一種是行政院草案、第二種為民間版本、第三種為蔡同榮委員的「工作平等法」版本，但是因為協商困難，最後謝委員建議將全部版本交給專案小組負責整合，成員由各政黨共同推薦[10]，而行政院勞動部則負責幕僚作業（立法院公報，2001）。從1999年底至2001年6月5日止，共歷經14次協商，不採單獨立法方式立法，終於完成法案協議，在2001年12月21日立法院三讀通過「兩性工作平等法」，於2002年1月16日總統公布，同年3月8日正式實施。從時代的演進趨勢而言，兩性工作平等法自1990年起歷經十一年的波折終於塵埃落定。後為了符合性別多元化的社會趨勢並將性傾向納入保障，於2008年將法律名稱修訂為「性別工作平等法」（施銀河，2008）。

　　性別平等工作法的立法宗旨是為保障性別工作的平等權，貫徹憲法消除性別歧視、促進性別地位實質平等的精神。除總則、救濟措施、罰則外，其餘三章分別是禁止性別歧視、性騷擾的防治與矯正及促進就業平等的措施。「性別歧視防治」的部分，主要是禁止對於受僱者的招募、僱用、升遷等性別歧視並要求同工同酬及尊重不同性傾向勞工，打破對女性才華和工作能力的偏見，及認為家務應由女性負擔的刻板觀念，給予不同性別勞工均等的機會。此外，受僱者應有的權利，如產假、流產假、育嬰假或家庭照顧假等法定的例外事假，減輕女性的養育和照護責任。「性騷擾的防治」則是用專章方式列出對工作場所性騷擾的禁止規定，除禁止條件交換式的性騷擾，同時要求雇主盡到維持友善工作場所的責任。更將防治性騷擾的概念制度化，讓雇主承擔更多維護員工權益的責任，包括公開揭示工作場所禁止性騷擾及訂定申訴辦法。在「促進就業平等」方面，要求中央和地方的勞動專責單位，加強對女性提供職業訓練的機會，並鼓勵大型公私立企業提供托育和托老設施，將「生養小孩，照顧老人」的工作

---

10 整合小組成員共有郭玲惠教授、尤美女律師、黃國鐘律師、焦興鎧教授、劉志鵬律師及劉梅君教授等6人。

視為是個人、企業、國家的共同責任。和「勞基法」相同的是，對於雇主違反這些假期的給予規定或是勞動條件存有性別歧視時，勞工均可提出舉發，如果成立，雇主必須被課以罰鍰或負擔刑責（黃淑玲、游美惠主編，2012）。

最後，2023年的修法重點，包括：（一）將原名稱「性別工作平等法」修正為「性別平等工作法」；（二）修法前並無外部申訴管道，修法後建立公權力介入的外部申訴管道（例如「最高負責人是性騷擾行為人」及「不服公司機構調查之再申訴」皆由地方主管機關（勞動局）直接進行調查）；（三）處罰性騷擾之負責人；（四）強化雇主性騷擾防治意識與責任；（五）增訂被害人保護與扶助資源與管道；（六）增訂權勢性騷擾類型；（七）新增「通知機制」，職場性騷擾發生後，雇主接獲申訴，就應該先通知地方勞動主管機關，處理完的結果，也必須通知；（八）新增「外部申訴制度」，公司成立性平會調查後，被害人若對結果不服，可以向地方勞動主管機關申訴，地方勞動主管機關也可以直接調查案件本身，調查完畢後如果認為原懲處不當，可強制要求雇主需在一定時間內對行為人做適當處置，雇主不理就會遭到開罰；而如果是雇主或最高負責人為加害人的案件，被害人更不需要先向公司申訴，可以直接找地方勞動主管機關介入處理，調查後可以對這類加害人開出1萬元至100萬元的罰鍰；（九）增訂非上班時間所為之持續性騷擾，亦適用本法，包括：1.受僱者於非工作時間，遭受所屬事業單位之同一人，為持續性性騷擾；2.受僱者於非工作時間，遭受不同事業單位，具共同作業或業務往來關係之同一人，為持續性性騷擾；3.受僱者於非工作時間，遭受最高負責人或僱用人為性騷擾。此外，配合本次修法，一併修訂相關子法，整理如表7-2所示。

表7-2 性別平等工作法相關子法

原法規名稱	新法規名稱	授權依據
性別工作平等法施行細則	性別平等工作法施行細則	第39條
工作場所性騷擾防治措施申訴及懲戒辦法訂定準則	工作場所性騷擾防治措施準則	第13條第6項

表7-2　性別平等工作法相關子法（續）

原法規名稱	新法規名稱	授權依據
地方主管機關受理工作場所性騷擾事件申訴處理辦法	地方主管機關受理工作場所性騷擾事件申訴處理辦法	第32條之2第4項
工作場所性騷擾調查專業人士培訓及專業人才庫處置要點	工作場所性騷擾調查專業人士培訓及專業人才庫處置要點	第12條第5項
性別工作平等訴訟法律扶助辦法	性別平等工作法律扶助辦法	第37條第2項
性別工作平等申訴審議處理辦法	性別平等工作申訴審議處理辦法	第34條第4項

二、性別平等教育法

　　1990年代初始，婦女運動初進入校園，許多大學女學生紛紛組成「女性主義研究社」。當時的校園對於「性騷擾」幾乎是陌生與無知，只有女研社的學生開始注意這些事件。清華大學的學生，用一般人耳熟能詳的童話故事「小紅帽與大野狼」，提出「只要妳反性騷擾，妳就是小紅帽」，所以她們當時有著「人人都是小紅帽」的理念。1992年4月由於一位清大男學生，多次在圖書館性騷擾女學生，令女學生敢怒不敢言。清大小紅帽立即在校園發動反性騷擾的活動，包含女生宿舍一人一信運動、發表公開聲明、反性騷擾海報牆、製作小紅帽隨身包、書寫「校園反性騷擾行動手冊」（臺灣女人，2012）。

　　1994年可以說是婦運的高峰年，社會先爆發「鄧如雯殺夫案」，暴露臺灣社會婚姻暴力冰山的一角，由於她的殺夫事件經婦女團體與民進黨婦展會女律師們為她辯護而震動社會。而後臺灣師大發生男教授性侵害女學生疑案，女學會與葉菊蘭立委在立法院召開「校園性暴力公聽會」、全女聯發表「女大學生權利宣言」、現代婦女基金會也草擬「性侵害犯罪防治法草案」；接著，中正大學也傳出男教授性騷擾女學生事件，一連串爆發的社會事件加上當時教育部對這些事件反應相當冷漠，甚且加害的男教授又為自己脫罪的言詞，在在都激怒校園小紅帽與婦女團體，使得婦女新知、女學會，與各大專院校的女研社，聯合其他支持團體在1994年5月22

日發起「女人連線 反性騷擾」大遊行[11]。此次遊行提出八大訴求，包括：
（一）出事校方應切實懲處失職人員；（二）教育部長郭為藩言語失當，
應下臺以示負責；（三）應制定性騷擾防治處理法，並在校務會議下設立
兩性平等專責機構；（四）廢除軍護系統，輔導體系專業化；（五）廣開
兩性平等課程；（六）建立由女學生參與規劃的校園安全系統；（七）將
強暴改為公訴罪；（八）儘速通過男女工作平等法（臺灣女人，2012；
何慧卿，2006）。隨著社會風氣及婦女團體對性騷擾及性暴力事件的重
視，婦女新知基金會在同年向行政院教改會提出五項要求：（一）改進教
科書；（二）培育師資；（三）設立「兩性平等教育委員會」；（四）增
加婦女參與決策；（五）設立婦女研究學程。其中，前四項成為日後性別
平等教育法的具體內容（方淑薇，2009）。

　　1996年底發生民進黨婦女部主任彭婉如在高雄夜間回飯店疑遭計程
車司機姦殺事件，使婦女團體南北串聯，發起「女權火，照夜路」大遊
行。在如此社會氛圍之下，立法院快速通過「性侵害犯罪防治法」，教育
部也成立以教育部長做召集人的兩性平等教育委員會（後改為性別平等教
育委員會），針對各級校園中所出現的性侵害或性騷擾事件進行處理，這
個委員會促使1999年北科大教授因性騷擾女學生而被解聘，是校園性騷
擾防治工作的重要里程碑。教育部更於1999年3月函頒「大專院校及國立
中小學校園性騷擾及性侵犯處理原則」，要求各校成立性騷擾及性侵犯處
理委員會或小組，專責處理校園性騷擾及性侵害事件，並規定女性成員不
得低於1/2。同時，教育部也頒布校園性侵害及性騷擾危機處理流程、通
報申訴流程及輔導轉介流程等，讓學校在發生性騷擾相關事件時能有明確
規範可以遵循。然該原則並非法律，僅屬行政命令位階。教育部兩性平等

---

11 「婦女新知基金會」更在522遊行記者會上公開一份「狼言豬語」，來聲討主管部會對近來
有關校園性騷擾案的冷漠及加害者的託辭。十句「名言」中有六句是當時教育部長郭為藩說
的，包括「因涉及兩個人的關係，教育部不方便進入調查」、「校園被性騷擾騷擾」、「師
大沒有七匹狼，是學生貼的一張海報以訛傳訛傳出來的」、「保守是個性使然，也不一定是
壞」、「教育清譽仍需保障，學校處置並無不當」、「拉丁美洲人民十分熱情，大家平日習
慣以擁抱、吻臉等方式打招呼，中正大學雷教授的行為在當地根本稱不上是性騷擾」。其他
被列入的還有東吳大學某黃姓老師：「同學如果還有問題的話，男同學可以到研究室找我，
女同學就不必了，這年頭好人難做。」雷教授：「當我把手輕放在她的肩膀表示慰藉，我實
際是要靠心理學家所謂的『表情性現象』來輔助我的語言。」師大校長呂溪木：「妳用屁股
對著我。」被列為第十句的則是師大黎教授的沉默（聯合晚報，1994）。

委員會於1999年底委託陳惠馨教授、蘇芊玲教授、謝小芩教授及沈美貞律師等4位學者專家組成研究小組研擬「兩性平等教育法」草案，希望作為推動兩性平等教育、防治校園性騷擾或性侵害事件的法源。

　　而在草案研擬過程中，發生屏東縣高樹國中國三葉姓男學生由於不明原因死於校內廁所的事件[12]，該事件的發生促使各界重視性別的多元化問題，故「兩性平等教育法」草案更名為「性別平等教育法」。教育部於2004年成立「性別平等教育法草案」研修小組，組成成員除原來4位「兩性平等教育法草案」研究計畫的起草人外，更邀請羅燦煐教授、晏涵文教授、周麗玉校長、楊心蕙校長、葉麗君校長、楊瑞明校長、黃秀霞校長、林恭煌校長、尤美女理事長等13位委員共同研擬性平法草案（陳惠馨，2005）。而為了廣徵各界意見，教育部分別於2002年4月至6月，於北中南東分別召開4場大型公聽會。2003年5月中，研修小組完成性平法草案，並提經教育部兩性平等教育委員會大會通過，於2004年2月經行政院院會討論後，修正並通過性平法草案，並於同年4月初將草案送到立法院。在同年6月4日完成三讀程序，並在同年6月23日公布施行（焦興鎧，2007；柯今尉，2009；李元貞，2010）。該法由草擬到實施，總共歷經四年半，與前述性別平等工作法長期遭擱置、延誤情形相比較，實在有天壤之別，這與當時社會風氣及婦女團體強力監督有很大的關係。

　　性別平等教育法的立法宗旨為促進性別地位的實質平等，消除性別歧視，維護人格尊嚴，厚植並建立性別平等的教育資源與環境。因此，在內容上不僅以防治校園性騷擾為主軸，更在維護校園學習環境與資源，建構性別平等的教育環境，並對為了校譽、名譽而隱匿實情、湮滅證據或延遲通報者給予處罰。此外，2011年的修法中更加入了校園性霸凌的防治，擴充性騷擾行為的防治範圍，以期能破除性別刻板印象，達到尊重性別多元差異的實質平等（立法院，2012）。因此，性別平等教育法與其子法「校園性侵害性騷擾或性霸凌防治準則」共同建構我國校園性侵害、性騷擾或性霸凌事件處理的法制基礎與教育下一代多元性別平等的一大搖籃。

---

12 該事件廣受矚目的原因，係事後發現死者生前因自小較具女性氣質，在校常被譏笑娘娘腔、同性戀，常於如廁時遭受檢查生殖器等嚴重騷擾，導致該生不敢於下課時間如廁，長期向老師請求於上課時間如廁，該生於2000年4月20日如廁時因地板溼滑摔傷致死（柯今尉，2009）。

性別平等教育法有關性騷擾防治的規範主要在該法第20條至第30條，其主要規範內容有五項：（一）為預防與處理校園性侵害、性騷擾或性霸凌事件，中央主管機關應應訂定校園性侵害、性騷擾或性霸凌之防治準則，以作為處理校園性騷擾防治重要的法令依據；（二）學校校長、教師、職員或工友知悉服務學校發生疑似校園性別事件，應立即通報學校防治規定所定學校權責人員，並由學校權責人員依下列規定辦理，至遲不得超過24小時，以通報管制的方式徹底防治校園性騷擾事件的發生；（三）學校校長、教師、職員或工友不得偽造、變造、湮滅或隱匿他人所犯校園性侵害、性騷擾或性霸凌事件之證據。除此之外，本法更在同法第43條當中明定違反罰則，用以拘束學校各級教師不得為避免影響校譽而影響學生權益；（四）明定檢舉人制度並對檢舉人身分應予保密；（五）訂定加害人轉校就學或就業時，應通報加害人現就讀或服務之學校，用以監控加害人再度從事性騷擾行為。

最後，在2023年的修法重點，包括：（一）擴大適用學校類型及將教師、職員、工友、學生定義提升至本法位階；（二）校長與教職員工性與性別有關專業倫理納入性平法規範；（三）加強校園性別事件防治教育宣導及提供學生保護與協助措施；（四）精進學校與主管機關調查處理機制，避免權勢不對等關係影響；事件調查機制再加嚴，例如行為人為校長、教職員工時，調查人員全部外聘等；（五）強化主管機關對學校提供諮詢輔導與適法監督；（六）行為人處置措施加嚴，例如被害人得請求懲罰性賠償金等；（七）法規適用範圍再擴大，其中新增「軍警矯正學校」為適用單位、新增「實際照顧者」得主張各項權益。

三、性騷擾防治法

性騷擾防治法是我國性騷擾防治三法中最後一個通過的法律，其立法目的是為補足「性別平等工作法」以及「性別平等教育法」的不足，並擴大保護的場域，使民眾在職場及校園以外的公共場所遭遇到性騷擾情形，能藉由本法來獲得保障。我國「性騷擾防治法」的立法方向，主要係參考美國民權法第七章（Title II of the Civil Rights Act of 1964）為藍本，在1999年由現代婦女基金會委託當時臺灣高等法院法官高鳳仙草擬「性騷擾防治法草案」。性騷擾防治法草案與當時婦女新知基金會提出的「男

女工作平等法」草案以及行政院勞動部提出「兩性工作平等法」草案針對
職場性騷擾不同,「性騷擾防治法」草案採單獨立法方式,將性騷擾的適
用範圍擴及工作、學習或訓練、專業服務或大眾服務場所中影響他人利益
或有損他人人格尊嚴的行為(許乃丹,2009)。2001年內政部以現代婦
女基金會的草案為藍本修正官方的性騷擾版本送行政院審議,但因第5屆
立法委員改選及屆期而遭到退回,行政院也因「兩性工作平等法」的三
讀通過而退回內政部重新評估有無立法的必要。直到2004年總統大選期
間,國民黨與民進黨的總統候選人在家庭暴力修法聯盟及性暴力防治聯
盟等民間單位拜會下,均簽署推動性騷擾防治法的公約,且同時表示應
盡速通過該法案。同年8月,民間團體成立「防暴三法推動聯盟」[13],並
於9月拜會立法院黨團,獲得各黨團的支持,促使性騷擾防治法在2005年
1月14日經立法院三讀通過,並於2005年2月5日公布,2006年施行(曾嬿
瑾、古允文,2010)。歷時六年,性騷擾防治法終於誕生。性騷擾防治
法與性別平等工作法及性別平等教育法最大的不同點在於,性騷擾防治法
大幅擴張性騷擾防治與處罰騷擾行為的「區域性」或「地域性」(高鳳
英,2009),保護適用性別平等工作法及性別平等教育法兩者以外的各
種場所被害人(服務場所、部隊、組織,甚至公共場所之性騷擾均包含在
內),此外強制機關、機構負起性騷擾的防治責任、建立調解制度,避免
訟累及二度傷害,以及明定強制觸摸罪的刑責。高鳳仙(2005)指出,
獨立的防治法規,不僅可以順應性騷擾的立法潮流,而且可以對各種場所
所發生的性騷擾因時因地制定妥適防治法規,以收整體防治之效。是以,
我國性騷擾防治網從零散、片段,藉由性別平等工作法、性別平等教育法
以及性騷擾防治法的相繼完成而得以整合(楊聰財、魏兆玟,2009;陳
燕卿,2006)。

　　最後,2023年修法重點,包括:(一)健全各機關性騷擾防治組
織,例如中央主管機關設諮詢會、地方政府機關設性騷擾防治審議會等;
(二)政府機關(構)、部隊、學校、機構或僱用人,於所屬公共場所及

13 2004年8月20日,由現代婦女基金會、勵馨基金會、雙福基金會、台北市雙胞胎協會、台灣
　家庭暴力暨性侵害處遇計畫協會、兒福聯盟、東吳大學安素堂、北安扶輪社、台大婦女研究
　室、中華育幼機構兒童關懷協會及台北市婦女新知協會等11個民間團體正式成立「防暴三法
　推動聯盟」,後於2005年3月更名為「台灣防暴聯盟」。

公眾得出入之場所，應採取預防措施，防治性騷擾行為之發生；（三）建立可信賴的申訴調查程序，例如申訴期限延長（一般性騷擾為二年；權勢性騷擾為三年）等；（四）增訂保護專章，例如強化被害人隱私保護、宣傳品、出版品、廣播、電視、網際網路或其他媒體，不得報導或記載被害人之姓名或其他足資識別被害人身分之資訊；（五）嚴懲有效遏止權勢性騷擾，例如行政罰緩最高60萬、刑事責任加重其刑至1/2。

有關性騷擾防治三法的制定歷程整理如表7-3所示。

表7-3　性騷擾防治三法制定大事紀

事件 年份	法規名稱		
	性別平等工作法	性別平等教育法	性騷擾防治法
1987年	國父紀念館及高雄市立文化中心員工抗議「單身條款」。		
1990年	婦女新知基金會等民間婦女團體提出男女工作平等法草案第一版，引起企業界強大反彈，指稱該法是逼迫企業出走的「十大惡法」。		
1992年		清大男學生圖書館性騷擾事件。清大小紅帽發動反性騷擾的活動，並製作「校園反性騷擾行動手冊」。	
1994年		是婦運的高峰年，先有「鄧如雯殺夫案」，暴露臺灣社會婚姻暴力冰山的一角，後一連串發生臺灣師大男教授強暴女學生疑案、中正大學男教授性騷擾女學生事件。婦女新知、女學會與各大專院校的女研社，聯合其他支持團體在5月22日發起了發起「女人連線　反性騷擾」大遊行。	

表7-3 性騷擾防治三法制定大事紀（續）

事件 年份	法規名稱		
	性別平等工作法	性別平等教育法	性騷擾防治法
1996年		民進黨婦女部主任彭婉如疑遭計程車司機姦殺事件，婦女團體發起「女權火，照夜路」大遊行。	
1999年	因性騷擾之規範是否應單獨立法於兩性工作平等法之外，專家學者各有贊同與反對意見，為整合各界意見，立法院舉行性騷擾防治法草案公聽會。	1.教育部函頒行「大專院校及國立中小學校園性騷擾及性侵犯處理原則」，要求各校成立性騷擾及性侵犯處理委員會或小組，專責處理校園性騷擾及性侵犯事件，並規定女性成員不得低於1/2。 2.教育部兩性平等委員會委託4位專家學者組成研究小組研擬「兩性平等教育法」草案。	現代婦女基金會委託當時臺灣高等法院法官高鳳仙草擬「性騷擾防治法草案」。
2000年		屏東縣高樹國中國三男學生於校內廁所死亡事件，促使各界重視性別的多元化問題，故「兩性平等教育法」草案更名為「性別平等教育法」。	
2001年	12月21日立法院三讀通過「兩性工作平等法」。		內政部以現代婦女基金會的草案為藍本修正官方的性騷擾版本送行政院審議，但因第5屆立法委員改選及屆期不連續遭到退回。行政院也因「兩性工作平等法」的三讀通過而退回內政部重新評估有無立法之必要。

表7-3 性騷擾防治三法制定大事紀（續）

事件\年份	法規名稱		
	性別平等工作法	性別平等教育法	性騷擾防治法
2002年	1月16日總統公布「兩性工作平等法」。 3月8日「兩性工作平等法」施行。		
2004年		1.教育部成立「性別平等教育法草案」研修小組，共計13位委員一起繼續研擬性平法草案。 2.性平法草案4月初送立法院，在同年6月4日完成三讀程序，並在同年6月23日公布施行。	1.總統大選期間，國民黨與民進黨的總統候選人簽署推動性騷擾防治法的公約。 2.同年8月，民間團體成立「防暴三法推動聯盟」，並於9月拜會立法院黨團。
2005年			1月14日立法院三讀通過「性騷擾防治法」，2月5日公布。
2006年			2月5日「性騷擾防治法」施行。
2008年	將「兩性工作平等法」名稱修訂為「性別工作平等法」。		
2023年	過去性工法規定被害人「執行職務期間」發生的性騷擾，才納入該法管轄範圍，常見的情境，如有人遭同事從上班時間騷擾到下班時間，會出現在上班時間遭騷擾的情境適用性工法、下班時間則改為適用性防法，也導致出現加害人做同一行為卻可能受到不同懲處的現象。此次修法中，雖未移除條文中「執行職務」的定義，但明定三	過去性平法僅限教育部管轄的學校、亦即各級公私立學校可以用，但是由國防部管轄的軍事學校和預備學校、由警政署管轄的警察各級學校、由法務部管轄的少年矯正學校，卻無法以性平法處理性騷擾，此次明文將這些學校納入。	強化被害人隱私保護、增訂被害人保護服務、增訂損害賠償責任、延長申訴期限、

表7-3　性騷擾防治三法制定大事紀（續）

事件 年份	法規名稱		
	性別平等工作法	性別平等教育法	性騷擾防治法
	種非工作時間被職場往來人士性騷擾的情境，也屬於性工法管轄範圍。		

資料來源：作者自行整理。

第四節　性騷擾事件處理機制

　　性騷擾發生的場域與時間和其所適用的法律有極大的相關性，與職務有關或工作場所中執行職務所發生的性騷擾是屬於性別平等工作法的範疇；在校園裡發生學校教職員工生與學生的性騷擾事件則是適用性別平等教育法；非屬於前述二項場域與時間所發生的性騷擾事件，如職員或教師非於執行職務時或一般民眾於公共場所遭受性騷擾，便均屬於性騷擾防治法的規範範疇。在性騷擾防治三法公布施行後，政府與機關、企業皆紛紛訂有相關因應的作為。以下分別就性別平等工作法、性別平等教育法以及性騷擾防治法三法針對性騷擾事件處理的機制討論之。

一、性別平等工作法

　　性別平等工作法是我國第一個明文規範雇主應對工作場所性騷擾盡防治責任的法律（公務人員、教育人員及軍職人員亦適用之）；其對於雇主在防治性騷擾行為發生的責任，可以分為一般性防治與事後處理機制。一般性防治，規定在第13條第1項，僱用30人以上受僱者的雇主，應訂定性騷擾防治措施、申訴及懲戒辦法，並在工作場所公開揭示。事後處理機制，則是在同條第2項規定雇主在知悉有性騷擾情事發生時，應採取立即有效的糾正及補救措施。若有違反上述規定，將可依同法第38條之1，處以雇主新臺幣2萬元以上100萬元以下罰鍰。為積極貫徹雇主對性騷擾防治的責任及相關處理機制，中央主管機關（行政院勞動部）於2002年3月

6日訂定「工作場所性騷擾防治措施申訴及懲戒辦法訂定準則」，以作為雇主訂定內部性騷擾防治及處理機制的準據，提供受僱者及求職者免於遭受性騷擾的工作環境，採取適當的預防、糾正、懲戒及處理措施，並確實維護當事人隱私。以下便依據此法規，說明職場性騷擾相關防治、申訴及懲戒處理措施。

（一）雇主防治責任及應採行措施

依據性別平等工作法規定，僱用受僱者10人以上未達30人者，應訂定申訴管道，並在工作場所公開揭示；僱用受僱者30人以上者，應訂定性騷擾防治措施、申訴及懲戒規範，並在工作場所公開揭示。其中關於性騷擾防治措施應包括以下事項：

1. 實施防治性騷擾之教育訓練。
2. 性騷擾事件之申訴、調查及處理程序，並指定人員或單位負責。
3. 以保密方式處理申訴，並使申訴人免於遭受任何報復或其他不利之待遇。
4. 對調查屬實行為人之懲戒或處理方式。
5. 明定最高負責人或僱用人為被申訴人時，受僱者或求職者得依性工法第32條之1第1項第1款規定，逕向地方主管機關提起申訴。

（二）申訴、調查及處理機制

雇主針對性騷擾事件應設置專線電話、傳真、專用信箱或電子信箱，並將相關資訊於工作場所顯著之處公開揭示。職場性騷擾的申訴方式可以使用言詞或書面提出。若以言詞提出申訴者，受理人員或單位應作成書面紀錄，經向申訴人朗讀或讓其閱覽，經確認內容無誤後，由申訴人簽名或蓋章。若以書面提出者則應載明下列事項：

1. 申訴人姓名、服務單位及職稱、住居所、聯絡電話、申訴日期。
2. 有法定代理人或委任代理人者，其姓名、住居所、聯絡電話；委任者，並應檢附委任書。
3. 申訴之事實內容及相關證據。

在處理性騷擾的申訴事件，雇主應以不公開方式為之，並得由雇主與受僱者代表共同組成申訴處理委員會，並應注意委員性別之相當比例。而

若是發生在校園內的性騷擾（其對象之一方非學生）事件時，仍由該校的性別平等教育委員會進行處理。而委員會於調查過程應保護當事人的隱私權及其他人格法益。申訴處理委員會召開時，得通知當事人及關係人到場說明，並得邀請具相關學識經驗者協助。

申訴應自提出起2個月內結案，必要時，得延長1個月，並以書面通知申訴人、申訴的相對人及雇主。申訴人及申訴的相對人對申訴案之決議有異議者，得於收到書面通知次日起30日內，以書面向當地勞動局性別工作平等會提出申復。前項申訴案經結案後，不得就同一事由再提出。

性騷擾行為經調查屬實，雇主應視情節輕重，對申訴之相對人為適當的懲戒或處理。如經證實有誣告事實者，亦得對申訴人為適當的懲戒或處理。為避免相同事件或報復情事發生，雇主應採取追蹤、考核及監督，確保懲戒或處理措施有效執行；並在雇主認為當事人有輔導或醫療的必要時，得引介專業輔導或醫療機構。有關職場性騷擾申訴及處理程序如圖7-2所示。

二、性別平等教育法

校園內發生性騷擾事件時，會因為其對象身分之不同而適用不同的法律規範來進行處理，依據性別平等教育法第2條對於校園性騷擾事件的規定，應是其一方為學校校長、教師、職員、工友或學生，他方為學生者方屬之。因此，若是學校教長、職員或工友間的性騷擾事件，則應回歸性別平等工作法的規定範疇來處理。校園性騷擾事件之處理，規定於性別平等教育法、性別平等教育法施行細則以及校園性侵害性騷擾或性霸凌防治準則，以下便依據此三項法規來說明校園性騷擾相關防治、申訴及懲戒處理措施。

（一）校園性騷擾之防治及處理原則

為預防與處理校園性騷擾事件，中央主管機關教育部訂定「校園性侵害、性騷擾或性霸凌之防治準則」，提供各級學校訂定相關防治規定，其內容包括：學校安全規劃、校內外教學與人際互動注意事項、校園性侵害、性騷擾或性霸凌之處理機制、程序及救濟方法。其中，學校應積極推動校園性騷擾防治教育，包括：每年定期舉辦教育宣導、性別平等委員會

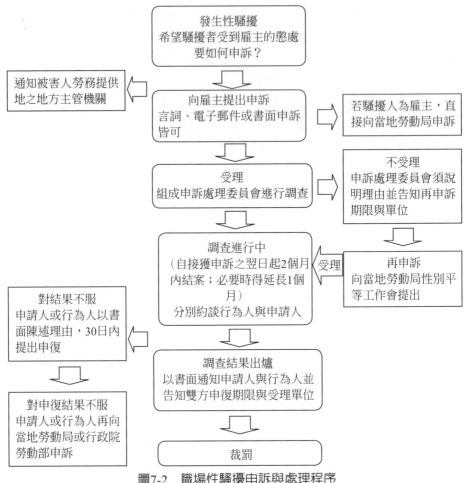

圖7-2　職場性騷擾申訴與處理程序

資料來源：修改自婦女新知基金會。

相關人員定期在職進修、編撰教職員工聘約及學生手冊提供相關資訊，以及鼓勵被害人或檢舉人申請調查與檢舉，以提升教職員工生尊重他人與自己性或身體自主的知能。在校園安全規劃方面，為防治校園性騷擾事件發生，應定期檢討校園空間與設施之規劃與使用情形，另外記錄校園內曾發生性騷擾事件的空間，繪製校園危險地圖，以改善校園危險空間。校內外教學與人際互動方面，學校應注意及宣導教職員工生尊重性別多元及個別差異，並強調教師在教學、指導、訓練、評鑑、管理、輔導或提供學生工

作機會時，在與性或性別有關的人際互動上，不得發展有違專業倫理的關係。教職員工生應尊重他人與自己之性或身體的自主，避免不受歡迎的追求行為，並不得以強制或暴力手段處理與性或性別有關的衝突。

除了預防性騷擾事件發生，學校校長、教師、職員或工友在知悉服務學校發生疑似校園性騷擾事件者，除應立即依學校防治規定所定權責，依法通報外，並應向學校及當地直轄市、縣（市）教育主管機關通報，至遲不得超過24小時。另外，學校校長、教師、職員或工友不得偽造、變造、湮滅或隱匿他人所犯校園性騷擾事件的證據。

學校或主管機關在調查處理校園性騷擾事件時，應秉持客觀、公正、專業的原則，給予雙方當事人充分陳述意見及答辯的機會，但應避免重複詢問。另外，當事人及檢舉人的姓名或其他足以辨識身分的資料，除有調查必要或基於公共安全考量者外，應予保密。

（二）申訴、調查及處理機制

校園性騷擾事件的範圍，依據校園性侵害性騷擾或性霸凌防治準則第9條規定，包括在不同學校間所發生的性騷擾事件均屬之。而學校或主管機關處理校園性騷擾事件，應將該事件交由所設的性別平等教育委員會調查處理。校園性騷擾事件的被害人或其法定代理人（性騷擾申訴之申請人）、檢舉人，得以書面向行為人於性騷擾行為發生時的所屬學校（即性騷擾事件管轄學校）申請調查或檢舉。但若行為人為該學校首長者，則應向學校所屬主管機關（教育局）申請。另外，行為人於行為發生時，同時具有校長、教師、職員、工友或學生二種以上不同身分者，應以其與被害人互動時的身份來界定其受調查的身分及事件管轄學校或機關。另外，經媒體報導的校園性侵害、性騷擾或性霸凌事件，應視同檢舉，學校或主管機關應主動將事件交由所設的性別平等教育委員會調查處理。

校園性騷擾事件管轄學校或機關接獲申請調查或檢舉時，其收件單位如下：

1. 專科以上學校：學生事務處或學校指定之專責單位。
2. 高級中等以下學校：學生事務處或教導處。
3. 主管機關：負責性平會之業務單位。

事件管轄學校或機關應於接獲申請調查或檢舉後20日內，以書面通

知申請人、被害人或檢舉人是否受理。不受理之書面通知應依性平法第32條第3項規定敘明理由，並告知申請人、被害人或檢舉人申復之期限及受理單位。申請人、被害人或檢舉人於前項之期限內，未收到通知或接獲不受理通知之次日起20日內，得以書面具明理由，向事件管轄學校或機關提出申復；其以言詞為之者，事件管轄學校或機關應作成紀錄，經向申請人、被害人或檢舉人朗讀或使閱覽，確認其內容無誤後，由其簽名或蓋章。不受理的書面通知應告知申請人或檢舉人申復的期限及受理單位。不受理的申復以1次為限。若申請人或檢舉人於期限內未收到通知或接獲不受理通知之次日起20日內，得以書面具明理由，向學校或主管機關申復，管轄學校或主管機關應於20日內以書面通知申復人申復結果。申復有理由者，應將申請調查或檢舉案交付性別平等教育委員會處理。

學校或主管機關的性別平等教育委員會受理性騷擾事件時，得成立調查小組進行調查。調查小組成員以3人或5人為原則，性別事件調查專業素養之專家學者，應符合下列資格之一：1.持有中央或直轄市、縣（市）主管機關校園性別事件調查知能高階培訓結業證書，且經中央或直轄市、縣（市）主管機關所設性平會核可並納入調查專業人才庫者；2.曾調查處理校園性別事件有具體績效，且經中央或直轄市、縣（市）主管機關所設性平會核可並納入調查專業人才庫者。中央或直轄市、縣（市）主管機關應定期辦理校園性別事件調查專業人員培訓，建立專業人才庫，並定期更新維護專業人才庫之資訊，提供各級學校或主管機關為延聘之參考。值得注意者，調查專業人員，經檢舉有違反客觀、公正、專業之原則，或有其他不適任情形，致其認定事實顯有偏頗，並由中央或直轄市、縣（市）主管機關所設性平會審查確認者，應自調查專業人才庫移除之。

事件管轄學校或機關調查處理校園性別事件時，應依下列方式辦理：1.行為人應親自出席接受調查；當事人為未成年者，接受調查時得由法定代理人或實際照顧者陪同；2.當事人持有各級主管機關核發之身心障礙證明或有效特殊教育學生鑑定證明者，調查小組成員應有具備特殊教育專業者；3.行為人與被害人、檢舉人或受邀協助調查之人有權力不對等之情形者，應避免其對質；4.就行為人、被害人、檢舉人或受邀協助調查之人之姓名及其他足以辨識身分之資料，應予保密。但有調查之必要或基於公共安全考量者，不在此限；5.依性平法第33條第5項規定以書面通知當

事人、相關人員或單位配合調查及提供資料時，應記載調查目的、時間、地點及不到場所生之效果。通知應載明當事人不得私下聯繫或運用網際網路、通訊軟體或其他管道散布事件之資訊；6.事件管轄學校或機關所屬人員不得以任何名義對案情進行了解或調查，且不得要求當事人提交自述或切結文件；7.基於調查之必要，得於不違反保密義務之範圍內另作成書面資料，交由行為人、被害人或受邀協助調查之人閱覽或告以要旨；8.申請人撤回申請調查時，為釐清相關法律責任，事件管轄學校或機關得經所設之性平會決議，或經行為人請求，繼續調查處理。學校所屬主管機關認情節重大者，應命事件管轄學校繼續調查處理；9.當事人申請閱覽、抄寫、複印或攝影有關資料或卷宗，應依行政程序法規定辦理；10.當事人調查訪談過程紀錄，得以錄音輔助，必要時得以錄影輔助；訪談紀錄應向當事人朗讀或使閱覽，確認其內容無誤後，由其簽名或蓋章。

學校或主管機關性別平等教育委員會應於受理申請或檢舉後2個月內完成調查。必要時，得延長之，延長以2次為限，每次不得逾1個月，並應通知申請人、檢舉人及行為人。性別平等教育委員會調查完成後，應將調查報告及處理建議，以書面向其所屬學校或主管機關提出報告。學校或主管機關應於接獲調查報告後2個月內，自行或移送相關權責機關依本法或相關法律或法規規定議處，並將處理的結果，以書面載明事實及理由通知申請人、檢舉人及行為人。

（三）懲處與協助機制

事件管轄學校或機關依性平法第25條第1項規定，於必要時，應對當事人提供下列適當協助：1.心理諮商與輔導；2.法律協助；3.課業協助；4.經濟協助；5.社會福利資源轉介服務；6.其他性平會認為必要之保護措施或協助。性平事件經事件管轄學校或機關所設性平會調查屬實後，事件管轄學校或機關應依性平法第26條第1項規定，對行為人予以申誡、記過、解聘、停聘、不續聘、免職、終止契約關係、終止運用關係或其他適當之懲處。其他機關依相關法律或法規有議處權限者，事件管轄學校或機關應將該事件移送其他權責機關議處；其經證實有誣告之事實者，並應依法對申請人或檢舉人為適當之懲處。上述對行為人所為處置，應由該懲處之學校或主管機關命行為人為之，執行時並應採取必要之措施，以確保行

為人之配合遵守；處置之性質、執行方式、執行期間及不配合執行之法律效果，應載明於處理結果之書面通知中。

另外，為保障校園性騷擾事件當事人的受教權或工作權，事件管轄學校或機關於必要時得依規定，採取下列處置，經性平會決議通過後執行並報主管機關備查：

1. 彈性處理當事人之出缺勤紀錄或成績考核，並積極協助其課業或職務，得不受請假、教師及學生成績考核相關規定之限制。
2. 尊重被害人之意願，減低當事人雙方互動之機會。
3. 避免報復情事。
4. 預防、減低行為人再度加害之可能。
5. 其他性平會認為必要之處置。

若當事人非事件管轄學校的人員時，應通知當事人所屬學校，依上述規定處理。

為詳細追蹤性騷擾加害人的動向，學校或主管機關應建立校園性騷擾事件及加害人的檔案資料。當加害人轉至其他學校就讀或服務時，主管機關及原就讀或服務的學校應於知悉後一個月內，通報加害人現就讀或服務的學校。接獲通報的學校，應對加害人實施必要的追蹤輔導，非有正當理由，並不得公布加害人的姓名或其他足以識別其身分的資料。另外，學校任用教育人員或進用其他專職、兼職人員前，應依性侵害犯罪防治法之規定，查閱其有無性侵害的犯罪紀錄，或曾經主管機關或學校性別平等教育委員會調查有性侵害、性騷擾或性霸凌行為屬實並經該管主管機關核准解聘或不續聘者。

學校或主管機關在處理校園性騷擾事件，應告知當事人或其法定代理人其得主張的權益及各種救濟途徑，或轉介至相關機構處理；必要時，得委請醫師、心理師、社會工作師或律師等專業人員提供心理輔導、保護措施或其他協助（如法律諮詢管道、課業協助及經濟協助等）；對檢舉人有受侵害之虞者，並應提供必要的保護措施或其他協助。

（四）救濟

申請人、被害人或行為人對事件管轄學校或機關處理之結果不服者，得於收到書面通知次日起30日內，以書面具明理由向事件管轄學校

或機關申復；其以言詞為之者，受理之學校或機關應作成紀錄，經向申請人、被害人或行為人朗讀或使閱覽，確認其內容無誤後，由其簽名或蓋章。申復以1次為限。若學校或主管機關發現調查程序有重大瑕疵，或有足以影響原調查認定的新事實、新證據時，得要求性別平等教育委員會另組調查小組重新調查。所謂「重大瑕疵」係指下列情形之一者：1.性平會或調查小組組織不適法；2.未給予當事人任一方陳述意見之機會；3.有應迴避而未迴避之情形；4.有應調查之證據而未調查；5.有證據取捨瑕疵而影響事實認定；6.其他足以影響事實認定之重大瑕疵。

　　學校或主管機關接獲申復後，依下列程序處理：1.由學校或主管機關指定之專責單位收件後，應即組成審議小組，並於30日內作成附理由之決定，以書面通知申復人申復結果；2.前款審議小組應包括性別平等教育相關專家學者、法律專業人員3人或5人，其小組成員中，女性人數比例應占成員總數1/2以上，具校園性別事件調查專業素養之專家學者人數比例於學校應占成員總數1/3以上，於主管機關應占成員總數1/2以上；3.原性平會委員及原調查小組成員不得擔任審議小組成員；4.審議小組召開會議時由小組成員推舉召集人，並主持會議；5.審議會議進行時，得視需要給予申復人陳述意見之機會，並得邀所設性平會相關委員或調查小組成員列席說明；6.申復有理由時，將申復決定通知相關權責單位，由其重為決定。有本法第37條第3項所定調查程序有重大瑕疵或有足以影響原調查認定之新事實、新證據時，得要求性平會重新調查；7.前款申復決定送達申復人前，申復人得準用前項規定撤回申復。

　　有關校園性騷擾申訴及處理程序，整理如圖7-3所示。

三、性騷擾防治法

　　性騷擾防治法為性騷擾防治三法中最晚通過的法令，不同於性別平等工作法及性別平等教育法，其適用的場域為工作場所以及學校以外的公共場所。又性騷擾防治法也補足了性別平等工作法及性別平等教育法的不足，擴大保護的領域。在性騷擾防治法中規定了機關、部隊、學校、機構或僱用人，應有防治性騷擾行為之發生以及對於發生性騷擾事件的情形應採取立即有效的糾正及補救措施。並授權中央主管機關（內政部）依據性騷擾防治法來訂定性騷擾防治之準則（「性騷擾防治準則」），以作為各

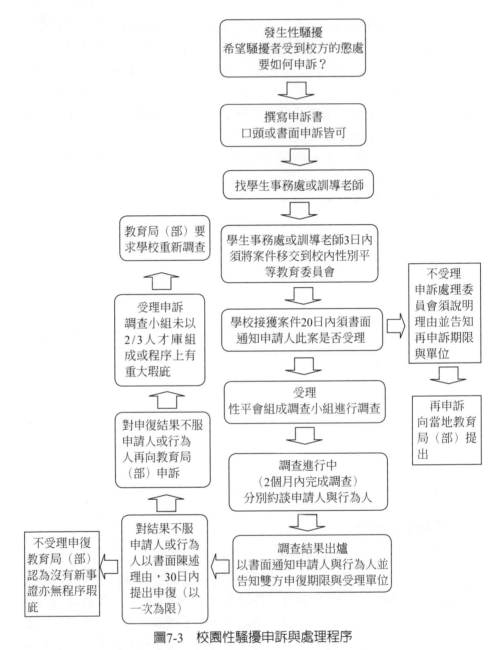

圖7-3　校園性騷擾申訴與處理程序

資料來源：修改自婦女新知基金會。

機關、部隊、學校、機構或僱用人訂定性騷擾防治、申訴管道、懲處辦法、教育訓練方案及其他相關措施等處理機制的準據。以下便以性騷擾防治法以及性騷擾防治準則來說明性騷擾防治法相關防治、申訴及懲戒處理措施。

（一）性騷擾防治責任及措施

機關、部隊、學校、機構或僱用人，應防治性騷擾行為的發生。於知悉有性騷擾情形時，應採取立即有效的糾正及補救措施，包含保護被害人權益及隱私、對所屬場域空間安全的維護或改善以及其他防治及改善措施。在防治措施的訂定方面，機關、部隊、學校、機構或僱用人均應建立受理性騷擾事件申訴窗口，若組織之成員、受僱人或受服務人員人數達10人以上者，應設立申訴管道協調處理；組織之成員、受僱人或受服務人員人數達30人以上者，並應訂定性騷擾防治措施，且公開揭示之。另外，政府機關（構）、部隊、學校、機構或僱用人於前項場所有性騷擾事件發生當時知悉者，應採取下列有效之糾正及補救措施，並注意被害人安全及隱私之維護：1.協助被害人申訴及保全相關證據；2.必要時協助通知警察機關到場處理；3.檢討所屬場所安全。

（二）申訴及調查程序

依據性騷擾防治法的規定，性騷擾事件被害人除可依相關法律請求協助外，屬權勢性騷擾以外之性騷擾事件者，於知悉事件發生後二年內提出申訴。但自性騷擾事件發生之日起逾五年者，不得提出。至於屬權勢性騷擾事件者，於知悉事件發生後三年內提出申訴。但自性騷擾事件發生之日起逾七年者，不得提出。

申訴得以書面或言詞，依下列規定提出：1.申訴時行為人有所屬政府機關（構）、部隊、學校：向該政府機關（構）、部隊、學校提出；2.申訴時行為人為政府機關（構）首長、各級軍事機關（構）及部隊上校編階以上之主官、學校校長、機構之最高負責人或僱用人：向該政府機關（構）、部隊、學校、機構或僱用人所在地之直轄市、縣（市）主管機關提出；3.申訴時行為人不明或為前二款以外之人：向性騷擾事件發生地之警察機關提出。申訴有下列情形之一者，直轄市、縣（市）主管機關應

不予受理：1.當事人逾期提出申訴；2.申訴不合法定程式，經通知限期補正，屆期未補正；3.同一性騷擾事件，撤回申訴或視為撤回申訴後再行申訴。

政府機關（構）、部隊、學校、警察機關及直轄市、縣（市）主管機關應於受理申訴或移送到達之日起7日內開始調查，並應於2個月內調查完成；必要時，得延長一個月，並應通知當事人。直轄市、縣（市）主管機關受理性騷擾申訴案件後，審議會召集人應於7日內指派委員3人至5人組成調查小組進行調查，並依前項規定辦理；調查小組之女性代表不得少於總數1/2，並推選一人為小組召集人。性騷擾事件之調查應秉持客觀、公正、專業之原則，給予雙方當事人充分陳述意見及答辯之機會，並應適時通知案件辦理情形；有詢問當事人之必要時，應避免重複詢問。政府機關（構）、部隊、學校及警察機關為第1項調查及審議會為第2項調查，應作成調查報告及處理建議，移送直轄市、縣（市）主管機關辦理。

直轄市、縣（市）主管機關於接獲調查報告及處理建議後，應提報審議會審議；審議會審議認有必要者，得組成調查小組重行調查後再行審議。性騷擾事件已進入偵查或審判程序者，審議會認有必要時，得議決於該程序終結前，停止該事件之處理。性騷擾申訴案件經審議會審議後，直轄市、縣（市）主管機關應將該申訴案件調查結果之決定，以書面載明事實及理由通知申訴人、行為人、原移送單位及行為人之所屬單位。申訴人及行為人對於前項調查結果之決定不服者，得依法提起訴願。

（三）被害人保護

1. 不得揭露被害人之資訊宣傳品、出版品、廣播、電視、網際網路或其他媒體，不得報導或記載被害人之姓名或其他足資識別被害人身分之資訊。但有下列情形之一者，不在此限：(1)被害人為成年人，經本人同意。但心智障礙者、受監護宣告或輔助宣告者，應以其可理解方式提供資訊；受監護宣告者並應取得其監護人同意；(2)檢察官或法院依法認為有必要；(3)因職務或業務知悉或持有第一項足資識別被害人身分之資訊者，除法律另有規定外，應予保密；(4)行政機關及司法機關所公示之文書，不得揭露被害人之姓名、出生年月日、住居所及其他足資識別被害人身分之資訊。

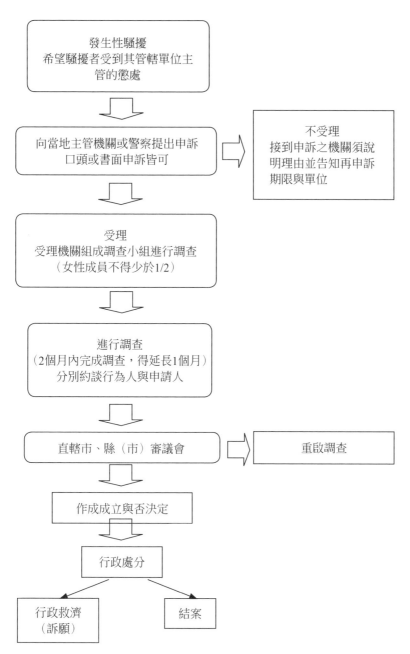

圖7-4 公共場所性騷擾申訴程序

資料來源：修改自婦女新知基金會。

2. 提供被害人必要服務：政府機關（構）、部隊、學校、警察機關及直轄市、縣（市）主管機關於性騷擾事件調查過程中，應視被害人之身心狀況，主動提供或轉介諮詢協談、心理輔導、法律協助、社會福利資源及其他必要之服務。

3. 行為人應負損害賠償責任，如屬權勢性騷擾者，法院並得因被害人之請求，依侵害情節，酌定損害額1倍至3倍之懲罰性賠償金。

4. 受僱人、機構負責人利用執行職務之便，對他人為性騷擾，依前條第2項規定對被害人為回復名譽之適當處分時，僱用人、機構應提供適當之協助。而學生、接受教育或訓練之人員於學校、教育或訓練機構接受教育或訓練時，對他人為性騷擾，而對被害人為回復名譽之適當處分時，學校、教育或訓練機構應提供適當之協助。

有關性騷擾防治法所適用之公共場所性騷擾申訴及處理程序，整理如圖7-4所示。

有關性騷擾防治三法的差異，整理如表7-4所示。

表7-4　性騷擾防治三法之差異比較

適用法律	性別平等工作法	性別平等教育法	性騷擾防治法
立法目的	保障工作權	保障受教權	保障人身安全
適用情境	職場性騷擾	校園性騷擾	前二者外之其他性騷擾行為，如公共場所性騷擾。
適用對象	求職者、受僱者於執行職務時。	一方為學生；另一方為學校校長、老師（專兼任老師、教官、護理老師、教育實習）、職員（除了老師以外，在學校執行行政事務或庶務的人員）、工友或學生（在學、進修）。	前二者外之其他對象。
受理窗口	被害人向其所屬僱用單位設立之申訴管道提出申訴。	被害人向加害人行為時所屬學校提出申訴。	被害人可向警察局、直轄市、縣（市）政府申訴或向加害人現職所屬僱用單位提出申訴。

表7-4　性騷擾防治三法之差異比較（續）

適用法律	性別平等工作法	性別平等教育法	性騷擾防治法
主管機關	各直轄市、縣（市）政府勞動局。	各直轄市、縣（市）政府教育局。	直轄市、縣（市）政府社會處（局）。
申訴、告訴	被害人得以言詞或書面向雇主提出性騷擾事件申訴。	校園性騷擾事件被害人或法定代理人、檢舉人得以書面向行為人於行為發生時所屬學校申請調查；學校首長為加害人時，應向學校所屬主管機關申請調查；申請調查亦得以言詞為之。	性騷擾防治法第2條僅能申訴；性騷擾防治法第25條可告訴，亦可申訴。
申訴時效	1. 被申訴人非具權勢地位：自知悉性騷擾時起，逾二年提起者，不予受理；自該行為終了時起，逾五年者，亦同。 2. 被申訴人具權勢地位：自知悉性騷擾時起，逾三年提起者，不予受理；自該行為終了時起，逾七年者，亦同。 3. 性騷擾發生時，申訴人為未成年，得於成年之日起三年內申訴。 4. 被申訴人為最高負責人或僱用人，申訴人得於離職之日起一年內申訴。但自該行為終了時起，逾十年者，不予受理。	無時效限制。	1. 屬權勢性騷擾以外之性騷擾事件者，於知悉事件發生後二年內提出申訴。但自性騷擾事件發生之日起逾五年者，不得提出。 2. 屬權勢性騷擾事件者，於知悉事件發生後三年內提出申訴。但自性騷擾事件發生之日起逾七年者，不得提出。 3. 性騷擾事件發生時被害人未成年者，得於成年後三年內提出申訴。但依前項各款規定有較長之申訴期限者，從其規定。

第五節 小結

　　性騷擾行為範疇相當廣泛，除了透過強迫、威脅或不受歡迎等言詞、非言詞和身體接觸的方式而違背個人意願，使人產生不舒服而帶有性聯想的故意行為外，也可能是一種帶有性別歧視或偏見的言詞或態度，而讓人感到不舒服、被冒犯的情形亦屬性騷擾。一般而言，性騷擾較易發生於：男性對女性、權力不對等的兩方，但亦有可能發生於同性、同儕之間。性騷擾問題大多起源於性別刻板印象以及傳統父權文化對性別意識的漠視，而無所不在的性騷擾，則對許多被害人的生理、心理及生活品質影響至鉅。在傳統的社會文化背景下，一般人對性騷擾存在諸多迷思，致許多被害人僅能隱忍其被害事件，甚且由於性騷擾的迷思在性別刻板觀念與父權社會文化下，不斷複製、傳遞，為加害人的不當行為找到了藉口，常令被害人在遭受性騷擾後，還得為自己的被害負責，而遭受二度傷害（內政部，2006）。

　　性騷擾事件發生後再來處罰加害人，對被害人而言常是緩不濟急的，且縱然支出龐大的訴訟成本，仍常無法有效遏止性騷擾再次發生。自1980年代以來，人權及反性別歧視議題日益受到重視，性騷擾相關立法運動也在世界各國逐漸展開，致力於破除性騷擾的文化迷思，建置全面的性騷擾防治體系。隨著越來越多女性成為職業婦女，性騷擾最早被關注的是工作職場性騷擾問題，如美國的機會平等委員會於1980年發布指導原則，而聯邦法院在判例中確定工作場所性騷擾違反公民權法第7條，並在1986年確定「有報酬」與「敵意工作環境」兩種類型的性騷擾；德國於1994年制定「工作場所性騷擾受僱人保護法」，其工作場所性騷擾定義很廣，只要是受僱人人格尊嚴受屈辱就成立。日本勞動省於1998年公佈指導方針，將工作場所性騷擾分為「對價型」與「環境型」兩類，但只適用於與工作密切相關的情況，且保護對象僅限於女性受僱者（余慧君，2002）。

　　性騷擾事件牽涉多元複雜的個人、社會與文化等因素，需要各相關體系專業人員、社會大眾共同投入防治工作，以建立綿密的防治網絡。甚且由於性騷擾的發生，是散布在社會的各個層面與場域，性騷擾事件樣態相當多樣，為能有效處理性騷擾議題，我國陸陸續續通過了「性別平等工作

法」第三章性騷擾之防治、「性別平等教育法」第四章校園性侵害或性騷擾之防治及「性騷擾防治法」，希望能透過事前預防、加重雇主與學校責任、採用申訴手段，以快速及減少被害人成本支出的方式來徹底處理性騷擾問題。性騷擾事件因發生於不同人與不同情境間，故其適用法規及處理方式亦有所差異。一旦發生性騷擾事件，應該先分辨應適用之法律，因此在本章分別介紹了三法的制定沿革外，亦分別介紹不同類型的性騷擾事件處理機制，以使讀者對於我國性騷擾防治作為有更為完整的了解。同時，在我國政府力行建造一個保障人權及性別平等社會的概念下，性騷擾於現今社會所受到注目的程度可謂越來越重要了。這也是為什麼政府需要訂定三個法律來適用於各種情形。但另一方面，迄今仍有部分機關、企業及學校視性騷擾為隱性問題，因此未來防治工作仍需持續推動。

第八章　跟蹤騷擾防制法

跟蹤騷擾（stalking）行為長期存在人類社會，往往對被害人的生活產生重大不利影響。尤其跟騷行為經常合併犯罪和非犯罪行為，任何類型的犯罪（從故意毀損物品到殺人），都可能成為跟騷案件的一部分，而跟騷法律則進一步將特定行為標示為犯罪，以保護被害人並防止跟騷行為升級為嚴重暴力。將跟騷行為犯罪化還有另一個效果：過去將跟騷行為視為個人問題，而犯罪化後則鼓勵被害人認知到，他們的經歷不一定是令人不安和特殊關係的獨特結果，並鼓勵被害人將其視為犯罪案件，勇於向外求助。因此，聯合國所列出的全球婦女人身安全三大威脅分別為：家庭暴力、性侵害及跟蹤騷擾。然而國際社會直到1990年，才由美國加州首次立法將跟騷行為犯罪化，短短四年內擴及到美國各州，而澳洲、英國、歐盟以及日本等國家，也都先後制定專法或是修改刑法相關規定。而在臺灣，「跟蹤騷擾防制法草案」歷經六年朝野協商，終於在2022年6月1日施行。「跟蹤騷擾防制法」不只是人身安全保護最後一個專法，更是唯一一個由內政部所主管的專法，雖然警察在本法的實施效益上，扮演舉足輕重的角色，但就跟其他專法一樣，需要透過網絡合作才能發揮應有的效果。

在本章中，將先就國內、外跟蹤騷擾防制法進行介紹，接續介紹跟蹤騷擾案件處理原則以及我國跟蹤騷擾防制機制，最後則將介紹警察跟蹤騷擾案件處理要領。

第一節　跟蹤騷擾防制法之概況

在眾多性別暴力案件中，跟蹤騷擾行為不僅長期被忽視其危害性，而且一般人可能會誤以為該行為只會發生在名人身上。然而，研究顯示，跟蹤騷擾不僅是常見的人身安全危害行為，除造成被害人嚴重的精神上壓力外，甚至可能在長期被行為人跟蹤騷擾後遭殺害。在美國，大約1/4女性和近1/10男性曾經歷過親密伴侶的性暴力、身體暴力和／或跟蹤騷

擾；超過半數女性凶殺案被害人，是遭到現任或前任男性親密伴侶殺害，而且被害人在遭殺害前幾乎都曾有被行為人跟蹤騷擾經驗（Centers for Disease Control and Prevention, 2021）。另根據英格蘭和威爾斯犯罪被害調查顯示，女性比男性更容易遭到親密關係伴侶的跟騷（24%對15%）；在2009年3月至2015年3月之間，遭到跟騷男性被害人的百分比從37%下降到15%；而女性的下降幅度較小，有40%的女性遭到親密關係伴侶跟騷，而在2015年的比率則降為24%（Office for National Statices, 2019）。值得注意者，跟蹤騷擾經常與其他性別暴力合併發生，除可能發生在親密關係暴力中，也可能出現在其他性別暴力案件中，性侵害、兒少性剝削的加害人也經常會對被害人實施跟騷行為（Korkodeilou, 2016）。而隨著網路與科技設備發達，跟騷行為除可能發生在實體環境中，行為人經常會合併使用網路科技跟騷被害人。例如，Baum、Catalano、Rand和Rose（2009）所進行的全美被害調查發現，有26.1%遭到跟騷的被害人同時遭到網路跟騷。

　　跟騷行為自古就存在，但直到1989年7月18日發生美國好萊塢演員Rebecca Schaefer慘遭瘋狂粉絲Robert John Bardo殺害的案件，才促成立法行動。在案發前，Robert已經跟騷她長達四年的時間，此一不幸案件受到媒體的高度關注。在加州同一年並發生另外4名婦女在向警察報案她們受到前夫或前男友騷擾和威脅後即遭到謀殺的重大案件，乃促使加州在1990年在刑法增訂跟騷罪（David, 2018）。此立法行動在不到三年內，擴及到美國的50個州以及哥倫比亞特區陸續增訂跟騷罪，日後澳洲、紐西蘭、加拿大、英國和歐洲國家也陸續將這種行為定為刑事犯罪。其中，英國在1997年修改「騷擾防制法」（Protection from Harassment Act），是歐洲第一個將跟騷行為犯罪化的國家（van der Aa, 2018）。此後，歐盟許多國家也陸續修改刑法，增訂跟騷罪，針對故意、惡意和反覆跟蹤或騷擾並構成威脅被害人的跟騷者進行刑事起訴，以確保被害人或她／他的親屬人身安全（van der Aa & Römkens, 2013; Schlesinger, 2006）。

　　以下將先就各國的立法狀況進行簡要介紹，接續再介紹臺灣有關跟蹤騷擾防制法的立法歷程。

一、國際主要國家之立法概況

茲分就北美、歐盟以及亞太等地區，主要國家的立法概況介紹如下。

（一）北美地區

北美最主要的兩個國家——美國和加拿大均為已開發國家，將跟蹤騷擾行為犯罪化的時間也相對較早。

1. 美國

美國各州在跟蹤騷擾行為犯罪化前，司法系統只將能其當作騷擾、癡迷的行為，或是屬於家庭暴力的某種態樣，而最初起草跟蹤騷擾處罰規定，是想確保執法部門對於這類親密關係暴力能及早介入干預，以免升級為更嚴重的暴力行為（National Center for Victims of Crime, 2007）。在加州率先在1990年成為美國第一個將跟蹤騷擾行為犯罪化的州後，1993年美國司法部司法研究所（National Institute of Justice, NIJ）公布「跟蹤騷擾防制模範法典」（Model Anti-Stalking Code for the States），協助各州制定類似法規，美國各州及華盛頓特區均陸續將跟蹤騷擾行為視為犯罪行為（Tjaden, 2009; National Center for Victims of Crime, 2007）。此外，1994年的「婦女受暴防制法」（Violence Against Women Act, VAWA）則屬綜合性聯邦立法，旨在防制包括家庭暴力、性侵害、跟蹤騷擾等暴力侵害婦女人身自由之犯罪類型。在法律樣態上，跟蹤騷擾行為所涉及其他犯罪類型，尚包括違反保護／限制令、威脅、攻擊、殺人未遂、綁架、性侵害、毀損、竊盜、身分盜用、竊聽、仇恨犯罪、使用電話或其他形式等騷擾（National Center for Victims of Crime, 2012）。再者，其他經常涉及同時發生跟蹤騷擾作為之犯罪，亦包括性侵害或人口販運等犯罪，而跟蹤騷擾也可能被作為一種脅迫或孤立被害人，抑或恐嚇被害人或證人的手段。以跟蹤騷擾作為恐嚇證人的手段，也可能被其他犯罪類型的犯罪者所採用，如毒品犯罪、幫派暴力犯罪、白領犯罪等類型都可能發生（SPARC, 2015）。值得注意者，美國有關跟蹤騷擾行為犯罪化之立法方式，多數州是將跟騷行為處罰規定在刑法（Penal Law），或是修改家事相關法規，如家事法庭法（Family Court Act）或行政法（Executive Law）中，並未獨立成跟蹤騷擾防制專法。

2. 加拿大

在1993年以前，加拿大跟騷行為人可能被指控犯有以下一項或多項罪行：恐嚇（「刑法」第423條）、威脅（第264.1節）、惡作劇（第430條）、不雅或騷擾電話（第372條）、夜間侵入（第177條），和違反擔保（第811條）。到了1993年8月1日，加拿大政府對「刑法」進行修訂，在第264條中增訂刑事騷擾罪。旨在打擊性別暴力的行為，特別是對婦女遭受親密關係暴力的具體回應。但本罪行並不限於家庭暴力，同樣適用於所有刑事騷擾的被害人。第264條第1項規範跟騷行為，係指：任何人不得從事沒有合法權限且知道其行為已經構成讓一個合理者感到安全遭到威脅的騷擾行為。第264條第2項則列舉跟騷行為包括：(1)反覆從一個地方到另一個地方尾隨另一個人或他們認識的任何人；(2)反覆直接或間接與另一個人或他們認識的任何人接觸；(3)在他人或他們認識的任何人居住、工作，或另一個人所處任何地方逗留或監視；或者(4)針對另一個人或其家庭成員的威脅行為。第264條第3項則是有關處罰規定：觸犯本條規定者係屬犯罪行為，可以處十年以下有期徒刑；或是按簡易程序定罪處罰的罪行。日後所修訂的刑法第264條，自1997年5月起生效，將違反法院所核發保護令的刑事騷擾罪作為量刑時的加重因素；接續將刑事騷擾罪改列為非告訴乃論之罪，在2002年7月23日生效。同樣在1997年5月生效，在刑事騷擾被害人的過程中，犯下的謀殺行為添加到第231條中並列為一級謀殺的行為，而且無論是否有計畫或非故意行為均含括在內（Government of Canada, 2012）。

（二）歐盟會員國

英國仿效美國，在1997年於「騷擾防制法」（Protection from Harassment Act）中將持續騷擾行為定為刑事犯罪，控方必須證明嫌疑人實施騷擾行為外，嫌疑人必須知道或應該知道該行為構成騷擾，且必須有至少2次的行為。西歐部分國家也在1990年代引入類似跟騷防制法的規範，但大多沒有明確使用「跟蹤騷擾」（stalking）一詞，各國法律有關跟騷行為的定義各不相同。例如，挪威係指：製造令人恐懼或惱人的行為或其他違反一個人想要保持平靜生活的行為；愛爾蘭的法律則是規範：持續跟蹤、觀察、騷擾某人而使其感到困擾者應受懲罰；丹麥的法律則是規定：

透過不受歡迎、重複和侵入性的接觸和嘗試互動，系統地持續追求或騷擾；在法國，對他人撥打惡意電話是違法行為，也是性騷擾（van der Aa, 2018）。

之後，歐盟許多會員國在將跟騷行為犯罪化的立法行動遇到阻力，使得歐盟大多數會員國在2010年以前，沒有跟騷防制的相關規範。根據摩德納跟騷組織（Modena Group on Stalking）於2007年進行的研究發現，只有8個會員國在法律制度中引入具體的跟騷防制規範。主要原因包括（Guelke & Sorel, 2016）：1.由於跟騷不被視為社會問題，社會輿論也沒有關注，會員國認為沒有必要有具體的立法；2.認為一般的刑事規定，如攻擊、威脅或脅迫等刑事犯罪，只要再跟保護令計畫相結合，即可對是類被害人提供充分保護；3.一些有影響力的刑事律師和法律學家反對將跟騷行為定為犯罪；4.跟騷行為是否能夠透過刑事訴訟獲得有效控制存在爭議，也影響議會的立法，從而延遲立法的時程。

儘管存在爭議，但到2010年，將跟騷行為犯罪化的成員國數量已經上升至13個（Van der Aa & Römkens, 2013）。然而另一方面，根據Van der Aa和Römkens（2013）的研究發現，各國有關跟騷行為的規範存在巨大差異，不論是在法條中所規範的跟騷行為清單、起訴要件要求、跟騷者的犯罪意圖和處罰等方面的規範都有所不同。而Bouffard、Bouffard、Nobles和Askew（2021）也指出，對跟騷事件採取一致的刑事司法應對措施的一個重要挑戰，來自於跟騷行為與其他人際暴力犯罪，包括家庭暴力、違反保護令、財產犯罪、性侵犯、性騷擾等事件的重疊，導致可能出現法律適用競合問題。立法行動直到2011年，歐洲委員會制定「防止和打擊暴力侵害婦女行為及家庭暴力公約」（Council of Europe Convention on Preventing and Combating Violence against Women and Domestic Violence），更廣為人知的名稱是「伊斯坦布爾公約」（Istanbul Convention），反映歐盟引入具有約束力的區域人權文書和加強該領域國家立法的努力。該公約第34條要求簽署國將跟騷行為定為刑事犯罪，並在2013年生效。截至2022年止，28個歐盟成員國（含英國）都簽署本公約，除了丹麥對第34條作出保留並選擇非刑事制裁來打擊跟騷行為外，其他歐盟成員國都有義務將跟騷行為犯罪化。與2010年的情況相比，立法將跟騷行為犯罪化的歐盟成員國數量大幅增加。以公約生效前後的狀況進行比較，已有25個國

家制定專門的刑事規定，而尚未將跟騷行為犯罪化的2個國家是愛沙尼亞和希臘（European Institute for Gender Equality, 2019; van der Aa, 2018）。由於歐盟國家數量眾多，立法狀況僅整理列如表8-1所示。

表8-1　歐盟成員國關於跟騷行為的規範

國家	生效年／修訂年	定義跟騷的用語	處罰規定
奧地利	2006年	持續的迫害（Beharrliche Verfolgung）	刑法第107A條
比利時	1998年制定；2002年修訂	跟騷行為（Belaging）	刑法第442條
克羅埃西亞	2013年	被禁止的行為（Nametljivo ponašanje）	刑法第140條
捷克	2010年	危險的迫害行為（Nebezpečné pronásledování）	刑法第354條
芬蘭	2014年	迫害行為（Vainoaminen）	刑法第25章第7(a)條
德國	2007年生效；2017年修訂	跟騷（Nachstellung）	刑法第238條
匈牙利	2008年生效；2013年修訂	騷擾（Zaklatás）	刑法第222條
愛爾蘭	1997年	騷擾（Harassment）	非致命罪行法（Non-fatal Offenses against the Person Act）第10條
義大利	2009年	迫害行為（Atti persecutori）	刑法第612條
盧森堡	2009年	強迫性的騷擾（Harcèlement obsessional）	刑法第442-2條
馬爾他	2005年騷擾（harassment）；2015年修訂為跟騷（stalking）	跟騷（stalking）	刑法第251AA條
荷蘭	2000年	盯梢（Belaging）	刑法第285b條
波蘭	2011年	跟騷（stalking）	刑法第190a條

表8-1　歐盟成員國關於跟騷行為的規範（續）

國家	生效年／修訂年	定義跟騷的用語	處罰規定
葡萄牙	2015年	迫害行為（Perseguição）	刑法第154A條
羅馬尼亞	2014年	騷擾行為（Hartuirea）	刑法第208條
斯洛伐克	2011年	危險的迫害（Nebezpečné prenasledovanie）	刑法第360a條
斯洛尼亞	2015年	盯梢（Zalezovanje）	刑法第134a條
西班牙	2015年	跟騷（stalking）	刑法第172條
瑞典	2011年生效；2016年修訂	非法迫害（Olaga för-följelse）或跟騷（stalking）	刑法第4章第4b條
英國／英格蘭和威爾士	1997年騷擾（harassment）；2012年跟騷行為（stalking）	跟騷（stalking）	1997年「騷擾防制法」第2a條和第4a條
英國／蘇格蘭	1997年騷擾防制法（harassment）；2012年跟騷行為（stalking）	跟騷（stalking）	2010年「刑事司法和許可法」（Criminal Justice and Licensing Act）第39條
丹麥	1933年在其刑法中增訂第265條「騷擾罪」，在2012年「限制令法」生效，將刑法第265條刪除	騷擾（Harassment）	嚴重騷擾行為，才視為犯罪行為
塞普勒斯	2021年	跟騷（stalking）	通過「騷擾和跟蹤保護法」（Protection from Harassment and Stalking Law of 2021）將跟騷行為犯罪化
立陶宛	2021年	跟騷（stalking）	刑法第145條
拉脫維亞	2018年	跟騷（stalking）	跟蹤騷擾防制法（Anti-Stalking Law）

表8-1　歐盟成員國關於跟騷行為的規範（續）

國家	生效年／修訂年	定義跟騷的用語	處罰規定
保加利亞[1]	-	騷擾（Harassment）	在刑法中沒有跟騷行為規範為犯罪，屬於特定類型的騷擾行為
愛沙尼亞	-	跟騷（stalking）	在刑法中沒有規範為犯罪，但跟騷行為可以透過民事訴訟聲請保護令
希臘	-	-	沒有法律定義，也沒有相關立法

資料來源：Blog (2021). *New CY Legislation for Harassment and Stalking*. Retrieved from https://forthewomen.com.cy/en/new-cy-legislation-for-harassment-and-stalking/ [Accessed 17/January/2023]; European Institute for Gender Equality (2019). Stalking. Retrieved from https://eige.europa.eu/gender-based-violence/regulatory-and-legal-framework/legal-definitions-in-the-eu/ [Accessed 28/January/2023]; van der Aa, S. (2018). New Trends in the Criminalization of Stalking in the EU Member States. *European Journal on Criminal Policy and Research*, 24(3): 327~332.

（三）亞太地區

迄至2022年為止，已經制定禁止跟蹤騷擾法律的亞太地區國家，包括：澳洲、紐西蘭、日本、新加坡、印度、菲律賓、馬來西亞和南韓等國家（Samson, 2022; Smith, 2022）。

1. 澳洲

澳洲在1994年於刑法統一法（Criminal Law Consolidation Act, SA, 1935）中，增訂第19AA條有關跟騷的罪責。而在各個司法管轄區方面，昆士蘭州在1993年率先將跟騷行為犯罪化，緊隨其後的是新南威爾斯州、南澳大利亞州、維多利亞州、西澳大利亞州、北領地、塔斯馬尼亞州和首都領地。到了1995年，澳洲每個司法管轄區都已在刑法中增訂跟騷

---

1 在保加利亞，跟蹤騷擾是屬於特定類型的騷擾行為，係指：基於歧視的任何不受歡迎的行為，以身體、口頭或任何其他方式表達，其目的或效果是侵犯人的尊嚴或造成敵對的、有辱人格的、侮辱性的或恐嚇性的環境、態度或作法。

罪，與美國一樣，每個司法管轄區對跟騷行為的定義不同，並且需要不同的要素來認定犯罪。對跟騷的處罰也不同；以維多利亞州的處罰最重，跟騷者最重會被判處十年以下的監禁刑，可說是世界上最嚴厲的刑罰之一；而以西澳大利亞州最輕，判處12個月以下的監禁刑或4,000美元的罰款（Mcewan, Mullen & Mackenzie, 2007）。

雖然澳洲各個司法管轄區對跟騷行為都有各自的定義，但在本質上，它是指：一種反覆出現的騷擾行為，行為人的目的係在恐嚇被害人（Governments of Australia and South Australia, 2022）。以南澳大利亞為例，當一個人出現以下情況時，就可能構成跟騷行為：(1)尾隨被害人；(2)在被害人家外或他常去的地方遊蕩；(3)侵入或干涉被害人所有物的行為；(4)向被害人提供或發送讓其反感的資料，或將資料留在被害人會發現或引起注意的地方；(5)透過網路或某種形式的電子通訊方式發布或傳輸，以使家庭成員能夠發現或引起家庭成員的注意；(6)透過郵件、電話（或相關技術）、傳真機、網路或其他形式的電子通訊方式與家庭成員進行通訊；(7)監視被害人；(8)以任何其他可以合理預期會引起被害人憂慮或恐懼的方式行事。

然而行為人除了需要執行前述行為以對該被害人或第三方造成嚴重的身體或精神傷害，尚須引起被害人內心嚴重的憂慮或恐懼，方會構成跟騷罪。通常在以下情況存在時，法院才有可能判定跟騷行為成立（Governments of Australia and South Australia, 2022）：(1)在被害人明確表示他們不希望以後再聯繫後，行為人仍持續聯繫對方；(2)嫌疑人到被害人經常去的地方，而這些地方嫌疑人通常不會去；(3)嫌疑人關注被害人的社交網站後，並在被害人明確表示他們不會想要收到這些訊息後，嫌疑人仍持續在網站上留言；(4)當被害人明確表示他們不想收到嫌疑人的禮物後，嫌疑人仍然寄送；(5)在不是迫切需求的情況下，嫌疑人持續到被害人的住所或工作地點，並在該地點監看。

2. 紐西蘭

紐西蘭的跟騷行為可以透過一些法規解決，例如1997年「騷擾法」（Harassment Act 1997）、1995年「家庭暴力法」（Family Violence Act 1995）、2001年「電信法」和「1961年犯罪法」等。其中，1997年所訂

頒的騷擾法是最經常被提及的法案。本法共計有四章、42條條文，除第三章在1998年5月1日生效外，其餘條文均在1998年1月1日生效。如果民眾在社區中，遭到陌生人或社區其他人的騷擾，可以根據騷擾法對他們採取行動。民眾可以向地區法院聲請對騷擾者發出保護令（限制令，restraining order），「騷擾法」還將最嚴重的騷擾類型定為刑事犯罪，無論是否已獲得保護令，民眾都可以去報警。「騷擾」是涵蓋範圍廣泛的行為，包括：跟蹤騷擾、辱罵電話和恐嚇信等。但值得注意的是：當騷擾者是與被害人有家庭或同居關係的人時，「騷擾法」不適用，因為「家庭暴力法」已經對此有所規定（Community Law, 2023a）。

　　本法有關騷擾的定義，規範在第3條中。有關騷擾行為的構成要件，必須同時存在以下兩種情況：符合「騷擾法」第3條規定的行為類型，以及是一種行為模式，而不是單一次性的事件（Community Law, 2023a）。在確認時有二個步驟：第一步，是否構成「騷擾」的行為類型。可能構成騷擾的行為或事件類型包括：(1)在被害人的住家或工作場所監視、閒逛或阻止他／她進出，或是被害人經常出入的任何其他地方；(2)尾隨被害人；進入被害人的家或所屬區域，以及干擾家中或所屬任何物品；(3)透過電話、信件、電子郵件、簡訊，或是透過網路社交媒體等方式與被害人聯繫；(4)對被害人提供令其反感的資料，或將資料留在被害人可以找到或引起注意的地方，包括在網路發布令人反感的圖片或其他材料；(5)做其他會讓被害人擔心自己安全的事情，而這會讓處於相同處境的合理者擔心他們的安全，這些行為包括騷擾者對其家人而不是直接對他／她所做出的行為，而其目的是針對被害人，即使該家庭成員實際上並不擔心自己的安全。第二步，確認是否存在行為模式：如果行為人只做出單一次行為或某件事，就不會構成騷擾，所謂「行為模式」可能是以下任何一種狀況：(1)一年2次，如果此人在12個月內有2次或更多次執行第一步驟所列出的任何行為或事情，就會構成一個行為模式。但不必每次都是出現同樣的行為，例如騷擾者可能首先在被害人家門外與其對峙，在一年內又在被害人的信箱裡留下1張辱罵性的便條；(2)持續行為，如果此人在一段時間內將第一步驟所列出的任何事情，變成一個持續行為，也會構成行為模式。例如，如果在網上發布關於被害人辱罵性的評論並將其留在那裡（Community Law, 2023a; New Zealand Government, 2021）。

　　根據本法第8條規定，如果有人企圖讓被害人擔心自己的安全，或者如果他們知道所做的事情可能會讓被害人擔心自己的安全，那麼騷擾行為即屬於刑事犯罪。根據第8條第1款，該行為必須構成「騷擾法」第3條所定義的騷擾行為。根據本法第8條第2款規定，如果一個人被判犯有刑事騷擾罪，他們可能會被判處長達二年的監禁刑（Community Law, 2023b）。

3. 日本

　　日本「跟蹤騷擾規制法」（ストーカー規制法）係於2000年施行，雖於1990年代後半開始，跟騷、反覆打無聲電話等騷擾行為，已成為日本社會問題，但此種行為初期，多數並沒有既有的處罰規定。另一方面，即使跟騷行為會讓人感到不安或困擾，裡頭有些行為可能是輕犯罪法處罰之對象（如日本輕犯罪法第1條第23款或第28款），但這些罰則卻又太輕，即使在告知要侵害生命等情況，可能適用日本刑法第222條脅迫罪，或在騷擾行為導致精神耗弱，可能適用日本刑法第204條傷害罪，然而這些刑罰法規幾乎沒有落實到實際案件中（岡田久美子，2000）。

　　日本2000年11月24日公布施行的「跟蹤騷擾規制法」第4條第1項規定，警察可以根據被害人的請求發出性質屬於行政指導的警告令，內容載明行為人不得從事第2條第1項所述之八種跟騷行為中的任何一項。跟騷行為人不會因此而遭到處罰（弁護士法人泉総合法律事務所，2021；太田達也，2014）。但如果行為人仍持續為騷擾行為，可以科處行為人一年以下有期徒刑或100萬日元以下罰款（弁護士法人VERYBES, 2021；陳慈幸，2011）。由於警告令是由警察所發出的要求，本身並沒有法律效力，因此不會讓行為人因而有犯罪紀錄，行為人亦不得要求撤銷警告令。反之，由於被害人得向警察提出請求核發警告令，因此被害人可向警察提出撤回警告令（ネクスパート法律事務所，2021；弁護士法人VERYBES, 2021）。另根據「跟蹤騷擾實施條例」第2條，跟騷行為係指：行為人為了滿足對特定人的愛戀，或是因此而產生的怨恨情緒，而持續對被害人或其親友持續為跟騷行為。

　　當警察核發警告令而行為人仍持續跟騷行為，則被害人可以向縣公安委員會報案，請求發出屬於行政命令的禁止令（三戦法務事務所，2022）。再者，公安委員會可以根據情況，依職權發布禁止令。行為人若違反此禁止令將處以最高6個月的監禁或最高50萬日元的罰款。如果該

行為超出單純的違反行為，將處以兩年以下的有期徒刑或200萬日元以下的罰款（岸和田オフィスの事務所，2021）。如果行為人持續跟騷行為，縣公安委員會可以依照被害人的請求或依職權發布禁止令。依據該法第5條第1款，除可以核發禁止重複跟騷行為的命令外，還可以核發防止跟騷所需的命令。本禁止令是行政處分，在聽證會的程序中，行為人會被傳喚，且可以在會議中陳述他的意見（第5條第2款）。此外，如果公安委員會認為：情況危急，為防止行為人危害被害人人身安全、居住環境安寧，或者是為保護被害人的行動自由，則可以先核發禁止令，但需要在發布後15日內舉行聽證會，讓行為人有陳述的機會（第5條第3款）（萩原達也，2021；弁護士法人泉總合法律事務所，2021）。值得注意者：「跟蹤騷擾規制法」立法迄今，已超過二十三年，雖歷經3次修正，但保護對象始終侷限在滿足「愛戀感情」此一要件。雖然在2021年修法過程中，亦有針對是否廢除此一要件加以討論。然而沒有擴大保護對象的立法考慮，有二項：(1)跟騷行為實際態樣多半是來自愛戀追求，且此種案件較有發展為重大犯罪的可能性；(2)由於本法將跟騷行為犯罪化，基於刑法謙抑原則應於最小限範圍內為之（国会衆議院内閣委員会会議，2021）。

4. 新加坡

新加坡仿效英國，在2014年通過「騷擾防制法」（Protection from Harassment Act 2014, POHA），為騷擾被害人提供民事和刑事追訴權（Yeo & Jen, 2014）。本法有以下特色（Singapore Legal Advice, 2019; Baker, 2015; Yeo & Jen, 2014）：

(1)保護跟蹤騷擾及其他類型騷擾的被害人，並強調網絡合作的重要性：本法協助遭到騷擾而感到恐慌或痛苦、恐懼、挑釁的被害人。與跟騷有關的行為可能包括：尾隨被害人；企圖想要跟被害人接觸；在被害人住家或常去的地方外面逗留；或者，發送訊息或圖片，例如帶有對被害人的暗示性評論的電子郵件，或被害人的照片。如果遭到跟騷，被害人可以跟警察報案，或向治安官投訴。而法律部與內政部、教育部、社會福利機構和法院等機構應相互合作，制定處理各種形式騷擾行為的詳細規則和程序。例如，雇主必須負起預防義務，雇主應該認識到，工作場所內可能會發生騷擾事件，此類行為可能會受到起訴。因此，在制定內部行為準則

時，應意識到不同的文化規範。雇主應該注意任何可能縱容或允許等同於騷擾和霸凌行為的工作場所副文化，例如對下屬的辱罵和人身攻擊、不公平或不相稱的職責分配或其他類似行為。

(2)被害人可直接向法院聲請保護令：保護令將要求騷擾者停止騷擾行為。保護令還可以阻止其他人重複發布騷擾訊息的傳播。在緊急情況下，法院可以當場簽發暫時的緊急保護令。被害人聲請的費用在300至500元之間，但經濟弱勢者可向法律援助局聲請補助。

(3)被害人可以聲請民事賠償：被害人除了就跟騷行為向警察報案或向治安官提出控訴外，還可以對被起訴的跟騷者要求金錢賠償。

(4)本法同時適用於現實世界和網路世界，也可能適用於新加坡以外的地方：無論騷擾發生在現實世界還是在網路上，都屬於該法案的範疇。只要滿足某些條件，該法也將適用於在新加坡境外犯下的罪行。例如，如果一名在海外的嫌疑人跟騷在新加坡的被害人，而嫌疑人知道或應該知道，該行為會讓在新加坡的被害人恐懼或痛苦時，他可能會被判犯有跟騷罪。

(5)部分騷擾案可以依照被害人意願進行調解：被害人在向相關單位報案前，可以考慮接受調解。然而，並非所有跟騷案件都可以透過調解解決。例如，只有涉及人際關係的案件才適合到社區調解中心調解。此類案件係指涉及以下的跟騷事件：鄰居、家庭成員、朋友、合作夥伴、房東和租客，以及共同租戶。相較於通常需要花費更多時間和金錢尋求法律補救措施，調解可能是解決跟騷行為的有效和快速的理想方法。

(6)對跟騷者的處罰包括罰款和監禁：違反保護令或緊急保護令可能構成刑事犯罪。跟騷行為的處罰，若屬初犯者將被處以最高5,000美元的罰款和／或一年以下有期徒刑；如果屬於累犯者將被處以最高1萬美元的罰款和／或二年以下有期徒刑。

法院在決定騷擾者的行為是否對被害人造成騷擾、恐慌或困擾時，通常會考慮多項因素，這些因素規範在「騷擾防制法」第7(5)條，包括：該行為的次數；作為或不作為的頻率和持續時間；跟騷者的行為對被害人產生的影響。到了2019年4月，新加坡高等法院進一步對被判犯有跟騷罪行者提出量刑框架，以更清楚地說明每個案件的適當量刑。依照這個新框架，在計算最後總分之前，根據加重因素的強度，與犯罪相關的每個因

素都會得到一定範圍的分數。積分越高，監禁時間越長（Singapore Legal Advice, 2019）。跟蹤騷擾量刑框架內容，參閱表8-2：

表8-2　新加坡跟蹤騷擾量刑框架

因素	點數範圍	解釋
跟騷的持續時間和頻率	1～5分	持續時間——如果跟騷發生在數週內，則持續時間較短；如果超過6個月，則屬持續時間較長。 頻率——如果每天都進行跟騷，則頻率很高。
對被害人生活的干擾程度	1～3分	如果騷擾主要透過電子方式發生，則認為侵入程度較低。 如果被告的行為嚴重妨礙被害人自由行動的權利，將被視為高分。 在一個案例中，一個每天給被害人打電話和發訊息的人被認為高度侵入了被害人的生活，因為他給被害人一種被監視的印象。
被害人的脆弱性	3分，例外情況除外	不利處境的被害人，包括未成年人，以及有身體或精神疾病的人。
公開傳播敏感訊息或圖像	1～5分	1分——不太敏感的訊息（例如被害人的電話號碼）被傳播給少數受眾的情況。 5分——高度敏感的圖像，例如被害人的裸體圖像，被傳播給大量觀眾的案例，例如在社交媒體平台上；尤其是在網路平台，由於其潛在的無限覆蓋範圍，可以保證獲得更多的積分。
對被害人使用威脅	1～3分	1分——行為人的自我威脅行為、情緒操縱（例如，如果被害人拒絕遵守他的要求，就威脅要傷害自己）。 2分——對被害人的間接威脅（例如暗示如果被害人不遵守欺凌者的要求，敏感訊息將被公開），或對被害人的程度較低的直接威脅（例如威脅給被害人的家人或配偶打電話）。 3分——對被害人的福祉、安全或生命的直接威脅（例如威脅要傷害被害人）。
對被害人傷害程度	1～3分	例如，被害人因被告的行為而遭受永久性的情感或心理創傷，或失去工作。
第三者被害	1～3分	在某些情況下，被害人的近親或伴侶等第三者也可能成為被害人。

資料來源：Singapore Legal Advice (2019). Here's What You Can Do If Someone is Stalking You. https://singaporelegaladvice.com/law-articles/someone-stalking-me/ [Accessed 3/June/2022].

　　然而新加坡騷擾防制法仍然存在以下爭議（Vijayendran & Chua, 2014）：(1)缺乏「騷擾、恐慌或困擾」的明確法律定義；(2)有關行為過程的「合理性」如何判斷；(3)相較於根據《婦女憲章》第七部分獲得騷擾保護令相比，根據本法獲得保護令的要求不那麼嚴格，導致保護令相關法規標準適用不一致的問題；以及(4)沒有授權條款，允許他人可以代表被害人提出保護令聲請。

5. 印度

　　2013年，印度在「刑法」中增訂第354D條，將跟騷行為犯罪化。根據該條規定，跟騷行為係指：一個男性對另一個女性的強迫追求行為，儘管女性被害人已經明確拒絕追求行為，但跟騷者仍不斷地跟騷和接觸，或是監視被害人，希望能夠與被害人交往。有關跟騷行為的方式，包括：尾隨被害人；持續透過網路、電子郵件或其他形式的電子通訊設備監視被害人；傳送照片；威脅對被害人將對其性侵害；發送被害人不需要的訊息，以及散布虛假謠言等（Dutta, 2022）。跟騷者第一次被定罪，可處以三年以下有期徒刑和罰款；如果再犯，則可處以五年以下有期徒刑和罰款。然而性別偏見是印度刑法最大的漏洞之一，關於跟騷行為的法律規範繼續影射這一點。本規定有一個明顯的推定，即女性不會犯下跟騷行為，因為它只會出現在跟騷者是男性時，用於保護女性免於遭受跟騷。此外，由於缺乏對被害人的性別敏感度和同理心，被害人對向執法當局提出投訴仍會感到恐懼，也是本法執行上備受批評的地方（Shalini, 2018）。

6. 菲律賓

　　菲律賓參議院在2010年通過第2442法案（Senate Bill No. 2442）定義跟蹤騷擾罪並規定處罰，將跟騷行為犯罪化。本法案共分為8節，第1節為法案名稱；第2節為政策聲明；第3節為術語定義，包括：(1)「騷擾」是指從事明知且故意的行為——A.針對特定的人；B.嚴重恐嚇該人；C.沒有合法目的；D.會導致一個合理者實質上的情緒困擾；E.實際上對該人造成巨大的情緒壓力；(2)「行為過程」是指由一段時間內的一系列行為組成的行為模式，無論時間多短，只要能夠證明行為人目的的連續性。但受憲法保護的活動不包括在行為過程的含義中；(3)「可信威脅」是指：旨在讓被害人合理擔心其安全的威脅。而威脅必須是針對被害人的生命或造

成人身傷害的威脅；(4)「情緒困擾」是指暫時或永久的身體或精神極度緊張狀態；(5)「家庭或住戶成員」是指現在或曾經是配偶的人、同居伴侶、父母和子女、四親等內有血緣關係或姻親關係的人。第4節為應受懲罰的行為。透過以下方式騷擾另一個人，即構成跟蹤騷擾：(1)以匿名方式或在極不方便的時間，或使用冒犯性、粗俗的語言反覆進行互動；(2)反覆造訪被害人的住家或工作場所；(3)在一個或多個公共場所或周圍尾隨或反覆與被害人保持視覺或身體上的接近；或(4)從事任何其他令人驚嚇的行為。第5節為處罰規定。任何人犯下第4節中提到的任何行為，應受到監禁或／和10萬到50萬比索的罰款。第6節為可分離性條款，係指：如果任何條款或其中的一部分被認定為無效或違憲，則法律的其餘部分或未受到其他影響的條款，應繼續有效並持續存在。第7節為廢除條款，係指：任何與本法規定相反或不一致的法律、總統令或法令、行政命令、規則或條例特此廢除、修改或修正。第8節為有效性。本法應在2份以上普遍發行的報紙上公布15天後生效（Villar, 2010）。

到了2014年，Sorsogon第一選區眾議員Evelina Escudero向眾議院提交第5064法案，提議修改跟騷法。本法案將不被允許的接觸定義為：以惡意方式進行的接觸，並故意無視該人希望停止該行為的意願，將跟騷行為定義為：「在收到合理警告或要求停止後，仍反覆跟蹤、騷擾和／或對他人或其家人進行不被允許的接觸」（Cayabyab, 2014）。跟蹤騷擾行為態樣，除第2442法案規定的行為外，還應該包括：在公共或私人場所接近某人；進入某人擁有或租賃的地方；窺探他人住所的隱私；干涉或擾亂他人的私人生活或家庭關係；誘使他人疏遠他的朋友；因他人的宗教信仰、生活地位低下、出生地、身體障礙或其他個人狀況而困擾或羞辱他人；透過電話或其他通訊設備聯繫某人，包括向某人發送郵件或其他書面或口頭通訊；以及對某人的房屋或財產造成損害等行為。除被害人可以向法院聲請保護令，以阻止跟騷者的行為外，如果跟騷罪名成立，跟騷者可被判處6個月至六年的監禁。也可能處以10萬至50萬比索的罰款；如果被害人是女性或未成年人，罰款可能高達100萬比索。此外本法案還規定，跟騷者一旦被定罪，必須接受醫療、心理或精神疾病檢查和治療，他／她還可能根據法院的判決，而必須進入並留置在特定機構（Cayabyab, 2014; Macas, 2014; Viray, 2014）。

7. 馬來西亞

2013年，馬來西亞非營利組織「婦女援助組織」（Women's Aid Organisation）的一份報告，調查該國34件親密關係暴力案件，發現26%案件的被害人曾被跟騷者跟騷，這一比率與美國和其他國家相似。自2014年開始，馬來西亞婦女團體開始倡議政府應該將跟騷行為犯罪化（Smith, 2022）。到了2019年，馬來西亞政府成立跟蹤騷擾防制委員會，其首要任務是將跟蹤騷擾行為犯罪化。2022年10月3日下議院通過第574號法案，將跟騷行為犯罪化，並決議在刑法中增訂507(a)條，以及修改刑事訴訟法相關規定（Yunus, 2022）。根據刑法第507(a)條規定，任何人反覆騷擾被害人、意圖造成，以及知道或應該知道該行為可能對被害人的安全造成困擾、恐懼或害怕，即構成跟騷犯罪。同時，第1款規定，騷擾行為包括：以任何方式跟騷被害人；以任何方式與被害人互動或試圖與被害人互動；在被害人居住地或工作地遊蕩；以及以任何方式給予或發送任何東西給被害人。而犯下跟騷罪者，將被處以三年以下有期徒刑或罰款或兩者兼施。至於所謂「反覆」一詞，係指該行為需要重複至少2次（Loheswar, 2022）。

8. 南韓

南韓跟蹤騷擾防制法的制定始於1999年，歷時二十二年，終於在2021年4月13日內閣會議通過「跟騷罪等處罰法」（스토킹범죄의 처벌 등에 관한 법률）（簡稱：跟騷處罰法，約稱: 스토킹처벌법），並於2021年10月21日生效（The Hankyoreh, 2022）。但本法施行後，被害人遭跟騷者殺害的案件持續發生。因此，法務部接續在2022年10月21日修訂部分條文。修訂內容主要是考量跟騷行為導致謀殺等暴力犯罪的性質，為防止再犯，除加強對違法者的懲處，諸如擴大對網路跟騷行為的處罰力度、加大對跟騷者的定位追蹤力度外，並採取諸多保護措施以強化對被害人人身安全的保護（법무부，2022）。

「跟騷處罰法」除附錄外，共計有三章，21條條文。第1條揭示立法目的。第2條是有關跟騷行為的定義：跟蹤騷擾行為是指：無正當理由，違背對方意願，實施下列行為之一，讓對方產生不安、恐懼情緒：(1)接近、尾隨或擋住被害人的去路；(2)在被害人住宅、工作場所、學校或日

常生活的其他場所內或在附近等待或B觀看的行為；(3)撥打電話、傳真，或傳送文章、文字、聲音、圖片、圖像、影像等；(4)直接或透過第三者將物品等放置在住宅內或附近處所的行為；(5)損壞放置在該區域（例如住宅）的物品；(6)A.以騷擾或造成傷害為目的，透過使用網路傳送訊息和通訊方式，對被害人或其同居者、家庭成員進行騷擾或傷害的行為；B.冒充第三者，以騷擾、傷害為目的，利用網路通訊對被害人或其同居者、家庭成員進行騷擾或傷害的行為。第18條有關跟騷犯罪的處罰，包括：(1)實施跟騷犯罪處以三年以下有期徒刑或3,000萬韓元以下罰款；(2)攜帶或使用武器或其他危險物品實施跟騷犯罪者，處以五年以下有期徒刑或5,000萬韓元以下罰款。

根據南韓警察廳的統計，從2021年10月21日到2021年11月17日執行「跟騷處罰法」不到1個月的期間，警察共接獲2,774起案件，平均每天約有103起案件。相較2021年1月1日至施行之日的6,939起案件（平均每天24件），報案數量快速增長，顯示本法的實施為預防交友暴力犯罪，以及協助被害人建立了制度框架（신은숙，2021）。然而法務部的修正案雖然包含多項較以往更進階的措施，但能否全面應對日趨嚴重的跟騷犯罪，值得懷疑（The Hankyoreh, 2022）。具體而言，「跟騷處罰法」存在以下爭議，包括：A.在跟騷行為定義中，有關「違背對方意願」的規定難以舉證；B.將網路跟騷行為定義為跟騷行為是合理的，但將向第三者提供訊息和冒充當事人等行為，排除在網路跟騷行為之外，顯有不足；C.被害人保護制度不完善，難以杜絕跟騷者挾怨報復的問題；以及D.由於適用對象包括鄰居之間以及債務人和債權人之間的糾紛，使其存在本法被濫用的風險（이현정，2021：265；Namu Wiki, 2022）。

綜合前述北美、歐盟國家（包含英國）以及亞太地區，各國有關跟騷行為定為犯罪的方式，可區分為三類：(1)在刑法或相關法規中增訂新條款；(2)修改現有法律規定；以及(3)針對跟騷行為制定專法。其中，大多數國家選擇在「刑法」中列入新的規定，只有少數國家另外制定一項專門法規。相較於在刑法中增加新條款，制定專法的優勢在於：這些法案通常會額外規定某種形式的規範框架，這意味著不僅要對跟騷行為進行刑事定罪，而且還要在法律中規範其他重要措施，例如保護被害人或行為人處遇等執行措施之法律依照。此兩種作法都有不同的優點和缺點，這些立法差

異主要是受到各該國家立法傳統習慣和文化的影響。

　　再者，當這些看似無害的行為被理解為更廣泛行為模式的一部分時，它們會對被害人產生毀滅性的影響。因此，許多立法定義參考對被害人的影響來確定犯罪是否發生，而且部分地區甚至加入「被害人感到恐懼」此一概念（Parkhill, Nixon & McEwan, 2022; Taylor-Dunn, Bowen & Gilchrist, 2021）。例如，英格蘭和威爾斯的「騷擾防制法」，具有防止「侵犯尊嚴或創造恐嚇、敵對、有辱人格、羞辱或冒犯環境」（即敵意環境騷擾，hostile environment harassment）。同時，它也可以防止由於個人拒絕或提交不適當的請求而受到不利待遇（即交換條件騷擾，quid pro quo harassment）。該法使用「合理者」概念來確定跟騷者是否應該知道他們不受歡迎的行為，構成基於性別的騷擾（Thomas & Scott, 2021）。然而，恐懼或有辱人格尊嚴仍是主觀的，正如Owens（2016）所言，導致一個人感到恐懼的原因，不一定適用於另一個人。由於定義上的困難，關於騷擾和跟騷之間的區別在立法上也存在歧義，也許就不奇怪。但無論如何，從前述有關各國法律的概述可以發現，許多關於跟騷行為的法律定義都包括騷擾的某些要素。Purcell、Pathé和Mullen（2004）的研究建議，在騷擾與跟騷這兩個概念之間區分，可以將騷擾行為持續超過2週視為關鍵閾值，因為騷擾行為超過2週時，不受歡迎的持續騷擾與更具侵入性、威脅性和情緒或認知破壞性的騷擾過程有關。總結晚近有關跟騷行為的共識是：跟騷行為具有三個核心要素，包括：不受歡迎或持續騷擾的行為模式（包括持續時間與騷擾次數）、被害人感到恐懼或不舒服，以及被害人因犯罪行為而產生負面後果（Taylor-Dunn, Bowen & Gilchrist, 2021; Villacampa & Salat, 2019）。

二、我國跟蹤騷擾防制法制定歷程

　　臺灣「跟蹤騷擾防制法」立法作業自2016年起，歷經立法院第9屆及第10屆會期，終於在2021年11月19日經立法院三讀通過，同年12月1日總統公布，2022年6月1日施行。以下將先介紹專法制定前跟蹤騷擾行為處罰規定，接續再介紹跟蹤騷擾防制法制定歷程。

（一）專法制定前跟蹤騷擾行為處罰規定

在國內，於本法研議立法前，有關跟騷擾行為之規範散在各法中，如家庭暴力防治法第2條，以及性騷擾防治三法，但這些法律僅就家庭成員及親密關係伴侶等特定關係者的跟蹤行為有所規範。至於刑法中有關跟騷行為所保護的法益，係以保護自由（例如刑法第304條強制罪、第305條恐嚇危安罪及第306條侵入住居罪）及隱私法益（例如刑法315條之1的妨害秘密罪）等條文為主，例如刑法第304條強制罪：「以強暴、脅迫使人行無義務之事或妨害人行使權利者，處三年以下有期徒刑、拘役或三百元以下罰金。」刑法強制罪所保障者，乃「意思決定之自由」，其係涵蓋最廣的妨害自由罪，由於構成要件的開放特性，使許多行為均有可能構成強制罪，因此在實務上常見偵查機關將跟騷行為加害人以強制罪移送或起訴的案例，但加害人犯罪手段或方式未達到強暴或脅迫之程度，即無法以刑法第304條強制罪相繩（張維容，2020）。

而就警察機關而言，最常引用的法規為「社會秩序維護法」第89條第2款「無正當理由，跟追他人，經勸阻不聽者」。但其適用上卻有所爭議，例如發生在2008年的一起記者跟追名人，警察依本法處罰，之後催生大法官釋字第689號解釋，雖然此案例係因採訪工作需要跟追而引發的釋憲案，而非針對大多數跟騷案件所欲保護的被害人人身安全法益，但就本釋憲案理由書中可得知：社維法第89條第2款旨在禁止跟追他人，或盯梢婦女等行為，以保護民眾之行動自由，亦寓有保護個人身心安全、個人資料自主及於工作場域中不受侵擾之自由（司法院，2011）。而從法律處罰效果來看，社會秩序維護法中第89條第2款所定3,000元罰鍰之法律效果，不僅無法彰顯跟騷行為之嚴重性，亦無法達到嚇阻作用。亦即，該法之性質係屬行政法規，檢視社會秩序維護法中以3,000元以下罰鍰處罰之行為，大都屬於破壞財產之行為，該法將可能會對被害人的人身自由及精神造成極大影響之跟騷行為同等對待，似乎明顯不合比例，無法完整有效落實上開法益的保護。

（二）跟蹤騷擾防制法制定歷程

從前述可知，臺灣對於跟蹤騷擾行為的規範處置，原本散見於家庭暴

力防治法、性騷擾防治三法、社會秩序維護法、刑法等不同的法規中。不同於多數國家將跟蹤騷擾防制法增訂於刑事法規內，為統合相關規定，以及婦女團體將本法視為性別暴力最後一個專法，導致有關跟蹤騷擾防制立法，一開始即朝制定專法的方向發展。以下將就該法之立法歷程，區分成三個階段說明。

1. 立法整備期（2011～2016）

從2011年開始，國內就有婦女團體倡議推動跟蹤騷擾防制專法，2014年包括現代婦女基金會等團體在內的民間團體，進一步組成工作小組，在2015年提出民間版的跟蹤騷擾防制專法草案，並在同年度送入立法院第8屆委員會期中進行一讀（立法院，2015a；現代婦女基金會，2021）。不過當時立法的機會窗並未開啟，「跟蹤騷擾防制法草案」未能排入議程審議，隨著該屆委員任期結束而未竟其功。

2016年立法院新會期的開始，在立委支持下，立法院召開公聽會，民間團體也再次連署提出「跟蹤騷擾防制法」民間版本，在草案中規範跟蹤騷擾行為定義、安全維護、即時的警告命令、完整的防制令內容與處罰形式等（立法院，2015b）。與現今通過的跟蹤騷擾防制法版本差異較大之處，是在於賦予警察核發警告命令之權利，雖其核發類似於後來通過本法的第4條「書面告誡」，但該草案對於違反警察命令訂有罰則，在草案的第34條律定：「違反警告命令者，處一年以下有期徒刑、拘役、或科或併科五萬元以下罰金。」不過這樣的規定，引發行政機關與其他民間團體質疑有行政處分卻裁處刑事罰（自由刑、罰金）的爭議。在後續的會期中，也有立法委員陸續提出其他的跟蹤騷擾防制法立法版本，例如第4會期分別有李麗芬等42位委員提案連署的「糾纏行為防制法草案」、王育敏等21位委員提案連署的「跟蹤騷擾防制法草案」（立法院，2017）、第9屆第5會期楊曜等16位委員、陳亭妃等19位委員、江永昌等17位委員、莊瑞雄等16位委員提案連署「糾纏行為防制法草案」等。但各委員的立法版本內容不一，看法分歧，雖可得知朝野均有制定專法之共識，但立法過程並不順利。而在提出「跟蹤騷擾防制法草案」的同時，也有同屆其他委員提出「社會秩序維護法第89條條文修正草案」，參照「家庭暴力防治法」中有關跟蹤及騷擾之定義，試圖以修正現行法律的方式，融入跟蹤騷擾防

制，並因應科技網路發達所加速之跟蹤及騷擾犯罪機會及便利，擴大相關規範範圍並加重處罰（立法院，2016）。

2. 第一階段立法時期（2017～2019）

2017年，發生世新大學女學生遭到同校男學生跟蹤騷擾與砍傷案件，引起社會大眾的重視，立法及行政機關對於跟蹤騷擾防制專法的訂定，也因為社會輿論的討論聲量漸大，而開始認真思考與面對。警政署刑事警察局邀集專家學者、各政府機關、非政府組織召開多次協商會議後，研擬「糾纏行為防制法」，2018年4月成為行政院版草案，並送立院審查，經立法院內政委員會於2018年12月協商通過定名為「跟蹤騷擾防制法」。在該草案中已確立先行政後司法，授權警察機關對行為人有行政調查權、即時制止權、警告命令處分權、裁處罰鍰權等。當行政手段無法制止加害人的跟騷行為時，司法機關才以防制令及刑罰介入。2019年4月30日立法院召集朝野協商該草案，原預計將通過該草案，惟因考量法案內容諸多不完整之處，而且預估施行後案件量過大，將造成警察人力負荷，嚴重排擠治安工作，故決議由主管機關內政部警政署帶回重新檢討。2019年5月主管機關業提出再修正條文，惟侷限於立法院審議會期之限制，因此無法於此會期完成立法程序（章光明、洪文玲、黃翠紋、溫翎佑等人，2019）。

然而鑒於跟騷行為普遍存在於社會、職場、校園及親密關係間，除帶來可能的致命危險外，對被害人及相關人之心理、身體及生活工作均帶來極大的傷害威脅，而當時相關法律規範在適用對象、保護效果、刑罰威嚇及預防效果均相當有限，以及社會大眾及婦幼團體對於警察機關發揮保護遭受跟蹤騷擾之被害人功能抱有高度期許，內政部警政署在2019年6月14日先訂定「警察機關防制跟蹤騷擾案件實施計畫」，並函發各警察機關知照，作為專法完成立法施行前，指導與規範員警受（處）理這類案件之勤務及偵查作為，以保護人身安全，並維護安全生活空間。並於同年8月16日另函頒「警察機關防制跟蹤騷擾案件Q&A」，以補充說明前揭計畫之內容（章光明、洪文玲、黃翠紋、溫翎佑等人，2019）。

3. 第二階段立法時期（2020～2021）

雖然在立法院第9屆委員會會期並未通過「跟蹤騷擾防制法」，但在

當時世界的趨勢、社會的氛圍，對此保護個人身心安全、個人資料自主及於工作場域中不受侵擾之自由確有極高的期待。故在立法院第10屆的各會期中，多位立法委員都積極且密集針對跟蹤騷擾、或跟騷行為提立法草案（詳如表8-3）。例如有委員表示「在過去的草案當中，警政署認為警察核發警告命令有侵犯人權之虞，另法案規範樣態未設限，恐影響現有人身安全保護工作，及案件量龐大，將影響警察維護治安能量等，亦無法達到被害人即時保護之功能，基於這些理由導致朝野協商沒有共識」；也有委員針對蹤騷擾行為認定的主客觀要件提出異議，認為行為人對特定人有愛戀、喜好、怨恨等動機，才屬糾纏行為，嚴重限縮跟蹤騷擾防制法的適用範圍，另外還有委員仍然強調急迫狀態，需要在未經書面告誡的情況下，由檢警等機關聲請緊急保護令的制度（立法院，2020、2021）。不難想見當時雖然朝野立委均有制定法律之共識，但針對各種提案版本的內容，仍存有許多歧見。

表8-3　立法院第10屆各會期提案「跟蹤騷擾、糾纏防制」立法草案一覽表

期別	提案委員 時間	法案（草案）名稱	立法院議案關係文書
第1會期 第3次會議	江永昌等19人 109.03.04	糾纏行為防制法草案	院總第1774號委員提案第24051號頁219
第1會期 第4次會議	鄭麗文等20人 109.03.11	跟蹤騷擾防制法草案	院總第1774號委員提案第24104號頁197
第1會期 第4次會議	林為洲等23人 109.03.11	跟蹤騷擾防制法草案	院總第1774號委員提案第24088號頁85
第1會期 第6次會議	葉毓蘭等21人 109.03.25	跟蹤騷擾防制法草案	院總第1774號委員提案第24235號頁155
第1會期 第14次會議	民眾黨立院黨共5人 109.05.20	跟蹤騷擾防制法草案	院總第1774號委員提案第24822號頁447
第1會期 第14次會議	洪孟楷等20人 109.05.20	跟蹤騷擾防制法草案	院總第1774號委員提案第24805號頁407
第2會期 第3次會議	陳亭妃等18人 109.09.30	糾纏行為防制法草案	院總第1774號委員提案第25071號頁93

表8-3 立法院第10屆各會期提案「跟蹤騷擾、糾纏防制」立法草案一覽表（續）

期別	提案委員 時間	法案（草案）名稱	立法院議案關係文書
第2會期 第5次會議	林思銘等16人 109.11.25	跟蹤騷擾防制法草案	院總第1774號委員提案第 25567號頁57
第2會期 第6次會議	楊瓊瓔等23人 109.12.02	跟蹤騷擾行為防制法 草案	院總第1774號委員提案第 25386號頁791
第2會期 第6次會議	賴品妤等16人 109.12.02	跟蹤騷擾防制法草案	院總第1774號委員提案第 25603號頁79
第2會期 第8次會議	魯明哲等19人 109.12.16	跟蹤騷擾防制法草案	院總第1774號委員提案第 25772號頁421
第2會期 第8次會議	范雲等16人 109.12.16	跟蹤騷擾防制法草案	院總第1774號委員提案第 25718號頁173
第2會期 第8次會議	蘇巧慧等20人 109.12.16	跟蹤騷擾犯罪防制法 草案	院總第1774號委員提案第 25718號頁151
第2會期 第9次會議	張宏陸等18人 109.12.23	糾纏行為防制法草案	院總第1774號委員提案第 25791號頁103
第3會期 第3次會議	時代力量黨團共3人 110.03.10	跟蹤騷擾防制法草案	院總第1774號委員提案第 25990號頁269
第3會期 第5次會議	林楚茵等17人 110.03.24	跟蹤騷擾防制法草案	院總第1774號委員提案第 26106號頁263
第3會期 第5次會議	吳思瑤等17人 110.03.24	跟蹤騷擾防制法草案	院總第1774號委員提案第 26051號頁41
第3會期 第5次會議	鄭天財等17人 110.03.24	跟蹤騷擾防制法草案	院總第1774號委員提案第 26073號頁219
第3會期 第8次會議	沈發惠等16人 110.04.14	跟蹤騷擾防制法草案	院總第1774號委員提案第 26240號頁101
第3會期 第10次會議	行政院函請審議 110.04.28	跟蹤騷擾防制法草案	院總第1774號政府提案第 17455號頁33
第3會期 第10次會議	周春米等18人 110.04.30	跟蹤騷擾防制法草案	院總第1774號委員提案第 26463號頁343
第3會期 第11次會議	蔣萬安等19人 110.05.05	跟蹤騷擾防制法草案	院總第1774號委員提案第 26590號頁431

表8-3　立法院第10屆各會期提案「跟蹤騷擾、糾纏防制」立法草案一覽表（續）

期別	提案委員 時間	法案（草案）名稱	立法院議案關係文書
第3會期 第11次會議	王美惠等17人 110.05.05	跟蹤騷擾防制法草案	院總第1774號委員提案第26537號頁205
第3會期 第11次會議	伍麗華等21人 110.05.05	跟蹤騷擾防制法草案	院總第1774號委員提案第26555號頁307
第3會期 第11次會議	吳琪銘等16人 110.05.05	糾纏行為防制法草案	院總第1774號委員提案第26531號頁161
第4會期 第3次會議	鄭正鈐等27人 110.09.29	跟蹤騷擾防制法草案	院總第1774號委員提案第26924號頁299
第4會期 第3次會議	黃國書等17人 110.09.29	跟蹤騷擾防制法草案	院總第1774號委員提案第26871號頁11

資料來源：作者整理。

　　在2020年4月13日立法院第10屆第1會期內政、社會福利及衛生環境兩委員會第1次聯席會議中，時任內政部部長徐國勇先生面對多位立委質詢時，承諾於半年內提出草案，並回應延遲提出跟蹤騷擾防制法草案的主要原因，是需要與相關機關做協商，包括病態行為要和衛生福利部協商、構成要件部分要與法務部協調等。甚至是否有設置安全處所的必要，及暫時收容的被害人如何處理，皆有待評估，且應同時考量警力負荷的量能問題。但是同年的6月，發生長榮大學馬來西亞女大生命案，訂定跟蹤騷擾防制法的社會聲量再度高漲，當年度立法院召開「跟蹤騷擾行為防制相關法制立法」公聽會，邀請多位專家學者，以及內政部長、警政署及各部會官員與會，多位學者針對本法草案內容提出正面建言，針對未來警察的分工、處理量能以及處分的範圍等提出諸多意見。

　　2021年4月8日，屏東市通訊行女員工遭多次跟蹤騷擾的行為人擄走殺害的命案，讓制定跟蹤騷擾防制法的輿論達到鼎沸，由內政部警政署所擬議，以前一階段「糾纏行為防制法」為設計基礎的「跟蹤騷擾防制法草案」，成為行政院版本，在同月28日第3會期第10次會議提請立法院審議。其後經過5次的黨團協商，終於在2021年11月19日通過二讀、三讀程序，2021年12月1日公布，與行政院版草案比較，在第2條的部分，除主

管機關內政部之權責外，並律定社政、衛生、教育、勞動及法務等目的事業主管機關之權責，並將遴聘學者專家、民間團體及相關機關代表，設置防制跟蹤騷擾推動諮詢小組納入條文，特別強調各部會的權責分工。

　　雖然民間團體對於通過的跟蹤騷擾防制法，仍有諸多爭議處，例如將跟蹤騷擾行為限於「性或性別」有關，且欠缺概括條款、違反警察書面告誡沒有罰責、是否需設計緊急保護令制度、跟蹤騷擾罪與家庭暴力防治法或其他刑法規範之間存在競合等問題（現代婦女基金會，2021；王皇玉，2022）。但相較過去跟蹤騷擾行為被視為輕微的犯罪行為，或是不被當作犯罪行為的情形，已經是向前邁進一大步。甚且相較於前述所提及之其他國家相關規定，本法已經相對完備。然為落實本法保護被害人及防制跟騷行為之立法意旨，未來仍有持續檢討、修訂之必要。

第二節　跟蹤騷擾案件處理原則

　　跟騷行為是一種複雜、多樣的人際衝突問題，跟騷者的動機、成因、態樣，以及對被害人的影響各不相同。甚且由於法律制裁的不確定性和無法解決跟騷的根本原因，法律制裁有時會加劇暴力衝突，如果僅將跟騷行為犯罪化和強化執法力度，仍不足以達到保護被害人的效果，必須輔以額外的配套措施，包括對相關專業網絡人員更多和更好的培訓、推動公共教育計畫、對被害人提供支持協助，以及提供跟騷者心理輔導等，才有可以減少跟騷犯罪的發生率（Bouffard, Bouffard, Nobles & Askew, 2021）。

一、跟蹤騷擾防制工作面臨之問題

　　有別於其他性別暴力案件，由於跟騷案件本身的複雜性，包括：被害人的報案意願和警察蒐集犯罪資料的能力，以及檢察官和法官的認定標準不一致，導致指控和起訴跟騷案件存在諸多障礙（Bouffard, Bouffard, Nobles & Askew, 2021）。例如，根據美國犯罪被害人研究中心（National Center for Victims of Crime, 2008）的統計指出，即使在有大量證據的案件中，此類案件的起訴率也只有5～16%。歸納相關研究文獻，有關跟蹤

騷擾防制工作面臨之問題，包括以下四大因素：

（一）跟蹤騷擾行為的認定

　　跟騷行為是一個複雜的現象，不像街頭暴力、搶劫、竊盜和大多數其他犯罪行為，是單一、明顯、容易識別的犯罪行為，必須透過它們發生的背景，來確認看似無害行為（例如送花）的違法性（ASU Center for Problem-Oriented Policing, 2004）。尤其跟騷行為的法律性質與大多數性別暴力犯罪不同，因為它涉及一種隨時間推移的行為模式，並且需要有重複行為的書面證據，也必須要證明這些單獨的行為會引起被害人的恐懼或痛苦的情緒（Bouffard, Bouffard, Nobles & Askew, 2021）。換言之，縱然警察機關致力於保護被害人，但跟騷行為在刑事司法流程的各個階段，都呈現出異常和具有挑戰性的情況。

　　而在臺灣，「跟蹤騷擾防制法」有關跟騷行為係聚焦在「性與性別」有關的行為，但何謂「性與性別」？迄今已有一些研究將性或性別騷擾的概念予以分類，可提供執法上的參考。例如，Leskinen和Cortina設計20題性別騷擾經驗問卷（Gender Experiences Questionnaire, GEQ）提出騷擾行為可以區分成五個向度，包括：1.外貌；2.男性化行為；3.將某人視為愚蠢或無能；4.工作／家庭監管（work/family policing，例如認為女性應該留在家中）；以及5.性別監管（gender policing，也稱為性別違規騷擾，例如批評一個女性不夠女性化）（Leskinen, Rabelo & Cortina, 2015）。而Thomas和Scott（2021）則認為，可以區分成：1.不受歡迎的性關注；2.不受歡迎的性挑逗；以及3.性脅迫等行為類型。此外，雖然跟蹤騷擾是一種持續騷擾行為，但有學者認為，其行為態樣仍與騷擾行為不同，因此特別針對跟騷行為態樣進行分類。例如，Canter和Ioannou（2004）的研究根據50個跟騷案件行為態樣進行分析，繼而提出跟騷行為是跟騷者與被害人之間互動的模式，並可以區分成四個模式，分別是：1.性，包括發送信件和禮物、跟蹤騷擾、破壞財物、進入被害人的住所以及竊盜等；親密關係，監視、探詢被害人行為和其他詳細訊息，以及透露有關被害人的訊息；2.占有，開車經過被害人的家或工作場所、聯繫第三者、持續連繫被害人；3.家暴，實施家庭暴力行為；4.侵略，包括威脅第三者、傷害被害人，以及威脅自殺。此外，Groves、Salfati和Elliot

（2004）也以50起跟騷案件進行分析，發現：當跟騷者和被害人間過去曾有性關係時，跟騷者更有可能做出更多控制型行為，而當兩造之前沒有發生過性關係時，跟騷者較可能做出迷戀型的行為。因此，它們將跟騷行為區分成兩大類型：1.迷戀型行為，包括發送信件和禮物、打電話給被害人、到被害人的家、竊盜、監視、探詢被害人的行為、詢問個人詳細訊息以及透露有關被害人的訊息；2.控制型行為，包括駕車經過被害人的家中或工作場所、破壞被害人的財物、與被害人對峙和傷害、聯繫和威脅第三者、家庭暴力、持續聯繫被害人、威脅自殺等。

總之，如果孤立地看待跟騷行為，可能會顯得模稜兩可且相對無害。對於「基於性別」[2]的反覆騷擾行為定義，目前各國的定義多是從心理學的角度出發，取決於被害人以及其他接觸和／或意識到這種行為的人，如何體驗和表達行為。因此，對這些形式的人際暴力進行立法是具有挑戰性的，因為「合理」和「不合理」行為之間的界限，是由對特定行為的主觀評價決定的，這些行為是不受歡迎的和不被回報的，以及會導致有害影響和不良情緒經驗。

（二）證據蒐集不易

警察通常需要透過被害人提供有關他／她與跟騷者互動的資料，以及跟騷者施加於被害人的具體危害行為，來認定該行為是否屬犯罪行為。但被害人則可能涉及隱私原因而不願意提供，而且發生在兩個人之間的跟騷行為往往沒有其他人在場、見證所發生的事情，使得警察找到涉及跟騷行為的證據會有困難。因此，將可能很難蒐集到足夠的證據來確認跟騷者的罪行（Malsch, 2007）。相關的處理方式，除應加強警察處理此類案件的教育訓練外，另一個重點，則是思考如何強化被害人的蒐證能力，藉以協助警察，提升強制力介入的效果。此外，強化其他系統或是專業人士對被

---

2 「消除對婦女一切形式歧視公約」（The Convention on the Elimination of all Forms of Discrimination Against Women, CEDAW）第28號一般性建議指出，「性」（sex）係指男性與女性的生理差異，「性別」（gender）指的是社會意義上的身分、歸屬和婦女與男性的作用，以及社會對生理差異所賦予的社會和文化含義等；而CEDAW第19號及第35號一般性建議進一步指出，「基於性別的暴力」係針對其為女性而施以暴力或不成比例地影響女性，包括身體、心理或性的傷害、痛苦、施加威脅、壓制和剝奪其他行動自由，即將女性「在地位上從屬於男性」及其「陳規定型角色加以固化」的根本性社會、政治和經濟手段。

害人提供支持服務，也是晚近各國逐漸重視的重要措施。

（三）被害人的認知與需求影響法律介入效果

犯罪事件發生後，被害人向警察機關報案的決定，是刑事司法程序中至關重要的步驟。由於被害人擁有大多數刑事司法系統參與者無法比擬的自由裁量權，Gottfredson和Gottfredson（1988）將犯罪被害人稱為刑事司法程序的「守門人」。他們認為，影響被害人報案決策有三個因素，包括：1.犯罪的嚴重性（包括身體、經濟，以及情感上等面向）；2.犯罪者過去犯罪紀錄；以及3.被害人與犯罪者之間的關係。此外，被害人在做出報案決定過程，也可能會考慮實際因素，例如：問題是否已經解決，或者被害程度。其中，嚴重的犯罪，以及由陌生人所犯下的罪行，最有可能採取報案行動。反之，有許多研究發現，許多被害人不報案，是因為他們認為：1.警察或是檢察官、法官不會或無法解決問題；2.事件對被害人來說不是很重要；或者3.他們想以其他方式處理此事件（Reyns & Randa, 2017）。例如，被害人是否與犯罪者接觸、經濟損失，以及家庭特徵（居住地區、家庭收入）等因素，是影響被害人決定是否報案的重要影響因素（Baumer & Lauritsen, 2010）。而Tarling和Morris（2010）分析英國被害調查的數據，發現犯罪的嚴重性，以及被害人遭受的情感傷害程度，是影響被害人報案最重要的預測因素。Posick（2014）亦使用英國被害調查的數據，發現：負面情緒顯著增加被害人報案的動機，而且選擇跟警察報案的被害人，通常會面臨多種強烈的負面情緒。

鑑於跟騷案件特性為重複行為，被害人可能會與警察多次互動。而被害人與警察之間的互動經驗，在被害人與其他刑事司法系統合作的意願中，發揮重要作用（Alderden & Ullman, 2012）。此外，就跟其他性別暴力案件被害人一樣，跟騷被害人會因為感到羞恥和尷尬而不願意向警察報案（Cross, Richards & Smith, 2016）。有關跟騷案件的報案意願，研究則顯示，儘管跟騷行為十分普遍，但實際上犯罪行為被舉報的比率相當少。與其他性別暴力案件類似，由於大多數跟騷案件發生在兩造熟識情況，導致被害人因害怕不被相信，或是害怕報案後遭行為人報復等因素，而選擇不報案。但當被害人採取報案行動，大多數人會經歷警察的不作為或是不洽當的處理方式（Quinn-Evans, Keatley, Arntfield & Sheridan.,

2021）。又或者一次又一次地與警察聯繫，也可能讓被害人對是否繼續報案，抱持猶豫不決的態度，特別是當他們認為警察對往返處理該案件感到厭煩或沮喪。而Mitchell（2016）研究發現：在所有跟騷案件中，只有1/4（26.6%）在案發後決定向警察報案；而曾經報案者中，有近一半（43.4%）的人認為警察的處理「不是很有幫助」或「根本沒有幫助」。此外，Baum Catalano、Rand和Rose（2009）研究也發現，49%的跟騷被害人不滿刑事司法系統的處理，其中，36%的被害人認為司法人員對問題解決沒有幫助；20%的被害人表示警察沒有採取有效行動，其中有29%的受訪者認為警察缺乏處理案件的意願，而16%的人認為警察對於案件的處理效率低或沒有效果。最後，根據Brady和Nobles（2017）的研究則指出，從過去有關犯罪被害人報案意願的調查顯示，大約有50%至80%的跟騷案件未向警察機關報案。

（四）跟蹤騷擾案件特性無法單純仰賴公權力介入

由於跟騷案件的特性，警察傳統以案件為基礎的反應通常不適合處理跟騷案件。許多跟騷者往往很執著，不容易因為警察的介入而中止騷擾行為；而且禁止與被害人接觸的法院命令等法律制裁，不一定會產生影響；甚至許多跟騷者即使在被法院定罪後，仍繼續騷擾被害人，跟騷行為的危害性也可能因而升級。最後，部分跟騷者可能將他們的行為遭到追訴，視為留在被害人生活中的一種方式（ASU Center for Problem-Oriented Policing, 2004）。因此，在制定適當的回應策略時，必須就跟騷者對被害人的威脅，進行徹底的評估。其次，對大多數案件而言，有效的處理策略將涉及實施若干不同的回應策略，若僅單純仰賴警察處理，將會大幅降低問題解決效果[3]。整體而言，雖然將跟騷行為犯罪化，被認為是積極和必要的保護措施，因為刑法可以提高民眾對這種現象的關注，並且避免對他人施加重複騷擾行為。但另一方面，一旦發生跟騷案件，法律對

---

3 舉例而言，為了有效處理跟騷案件，美國聖地牙哥跟蹤打擊部隊成立於1990年代中期，它係由警察、檢察官、法官、被害人保護社工和心理健康專業人員組成。它提升實務工作者對跟騷案件意識，提出培訓建議，並為跟騷行為加害人制定治療計畫。此外，並成立跟騷案件評估小組，包括警察、檢察官、被害人／證人辯護人、觀護人和心理健康專業人員，定期舉行會議，以解決警察或跟騷行為被害人所面臨的問題（Herman & Markon, 2017）。

被害人能發生多少實質幫助，則不無疑問。除了刑事程序過於繁瑣、耗時外，被害人與刑事司法系統接觸的過程也可能造成二度傷害，尤其此類案件通常缺乏刑事判決所需的明確證據，導致跟騷者經常被無罪釋放，進而弱化被害人報案或警察處理的意願。由於保護機制的效果非常有限，導致被害人不信任司法系統，使得此類犯罪的報案率很低。為了加強對跟騷案件偵查和向被害人提供所需的支持服務，跟騷案件的處理，至少有以下努力方向：1.應向專業人員提供足夠與廣泛的跟騷行為專業知識和培訓，讓他們能夠就案件發生的背景識別案件特徵，從而增加被害人對刑事司法系統的信心；2.為減少被害人在訴諸刑事法庭的案件中受到的傷害，有必要在處理跟騷案件的不同機構（警察、檢察官、法官、社會工作者、心理衛生人員等）之間實施跨網絡合作之工作模式，以便更有效和全面地處理這些案件；3.有必要考慮引入民事保護令機制（例如限制令或非騷擾令或有條件的警告），除防止被害人受到機構的傷害，並提供刑法範圍之外的保護措施（Villacampa & Salat, 2019）。值得一提的是，目前也開始有國家考慮將修復式司法或具有保護性新程序納入刑事訴訟的替代處理方案。事實上，過去研究已經證明：即使犯罪發生在親密伴侶暴力的背景下，跟騷者與被害人調解程序或其他類型的修復式司法方案的實施，可以讓案件獲得有效解決。但在引進修復式司法的過程，除必須充分尊重被害人的意願外，也必須先檢視案件的特性，避免被害人遭到二度傷害[4]（Lünnemann & Wolthuis, 2015）。

二、為被害人提供保護工作之重要性

　　法律是社會生活和結構的重要組成，往往塑造人們對社會現實的感知方式，而將跟騷行為定為刑事犯罪及其法律效果，則有助於提高社會對此類行為的認識，並提高對不當行為理解的效果。然而法律改革並不一定

4　親密關係暴力案件可以區分成二大類，其一為具有強制控制特性，以及屬於情境型暴力二大類。在強制控制的情況下，運用修復式司法處理可能不妥當，在調解過程可能會對被害人帶來二度傷害，但在情境暴力的情況下，修復式司法則對於暴力紛爭的解決可能會有所幫助和有效，尤其是當涉及未成年子女的親權行使。過去二十年來，歐盟有6個國家，包括奧地利、丹麥、芬蘭、希臘、荷蘭和英國，都使用修復式司法解決親密關係暴力。因此，有必要靈活處理不同類型的犯罪者、被害人和各種關係（Lünnemann & Wolthuis, 2015）。

意味著刑事司法系統會認真或具有專業知識回應被害人需求，或是由刑事司法系統全權處理此類案件是妥善的作法（Korkodeilou, 2016）。跟騷被害人對刑事司法系統專業人員的處理滿意度水平各不相同，但被害人普遍認為他們的案件沒有得到警察、檢察官和法官的充分處理。再者，被害人所經歷的跟騷行為通常是激烈、長期，造成被害人心理上的痛苦，而求助行為也存在文化差異性。猶如其他形式的性別暴力一樣，如果只將跟騷行為看作是一個僅該由刑事司法系統來處理的問題，不只無法滿足被害人需求，更因為跟騷行為的異質性，管理被害人的受暴風險經常是一個動態過程，需要採用跨網絡合作方式來應對風險。因此，各國已經逐漸意識到，必須匯集刑事司法、心理健康和被害人權益保護等體系的專業人員，協調整合多機構的服務資源，協助被害人，讓跟騷者接受懲罰或提供相關治療（Cleaver, Maras, Oram & McCallum, 2019）。其中，為被害人提供支持服務是工作的核心，除需要提供被害人情感支持與刑事司法程序有關的訊息外，更需協助弱勢被害人尋找資源和制定安全計畫（Jerath, Tompson & Belur, 2022a）。

與大多數其他犯罪不同，跟騷可能持續很長時間——從幾個星期到很多年，而長期的威脅、持續的監視和對被害人生活的不受歡迎侵入，可能會導致長期的破壞性心理影響。臨床後果包括：憂鬱、對活動的興趣下降、內疚、焦慮、羞恥、無助、絕望，以及在跟騷結束後很長一段時間內會持續增強的脆弱感。不僅如此，家人和朋友可能會暗示被害人對鼓勵跟騷者持續的騷擾行為負有某種責任，或者在被害人被前伴侶跟騷的情況下，透過暗示：被害人判斷力不佳而帶來內疚和自卑，從而對被害人產生更進一步的負面影響，並讓被害人可能會變得更加孤立無援。被害人經常需要辭掉工作、搬家、更換住家或手機號碼，或購買昂貴的安全設備，以試圖重新獲得隱私。不幸的是，這些方法經常失敗，因為執迷的跟騷者通常會很快就能找到被害人新的號碼和地址。如何提供被害人所需的支持與協助，已逐漸成為各國跟騷防制政策的重點。不同國家／地區提供特定的跟騷諮詢服務，而且通常會含括在既有的被害人服務體系中，這些服務包括：社會心理協助、安全建議、威脅評估、法律諮詢和庇護安置，以及在對跟騷者發出保護令、被逮捕或是被釋放時通知被害人。為了讓被害人能夠獲得即時的服務，有些國家建立被害人求助熱線，讓被害人可以很容易

即可獲得初步建議和訊息的窗口（Egger, Jäggi & Guggenbühl, 2017）。例如，丹麥跟騷中心（Dansk Stalking Center）自2015年成立以來，一直作為跟騷被害人的聯絡中心。2016年，丹麥政府執行一項關於跟騷的行動計畫，它包含七項措施，包括關於跟騷行為的綜合教育計畫、改進的被害人支持服務、針對警察專業能力提升，以及所有專業人員都應該接受一致的風險評估工具方面的培訓等措施（Molter, 2020）。

三、為跟騷者提供處遇服務之重要性

　　雖然將跟騷行為犯罪化，有助於遏止部分跟騷案件，但如果不對跟騷者進行處遇或治療，將使跟騷行為的根本問題未得到解決，而導致某些情況下，可能會進一步加劇跟騷行為（Benitez, McNiel & Binder, 2010；MacKenzie & James, 2011）。而跟騷案件最受外界關注者，莫過於伴隨跟騷行為的暴力攻擊事件，有時甚至演變成被害人遭殺害的不幸事件發生。美國、日本、英國，甚至臺灣等國家的跟騷專法，都是在這樣的情況下而通過立法。然而將跟騷行為犯罪化是否就足以保護被害人的安全？事實上，若未進行良好的風險評估與管理，仍可能發生不幸事件。以南韓為例，該國的《跟蹤騷擾犯罪之懲罰等相關法律》（簡稱跟騷處罰法）經歷二十二年漫長的立法歷程，在2021年10月正式施行，但卻在施行不到1個月的時間，就在首爾爆發一起震驚社會的「金炳燦凶殺事件」，讓社會大眾對於本法的實質保護效力，大打問號（吳文哲，2022）。跟騷行為通常被視為暴力的前兆，如McFarlane、Campbell、Wilt等人（1999）有關跟騷行為與凶殺案件的研究發現，在其研究樣本中有76%（n = 141）遭殺害的女性，在被殺害之前都曾有遭到行為人跟騷的經驗。再者，根據過去研究，大約有25%到35%的跟騷案件，被害人會遭到暴力攻擊（McEwana, Mullenab & Purcellc, 2007）。然而為何有些跟騷行為只侷限在持續騷擾行為，而有些案件卻會演變成暴力攻擊事件，甚或致命事件？綜合過去相關研究，可以將跟騷案件肇生暴力的常見風險因素歸納出：兩造關係為分手之親密關係、跟騷者有暴力前科、跟騷者有藥物濫用情形、跟騷者有心理健康狀況、出現威脅與強迫被害人的行為、出現重複勒掐被害人脖子的行為等六項因素（黃翠紋，2022）。

　　有關跟騷者的治療方式，有學者主張應該依照跟騷者的動機而異。但

也有學者認為，所有跟騷者都具有基本的心理特徵和缺陷，不論跟騷者的動機為何，都需對其提供處遇或治療協助。例如，Nijdam-Jones、Rosen-feld、Gerbrandij、Quick和Galietta（2018）以137名跟騷者為對象，進行訪談和精神狀況診斷，分析不同診斷組別的跟騷行為和跟騷者特徵的差異程度。研究樣本的基本人口特徵包括：非裔美國人（29%）、西班牙裔（28%），以及白種人（28%），平均年齡為36歲。所犯罪名，最常見者為跟騷罪，占53%，以及違反保護令罪或藐視法庭罪占18%。研究結果發現，有高達72%的樣本符合臨床診斷標準，並且共症率很高，但另外也有28%的樣本沒有精神病理症狀。而有精神病理症狀者中，屬思覺失調障礙者，占10%；情緒或焦慮障礙者占31%；物質濫用者，占46%；以及，人格障礙者，占50%。本研究凸顯精神病理學在理解與跟騷行為相關的動機和臨床特徵方面，扮演重要作用。但Nijdam-Jones等人也提醒，由於本研究也有高達28%的樣本沒有精神病理症狀，因此精神病理學無法解釋所有的跟騷行為，需要對跟騷的非臨床風險因素進行更多研究。執法人員在調查跟騷案件時應注意，雖然跟騷者存在精神病理的症狀很常見，但跟騷行為似乎經常發生在沒有精神障礙甚至只有物質濫用者的身上。因此，不應忽視沒有精神病學診斷的跟騷者，在規劃介入策略時，亦應考慮到部分跟騷者沒有精神病理狀況。

四、跟蹤騷擾風險評估與管理作為

儘管預測犯罪者未來再出現暴力風險的願望已有數百年歷史，但當代暴力風險評估則是犯罪心理學的重要產物，而且也由於風險評估讓犯罪心理學轉變為犯罪學和刑事司法重要的次領域，並促成司法和／或法醫心理學領域的快速發展。在西方先進國家，早期的風險評估主要是由心理衛生專業人員運用他們累積的臨床經驗，以個案的風險程度做出臨床判斷。但行為科學家們一再質疑，這種以非結構化臨床判斷作為風險評估基礎的有效性[5]。直到John Monahan在1981年出版《預測暴力行為：臨床技術的評

---

5 第一個實證工作是E. W. Burgess在1928年對假釋失敗預測的研究，但真正系統性地使用臨床心理數據結合統計方法，進行犯罪預測工作，最具有貢獻者，當推P. E. Meehl。他的具體四個主要貢獻包括：(1)將心理數據的臨床或統計組合是否產生更好的預測的問題置於應用心理學的中心階段；(2)針對一系列批評意見，他令人信服地辯稱，臨床預測與統計預測是一個

估》（*Predicting Violent Behavior: An Assessment of Clinical Techniques*）一書，正式開創運用嚴謹、系統化科學研究方法，進行暴力風險評估，經過許多學者的努力，暴力風險評估的準確性已相對大幅提高。迄今，除了第一代風險評估方法係仰賴評估者個人的臨床經驗，進行風險評估外，其後的暴力風險評估工具建構過程，通常包括以下四個流程：（一）從經驗或理論，識別有效的風險因素；（二）確認這些風險因素的測量或評分方法；（三）建立綜合風險因素評分的程序；以及（四）對個案進行暴力風險評估（Skeem & Monahan, 2011）。

　　歸結過去相關研究，有關暴力風險評估之演變，歷經4次變革[6]：（一）非結構化的臨床專業評估（Unstructured Clinical Approach）；（二）精算風險評估工具（Actuarial Risk Assessment Tool）；（三）結合靜態與動態風險因素之評估工具；以及（四）識別「犯罪需求」（Criminogenic Needs）並全程管理。第四世代風險評估工作的主要目標，是融合「風險—需求—回應模型」（Risk-Needs-Responsivity, RNR），加強對有效治療原則的遵守並促進臨床監督，以強化犯罪者的再犯預防效果。暴力再犯預防模型有以下三大特色：（一）強調動態風險因素，尤其是那些可以透過干預措施改變的風險因素；（二）在最初風險評估後（例如，在處遇、緩刑或假釋情況下），涉及與犯罪者的高度接觸和暴力行為控制；（三）對擬定處遇計畫和改善犯罪者再犯風險所需的合作網絡，具有重要意義。再犯預防模型主要透過強調動態風險因素和降低風險，包括風險評估、處遇和制定相關決策等措施（Douglas & Skeem, 2015）。

　　風險—需求—回應模型係以人格和認知社會學習理論為基礎而開發出來，由Andrews、Bonta和Hoge等三位加拿大學者在1980年代研發，並於1990年正式運用在犯罪者的處遇工作，目前已在加拿大、美國、英

真正的（非虛構的）問題，需要深入研究；(3)從理論和概率的角度細緻而公正地剖析了臨床推理的邏輯；(4)他回顧了1954年及之後的研究，這些研究檢驗了臨床預測與統計預測的有效性。他關於文獻強烈支持統計預測的早期結論非常站得住腳，他對預測問題的概念分析（特別是他對將基於聚合的概率陳述應用於個別案例的辯護）自1954年以來沒有顯著改善（Grove, 2005）。

6　由於先進國家有關暴力風險評估的進展不同，因此有關暴力風險評估的演變，也存在著不太一致的分類方法。本研究有關風險評估的演變，係採用Cooke和Michie（2013）的分類，分為四個世代，這是目前為止文獻上顯示，最多學者採用的分類方式。

國和世界許多國家採取此模式來評估犯罪者再犯風險，並已獲得良好的成效（Satinsky, Harris, Farhang & Alexander, 2016；黃翠紋、斯儀仙，2018）。顧名思義，它包括以下三個基本原則：（一）風險原則：對犯罪者干預的程度應與再犯罪的風險相匹配，將更密集的干預措施集中在中高和高度再犯風險群體，風險較高的犯罪者應該接受更多的治療，因此必須先準確預測犯罪者的再犯風險因素及程度，而且治療應側重於風險較高的犯罪者；（二）需求原則：干預措施只應針對與再犯直接相關的因素，如果過於關注其他社會需求，則可能會忽視預防再犯工作的角色，因此強調犯罪原因與需求的評估，在設計處遇計畫和實施過程的重要性；（三）回應原則：根據個人的獨特特徵（回應性）制定支持的模型，強調犯罪者與實務工作者之間應建構良好互動關係，並透過認知行為治療方法教導犯罪者學習新的行為，過程中應該針對犯罪者各種特點的了解，如語言認知能力、文化、人格、智商、焦慮程度、學習風格和認知能力等特點，從而強化犯罪者的參與動機和降低再犯風險程度，藉以協助犯罪者調整學習方式、動機和親社會的能力。本模式和相關研究指出，對受監管人員最有效的方法，是將他們置於符合他們學習風格的方式，康復計畫亦應滿足其需求。根據回應原則，該框架強調應針對犯罪者的再犯風險投入不同的「劑量」。這意味著一個人接受監督的時間長短，應該取決該人改變行為所需要的時間，以及對社區民眾造成的風險，而不是對每個人進行固定的監督期限。研究顯示，劑量方法可以帶來更有效的監督和減少再犯（Satinsky, Harris, Farhang & Alexander, 2016）。

風險－需求－回應模型提出八項主要風險／需求因素以及處遇目標，包括：反社會／犯罪行為史、反社會人格模式、支持犯罪的態度、犯罪同夥、物質濫用、家庭／婚姻關係、工作／學校表現，以及休閒／娛樂參與等指標。風險－需求－回應模型強調：處遇措施的重點若能放在協助犯罪者發展親社會的社交網絡，讓他們感覺自己在社會上是有價值的人，將有助於減少犯罪者再次犯罪的風險，進而減少再犯率。因此，刑事司法機構和實務工作者應根據犯罪者的風險和需求因素，相關干預或處遇措施若能與犯罪者的再犯動機水平適當配合，並搭配相關的干預或處遇計畫，較可能有效減少再犯（U.S. Department of Justice, 2020）。

表8-4　主要風險和／或需求以及減少再犯的目標

因素	風險和／或需求	回應策略
反社會／犯罪行為史	在各種環境中繼續參與多種反社會行為	建立非犯罪的替代行為
反社會人格特質	喜歡冒險的活動、自制力弱、逞兇鬥狠	培養解決問題的能力、自我管理能力、憤怒管理和應對問題能力
支持犯罪的態度或認知	支持犯罪的態度、價值觀、信仰和合理化；憤怒、怨恨和反抗的認知情緒狀態；支持犯罪的自我形象	減少反社會認知、識別有風險的思維和感覺、建立替代性的風險較小的思維和感覺，改變犯罪的自我認同
犯罪同夥	與犯罪者有密切聯繫，而與非犯罪者相對隔離；對犯罪行為具密切社會支持	減少與反犯罪者的聯繫
物質濫用	酗酒和／或濫用藥物	減少藥物濫用、減少對藥物濫用者的接觸，增加藥物濫用的治療／替代方案
家庭和／或婚姻	兩個關鍵要素是培養和／或關心與監控的力量	減少衝突，建立積極的關係，加強監控
學校和／或工作	在學校和／或工作中表現和滿意度低	提升表現、獎勵和滿意度
反社會休閒／娛樂參與	參與促發犯罪的休閒活動	提高減少犯罪休閒活動的參與、獎勵和滿意度

資料來源：Andrews, D. A., Bonta, J. & Wormith, J. S. (2006). The recent past and near future of risk and/or need assessment. *Crime and Delinquency*, 52: 11.

　　就跟騷者處遇措施而言，已有許多證據強調處遇措施必須遵守風險－需求－回應模型之原則，將可以減少各種跟騷者群體的累犯（Hilton & Ennis, 2020）。本模型的第一個元素「風險」，是指治療強度需要搭配跟騷者個人風險水平。其次，與再犯跟騷行為直接相關的「需求」，例如失業、心理健康問題、物質濫用，已被證明在跟騷者中的比例很高，應該成為處遇的目標。第三，「回應」則是強調，應該根據跟騷者的特徵和情況選擇最適當的治療方式，以提升跟騷者參與處遇的意願。將RNR原則

整合到跟騷者處遇計畫中，特別是對於患有精神疾病的跟騷者，已逐漸受到各國重視（Jerath, Tompson & Belur, 2022b）。

第三節　臺灣跟蹤騷擾防制機制

　　臺灣跟蹤騷擾防制法的制定，是為保護個人身心安全、行動自由、生活私密領域及資訊隱私，免於受到跟蹤騷擾行為侵擾，維護個人人格尊嚴，故將反覆或持續為違反其意願且與性或性別有關，使特定人心生畏怖，足以影響其日常生活或社會活動的八類行為犯罪化。觀諸臺灣現行對跟蹤騷擾的防制策略，主要是以警察機關執法活動為主，防制機制內容，則有警察書面告誡、保護令、應變小組，以及將跟騷行為犯罪化等特色。以下介紹本法之前三項機制。

一、警察書面告誡

　　依據「跟蹤騷擾防制法」第4條第2項規定：「案件經調查有跟蹤騷擾行為之犯罪嫌疑者，警察機關應依職權或被害人之請求，核發書面告誡予行為人；必要時，並應採取其他保護被害人之適當措施。」期能透過警察書面告誡讓警察在受理報案後，即可啟動刑案調查；當受理員警認為有犯罪嫌疑者，可依職權或被害人之請求，核發書面告誡予行為人，期能經由要求受告誡人自行約束行為，以迅速保護被害人，並作為檢察機關未來實施強制處分或法院審核保護令之依據與參考。此書面告誡的性質，被定位為刑事調查程序中之任意處分，並未使用強制手段或損害受告誡人之基本權利，因此其核發告誡書所需的犯罪嫌疑程度，僅要初始嫌疑，非單純臆測者即可，無須達到警察機關移送檢察官或檢察官提起刑事訴訟之程度。而警察人員若認為個案有即時約制行為人再犯之必要，也不需等待被害人提出聲請，就可以主動核發書面告誡予行為人。

　　依據內政部2022年3月18日訂定發布之「跟蹤騷擾防制法施行細則」第14條規定，書面告誡自送達行為人之日發生效力；於當事人表示異議，而警察機關尚未對於當事人異議作出決定前，原核發之書面告誡效力自不受影響。另根據內政部警政署的解釋：行為人或被害人對於警察機關核發

或不核發書面告誡不服時，得於收受書面告誡或不核發書面告誡之通知後10日內，經原警察機關向其上級警察機關表示異議。而前項異議，原警察機關認為有理由者，應立即更正之；認為無理由者，應於5日內加具書面理由送上級警察機關決定。上級警察機關認為有理由者，應立即更正之；認為無理由者，應予維持。而行為人或被害人對於上級警察機關之決定，不得再聲明不服（內政部警政署，2022a）。

　　至於家庭成員間、現有或曾有親密關係之未同居伴侶間之跟蹤騷擾行為，因為涉及家庭暴力，依據跟蹤騷擾防制法第5條第4項規定，應循家庭暴力防治法規定聲請保護令，主要是家庭暴力防治法並沒有書面告誡先行的規定。雖然面對家庭暴力相對人的跟蹤騷擾行為，警察機關亦可以核發書面告誡書，但警政署特別強調：須尊重被害人意願核發（內政部警政署，2022b）。若是有急迫危險，警察機關除視個案情節啟動刑事強制處分外，另依家庭暴力防治法第12條第1項規定，應依職權聲請緊急保護令，可併同核發書面告誡。

二、保護令

　　跟蹤騷擾保護（限制／遠離）令要求行為人遠離、不可持續騷擾被害人。如果違反，行為人可能會受到監禁、罰款或兩者兼施的懲罰。截至目前為止，絕大多數國家都設計保護令制度，藉以禁止行為人持續騷擾行為，惟各國之間仍存在差異性。例如，加拿大未制定專法，而是在刑法增訂跟騷罪，且為了禁止配偶或親密關係伴侶持續對被害人及其子女的騷擾行為，家事法庭可依照被害人或是律師的聲請，核發限制令。如果行為人無視命令，由被害人律師提起民事訴訟，法官則會視行為人違反的行為，科予罰款或是判監禁刑，直到行為人遵守命令為止。另一種則是由民事法庭所核發的保護令，可以區分為緊急保護令和通常保護令，然而並非所有省分都有這樣的立法（Minister of Justice and Attorney General of Canada, 2003）。且由於跟蹤騷擾案件中，有很大的比例當事人牽涉到家庭暴力樣態，因此在有跟蹤騷擾保護令規定的國家，家庭暴力的保護令與跟蹤騷擾的保護令常存在競合的關係。在臺灣，跟蹤騷擾防制法與家庭暴力防治法的保護令均採民事保護令設計，主要是為了程序便捷，證據要求亦相對寬鬆，以達迅速保護被害人之目的。但跟蹤騷擾的保護令核發，以警察書

面告誡先行為原則，依據「跟蹤騷擾防制法」第5條第1項、第2項規定：「行為人經警察機關依前條第二項規定為書面告誡後二年內，再為跟蹤騷擾行為者，被害人得向法院聲請保護令；被害人為未成年人、身心障礙者或因故難以委任代理人者，其配偶、法定代理人、三親等內之血親或姻親，得為其向法院聲請之。檢察官或警察機關得依職權向法院聲請保護令。」究其制度設計緣由，觀諸「跟蹤騷擾防制法」第4條立法說明三解釋，係參照日本實務研究，是類案件行為人經警察實施「警告」後，停止再為跟蹤騷擾者達八成，為使司法資源投入在經警察書面告誡仍未停止之高風險個案，故採此設計（內政部警政署，2022b）。至於家庭暴力防治法的保護令核發，並無警察書面告誡先行的規定，且在保護令類型的設計上，有因應緊急情況，需在4小時內核發書面的緊急保護令規定。茲就家庭暴力保護令與跟蹤騷擾保護令比較如表8-5所示。

表8-5　臺灣家庭暴力保護令與跟蹤騷擾保護令比較表

保護令類型	家庭暴力			跟蹤騷擾	
	通常保護令	暫時保護令	緊急保護令	職權保護令	聲請保護令
聲請人	1. 檢察官、警察機關或各直轄市、縣（市）主管機關 2. 被害人 3. 如被害人為未成年人、身心障礙者或因故難以委任代理人者，其法定代理人、三親等以內之血親或姻親	1. 檢察官、警察機關或各直轄市、縣（市）主管機關 2. 被害人 3. 如被害人為未成年人、身心障礙者或因故難以委任代理人者，其法定代理人、三親等以內之血親或姻親	檢察官、警察機關或各直轄市、縣（市）主管機關	檢察官或警察機關	1. 被害人 2. 如被害人為未成年人、身心障礙者或因故難以委任代理人者，其配偶、法定代理人、三親等內之血親或姻親

表8-5　臺灣家庭暴力保護令與跟蹤騷擾保護令比較表（續）

保護令類型	家庭暴力			跟蹤騷擾	
	通常保護令	暫時保護令	緊急保護令	職權保護令	聲請保護令
聲請方式	書面聲請	書面聲請	以書面、言詞、電信傳真或其他科技設備傳送方式聲請	書面聲請	書面聲請
警察書面告誡先行	否	否	否	否	是
有效期間	二年以下	至通常保護令生效前	至通常保護令生效前	二年以下	二年以下
生效起算	核發時生效	核發時生效	核發時生效	核發時生效	核發時生效
延長期間	每次延長期間為二年以下	無	無	每次延長期間為二年以下	每次延長期間為二年以下
聲請費用	免費	免費	免費	免費	免費
送達規定	核發後24小時發送當事人、被害人、警察機關及直轄市、縣（市）主管機關	核發後24小時發送當事人、被害人、警察機關及直轄市、縣（市）主管機關	4小時內以書面核發緊急保護令，並得以電信傳真或其他科技設備傳送予警察機關	核發後24小時內發送被害人、聲請人、相對人、裁定內容所指定之人及執行之機關	核發後24小時內發送被害人、聲請人、相對人、裁定內容所指定之人及執行之機關
核發機關	地方法院家事庭			地方法院民事庭	

資料來源：研究者整理。

三、應變小組

　　臺灣跟蹤騷擾防制法立法原則中，包含「納入跨部會協力機制」的概念。因此在該法第2條第2項明定社政、衛生、教育、勞動、法務等主管機關的權責範圍。例如社政主管機關主要負責被害人的保護扶助、衛生主管機關主要負責被害人身心治療及相對人的治療性處遇、教育主管機關主

要負責各級學校跟蹤騷擾防治教育，及校園跟蹤騷擾事件處理、勞動機關主要負責被害人職業安全、法務主管機關主要負責偵查、矯正及再犯預防等。另外，中央主管機關還成立「防制跟蹤騷擾推動諮詢小組」，委員中除了有學者專家及民間團體代表外，還必須有相關機關的代表，組成跨部會的小組共同推動我國跟蹤騷擾防制工作。

內政部警政署為建立本法主管機關及其他目的主管機關跨部門整合性應變處理機制，以應疑義或緊急個案時，能夠迅速縱向及橫向協調聯繫，另外成立「防制跟蹤騷擾緊急應變小組」。依據警政署「防制跟蹤騷擾緊急應變小組聯繫工作實施計畫」規定，中央應變小組成員是內政部警政署、法務部、衛生福利部、教育部及勞動部，地方應變小組則以各縣市政府警察局為承辦機關，邀請地方檢察署檢察官及相關局處參與，分工則參照中央應變小組相關部門權責事項辦理。中央應變小組的工作目標，主要是對於跟蹤騷擾防制法在實務上執行的疑義，或高危機個案的應變處置，可以藉由該小組的跨單位組成方式，做縱向與橫向聯繫溝通，並聚焦在高發生性、高危險性、高恐懼性及高傷害性的案件上，以實務經驗反饋立法，期能增加完善程度，對被害人達到更實質的保護效果。

然而相關研究顯示，多機構合作可能存在的障礙包括：訊息共享、溝通方面的困難以及對風險的不同反應。例如，Peckover和Golding（2015）發現在如何理解和管理案例方面存在專業差異，特別是在與風險方面相關的問題上，以及不同的專業背景者所優先事項方面。與家庭合作的不同方式間也有差異，必須在多機構背景下承認、考慮和管理這些方法。例如警察透過刑事司法的角度評估風險，他們的主要作用是保護公眾和驅逐罪犯；緩刑服務將關注加劇犯罪者再次犯罪的風險；社工和婦女團體，如避難所，傾向於採取倡導／支持被害人的觀點；衛生專業人員透過患者的視角來考慮案件之介入。不同的從業者對個人有不同的方法，對他們在團隊和機構內部和之間的工作方式也有不同的看法（O'Carroll, McSwiggan & Campbell, 2016）。

不論是「防制跟蹤騷擾推動諮詢小組」還是「防制跟蹤騷擾緊急應變小組」，都可以看得出我國跟蹤騷擾的防制策略，頗符合世界之潮流：跟騷案件防制需要透過使用跨網絡合作方式，方能降低案件的風險。然而從相關的設置要點與計畫當中，雖然想要聚焦在高風險的個案，但迄今尚未

發展能夠讓網絡成員共同使用的案件處理流程和風險評估工具，以提升讓防治網絡的成員能夠區辨被害人安全上出現危機的敏感度。而每個跟蹤騷擾的案件情形都有其獨特性。相較目前先進國家的作法，有關跟蹤騷擾被害人服務，往往以個案為中心，擬定相關安全計畫，我國的家庭暴力防治策略中，在高危機個案上亦有定期召開的個案網絡會議，而衛生及社政單位也有對家庭暴力相對人執行認知輔導教育及酒癮戒治等處遇服務，但在跟蹤騷擾防制策略上，目前卻未有相應之作法，與跟蹤騷擾跨網絡合作息息相關的議題，僅籠統劃分各主管機關的權責，至於實際的執行細項則迄今仍付之闕如。尤其內政部警政署雖成立防制跟蹤騷擾緊急應變小組，但所訂出來的計畫似乎卻只是警察機關內部事項，跨網絡成員間如何聯繫、其他機關成員具體配合事項、應如何組成等，在該計畫中均未見規範，更遑論凝聚跨機關共識，發展案件處理流程及風險評估工具。

第四節　警察跟蹤騷擾案件處理要領

自從1990年在美國加州制定全球第一個跟蹤騷擾防制法後，各國亦陸續制定相關防制法律，但跟騷行為並未因而減少。以南韓為例，過去有關跟騷行為係規範於「輕罪處罰法」，但因刑責過輕而引發社會討論，在發生數起女性被害人遭跟騷者殺害的重大犯罪案件後，在2021年3月底通過「跟蹤犯罪處罰法」，並於2021年10月21日施行。對行為人的處罰，從原本的罰款8萬韓元（約台幣1,885元），提升到最高可處三年有期徒刑或罰款3,000萬韓元（約台幣70萬元）。但根據南韓警察的統計，新法上路4週相關投訴案件反而增加4倍（劉奕廷，2021）。甚至在2022年9月9月14日晚間發生一起重大刑案：一名28歲女性地鐵站服務員，在車站內遭到31歲男性跟騷者全周煥埋伏砍殺身亡。本案行為人長期跟騷被害人、甚至盜攝對方隱私照片，遭到被害人控訴罪行而被停職。全周煥從2019年11月就開始對被害人密集跟騷，除了大量的實體跟騷行為外，還透過簡訊與社群通訊軟體等網路跟騷，向被害人發送超過351封「要求見面」的訊息，甚至非法拍攝被害人的隱私照片，以此威脅被害人與其碰面。本案發生後，讓南韓社會再次想起六年前的「江南站10號出口事件」，也再次

引爆南韓女性對「仇女」問題的悲憤怒火（張鎮宏，2022）。

　　每當發生此類案件，除了引發民眾的不滿、恐慌外，也經常將箭頭指向警察、檢察官，甚至法官執法不力的指責。誠然，刑事司法體系識別跟騷行為嚴重性的能力，對於解決被害人的需求並為他們提供相關支持非常重要，但解決的途徑，卻無法單純仰賴法律的強力介入，英、美等西方國家的學者專家已經體會到，唯有透過暴力風險評估、掌握跟騷情況下的風險行為，並啟動多機構跟騷處遇計畫（Multi-Agency Stalking Intervention Programme, MASIP），才能提升法律介入效能（Jerath, Tompson & Belur, 2022a）。例如，在美國，Brady和Nobles（2017）的研究使用休斯頓警察局官方統計資料，來檢查警察處理跟騷案件的情況。研究結果發現，與其他人際暴力犯罪相比，被登錄為跟騷案件的紀錄明顯不足。在八年期間總共有3,756件被害人以遭到跟蹤騷擾報案，但只有66案被認定為跟騷案件，只有12案的跟騷者因跟騷行為而被逮捕。而且這些案件絕大多數被歸類為騷擾或違反保護令，而被認定為跟騷案件，以及跟騷者遭到逮捕的案件，通常是因為被害人控訴遭到跟騷者恐嚇、威脅，而且有明確的證據。

　　由於各國跟騷防制法律的不同，警察在保護令核發、逮捕跟騷者之前所需的證據也各不相同。跟騷行為可能難以識別、調查、評估和預防。原因很多，包括：跟騷行為不是單一的，可以明顯而容易識別的犯罪；受理人員對跟騷行為的認識不清，可能認為是日常求愛和親密關係的一部分（Herman & Markon, 2017）。個別的跟騷行為對被害人的傷害往往相當輕微，使得警察經常輕忽跟騷案件的嚴重性，而將其視為輕微案件，因為跟騷者除可能違反保護令或撥打騷擾電話外，往往沒有做出嚴重暴力傷害行為。但當跟騷者對被害人施加的跟騷行為已經變成行為模式的一部分時，暴力行為的嚴重性就會變得明顯。因此，與被害人保持聯繫並確保行為人受到監督非常重要。由於跟騷行為是涉及多起事件的持續性犯罪，因此警察可能有很多機會觀察跟騷者的行為並進行逮捕。即使在跟騷者未親自與被害人聯繫的情況下，警察通常也可以拼湊足夠的證據以識別和定位跟騷者並進行逮捕。警察越早記錄沒有涉及暴力的跟騷案件，在案件升級到致命級別之前將跟騷者繩之以法的可能性就越大。因此，以風險管理為導向的警察介入策略，已經逐漸受到重視。就警察機關而言，採用以風險為導向的方法來監控跟蹤騷擾行為有多種好處，包括（Pavlou & Scott,

2019）：一、制定一個強有力的框架，強化警察與被害人更有效的合作與溝通；二、在處理跟騷案件時，發展和加強多機構合作與協調；三、將有其他服務需求被害人轉介至後續相關服務機構；四、對調查過程產生積極影響，提升被害人與刑事司法系統的合作意願，避免被害人退縮；五、蒐集可靠的訊息和證據；六、更高水平的保護和更高質量的服務，以滿足被害人的個人需求；以及七、警察人員在評估被害人的個人需求和設計適合於被害人的預防策略方面，擁有比其他網絡成員更先進的技能和知識。警察在執行風險管理時，必須秉持一些重要原則，如表8-6所示。同時，風險評估有其操作步驟，有關警察進行風險評估的重要步驟，如表8-7所示。

表8-6　警察執行風險管理的重要原則

原則	重點
1. 優先考慮被害人的安全	有效識別和評估被害重複被害，或是遭到跟騷者恐嚇或報復的風險，並確保被害人得到儘可能有效的支持，以減少後續受暴風險。風險評估本身並不是目的，而是讓被害人進入正式支持系統的一個切入點，而在評估被害人的安全和福祉時，風險評估過程不應用於限制獲得服務的資格。
2. 採用以被害人為中心的方法	以被害人為中心的方法，可確保將風險評估作為確定被害人具體的需求。反過來，這也為警察根據被害人和跟騷者的需求和情況量身定制的適當風險管理策略提供了依據。透過這種方式，警察必須視情況與其他合適的服務機構合作，提高工作效率，減少被害人重複被害的風險。
3. 採取具性別觀點的介入方法	具有性別觀點的風險評估方法，首先要了解跟蹤騷擾是一種性別暴力，其根源在於社會中的性別不平等和對婦女的歧視，也必須了解不同對象具有個別的風險和脆弱性。警察機關必須確保透過培訓和能力建設在警察中發展性別平等與意識能力。
4. 採用多面向評估方法	必須考慮每個被害人的情況和生活經歷。例如，女性移民和身心障礙者可能面臨更大的暴力風險和虐待的負面影響，包括她們的語言能力或對其權利的了解有限，或者因為她們長期遭受歧視。

資料來源：Pavlou, S. & Scott, M. (2019). *A guide to risk assessment and risk management of intimate partner violence against women for police*. European Institute for Gender Equality, European Union, pp. 24-26.

表8-7　警察進行風險評估的重要步驟

步驟	內容
1. 確定警察風險評估的目的和目標	警察必須在內部協議和程序中明確界定風險評估的目的和目標。至於風險評估目標則應包括：1.為被害人安全設計有效和量身定制的應對措施；2.為評估和確定為高、中或低度風險的個案，提供有針對性和即時的風險管理干預措施；3.如果被害人選擇撤回報案，則須決定是否繼續處理該案件；4.在多機構框架內，在服務提供者之間發展一種共享語言並加強多機構訊息交流，以有效應對暴力。
2. 確定最合適的警察風險評估方法	在決定使用哪種方法時，應考慮以下因素：1.考慮被害人自己對其安全和風險等級的評估，以告知已識別的風險級別；2.以證據為基礎的風險因素，除了使用風險評估表外，也應該將包括強制和控制行為納入風險評估中；3.應將受過培訓人員的專業判斷納入，並評估有關被害人及其情況的所有已知訊息；4.應用內部指導方針和協議，以確保在整個系統中統一和一致地實施；5.應有轉介機制，確保風險評估結果與風險管理策略直接相關，這些策略需要應對被害人的個人需求與脆弱性；6.數據蒐集和分析應該一致。
3. 確認最相關的風險因素	風險因素是一種特徵（個人、關係、社區或社會），其存在會增加暴力或凶殺發生，或再次發生的可能性。風險因素則包括被害人因素、跟騷者因素、兩造關係、社區因素以及社會因素，這些因素可能同時出現或併交互影響。
4. 實施系統的警察培訓和能力培養	評估暴力風險程度通常是一個複雜的過程，需要對警察進行專門培訓，為他們提供技能和知識，讓警察能夠理解並正確識別、評估和管理風險。
5. 應建置在多機構合作框架中	警察風險評估應建立在強而有力的多機構框架中，讓風險管理發生應有效果。至於建立此類框架時要考慮的要素包括：1.確定除警察外還參與的所有相關網絡人員；2.明確界定每個機構的角色和職責；3.建立一個協調結構來規劃和召開會議，並確保商定的程序和目標得到執行和監督；4.在所有參與者之間形成對風險評估目的和目標的共同理解，並使用風險評估工具；5.在各機構之間能即時共享訊息，並確保隱私和機密性。
6. 制定訊息管理和保密程序	警察與其他服務機構之間的訊息共享和傳輸是暴力風險評估的核心工作，若未能分享有關風險的訊息可能會導致系統出現故障，從而使被害人面臨更大的傷害風險。因此，必須明確列出應共享哪些訊息、在什麼基礎上，以及與誰共享。
7. 監控和評估風險評估實踐和結果	監控和評估網絡對於風險評估過程的品質，以及識別問題和需要改進的領域。尤其暴力風險是動態的，並且會隨著時間而變化，回應措施應配合調整，以確保被害人的安全。

資料來源：Pavlou, S. & Scott, M. (2019). *A guide to risk assessment and risk management of intimate partner violence against women for police*. European Institute for Gender Equality, European Union, pp. 30-37.

由於跟騷案件在許多方面都是獨一無二的，每個案件都可能出現特殊挑戰，使用一般案件調查的方法往往無法解決問題。此類案件的調查和起訴往往需要新技術，需要從解決問題根源的方法來識別跟騷者，並蒐集證據證實跟騷者的身分。更重要的是要認識到：發生跟騷行為的任何司法管轄區的警察機關可以對整個案件行使管轄權。證據蒐集對於確保跟騷行為至關重要，而共享報告、紀錄和證據對於成功識別和調查跟騷案件至關重要。案件調查過程需要儘可能了解跟騷者的犯罪手法，以評估跟騷者對被害人的潛在威脅，並為成功起訴跟騷者提供堅實的基礎（Stalking Resource Center, 2007）。就警察而言，其在風險管理的角色包括：執法、與社區其他單位共同合作，以及與被害人共同規劃或執行安全計畫[7]（Pavlou & Scott, 2019; Albuquerque, Basinskaite, Martins, Mira & Pautasso, 2013）。警察在受理跟騷案件時，詢問和關注跟騷者具體的行為模式和風險因素將有助於識別跟騷行為、協助被害人規劃出具體的安全計畫，並將被害人轉介到後續相關服務部門（Miller, 2002）。

至於處理原則應該包括（Herman & Markon, 2017; National Center for Victims of Crime, 2012）：

一、儘早識別

由於任一跟騷案件都可能致命，警察越早識別跟騷行為的嚴重程度，保護被害人免受人身傷害的可能性就越大。隨著時間的推移，跟騷行為通常會逐漸升級，跟騷者會越來越痴迷，將可能出現暴力行為。必須透過詢問被害人是否存在其他相關事件，經常查看事件的進展，檢查跟騷者的重複行為，以及查看過去的服務紀錄，以清楚識別跟騷案件。

二、獲得被害人的有效資訊

案件調查過程應該積極地讓被害人參與，可以透過他們蒐集信件、傳真、電子郵件、簡訊或不受歡迎的禮物，提供有關跟騷者持續聯繫的訊

---

7 安全計畫是風險評估過程的主要成果，是一個策略過程，讓被害人能夠在專業人員和服務的支持下，利用現有和可用的資源，協助他們意識到自身面臨的風險並提高他們的人身安全（Pavlou & Scott, 2019）。

息,並描述他們所感受到的恐懼。被害人的家庭成員、鄰居、雇主、同事和其他人也經常是可能的重要證人。他們通常非常了解跟騷行為,可以證實被害人的陳述。

三、確保被害人在整個刑事司法程序中獲得一致的專業支持服務

心理諮商人員和被害人保護社工可以協助被害人成為有效的證人並採取適當措施保護自己。他們可以與被害人保持經常聯繫,並強調仔細記錄所有糾纏事件的內容,協助被害人創建和維護跟騷日誌,制定安全計畫並開發支持性網絡;評估被害人的需求並協助被害人獲得庇護住所、健康和心理健康服務,幫助被害人衡量聲請保護令的利弊。此外,被害人保護社工可以協助警察制定更有效的跟騷行為防制對策,並與警察討論這些對策的合宜性。部分被害人可能有特殊需要,包括患有精神疾病、藥物濫用、身心障礙者、老人、少數族群和宗教少數群體、新住民以及遭受同性別者跟騷的被害人,則需要轉介至可以提供協助的單位。

四、採用跨網絡合作方式建構安全防護網

跟騷行為的形式非常多樣,跟騷者使用各種方法和技巧與被害人互動,形成恐懼感。要有效應對跟騷行為,需要跨網絡合作,以社區為導向的方法,相關部門需要共享訊息、合作解決問題。跨網絡合作方式可以在資源有限的情況下,讓最合適的提供者做出更快的回應。在解決跟騷行為方面,警察機關可能需要合作的社區網絡資源包括:(一)社政系統;(二)衛政系統;(三)學校與社區團體;(四)檢察官;(五)監獄或看守所。各系統所需工作內容如圖8-1所示。

再者,鑒於跟騷案件可能發生在多個司法管轄區,因此警察機關應該建置個案管理資料庫,以便共享訊息和協調聯繫。同時,犯罪預防宣導相當重要,因此警察應與主要雇主或學校合作,確保他們制定工作場所或學校防制暴力政策和協議,並為被害人提供支持。如果在工作職場中發生跟騷行為,被害人的同事和雇主應該知道如何處理。此外,電話和網路公司應該制定政策和協議,以保護被害人的個人訊息並阻止跟騷者與被害人聯繫的管道。

學校與社區團體
- 被害人安全和服務
- 協助監控跟騷者
- 提供諮商服務
- 公共教育

警察機關
- 對跟騷行爲報案的回應
- 蒐集評估被害人安全威脅的證據
- 告知跟騷者應負責任
- 持續跟騷行爲的預防
- 公共教育

衛生醫療
- 輔導服務
- 危機干預
- 跟騷者處遇措施

檢察官
- 決定是否起訴
- 決定保釋及附條件命令
- 執行法院命令
- 審查相關法律適用問題
- 公共教育

社政系統
- 提供被害人相關訊息
- 協助被害人擬定安全計畫
- 提供被害人支持性服務
- 提供被害人諮商輔導
- 追蹤被害人後續人身安全
- 公共教育

監獄／看守所
- 跟騷者釋放通知
- 被害人安全
- 觀察跟騷者的行爲
- 跟騷者處遇措施

圖8-1　警察與社區網絡合作架構圖

資料來源：整理自National Center for Victims of Crime. (2007). *The model stalking code revisited: Responding to the new realities of stalking*. Washington, DC: National Center for Victims of Crime, pp.57-58.

五、執行所有相關法律

在處理跟騷案件時，應該考慮處罰跟蹤騷擾行為的所有相關法律之適用性。有時，根據跟蹤騷擾防制法以外的法規可能更有效。警察可以運用法律禁止家庭暴力、電話騷擾、故意破壞、偷窺、非法侵入、違反法院命令以及許多其他罪行，以追究跟騷者的責任並保護被害人。例如，違反保護令通常允許檢察官對違法者施加監督條件，直到跟騷案件準備起訴並確保定罪為止。

六、評估跟騷者構成的威脅

評估跟騷者所構成的威脅，對於抑制可能的暴力行為至關重要。每個案例應該單獨執行評估。尤其過去曾有親密關係暴力、犯罪或藥物濫用前科，是跟騷者使用暴力的最重要預測因素。如果二造曾經是親密關係伴

侶，則跟騷者通常會知道被害人的日常生活型態，以及擁有特別管道接觸被害人（例如透過子女會面交往的安排）。因此，他們往往會對被害人構成最嚴重的身體傷害風險。需要額外考慮的因素還包括：明確威脅行為、象徵性的暴力、人格障礙以及是否存在嚴重的精神障礙。許多跟騷者患有人格障礙，但不一定患有嚴重的精神疾病，而且當跟騷者沒有嚴重的精神障礙時，可能顯示他能夠制定有組織的計畫。因此，應評估跟騷者的心理健康狀況。針對這些問題進行徹底評估，除了可以協助警察確定案件優先順序和制定案件處理策略外，對威脅進行徹底的評估還可以提供有關保釋問題、釋放條件、判刑和緩刑的寶貴訊息，並為強制住院等心理健康干預提供依據。

七、警告和逮捕跟騷者

有些跟騷者可能不知道他們的行為是犯罪行為，甚至認為他們的行為是因被害人的關係而引起。因此，應該告知跟騷者有關跟騷行為的相關規範。如果情況危急，應該考慮採取逮捕跟騷者的措施。而在逮捕後，檢察官應思考具保和量刑條件，要求監督跟騷者並限制他們與被害人接觸。

八、依照跟騷者危險等級對案件進行分類

依照跟騷案件的危險等級和跟騷行為模式的背景，來確定適當的警察干預水平，其中涉及資源分配以保護被害人和控制跟騷者行為。表8-8說明這種協議的工作原則。

表8-8　案件危險等級的介入策略

干預等級	保護被害人的行動	控制跟騷者的行動
1級／ 警察第一次的警告令	1. 蒐集訊息。 2. 協助被害人制定並實施安全計畫。 3. 協助被害人獲得保護令。 4. 轉介被害人到支持服務部門。	1. 向跟騷者發出第一次正式警告，解釋法律和政策。 2. 檢查跟騷者是否有遭到逮捕和犯罪前科。 3. 如果有緊急的危害存在，考慮逮捕跟騷者。 4. 如果跟騷者在緩刑期間，則聯繫跟騷者的觀護人並尋求他／她的幫助。

表8-8　案件危險等級的介入策略（續）

干預等級	保護被害人的行動	控制跟騷者的行動
		5. 提供跟騷者可能控制其行為的諮詢或其他服務。 6. 進行跟騷行為的威脅評估。
2級／第二起事件，顯示跟騷行為危機升級	1. 透過提供被害人個人警報或錄影監控系統來增加個人和家庭安全。 2. 如果被害人同意，則考慮爭取家人、鄰居、同事和社區巡守隊或發展協會的協助。 3. 如果被害人有社工服務，應繼續由其服務被害人並適時更新安全計畫，且在被害人需要臨時住房時，考慮提供庇護所或其他安全處所。	1. 根據跟騷防制法或其他適當法規逮捕跟騷者。 2. 修改跟騷者威脅評估，並作為具保的參考。 3. 強化對跟騷者的監控，或開始監視跟騷者。 4. 使用定位技術識別跟騷者的位置和行為。 5. 考慮其他干預措施，如精神狀態評估和／或民事保護令。
3級／隨後發生的事故	1. 將安全計畫和安全系統提升到最高水平。 2. 繼續協助被害人更新安全計畫。 3. 將被害人安置到庇護所或跟騷者不知道的其他安全住所。 4. 與被害人制定安全計畫，以應對緊急情況。	1. 加強起訴和監督工作，儘可能監控跟騷者的活動。 2. 以任何可能的方式阻止跟騷者的行為，包括民事保護令。 3. 持續重新評估和修訂威脅評估。 4. 規劃可能的緊急情況處理計畫，例如發生在被害人工作場所、家庭或學校的暴力行為，以及可能的凶殺／自殺或劫持／路邊攔截等事件。
4級／緊急干預	1. 實施緊急回應計畫。 2. 如有必要，使用所有可用的方法確保被害人安全，包括：與社工聯繫、提供緊急庇護、成立緊急應變小組。 3. 詳細記錄實施此緊急回應的原因。	1. 實施緊急回應計畫。 2. 利用一切可運用的手段消除對被害人、被害人周邊的親友和其他民眾的威脅。 3. 詳細記錄實施此緊急回應的原因。

資料來源：Herman, S. & Markon, M. (2017). *Problem-Oriented Guides for Police Problem-Specific Guides Series*. Washington, D C: National Center for Victims of Crime, pp. 22-23.

九、監督跟騷者並蒐集證據

　　監控跟騷者讓警察能夠蒐集跟騷行為的直接證據，而電子監控系統則有助於確保跟騷者在保釋或其他有條件釋放時，避免與被害人接觸。

十、為被害人提供單一服務窗口

　　跟騷行為被害人應有單一的服務窗口，若是已經有被害人保護社工提供服務，則由其繼續提供服務；若是沒有，則應該在警察局設置單一聯繫窗口；如果案件已經進入刑事訴訟程序，則在檢察官辦公室設立單一聯繫窗口，以確保案件檔案包含所有相關訊息和被害人能夠獲得一致的建議。此外，所有警察都應接受跟騷案件調查和處理等方面的培訓，以便在沒有單一窗口提供服務時，能夠為被害人提供適當的協助。而且為確保被害人人身安全，根據被害人需要，建立和修訂安全計畫與回應策略。被害人的安全規劃及策略，如表8-9所示。

表8-9　被害人的安全規劃及策略

被害人安全評估項目	採行策略
1. 評估跟騷者繼續對被害人或其他人施暴的可能性。 2. 隨著案件情況的變化，重新評估風險。 3. 評估被害人的非正式支持系統及可以提供協助的資源。 4. 評估為被害人提供安全庇護或社會福利補助的必要性。	1. 確認有助於避免被害人與跟騷者面對面接觸的措施（例如改變日常生活、旅行路線和購物地點）；如果跟騷者擁有對子女的共同探視權，聲請改變監督會面方式或透過第三者轉交子女，避免被害人與跟騷者面對面對抗。 2. 採取措施提高安全性（例如更換門鎖和加強照明、緊急求助系統、緊急求救手機，強化對住宅周圍的監控）。 3. 鼓勵被害人向鄰居、家人、同事和朋友告知情況，並向他們提供跟騷者汽車的描述，以便他們可以在跟騷者出現時向被害人和／或當局發出警告。 4. 如果跟騷者違反任何現有的法院命令，如保護令，鼓勵被害人立即致電警察機關；當被害人危機升高時，提供安全庇護服務。

資料來源：Stalking Resource Center (2007). Training Memo: Law Enforcement Response to Stalking. https://www.powerandcontrolfilm.com/wp-content/uploads/ 2011/07/blue-print-stalking.pdf, p. 7.

　　最後，綜合前述跟騷案件的處理原則，可以表8-10所示。

表8-10 跟騷案件處理原則彙整表

回應機制	運作條件	回應原則	注意事項
確保被害人在整個刑事司法程序中獲得一致，專業的支持服務	為被害人制定安全計畫後續並有支持者，從而確保被害人的安全，同時節省警察部門的人力資源	應設置支持系統，並訓練警察在處理跟騷案件中運用它們	需要運用經過培訓和經驗豐富的安全規劃支持者
採用跨網絡合作方式建構安全防護網	蒐集可以為被害人提供服務的社區資源；確保被害人的個人訊息和隱私受到保護	社區中所有適用的服務提供者和相關問題解決的單位，都應該包含在安全防護網中	發展所有參與者網絡合作關係並有清楚的角色分工
執行所有相關法律	制止和／或讓跟騷者喪失跟騷的能力	警察必須儘早確認跟騷模式	需要檢察官的合作
評估跟騷者構成的威脅	確定跟騷者的動機和威脅級別，並為特定被害人制定有效的應對措施	警察應該蒐集足夠可靠的訊息，以清楚評估威脅的等級	需要有經驗的調查人員介入，以適當評估個別案件中的威脅
警告和逮捕跟騷者	制止和／或讓跟騷者喪失跟騷的能力	跟騷者或許不知道他們的行為是非法和／或威脅，但警察需要辨識跟騷者構成的威脅	需要檢察官的合作
依照危險等級對案件進行分類	確保對每一件跟騷案件能夠有效控管，從而在資源有限的同時，提高資源運用的有效性	有足夠的資源應對跟騷行為，並在每種情況下提供足夠的訊息，規畫適當的應對措施	議定書應具有足夠的靈活性，以適應每個案件的情況
監督跟騷者並蒐集證據	降低跟騷者犯罪行為的危害程度	警察局優先處理跟騷案件，以便提供相關資源和人力	對跟騷者的監控可能是需要花費很多的人力
為被害人提供單一服務窗口	提高被害人向警察提供訊息的數量和質量；增強被害人對警察的信心以及協助起訴的意願	向案件管理者提供協助被害人的所有相關訊息	所有警察人員都應接受基本的跟騷案件處理訓練

資料來源：Herman, S. & Markon, M. (2017). *Problem-Oriented Guides for Police Problem-Specific Guides Series*. Washington, D C: National Center for Victims of Crime, pp. 25-27.

第九章　新住民人身安全保護與人口販運防治

第一節　前言

　　過去數十年來，臺灣地區隨著經濟活動發達，教育水準提高，使得女性經濟獨立，促成其擇偶條件大幅提升。但在臺灣工業化的過程中，農業衰退，亦使得許多以工、農、漁業為主的鄉村男子，各方條件均較都會青年為差，在其學歷與經濟能力普遍偏低的情況下，於國內的婚姻市場相對缺乏競爭力，較難獲得女性的青睞，驅使他們成為跨國婚姻的一員。另一方面，自1994年臺灣積極推動南向政策，除與東南亞國家在經濟上發展出互惠的關係外，臺灣亦已成為東南亞國家人民嚮往發展的地方，尤其帶動了東南亞部分國家的女性希望與臺灣男性聯姻的現象。同時，東南亞女性因結婚而移民至臺灣的趨勢與臺灣資本外移趨勢有相當的一致性，亦即當臺灣與某國簽有投資保障協定，或資本外移投資至某東南亞國家時，其間該國女性之婚姻移民即增加（夏曉鵑，2000）。一股跨國聯姻現象正如火如荼地在臺上演，為這群擇偶弱勢男性團體解決擇偶困難之窘境。在此同時，隨著海峽兩岸關係之轉變，政府亦開放大陸配偶來臺的政策，政府與民間在不斷激盪中，似乎已有較明顯的共識，在許多法令與制度之設計上，亦希望更能符合當事人之需求。在此趨勢下，亦促使國內男性於擇偶上有另一個更佳的選擇——與大陸女子聯姻。截至2024年5月，我國新住民人數已逾59萬人，人數高於原住民。

　　然而當女性新住民排除萬難、遠渡重洋遠嫁到臺灣時，一切夢想就如願以償了嗎？由於幸福的婚姻必須植基在夫妻雙方皆能相互體諒、包容、接納，及以仁慈和真心相待，但許多跨國聯姻之婚姻並不是植基在感情基礎下。普遍而言，這些女性新住民的丈夫都是付出至少數十萬元的代價娶妻，使得此種買賣式的婚姻更容易因為婚後的種種適應問題而衍生家庭

暴力[1]。女性新住民放棄原有熟悉的生活環境，隻身嫁到臺灣，往往是為了讓娘家人過更好的生活，然而由於其在文化與語言的隔閡，而很難與丈夫及婆家有良好的溝通與互動，發生家庭暴力時便格外令人關切。一旦遭受家庭暴力後，又由於遠離親友、人生地疏，加上語言不通、文化隔閡，而可能產生求助無門的現象。因此，在報章媒體上亦經常報導有關女性新住民因為諸多適應上的問題而產生了家庭暴力，甚至因此促使其逃家或從事色情行業等問題發生。從衛生福利部的統計可以發現，相較於本國籍女性，新住民更容易遭受家庭暴力；同時，在被害人的國籍別中，以大陸籍被害人的比例最高，越南籍次之。從過去研究顯示，當婦女遭受家庭暴力時，被害的對象大多不會僅侷限於婦女本身，往往會擴及子女，使其不僅目睹母親受虐的情景，也可能合併發生兒虐的問題（黃翠紋，2004）。因此，不論是就女性新住民之基本人權，或是為保護其下一代子女使其能健全成長，政府皆有必要針對遭受家庭暴力之女性新住民被害人制定更為周全之照顧輔導措施，以防止此類事件繼續惡化。事實上，基於國家整體發展與興利重於除弊之理念觀之，女性新住民確有提高生育率、防止人口老化之正面意義，雖不免有文化差異與經濟因素待克服，但所有國人對之皆不應存有歧視與懷疑之態度，將之阻隔於臺灣社會之外；應抱持寬容與接納之態度，輔佐其適應臺灣地區之生活環境。當這些家庭發生暴力事件時，亦應給予必要之協助與輔導，使這些女性新住民能夠早日融入臺灣社會，成就臺灣地區兼容並蓄之多元文化特色。而為營造友善的移民環境，全方位推動移民輔導政策，協助新住民適應我國生活，保障新住民之權利，並加強照顧新住民家庭及培育其子女，提升新住民人力素質，以強化國際競爭力，並達成維護移民人權的施政願景。

---

1 本國籍婦女所遭受的家內暴力行為，大多發生在與配偶間的衝突，故而過去相關研究大多侷限在「婚姻暴力」之研究。但女性新移民遭受的家內暴力，往往不是侷限於配偶間的暴力衝突，而會擴及至所有夫家的成員，故而本研究所關注之家內暴力行為，將會擴及至所有家庭成員的暴力行為，故以「家庭暴力」稱之。

第二節 新住民在臺生活狀況

根據國際移民組織（International Organization for Migration, IOM）2011年的報告，儘管全球受到經濟危機的影響，但數十年建立的移民市場並未改變，總移民人數仍持續增加，統計至2010年止，全球移民（即居住於非母國地區）的人數估計約2.14億人，相較2005年統計時的1.91億人，五年來成長2,300多萬人。其中，亞洲地區仍是高度移出跟移入的地區，且人員傾向由人民所得較低的國家移入至國民所得較高的鄰國。在工作移民方面，如印尼、孟加拉、菲律賓等國的勞工遷移至新加坡；而中東地區海灣國家的外國臨時勞工數在2010年數據上也顯著提升，且這些勞工人口輸出國往往也是國外匯款接收額高的國家，顯示對於國內不斷增長的人口及高失業率雙重經濟壓力下，移民常被視為解決問題的可行方案之一（IOM，2011）。

對女性移民而言，有的因為工作而遷徙，有的則是因為婚姻而遷徙，並可能進一步改變自己在原來社會中的角色，例如從原本的依賴者變成家中主要的經濟來源，這樣的變遷型態稱為移民女性化（feminization of migration）。國際移民組織在2000年估計時，婦女約占所有國際移民的47.5%，且有逐年增加的趨勢。在跨國婚姻此一移民管道，亞洲地區因婚姻而產生的人口流動，絕大多數係由東南亞移動到東北亞，且移民女性化現象非常明顯，即由經濟相對弱勢的國家輸出女性到經濟相對較優勢國家，在日本、臺灣、韓國、新加坡等地常出現「由勞工變太太」或是「由太太變勞工」的現象（許雅惠，2010）。此類跨國婚姻通常有兩種形式，一種是安排式的婚姻，另一種則是透過親友的介紹，但無論是商業性的仲介或是有親友間的關係性，介於女性新住民與配偶間的第三者是牽起婚姻橋梁不可或缺的角色。且這些女性移民有許多不同面向的意涵，例如在工作的意涵上，有些婦女因為婚姻而移民致必須停止工作。當在新的國家無法或被限制就業，有些婦女則變成原生家庭的經濟提供者，這些都會改變其就業的情況。另外，有些婦女則成為夫家期待的勞動人口之一，尤其是成為照顧者。另一個跨國婚姻的面向，則是夫家主要目的只是新住民能夠傳宗接代，而這個需求被經濟與資本市場所操控，造成婦女可能淪為生產工具，在此架構下，新住民容易進入不對等的婚姻中。這些新住民

經常需要同時面對上述多個面向，既被夫家要求生育子女，又被期待擔起勞動責任，造成新住民產生被壓迫與被剝奪的雙重負面感受。

臺灣早期與東南亞的跨國婚姻形式，主要是透過個人的社會網絡，而達到聯姻。夏曉鵑（2000）指出，臺灣新住民的起始淵源係1970年代末期至1980年代初期，部分退伍老兵面臨擇偶困境，少數在臺灣的東南亞歸僑於是媒介印尼、菲律賓、泰國及馬來西亞的婦女，其中尤以華裔貧困婦女占多數。此外，還有已嫁來臺灣多年的外籍配偶，充當起牽線的媒人。從早期新住民的組成分子來看，大部分都是華裔的女子，仰賴的多是相同語言、文化背景與家庭、社區關係，因此男女雙方的社會關係扮演重要角色。之後，前往東南亞投資的台商及其員工逐漸成為跨國婚姻的介紹者，某些婚姻因為仲介的出現，而開始具有商品化性質，一條商品化的婚姻仲介路徑逐漸形成。而我國自經濟起飛後，國內女性的社經地位變化也對男性娶東南亞及大陸籍的女性風潮帶來推波助瀾的效果。

本節將分析我國新住民的型態與變遷，並兼論移民政策的演進，繼而探討新住民在臺生活的適應情形及政府的輔導作為。

一、我國新住民的型態及變遷

自第二次世界大戰結束後，國際間紛紛經歷國際人口遷徙問題，而且有越演越烈趨勢，故各國在面對如潮而來的移民社會問題時，普遍修改原有的移民政策和法律，使之更加完備而成熟。不僅規範移民入出國的基本政策，更對難民、勞工移民、專業移民、新住民和非法移民等各個態樣進行具體規定（王勇、馬文魁，2002）。臺灣原本就是一個移民所建立的社會，從明清時代的福建移民到1949年後隨國民政府撤退來臺的大陸各省軍民，建構出目前社會的主流族群。自解嚴開放後，我國社會民主化及經濟發展快速，臺灣的人口流動趨勢，也從移民至歐美等國的移民輸出國，逐漸轉變為接受移民的移民輸入國。其中，移入者又以東南亞和大陸籍女性為多數，成為另一股移民新勢力。茲將我國近代移民政策發展分為五大階段，分別為：戒嚴時期─嚴格管制（1949～1978）、鬆綁時期（1978～1988）、解嚴後─移出從寬移入從嚴時期（1988～2003）、多元開放、尊重人權及吸引優秀人才時期（2003～2005）、由移民管理轉向輔導政策時期（2005～迄今）：

（一）戒嚴時期—嚴格管制

　　第二次世界大戰前後，我國與世界各國均採國門入出管理與國境（邊境）警備合一的作法，統由警察機關執行，無明確管理體制及專業法令。國境管理，最初是建立在國境警備的基礎上，而其設置的必要性也與日俱增。胡嘉林（2008）研究指出，當時我國政府播遷來臺，中共在中國大陸取得政權初期，曾派遣大量所謂「南下工作人員」偽裝難民滲入臺灣，國民政府為穩定臺、澎、金馬情勢，對人民的入出境事項開始實施管制措施。宋世傑（2009）整理我國戒嚴時期的移民政策指出，政府於1949年播遷來臺，為加強建設臺灣，加速社會經濟發展，厚植國力，臺灣省警備總司令部會同臺灣省政府於1949年2月10日公布「臺灣省准許入境軍公人員及旅客暫行辦法」，實施入境管制，當時的重點在於防止匪諜滲透。又為防止臺灣地區人口流失，於同年5月28日公布「臺灣省出境軍公人員及旅客登記辦法」，並於6月1日實施出境管制，此皆依據「戒嚴法」第11條第9款執行，臺灣入出境管理制度從此開始。1949年出境人數約有3萬多人，後來因為審核制度的作用，1951年降為4,034人。故當時政府對於人民入出國境係採取嚴格管制政策，以免資金及人才的外流而影響國家的建設發展。此時期，早先是按軍、民對象分別管理，將公教人員及一般人民的入出境劃由臺灣警務處掌理；屬部隊團體及軍人、軍眷的入出境，則歸由臺灣省警備總司令部掌理。在當時，軍、民分管，分地辦公，且無專責機構。由於分管業務協調聯繫不便，為整合境管業務，遂於1952年4月16日將臺灣省保安司令部的督察處和臺灣省警務處的旅行室合併組成軍民出入境聯合審查處，集中在臺灣省保安司令部辦公，為首度整合。1957年3月由行政院頒布「勘亂時期臺灣地區入境出境管理辦法」，同時將臺灣省保安令部的軍民出入境聯合審查處改稱為入出境管理處，當時重大事項計有：香港、澳門僑胞入境，及滇緬游擊部隊入境，大陳島、富國島軍民撤退等，還有韓戰義士1萬4,000餘人自基隆港入境等，出境人數則逐年增加，至1971年時已達20萬人次。1972年因應當時社會發展之需要，故將原屬軍事體系的境管機關，改隸為一般行政體系，於內政部警政署下成立入出境管理局。境管局成立後，1973年出境人數達34萬人次，1974年增至40萬人次。

（二）逐漸鬆綁時期

臺灣自1950年開始，人口的移入、移出，都受到嚴格的限制，幾乎成為封閉狀態，直到1987年解除戒嚴，逐漸開放出入境的限制（李政展，2009）。隨著國家經濟發展的奇蹟，國民所得持續增加，政經環境及社會發展漸趨開放，影響所及，已阻擋不了國民隨著世界潮流流動的趨勢。自入出境管理局成立後，至1973年出境人數已達34萬餘人，1974年達40餘萬人，繼以經濟發展，躍升為亞洲四小龍、外匯存底增加、外匯管制解除（胡嘉林，2008）。政府於是在1978年底公布「國民申請出國觀光規則」，隔年宣布開放國民出國觀光，廢除出國限於就學、探親、商務等規定，因此1981年出境人數達百萬之數（黃鶴仁，2007）。宋世傑（2009）指出，隨著1979年政府開放國人出國觀光、1987年宣布解嚴以後，我國對於移民政策由保守轉向開放，並朝向法制化邁進，政府以開放的態度面對世界潮流的趨勢，並使臺海兩岸分隔四十年後的互動趨向密切與頻繁。國人移出亦有逐年增加的趨勢，多數移往美國，且部分至美國的留學生完成學業後，便直接申請移民。自解嚴後，輿論高倡法治制度及憲法保障人權立國的精神，凡涉及人民權利義務的事項，均應經立法院三讀通過或法律授權。1987年7月1日總統（76）華總（一）義字第2360號令制定公布「國家安全法」，規範管理有關人民入出境應申請許可及不予許可應以書面敘明理由，通知申請人並附救濟程序。對於有事實足認為有妨害國家安全或社會安定的重大嫌疑者，應召集審查委員會審查未經許可事項，入出境法規有限制人民自由的規定，必須審慎處理（陳清福，1999）。在整體政治民主化與經濟自由開放下，政府政策逐漸走向開放，且基於人道精神考量下，亦在當年度解除兩岸隔絕將近四十年的禁制，開放國人赴陸探親。尤其1988年7月中國政府鼓勵臺灣企業投資中國大陸後，海峽兩岸人民交流開始熱絡。此一階段，逐漸開放國人入出境的限制，不但開拓國人的視野，也提升我國國際地位（宋世傑，2009）。

（三）移入從嚴，移出從寬時期

1989年證照管理條例修正，並於9月廢止「國民申請出國觀光規則」，開放國民入出境，無須特定事由或經過申請，移民主管機關由僑

委會移殖科轉為內政部戶政司掌管。1990年4月16日研訂「我國現階段移民輔導措施方案」陳報行政院後，於同年5月22日經行政院核定，為目前政府輔導國人移出國外的依據，惟該措施的目的係為輔助有意移居國外發展的本國人並協助移入國的開發。此時，輔導對象並未包括我國移入人口（黃義凱，2007）。1991年，內政部著手研議籌設「入出國及移民署」，並頒布「移民業務機構管理辦法」，規範管理辦理移民業務的相關營利機構，並於隔年（1992），頒行「臺灣地區與大陸地區人民關係條例」，作為海峽兩岸人交流的依據（林萬億，2008）。1992年中止動員戡亂時期，「戡亂時期臺灣地區入境出境管理辦法」正式修訂成為「臺灣地區入出境管理作業規定」。亦因法治與憲法保障人權之旨，將限制人民自由的入出境法規提升為法律位階，1999年5月公布「入出國及移民法」，針對移民政策明確訂定規範，開啟我國移民法制之先驅。

此階段中，可看到我國政府於戒嚴後在移民政策的大躍進，代表我國正式與世界接軌，人口遷徙、移動行為進入整個國際脈動中，有別於附屬於國家安全相關法規，移民法規正式獨立，已見移民政策之雛形。在當時時空背景下，整部入出國及移民法規範重點，都置於入出境部分。由於我國交換學生後定居國外人數眾多，為因應此趨勢，且尊重憲法賦予國民遷徙之自由並可選擇理想居所之權利，對於有意移居國外並能取得移居國家的許可者，政府均准許移民。惟此一移民政策，對移出者不採積極鼓勵政策，而是消極的尊重國人移居海外的權利，並非鼓勵移民（陳麗娟，2008）。移入方面，世界各國對移民歸化都存在相當程度的限制，臺灣並非特例，且各國人民對其國家移民政策的態度也兼具保守及開放，甚至傾向多所限制（陳志柔、于德林，2005）。由於我國地狹人稠、人口密度相當高，不宜接納太多外來人口，且參酌政經社會關係與兩岸政局不明確的情形下，此階段對於移入人口採取緊縮、保守的限制原則，以避免大量移入人口影響人口成長的穩定狀態及生活品質。

（四）多元開放、尊重人權及吸引優秀人才時期

移入人口以其性質，概可分為經濟性及非經濟性移入。經濟性移入又可分類為投資移民、專技移民以及外籍勞工；非經濟性移入則有新住民及依親移民（內政部，2003）。世界各國為追求經濟高度發展，符合其國

家利益及發展競爭優勢，對技術移民與投資移民的需求日益迫切，加上衛星通信設備與網路技術普及化和交通工具的改良等因素，使得跨國界的遷移行為更是便利。專業人才選擇最能發揮所長與獲得最高報酬的地區，形成已開發國家人才眾多更具有吸引技術人才和投資移民移入的優勢（宋世傑，2009）。隨著政府致力於政治民主化、經濟自由化、社會法制化、開展國民外交及建立雙邊實質關係，造就我國卓越的經濟成長，人民經濟日益富裕，使得國人與世界逐漸接軌。尤其於1992年開放大陸配偶來臺居留與定居，和東南亞國家間婚姻仲介業的興起，使得新住民數量急速增加，形成半個世紀以來臺灣最大的新住民潮（李政展，2009）。比諸於國際上接受移民較多的國家，近年臺灣外來移民的特質及其對社會影響有其獨特性。臺灣近年來的移民幾乎都屬於新住民，且絕大多數為女性新住民，來源國也集中在中國大陸及東南亞（以越南為大宗）。

　　然而此時政府對移入人口的政策傾向積極延攬技術移民、開放投資移民與鼓勵經濟性移民；非經濟性移民部分，由內政部（2003）報告中所提出關於當時移入人口政策：基於人權及人道，非經濟性移入應建立符合國情的時點管制及預警數量機制，提供主管機關調整移入人口管制數量，依申請人條件即時點訂定評核點數標準可窺知，政府對於非經濟性移入部分傾向於管制。且開放新住民十餘載，假結婚與人口販賣情形亦造成嚴重社會問題。為有效遏止，內政部及外交部分別於2003年底及2005年起實施大陸配偶入境面談及外籍配偶境外訪談制度與緊縮移民面談名額，明示防制「虛偽婚姻」，且此時期由於外籍與大陸港澳配偶來源母國經濟逐漸改善，致使新住民結婚對數驟降。入出國移民署移民工作白皮書（2008）指出，臺灣因地狹人稠，人口快速成長，人口密度已居世界千萬人口以上國家地區的第二位。而移民政策作為人口政策的一環，過去係採取「移入從嚴，移出從寬」原則。但隨著國內人口生育率持續降低，呈現少子女化及高齡化現象，使得臺灣人口結構產生前所未有的衝擊，而國民婚配情形亦有所變革，許多適婚男子在尋求婚配對象不足的情況下，轉向跨國婚配情形大增，婚姻、依親外來移入人口驟增，產生多元文化學習的需求。因此，內政部於2003年規劃「外籍與大陸配偶照顧輔導措施」，包括：生活適應輔導、醫療優生保健、保障就業權益、提升教育文化、人身安全保護及健全法令制度等六大重點面向；並增修協助子女教養

及落實觀念宣導二大項，將六大重點面向，修正為八大面向，並於健全法令制度項下，增修規劃設立「入出國及移民署」（內政部，2003）。

（五）由移民管理轉向輔導政策

謝立功、黃翠紋（2005）指出，我國移民政策中長期目標之一，是基於人權及人道考量，規劃移入人口管理機制。雖然整體移民法制與管理制度逐漸啟動，臺灣在全球化的趨勢下，隨著新住民婚配互動越來越頻繁下，政府開始積極投入資源於新住民的輔導與照顧，於2005年設置「外籍配偶照顧輔導基金」，分十年每年籌措3億元，加強外籍配偶照顧輔導工作。自2006年起，內政部考量新住民各類照顧服務常因主辦機關不同而顯得分散與片段，無法立即而有效滿足新住民及其家庭多元需求。為建構符合新住民及其家庭需求，並以其家庭為中心的社會福利資源服務網絡，乃訂頒「內政部設置外籍配偶家庭服務中心實施計畫」補助各地方政府設立「外籍配偶家庭服務中心」，以建構新住民資源服務網絡，提供整合性的全方位服務。在本實施計畫中，為使外籍配偶家庭服務中心的服務觸角得以深入社區，乃同時要求設置新住民社區服務據點，以達連結與整合社區資源，強化社區對新住民及其家庭的接納與服務能力，落實基層福利服務（內政部社會司，2006）。有鑒於國際與兩岸交流頻繁，人員往來衍生管理的迫切需求，新住民人數日益增多，入出國及移民署有成立的急迫性，內政部為統合入出國及移民各項事務，依現今環境需要，邀集外交部、行政院大陸委員會、行政院研究發展考核委員會及勞委會等有關部會，共同參與研議籌組入出國及移民署，並於2007年成立內政部入出國及移民署，專責辦理移民相關事務。同年亦修正入出國及移民法，設移民輔導，有別於針對入出境許可、登記、管理等程序規範，正式將移民輔導納入移民法制中。本時期主要是針對大陸籍配偶的權利做放寬，例如開放在臺的工作權等。

回顧臺灣的跨國婚姻狀況可以了解，由於外部環境面臨全球化與我國在東南亞地區的經貿投資，內部環境是國內婚姻市場供需不協調，使得近年來移民型態主要以新住民為主，且以女性居多。女性新住民者之所以願意離鄉背井，主要也是期待藉由移民至生活水準相對母國較高的國家，可以提升自己向上流動的機會。但隨著全球政經環境的改變，以及政府對

新住民的政策干預，現階段我國跨國婚姻熱潮已有降溫的趨勢。政府遷臺後移民政策發展整理如表9-1。其次，從整體相關政策與規範來看，政府對於新住民的相關規範，可以分為兩種類型，一為協助和輔導新住民的相關政策措施和基金，二是限制新住民的公民身分與權利的相關法令和規範（楊婉瑩、曾昭媛，2011）。有關新住民適用法規修法沿革，可參考表9-2。而法規的變革，亦可間接窺知我國新住民政策的轉變方向。

表9-1　政府遷臺後移民制度之發展一覽表

年代	政策或措施	內容
1949～1978 嚴格管制時期	一、戒嚴法第11條。 二、臺灣省准許入境軍公教人員及旅客暫行辦法。 三、臺灣省出境軍公教人員及旅客登記辦法。 四、1972年，原主管機關臺灣省警備警司令部改制為入出境管理局。	一、寄居於戒嚴地區者，必要時得命其退出，並得對其遷入限制或禁止之。 二、對於出入境之人員實施管制。
1978～1988 逐漸鬆綁時期	一、1978年12月30日公布「國民申請出國觀光規則」。 二、1987年7月1日公布「動員戡亂時期國家安全法」。 三、1987年7月15日解除戒嚴。 四、1987年11月2日核定「臺灣地區人民出境轉往大陸探親規定」。	一、不以事由限制民眾出國，正式開放國民得出國觀光。 二、人民入出境應向境管局申請許可。 三、解除黨禁及廢止戒嚴法。 四、除現役軍人及現任公職人員外，凡在大陸地區有三親等內之血親、姻親或配偶者，得申請進入大陸地區探親。
1988～2003 移出從寬、移入 從嚴時期	一、1990年核定「我國現階段移民輔導措施」。 二、1992年，修正「中華民國人口政策綱領」。 三、1999年，公布「入出國及移民法」。	一、明定提供移民資訊、移民協助及移民輔導等事項。 二、將移民政策納入人口政策，採取「移出從寬、移入從嚴」之原則。 三、在臺有戶籍國民、入出國不需申請許可，同時建立外國人永久居留制度。

表9-1　政府遷臺後移民制度之發展一覽表（續）

年代	政策或措施	內容
2003～2005 多元開放、尊重人權及吸引優秀人才時期	一、2003年10月制定「現階段移民政策綱領」草案目標。 二、同年內政部規劃「外籍與大陸配偶照顧輔導措施」。	一、引進國家所需人力、提升人口素質，增進國家利益。 二、尊重人權、塑造包容多元文化社會環境。 三、強化移入人口管理機制、保障國家安全。 四、輔助有意移居國外之國人，開展國民外交。
2005～2016 由移民管理轉向輔導政策	一、2005年設置「外籍配偶照顧輔導基金」。 二、2006年訂頒「內政部設置外籍配偶家庭服務中心實施計畫」。 三、2007年成立內政部入出國及移民署。	一、分十年每年籌措3億元，加強外籍配偶照顧輔導工作。 二、補助各地方政府設立「外籍配偶家庭服務中心」，以建構新移民資源服務網絡，提供整合性之全方位服務。 三、統合入出國及移民各項事務，專責辦理移民相關事務。
2016年迄今 賡續辦理新住民照顧輔導	一、持續辦理新住民照顧輔導，並擴及其子女之發展需求。 二、落實憲法保障多元文化之精神及宣示政府維護新住民權益之決心，行政院院會於2024年6月21日通過內政部擬具的「新住民權益保障法」草案。立法院接續在2024年8月12日三讀通過「新住民基本法」計19條；施行日期由行政院定之。	一、擬具「新住民權益保障法」草案。 二、訂定「新住民照顧服務措施」。 三、設置「新住民發展基金」。 四、成立行政院新住民事務協調會報。 五、辦理新住民生活適應輔導計畫。 六、設置「外來人士在臺生活諮詢服務熱線」（1990）。 七、建置「新住民培力發展資訊網」。

資料來源：作者整理自內政部移民署（2024）。新住民照顧輔導。https://www.immigra-tion.gov.tw/ 5382/5385/5388/7178/223704；宋世傑（2009）。臺灣與新加坡移民政策制定因素之比較研究，暨南國際大學東南亞研究所碩士論文；陳清福（1999）。我國入出境管理法制化問題之研究，中央警察大學碩士論文。

表9-2　新住民適用法規修法沿革

年年	修法內容	適用對象
1999	建立外配法規與機構通過「入出國及移民法」，於內政部設立入出國及移民署（至民國96年正式運作）。	除移民查察、跨境人口販運、婚姻媒合適用於陸配外，其他適用於外配
2000～2001	修訂「國籍法」，由20條增加至23條並制定「國籍法施行細則」。	外配
2002～2003	開放永久居留與定居權「入出國及移民法」修法開放申請永久居留與定居權。	外配
2003	福利權 訂定「外籍與大陸配偶照顧輔導措施」重點工作包含生活適應輔導、醫療優生保健、保障就業權益、提升教育文化、協助子女教養、人身安全保護、健全法令制度、落實觀念宣導等八大項目之重點工作、56項具體措施，分由內政部、教育部、外交部、法務部、勞工委員會等相關機關辦理。	外配及陸配
2003	限縮家庭團聚權與隱私權 訂定「大陸地區人民申請進入臺灣地區面談管理辦法」、「大陸地區人民按捺指紋及建檔管理辦法」、「大陸地區配偶在臺灣地區依親居留其間工作許可及管理辦法」。	陸配
2005	福利權與輔導成立「外籍配偶照顧輔導基金」 規劃每年籌募新臺幣3億元，分為十年，共籌募新臺幣30億元，作為我國推動新住民輔導與照顧相關服務方案推動的基金，以及與基金管理運用辦法等。	外配及陸配
2006	福利權、文化權 訂定「外籍配偶生活輔導、語言學習及子女課後照顧實施計畫」設立外籍配偶生活輔導班、外籍配偶語言學習輔導班及國小課後照顧班3類，協調縣市政府全面推動。	外配及陸配
2007	全面性增加外配各項權利 修訂「入出國及移民法」將國民範圍擴大為無戶籍之國民、移民人身安全保障、家庭團聚權、反歧視條款、擴大移民輔導範圍、給予移民語言教育、部分基本社會福利權、移民集會遊行與請願權。	外配

表9-2　新住民適用法規修法沿革（續）

年年	修法內容	適用對象
2008	降低申請歸化之財產證明門檻 修訂「國籍法施行細則」除41萬財力證明，亦可採取下列五項證明：1.雇主開立載明薪資所得及聘僱期間之證明；2.動產估價總值逾行政院勞委會公告基本薪資24倍之證明；3.不動產估價總值逾行政院勞委會公告基本薪資24倍之證明；4.我國政府機關核發之技能檢定證明文獻；5.技能檢定證明文件如為配偶、父母或配偶父母所有，則由他們再出具足以負擔申請人在國內生活保障無虞之擔保證明。	外配
2008	內政部入出國及移民署制定面談與反歧視行政規則 依據入出國及移民法第65條制定面談辦法。依據入出國及移民法第62條制定「居住臺灣地區之人民受歧視申訴辦法」。	面談辦法適用於外配反歧視申訴辦法一體適用
2008～2009	放寬工作權與公民權 廢止「大陸地區配偶在臺灣地區依親居留其間工作許可及管理辦法」。	陸配
2010	間接放寬工作權 修正「大陸地區學歷檢覈及採認辦法」放寬大陸配偶之學歷採認限制。	陸配

資料來源：轉引自楊婉瑩、曾昭媛（2011）。我國新住民政策措施之影響評估與因應對策，頁87-90。

　　此外，在移民相關法規方面，自1999年起制定「入出國移民法」，建立規範移民的全面性法規，除適用外籍配偶外，並就部分事項，如跨境人口販運、跨境婚姻媒合與「查察」等事項將大陸籍配偶納入，與外配納入規範內一體適用，但兩者因原籍地不同而在適用的法規上有所差異，而這主要是受到兩岸特殊政治情況影響而產生。外籍配偶主要包括國籍法、國籍法施行細則；大陸籍配偶則主要包括臺灣地區與大陸地區人民關係條例、臺灣地區與大陸地區人民關係條例施行細則，且兩者的主管機關也有區別。

二、新住民之生活適應困境

　　每一個移民雖然都期望能在異國他鄉落地生根，獲得舒適、愉悅的生存空間，但來自不同文化血緣的背景，成為融入新國度難以跨越的障礙。新住民從原生社會移居至一個與生長背景完全不同的新環境中，首先必須面臨語言障礙與文化的衝擊，接著可能產生其他適應上的問題。對於女性新住民而言，可能面臨的適應問題有：人際關係的調整、子女的教養、社會的不友善對待以及經濟和就業上有困難等。本書整理國內相關研究文獻，將我國女性新住民在生活適應困境分成六個面向，分別是：語言障礙與溝通面向、文化差異與人際關係的調整、子女教養問題、社會負面評價與歧視、社會支援網絡薄弱、家庭經濟負擔大與就業困難等問題。

（一）語言障礙與溝通問題

　　女性新住民因跨國婚姻離開原鄉來到陌生的臺灣，最需要適應的便是語言的表達。語言的學習是進入另一個異國文化生活最先面臨的必要過程，也是深入異國社會的工具。徐榮崇（2003）在其有關移民適應新環境相關研究中指出，由於語言及文化的共通性，會讓人聚居在一起，也會讓人感到安全感。因此，女性新住民來到臺灣首先要克服語言的障礙，通常要花一些時間來承受並克服有口難言而造成的種種壓力和沮喪後，才有能力提升自身之自信心，才能更進一步去進行人際關係的拓展。毛兆莉（2007）在對女性新住民訪談的資料中發現：女性新住民最希望上的課程以識字與語文教學為主，可能由於她們來自不同文化背景，語文不同，為求生活適應良好，便於和家人鄰里溝通，與增進親子關係，認識中文與學說中文乃為最主要關鍵。該研究也指出，女性新住民普遍有學習臺灣語言的需求，卻因為不識字，無法得知各補校或識字班之招生訊息，加上部分家庭不願她們讀書識字或接觸外界，造成語言學習課程需求者眾，參與者寡的情形。蕭昭娟（2000）發現：剛進入臺灣的女性新住民，常因不會講國語或閩南語，而與先生無法做有效的溝通，最後導致婚姻破裂，語言不只是女性新住民在婚後普遍要面對的問題，對於早期被騙婚來台的女性新住民而言，當年她們更是因為無法講國語或台語而被迫相親、結婚，也因而產生許多婚姻問題。由於「溝通」是婚姻關係中最重要的一部分，故女性新住民來臺灣遭遇到最大的困難便是語言溝通的問題，也間接產生

許多逃婚的例子。

（二）文化差異與人際關係的調整

　　每一個移民雖然都期望能在異國他鄉落地生根，想要獲得新的舒適、愉悅的生存空間。但來自文化血緣上的天性，成為其間不可逾越地障礙。方維保、曾豔（2005）在其文章中提到：文化衝突是進入另一個文化的必然過程，以及必然會面臨到各種在心理適應、價值觀念以及社會中的人際關係的調整。也因此如此，容易造成女性新住民來到新環境時種種壓力的增加、例如情緒緊張、過多疑慮、心情低潮，以及害怕因長期無法改善會遭人批評或拒絕、因此可能會形成自我孤立，退縮不願面對社會甚至導致心理疾病的產生。在劉秀燕（2003）研究中發現：女性新住民嫁來臺灣後，由於她們有著與臺灣配偶不同的語言、生活習慣、風俗文化及環境適應問題，除了要面對新建立的家庭，還有不同於原鄉的文化習慣，使得文化差異和生活適應等問題隨之產生，其中以人際關係困擾為最主要困擾。長期下來即產生情緒困擾，如想家、想哭、睡不著、寂寞、生氣、焦慮、後悔等，對其子女行為表現會有較負面影響。而毛兆莉（2007）指出女性新住民與遠在異國的娘家，因無法密切保持聯繫，因此無法得到心理上支持。加上臺灣籍的配偶，也因為教育程度普遍較低、所從事的工作，大多數為農工等勞力性工作、經濟狀況亦不佳等因素。這些來自雙方不同家庭背景，以及個人因素的組合，難免會產生一些不適應的情形。而這些情形，如果未能得到適當的開導與支持，很容易導致婚姻暴力的發生。根據吳金鳳（2004），從個人層面來探討女性新住民的適應問題時，指出她們來到臺灣生活，不僅是居住地點的改變，更重要的是遠離其親朋好友或拋棄原有的工作，原有的地位當然隨之瓦解，意味著與舊有關係的疏遠，失去長期以來所建立關係網絡的支持，同時也喪失她所熟悉的社會價值的支持，來到臺灣後，面對全新的社會情境與規範，必須應付一連串突發且不熟悉的事件，可能受歡迎，也可能被排斥，因此必須學習新的語言，重新學習適應新的社會。在人際關係上，蕭昭娟（2000）發現，女性新住民的人際交往會受到夫家成員關係的影響，尤其是婆媳相處關係，會影響其周遭親友對該女性新住民的觀感，進而表現在彼此之間的人際交往上。而同一國籍之女性新住民則會聚集成一個友誼性的團體，來

提供彼此間的情感支持。此外,林良穗(2008)研究中指出,對於女性新住民而言,學習除了母國以外的語言,對她們來說就是一件比較困難卻也是極為重要的事,但是更多的女性新住民都是來到臺灣才慢慢開始學習國語,更何況是屬於我們臺灣地方的方言「台語」,對於與夫家的人語言不通,容易成為發生衝突的原因,彼此不甚了解說話的意思,多半的情況都是用猜的或是自我解讀彼此的語意,往往會造成誤會與猜忌。另一方面,其文化背景因特殊的時空因素與臺灣迥異,這群初來乍到的新臺灣媳婦易與臺灣社會產生文化衝突,同時因為臺灣夫家擔心其被帶壞、不易控制,常侷限她們的生活圈,造成她們與整個社會的疏離,最終將導致她們負面情緒壓力等的產生,而無法良好地與社會環境互動,進而適應於臺灣社會(黃逸珊,2005)。

(三)子女的教養問題

吳淑裕(2003)的研究指出:由於女性新住民無法於短時間內適應在臺生活,加上多數婦女的年齡很輕,對於擔任親職角色並無充分準備,衍生對其下一代之語言學習、學業發展、生活習慣、人際關係及人格發展等教養問題。而她們的子女由於受到父母社經地位較低、管教態度較放任疏忽、家庭成員溝通困難、家庭衝突頻繁及主要照顧者在語言和文化認知上的弱勢,加上忙於家務生計等不利因素影響,致使新住民子女在行為表現上似乎有負面表現,學業成績低落,語言程度較差的現象(劉秀燕,2003)。女性新住民在來到臺灣之前於原生國之成長環境多半不是很優渥,加上嫁來臺灣時之年紀多數是相當年輕的,故其接受學校教育的時間多半不長,本身教育程度通常不高(吳淑裕,2003)。蕭昭娟(2000)在研究中發現,教育程度及娘家家境有密切相關,結婚年齡較高者通常能代表其教育程度越高,其娘家家境也較為優渥,而其在處理與夫家成員的關係上亦呈現較佳之情況。朱玉玲(2000)認為,女性新住民面對生活環境文化認知與教育體系不同的情況下,她們在母職執行上確有困難。因此,女性新住民較易感到子女的教養困難。陳雅雯(2005)指出,女性新住民因為本身中文語文程度的因素,會影響其在教養子女課業上的信心,受限語言文字使用的限制,使她們不易參與子女課業學習活動。蕭昭娟(2000)認為,對女性新住民而言,她們願意選擇定居在臺灣,子女

通常是最大的支持來源，甚至是比丈夫還要重要，故她們與其子女的關係是相當緊密的。然而因為有些女性新住民會感受到其在臺灣社會是處於劣勢地位，或者她們有過被社區居民歧視的經歷，這些現象會使得她們特別保護子女，唯恐子女在校會遭受同儕的歧視，因此對於子女與同儕間的相處就有較高的敏感度，進而影響老師在處理其子女問題時的態度。另一方面，新住民家庭的父母受限於較低的教育程度，往往對孩子課業的協助是愛莫能助（黃淑玲，2008）。

（四）社會的負面評價與歧視

　　新聞傳播媒體為追求能引起社會大眾注意或是搏得同情的新聞，偏好報導少數特殊負面的消息，因此常用聳動的標題來報導一些有關女性新住民的內容，而其措辭與用語都偏向以弱勢者或社會問題的製造者的角度來看待她們，加上過去多數的女性新住民透過婚姻仲介居中安排而嫁來臺灣，婚姻成了買賣行為，由於過去存在此種現象，讓她們被物化當成商品來交易，導致社會大眾會以偏概全地用異樣的眼光來看這些女性新住民。在蔡臺鴻（2009）的研究中指出：臺灣社會對於女性新住民的認知和歧視是來自某些學者專家與專業人士，並表現在社會大眾、政府、媒體甚至是專家學者對於女性新住民的評價上，再經過媒體與社會傳播所形成的社會「建構」過程。夏曉鵑（2000）指出，女性新住民被視為商品被加以物化後來到臺灣，其遭受社會大眾的誤解與歧視，都是造成女性新住民在社會上適應困難之原因。夏曉鵑（2001）在其〈「外籍新娘」現象之媒體建構〉文章中指出，臺灣的媒體論述與一般社會大眾認知，常對這群來臺的女性新住民汙名化，因此她們的結婚動機常被拿來和「買賣婚姻」及「假結婚、真賣淫」等負面形象劃上等號。蕭昭娟（2000）發現部分臺灣男子將女性新住民視為「買來的新娘」起於「種族歧視」、「嫁妝」等原因，而用歧視的眼光來看待她們，認為她們是為了錢而嫁來臺灣，而將其視為較低等的人口，加上女性新住民通常是無法準備嫁妝的，有些先生或婆婆就會認為這個媳婦是他們買來的，因而看不起她，由部分女性新住民的婚姻生活中，便顯現出「嫁」與「賣」之間的實質意義，其處境較早期臺灣社會中「媳婦仔」的婚姻生活更有過之而無不及。因此，女性新住民往往被汙名化，標籤為社會問題的製造者（黃逸珊，2005）。

（五）社會支援網絡薄弱與就業困難

社會資源的缺乏讓女性新住民在母職的實踐過程中充滿了無力與無助（黃淑玲，2007）。劉貴珍（2001）在其研究中發現，女性新住民擁有越多的個人資源、配偶及家庭資源、經濟資源、社會資源，則越有助於其在臺的生活適應，反之則適應不佳，易發生生活適應困擾，造成家庭及社會問題發生。此時就須仰賴政府有關部門以公權力來輔導女性新住民，為女性新住民擬定管理制度，為其創造資源、建立人際支持網絡，以彌補資源不足，使其能及早適應融入我們的生活與文化。除此之外，沈倖如（2002）以田野調查的方法提到臺灣男人對於其所娶的女性新住民，年齡多半為20出頭，在年齡差距大的情況下會有綠帽焦慮與逃妻恐懼，也常常以「保護」之名來限制她們的行動，「保護」的背後，常常是臺灣男人的「逃妻」或「綠帽」恐懼症。儘管是用保護的論述在包裝自己對妻子的限制，我們仍可以清楚地看出他害怕的是妻子會拓展了社會網絡。

張藝薰（2007）表示，初次來台的女性新住民，社會網絡建立較薄弱，即使是同文同種的大陸配偶也會有此現象。女性新住民須適應新生活、新住民、為妻子、為媳婦、為人母與分擔家計者等多重角色之定位，但由於與原生家庭的分開，加上本國語言文化的不熟悉，以及社會活動的活躍程度較薄弱，產生排山倒海的壓力與衝突感。此時，女性新住民所能夠獲得協助解決問題與分享心情的社會網絡，便是經由同鄉或是具有相同背景的朋友在臺建立的第一個社會網絡，甚至是求職資訊。由於女性新住民文字語言的不熟悉，關於女性新住民使用政府或社福團體協助就業措施或資源時，常來自其家人或親友鄰居的訊息傳遞，因為女性新住民剛面臨到陌生環境的不適應與不信任，必須藉由與相同背景的親友或同鄉串起資源的互通管道，才有辦法接近資源。以張藝薰（2007）針對女性新住民利用政府就業資源中發現，多數女性新住民從未知道或申請過就業補助津貼，主要原因是新住民家庭與女性新住民的社會網絡不曉得有這項津貼或是不符合請領對象條件，即使符合想要申請，前前後後辦理的時間與地點過於繁雜，以及需達到要求推介3次不成功者，如何讓迫於生活著急的女性新住民花費這些時間成本，以致於最後只能流於形式，政策無法付諸實行。

　　另一方面，潘淑滿在探討臺灣近十年來婚姻移民時發現：對於東南亞籍婚姻移民婦女而言，雖然「就業服務法」放寬工作規定，可是因為語言溝通能力及識字力的限制，加上學歷認證操作的困難，仍讓許許多多東南亞籍婚姻移民婦女無法找到適當的工作，只能靠家務勞動、幫傭、擺地攤或自己開商店等方式，賺取金錢以貼補家用。這些婚姻移民婦女的婆家，大都是屬於經濟弱勢的家庭，配偶所從事的行業也都屬於非主流經濟範圍，不是留在家鄉中務農或捕魚，就是從事低階的藍領工作，工作的穩定性也不高，所以很容易落入經濟弱勢的族群（潘淑滿，2004）。

三、我國新住民輔導措施與執行困境

　　目前我國對於新住民適應臺灣社會所採取的輔導措施大可分為三大面向：協助新住民生活適應、辦理宣導以及成立新住民家庭服務中心。其具體工作內涵包括：開設課程、電話關懷、個案聯繫、初次入境個案訪談與提供在臺生活資訊袋等。而為強化移入人口輔導作為，政府於2005年1月1日開始，除原有政府計畫會計預算外並每年輔助3億元，為期十年，成立「外籍配偶照顧輔導基金」加強照顧輔導工作，以提高新住民教育水平與素養，改善新住民照顧輔導網絡。至2015年，依行政院新住民事務協調會報2015年8月4日第1次會議決議修正基金名稱為「新住民發展基金」，基金規模維持10億元，擴及其子女，為符實務運作，並加強培力新住民及其子女發展成為國家新資源。達成融合新血，開發新移入人力資源，共建和諧多元文化新社會，並建立家庭暴力防治網絡，以保護新住民人身安全及基本人權，並提升我國國際形象。而各縣市政府則除執行「外籍與大陸配偶照顧輔導措施」相關事宜外，並加入「外籍配偶生活適應輔導實施計畫」、「外籍配偶照顧輔導基金」、訂定「外籍配偶生活輔導、語言學習及子女課後照顧實施計畫」等業務。經由結合各級政府及民間團體的努力，期望能以「和諧共存、文化學習」態度與「尊重包容」的胸襟，接納與幫助新住民順利融入社會生活，使臺灣能邁向多元包容、族群平等、理性與關懷的和諧社會。

　　截至目前為止，有關政府在新住民的照顧輔導措施上仍面臨諸多問題。王永慈（2005）研究顯示，政府與民間在從事新住民服務時，面臨諸多困境有待解決：（一）有關經濟補助的方面：補助經費不足、社工員

人力不足及受服務者身分取得等問題；（二）生活適應輔導辦理方面：辦理經費不足、新住民家庭不支持、專業人力不足、宣導不易及新住民學習意願不高等的困難；（三）醫療優生保健：配套措施不足、語言溝通障礙及宣導不易等的問題；（四）提升教育文化：新住民家庭不配合、宣導不易及學習意願的困難；（五）人身安全保護：新住民的社會支持網絡、語言溝通障礙及文化認知差異等的問題。

根據孟維德、黃翠紋（2011）的研究發現，雖然近年來政府對新住民的輔導措施與政策已發揮某種程度的作用，但由於在實施上輔導與協助措施不夠深入落實，以及無法讓新住民普及的參與輔導與協助措施等問題，使得部分新住民在適應臺灣社會的腳步，無法跟得上現實所面臨的需要；也因為並非所有的新住民皆能夠接受到政府部門相關的協助，更突顯出目前仍有相當比率的新住民有社會適應的問題存在。新住民常因文字語言不熟悉，加上新住民剛面臨到陌生環境的不適應與不信任，使其在運用政府或社福團體協助就業措施或資源時，常來自其家人或親友鄰居的訊息傳遞，必須藉由與相同背景的親友或同鄉串起資源的互通管道，才有辦法接近資源。另根據桃園縣政府（2009）針對其外籍配偶社區服務據點輔導經驗亦發現，據點所推動之服務存在諸多問題，諸如：據點幹部與志工不易接近與服務新住民家庭，導致服務量非常少，服務效果不彰；在服務過程中，由於據點並無補助經費可聘請專職人力推動新住民服務工作，僅能運用志工提供服務，然志工則常因專業能力不足而有諸多挫折；以及，外籍配偶家庭服務中心與服務據點連結情形不佳，據點無轉介個案能力，而服務中心亦無輔導、整合與連結社區服務據點之能力，致外籍配偶家庭服務中心之服務個案量不如預期等（桃園縣政府，2009）。因此，國內學者（孟維德、黃翠紋，2011；葉肅科，2006）普遍認為：最迫切且應慎重考慮的具體措施與政策建議包括：居留與工作權、去除社會歧視、強化親職教育、重視優生保健、統籌管理機制，以及建立社會支持網絡。未來政府在服務與輔導新住民時，仍有許多可以突破之處。

第三節　新住民人身安全議題

一、常見人身安全威脅類型

　　性別暴力的三種主要概念，不論性騷擾、性侵害還是家庭暴力等類型的犯罪，不僅以女性被害人所占比率較男性來得多，對女性而言也都會產生更大的傷害。至於新住民遭受性別暴力的情況如何？是否有增加的趨勢？從目前國內現有的研究來看，有關移民女性的性別暴力議題還是集中在家庭暴力研究上，對於性侵害與性騷擾的情形較少探討。再就官方的犯罪統計數據而言，從家庭暴力被害人國籍別分析，2022年外國籍新住民受暴占所有人口族群的比率為1.05%，男性新住民受暴占所有被害人之比率為0.16%，女性新住民受暴比率則為0.89%，女性新住民受暴比率高於男性新住民。在新住民如何因應家庭暴力事件的行為方面，由於她們常身處異鄉，使其得不到原生家庭的物質與精神支持，又經常不願得來不易的婚姻就此破滅，且會顧慮到身分取得問題，因此經常是以「推卸逃避、壓抑情緒」的方式，或是以逃家、聲請保護、另結新歡等方式作為反應家庭暴力的措施。從過去研究也可以發現，受到許多因素的影響，迫使女性新住民選擇繼續停留於受虐的關係中。例如，Orloff、Jang和Klein（1995）以在美國的女性新住民進行研究，發現：（一）自己在美國是非法居留；（二）必須依賴配偶才能取得在美國合法居留的身分；（三）被美國社會隔離，使其不敢離開配偶，亦無法尋求法律援助等因素，於是不願離開配偶，寧願永無止盡地忍受另一半的殘害。該研究也發現，在其求助過程中也遭受了一些障礙，包括：（一）不相信美國的法律可以對其產生保護；（二）面臨文化及語言上的差異；（三）害怕離婚之後將被遣返回去；（四）不知道自己可不可以上法庭，或害怕上法庭之後，法官不會相信她的話；（五）不知道如何報案，或報案後因語言不通而無法向警方說明案情。這些都再度加深了非本國籍的女性配偶不得不停留受暴的情境中。

　　而對於在臺灣的女性新住民而言，當她們排除萬難、遠渡重洋嫁到臺灣來時，由於在臺的生存資源薄弱，即使發生家庭暴力案件，若非嚴重到無法忍受，否則暴力事件將很難被發現。同時，不容忽視的是，倘若她們選擇離家求助，在現今無適當的防範配套措施下，則將面臨生活陷入困

境、逾期停（居）留、證件被扣、無法工作謀生、法律訴訟及子女監護權等問題。而語言的障礙與資訊取得的困難，更讓她們有口難言，處境遠比本國籍受虐婦女艱難。由於這群女性新住民必須藉由維繫與丈夫的婚姻關係才能擁有公民權和工作權。因此，當其蒙受另一方的凌辱與暴力時，在缺乏支持網絡、不諳本國法律等顧慮下，更容易遭受持續的家庭暴力。因此，女性新住民遭受家庭暴力的現象，儼然已成為臺灣社會探究家庭暴力議題時最隱密的黑暗死角。因此，從過去研究亦可發現，她們最常請求協助的管道為與其他女性新住民或是在臺的朋友哭訴、打電話請求保護，而與娘家聯繫或是以離婚和以暴力方式還擊者則是少數。至於其向正式社會支持系統的求助經驗，則多為負面的印象。例如，根據湯靜蓮、蔡怡佳（2000）的研究發現，大陸籍女性新住民在受暴初期，由於缺乏資訊以及娘家與親友等支持系統遠在大陸，多選擇忍耐。因此，在臺灣的「老鄉」是她們最常運用的非正式求助系統。至於警察則是她們對正式社會支持系統的第一個對象，希望透過警察的協助制止暴力，可惜在她們求助的過程中，不少人遇到警察、境管局人員對其負面、歧視的態度。該研究也發現，半數的受虐大陸女性新住民，仍想要維持婚姻，但是也有四成是希望離婚，而這個想法則往往受到是否有子女或身分證所影響。

根據謝臥龍等人（2003）對於社工人員的訪談則發現，受訪者認為：由於女性新住民遭受家庭暴力時無法主動求助的原因太多了，使得她們的家庭暴力犯罪黑數一定高過本國籍婦女好幾倍。該研究也發現：在尋求協助的過程中，女性新住民不但要面臨自己心理上的恐嚇，以及丈夫精神上的威脅壓力，同時也飽受警察、醫生、社會福利機構等不友善的對待，對她們而言，求助歷程坎坷，脫離受虐關係之路途遙遠。方嘉鴻（2003）以深度訪談方式來了解女性新住民家庭暴力求助行為及其保護措施，該研究發現：女性新住民停留受暴的主因，以受限於經濟依賴、國籍取得、牽掛子女、顏面考量等四個因素為主。而就正式保護措施而言，社會服務系統中，社政單位力有未逮，而以庇護所保護措施功效較佳；醫療單位角色被動。至於警察系統是第一個求援的正式保護措施，但處理待遇不一，且警方作為保守。該研究同時也發現：外籍女性配偶求助於正式保護措施的結果，以停止受暴、獲得保護令、離婚、返國等結果為主。陳孟君（2004）對警察分局家庭暴力防治官的訪談則發現：在遭受家庭暴

力時，大部分的女性新住民被害人都覺得難以置信、非常難過。而是否已取得身分證，是影響受虐的女性新住民願不願意向外求助的重要因素，當其考慮向外求助時，則往往是透過朋友或教會而獲知可以到警察機關尋求協助。該研究也發現：警察機關與家庭暴力防治中心是女性新住民被害人最常求助的正式社會資源。當其向家庭暴力防治官報案時，多數女性新住民被害人已具備了基本的表達能力，或是自己雖然不會說，但會透過已經在臺生活一段時日的朋友一起前來報案。

　　由於受虐婦女有自由選擇如何處理其家庭暴力案件的權利，無論其作何決定都應給予尊重與支持，並同理其在作決定時內心的巨大壓力。當受虐婦女選擇離開加害人時，雖可能擺除暴力對其日常生活的威脅，但卻必須面臨社會適應與獨立生活等許多現實生活上的壓力。至於那些選擇繼續留在加害人身邊的受虐婦女，則必須冒著被毆打的危險，若是能夠經由處遇的實施，或可發展出因應暴力的方式，而尋找重生的出路。因此，在家庭暴力案件的照顧輔導措施上，不但受虐婦女的需求相當多元，而且任何的照顧輔導措施亦需符合受虐婦女的需求，否則終將無法打破家庭暴力的惡性循環。

　　再就其他類型的人身安全議題而言，比較外籍配偶與大陸配偶遭性侵害的比例，從內政部家庭暴力及性侵害委員會的統計資料發現，大陸配偶被性侵害通報的比例明顯偏低，不但低於本國籍女性，也低於外國籍配偶。若與家暴通報事件比較，大陸配偶被通報為家暴事件的比例為本籍女性的3倍，但被認為性侵害的比例則僅有本籍配偶的1/3。與外國籍配偶的情形對照，外籍配偶的家暴與性侵案件都是本籍的5倍和3倍，因此大陸配偶的性侵害被害恐存在更多的犯罪黑數。究其原因，有研究者認為，造成這種情況可能是因身體暴力出具的驗傷單相對上較為客觀，法律也容易採定，且在家暴案件中，婚姻關係的正當性較不被質疑。然而，在性侵害方面，因過去臺灣媒體多次報導人蛇集團透過臺籍人頭老公與大陸女子假結婚，誘騙其至臺灣賣淫，使得社會大眾普遍對大陸籍配偶有「假結婚、真賣淫」的偏見，認為大陸女性透過探親或偷渡方式，來臺從事性交易。因此，在性侵害案件中，大陸配偶婚姻關係真實性比較容易遭到質疑。尤其當承辦的警政單位質疑大陸配偶婚姻關係的真實性時，「假結婚與否」反而成為偵查的重點，而非「性侵害」。因此在性侵害案件上，大陸

配偶的婚姻關係比外籍配偶更常被質疑，大陸配偶必須要先「證明」自己的婚姻關係為合法、真實，才能保障自己的性人權（葉郁菁、馬財專，2008）。種種的歧視可能會導致大陸籍的新住民在遭遇性侵害時較不願意報案，使得犯罪黑數較高，造成前述性侵害通報比例明顯偏低的情形。但有關這方面議題，由於累積的實證資料尚無法讓吾人清楚了解其背後真正的現象與因素，故實有待未來研究予以證實。

二、我國對新住民保護扶助作為

　　研究顯示，新住民被害人一開始來臺甚少有機會重新建立私人網絡或是接觸相關法律與社會服務，當遇到人身安全威脅時，一開始都是求助於非正式支持網絡，例如故鄉之親友、夫家姻親、在臺親友、鄰居與里長等，但這類型的協助大多無法真正終止暴力，之後婦女才會轉向求助正式支持網絡（孟維德、黃翠紋，2011）。針對新住民之保護扶助部分，為強化入國前之輔導，提升新住民自身權益認知，政府乃利用新住民申請簽證或入國許可之際，提供該國語文版本的「外籍配偶入國前輔導手冊」，使其知悉來臺後相關權利及義務。入境後政府為協助輔導新住民早日適應我國生活環境，與國人共組美滿家庭，避免因適應不良而衍生各種家庭與社會問題。並在2003年5月7日訂定執行「外籍配偶照顧輔導措施」，分為「生活適應輔導」、「醫療優生保健」、「保障就業權益」、「提升教育文化」、「協助子女教養、「人身安全保護」、「健全法令制度」及「落實觀念宣導」等八項重點工作，共訂定56項具體措施，分由交由內政部、教育部、外交部、法務部、交通部、財政部、衛生福利部、新聞局、文化建設委員會、勞動部、大陸委員會、國軍退除役官兵輔導委員會等中央12個部會及地方政府辦理，目的是希望透過政府及民間資源的整合，提供新住民必要的協助。

　　其中，在人身安全保護措施方面，主要是為了維護受暴外籍與大陸配偶基本人權，並提供相關保護扶助措施，以保障人身安全。主要具體措施有以下八項（孟維德、黃翠紋，2011）：

　　（一）整合相關服務資源，加強受暴外籍與大陸配偶之保護扶助措施，服務項目包括法律訴訟、心理輔導、醫療補助、緊急生活扶助、庇護安置等。

　　（二）加強受暴外籍與大陸配偶緊急救援措施，並積極協助其處理相關入出境、居停留延期等問題。2005年7月15日訂頒「警察機關處理大陸地區及女性新住民遭受家庭暴力案件應行注意事項」，以妥適處理外籍與大陸配偶遭受家庭暴力之案件，其具體工作項目包括建構外語通譯人員資源，協助語言翻譯工作、印製家庭暴力法令與權益說明外語版，提供外籍人士相關求助管道及權益須知、加強戶口查察、家戶訪問。

　　（三）各直轄市、縣（市）政府陸續合併民國1998年已設立之性侵害防治中心成立家庭暴力暨性侵害防治中心，全面協助被害人相關危機處理與生活重建服務，主要工作內容如下：1.24小時電話專線服務；2.提供被害人24小時緊急救援、協助診療驗傷及取得證據；3.被害人之心理輔導、職業輔導、住宅輔導、緊急安置與法律扶助；4.加害人之追蹤輔導轉介；5.推廣各種教育、訓練與宣導。

　　（四）結合運用民間團體建立通譯人力資料庫，開發民間外語諮詢服務資源，各防治中心均提供受暴女性新住民通譯服務，服務語言包括英、越、印、泰、柬及其他語言。

　　（五）落實家庭暴力通報制度以及單一通報窗口，2003年4月22日設置「0800088885外籍配偶保護諮詢專線」，結合英語、越南、印尼、泰國及柬埔寨等5國語言，分時段提供有關家庭暴力、性侵害防治及兒童少年保護相關資訊，2005年4月13日轉型為愛護外籍配偶專線，以國語、英語、越南、印尼、泰國及柬埔寨等語言，繼續提供女性新住民全面性生活適應輔導等資訊，並另擴充原113保護專線功能，自2005年4月份起全天24小時提供外籍人士前述五國語言之通譯服務，暢通求助管道，2006年2月5日起，增加性騷擾防治相關諮詢及轉介服務；2007年9月1日，並由內政部集中接線。

　　（六）加強女性新住民人身安全預防宣導，編印內政部結合財團法人天主教善牧基金會，整合相關人身安全保護網絡資源編纂成冊，印製中文、英語、越南、泰國、印尼、柬埔寨等六種語文版本提供女性新住民參考使用。手冊內容主要分為「家庭暴力防治」及「性侵害防治」二部分，採淺顯易懂的文字敘述，輔以生動活潑的插畫及有聲光碟，具體說明家庭暴力與性侵害的定義，教導讀者如何預防家庭暴力及性侵害事件的發生及不幸遭受暴力時之求助管道，並介紹政府所提供之保護扶助措施，文末另

附各地家庭暴力及性侵害防治中心、警察局、法院、檢察署等相關單位連絡電話及地址供讀者使用，希能跨越語言文字藩籬，協助女性新住民了解我國家庭暴力及性侵害防治資訊，及學習運用相關保護網絡資源，達成全面性預防宣導，以落實對女性新住民人身安全之保障。

（七）2008年12月29日公布「內政部處理大陸地區及外國籍配偶遭受家庭暴力案件應行注意事項」，明確律定警政署與移民署兩署間之權責和處理方式，如果大陸地區及外國籍配偶遭受家庭暴力時，相關身分證明文件被扣留，除了以向法院聲請保護令之方式取回外，亦可請警察機關陪同取回，或向移民署註銷換領新證件。

（八）為避免被害人因受家暴離家後，相對人以協尋行方不明人口方式報案協尋，藉以騷擾被害人，移民署行方不明協尋資料庫與內政部家防會家暴資料庫已完成連結，若有家暴通報紀錄，移民署人員將拒絕受理，被害人也可提出遭受家庭暴力之相關證明文件辦理撤銷行方不明協尋，對其申請居留證或延長居留之權益更有保障。

以下將新住民人身安全保護照顧輔導措施及權責機構，整理如表9-3所示。

表9-3　新住民人身安全保護照顧輔導措施

重點工作	理念	具體措施	主辦機關	協辦機關
人身安全保護	維護受暴外籍與大陸配偶基本人權，提供相關保護扶助措施，保障人身安全。	一、整合相關服務資源，加強受暴外籍與大陸配偶之保護扶助措施。	內政部	衛生署 法務部 外交部 地方政府
		二、加強受暴外籍與大陸配偶緊急救援措施。	內政部	地方政府
		三、結合運用民間團體建立通譯人力資料庫，開發民間外語諮詢服務資源。	內政部	地方政府
		四、落實家庭暴力通報制度，建立單一通報窗口，並試辦外籍配偶保護諮詢專線，提供英、越、印、泰、柬五種語言諮詢服務。	內政部	地方政府

資料來源：內政部網站，http://www.ris.gov.tw/ch9/f9a-22.doc，搜尋日期：2013/1/15。

　　一旦新住民遭受家庭暴力時，鑒於其身分之特殊性，尚須面臨身分權益相關問題，例如居（停）留延期、另覓配偶以外之人為保證人、旅行證與居留證等證件被扣、遭相對人以行方不明報請協尋等。加以移民署於2008年「外籍與大陸配偶生活需求調查」亦發現：第一線執法人員於處理新住民家庭暴力案件時，需要針對其態度與認知實施再教育，避免因個人或社會普遍存在之印象，影響其執行勤務時態度的差異，造成受暴新住民二度傷害。因此，內政部乃參酌「警察機關處理大陸地區及外籍配偶遭受家庭暴力案件應行注意事項」內容，於2009年訂定「內政部處理大陸或外國籍配偶遭受家庭暴力案件應行注意事項」，並制定移民署與警政署處理新住民遭受家庭暴力案件之作業流程，以供各相關行政機關參考。在家庭暴力處理現場，除提供所需文件（如保護令或其他書面紀錄）或相關協助說明外，並提供新住民後續相關事宜處理辦法和注意事項說明簡冊，及印製不同語言版本，諸如英文、泰文、越南文等，使其當遭遇嚴重衝突時，能夠了解尋求什麼樣的管道可維護自己權益。

　　值得注意的是，雖然警政、醫療、社政、司法與移民服務體系在解決移民受暴問題時雖各自有其角色，但新住民女性的服務系統其實是消極的、被動的，對於夫家家庭不友善的新住民女性並無助益。且許多服務者的婚暴處理能力以及文化敏感度都有所不足，可能導致對受暴移民婦女的求助做出無效回應，有學者建議，處理家暴和性侵害的第一線員警和司法人員，應對多元文化有所了解和具備尊重多元文化的素養，尤其在家暴事件發生的初始，處理員警的態度和語氣，以及他們能否站在協助與保護弱勢者的立場，都會影響新住民的人權保障甚鉅。因此，多元文化的相關進修和研習，應一併納入警政人員。而且新住民女性遭遇家暴時，不如臺灣女性有娘家支持，政府可以考慮開放探親條件或延長居留時間，協助新住民女性的家人來臺，透過語言和情感的慰撫，使新住民女性可以儘速穩定下來（楊愉安，2011；葉郁菁、馬財專，2008）。

第四節　人口販運防治

　　經濟全球化及人口快速移動的潮流下，導致沒有一個國家可以免除人

口販運（Trafficking in Persons）問題。而人口販運所獲得的龐大利潤，由組織犯罪集團從事的移民走私以及在目的國剝削弱勢非法移民者，是近年來新興的犯罪現象，同時也是一種新型態的跨國組織犯罪，與軍火走私、毒品販運共同被認為是獲利最豐厚的三大跨國犯罪行為。人口販運犯罪形式，除了危害人權、治安與公共衛生外，也連帶地發展出其他型態的組織犯罪，更為國家帶來極大傷害（孟維德，2012；許雅斐，2011）。我國因經濟轉型及社會變遷，與區域鄰國交流頻繁及多元，目前除有數量龐大的新住民外，更引進44萬4,604名東南亞地區之外籍勞工，其中印尼18萬9,494人、馬來西亞4人、菲律賓8萬6,494人、泰國6萬8,771、越南9萬9,840、蒙古1人，對我社會發展產生相當程度的影響。近年來，跨國人口販運議題漸受政府及民間團體重視，未來如何兼顧社會對引進外來移民之需求，並杜絕不當剝削之販運人口行為，乃是政府應正視的課題。本節擬先介紹人口販運的本質，進而分析我國人口販運的型態及變遷，並提出我國的人口販運防治對策。

一、人口販運本質

　　人口販運自古便已存在，是一個傳統的政治議題。沉寂了近千年後，人口販運在16世紀後又重新興盛，係指涉「被剝奪人身自由，導致經濟與勞動剝削」的奴隸或殖民經濟時代的黑奴。16世紀美洲新大陸的發現，刺激對奴隸的需求。第一個允許販賣奴隸的歐洲政權是西班牙斐迪南國王（King Ferdinand），葡萄牙、荷蘭、法國及英國隨後立法跟進。1672年，英格蘭國王頒布特許狀給「皇家非洲公司」（Royal African Company）進行奴隸買賣（Thomas, 1997）。17世紀末，奴隸買賣不但是合法、受歡迎的商業活動，更成為歐洲國家之間爭戰、談判及簽訂條約的主要議題。到了20世紀，受到國際公約的影響，包括「日內瓦公約」（Geneva Convention）及1984年聯合國人權委員會制定的「禁止酷刑及其他殘酷、不人道或侮辱之處遇或處罰公約」（1984 Convention against Torture and Other Cruel, Inhuman or Degrading Treatment or Punishment），人口販賣被認為是全球人口移動中非法的人口販子，對無辜被害人的暴力宰制與經濟剝削（孟維德，2012；許雅斐，2011）。不論在美國2000年的「人口販運被害人保護法」（Trafficking Victim Protection

Act, TVPA）或者是聯合國2000年打擊跨國有組織犯罪公約關於「防止、禁止和懲治販運人口特別是婦女和兒童行為的補充議定書」[2]（Protocol to Prevent, Suppress and Punish Trafficking in Persons Especially Women and Children，以下簡稱「販運人口補充議定書」）中，均要求各國政府必須致力於偵查、起訴、審判從事人口販運犯罪者，並採取有效行動防制和打擊國際人口販運問題；同時應保護及安置被害人，鼓勵其協助案件的調查和起訴，提供法律替代方案讓被害人免於被報復或遭受危難，保障被害人不必因被販運的違法行為，而遭受刑事或行政處罰。

在聯合國「販運人口補充議定書」中，對人口販運的定義是：「為剝削目的，而通過威脅使用或使用暴力或其他形式的脅迫手段、通過誘拐、欺詐、欺騙、濫用權力，或利用脆弱境況、或通過授受酬金或利益取得對他人有控制權者的同意等方式，招募、運送、轉移、窩藏或接收人員。剝削行為至少包括利用他人賣淫或其他形式的性剝削、強迫勞動或服務、奴役或類似奴役的作法、勞役或切除器官。」而我國2023年修訂公布的「人口販運防制法」第2條，則進一步對國際間與國內的「人口販運」定義為：基於剝削意圖或故意，符合下列要件者：（一）不法手段：以強暴、脅迫、恐嚇、拘禁、監控、藥劑、催眠術、詐術、故意隱瞞重要資訊、不當債務約束、扣留重要文件、利用他人不能、不知或難以求助之處境，或其他相類之方法。但對未滿十八歲之人從事人口販運，不以符合不法手段為必要；（二）不法作為：1.從事招募、買賣、質押、運送、交付、收受、藏匿、隱避、媒介、容留國內外人口；2.使他人從事有對價之性交或猥褻行為；3.使人為奴隸或類似奴隸、強迫勞動、從事勞動與報酬顯不相當之工作或實行依我國法律有刑罰規定之行為；4.摘取他人器官。此外，「人口販運罪」則係指：從事人口販運，而犯本法、刑法、勞動基準法、兒童及少年性剝削防制條例、人體器官移植條例或其他相關之罪。

人口販運是「聯合國打擊跨國組織犯罪公約」（U. N. Convention Against Transnational Organized Crime）所定義的跨國犯罪類型之一。由於人口販運常為有組織犯罪集團所為，且許多以偷渡方式為之，一般稱之為「人蛇集團」，而該組織犯罪之負責人則被稱之為「蛇頭」。「人蛇」

一詞原為香港用語，因其見偷渡客大多是多人擁擠於一個小小的密室內進行偷渡或販運，有如蛇類之蜷縮於洞內，因此稱偷渡者為人蛇，組織偷渡或販運事宜的人為蛇頭。而跨國的人口販運方式極為多元，且可能涉及跨國合作。由於人口販運涉及龐大利益、活動範圍廣，通常具有以下特質，使得其不易查察及斷絕（黃富源、蔡庭榕、楊永年、鄧學仁，2007）：（一）暴利性：因安排、協助偷渡或販運入國，獲得暴利；（二）隱密性：人蛇集團之偷渡或販運一旦成功，事後難以追查該犯罪集團成員；（三）有組織性：該人蛇集團成員均已組織化、集團化，分工細密，不容易發掘，且以此為職業。

　　整體而言，為能擴大犯罪所得、降低被逮捕風險，人口販運過程與合法企業所從事的商業活動很類似，且係由許多不同型態的犯罪組織透過合作方式占據整個市場。學者研究發現，參與人口販運或移民走私活動的組織犯罪集團至少可分為四類，分別是：（一）個體戶（或稱業餘販運者、走私者）：通常每次只販運一兩個兒童或婦女、對其進行私人性的剝削，或提供欲移民者單一性的服務（例如提供跨國載運服務，或在目的國尋找願意僱用非法移民的雇主）；（二）簡單的小型組織：其影響力僅限於少數國家，通常只有兩個國家，組織的規模不大，是連結鬆散網絡中相互合作的獨立走私者。他們有如區域轉包商，有同夥人在亞洲、南美洲和美國互相合作，各自負責自己區域內的載運事務，將人載運到下一站，再轉交給當地的走私者或引導；（三）中型與大型組織：為組織完備的跨國組織，結構化程度較高、專業程度較高、涵蓋區域較廣、經常超過兩國以上、偶有從事多種犯罪活動；以及（四）跨國組織（國際網絡）：是指由數個國家參與者所組成的人口販運及移民走私組織。此種組織能夠進行長達數千英里的移民走私與人口販運活動，載運路線往往跨越數個國家甚至大陸，而且在許多國家備有後勤支援單位（孟維德，2012）。有關人口販運組織犯罪集團的類型與特徵如表9-4所示。

表9-4　人口販運及移民走私之組織犯罪集團的類型與特徵

低 ◄─────── 組織化的程度 ───────► 高			
組織 類型	個體戶	簡單的小型組織	中型與大型集團	跨國組織
特徵	·載運人數甚少。 ·剝削屬私人性的，或提供欲移民者單一性的服務。 ·低組織性或非組織性的活動。 ·常被大型或跨國組織利用，從事風險較高的「苦差事」。 ·經常成為執法標的，容易被逮捕。	·從「僅具基本組織型態的犯罪組織」、「由少數成員組成的鬆散組織」到「組織完善且使用測試過之路線專門從事特定國家間人口販運或移民走私活動的小型非法組織」都屬於此類型。 ·比個體戶專業。 ·活動涉及國家甚少。 ·許多此種小組織鬆散地連結，形成網絡。各個小組織有如區域轉包商。	結構化程度高、偶有參與其他犯罪活動、高度專業、涵蓋區域較廣、經常超過兩國以上。	·多元國籍的組織成員。 ·載運距離可達數千英里，跨越數國或大陸，並在許多國家備有支援組織。 ·具有嚴密的組織網絡。 ·網絡中的關鍵人物政商關係良好，具合法者身分。
實例	·販運婦女至歐盟國家的個別販運者。 ·走私移民進入義大利的「*passeurs*」。 ·將移民隱藏在卡車後側穿越美墨邊境的「*coyote*」。	是全球最常見的移民走私及人口販運組織。	·阿爾巴尼亞的移民走私與人口販運組織。 ·販運俄羅斯、摩爾達維亞及烏克蘭婦女至義大利的斯洛維尼亞犯罪組織。 ·走私庫爾德人、伊朗人及阿富汗人前往義大利與德國的土耳其犯罪組織。 ·販運婦女至義大利及西班牙性交易市場的奈及利亞犯罪組織。	·中國三合會（Triads）。 ·日本山口組（Yakuza）。
低 ◄─────── 跨國化的程度 ───────► 高			

資料來源：參閱孟維德（2023）。跨國犯罪（增訂7版），台北：五南圖書，頁56。

　　有關人口販運的成因雖然複雜，但主要可歸納為二大類（孟維德，2012）：（一）迫使人們離開原住國家，尋求人口販運或移民走私服務的因素（推力因素）；（二）目的國吸引外來人口的因素（拉力因素）。推力因素（Bales, 1999），例如由宗教或種族衝突、自然災害、歧視、政治動盪與內戰、經濟狀況、人口膨脹失控、人口和經濟增長造成龐大差異、貧窮等問題，導致多元文化國家的分解、分裂。相對地，拉力因素則是較富裕國家吸引外來人口嚮往的因素，例如這些國家有人力缺乏的問題、完善的社會福利與安全制度、良好的經濟情況、實施民主制度的政府、穩定的政治與社會、目的國與出發國具歷史關係、共同語言、目的國有同族群的社區（如China town）等。這其中，人力需求扮演舉足輕重的角色。根據2006年人口販運報告書指出，勞動人口販運犯罪問題主要來自於「經濟全球化」的結果。由於許多國家產業欠缺大量的非技術性或低技術性勞工、工廠作業員、農工、家庭幫傭等，於是來自東南亞國家的勞工，被以「短期契約」的形式引進該國勞動市場，藉以彌補勞動人口的不足。但大量引進外勞的結果，造成供需之間的關係失衡的狀況，進而引發了人口販運問題。以實務上最常發生的問題，就是當外籍勞工面臨不合理的工作待遇時，政府本身無力或不願採取積極政策來加以保護。而一旦本國政府疏於保護海外的本國籍勞工，而外國政府又放任人力仲介公司恣意大量引進外來工作者時，則人口販運問題就會產生，再加上這些外勞是基於「自願」方式前往國外工作，因此很容易遭受不合理的工作要求或不人道的奴役生活。再者，其他諸如被害人本身的需求、文化傳統觀念與性市場的需求等也會導致人口販運的發生。在被害人本身需求方面，主要是基於經濟需求，選擇離鄉背井到他國工作，但礙於相關法律知識缺乏或語言的隔閡，而淪落人口販運分子的魔掌。另外，有些人之所以會成為人口販運被害人，主要是受到文化傳統的影響，例如因為文化傳統重視傳宗接代或是經濟能力無法養育太多的子女，於是許多父母就把女孩或第三、四個以後出生的孩子賣掉，並以「長工」的方式寄養在經濟條件較好的雇主家裡，使得他們能獲得較好的生活條件或教育。但其實許多孩子被賣給雇主之後，不僅無法受到較好的照顧，反而變成家庭幫傭或被迫從事賣淫等。值得注意的是，還有一個導致被害人遭到販運的因素，是情色交易市場的需求。由於許多情色行業逐漸轉向國際化的經營模式，並在不同國家建立

營業據點以提供觀光客性交易服務，許多人口販運分子便可能與不法集團掛鉤，以「工作」或「結婚」為由，將某地婦女引誘至海外工作，然實則將其賣給從事色情交易的業者，且由於性交易市場偏好年輕女性，因此許多未成年少女被迫從事賣淫。更嚴重的是，近年這些人口販運分子開始集體性的掠奪東南亞國家的村莊少女，並將其跨海販運至他地賣淫，逼迫這些年輕女性每日與多位嫖客從事性交，常導致其身心重創，甚至感染性病喪命或傳播病毒，成為人類健康衛生的一大隱憂（黃富源、蔡庭榕、楊永年、鄧學仁，2007）。

　　人口販運危害人民生活安寧、整體社會治安及國家安全甚大，且在偷渡或販運過程中，容易造成偷渡或販運之被害人傷亡，例如2012年9月，一輛滿載巴勒斯坦偷渡客的船隻在愛琴海上翻覆，造成至少58人死亡（中時電子報，2012），而這類的新聞亦經常時有所聞。此外，因為人口販運常與其他犯罪，如走私槍械毒品相結合，使其危害性更加重大。因此，必須透過政府部門與非政府組織共同進行跨國合作，才能有效遏阻。

二、我國人口販運型態及變遷

　　臺灣在早期經濟較不富裕的年代，是一個人口販運輸出國，當時國民自願或被迫販賣到諸如日本等其他國家。加上社會上重男輕女觀念，使國內經濟弱勢人口形成女娼男奴情形，即女性被販賣質押到妓女戶，男性成為遠洋漁業的農工等（王寬弘，2010）。而我國人口販賣相關論述，首先出現在1980年代中期，當時主要是一些宗教、婦女及社會團體將人口販賣與雛妓問題相連結，發起了反雛妓的社會運動與要求嚴格懲罰人口販子。不過自2000年後，隨著新住民人數增加，國內人口販運防制議題則常與女性新住民和人權議題相關連。主要原因是臺灣自經濟起飛後，在全球化的風潮下開放諸如越南、泰國、印尼和菲律賓等國的外籍勞工來台工作，以補國內低階或非技術性之勞動人口不足，或充當家庭看護與家庭傭工。然而，許多這類的外籍勞工受迫於仲介或雇主，從事合約規定以外的工作，或有些家庭看護的雇主，禁止勞工在休假時間以外離開住所，使這些外籍勞工處於被剝削的狀態，成為勞動販運的被害人，且難以向外界求助。衍生出非法移民、人口販運等新問題。各國政府與民間的行動皆顯示，人口販運問題在過去幾年已日益嚴重化。在我國，另外還有部分來自

中國和東南亞國家的婦女或女童，透過合法手段，如假結婚、觀光等，和非法手段，如偷渡等手段來台，卻被迫賣淫或從事非自願苦役，產生商業性的性剝削或勞力剝削等問題（王寬弘，2010）。

　　美國政府每年定期針對各國人口販運概況予以評比分類計有四級，從最優至最劣等級依序為（陳明傳，2008）：（一）第一列名單（Tier 1）：列入本等級的國家完全符合人口販運被害人保護法所規範之最低標準；（二）第二列名單（Tier 2）：列入本等級的國家並未完全符合人口販運被害人保護法之最低標準，惟其正致力於滿足該標準；（三）第二列觀察名單（Tier 2 Watch List）：列入本等級的國家並未完全符合人口販運被害人保護法之最低標準，惟其正致力於滿足該標準，且確認為嚴重人口販運受害者的人數非常顯著或正在顯著地增加中；或無法提供自上一年度迄今致力於打擊嚴重人口販運的證據；或判定一國是否正致力於達致上述標準，係依據該國是否承諾於下一年度採取額外措施；（四）第三列黑名單（Tier 3）：列入本等級的國家並未完全符合本法之最低標準，且未致力於滿足該標準。此項最低的標準包括，政府是否「強有力地調查」嚴重的人口販運案件、是否和其他國家有引渡和調查的合作、是否已開始預防計畫及立即保護被害人，尤其當被害人面臨其親屬被報復的危險時。重點是，明確規定外國政府若不遵守防制販運的最低標準，沒有「做出明確的努力以符合他們的承諾」時，將被拒絕非人道主義的、非貿易有關的外國援助。在2006年各國人口販運報告中，我國的評等從第一列名單下滑到第二列觀察名單，主要原因即是我國為強制性勞動及性剝削的被販運輸入國，且我國無法提出證據證實曾加強努力解決人口販運問題，尤其是針對合法移入的東南亞契約工人與新住民人權議題。因此，政府痛定思痛，正視人口販運問題，並於2009年制定人口販運防制法，從嚴規定該法適用範圍。雖時至今日，我國打擊人口販運已見成效，重列美國第一列名單，但根據2012年的美國人口販運報告，我國仍是以性販運和強迫勞動為目的而販運的男、女及兒童的目的地、來源地和過境站（AIT, 2012）。

　　有關我國人口販運現況，根據內政部入出國及移民署統計的統計，我國過去十年來，各司法警察機關查緝人口販運案件的案件數，以2013年最高，為166人，以2021年最低，為107人。惟由於人口販運的特性，存在很高的犯罪黑數，究竟問題之嚴重性為何，無法從官方查緝之案件數，窺其全貌（參看表9-5）。

表9-5　各司法警察機關查緝人口販運案件統計表

年度	警政署				移民署			
	勞力剝削	性剝削	器官摘除	計	勞力剝削	性剝削	器官摘除	計
2012	47	49	0	96	30	6	0	36
2013	50	58	0	108	22	12	0	34
2014	37	69	0	106	10	9	0	19
2015	26	82	0	108	14	9	0	23
2016	18	76	0	94	15	15	0	30
2017	16	95	0	111	15	9	0	24
2018	13	80	0	93	18	8	0	26
2019	15	87	0	102	10	16	0	26
2020	14	121	0	135	9	5	0	14
2021	7	75	0	82	11	9	0	20
2022	54	80	1	135	8	4	0	12
2023	55	72	5	132	5	7	0	12
2024 1～5月	1	5	0	6	0	0	0	0

年度	海巡署				法務部調查局				總計			
	勞力剝削	性剝削	器官摘除	計	勞力剝削	性剝削	器官摘除	計	勞力剝削	性剝削	器官摘除	計
2012	4	3	0	7	5	4	0	9	86	62	0	148
2013	4	4	0	8	8	8	0	16	84	82	0	166
2014	2	1	0	3	2	8	0	10	51	87	0	138
2015	0	0	0	0	4	6	0	10	44	97	0	141
2016	6	1	0	7	1	2	0	3	40	94	0	134
2017	5	0	0	5	1	4	0	5	37	108	0	145
2018	3	0	0	3	4	7	0	11	38	95	0	133
2019	2	1	0	3	5	7	0	12	32	111	0	143
2020	1	1	0	2	5	3	0	8	29	130	0	159

表9-5　各司法警察機關查緝人口販運案件統計表（續）

年度	海巡署				法務部調查局				總計			
	勞力剝削	性剝削	器官摘除	計	勞力剝削	性剝削	器官摘除	計	勞力剝削	性剝削	器官摘除	計
2021	2	1	0	3	1	1	0	2	21	86	0	107
2022	2	0	0	2	11	1	0	12	75	85	1	161
2023	0	0	0	0	3	1	0	4	63	80	5	148
2024 1～5月	0	0	0	0	0	0	0	0	1	5	0	6

資料來源：內政部移民署移民事務組（2024）。查緝人口販運，https://www.immigration.gov.tw/5385/7344/7350/8940/?alias=settledown。

　　我國大多數人口販運的被害人來自越南、泰國、印尼、中國大陸、柬埔寨、菲律賓、孟加拉、和印度等國，以一般「人蛇集團」偷渡或販運方式管道的人口販運被害者，學者研究主要可以分為四大類型（黃富源、蔡庭榕、楊永年、鄧學仁，2007）：（一）人蛇集團召募中國大陸內地人民，利用漁船接駁方式，將該人偷渡或販運來臺灣；（二）跨國人蛇集團偽造、變造簽證、觀光護照等證件，蒙混入境；（三）以合法掩飾非法，利用假結婚方式，申請入境依親，從事非法工作；（四）以企業方式經營，有分工在大陸地區負責招攬生意，有大陸籍業務員負責拉線抽成，後由臺灣方面成員向南部地區遊民收購身分證，再交由相關嫌犯變造，持向外交部申請護照，以搭機偷渡或販運到第三國。而以招聘機構及仲介媒客僱用的人口販運被害人，常在家鄉被收取高達相當於7,700美元的招募費用，導致其債臺高築，仲介或雇主因此得以用債務威脅以獲得或留住外勞為其勞動。勞力仲介經常幫助雇主強制遣送「有問題」的外勞，以其缺額引進新的外勞，並要求這些外勞支付仲介費，藉以使其從事非自願勞役（AIT, 2012）。因此，從人口販運型態來看，可以分為六種類型，分別是以偷渡方式進入且工作遭遇剝削、以結婚方式進入，真結婚的狀態且工作遭遇剝削、假結婚的狀態且工作遭遇剝削、工作中合法外勞且工作遭遇剝削、非法外勞且工作遭遇剝削及參觀中偽裝參觀且工作遭遇剝削等六種型態（參見圖9-1）。

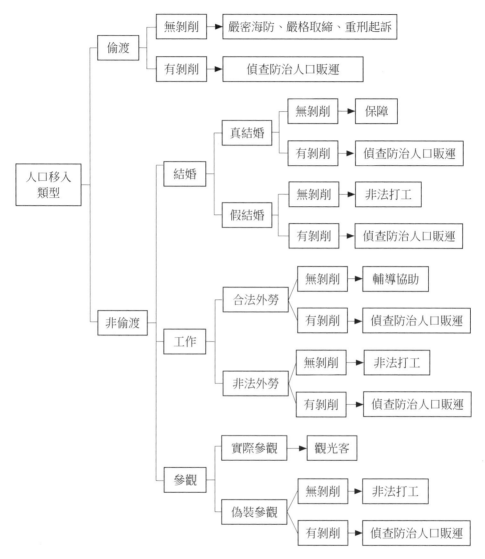

圖9-1　人口販運類型圖

資料來源：參閱黃富源、蔡庭榕、楊永年、鄧學仁（2007）。跨國人口販運之態樣、原因及防治策略之研究，頁182。

三、我國人口販運防治對策

　　人口販運發生原因複雜，根據學者的研究（黃富源、蔡庭榕、楊永年、鄧學仁，2007），我國新住民遭遇的人口販運問題發生成因，可分為「個人因素」及「環境因素」兩部分。在「個人因素」部分主要有四個，分別為：（一）被害人經濟負擔重，認為臺灣工作機會多；（二）聽信朋友談及在臺工作的經驗及生活狀況影響；（三）被害人了解行為違法，但仍希望進入臺灣工作；（四）被害人獲得的資訊不足，遭到仲介欺騙。而「環境因素」則有：（一）臺灣政策疏漏造成，又分為「入出境相關政策」及「外勞管理政策」兩部分。一方面因為政策規定外籍人士與臺灣配偶結婚後即可享有在臺之工作權，導致許多外籍人士以結婚之名義進入臺灣；另一方面，政府政策主要以合法外勞的權益為對象，對於逃逸外勞或非法外勞的協助及策略仍有加強的空間；（二）臺灣市場供需問題；（三）原生國政策與經濟環境差；（四）被害人在臺灣求助管道少等。

　　在美國2006年的人口販運報告中，我國的評等下滑到第二列觀察名單即因對新住民的強制性勞動及性剝削問題防處不力。因此，行政院先於2006年11月通過「防治人口販運行動計畫」，依照三P的原則：保護（Protection）──「加強保護被害人」、預防（Prevention）──「預防人口販運案件之發生」及起訴（Prosecution）──「積極查緝人口販運犯罪」三部分，並整合各部會的資源與結合非政府組織（NGO）的力量。2009年更通過施行「人口販運防治法」，立法目的即在於為防制人口販運行為及保護被害人權益。就目前狀況而言，在保護被害人措施方面，訂有參考指標，包含一份標準化的評量表，以協助相關單位對可能的人口販運被害人進行訪談。並設置專門收容境內人口販運被害人的收容所，提供男女人口販運被害人醫療、心理服務、法律諮詢、職業訓練、小額津貼、社工及口譯員陪伴被害人出庭應訊與遣返協助等。並藉由提供住所與短期工作證，鼓勵被害人參與舉發人口販運加害人的調查。就2011年而言，一共發出175張新工作證給人口販運的被害人，並為其他人口販運的被害人延長現有工作證的效期。另外，針對一些法院需要3個月以上的時間來審理的人口販運案進行速審，避免讓被害人為了參與加害人的起訴，而必須延長在臺居留的時間（AIT, 2012）。

在預防方面，內政部入出國及移民署廣發反人口販運的海報和明信片，並舉辦活動宣導人口販運，在明信片部分更以七種不同的語言提供相關資訊。而勞委會則在國際機場及全台一共25個地點設置外籍勞工服務櫃檯和服務站，以協助外籍勞工認識自身的權益，且自2009年起建置1955專線，即「外籍勞工24小時諮詢保護專線」，以線上通譯的雙語及免付費方式，提供外籍勞工及雇主諮詢、申訴、法律扶助諮詢、轉介保護安置及相關部門服務資訊等5類服務（內政部入出國及移民署，2012）。此外，對雇主也發放法規手冊，詳細介紹與外籍勞工相關的法律，強調外籍勞工的權利。在學術探討方面，2011年內政部入出國及移民署舉行防制人口販運的國際研討會，並邀請外國政府官員和外國駐臺代表參加，針對打擊人口販運的最佳作法進行交流。另外，提供經費製播廣告以宣導相關議題。而在起訴方面，則由司法警察機關，包括內政部警政署、入出國及移民署與行政院海岸巡防署積極查緝人口販運。

第五節　小結

我國在國際化的浪潮下，由於外籍勞動人口的引進及跨國婚姻的比例增加，外籍人士的人數大量增加。在跨國婚姻部分，由於文化與語言的隔閡，以及經濟在家庭中處於較弱勢的地位，新住民在臺灣又舉目無親，遭遇到問題時可能產生求助無門的現象。而在人身安全方面，則以遭受家庭暴力問題最為嚴重。從統計資料來看，女性新住民遭受家暴的比率較本國籍女性為高，其中又以越南籍配偶遭受家暴比例最高。背後的原因可能跟仲介介紹結合的婚姻缺乏感情基礎，及社會對類似「郵購新娘」的買賣婚姻有著歧視，或臺灣男性父權主義思維有關（葉郁菁、馬財專，2008）。我國在2003年訂定執行「外籍配偶照顧輔導措施」，在人身安全保護方面即試圖結合社政、警政、司法、醫療與移民等各個跨部會服務體系來達到目的。然而截至目前為止，仍有許多改善的空間。

而在人口販運方面，由於勞力及色情市場的需求，人蛇集團利用合法或非法的手段引進外籍人士，尤其是大陸地區與東南亞國家地區的人民到我國工作或賣淫。但是這些外籍勞工在我國工作卻可能遭受不合理的工

作要求或不人道的奴役情境，產生勞力剝削情形；或者是被推入火坑，自願或被迫從事性工作，成為性剝削的被害人。在2012年美國的人口販運報告中，我國仍然是以性販運和強迫勞動為目的而販運男、女及兒童的輸入國。其中，被害人多來自越南、泰國、印尼、中國大陸、柬埔寨、菲律賓、孟加拉和印度等國。觀察政府防制作為，主要是以保護、預防及起訴為方針，並以此精神訂定人口販運防治法，以期能夠杜絕人口販運問題。

新住民的人身安全保護與人口販運問題不僅危害整體社會治安，也影響我國國際形象及國家安全甚大。而這些問題不單單只是單一政府部門的責任，要全面防治還須結合各個相關部會以及國際團體和民間組織的力量。甚且觀察臺灣歷史，我國是一個移民社會，從過去的福建廣東移民、到大陸各省居民隨國民政府遷移來臺，至現今的大量東南亞新住民，雖各個時期的移民面對的問題不同，但與移民相關的議題始終為我國社會所關心。面對新住民，社會應該以更包容的心與更友善的態度來協助其融入我國社會，將其轉化為有幫助的正面力量。

第十章　兒少受虐防治

第一節　前言

　　雖然由歷史的記載中可以發現，自人類社會有家庭組織開始，就存在許多兒童少年遭受虐待與疏忽（以下簡稱兒少受虐）的事件，但世界各國將兒少受虐視為社會問題則是新的現象。對隱私性極高的兒少受虐事件來說，過去並不是毫無顧忌的攤在陽光下討論，而是經過幾十年來許多人辛苦努力，才一點一滴逐漸成為社會大眾關懷的議題。發生於1874年的Mary Ellen Wilson事件，經常被認定是晚近兒少保護的催化劑（catalyst）。當時並沒有法律上的兒少虐待定義，也沒有任何干預方法。因此，她遭受養母虐待的事件，就被送到美國預防殘酷對待動物協會（American Society for the Prevention of Cruelty to Animals）紐約市分會，主要的理由是當時並沒有任何對兒少受虐的保護措施，只能將Mary Ellen事件當成是對動物的保護，才能採取相同的保護措施。後來紐約市才因為Mary Ellen事件，在1875年成立了預防殘酷對待兒童協會（Oates, 1996）。

　　但是一直等到20世紀中葉，兒少受虐才開始受到社會大眾普遍的關注。從1946年到1960年之間，美、英等國的醫師發表了數篇文章，闡述兒少的健康狀況，諸如：腦內出血或是數根長肋骨斷裂等現象，似乎都是遭受傷害的結果。雖然當時就有一些醫師認為，兒少身上這些傷痕是導因於遭受父母，或是照護者虐待的結果，但是當時社會大眾普遍都不願意接受父母會故意傷害自己子女的事實。一直等到1962年，美國醫師Kempe及其同僚（Kempe, Silverman, Steele, Droegemueller & Silver, 1962）發表了一篇文章，這是他們對302位兒童遭受父母虐待而受傷的研究報告。這篇文章所揭露的「受虐兒童症候群」（battered child syndrome），深深影響到社會對兒少受虐的反應。到了1966年，全美50州都已經陸續通過責任通報制，要求醫師必須通報疑似兒少受虐事件。後來聯邦的法律又擴充責任通報人員的範圍，讓其他可能處理兒少問題的專業人員，都必須將其所

知的兒少遭受身體、性和精神虐待，或是兒少照顧疏忽等可疑的事件通報給主管機關受理（Lindsey, 1994）。時至今日，聯合國兒童權利公約已明訂兒少有權接受特別的養護與協助，規範世界各國應有防止兒少遭受虐待及遺棄的保護措施。兒少保護工作已成為各國政府應該積極承擔的責任。然而遺憾的是，近年來我國社會結構快速變遷，親子關係每況愈下，尤其在傳統「不打不成器」、「法不入家門」等根深蒂固觀念影響下，以往父母過當管教子女的問題，已漸演變為嚴重的兒少保護問題。

　　本章將討論兒少虐待的定義以及解釋模式，接著介紹兒少虐待加害人的特質與遭受虐待對被害人影響的相關研究文獻，最後則從三級預防的觀點討論我國兒少保護措施之執行現況以及兒少受虐防處措施上的努力方向。

第二節　兒少受虐定義與因素

一、兒少受虐的定義

　　雖然在越多元化的社會對兒少受虐的界定將越不易達成共識，但為求能夠反映出社會嘗試設定其兒少保護的最低標準，實在有必要對兒少虐待的行為作有系統的分類與解說，以期化繁為簡，而有助於學術上的研究與專業上之處遇。本書參酌大多數學者對兒少受虐的分類（O'Hagan, 1993；黃翠紋，2000；余漢儀，1995），將其區分為以下四大類型，包括：

（一）身體虐待（physical abuse）

　　是指加害人故意對兒少採取攻擊行為，使其身體受到傷害。因此，本書將其定義為：「父母或照護者非意外的行為，而造成18歲以下未成年人身體的傷痕、骨折、內傷或灼傷等傷害。」這是首先引起專業人員注意的兒少受虐類型，由小兒科醫師Kempe等人提出「受虐兒童症候群」（the battered child syndrome），而受到社會大眾的重視。身體虐待和管教之間往往難以區分。一般而言，管教是適可而止，父母的處罰是為了想改變孩

子的行為，使其有好的表現；而虐待則是過重的懲罰，往往是因為父母為滿足本身的需求所致（參閱表10-1）。

表10-1　管教與兒少受虐之間的區別

	管教	身體虐待
動機	善意、寬容而溫慰的期待或要求	怨恨、敵對而惡意的報復或處罰
方式	正向、支持的方式示範或告訴子女應所當為者	以忿怒、負向方式所施予子女的不適當懲罰
態度	鼓勵、贊許、支持而恆定一致	衝動、嚴苛、責罰而反覆無常
雙方的認知	父母與子女均知道行為的結果	父母對子女不給予他們了解父母動機的機會
規範的制定	非威脅性的，而是允許雙向表達真誠情感的溝通	威嚇性的、強制而單方向的威權式壓迫
對違規行為的定義	任何違規行為有著持續、清晰的定義，和可預見的結果	對違規行為無持續、清晰的定義，子女無法預期結果
父母對子女遵從家規的反應	子女如果朝著父母所設定的目標或期許的方向努力，會得到獎賞	父母認為是理所當然的，子女不會因此而得到鼓勵
父母對子女不遵從規定的反應	允許子女練習父母所期望的行為，錯誤有更正的機會	錯誤即受到嚴苛的處罰，子女因之而感受到苛責，使其認為自己是一個「壞人」
互動結果	子女可從中得到成長、學習	紀律內化無效，加深雙方的誤解，不信任和仇恨

資料來源：黃富源（1999）。當前我國婦幼安全現況分析與防治對策，刑事政策與犯罪研究論文集（二），法務部犯罪研究中心編印，頁111。

（二）性虐待（sex abuse）

兒少性虐待是指父母或照護者，任何施加於18歲以下未成年人身上與性有關的行為。其間並不一定涉及暴力的使用，加害人最常使用的方式是引誘和欺騙，以達到控制兒少的目的。因此，不管兒少是否認知到成人施加於其身上的性行為，只要是成人加諸於兒少身上與性有關的行為均屬之。至於性虐待的行為則包括：對兒少出示色情書刊、影片，對之裸露，撫弄其性器官，甚至真正的性交等種種不當的行為。此種虐待不論在國、

內外都已逐漸引起大眾的關切,是1980年代之後,兒少保護領域中的一個新焦點[1]。

(三) 精神虐待(mental abuse)

是指加害人持續對未成年人批評、恐嚇、嘲笑,或對其表現過度的要求,使其感到羞恥、自卑,造成精神莫大壓力,而受到心理上的傷害而言。此種虐待又包括心理虐待(psychological abuse)與情緒虐待(emotional abuse)二種,心理虐待是指密集、重複的不當行為,以致傷害兒少的創意能力及發展潛力,如智力、記憶、認知、概念、注意力、語言及道德發展等;而情緒虐待則是指對兒少情緒表達的不當影響行為,如持續言語攻擊及嘲諷、冷漠、拒絕等。

(四) 疏忽(neglect)

是指不論有無故意的動機,父母或照護者怠忽執行對未成年人應盡的職責,使兒少的健康或幸福受到傷害或威脅的一種不作為行為。包括:加害人對兒少的食、衣、住、行、育、樂、醫療等基本需求,未能提供適當的照顧,或是未能對兒少的身心正常發展提供所需的照護而言。疏忽的狀況通常是在故意或非常不注意的情況所犯下的行為,或有照顧責任者在應為卻不作為的情況下,對兒少所造成的傷害。此種虐待行為有時候是加害人在潛意識裡排斥責任,有時則是能力上所不及而造成的後果。

根據上述的區別類型,我們可以將虐待兒少的暴力行為型式列如表10-2。

1　由於性虐待案件具有「禁忌」與「隱密」的特性,使得性虐待個案在所有的兒少受虐案件中所占比率並不高,但是它為被害人所帶來的身心創傷卻最為嚴重,對人格發展與人際關係建立的不良影響也最為深遠(江玉龍等,1996)。

表10-2 虐待兒童的暴力行為型式

	身體上的暴力	精神上的暴力	性暴力
積極的虐待行為	1. 非偶然的傷害 2. 以武力強迫和壓制	1. 恐嚇 2. 情緒上的虐待 3. 物質上的虐待	1. 亂倫 2. 攻擊與強姦
消極的疏忽行為	1. 健康上惡劣的照顧 2. 身體上的疏忽	1. 缺乏感情 2. 情緒上的疏忽 3. 物質上的疏忽	1. 保護不周 2. 賣淫

資料來源：Browne, K. D. (1993). "Violence in the family and its links to child abuse." *Baillier's Clinical Paediatrics*, 1(1): 150.

在上述這四項類型中，由於遭受身體虐待被害人身上會有明顯的傷痕，學校教師或鄰居、親友等與兒少有接觸的人員可以容易地發現後通報，因此在通報案量上所占比率最高。其次，性虐待事件由於受到現今社會重視與法令規範，致其通報的件數有逐漸增加的趨勢。至於精神虐待與疏忽，則由於在我們的文化中，精神虐待經常會隱藏在兒少教養的方式中，使得吾人往往很難確認何種父母的養育行為是屬於虐待行為。要確認此種虐待行為，往往只能從其對被害人的影響來確認，諸如：兒童放聲痛哭、退縮，或是讓我們知道他（她）需要幫助。不幸的是，兒少保護對此種類型虐待行為的干預，往往需要仰賴處理機關證實虐待行為的能力，甚且在法庭上要使該事件獲得法官的支持，也必須透過明白、可觀察，或是實際證據來輔證。由於精神虐待不容易證實，因此不太可能受到注意或處理。基於上述原因，基本上，政府很少會介入不包含身體虐待，或是性虐待行為的精神虐待事件的處理。精神虐待無法受到司法系統重視的另一個原因，則是在實務上欠缺明確的準則可以使用，以便精確的判斷父母的行為是否違法，而對子女構成精神虐待。父母有養育子女的基本權利，國家不能隨便干預。法院不能在沒有明顯的證據顯示父母養育子女的方式嚴重侵害，或是威脅兒少精神或情緒上的最佳利益時，就命令父母的行為應該有所修正。然而在傳統法不入家門的觀念下，就算有清楚的指導原則，警察人員與司法人員也不見得會積極的保護兒少，及避免兒少免於遭受精神虐待。

二、解釋兒少受虐成因的理論模型

　　早期對兒少虐待行為的解釋，集中在單一層級因素的解釋，以及單純的因果關係模式上。最早的模式——精神病理模式將虐待兒少的加害人，描述成具有精神病理人格特質的人，使他們施暴於子女。另一個早期的模式——社會學模式則認為受到文化因素的影響，諸如：社會價值以及經濟情況等都會造成父母對子女的虐待行為。但早期模式所存在的最大問題是他們沒有辦法解釋：為何一些具有虐待子女特質的父母會虐待子女，但卻有一些具備相同特質的父母不會虐待子女。而早期研究所重視的個案研究結果，也很難在進行歸類後建立整體的預防策略。例如，Kelly（1983）的研究資料發現，在身體虐待事件的施虐父母中，只有10%是精神疾病的患者。因此，從1970年代開始出現一些較為複雜的模式，以克服早期模式的缺點，並傾向重視造成兒少虐待的多元因素間互動過程與交互作用。事實上，由於兒少受虐的成因是多元而複雜的，以上二種模式雖各有研究發現支持其論點，但因各有其缺失與限制，若僅由單一理論模式解釋兒少受虐的成因，都會導致解釋發生偏誤的情形。因此，目前則傾向重視造成兒少受虐的多元因素間互動過程及交互作用，試圖融合內在與外在因素，由個人、社會、家庭、家庭互動及人際互動等各方面因素來探討問題。例如，晚近許多學者不再視加害人為精神異常者，而視其為由一些壓力所引起的症狀（如焦慮、憂鬱、沮喪，或是低自我概念等），虐待兒少則是加害人企圖控制壓力的一種方法。當家庭內充滿壓力，而父母又缺乏適當的心理及社會支持時，會增加兒少受虐的危機。長期處在不愉快的生活情境中，對加害人的心理和生理都會造成負面影響，一旦不愉快的事件發生，或生活變動過多時，加害人會因為無法調適而容易引起虐待行為（Dorne, 1997）。因此，目前的取向除了重視加害人與被害人的個人因素外，暴力家庭的親子互動、夫妻互動、人際互動，及環境因素亦逐漸受到研究者的重視。主要的模式類型包括：認知行為、家庭系統、學習與情境、親子互動、父母與環境的互動，以及社會上的因素。其中，又以組織模式和認知行為模式受到較為廣泛的注意，因此將對此進一步介紹。

（一）組織模式

組織模式嘗試描繪影響虐待行為的重要因素。其中最有名的二個組織模式是生態學（ecological）模式，以及交易（transactional）模式。生態學模式是從個人、家庭、社區以及文化等因素的交互作用，來解釋兒少虐待行為的產生原因。而交易模式則認為，各種因素都可能會增加，也可能會降低兒少虐待的可能性。在這個模式中，將會增加虐待可能性的因素稱為「強化因素」（potentiating factors），至於會減少虐待可能性的因素則稱為「補償因素」（compensatory factors）。不論是就強化因素或是補償因素而言，短期間的狀況稱之為暫時因素，長期間的狀況則稱之為持續因素。結合了這些因素以及狀況，將會出現四種可能的組合：暫時強化因素稱之為挑戰組合；持續強化因素稱之為弱點組合；暫時補償因素稱之為緩衝組合；持續補償因素則稱之為保護組合。Cicchetti和Rizley（1981）指出，這四種組合情況會雙重以及交互影響，而產生虐待以及非虐待行為。當強化因素的影響力超過補償因素時，就很有可能會出現虐待行為。其情形如表10-3所示：

表10-3　兒少虐待形成的因素與狀況

狀況 ＼ 因素	強化因素	補償因素
暫時狀況	挑戰組合	緩衝組合
持續狀況	弱點組合	保護組合

資料來源：作者自行整理。

整體而言，生態學以及交易模式都指出，虐待行為的影響因素相當複雜。而且強化或補償的因素，以及暫時或持續的情境可能出現在個人、家庭、社區，以及文化的因素中，而影響虐待以及非虐待的行為。因此，若將生態學及交易模式整合在一起，將可讓我們對影響兒少虐待行為的因素，有更為清晰的概念。

（二）認知行為模式

鑒於組織模式致力於探求影響虐待行為的重要因素，認知行為模式則

是嘗試解釋這些影響因素對加害人的影響過程。截至目前為止，學者們已經發展出數個相當不錯的認知行為模式，如：認知發展模式著重在探求父母所認知的本身以及子女之成長過程；不成熟的認知發展模式認為父母的角色、傳統的兒少規範、對兒少的期望，以及親子之間的互動關係，將會造成兒少虐待的行為。第二個認知行為模式強調，父母的期待、特質，以及對子女的不服從過度反應，是造成虐待行為的原因。後來這個模式又擴充成社會認知行為理論，認為：父母的缺陷認知、不良的衝動控制，以及與子女之間負面互動，是造成施虐行為的原因，尤其是當結合較高壓力或是較低社會支持的時候，將更可能發生虐待子女的行為（Tolliver, Valle, Dopke, Serra & Milner, 1998）。

以Milner（1993）所提出的社會資訊過程模式為例，即是整合各種不同的認知過程而成。在這個模式中，先有三個認知過程階段，最後一個則是認知行為反應階段。加害人對子女行為的認知，不同於非加害人對子女行為的認知：第一個階段：父母的期待、解釋，以及評估都賦予子女行為意義；第二個階段：資訊、互動，以及處理方式的選擇；第三個階段：處理方式的執行以及追蹤；第四個階段：在最初三個認知階段中的行為，將會影響這個階段行為反應的執行與追蹤。此外，其他生態層級的因素（如環境的壓力）也被認為會影響資訊過程，進而影響父母的行為。

第三節　加害人的特質

雖然暴力家庭是一個被社會、文化、心理，以及人際間互動變項所影響的複雜系統，但是也有許多學者認為，加害人本身也具有某些人格特質，會使他們比較容易對子女施暴。例如，低自我概念即是施虐父母所普遍具有的一種特質，加害人往往認為自己是令人討厭，而且也是不值得尊敬的人。他們本身過去的生活充滿了被拒絕與失敗，在童年時期也沒有好好的被父母所養育。但是也有一些父母可能在童年時期有好的生活環境，只是他們現在必須面對相當不如意的環境，使其內心充滿不愉快和挫折感，因而將本身的壓力轉而加諸在子女身上。上述這二類父母會過度依賴他人，當面臨無法獨立行為時，他們會想要依附他們的配偶或是原來的家

庭。而當需求無法獲得滿足時，就會產生挫折感，終致產生虐待子女的行為。

Helfer、McKinney和Kempe（1976）指出，由於加害人有五項能力在兒童時期沒有學習到，使其發生虐待子女的行為，包括（轉引自Crosson-Tower, 1999）：

一、**無法使用適當的方式讓需求獲得滿足**：從童年開始，施虐父母就已經認知到，要讓他們的需求獲得注意，必須使用很激烈的方式表現出來。例如，假使他們過去對自身的要求採取平靜的表達方式，將會被其父母所忽略，但發脾氣卻會被注意時，那麼他們將學會以激烈方式表達自己的行為。由於他們很早就學習以激烈方式表達自己的情緒，加害人將不知如何以合適而平和的方式向他人表達意願與感覺，而且他們也會將此種方式用於子女身上，認為光是用講的小孩子是不會聽話，因此就產生虐待的行為。

二、**無法將本身的情緒與行動分開處理**：當子女做錯事時，加害人以體罰來取代口頭告訴的方式，也與加害人無法將情緒從行為中分開有關。在童年時期，當加害人的父（母）親生氣時，他（她）就會用體罰的方式。就這些父母而言，他們會將其憤怒的情緒轉化為行動，他們並不熟悉以口頭溝通方式表達憤怒的情緒。

三、**不能夠確實為本身的行為負起責任**：由於不願意為本身的行為負起責任，加害人會將過錯歸罪到別人身上，特別是自己的子女。在兒童的發展階段中，有一個時期個體會認為自己非常有力量，能夠影響他們周圍的任何事物。逐漸地，健康的兒童會認知到，他們並不是全能的人，他們必須對所做的事有所選擇，他們也承認自己可能做錯事。但假使兒童一直被責備，認為他們應該為錯誤負責，如此會形成他們將任何事情的責任（包括自己要負責的事）都推卸到別人身上的情形。此種現象會持續到成年，一旦為人父母，則可能將本身的過錯歸因到子女身上，尤其是發生不幸的事件時。

四、**欠缺作決定的能力**：健全的家庭會教導子女如何對日常生活事物做決定，但有一些父母會害怕喪失對子女的控制權，而不允許他們做決定。當這些兒童長大後，他們將喪失自己做決定的能力。但生活上的每一件事情都需要他們做決定，這將使他們感到無力感，而且也失去控制所處環境的能力。

　　五、欠缺報償延緩的能力：假使父母對子女的教養能夠言行一致，將會讓子女學習到生活是可以預期的，而且只要有恆心就可以獲得想要的東西。然而加害人在童年時期，父母對其教養並不具備此種言行一致的特質，在前一分鐘父母可能還是愛他們的，但是到了下一分鐘卻可能因為憤怒而打他們。喜愛的事物讓一般人感覺很好，然而加害人從童年開始就無法信任未來將會發生什麼事，使其認知好的事物必須當下就拼命取得。就他們而言，假使今天想要獲得的東西就不能延到明天再獲得，因為他們根本無法預期明天將會變成怎樣。他們所生長的環境加速他們想要獲取結果的需求，也使他們想要迅速解決問題，以及迅速從子女身上獲得他們想要的東西。假使所想要獲取的結果沒有辦法馬上實現，加害人將會再次感到無力感，並有所反應，也就會發生虐待的行為。

　　由於上述這五個因素，促使加害人對子女有不切實際的期待，希望他們的子女能夠表現出像個小大人的行為，可以照顧他們、做家事、在學校能夠表現良好。這些施虐父母具有衝動性格，以及較差的自我控制能力，因此很容易就發怒。物以類聚，加害人的配偶也可能是人格發展不健全的人，彼此都會期待對方能夠滿足他們的需求。假使這個需求無法滿足，配偶之間的衝突就會產生。由於二個人習慣以暴力解決問題，而未學習到以平和的方式來溝通，因此就會產生暴力衝突。無怪乎在許多施虐家庭中，當有一個配偶對子女虐待時，另一個配偶經常不會有明顯的制止動作。在實務上，對虐待行為的治療措施，大多都包括教導這些父母如何溝通彼此間的挫折，並以口頭溝通方式解決衝突，而減少敵對情形出現。

　　當加害人具有上述特質，若再加上一些環境因素，將很容易發生施虐行為。相較於非施虐家庭，截至目前為止，學者們已從兒少受虐的加害人及其家庭中，發現一些基本特徵。為了便於了解起見，可以將其歸類成數個重疊的範圍，包括：人口與社會變項、生物變項、認知與情感變項，以及行為變項（如表10-4所示）。

表10-4　兒少受虐加害人的人特質

變項	人口與社會變項	生物變項	認知與情感變項	行為變項
因素	1. 非親生、單親或是年輕的父母 2. 有許多子女 3. 比較低的社經地位 4. 兒童時期曾經遭受或是目睹虐待行為 5. 目前家庭內有衝突或暴力	1. 心理缺陷 2. 神經過敏 3. 心理健康問題	1. 酒精與藥物疾患 2. 情緒問題與負面的情感 3. 孤獨與社會疏離 4. 低自我概念、低自我抵抗力、外控取向 5. 壓力與失調 6. 對兒少有敵意，並且欠缺同理心	1. 欠缺問題解決技巧 2. 有問題的親子互動關係 3. 親子依附有問題

資料來源：作者自行整理。

第四節　遭受虐待對被害人的影響

　　由於遭受不同型態虐待的被害人，對其身心將有不同的影響，因此以下將分就不同兒少虐待的類型，論述其對被害人的影響。

一、遭受身體虐待對被害人的影響

(一) 影響身體上的機能

　　根據對兒少身體受虐的定義我們即可發現，被害人所遭受的嚴重身體傷害，將可能影響他們日常機能與身體健康。當被害人遭受身體上的懲罰，可能會造成一些有礙身體健康的後遺症，尤其是那些遭受嚴重身體虐待的被害人。遭受身體虐待的被害人也會有早期發展遲緩[2]、神經機能遭受傷害、嚴重身體傷害，以及皮膚上有疤痕等情形。甚且可以從那些使用

2　這些嬰兒的運動神經發育與社會性的發展比較緩慢，在到達一定的發展階段時，他們仍然不會爬行、坐，或是拿玩具。

興奮劑的兒少身上，發現曾有遭受身體虐待的經驗。受虐嬰兒的警覺性通常顯得特別的被動，他們對外在世界顯得相當被動，對玩具不感興趣，當別人要拿東西給他（她）時，也不太會有反應。等到他們上學後，對學校的事物也表現出相同的被動態度。從這些現象我們都可發現，遭受身體虐待對被害人的身體健康會造成諸多不良後遺症。但有一些問題是至今仍待釐清的（Roy, 1998）：1.被害人是否會遭受重複的身體傷害？2.身體傷害是否會影響被害人身體上的適應，以及長期的學業表現與社會機能？3.遭受傷害的情形是否會與處遇的結果有關？或許透過對被害人進行長期追蹤及定期醫療與健康檢查，比較能夠補強調查過程的不足，並且確認醫療干預的目標。

（二）發展與智力上的缺陷

有一些研究發現，遭受嚴重身體虐待可能導致被害人認知或智力的缺陷，以及語言或知覺機能的缺陷。以語言能力的發展為例，由於被害人在家裡話太多可能會讓其陷入危險，導致在語言能力的發展上也可能受到壓抑（基本上，言語表達也是認知發展的一部分）。在兒少的發展上，假使遭受虐待，將使被害人在有組織性的思考、概念化、自我概念、談話的機會，以及信賴關係的建立上都會受阻。其中，語言能力發展不良即是其中一個可能的情況（Alessandri, 1991）。兒少的認知機能可能會與照護環境的品質有很大關係，在日常生活環境中給予兒少刺激，將會影響認知的能力。

（三）認知上的缺陷

具有身體受虐史的被害人，可能會因本身的經驗發展出以暴力方式解決問題的認知。因此，相較於非受虐兒少，被害人具有較高的攻擊傾向，他們有較高傾向的社會問題、比較執著於負面的問題解決技巧，而且對未來也比較不會有長遠的規劃（Haskett, 1990）。

而這些兒童在行為方面，也可能會表現出強迫性（compulsivity）的傾向。假使加害人的虐待行為是屬於一種控制行為，那麼被害人雖然無法控制其遭受虐待，但緊接著而來的，他們將會想要控制生活的其他部分。被害人可能會合理化自己的行為，認為他（她）雖不能夠控制父母的虐待

行為，但卻可從生活周遭的其他事物（如從遊戲中，或是從自己房間的擺設中）來取得控制權。有許多的施虐家庭具有相當潔淨的居住環境，而且在生活上也有相當好的秩序，而這即是他們想要控制所處生活環境的一種指標。假使感到失去控制，將會讓家庭所有成員感到困擾。

（四）情感上的症狀

一般而言，被害人在情感上所出現的負面效應是相當多元的，可以包括：

1. 依附與自我概念

從被害人的某些行為徵兆中，可發現這些兒少具有家庭功能失調的某些指標。有一些被害人最初的行為徵兆，通常是在醫療院所中被醫師們所察覺。幼童由於四肢斷裂、瘀傷、鞭痕，以及其他可疑的傷痕而被帶到醫院，其所表現出來的行為與一般的兒童患者不一樣。整體而言，被害人哭得很少，但是在接受檢查的時候卻是歇斯底里的哭泣。若從嬰兒期開始就遭受虐待的被害人，在哭泣時可能會有很尖銳的哭聲，這與他們特殊的需求相符合。此種高頻率的哭聲會讓加害人感到極度焦慮，而會遭受進一步的虐待。當有其他兒童哭泣時，他們會憂慮，且表露出很機警的表情──很安靜的躺在病床上，並且專心的觀察周圍環境。Martin和Beezley（1976）以「過度機警」（hypervigilance）來形容這些兒童的表情。同時，他們也不會想要從父母那裡獲得安慰，但卻不斷想從醫護人員那裡獲得糖果、寵愛以及獎品。

遭受虐待將會有礙親子之間穩定依附關係的形成，並可能進一步影響被害人的認知與適應能力，諸如：個性、個人能力，以及控制感情的能力。Cicchetti（1990）針對被害人親子關係品質的研究即發現，由於遭受虐待將會使被害人出現迴避與抗拒的情形，因而造成親子之間不穩定依附關係，並可能進而造成被害人在行為上的退化現象[3]，也可能招致未來的被害以及犯罪行為。在自我報告上也發現，被害人有比較低的自我概念，對本身有比較負面的看法。

3　退化經常是被害人用以自我防衛的方式。兒童可能會發現退化到從前某個階段，是一個讓自己感覺到較為舒服的方式。像嬰兒講話、尿床，以及吸吮手指頭等行為，有時候都是兒童在下意識中用以應付其處境的方法。

2. 情感困擾

從被害人的自我報告研究資料上發現，相較於非受虐兒少，遭受身體虐待的被害人有較高的情感上沮喪，並且對未來不抱希望。有趣的是，假使根據父母的報告，則二者之間並沒有顯著的差異，這或許反映了一個事實：施虐父母可能對子女的內在症狀比較不關心或是不敏感。但是此種現象也可能是因為被害人在認知技巧上有缺陷，使其比較不會表達情感的結果（Kolko, Moser & Weldy, 1988）。

3. 創傷後壓力疾患

兒少長期遭受身體虐待除了會出現各種情感上的問題外（如較差的衝動控制、無助感、較差的依附關係），也可能出現創傷後壓力疾患（posttraumatic stress disorder, PTSD）。在應付重複的受虐行為上，被害人會出現反復記憶施虐行為，以及認為人生是很困難，加上對特殊創傷的恐懼，因而在創傷後會改變行為、態度或人格。通常這些症狀即使隨著時間改變顯得相當穩定，但仍然可能反應出個人特質缺陷的現象。在感情的狀態上，有一些被害人可能會出現情感麻木不仁到暴躁等情形；有一些被害人也可能顯現出分離、疏遠、限制的情感，並且認為人生是很艱難的；受虐嚴重的被害人則比較可能顯現出焦慮或是焦躁的症狀。此外，有受虐史的被害人，也可能出現邊緣性人格疾患（borderline personality disorder）、注意力欠缺／過動疾患（attention deficit hyperactivity disorder）、對立性反抗疾患（oppositional defiant disorder），或是過度機警[4]等人格特質（Famularo, Kinscherff & Fenton, 1992）。

值得注意的是，吾人至今仍然無法清楚地肯定，創傷後壓力疾患是否屬於一種心理上的疾患（特別是一種焦慮疾患），它也有可能是被害人對異常處境的一種正常反應，因此需要進一步研究。我們只能確定的是，從研究上顯示出：被害人在臨床上的症狀是相當異質性的，而這可能是創傷的類型、持續性，以及嚴重性的結果（Roy, 1998），甚至是個人與生俱來的特質所致。

4　「過度機警」是創傷後壓力疾患的一種症狀，與兒童身體虐待有關，特別容易發生在男孩身上。

（五）社會行為與學業上的表現

被害人在社會行為與學業上的表現，可能出現下列的現象：

1. 行為功能失常

身體受虐被害人最普遍的臨床上效應，是有較高比率的攻擊行為。其他顯現在外的行為還包括：有較多違反規定、反抗，以及偏差行為。有一些被害人其高比率的攻擊行為是直接針對兄弟姐妹、父母，甚至是非家庭的成員也有可能（Kolko, 1992）。至於外顯功能失常的行為可能與其目睹家庭暴力，以及發生於家庭內的其他因素有關（如家庭生活事件），這些都會增加家庭成員之間的言語和身體上的攻擊行為。

但是被害人在行為的表現上也可能出現退縮的現象，這經常是為了自我保護，避免進一步遭受懲罰的結果，並且會反映在他們生活的每一個環節上。事實上，這是一種變相的攻擊行為，或是對他人敵對的行為。主要是因為被害人對他們無法控制自己的生活，隱藏了壓抑的憤怒。此外，他們也看到父母使用暴力來解決問題，因而也學會了攻擊行為。有一些被害人會將攻擊行為施加在同儕、動物，或是其他成人的身上。

2. 同儕關係不良

被害人除了有較高比率的攻擊行為外，他們也可能顯現較少的親社會（prosocial）行為，並且有比較不良的同儕關係。年幼的被害人在與同儕互動時，會表現較不友善或是較不積極的態度。例如，Alessandri（1991）對學齡前被害人的研究就發現，與非受虐兒童比較起來，他們會重複較多的汽車遊戲，而較不喜歡參與團體遊戲，這可能意味著他們在遊戲行為上有發展遲延的現象。也有一些研究發現，被害人較無法與同儕有積極的互動關係，而且同儕對被害人所發動的互動行為也較不會有反應。同樣地，年長的被害人也顯現出有限的社會能力、結交問題朋友，以及和同儕疏離的現象。無法持續社會關係的被害人可能較無法顯現其同理心，或是有規劃的作為，而此種結果也可能與父母有限的社會能力，以及處在敵對、貧窮的社會環境中有關（Haskett & Kistner, 1991）。遭受虐待將可能影響被害人的社會技巧，以及與朋友互動的經驗相當有限，因此對這些被害人的干預措施可以從改善他們與同儕的互動關係著手（Cicchetti, 1990）。

被害人由於沒有學會施與受的能力，因而無法與同儕建立積極的關係。甚且他們也害怕結交好朋友，以免暴露不愉快的處境。被害人有時會出現一些不想向其他兒少示弱的行為，如逞強鬥狠或是極端的膽怯等。父母也可能會阻止被害人參與一些活動，造成被害人與同年紀的兒少關係疏離。由於父母缺乏安全感，以及欠缺支持系統，而不讓子女結交朋友。甚且由於父母本身欠缺結交朋友的信心，因此當他們的子女結交朋友時，將會使他們有受威脅的感覺。加害人也可能害怕子女與其他兒少建立信賴的關係時，將會暴露其虐待子女的事實。至於被害人此種不良的同儕關係，則很可能持續到青春期（Leigh, 1998）。

3. 學業表現

被害人的學校適應不良情況，還包括在學業上的表現不佳、留級、違反校規，以及中輟等行為。Eckenrode、Laird和Doris（1993）的研究指出，被害人有較差的閱讀和數學能力，而且留級的可能是非受虐兒少的25倍。這些被害人的求學生涯，往往因為經常的搬遷、轉換學校，以及發展遲緩等因素而無法連續。相反地，也有一些被害人可能出現適應各種人與環境的不尋常能力。就這些被害人而言，這個能力是他們得以倖存的方式。Marti和Elmer（1992）指出，由於被害人特別害怕失敗，使得這個能力可能與其接受並且不願意讓測驗員不高興有關；也可能與被害人認知到，這是他們失敗應得的懲罰有關。

（六）受虐的長期後遺症

遭受身體虐待的不幸經驗，可能會讓被害人產生長期的生、心理適應問題。具有身體傷害病史的年幼被害人在社會資訊過程的技巧上所存在的問題，不僅可以預測未來的攻擊行為，而且也在其早期身體傷害與日後攻擊行為之間扮演媒介的角色。主要是因為受虐或是家庭暴力的經驗史，與實際的弱點因素之間的交互作用之後，將會讓被害人在兒童期的攻擊，以及長大成人後的暴力犯罪行為具有相當大的關聯性（Scerbo & Kolko, 1995）。

二、遭受性虐待對被害人的影響

從過去有關兒少性虐待的研究我們發現，遭受過性虐待的被害人比

一般兒少有較為嚴重的心理與人際關係上的適應問題。其中，又以親子關係的亂倫事件對被害人的傷害最大。會帶給被害人莫大的痛苦及困擾，造成性方面的適應困難、人際關係的困難、心理上的困擾或疾病、學業上的困難，甚至感染性病或愛滋病，並導致被害人逃家或淪為娼妓（鄭瑞隆，1998）。雖然兒少適應困難與性虐待之間的決定性因果關係，無法使用現今的回溯性研究方法來證實，然而許多有關這方面的臨床與實證上研究，所累積的一致性發現，則使得研究者足以推論性虐待對被害人的行為有短期和長期的不良後果。它可能為被害人帶來痛苦、恐懼和認知混淆，並且可能導致兒童期的一些適應困擾，而妨礙正常的發展過程，及增加成年期適應困難的危險。

（一）對兒童期的影響

性虐待對被害人可能影響的科學化研究，是相當晚近的努力。不像成人方面的研究，已經累積相當多臨床上與非臨床上的樣本，大多數有關兒少的訊息都是來自於臨床上的樣本，而且在某種程度上都與兒少保護或是刑事司法人員有關。因此，有關性虐待對被害人的影響大多來自於臨床上的資料。而少數幾個非臨床樣本的研究結果，則與臨床樣本的研究結果相類似，均認為遭受性虐待的被害人比同儕有較高的情緒與行為問題。性虐待對被害人的短期影響，約可歸納為以下幾項：

1. **情緒困擾和官能異常**：遭受性虐待的被害人在臨床上的自我報告，並沒有明顯的憂鬱、焦慮和低自我概念等症狀。然而若是透過人格測驗和投射測驗，被害人則有明顯的情緒困擾問題。投射測驗可以發現被害人是否有官能異常的現象（Hotte & Rafman, 1992）。Briere（1992）指出，有許多的因素可以解釋為何研究人員無法經由自我報告的方式，來了解被害人的情緒困擾問題。第一，由於一般的測量並無法突顯性侵害為被害人所帶來的虐待特殊效應。其次，性虐待對被害人有許多顯著的影響，會經由好幾個因素來傳達。最後，有許多臨床上診斷的問題，在案發初期並沒有出現症狀，但是會隨著時間的移轉而產生。有別於被害兒少，非臨床上的成年性虐待被害人在一般的測驗上，報告了較高程度的憂鬱與焦慮現象。這種由於研究群體的差異而導致不同的

結果，有可能是因為成年樣本有較高的自我報告問題的能力，而兒少被害人報告受虐經驗的能力不如成人所致。

2. **創傷後壓力疾患**：有許多性侵害被害人會出現創傷後壓力疾患。McLeer等人（1992）的研究發現，受到性虐待的被害人比受到其他虐待型態的兒少有較多的症狀出現，特別是存在著恐懼、焦慮，和精神較無法集中等方面的問題。

3. **行為問題**：Comes-Schwartz等人（1990）的研究發現，遭受性虐待的男童與一般男童樣本比較起來，具有敵對或是行為失常的現象，被害人較少有外顯的徵狀，而對性則顯示較為關心的態度。而Boyer和Fine（1991）的研究也發現，曾經遭受過性虐待的被害人比未被害的人較有可能逃家、使用迷幻藥物。此外，曾經遭過性虐待的未成年母親，較可能虐待自己的孩子，或是讓他們被兒少保護機構帶走。此外，性虐待的特殊效應之一，往往是性行為的增加，遭受性虐待的兒少比遭受其他類型虐待的兒少有較多的性行為。Friedrich和Luecke（1989）即發現，遭受性虐待的被害人比起未遭受性虐待的兒少，自陳較多的性行為問題。而對性較為關心的行為，也明顯地與性虐待有關。大體而言，有性攻擊行為的男童往往有較為嚴重的受虐經驗，和較可能有家庭功能失常的現象。

4. **人際關係的影響**：遭受性虐待的被害人可能會認為自己與其他的同儕不一樣，但也可能是因為罪惡感作祟，而使其逃離人群。其次，由於遭受性虐待讓被害人比同儕有較多的性行為，如此一來，不但會遭受同儕的拒絕與標籤，並可能促使被害人傷害同儕。上述這些現象都可能讓被害人的適應出現問題，並影響其人際關係。例如，Gil和Johnson（1993）即發現，遭受性虐待的被害人比一般兒少較無法適應社會、較有攻擊性，以及較有社會退縮的傾向，而且也較不容易信賴他人，以及存在著較多的人際關係困擾問題。當出現這種情形時，被害人可能轉而成為加害人，也將可能造成其受到社會的制裁與處罰。

5. **認知困難和扭曲**：Mannarino等人（1994）從臨床上的觀察發現，遭受性虐待會使被害人的認知能力受到傷害，讓被害人感到罪惡

感、羞恥、自我責難、喪失信賴感，以及有烙印的後果。Manna-rino等人指出，此方面過去的實證研究相當少。有別於臨床上的觀察結果，少數的實證研究發現，多數的被害人對所發生的事情並不會苛責自己。但也有學者發現，被害人較可能會認為自己與同儕不同，會因為其他負面的事件而提高了自我責難，以及較低的人際間信賴感。但值得注意的是，由於目前累積的資料尚不多，在推論時需要非常小心，因為一個人的認知能力會受到相當複雜而多面向因素的影響。

（二）對成年後的效應

遭受性虐待的被害人在其成年後，性虐待經驗成為各種問題的主要危險因素。然而每一個被害人在成年時期的受虐待效應並不一致，有些倖存者的症狀並不多，但有些人則在許多方面的生活經驗都深受影響。就後者而言，當其試圖尋求治療時，經常會面臨許多複雜的困難與事情。而不論是輕微或是嚴重的情況，成年倖存者所顯現的症狀都是兒童期被害結果的延續。與成年被害人相同，許多遭受性侵害的倖存者在成年後，內化了許多與虐待相關的痛苦，並且經由一些外顯的行為而表現出來（如行為問題或是人際交往的困難等）。

過去有關性虐待對被害人的長期效應研究，大多數是集中在婦女的身上。然而Lew（1988）提醒我們，不論性別為何，性虐待均對被害人成年期的適應能力有所影響，只是被害人可能會因為性別的不同，而出現不同的症狀。他發現，就男性被害人而言，可能會複製了他們的被害事件，而顯現於外在的行為（如較易怒及對他人較容易有攻擊行為）；就女性而言，則較可能會內化了被害事件（如較為憂鬱）。

1. 精神上的痛苦：與遭受性虐待的兒少一樣，成年的倖存者比未曾遭受過性虐待的同儕反應了更多的情緒障礙。遭受性虐待的被害人在一生中發生情緒困擾症狀的危險性，比未曾遭受性虐待的人來得高。而不論是就臨床或是非臨床的樣本而言，學者們皆發現，憂鬱是最常報告的症狀（Saunders, et. al., 1992）。在一些性虐待倖存者中，憂鬱情緒的延續被認為是導因於習慣的背離、無力感、罪惡和無助的感覺、低自我概念等效應的累積所致。尤

其性虐待被害人經常會作惡夢，並且一直持續至成年期。甚至當有一部分被害人突然記起自己被害的事件時，會對被害情節有倒敘的現象。與作惡夢不一樣，倒敘中的人物圖像是很清晰的，使得被害人恍如又回到被害的情境之中。此種情況也與看電影不一樣，因為被害人對倒敘的情節有部分或是完全的知覺。由於倒敘的情況可能會突然就出現在被害人的眼前，使得被害人很難克服此種困境。無怪乎在這些倖存者的內心，常常存有自殺的念頭。例如，Briere和Zaidi（1989）以接受門診的婦女為樣本，發現在這些病人中，有性虐待經驗的婦女其企圖自殺的比率，是沒有遭受性虐待經驗婦女的二倍。而Saunders等人（1992）的研究也發現，曾經遭受性虐待的婦女企圖自殺的比率為16%，而未曾遭受性虐待的婦女企圖自殺的比率為6%。焦慮（甚至是恐懼）也是性虐待倖存者另一個經常面臨的情緒困擾。當被害人處在一個與他的受虐經驗有些許類似的情境中，即可能出現此種情緒。有時其間的連結可能十分明顯（例如假使一個人是在地下室中遭到性虐待，此後當他在任何建築物的地下室中，均可能出現焦慮的情緒）；然而有時候其間的關聯性則不是那麼明顯。Saunders等人（1992）指出，有性虐待經驗的倖存者，可能在許多方面顯示出焦慮的症狀：(1)認知上的反應（經由對危險的事物或是情境過度的關心與警戒）；(2)有典型的制約反應（如性機能失調）；(3)生理上的問題（如頭痛、腸胃方面的問題、背和骨盆病痛，以及肌肉緊張等症狀）。

除了習慣性的焦慮和沮喪外，性虐待的倖存者也經常有憤怒的情緒。Springs和Friedrich（1992）即發現，倖存者經常會反應出習慣性的情緒不穩定、沒有預期的憤怒感，以及害怕自己無法控制的怒氣等。這樣的感覺可能會內化成自我嫌惡與沮喪，或是轉而虐待他人（即所謂的暴力循環）。

2. **創傷後壓力疾患**：性虐待被害人在創傷後經常會因為作惡夢、倒敘、強制性的思考，以及其他PTSD而使其內心感到痛苦。例如，Elliott和Briere（1995）即發現，性虐待被害人長大成人後，出現PTSD的比率高達36%。如果遭受性虐待係屬於侵入性的傷害，則

在被害人成長的過程中，曾經出現PTSD的症狀更高達66%。雖然有許多性虐待的成人倖存者所出現的症狀，與DSM-IV中的PTSD症狀無法完全吻合，但是在強制或逃避的傾向方面，卻與PTSD相似。這最主要是因為性侵害被害人從最初被害經驗中復原的程度，往往不足以使其掌控自己的情緒，並且會因此而可能在長大成人後，強化當初被害後的無助和感覺。事實上，意識上的解離往往與PTSD一樣，會出現在遭受嚴重創傷事件和性虐待的成人倖存者身上。意識上的解離是一種心理上的防衛機制，被害人用以抗拒對和虐待有關的思想、感覺與行為上的知覺。就遭受嚴重虐待的被害人而言，其創傷可能非常巨大，使他們無法完全調整自己對事件的認知，因而強制了任何機制，使其降低對創傷完全認知的能力。與心理麻痺、失去人性及逃避一樣，被害人在意識上的解離則可能會採取將其被害事實予以遺忘的形式。根據DSM-IV的診斷，遺忘與記憶的雜亂有關，它使個人無法記起發生在身上的重要事件。Elliott和Briere（1995）也指出，有一些晚近的實證研究發現，有很高比率的性虐待倖存者對她們受虐的經驗，喪失了部分或是全部的記憶。它顯示出與虐待有關的記憶上之解離，可能與兒童早期的受虐經驗有關聯性存在，而其延續的時間相當長。解離也可能和早年受到家庭成員虐待有所關聯。記憶上的解離在表面上可能可以經由麻痺，或是將與虐待有關的經驗予以隔離，而增加倖存者的行為和心理機能的適應能力，因而有助於緩和被害人的痛苦。然而事實上它卻對被害人的適應機能卻有長期的不良結果，並且可能降低倖存者照顧自己的能力，以及妨害其適應的認知程序。例如，Leitenberg、Greenwald和Cado（1992）的研究即發現：性虐待倖存者若是使用逃避和壓抑的策略來處理所受到的性虐待經驗，將會影響成年後的心理適應。

3. **認知扭曲**：在未成年時期，個體內在對自我、他人和環境的安全模型就已形成。性虐待的倖存者往往是在缺乏信任和暴力的環境中成長，結果與虐待有關的認知便往往造成自我責難、低自我概

念[5]、負面的自我歸因、不信任自己的能力、認為自己是無助的，以及認為自己的生活充滿危險或是沒有希望。這樣的認知扭曲往往來自於對遭受性虐待反應的烙印結果，以及被害人對自己、加害人，和社會臆測內化的結果。兒少若是被其照護者所性虐待，當他嘗試了解加害人的行為時，往往會採取二分的看法，認為：「他（或她）是一個壞人，或是我是一個不好的人。」例如，Briere（1992）從臨床上的觀察發現，兒少經常會認為是因為自己的行為不對，才會造成加害人懲罰他，甚且被害人將會持續此種觀念到成年，而內化成自我責難和自己天生就是邪惡的認知。Doyle（1994）也指出，被害人之所以有自我責備的反應，可能是來自於加害人的教導。因為透過此種程序，加害人讓被害人對發生在他身上的事件感到自責與產生罪惡感，以確保被害人能夠保持沉默，不敢將性虐待事件告知第三者，並且移轉本身的罪惡感，而被害人則很可能會認為自己是罪有應得。

4. 情緒困擾的具體化：性虐待事件可能會使被害人受到過度覺醒、情緒痛苦和受虐記憶一再刺激等情形的影響，而造成被害人人格發展與人際關係技巧上的困難。因此，任何可以降低內心緊張情緒的具體行動都可能被增強，常見的行為包括：割傷、灼傷、撞牆、拉頭髮等自我傷害的行為；在極度痛苦的時候，會有一些性行為；狂鬧或是不斷清洗自己的身體以處理無知、無助的感覺；以及，有藥物或是物質濫用的行為（Briere, 1992）。事實上，這些行為經常是性虐待的倖存者企圖降低內心巨大痛苦，與平衡內在情緒的作法。當倖存者的內心感到強烈的憤怒、焦慮、罪惡、挫折、疏離或是悲傷的時候，自殘的行動將會更加頻繁。緊接著而來的情緒，往往是讓自己逃避、興奮、放鬆或是解放，然而如此一來，卻可能會導致更強烈的罪惡感或自我厭惡，並可能重複一些因應緊張情緒的行為。

---

5 就許多性虐待的倖存者而言，由於性虐待而產生的負面情緒：羞辱、罪惡感、恐懼、背叛和憤怒將腐蝕自我價值（self-worth）的概念。加害人對待被害人的方式，使得被害人認為自己就像一件物品被使用、濫用，然後再像垃圾一樣被丟棄。除非被害人能夠儘早獲得幫助，否則他們將一直抱持著這種負面的自我圖像（self-image）一直到長大成人。

5. 人際關係的困難：被害人由於長期處於情緒不穩定的狀態，以及很難有足夠的能力來處理所經歷的事件，讓他們在成人期的人際關係產生問題，將是性虐待被害人的一個可預期的結果。由於加害人是其所熟識者，性虐待事件將會瓦解被害人成長過程中，學習信任、自律的行為，以及穩固人際關係的正常能力。甚至就許多成年倖存者而言，由於對發展親密關係所需環境遭受侵犯，可能造成人際關係的衝突。Elliott和Briere（1994）發現，就成年人而言，女性倖存者報告了較多的心理恐懼。他們較可能維持單身的生活，即使結了婚，也比那些未曾遭受性虐待的婦女更可能與先生分居或是離婚。此外，他們也較可能沒有朋友、對人際關係較不滿意、較不愉快以及較為敏感，並有較多不適當的人際關係。或許在人際關係的後遺症方面，性虐待倖存者最常發生的是在性的方面產生問題。Sorensen和Snow（1991）發現，他們可能有性功能失調、對性有偏見、強制性接觸的幻想，或是有許多短暫而膚淺的性關係等情形。此外，性虐待的倖存者也較可能有浮濫的性關係，甚至成為娼妓，且在成年期較可能再度成為被害人。國內許多學者的研究發現，性傷害與少女從娼之間有密不可分的關係：許多成妓多年以前是「雛妓」、許多「雛妓」有遭受性侵、亂倫的經驗（馬傳鎮等，1996）。同樣地，國外學者Mimi和Ayala（1983）針對成妓做研究，也發現童年遭受性創傷的個案，常會有一段時間處在沮喪無助時期，而有自暴自棄的現象，且影響她們日後性偏好的取向，成為同性戀者或有性雜交情形出現（sex promiscuity）。在她們之中，有70%的人認為這個童年創傷經驗會影響她們日後從娼的決定，其中有17%的人即因此而離家。之後，為了生存而決定從娼。

三、遭受精神虐待對被害人的影響

根據兒童發展以及兒童精神醫學上的理論，兒少遭受精神虐待較可能產生內在人格特質上的適應不良現象，而延遲與扭曲兒少的發展與機能，並產生退縮與攻擊的行為。O'Hagan（1993）指出，遭受精神虐待與遭受其他類型的虐待與疏忽一樣，皆可能對被害人產生諸多負面的不良影響，

諸如：不良的嗜好、說謊、偷竊、尿床、低自我概念、情緒不穩定、降低情緒的感應性、沒有能力獨立、低成就動機、無法信任他人、沮喪、自閉、藥物濫用、賣淫、退縮（嚴重者甚至會自殺）、攻擊（嚴重者甚至會殺人），以及會虐待他人等。等到被害人成長至青春期之後，遭受精神虐待的效應將會內化成為人格的一部分。在上述這些影響中，又以：（一）親子依附關係；（二）社會能力與社會適應；（三）行為問題；（四）認知能力與問題解決能力；（五）學業成就等方面最常被關注到。

（一）親子依附關係

親子依附關係不良普遍存在於各類型的暴力家庭中。同樣地，從一些研究中也可發現，有許多遭受精神虐待兒少與母親或是其他主要的照護者之間，具有不安定的依附關係（Brassard, Hart & Hardy, 1993）。根據這些研究可以發現，在這些被害人的家庭環境中，精神上的虐待行為包括：情緒與精神上的拒絕、在行為管理上有敵意、言語和情緒上的攻擊，以及照護者與兒少之間欠缺明顯的正向互動。親子間穩定的依附關係是兒少健全發展的重要基礎，假使無法建立穩定的依附關係，將會讓兒少發展出對自己與父母或是照護者負面的看法，並將因而影響課業，以及產生問題行為。

（二）社會適應能力

相較於未遭受虐待的兒少，遭受精神虐待的被害人由於教養品質不良，使其常有較差的社會適應能力。而且不論是學齡前的兒童，或是青少年都存在著此種現象。例如，根據Brassard、Hart和Hardy（1993）的研究發現，從學齡期開始一直持續到青春期，遭受精神虐待的兒少都比未受虐兒少有較差的社會適應能力。

（三）行為問題

相較於未遭受精神虐待的兒少，遭受虐待的兒少有較多的行為問題，如尿床、說謊、偷竊等問題行為，而對同儕也比較容易有敵對的態度出現（Vissing et al., 1991）。

（四）認知能力與問題解決能力

　　遭受精神虐待不但會讓被害人有較差的認知能力，在問題解決能力上也很不好。從學齡前開始，他們就出現許多行為問題，包括：自我虐待行為、神經質、較低的自我概念、經常感覺不快樂，以及其他心理發展上的症狀。例如，根據Cerezo和Fraias（1994）的研究即發現，相較於未遭受虐待的兒少，遭受精神虐待的兒少有明顯的沮喪、低自我概念、認為自己沒有存在的價值，嚴重者甚至有自殺的傾向。

（五）學業成就

　　遭受精神虐待的兒少從低年級開始，就可發現其在學業上的表現不佳。而此種情況在整個求學過程中，將會一直持續下去。因此，遭受精神虐待對被害人的長遠影響之一，即是學業成就不佳。例如，根據Hart和Brassard（1991）的研究發現，來自低社經地位家庭的被害人在學校的表現能力有明顯的問題，也有較差的學業成就。而Perez和Widom（1994）則進一步發現，相較於非受虐兒少，被害人的智力較差，而其學業表現亦明顯不佳，此種情形甚且會一直持續至其長大成人。

四、遭受疏忽對被害人的影響

　　要清楚區分遭受虐待及疏忽兒少之間的界限可能是相當不容易的，而若是要進一步對有遭受身體疏忽的兒少與遭受精神上疏忽的兒少進行區分的工作，則可能會更加困難。但根據Erickson和Egeland（1987）的研究可發現，大體而言，多數遭受身體疏忽的被害人，也會遭受到某種程度的精神上疏忽；然而遭受精神上疏忽的兒少，則不一定會同時遭受身體上的疏忽。有些兒少可能會有充足的食物、很好的衣著以及受到很好的健康照護，但是他們的照護者卻不會注意到他們精神上的需求。因此，這些兒少是屬於情感上被剝奪的人，將會對其心理發展有不良的影響；至於遭受身體上疏忽的兒少，則可能同時在身體健康與心理發展上有不良影響。

（一）成長衰竭症候群（nonorganic failure to thrive syndrome, NFTT）

　　雖然有一些遭受疏忽的被害人身體上的症狀不是很明顯，但有一些

個案卻可能出現嚴重的身體症狀，而最嚴重的莫過於成長衰竭症候群。這個症狀是發生在受到嚴重疏忽的嬰幼兒身上時，其發育不良的症狀包括（Weston et al., 1993）：1.嬰兒的體重在標準值的50%以下，而且身高也往往低於標準值；2.嬰兒的體重和身高曾經一度在標準值範圍內；3.嬰兒的精神狀況有延遲發展的現象。

　　成長衰竭症候群可能是導因於父母不知如何適當餵食嬰兒食物，或不了解嬰兒的食量應該有多少，也可能是父母缺錢買食物餵食嬰兒。假使父母對嬰兒有敵對的態度、缺乏情感上的依附，或是將嬰兒的需求視為是過分的要求，這些嬰兒將會很快感知到照護者的感覺與態度，而使嬰兒有負面的反應。Crosson-Tower（1999）指出，成長衰竭症候群的嬰兒經常不會將情緒表現出來，他們經常由於吸吮能力不好，以及對食物缺乏興趣，而使照護者難以進行餵食的工作。有些嬰兒甚至會在餵食之後有嘔吐的現象。這些嬰兒將會退縮至內心世界，而其照護者則認為這些嬰兒不願意讓大人抱。成長衰竭症候群將可能對嬰兒造成很深遠的影響，如果這些嬰兒沒有接受治療，將會造成成長停滯，甚至逐漸衰竭而導致死亡。

　　物質上遭受剝奪是此症狀的主要因素。當成長衰竭症候群的嬰兒被帶離家庭後，只要經過適當的餵食與鼓勵，就會逐漸使其生理狀況獲得改善。但是對心理上傷害的改善程度則需視個案而異。有一些被害人即使在後來接受診療，其所遭受的情感上疏忽對心理的影響仍然會持續。例如，Polansky等人（1991）發現，那些有叛逆、敵對行為紀錄的青少年，在嬰兒期曾經被診斷為發育不良的兒童。因此，對這些兒少的處遇，除了生理需求的滿足外，心理上的復健工作亦同樣重要，而且所持續的時間應該比生理上的診療時間來得久遠。

（二）社會心理上的萎縮（psychosocial dwarfism）

　　即使是最沉默的精神上疏忽，也可能對兒少的身心發展有重要的影響，特別是在兒童生命的早年階段。就此部分，依附理論提供有效的理論架構讓吾人了解遭受疏忽對被害人的影響。因此，許多晚近對受虐嬰兒的研究大多以依附理論為基礎，而且使用怪異情境程序（strange situation procedure）來評估父母與嬰兒之間的依附品質[6]。這個具有信度與效度的評估程序最常用在：1或2歲的幼兒身上，是用以測試嬰兒與照護者關係中的嬰兒適應情形，並可以預測兒童後來在各種情境中的行為。那些與最主要照護者具有穩定關係的嬰兒，將會比那些渴望與照護者有較強依附關係的嬰兒在往後的歲月中，更有適應能力。至於渴望依附的兒童，則比較可能在認知和情感功能上出現問題（Erickson, Sroufe & Egeland, 1985）。

　　從18個月至6歲大遭受嚴重精神上疏忽幼童，則可能染患社會心理萎縮症候群（psychosocial dwarfism syndrome, PDS）。這個症狀與成長衰竭症候群類似，都是兒童在遭受精神上的剝奪後，使其成長明顯減緩的現象。社會心理萎縮症候群的兒童在身高與體重上也會低於標準值，骨骼發展遲緩，而且也有各種行為問題。在行為上，這些兒童有怪異的飲食型態（包括暴飲暴食或是偷竊食物），會混雜睡眠不良、夜晚遊蕩在外、過動或是極度的疲憊不堪（Faller et al., 1981）。這些兒童由於具有某一些心理上的特質，加上所處環境的障礙，將會阻礙其成長、發展、語言能力和社會關係。如果將這些兒童帶離成長環境，大多數的被害人都可以復原。至於心理上的癒後情況，亦需視個案而異。Leiter和Johnsen（1994）的研究即發現，各種類型兒少受虐被害人的學業表現，以遭受疏忽的兒童在學校的表現是最差的。

　　在過去有許多探討遭受虐待與疏忽對兒童敏感度發展的研究，是集中在嬰兒期以及幼童時期的研究。例如，Gaensbauer、Mrazek和Harmon（1980）等人對嬰兒及其照護者之間情緒溝通的發展所進行的研究，是比較受虐嬰兒和非受虐嬰兒之間的差異。他們觀察發展和情緒遲緩的團體發現，這個團體是遭受極端精神疏忽經驗的兒童。其他發展正常但是卻有憂鬱情緒的兒童，則被認為是因為他們在幼童時期曾經獲得很好的照護，後來卻由於和照護者分開，或是遭受精神上的疏忽而導致憂鬱的情緒。

6　這個理論主張，嬰兒與主要照護者的關係是二者後來相處關係的模型。在那些早期關係中，兒童會發展出期望別人會如何對待他們，以及對他們的請求將會作何處置的期望。兒童的行為將會依循著這些期望，並且以一種方式來促使他們所期望的關係得以永遠存在。例如，兒童的母親如果不能夠對兒童所傳達的訊息作出回應，最後將會使兒童失望，並且永遠不再尋求或接受和母親的溝通。當這個兒童進入學校就讀之後，那些古老的期望和行為模式將持續表現在他的學習、與同儕的關係，和對老師的反應上面。

此外，也有許多研究發現被害人有比較高的焦慮依附負擔，這是因為依附品質最主要是取決於父母對嬰兒所傳達訊息的回應與敏感度（Lamb et al., 1985）。

第五節　我國兒少保護措施之執行現況

　　所謂「措施」係指：針對問題的解決辦法；而所謂「兒少保護措施」則係指：為解決兒少受虐問題而採行的辦法。存在於個人、家庭、社區，以及社會層面的強化與補償因素可能會交互影響，而增加或是減少虐待對被害人的影響。諸如：父母的管教、貧窮、社區環境、文化背景、社會疏離，以及各種壓力等，都是吾人在兒少受虐預防措施上必須考慮的因素。因此，預防方案應該傾向於透過強化機能因素（如強化父母對兒少發展和行為的認知與技巧），以及減輕結構上的因素對被害人的影響（如家庭經濟困難、貧窮鄰里情況），以降低兒少受虐的可能性。

　　與國外先進國家相較之下，我國的兒少保護雖起步較晚，但隨著國際間重視兒少權益的觀念導引，再加上社會結構快速改變，兒少保護演進至今，也步入一個全新的境界，而且還在持續不斷的改善。近年來，兒童局為回應少子女化現象與兒少福利需求趨勢，以全面性關照與維護兒少權益的觀點規劃整體性福利服務，透過有關部會與地方政府橫向聯繫與資源整合提供相關服務（彭淑華，2011；張秀鴛，2010）。以下將分就兒少受虐預防的焦點、兒少保護措施執行困境等面向，介紹我國兒少保護措施之執行現況。

一、預防的焦點

　　雖然兒少受虐的預防措施可以從許多方面著手，但是處理暴力家庭的專業人員，較常從下列三個管道著手：強化父母的能力[7]、強化家庭在

7　「能力」是有關一個人在特定工作上整體表現的品質，或是適當性的評估用語。一個有能力的表現不需要是很優秀的，只要合適就足夠了。至於為人父母的能力則是指：對兒童的發展具有敏感度，以及溝通的能力（Wekerle & Wolfe, 1993）。在改善父母的能力上，通常會經由以下五種方式：改變不良適應的互動過程（如不了解兒童的說明、不良的問題解決技巧、

經濟上的自給能力，以及改變社會上使用體罰，或是其他型式暴力行為的價值觀念。其中，又以強化父母的能力受到最多人的注意。有能力的父母具有適當的育兒策略以及問題解決技巧，使他們能夠在任何的情境中，都得以適當履行養育子女的責任。父母的能力受到父母本身的因素（如父母的教育程度、養育子女的態度、過去的經歷）、兒童的特質（如兒童的氣質、健康、發展程度），以及家庭的環境（如夫妻關係、社會網絡與支持的品質、社區資源）等變項所影響。研究也顯示，預防性的親職教育可幫助父母強化所缺乏的親職認知能力，進而發揮家庭功能。例如，劉可屏（1995）指出，實施全性的親職教育有助於強化親職能力，並減少兒少受虐事件。至於全面性的親職教育則包括：各級學校的課程、社會支持網絡、父母產前產後教育、公共衛生護士家訪、嬰兒早期篩檢、公共場所的宣導、媒體的公益廣告、志工的培訓等皆可作為親職教育內容。父母的能力若是能夠改善，將有助於了解子女的身心發展、管教子女和管理家庭技巧，處理子女身心行為問題和個人壓力能力的改善，將可因而減少兒少受虐的發生率。

　　在經濟的自給能力方面，最常受到注意的兒少受虐結構上的因素是貧窮。貧窮可能在父母虐待子女的危險性上，具有間接的效應。例如，相較於經濟情況較好的家庭，貧窮家庭有比較高的壓力、比較早開始當父母，而且對照顧與教養子女的知識較為欠缺。雖然相較於增加父母能力的預防方案，兒少保護專家比較不注意結構上的危險因素，以及貧窮在虐待子女行為上所扮演的角色，對暴力家庭的預防方案仍然應該包括結合改善父母的教育程度、職業技能等訓練，以及能夠兼顧照護子女等方案著手，諸如：預防性的健康照護、親職教育、托兒與早期兒童教育方案等。

　　在社會的層面上，教育可能是減少可以為社會大眾所接受暴力行為的重要方式。由於將兒少受虐認定成社會問題是近一個世紀的事，有許多父母可能仍然抱持傳統的觀念，認為使用體罰，以及其他型式的暴力行為是管教子女的適當方式。在家庭關係、親職技巧，以及兒少發展等方面的家庭教育可能有助於未來社會大眾（尤其是未為人父母者）在不使用暴力的

負面評估兒童的行為）、改善父母的技能、改善衝動控制、改善處理壓力的能力，以及增加社會技能等方面。

情況下，能夠扮演好父母的角色。

此外，大眾傳播媒體對改善或是預防兒少受虐的工作上，也具有潛在的影響力。媒體可能會因為讚賞暴力，以及不切實際描繪家庭與兒少，而增加兒少受虐的危險性。在暴力與反社會娛樂節目，以及對兒少與其他弱者的虐待行為之間必須要有清楚的界線。而從Hay和Jones（1994）的研究資料也顯示出，不論是就兒少或是成人而言，個體若是觀看到電視上的暴力節目，都可能會助長攻擊行為。因此，媒體也可以經由提供積極而具娛樂效果的節目而達到預防的目的。

二、兒少保護措施執行困境

在兒少保護的干預措施上，由於有虐待或疏忽行為的父母經常需要很多的協助，因此有賴各種不同單位的援助，才能夠使問題得以改善。例如，父母可能需要經濟與情緒上的支持，以及養育兒童的資源，但是卻沒有任何單位可以獨力提供給父母這些協助。因此，必須透過各個單位之間的密切合作，才能夠確保父母可以依循必要的干預措施。大多數的預防性干預措施的目的，是在於直接強化親子之間的關係，但是當暴力家庭存在太多嚴重的問題，使得運用任何干預措施都無法解決的時候，為了能夠確保兒少可以受到較好的照護，可能就要考慮將這個小孩帶離暴力家庭。但是Crosson-Tower（1999）卻也提醒我們，在實務運作上仍然存在著諸多問題，是無法忽略的現象。這些問題包括：（一）施虐家庭的數量相當多，將使得社工人員在處理此類事件上，工作負荷量相當大；（二）有許多新進的工作者發現，這些事件的特性非常難以捉摸，他們無法期待這些針對加害人所進行的干預策略可以達到何種成效，而且許多施虐行為也是難以證實的；（三）對這些事件的協調工作是相當困難的，有施虐行為父母的需求非常不一致，而且這些父母也經常由於執行干預計畫能力的不足，產生很大的挫折感；（四）即使專家已經確認這些施虐家庭，由於福利預算的不足，而無法徹底改善這些家庭的問題。

而就我國兒少保護措施執行困境而言，相較於其他保護性工作，兒少保護案件所面臨的困境，非常多樣化。尤其近年來，社會福利需求的擴張，許多社會福利相關法令接踵而生，在專業人力未有相對的增加狀態下，常造成不論是直接服務或間接服務的社工員皆面臨繁重的工作壓力與

挑戰。根據黃翠紋、葉菀容（2012）的研究發現，可將我國當前兒少保護網絡在工作上容易面臨的困境歸納為以下八項：

（一）人力問題

一直以來，人力問題是保護性社工困境裡最重要的一個，而人力問題在兒少保護性領域之嚴重性又比成人保護更為劇烈，其中包含：1.社工流動率高呈現人力不足的情況：雖然兒童局自2006年起協助地方政府增聘320名兒少保護專責社工人力，使每名社工員個案負荷量降低，以有充足且專業的人力推動兒少保護工作，但是在社工工作本質的影響以及社會福利措施迅速的擴展下，人員流動一直無法補足個案需求，造成普遍式的人力不足困境；2.兒少保社工服務年資偏低：由於人力流動率快速，導致許多社工的服務年資都偏低，形成無法將過去接觸個案的經驗累積下來；復以新進社工許多都未有相關的經歷，多半都為相關科系畢業之後就進入兒少保工作服務領域，缺乏相關背景的敏感度，在做個案處遇和評估時的精準度就會有所不足。通常兒少保案件中一個成熟的社工年資應該累積三到五年，才能夠蒐集到各樣式案件來應付面對到的案件型態。然而目前直接服務社工平均年資都低於這一範圍，顯示出目前我國兒少保護社工服務年資偏低問題的嚴重性；3.兒少保社工專業訓練不足：由於人力不足、流動率高的情形，使得處理兒少保案件的社工無法專責，同時也需要處理其他類型的保護性案件，如成人保護性案件，故平時也需對各類型的案件進行課程研習，反而無法達到個案服務的精緻化效果；4.組織轉型產生的人力調配問題：部分縣市在這近年面臨合併或升格的組織調整，處於一種轉型階段。人力的部分還未得到法令上的鬆綁，人力資源也未到位，但福利需求卻早已起跑。再加上2011年底新的兒童及少年福利暨權益保障法推動之後，對防治系統有更多的要求，也需要人力來回應。在這樣一個組織轉型的過渡階段，使得原本就吃緊的人力問題更是雪上加霜。

（二）兒少保工作壓力源多樣化

社工員面臨的壓力源相當多，包括：工作負荷量太大、在工作上缺乏支持網絡致工作士氣無法提升、權益保障不足、對己身安全感到受威脅、工作情境不可控制因素及不可預知性太高，而產生無力感，尤其證照制度

施行後又面臨考照的壓力，在在都是讓社工員感受到工作負荷大，無法在社會工作領域發揮專業的阻礙。

（三）難以完全掌握案家動態資料

保護性案件最關鍵的是：就訪視當下所掌握的資訊來判斷，作為後續家庭處遇計畫之基礎。然而一個家庭的問題，乃是經年累月所產生的，無法在短期的訪視中完全的被蒐集完成。有受訪者即指出：部分案件於事後被檢討時，負責之社工可能會受到「回溯式的責問」，質疑當時的處遇判斷不夠周延。然而社工常為確保案家之家庭功能回復的最大可能性，只能夠就當時允許之情況進行資料蒐集。其次，即便是社工已積極提供協助的情況，案家仍潛伏二次衝突之危機，或是持續產生另一個問題，如此變動不居的本質，影響兒少保護措施介入的成效，使得兒少保業務的難度提高。

（四）兒少保護措施無法確實輸送到每一個案

雖然目前中央推動許多兒少保護性的政策，縣市政府也積極努力落實這些措施，然而這些措施亦可能流於形式，而無法確實地輸送到需要的個案家庭中，發揮實質的功效。另外，政策推動的同時，其背後的良善立意是否在執行的過程中被扭曲了，此舉也會影響到執行人員的意願。

（五）資源不足

資源不足的問題反映在許多部分：1.安置兒少保個案所需的資源不足，目前大多數縣市皆面臨安置機構或是寄養家庭的床位不足問題，令社工員除了評估個案情況，還需要注意安置的床位問題，無法專心處理個案問題；2.相對人處遇措施常無法落實執行。相對人處遇措施大多集中在醫療院所中，社政單位無法針對案家需要提供服務資源。最常見的就是相對人需要藥酒癮戒治服務以及精神疾病之診斷與治療，社政提出希望醫療單位可以配合提供醫事服務時，醫療單位又常遭遇無法強制相對人就醫之困境。由於無法落實執行相對人處遇措施，致兒少保護問題無法改善；3.安置機構內部的資源，如輔導、醫療等設施不健全的問題，也令社工員產生安置對孩子是否是最佳選擇的疑問。

（六）通報精確性不足以致虛擲人力於案件調查工作.

在社會大眾的通報意識普遍提高之後，所要面臨的問題則是通報精確性的問題。受訪者遇到許多通報時資料不詳，無法明確找到通報位置，但又礙於法令時間的限制，必須要在24小時內確認個案安全；其次，許多通報未確認為兒少保案件就通報進入兒少保系統，使得兒少保社工需要花大量的時間去做調查確認，虛擲人力於前端調查工作上。

（七）中央缺乏周延全盤配套計畫

近年來，中央推行諸多兒少保方案，尤其是社會安全網中的脆弱家庭方案更投入大量經費，但在第一線工作人員的感受上，卻有挖東牆補西牆的感受，缺乏全盤性的規劃和配套措施，只能夠解決眼前較棘手、較具爭議的問題，常使從事兒少保護工作人員無所適從。

（八）家庭問題多樣化

社會變遷速度快，家庭成員所面臨的壓力大、摩擦多，導致家庭功能失常的數量遽增，加以目前家庭問題多樣、變化莫測，這些問題往往無法以現有的措施解決，亦影響兒少保護措施推動效果。

第六節 小結

由於兒少受虐將會對被害兒少造成諸多長期與短期身心機能上的傷害，並招致許多不良的後果與衍生其他社會問題。過去研究發現，兒少若是有受虐待經驗者，其中輟可能性相對提高；甚且有逃家經驗者亦有較高的偏差行為。同時，受虐經驗不僅對兒少的身心戕害非常大，亦會影響其在校表現與交友，並進而可能使其成為偏差或犯罪少年。因此，如何預防兒少受虐，培育健康的下一代，當是政府所需解決的課題（黃翠紋，2000）。

持續虐待兒少的原因，是一個頗為複雜的心理過程，由於某些事件的存在，如婚姻破碎、壓力事件等，將會使父母開始產生虐待子女的行為。而虐待兒少的行為一旦發生後，加速劑（對兒少的負面情感）、調和劑

（對虐待的合理化觀點）、不良的衝動器（無法控制衝動）、增強劑（施虐的意外效果）便開始運作，使得虐待兒少的行為持續發生。因此，預防工作應該著重在早期的干預作為。在初級預防的努力方面，可以從建立周全易得的家庭支持服務網絡、婚姻美滿技巧的訓練和教育、對有嚴重不良惡習父母的強制治療、教導父母應有的管教子女態度與方法著手。此外，亦應加強高風險家庭篩選與輔導的次級預防工作，再透過完善的兒少保護防治網絡的建立，讓各個相關的專業人員得以切實負起本身保護受虐兒少的職責。

近年來，在政府及民間兒少福利團體共同努力耕耘下，我國於兒少保護措施推動上有相當多的開展，亦可見其推動效益。但另一方面，目前我國兒少保護措施仍有諸多問題有待改善，故建議可朝以下方向努力：

一、**持續推展兒少保護教育宣導**：兒少是最易受傷害且難以自我保護之一群，故兒少保護觀念與作法應擴及至成人身上，應加強主要照顧者及其家人的兒少保護教育工作。未來仍應持續強化國人對兒少人權的重視與尊重，協調民間團體以兒少人權議題為主軸，透過多元化媒體管道，教育社會尊重兒少人權，正視兒少受虐問題，全面加強預防宣導工作。

二、**保護性業務的人力資源策略規劃與管理**：社工專業在公部門體系的發展，仍需努力。如果社工養成，仍侷限於「見樹不見林」的微觀層次，社工很難在龐大的國家體制工作。唯有社工養成專業化，其他專業尊重社工的專業，對等的溝通與合作才有可能。「保障兒少人權」是一個普世價值，但兒少保護工作是勞力密集、專業密集的「高成本」服務，政府必須進行人力資源的投資。而政府未來仍應持續投入資源進行保護性業務的人力資源策略規劃與管理，從兒少保社工的工作內容、學經歷要求、薪資條件、升遷機會、職前與在職訓練、督導制度、人身安全保障、輪調制度等，進行全盤的檢視與規劃。目前公部門「不同工同酬」的齊頭點式薪給制度，並不適合保護性社工的業務性質。

三、**強化「強制性親職教育輔導」的執行成效**：有鑒於目前「強制性親職教育輔導」於各縣市之執行常有「呆帳」情形，亦即：即便開立加害人需進行「強制性親職教育輔導」，但其執行方法常與其生活相衝突而無法參與，造成執行效果不彰。故有必要全面評估各地方政府現行「強制性親職教育輔導」的執行成效。並改善「強制性親職教育輔導」之執行方式

及內容。或可找出目前各地方政府執行的「強制性親職教育輔導」之良善範例，研發更具效果的作法，並據以召開觀摩討論會。

四、控管個案數量：「降低個案量」不僅可以針對危機個案提供密集深度服務、提高服務品質，也可降低社工的流動率，留住有經驗的社工。為能有效降低個案的負荷量可採行以下策略：（一）重新檢視結案標準與程序：主管機關應研訂一參考指標供各地方政府參採，各地方政府亦可依其本身規模、服務能量、外部民間專業服務資源的多寡再微調成該地方政府適用的結案指標，降低個別社工的壓力，也可以更周延地考量結案的適當性；（二）建立個案危險分級制度：可參照家暴防治已行之有年的危險分級制度，以兒少個案的人身安全程度、家庭經濟困難程度、親屬支持系統等面向，制定危險分級量表，並根據此分級結果，調配人力與資源，將有限的人力資源集中高危機個案上，確保兒少的安全，整合現有各項兒少保福利服務，提供個案量身訂做之服務；（三）社工人員配合分級：針對兒少保案件分級的後續動作，則是亦要對處理案件之人員分級，以經驗豐富之資深兒少保社工人力來處理最複雜、最嚴重、處在最危機狀態的個案，如此可以提供高危機家庭優質的服務，也可有效紓解一般保護性業務社工的工作量與工作壓力。然而此一措施是否適合目前社工生態仍需評估，未來若有執行之可能性，處理重度危機案件組的薪資應優於一般社工；為維護重案組成員的身心健康，也應事先設定定期輪調制度。

五、持續建構後送資源：兒童局應會同地方政府全盤檢視目前各類兒少服務之需求與供給，針對嚴重不足的後送資源，如：寄養家庭、安置機構、藥酒癮戒治等，應策略性以較優厚之委外條件吸引、鼓勵民間專業團體生產該類服務。

六、規劃兒少保護社工系統性的訓練課程：政府應系統性設計教育訓練課程，針對實務上的需求提供教育訓練課程，並且有計畫地培植儲備督導人力。

七、提高通報精確性與案件過濾分級：由於部分民眾通報案件精確性不足，造成社工人員浪費時間找尋個案所在位置，更有可能錯失搶救兒少保護個案之黃金時間，甚為遺憾。因此，建議113通報專線之人員，針對有兒少受虐之虞的通報個案，應確實詳詢個案資料，並可於前端過濾案件

是否符合兒少保護案件之要件，依案件等級及需要轉給相關處理單位，而非全交由兒少保護社工進行調查，藉以提高案件通報精確性以及進行案件分級工作。

第十一章　少年事件與兒少性剝削防制

第一節　前言

　　兒童及少年（以下簡稱兒少）不僅是人類生長的重要階段，兒少的健全成長與發展，亦影響著國家社會的繁榮與進步。然而兒少正值生理快速成長、心智發展尚未成熟的階段，好奇心強但判斷和解決問題的能力不足，且不了解如何維護自身權益和保護自己，常易犯錯或被引誘、利用，造成生活適應上的問題，而影響未來的正常發展。個體行為發展乃是人與環境互動的結果，不同年代和不同地區的少年，表現會有所不同。因此，兒少犯罪問題亦往往隨著整體社會生活環境的發展，家庭結構的轉變以及個人價值觀的變化而有不同的形貌。兒少的犯行是家庭、學校、社會最為棘手的問題，面對這些孩子，如果適時加以輔導以促其改過遷善，將來仍是社會的中堅分子；然而若是未能即時導正今日的犯罪兒少，很可能是來日各類犯行的根源。目前許多已開發國家普遍面臨出生率下降及人口老化的雙重壓力，而臺灣的處境尤其嚴重。臺灣地小人稠，天然資源有限，整體經濟的發展，不僅需要足夠的資金，還要有優質的人力資源配合。然而近年來，伴隨著經濟的快速成長，國人生活型態與社會結構隨之改變。變遷之一，是數代同堂的大家庭制度逐漸瓦解，以夫妻為主的核心家庭數量逐漸增加。許多父母通常需要雙雙外出工作，致可能對兒少的照顧與教養有所疏忽。甚且父母可能因為工作、生活壓力，而導致情緒嚴重失控，不但影響夫妻感情，亦嚴重影響子女教養品質與親子關係。今日臺灣社會的離婚率屢創新高，單親家庭與隔代教養家庭不斷增加，貧富差距提高，促使更多兒少失去家庭的支柱，或提早面臨生活壓力。社會問題漸增，兒少被迫進入成年社會的年齡越早；沒有準備、提早長大的少年漸增，其適應與犯罪問題也會隨之增加。

　　對大多數人而言，家庭是最主要的社會化執行單位，特別是在早期的社會化過程中，家庭有著最大的影響力。在生命早期家庭的教化過程中，個體若能與其父母建立強而有力的感情鍵，不僅模仿和認同父母的

言行與談吐，而且彼此間能有默契，沒有代溝，則個體較容易發展出其良心和超我，而不容易陷於犯罪。至於犯罪少年或偏差行為兒少的家庭，則常缺乏對孩童的訓練、監督和關愛。從過去研究我們也發現，父母對子女的拒絕、疏忽與虐待，及父母的育兒技巧和青少年犯罪有很大的相關性（Laub & Sampson, 1988）。犯罪學研究屢次證明，於生命早期觸法者未來成為成年犯的比例相當高（蔡德輝、楊士隆，2005；Gottfredson, 1999）。被害者學研究亦指出，先前的被害者成為重複被害者或犯罪者的可能性亦是相當高（Fattah, 1997; Laub, 1997）。因此，防處兒少犯罪以及保護兒少人身安全是很重要的課題，亦應是國家的重要社會政策。長期以來，兒少犯罪一直被界定為重要的社會問題，兒少犯罪防治亟需橫跨司法、教育、社政、警政、新聞、青年輔導、勞工以及法務等相關部門，並結合社會整體資源共同推動。

「兒童及少年犯罪事件」（或稱少年事件）係指：在少年事件法中規定之未滿18歲之人觸犯刑罰（凡是刑法、刑事特別法上有明文規定之罪行皆屬之）或有觸犯刑罰之虞者，應以少年事件程序處理，而不適用一般刑事案件程序。由於與成年人犯罪之處遇有別，故正確而言，應稱之為「少年保護事件」。少年有犯罪或犯罪之虞時，主要由少年法院處理（少年保護事件），僅在特別情形時，才由有管轄權之檢察官處理（稱為少年刑事案件）。另外7歲以上未滿12歲的兒童，發生觸犯刑罰法律之行為，也由少年法庭依少年保護事件處理。而觀諸臺灣過去對兒少犯罪案件的處理，1971年公布實施的少年事件處理法是「教罰並重」，實乃「以刑罰為主」，「以教育為輔」，可稱為「迷你刑法」。本法歷經多次修正，其中又以1997年的修訂變動幅度最大，當時不但確立「保護優先主義」，為提升少年法庭的地位，在高雄市設立了少年法院，並加重少年法定代理人及監護人的教養責任、保護處分更為多元化。少年事件處理法當中，將觸法的兒少分為二個層次，第一個層次是所謂的「虞犯兒少」，第二個層次是「犯罪兒少」。成年人必須具有犯罪行為，法院始能對之追訴處罰，但為保護兒少，兒少有犯罪之虞時國家亦應介入處理。其次，為防制、消弭以兒童少年為性剝削對象的事件，於1995年公布施行的「兒童及少年性剝削防制條例」亦再次宣示社會保護未成年人，避免其受到誘惑而犯罪的決心與重要性。這些法令的基本精神，係本於政府監護權以及「預防重

於懲罰」的理念，對有觸犯刑罰可能性的兒少及早處理、加以輔導，以防止其進入更嚴重的犯罪之途。少年事件處理辦法第1條即明確指出：「為保障少年健全之自我成長，調整其成長環境，並矯治其性格，特制定本法。」

　　在少年事件中，與兒少人身安全最有關係者當為兒少遭受性剝削的行為，隨著兒少保護事件受到關注，許多國家亦開始著眼於此類事件的防治作為。我國自1985年起，隨著原住民少女屢遭父母販賣從娼情事經報章雜誌披露後，引起隔年的華西街示威抗議遊行；1987年人間雜誌又報導未成年少女被押賣從娼問題的嚴重性，將從事性剝削少女的被害生活圖像具體描繪出，社會大眾在震驚之餘，未成年少女從娼的問題漸為社會所重視，而此問題也引起婦運團體高度的關注。一開始臺灣社會將其定義為買賣人口、逼良為娼的問題，稱之為「雛妓」，警察機關採取的對策也是以取締非法色情行業為主的「正風專案」。然而在雷厲風行的掃蕩過後，這個問題並沒有真正獲得改善，許多被查獲的雛妓在風頭過後仍然重回色情行業。不過當時正值國際間對兒少人權問題產生高度關注的時刻，如1989年的「聯合國兒童權利公約」、1990年「終止童妓運動」、1992年「國際終止亞洲觀光業童妓運動」等；其中，聯合國兒童權利公約第34條規定：「簽約國應保護兒童使其免於遭受任何形式的性剝削或性虐待……應採取一切適當措施以防制、剝削利用兒童從事賣淫或其他不法之性活動……。」並呼籲將所謂「童妓」（child prostitute）、「雛妓」（girl prostitute）或「兒童性工作者」（child sex worker）等的稱呼正名為「遭受性剝削」（sexually exploited）或「遭受性虐待」（sexually abused）的「兒童被害人」（child victim）（施慧玲，2005）。另一方面，在這個時期，少女自願從娼問題也逐漸浮現，廣博慈愛院分析其在1989年3月至1990年3月所輔導的少女個案時發現，85名裡只有19名是被迫，其餘79名皆是自願從娼；而自願從娼者中，有八成以上是來自小康家庭，負擔家庭經濟的因素並非其從娼主因（陳志東，2002）。而自願從娼的問題也改變了長久以來處理該問題的焦點，對於未成年人而言，由於其獨立判斷或獨立選擇的能力尚未成熟，因此在法律上對兒少的問題行為才要特別的寬恕或保護。換言之，「自願從娼」其實是成年人的社會，對身心上未成熟兒少的一種性剝削與虐待現象。在這樣的認知下，我國社會逐漸從兒少保

護觀點來探討該問題,開始將未成年性剝削視為「性剝削、性虐待」下的被害人,並認為雛妓是兒少虐待的一種型態(勵馨基金會,1997)。

本章的重點將聚焦於兒少性剝削問題及其防治作為,但為了解我國兒少犯罪問題之全貌,將先從兒少犯罪現況與趨勢出發,繼而探討兒少從事性剝削的現況與成因、兒少性剝削事件處理現況以及兒少性剝削防治作為等議題。

第二節　少年司法之理念與趨勢

為指導各國少年刑事政策原則,聯合國第6屆預防犯罪和罪犯待遇大會1984年5月於北京召開「少年犯罪與司法」,通過「聯合國少年司法最低限度標準規則」(又稱北京規則),並在1985年第7屆預防犯罪和罪犯待遇大會確認(聯合國大會1985年11月29日第40/33號決議),成為聯合國關於少年司法的正式文件。根據「北京規則」第1條第2項:「會員國應盡力創造條件,確保少年能在社會過上有意義的生活,並在其一生最易沾染不良行為的時期,使其成長和受教育過程盡可能不受犯罪和不法行為的影響。」第1條第6項進一步規定:「應逐步建立和協調少年司法機關,以便提高和保持這些機關工作人員的能力,包括他們的方法、辦法和態度。」而在1990年生效的「兒童權利公約」(CRC)則進一步制定與少年司法相關的指導方針,強調在涉及兒少問題上應以其最佳利益為首要考慮因素。CRC第12條還保障:應讓有能力表達自身觀點的兒少,有權表達自己的觀點。就少年司法而言,這意味著少年犯應有權參與他們作為當事方的任何司法或替代程序。而涉及少年司法的CRC條款,還有第37條和第40條。

聯合國大會接續在1990年12月14日通過「預防少年犯罪準則」(利雅德準則)(第45/112號決議),基本原則特別強調:一、預防少年觸法或犯罪是社會預防犯罪的關鍵。少年透過從事合法、有益社會的活動,對社會採取理性態度和生活觀,就可以形成非犯罪的態度;二、要成功預防少年犯罪,就需要整個社會進行努力,確保少年均衡發展,從幼年期即應促進其人格正常發展;三、為詮釋本準則的目的,應遵循以兒少為中心的

方針，促其積極參與社會活動，而不應僅視其為社會化或社會控制的對象；四、在實施本準則時，根據國家法律制度，少年從其幼年開始的福利應是任何預防方案所關注的重心；五、應該認識到：制定進步的預防少年犯罪政策，以及系統研究和擬定詳細措施的必要性和重要性。這些政策措施應避免對未成年人造成嚴重損害其發展或危害他人行為的兒少給予定罪和處罰。此後，2007年所公布的CRC第10號一般性意見書有關「少年司法中的兒童權利」再次強調：若要全面履行公約，在程序權利、制定和實施不訴諸司法審理程度處置觸法兒少的措施，以及作為最後的手段才採用剝奪自由等方面，然而許多締約國仍有相當長的路要走。

　　而在臺灣，「少年事件處理法」亦仿效先進國家作法，以保護優先主義為立法精神的特別法。本法第1條規範：「少年司法的目的為保障少年健全之自我成長，調整其成長環境，並矯治其性格。」再者，本法兼具實體法及程序法之性質，其特色除保障兒少健全成長之立法目的及保護優先的立法原則外，尚可見許多福利取向的措施。本法自1962年1月31日公布施行後，對於兒少犯罪自受案開始，至調查、審理、處遇、執行，早已有一完整理論架構與設計；至2005年5月18日業經8次修正，除處遇方式改採多樣化處遇外，立法目的觀念亦隨時代修正改變。立法原則自所謂「教罰並重」原則，變更為「宜教不宜罰」原則，乃至揭諸「保護優先主義」原則。而修法理念均係站在少年比成人可塑性高之觀點出發，希望自成年觀護制度中，獨立出一套不同成年之處遇與執行方式，以達到促使兒少健全人格，調整其環境，使其悛悔向善之目的（黃義成，2016）。

　　「少年事件處理法」以1997年間之修正幅度為最大，當時不但確立「保護優先主義」，並於1999年9月15日成立全國第一所專業法院—於高雄市設立少年法院，提升少年法庭的地位，以回應社會對提升少年司法專業效能之期許。此後，考量兒少犯罪事件與家事事件發生的原因具有高度關連性，兒少之所以犯罪，家庭因素常居首位，而家庭功能不健全是兒少人格偏差與行為違常的主因；成立專責機關專業處理少家事件，以強化及提升全國少家事件專業處理能力，是法治先進國家之趨勢。因此，1999年7月全國司法改革會議決議：建請司法院研究設立家事法院，本案業經立法院於2010年11月19日三讀通過司法院送請審議之少年及家事法院組織法草案，並於2010年12月8日由總統公布，施行日期由司法院以命令定

之。在當今家庭功能不健全致使少年性格偏差、行為違常，以及法制先進國家紛紛設立少年及家事專業法院之際，別具意義。

長期以來，我國少事法的適用對象有二，一是觸犯刑法的少年，二是虞犯。然而虞犯是否為少年司法處理對象？一直有不同的見解。英美法系認為國家為兒少之最高親權人，在兒少的父母不能或不宜行使親權時，國家須負起親權責任。可知：英美法系的少年司法制度具有福利性司法、柔性司法之特質（蔡坤湖，2015）。為符合CRC有關兒少權利保障規定，避免兒少權利受到侵害，並積極促進兒少權利實現，立法院在2019年5月31日三讀通過「少年事件處理法」部分條文修正草案，係自1997年修正公布全文87條以來，最大幅度的修正，更是與世界少年司法權益潮流接軌的重要里程碑。本次修法的重點之一，為去除「虞犯」的標籤，將「虞犯」改稱為「曝險少年」（Risk Exposure Teenage），以少年暴露於觸法邊緣危險程度和如何維護少年健全成長權為評估重點。再者，因應大法官釋字第664號解釋案，關注的逃學、逃家行為不再被視為「犯」行，而縮減列管行為態樣，將舊有七款虞犯列管行為刪減，曝險少年僅餘「無正當理由經常攜帶危險器械」、「有施用毒品或迷幻物品之行為而尚未觸犯刑罰法律」、「有預備犯罪或犯罪未遂而為法所不罰之行為」等三款（黃翠紋、戴韶銘，2023；蔡青芸，2022）。然而這些少年的輔導機制為何？應如何輔導才能避免再次犯罪，則考驗著少輔會與少年警察隊之間的合作關係，也有賴整合教育、社政、衛政、勞政、毒品防制等單位共同合作。

第三節　曝險少年之現況與輔導策略

少年曝險和犯罪行為是一個代價高昂的社會問題。雖然全球的犯罪率有下降趨勢，但全世界每年被捕和定罪的少年人數仍非常高。例如，根據世界衛生組織（WHO, 2020）的統計，全世界每年有20萬起凶殺案發生在10至29歲的青少年，使其成為這一年齡層的第四大死因。青少年殺人率在國家之間和國家內部差異很大。在全球範圍內，84%的青少年殺人案被害人是男性，而且大多數行凶者也是男性。而曝險少年之輔導策略的主要目標，則是為這些少年提供他們可能需要的協助和監督，以幫助他

們擺脫犯罪惡性循環，成功過上正常的生活並避免犯下更嚴重的犯罪行為。晚近有關終止犯罪之輔導策略，特別強調應採行風險－需求－回應模型（Risk-Needs-Responsivity, RNR），以及美好生活模式（Good Lives Model, GLM）之原則。此外，在許多西方國家的刑事司法系統和其他社會服務部門（例如社會福利、兒童保護、心理健康等），為能提升再犯風險管理之品質，乃透過第四代風險評估原則，除有越來越多的專業人士使用風險／需求評估工具，它們提供對風險和需求的客觀、精算衡量，藉以消除武斷的決策、偏見和成見，從而導致更有效、更公正的分類和理性、公正的決策，並透過建構安全防護網之方式，期能整合相關公、私部門之資源，達到再犯預防目標（Thompson, 2017; Moffat & Maurutto, 2004）。

接續將介紹曝險少年輔導工作之依循原則——風險－需求－回應模式，以及美好生活模式後，再介紹國際社會最常使用的少年犯罪風險評估工具——服務程度清單（Level of Service Inventory, LSI），作為未來少輔會在輔導曝險少年工作之參考。

一、風險－需求－回應模型

過去研究顯示，以證據為導向的處遇輔導措施，鼓勵決策者和曝險少年針對所實施的計畫進行評估並追蹤是否再犯，以確定輔導計畫的有效性（National Research Council, 2014）。其次，許多研究在在顯示，對少年個案的工作理念會影響更生保護計畫執行的效果，若能採取對被監督者的尊重、建構良好關係並共同討論問題解決的方式，可以激發個人改變的動力，從而有助於促進犯罪行為的終止。因此，實務工作者必須採行社會工作的助人模式，協助少年個案克服生活上實際障礙，例如解決失業和藥物濫用問題，並透過協助少年個案培養就業技能或是參加藥物濫用治療的處遇計畫。反之，當社區矯正人員係採取執法導向的監控模式時，效果則相當有限。例如，英國所採行的犯罪者綜合管理計畫，已被證明成效非常良好（Senior, Wong & Culshaw et al., 2011）。為達此目標，大量研究強調應採行風險－需求－回應模型的評估方式，對於有效干預和改善少年個案的問題以減少再犯，有相當不錯的效果。

它採取以下三個基本原則：（一）風險原則：對犯罪者干預的程度應與再犯罪的風險相匹配，將更密集的干預措施集中在中等和高危險群體，

風險較高的犯罪者接受更多的治療，因此必須先準確預測犯罪者的犯罪行為，而且治療應側重於風險較高的犯罪者；（二）需求原則：干預措施只應針對與再犯直接相關的因素，如果過於關注其他社會需求，則可能會忽視預防犯罪的工作角色，因此強調犯罪原因與需求的評估，在治療計畫和實施中的重要性；（三）回應原則：根據個人的獨特特徵（回應性）制定支持模型，強調犯罪者與實務工作者之間應建構良好互動關係，並透過認知行為治療方法教導犯罪者學習新的行為，過程中應該針對犯罪者各種特點的了解，如語言理解能力、文化、人格、智商、焦慮程度、學習風格和認知能力等特點，從而強化犯罪者的參與動機和降低再犯風險程度，藉以協助犯罪者調整學習方式、動機和親社會的能力。就少年處法事件而言，有效的社會認知學習策略都須根據以下兩個原則運作：（一）關係原則：實務工作者需與少年個案建立良好、尊重與合作的工作夥伴關係；（二）結構原則：透過適當的正增強、問題解決技巧等來影響少年個案朝向親社會行為的方向變化。當對少年個案的犯罪風險與需求進行準確評估後，接續的輔導或治療則應該根據評估的結果來執行，亦即：干預計畫應與少年個案的特徵相匹配，這些特徵包括：認知功能、心理健康問題、人格問題和創傷反應（黃翠紋、斯儀仙，2018；Andrews, 2011; Bonta & Andrews, 2007）。

二、美好生活模式

　　晚近曝險少年及犯罪者處遇計畫相關研究文獻大多倡導：應該關注犯罪者的個人優勢而不是過分強調犯罪風險，才能有效強化少年個案改變的動機。其中，最受關注的是由Tony War在2002年所提出「美好生活模型」，最初是用於治療性犯罪者而開發的，目前已經廣泛運用到各類型的少年犯與成年犯處遇工作中（Netto, Carter & Bonell, 2014）。與傳統的處遇方法不同，GLM採用整體方法，它的核心假設是：所有人在生活中都有相似的願望和需求，並且制定和選擇目標、制定計畫並根據實際情況採取行動以實現這些目標。人類共同的基本需求包括：健康的生活和功能、知識、表現出色、有理想的工作、自主和自我導向性、擺脫情緒起伏和壓力讓內心平靜、良好社交網絡（包括親密、浪漫和家庭關係）、尋找生活的意義和目的、幸福感，以及具有創造力。對少年犯可能過上美好生

活的構想還應包括：對他／她而言，現實的可能生活方式之具體理解或能力。因此，應該注意每個少年個案的能力、人格特質、興趣、技能、深度承諾和支持網絡（Ward, 2002）。而少年個案常因為社會資本不足，導致使用犯罪的方式獲取這些目標；反之，當少年個案具有足夠的能力和優勢來實現其個人目標和需求時，犯罪的風險會降低。犯罪需求可能反映個體的次要物品是有害的（例如依靠反社會的同伴來獲得友誼；濫用藥物來獲得內心的平靜），或是獲得主要商品能力或技能存在障礙，如不良的情緒調節可能會阻礙獲得內心的平靜；衝動性可能會阻礙實現個人選擇和獨立性，專注於工作和／或正當休閒娛樂的能力（Willis, Ward & Levenson, 2014）。

　　根據GLM的基本原理，輔導措施應讓少年個案能夠實現對個人有意義的目標或發展必要的知識、技能和機會，以便能夠在沒有犯罪行為的情況下滿足他們的人生價值（Lutz, Zani, Fritz, Dudeck & Franke, 2022; Ward & Stewart, 2003）。根據GLM，輔導人員的任務是與少年個案一起工作，協助少年個案透過親社會手段獲得初級商品，將可減少參與犯罪行為的需求，工作內容包括：（一）評估對少年個案重要的初級商品有哪些；（二）確認阻礙少年個案追求或滿足主要商品能力的內部和外部能力或條件[1]；以及（三）協助少年個案建立能力以及獲得基本商品所需的技能（Mallion, 2021; Netto, Carter & Bonell, 2014）。至於美好生活模式所定義的十一種初級商品，如表11-1所示。

表11-1　美好生活模式所定義的十一種初級商品定義

	初級商品	定義
1	健康的生活和功能	生存、身體健康和機能的基本需求。
2	知識	感覺對個人重要的事情瞭如指掌。
3	有理想的工作	追求個人有意義的工作，擁有掌控感。
4	表現出色	從事娛樂活動，給人以享受和技能發展的感覺。

1　內部能力是指：認知、心理和行為能力，而外部能力是指：非正式社會支持或就業的可用性等（Lutz, Zani, Fritz, Dudeck & Franke, 2022）。

表11-1　美好生活模式所定義的十一種初級商品定義（續）

	初級商品	定義
5	自主和自我導向性	建立自主、權力和獨立的意識。
6	良好社交網絡	對具有相似興趣和價值觀的更廣泛社交網絡，並且擁有歸屬感。
7	友誼和關係	以溫暖和深情的方式與他人建立良好的關係（包括親密、浪漫、家庭關係和友誼）。
8	內心平靜	遠離情緒動盪和壓力，有效管理負面情緒。
9	幸福感	對當前生活的幸福感和滿足感。
10	具創造力	透過新穎和創造性的方式表達自己。
11	過有意義生活	尋找生活的意義和目的。

資料來源：Mallion, J. S. (2021). Good Lives Model: Importance of Interagency Collaboration in Preventing Violent Recidivism. *Societies*, 11(3): 96.

　　由此可知，GLM輔導工作核心即是：先確認少年個案過上美好生活的障礙，再協助他們培養應對這些障礙的技能，透過社會可接受的方式獲取這些目標（Kazemian, 2015）。GLM的支持者認為，它可對應到RNR模型的每個方面。可以根據少年個案的風險程度改變監管強度並納入風險原則。回應性原則是納入少年個案認為重要的目標。但應該注意的是，GLM在此方面與RNR中對回應性原則的解釋有些不同，因為前者是針對少年個案的需求，而後者則認為輔導策略應該是與少年個案犯罪風險相匹配，因此兩者的切入點有很大的差異。在GLM中，犯罪需求被認為是「過上美好生活的內部或外部障礙」，而且非犯罪需求——即與再犯罪無關的需求——被認為是讓受刑人參與相當重要的因素，換言之：與再犯沒有直接關係的因素，可能仍然是GLM模式的重要組成部分，解決這些問題可以協助受刑人繼續參與治療計畫。

　　RNR模式不僅關注犯罪的風險，還關注引發或預防犯罪行為的個人需求，以及個人對各種處遇措施做出反應的能力。相較之下，GLM模式旨在透過讓少年個案過上「美好生活」（即有意義和充實的生活）來降低犯罪的風險（Lutz, Zani, Fritz, Dudeck & Franke, 2022）。GLM模式強調臨床心理學模型在輔導與處遇中的作用，認為犯罪處遇的主要目標應該

是提高少年個案的福祉和能力，讓他們有能力滿足自己的需求，追求他們的興趣，從而過上幸福、充實的生活（Murhula & Singh, 2019）。提倡GLM模式作為曝險少年輔導的理論架構，部分原因是由於RNR模式的個案高流失率，因為RNR模式將GLM所著重的因素視為浪費資源，或超出刑事司法系統的職責範圍，最好由其他機構提供服務。無論如何，時至今日，越來越多人認為，由於這兩種方法的實踐目標非常相似。而過去研究也顯示，GLM可以提高遵循RNR原則方案的有效性。然而方案的有效性取決於GLM在實踐中是否能夠被適當操作。透過適當的操作，GLM能夠讓犯罪風險降低，同時讓受輔導者過上有意義和充實的生活。然而，若是GLM的操作錯誤，則不僅可能導致治療無效，甚至會造成更高的再犯罪率（Willis, Ward & Levenson, 2014）。因此，在服務過程，應該整合不同政府部門，並研究如何整合這兩種觀點，提供跨部門的合作，才能有效發揮再犯預防的效果（Andrews, Bonta & Wormith, 2011）。

三、少年犯罪風險評估工具

使用風險評估工具對犯罪者進行分類，在北美的刑事司法系統中有著悠久的歷史。這些工具在刑事司法程序不同階段，提供實務工作者在判刑與處遇的決策參考。風險評估工具的信、效度非常重要，因為它可能對社會大眾、刑事司法系統以及受輔導個案的影響非常巨大。對於少年個案而言，使用不準確的風險評估工具可能導致資源浪費和分配不當；反之，若是少年個案應該接受密集的輔導，甚至需要移送少年法庭，卻因為判斷錯誤，將可能讓少年犯下更嚴重的犯行，不僅危害社區安全，也會減損民眾對少年司法系統的信任度（Fazel, Burghart, Fanshawe, Gil, Monahan &Yu, 2022）。

迄今為止，光是美國各司法管轄區正在使用的風險評估工具就超過六十種。這些工具在形式、長度和內容上各不相同。最簡單的工具完全依賴犯罪紀錄，而其他工具則添加簡短的犯罪者面談問項，將結果整合到一個單一的風險評分中。還有一些風險和需求評估工具，需要進行長時間的訪談。除了風險分類之外，這些較長的工具還有助於評估與犯罪行為相關的可治療需求的嚴重程度（導致犯罪需求）（Fritsche, Rempel, Tallon, Adler & Reyes, 2017）。而在歐洲，歐洲委員會和歐盟成員國的刑事司法

當局並未廣泛使用風險評估工具，目前已經有一些歐洲國家將在北美推出的工具導入該國，也有一些國家成立委員會來研究評估工具在刑事司法體系的使用（Chlioudakis, 2020）。值得注意的是，目前在各國所使用的風險評估工具，大多數係以RNR模型的原則來設計。當RNR的三項原則能夠在處遇過程中確實遵守時，都會獲得不錯的效果，但若只遵守三個原則中的兩個時，效果會下降到很小；而當不遵守RNR原則時，不僅影響輔導效果，更可能增加再犯率。顯示：在少年司法實務中，利用RNR模式可有效減少和應對少年犯的再犯風險。更重要地，在實務上必須確保所使用的風險評估工具是具有信、效度，因為這將影響許多決策所依據訊息的準確性，也會影響少年個案的權利（Gordon, Kelty & Julian, 2015）。

　　而在眾多評估工具中，最常被使用的工具是服務程度清單（Level of Service Inventory, LSI）。本工具的編制始於1970年代末期，由Don Andrews領導加拿大溫哥華的一些觀護人進行工具開發工作，他透過定期與觀護人討論，期能客觀評估受刑人的再犯風險因素，以便在安全管理等級和處遇等方面做出合理的決定。到了1982年，本工具已經歷6次修改，並在1985年被安大略省社區矯正部門正式採用，之後並引用到評估受刑人是否適合安置到中途宿舍。此後，安大略省監獄系統所使用的LSI研究一直持續進行討論與修改，在1996年，LSI全面運用到加拿大的所有矯正機關，後來並擴及到其他國家（Bonta, 2018）。本工具係以風險需求回應模型為理論基礎，屬第三代風險評估工具，日後並結合案件管理系統，而成為服務程度／案件管理量表（LS/CMI）（為第四代風險評估工具），是刑事司法系統使用最廣泛的工具，作為犯罪者再犯監督的工具（Gordon, Kelty & Julian, 2015）。LS/CMI是一個功能齊全的案件管理工具，可用於評估少年和成年犯罪者的風險和需求因素，協助司法、法醫、矯正、預防和相關機構的專業人員，在為犯罪者制定處遇計畫和個案管理時所使用。目前已經有許多國家（加拿大、美國、英國蘇格蘭、澳洲、紐西蘭、新加坡、日本、德國、西班牙和歐洲許多國家）使用本工具（Schmidta, van der Meera, Tydecksc & Bliesener, 2018）。

　　少年犯罪是一個代價高昂的社會問題，受到學者和政策制定者的高度關注。而依照RNR模式，據以開發少年犯罪的風險評估工具，已成為許多國家少年司法系統的標準處遇程序。而根據此模式之原則而開發的

少年服務程度／案件管理清單（Youth Level of Service/Case Management Inventory, YLS/CMI 2.0），已成為一種被廣泛使用的標準化工具，它由八個領域的42個項目組成：犯罪前科、家庭環境／養育子女、教育、同伴關係、藥物濫用、休閒／娛樂、個性／行為和態度／取向。每個題目以存在或不存在計分，若存在該題項則計為1分，最後加總起來一個總風險評分，範圍從0到42。研究顯示，YLS/CMI在評估不同性別以及不同犯罪類型（一般與暴力犯罪）的少年犯，都具有良好預測（Goodwin, Brown & Skilling, 2022; Li, Chu, Xu, Zeng & Ruby, 2019）。本工具的內容，如表11-2所示。

表11-2　少年服務程度／案件管理清單的內容

評估領域	內容說明
過去和現在的罪行／處置	少年的犯罪歷史，包括前科犯行、不遵守規定以及曾有緩刑或拘留處分。
家庭情況／養育子女	少年犯與父母之間的關係不佳，以及父母監管不足和管教不當。
教育／就業	參與教育或就業有問題，包括在學校或工作場所存在破壞性行為、與同齡人／同事和教師／主管之間存在衝突。
同伴關係	與不良友伴交往，以及缺乏正向行為友伴。
藥物濫用	偶爾或長期使用毒品或酗酒，以及是否因而與反社會行為有關，並助長違法或違反命令。
休閒／娛樂	缺乏正向興趣，並缺乏參與親社會活動和積極的興趣。
性格／行為	與反社會行為和精神病學診斷相關的人格和行為模式與犯罪活動有明確和重要的聯繫，例如自尊心低落、挫折容忍度差和罪惡感不足。
態度／方向	非常規的反社會信仰、價值觀和犯罪態度。

資料來源：Li, D., Chu, C. M., Xu, X. Zeng, G. & Ruby, K. (2019). Risk and Protective Factors for Probation Success Among Youth Offenders in Singapore. *Youth Violence and Juvenile Justice*, 17(2): 205.

各國少年司法系統對風險評估工具（Risk Assessment Instruments, RAI）的使用，在過去二十年已經呈現大幅增加的趨勢。使用這些工具的目的是確認每個少年對社會構成的風險程度，並根據評估的犯罪風險程度

做出客觀的少年司法處遇決定，例如交由社區輔導或保護管束。RAI的使用透過關注少年的需求而不是犯罪行為來改善輔導決策，可以減少少年家外安置的決定。以美國為例，少年法庭每年審理案件超過100萬件，許多少年被關押在不同地點的住宅設施中，美國納稅人每天為每個少年花費大約241美元，而若能準確的使用風險評估工具則可大幅減少這些成本（Soderstrom, Childs & Frick, 2020）。更重要地，若是社區輔導有效，更可避免少年墮入重複犯罪的惡性循環。反觀臺灣，雖然早在2019年少事法修法，已經確認曝險少年行政先行之重大變革，然而曝險少年之輔導機制如何運作？應採行何種輔導策略，才能發揮曝險少年輔導效果？則迄今尚未有具體之討論，相較於其他國家之現行作法，政府相關部門實應迎頭趕上，否則難以發揮立法之效果。不僅如此，我國經過數十年的努力，好不容易在各地方法院均設立少年法庭，然而少年法庭在2023年7月起有關曝險少年輔導工作將退居第二線，少輔會與各政府部門能否建構曝險少年輔導機制，值得持續關注。

第三節　兒少遭受性剝削的成因與影響

　　1995年7月13日立法院三讀通過「兒童及少年性剝削防制條例」[2]，並於同年8月11日由總統公布施行，是我國最早通過的性別暴力防治專法。所秉持的立場即認為：不管兒少從事性剝削是否出於其本身意願，必須予以禁止從事性剝削的理由不僅是買賣人口的人權問題，還有國家有義務保護兒少健康的成長。因此，該法訂定的目的是為了保護兒少身心發展，免於遭受成人世界的性剝削或誘惑。本質上，本法是為社會立法，以救援、

2　歸結「兒童及少年性剝削防制條例」的立法理由主要有：「（一）據估算，臺灣當時有數萬名十八歲以下少女被賣或被騙從事色情行業，但警察單位數年來破獲雛妓案件僅一、二千人，相較餘數萬名雛妓，顯然執行不力。（二）主管機關在硬體設施方面，無足夠空間來安置、保護及教育被救援的雛妓，導致不少雛妓被保護半年後，又重操舊業。（三）當時刑法對加害者，或無處罰規定、或處罰太輕、或係告訴乃論罪，無法抑制人口販賣或媒雛妓的現象。（四）兒童福利法及少年福利法對於雛妓防制之教育宣導並無規定，對雛妓安置保護之規定亦有缺失。（五）雛妓防制如有統一之法律，有助於雛妓防制工作的落實。」參閱勵馨基金會（1997）。淺談「兒童及少年性剝削防制條例」之訂定緣由及立法過程——兼談施行困境及我們的期待，律師雜誌，212：33。

安置、保護等作為，期使有效防制以兒少為性剝削對象之事件。「兒童及少年性剝削防制條例」自三讀通過迄今，面臨社會風氣丕變、家庭功能轉變、網際網路普及導致兒少從事性剝削的型態迥異於前等因素，短短數載，已歷經6次修法。其間，大法官會議解釋釋字第623號亦針對「兒童及少年性剝削防制條例」第29條是否違憲做出說明，另行政院業於2010年7月22日院會通過「兒童及少年性剝削防制條例」修正草案，以求因應。以上皆顯示出，「兒童及少年性剝削防制條例」為力求符合時代與社會之需求，而一再更易，但其是否足以回應現實世界的變化，以達防治之效，不難發現有其困境存在。

　　2015年因應「兒童權利公約施行法」之通過，更名為「兒童及少年性剝削防制條例」，將從事性剝削行為的兒少視為被害人，建立救援、安置保護機制，並對犯罪者科以刑罰；該法賦予警察的角色主要為犯罪偵查與兒少救援工作。依據聯合國「兒童權利公約」第34條及「兒童權利公約關於買賣兒童、兒童賣淫和兒童色情製品問題的任擇議定書」，透過利益（如現金、物品或勞務）交換而侵犯兒童少年及其權利，即是對兒童及少年的「性剝削」。依據本條例第1條立法意旨指出：為防制兒童及少年遭受任何形式之性剝削，保護其身心健全發展，特制定本條例。依據本條例第2條第1項，兒童或少年性剝削，指下列行為之一者：一、使兒童或少年為有對價之性交或猥褻行為；二、利用兒童或少年為性交或猥褻之行為，以供人觀覽；三、拍攝、製造、散布、播送、交付、公然陳列或販賣兒童或少年之性影像、與性相關而客觀上足以引起性慾或羞恥之圖畫、語音或其他物品；四、使兒童或少年坐檯陪酒或涉及色情之伴遊、伴唱、伴舞或其他類似行為。本條例中的被害人係指：遭受性剝削或疑似遭受性剝削之兒童或少年。近年來，網路及數位科技發展迅速，經常發生私密性影像或圖片不斷於網路散布，為杜絕此類案件發生，政府於2023年2月15日修正「兒童及少年性剝削防制條例」，創設性影像移除下架機制，明訂網際網路平台業者有先行限制瀏覽、移除性影像相關網頁，及保留犯罪網頁180天供檢警司法機關調查之義務，期能杜絕性影像再遭散布，以完善被害人保護服務。

　　為了解我國兒少從事性剝削的現況，以下將先分析兒少從事性剝削的原因，再就兒少從事性剝削的類型以及性剝削行為對兒少所造成的影響來

分析我國兒少從事性剝削的現況。

一、兒少遭受性剝削的原因

　　在早先原住民少女被迫賣淫遭媒體披露外，現今社會還面臨許多在求學階段，本應天真爛漫的兒少在自願的情況下從事性剝削，這讓成人世界大惑不解。究其原因，經歸類可將其分為：家庭因素、經濟因素、社會因素及個人因素等四個主要原因，並在下一段詳述。而觀諸兒少從事性剝削的方式，除傳統的透過散發廣告、簡訊攬客或至酒店、應召站、交友中心等一般交易模式外，今日由於網際網路發達，並成為青少年主要的溝通管道之一，透過網路的性剝削案件快速增加，尤其在網路發達的都會區中最為嚴重，勵馨基金會甚至發現少男性剝削幾乎百分之百是透過網路媒合（勵馨基金會，2007）。不過網路援交案件因無被害人，發現不易，大部分都需靠警察人員網路巡邏才能發現，而且網路增加了性剝削的可近性與便利性，援交者無須透過他人介紹或色情業者媒合即可接案，而也因為此種便利性，許多兒少可能會因為一時的衝動、好玩或好奇而上網發布性剝削訊息，不見得是真正想要從事性剝削。然而以我國現行兒童及少年性剝削防制條例規定，無論是否實際從事性剝削，只要在網路上發布性剝削訊息都已構成違法事實，在實務上，進行網路性剝削的兒少同樣要進入司法矯正流程中。另外，實際從事性剝削行為對正值發育階段的兒少在生理、心理及與社會關係上都會造成巨大的影響，其危害程度比起成年人從事性剝削的影響來的大，這也是為何政府對兒少性剝削要訂定專法特別保護的原因之一。整理過去相關研究，可以將兒少從事性剝削的成因歸類為以下四項：

（一）家庭因素

　　家庭是一個完整的系統，要了解與幫助個人，應從家庭系統去著手（謝秀芬，2004），改善家庭關係或互動，才是根本解決問題的所在。家庭不僅是奠定兒少的人格發展及社會化的最重要單位，而其功能是否發揮與兒少的反叛及偏差行為也有著極其顯著且密不可分的關係。在功能健全家庭中成長的兒少，常較有機會接受良好的社會化，並強烈附著於家庭，行為較為成熟、理性；相反地，如果生長的家庭功能不健全，缺乏關

愛與教養不足，則可能對兒少造成莫大的傷害。因此，個體成長早期在家庭中所接受的教養與關愛品質之良窳，對於兒少未來非行行為具有相當高的預測力。同樣地，在探究兒少性剝削原因時，也不能忽略這些從事性剝削兒少的家庭背景。

　　根據學者研究，兒少遭受性剝削原因中，家庭因素占很大的一部分[3]。吳天泰（1993）在探討早年的原住民雛妓問題之專文中即特別指出，隔代教養、單親家庭、將子女當成個人私產、不善理財、不善教養，均為原住民家庭逼迫少女從娼的原因之一。另外，也有研究報告指出，不僅是原住民從娼與家庭因素有關，普遍來說，未成年兒少遭受性剝削，家庭因素亦是主要原因。在許多研究中都可發現，多數遭受性剝削的兒少，深究其家庭背景，許多人除了家庭破碎或功能不健全、親子關係疏離外，有時候還受到家人的施暴。例如1992年的一份針對39名遭受色情行業未成年少女訪談研究即發現，有29名少女經常遭父母毆打，而且是嚴重的暴力行為；在進入色情行業之前，有22位少女曾遭陌生人、鄰居、繼父、長輩、哥哥強暴或性騷擾（黃淑玲，1995）。同樣地，游淑華（1996）的研究也顯示類似狀況，在從事色情行業的20位雛妓中，有15位少女與父親的關係是惡劣、疏離、敵對的狀況，其中有4位少女曾遭父親亂倫及暴力對待。鄭瑞隆（1999）針對94位收容於雲林教養院少女的研究也指出，有61.1%的樣本家庭結構不完整，包括父母離婚、分居、死亡、行方不明等，有69.2%的樣本曾遭受家庭暴力，其中以精神虐待最高，次為疏於教養，另外亦有遭受性虐待的情形發生。晚近幾年，勵馨基金會（2010）的研究發現，不少少女（年）因被誘騙而遭受性剝削或先前有遭到性侵害經驗，其中近80%的個案有曾經離家出走經驗、30%的個案曾有自殺經驗，且近一半受訪者表示其在遭受性剝削前曾有不愉快性經驗，包括遭到藥物控制、脅迫，甚至性侵害等。顯示兒少因在家中無法得到溫暖、無法受到妥善保護，或甚至童年時期在家庭中所受到的諸如：遭受亂

3　以林滄崧（1998）的研究為例，針對少女從事性剝削相關因素，進行主成分分析（Principal Components Analysis）後，聚焦成四個主要的影響因素，其中「家庭互動不良」因素占30.8%，「偏差」因素占13.0%，「低自尊」因素占7.3%，「性誤謬」因素占6.3%，亦即少女從事性剝削之主成分特性，依其影響程度順序為：1.家庭互動不良、2.偏差、3.低自尊、4.性誤謬。

倫、輪姦、強暴、多次猥褻，肢體虐待、精神傷害等經驗，可能使被害人產生了無力感、背叛感或被羞辱感，進而改變其對世界的認知或扭曲價值觀。在其受不了家庭暴力而離家後，失去了經濟來源，或受限於年齡、教育程度而無法獲得一份正常穩定的工作時，從事色情活動便可能成為他們賴以維生的管道（鄭瑞隆，1999；洪文惠，1995；陳慧女，1992）。甚且，即使遭受性剝削的兒少接受過政府的安置輔導，負向的家庭功能與家庭關係也是使其持續遭受性剝削的首要關鍵因素（曾華源、黃韻如，2009）。

（二）經濟因素

過去有研究顯示，貧窮、教育程度低且無一技之長的女性，容易將遭受性剝削當成一個工作機會。在第三世界國家，家境貧窮或經濟匱乏是迫使兒少走上從娼之路的主因；在我國早期研究中，結構性的貧窮與家庭經濟困難亦曾是少女遭受性剝削的主要成因（曾華源、黃韻如，2009）。如前所述，我國兒少遭受性剝削的問題之所以被重視，也是媒體披露許多原住民少女因其家庭經濟問題而被父母推入火坑。例如一份於1993年所做的研究報告指出，在雲林教養院中，被迫從娼的少女中高達62.5%是肇因於家庭經濟之考量，另自願從娼的少女中亦有77.8%的個案是因金錢因素而從娼（張瓊月，1993）。另一份1999年的研究，詢問被收容的少女為何從事色情交易的問題時，有58.5%的個案表示賺錢是為了自己的物質及生活所需，16%的個案是為了家庭經濟，還有4.3%與3.2%的個案是為了養男朋友與買毒品，綜合跟經濟有關的需求，高達82%（鄭瑞隆，1999）。從過去研究可以發現，今日的兒少遭受性剝削所面臨經濟問題更為複雜，和過去有些不同，其中還可能牽涉到其他原因，或與這些因素互為因果。例如，因為逃家在外，不知靠何種方式謀生，或是吸食毒品致有龐大的金錢壓力等，經濟因素與偏差行為的結合都會提高兒少從事性剝削的可能。另外，部分的人則可能是因為想買某件奢侈品，而利用網際網路從事援交。因此，直到今日，兒少遭受性剝削的原因中，經濟因素仍是不容忽視的重要因素，金錢的需求仍是兒少受到性剝削的拉力之一。

（三）社會因素

供給是因為有需求，這是經濟學上的基本概念，在兒少性剝削方面上，也是如此，社會層面所存在的問題是兒少性剝削案件無法根本解決的原因之一。究其背後因素，國家的經濟發展快速，在社會中容易形成嚴重的相對貧窮問題，尤其是在文化上視女性為弱勢族群者的社會，更容易產生性剝削問題。加上少年就業市場的有限機會及報酬不佳，更是促成其從事性剝削的重要因素之一（鄭麗珍、陳毓文，1998）。臺灣在過去受中國父權觀念與日本文化的影響，許多人對於色情行業抱持允許的態度（吳孟蓉，1998）；另一方面，由於傳播媒體的發達，例如有線電視的開放，讓臺灣的情色傳媒無孔不入，增加兒少與特種行業接觸的機會。不論是報紙、雜誌、廣播、第四台等，隨時都可見到充滿性暗示及標榜女性魅力的廣告，例如標榜著「高薪、免經驗、可借款」，或是模特兒經紀公司等。在過去資訊未發達的時代，踏入特種行業還需有朋友或熟人的媒介，而今日琳瑯滿目的廣告，讓兒少接觸特種行業的機會大增。而國人講求賓主盡歡的應酬文化，亦提供了性市場的需求，甚有利用兒少作為行業間彼此競爭的賣點（台南市警察局婦幼隊，2012）。在這種社會風氣下，業者自然招來兒少以供應市場所需，兒少淪為性剝削市場上的商品，心智尚不成熟且處於經濟弱勢者的他們，便很容易在外界的引誘下而遭受性剝削。

（四）個人因素

隨著資訊流通快速及管道的多元化，影響所及，亦促使兒少對性的觀念漸趨開放，進而產生性觀念偏差，甚至在笑貧不笑娼的社會風氣中，自願踏入性工作的兒少比例提高，認為以性工作為業也是一種正當的賺錢手段。根據周國雄、施威良（2005）的調查，在「用身體賺錢，也是自食其力工作的一種」此一選項中，同意與非常同意者高達21%，而在非被迫性剝削的兒少中，也觀察到此種現象。其對於工作價值觀與態度較為扭曲，多以工作輕鬆、賺錢容易的職業為考量對象，認為從事性剝削一樣是種工作，為得到自己想要的物品，從事此類的工作也是正當的方式。伊慶春（1992）研究發現，被迫從事性剝削活動的少女有九成表示不喜歡從事特種行業；而非被迫者中，則約有半數表示喜歡從事特種行業。而從事

性剝削活動兒少常存在著金錢萬能的觀點，包括金錢等於生存、金錢等於權力、金錢等於安全感等價值觀（張彩鈴，2000）。勵馨基金會於2001年針對從事援助交際的人進行調查也同樣發現，有78%的受訪者認為情色工作係「憑自己能力賺錢有何不可」，而在是否認同「以性作為賺取金錢的方式之一」此一問題上，則有56%的人表示非常認同（勵馨社會福利事業基金會，2001）。顯見偏差的金錢觀與價值觀，也是影響兒少投入性剝削活動重要影響因素。

從上述分析可得知，兒少遭受性剝削的主要因素可大致歸類為：家庭、社會、經濟、個人等四大因素，惟此四者間彼此交錯且互相影響，甚至具有因果關係。當然，也由於兒少遭受性剝削的影響因素複雜，每個個案的情形多少不同，欲對症下藥還需視每個個案的情況做調整與判定。

二、兒少遭受性剝削常見類型

兒少遭受性剝削的途徑，早期多為朋友介紹或公關公司介紹，其次則是看報應徵或自己想出來，家人媒介、被賣或被逼迫者也占部分（鄭瑞隆，1997），其交易類型則大致可分為個體戶的交易模式，與加入酒店、應召站或交友中心的團體交易模式。而晚近幾年，隨著網際網路發達，許多傳統的個體戶性剝削模式，從當面或張貼廣告等方式，改而採取隱密性、便利性及散播性更高的上網方式來散布性剝削訊息，甚至應召站也會利用網際網路的特性，用架設網站的方式來招攬客人，儼然成為性剝削的新型態。迄今兒少遭受性剝削的態樣非常多，至於兒少遭受性剝削的常見類型，包括：

（一）一般交易模式

1. 個體交易模式

部分兒少係當面或透過張貼小廣告、發送簡訊等方式，表明自己有性剝削的意願，進而與對方發生具對價關係的性交或猥褻行為。目前這種模式較少，多數個體交易模式已被網路援交方式所吸收。

2. 酒店、應召站或交友中心交易模式

部分兒少係透過酒店、應召站或交友中心等媒介管道，而與嫖客發生有對價關係的性交或猥褻行為。其中，負責牽線（皮條客）、載運（馬

夫——載運雙方到交易地點者）、「保護」（老鴇或保鏢）等中間媒介者，再從性交易所得中抽頭獲利。勵馨基金會在2010年4月的「性剝削孩子之生活、工作經驗調查報告發表記者會」中提到，其於2009年10月至12月間，由北中南6所兒少性剝削安置單位的180位當事人所做的問卷調查後發現，約六成的少女被迫於集團經營的色情行業從事性剝削活動，當中以坐檯比率最高，而其進入色情行業的歷程大多因為愛的匱乏、成就感的匱乏、逃家後經濟的匱乏，再經由仲介、誘騙或被迫的狀態下遭受性剝削，而這顯示比起一般個體交易模式，色情集團控制下的集體交易模式所占比率較高。

（二）網路援助交易模式

「援助交際」（以下簡稱援交）一詞源自日本，係指年輕人（尤其是高中女生）以己身作為工具，與成年男子進行金錢交易（勵馨基金會，2007）。近年來，網路世界充斥於日常生活，眾多兒少接觸網路的時間甚長，網路成為兒少間重要的溝通管道之一，尤有甚者，成為交友的橋梁。而因網路無遠弗屆，且難以進行管制，過去必須掩人耳目、私下悄悄進行的性剝削行為，現在可以躲在電腦螢幕後，藉由網路散布援助交際訊息，因此網路援交的事件時有所聞。

網路色情因具有高匿名性、高隱私性、高互動性、方便接近性及無國界等特性，其對「性」題材的處理較傳統大眾媒介更為寬鬆與露骨。今日由於網路快速成長，散布力量驚人，所造成的社會感染危害兒少身心甚鉅。歸結過去研究可以發現，網路援助交際具有以下特性（王佩齡，2007；孫秀蕙，1998）：

1. **犯罪區域廣泛**：網路連結不同國家及地區的人，衍生網路行為可以跨域進行的現象。

2. **可接近性與便利性高**：相較於其他聯絡的方式（諸如：電話拉客或散布廣告），網際網路的傳遞是最為便利的，尤其現在的聊天室、即時通訊系統的發達，任何使用者都可以輕易的上網收取或發布訊息，只需輸入關鍵字，任何的資訊都可以輕易得到，這其中也包含了色情資訊。如果兒少想散布性剝削的訊息，只要在暱稱或即時通訊上表達意願，任何有心之人皆可在彈指之間辦到，

讓兒少更容易掉入陷阱中。

3. **行為人身分隱匿性**：網際網路具開放的特性，資訊得以匿名方式互通，而網路服務業者對於使用人個人資料登錄審核寬鬆，且身分認證機制尚未建立，加上公用網路（如學術網路、網路咖啡店）、無線上網之普及，使得網路使用者真實身分不易查核及確定。另外孫秀蕙（1998）的研究指出，虛擬網路空間除可滿足人際交往、歸屬感、學習、自我尊嚴、自我實現的需求，也是個人學習、提高成就感及對環境宰制的最好場域，屬於人們需求層次中的自我實現。

4. **行為人年輕化**：網路的使用必須具備基本的電腦知識，年長者受限於教育、生活經驗以及工作型態的差距，且不若年輕人喜好追求新事物，尋找刺激，使用電腦網路成為年輕人所具備的基本能力及日常活動，故而透過網路進行性剝削以年輕者所占比例較高。

5. **少男性剝削人數激增**：且全部都是透過網路進行性剝削媒合。

6. **犯罪證據之易滅失性**：犯罪證據通常是行為人上線紀錄、交談紀錄，極易遭到刪除及修改，且網路業者之電磁紀錄保存時間有限，證據保全不易。

7. **偵查困難**：網路行為人具匿名性、證據保全不易，加上部分網站業者過度強調網路空間隱密性之保障，使犯罪者身分難以查明，而影響執法機關偵查權力之發動，延誤偵查時機。

8. **犯罪黑數高**：網路援交因係行為人利用網際網路進行犯罪，在本質上即難以發現，且這類案件多賴警察人員主動搜尋，在人數有限的情況下，具有相當高的犯罪黑數。

9. **不需專業技術、犯罪門檻低**：網路援交與其他網路犯罪相較，技術層次偏低，且僅需於網路空間上「取個暱稱」或「寫幾行字」，即可構成犯罪。

10. **無被害人**：網路援交案件並無被害人，這與一般傳統犯罪大多需仰賴被害人報案，作為偵查開端的案件有很大的差異性，網路援交案件的曝光，除了少部分由民眾檢舉外，大部分都是藉由警察人員網路巡邏發現。

（三）組織集團性剝削模式

人口販運組織犯罪集團（幫派、違法經紀傳播公司等）以性交易為營利犯罪目標，利用手下至網咖等公共場所，尋覓針對中輟及在外遊盪少年，先期以餵毒（免費提供毒品）、免息借貸予兒童或少年等蠱惑方式，誘騙致使之無能力自購毒品，或償還債務，於深陷經濟壓力之下復以各種脅迫控制方式，迫使兒童或少年從事性交易。

三、遭受性剝削對兒少的影響

未成年人身心發育未成熟，在各種原因影響下進入色情行業後，對其身體、心理、社會關係等各方面有極巨大的影響。從生理層面來看，因頻繁的性行為所可能導致的身體疾病，如子宮頸糜爛、陰道炎、骨盆腔炎、腹膜炎或菜花、梅毒、愛滋等各種性病，或染上人類乳突病毒而可能造成日後的子宮頸癌等，並且容易有墮胎行為，所造成的身體健康傷害很可能難以治癒。而在心理層面上，從研究中可發現，目前兒少遭受性剝削的原因之一，是由於有金錢方面的需求，但其所得的金錢卻主要花費在娛樂或穿著打扮上，且其普遍有金錢至上的想法，認為有了金錢，生活可以更快樂。但另一方面，遭受性剝削的兒少其自我概念與自我價值低落的低自尊現象則較一般青少年來得明顯，有人覺得自己很髒，每天都需要洗澡，而且生活毫無目的，企圖自殺的比例也較高。而在社會關係上，由於許多兒少遭受性剝削和家庭缺乏關愛有高度相關，這些兒少對愛的渴求很可能轉移到性剝削的對象上，有兒少誤以為想與其發生性行為的人是因為喜歡他（劉昭君，2004）。不過，由於我國社會對從事性工作者普遍投以異樣的眼光，使得曾經從事過性剝削活動的少女在婚配市場與就業市場中有較不利的地位，而因為此種不利的地位，造成其重返社會的適應上較為困難，進而逼迫其重回色情行業，導致惡性循環。另外，在兩性關係方面，這些兒少在親密關係上往往較複雜，性伴侶數也可能較多，但在性知識上卻不見得足夠（黃富源，1998），也較難維持長久的親密關係。種種負面的影響，對正值發育階段的兒少來說，其傷害較成年人影響為劇，甚至可以說是全面性的，一旦傷害造成，要矯正回來則需要耗費非常大的心力。

　　另外，在實務輔導的工作中發現，要與遭受性剝削的少女建立第一步輔導的信任關係是相當困難，通常需要一段非常長的時間才能讓其卸下心防，接受社工員的輔導。更值得注意的是，性剝削造成的影響有可能會和兒少遭受性剝削的原因交互作用，導致這些孩子的生活處境更為惡化。

第四節　兒少性剝削之保護與安置

　　我國目前針對兒少性剝削案件大多依據「兒童及少年性剝削防制條例」辦理，並以保護遭受性剝削的兒少角度出發，因此規定採行諸如匿名保護、社工陪同偵訊、緊急安置等作為。兒少性剝削案件移送來源多為警察機關。

一、兒少遭受性剝削之查處對象

　　（一）與未滿18歲之兒童或少年為有對價之性交或猥褻行為者。

　　（二）以強暴、脅迫、恐嚇、監控、藥劑、催眠術或其他違反本人意願之方法，使兒童或少年為有對價之性交或猥褻行為者。

　　（三）意圖使兒童或少年為有對價之性交或猥褻行為，而買賣、質押或以他法，為他人人身之交付或收受者。

　　（四）引誘、容留、招募、媒介、協助或以他法，使兒童或少年為有對價之性交或猥褻行為者。媒介、交付、收受、運送、藏匿被害人或使之隱避者及其媒介者。

　　（五）使兒童或少年為性交、猥褻之行為以供人觀覽者。

　　（六）拍攝、製造兒童或少年之性影像、與性相關而客觀上足以引起性慾或羞恥之圖畫、語音或其他物品者。

　　（七）使兒童或少年被拍攝、製造性交或猥褻行為之圖畫、照片、影片、影帶、光碟、電子訊號或其他物品者。

　　（八）散布、播送或販賣兒童或少年為性交、猥褻行為之圖畫、照片、影片、影帶、光碟、電子訊號或其他物品，或公然陳列，或以他法供人觀覽、聽聞者。

（九）以宣傳品、出版品、廣播、電視、電信、網際網路或其他方法，散布、傳送、刊登或張貼足以引誘、媒介、暗示或其他使兒童或少年有遭受性剝削之虞之訊息者。

（十）利用兒童或少年從事坐檯陪酒或涉及色情之伴遊、伴唱、伴舞等侍應工作者。

二、救援措施

（一）第5條：中央法務主管機關及內政主管機關應分別指定所屬機關專責指揮督導各地方檢察署、警察機關辦理有關本條例犯罪偵查工作；各地方檢察署、警察機關應指定經專業訓練之專責人員辦理本條例事件。

（二）第6條：為預防兒童及少年遭受性剝削，直轄市、縣（市）主管機關對於脫離家庭之兒童及少年應提供緊急庇護、諮詢、關懷、連繫或其他必要服務。

（三）第7條：明定責任通報制度，醫事人員、社會工作人員、教育人員、保育人員、移民管理人員、移民業務機構從業人員、戶政人員、村里幹事、警察人員、司法人員、觀光業從業人員、電子遊戲場業從業人員、資訊休閒業從業人員、就業服務人員、公寓大廈管理服務人員及其他執行兒童福利或少年福利業務人員，於執行職務或業務時，知有被害人，應即通報當地直轄市、縣（市）主管機關，至遲不得超過24小時。

（四）第8條：移除犯罪有關之網頁資料：網際網路平臺提供者、網際網路應用服務提供者及網際網路接取服務提供者，透過網路內容防護機構、主管機關、警察機關或其他機關，知有第四章之犯罪嫌疑情事，應先行限制瀏覽或移除與犯罪有關之網頁資料。

（五）社工陪同：第9條、第10條：查獲、偵查或審判兒少性剝削案件，主管機關應指派社工人員陪同在場。

三、安置及服務措施

（一）安置評估：第15條：檢察官、司法警察官及司法警察查獲及救援被害人後，應於24小時內將被害人交由當地直轄市、縣（市）主管機關處理。直轄市、縣（市）主管機關應即評估被害人就學、就業、生活適應、人身安全及其家庭保護教養功能，經列為保護個案者，為下列處置：

1.通知父母、監護人或親屬帶回，並為適當之保護及教養；2.送交適當場所緊急安置、保護及提供服務；3.其他必要之保護及協助。

（二）設置緊急收容中心：第16條：直轄市、縣（市）主管機關依前條緊急安置被害人，應於安置起72小時內，評估有無繼續安置之必要，經評估無繼續安置必要者，應不付安置，將被害人交付其父母、監護人或其他適當之人；經評估有安置必要者，應提出報告，聲請法院裁定。法院受理聲請後，認無繼續安置必要者，應裁定不付安置，並將被害人交付其父母、監護人或其他適當之人；認有繼續安置必要者，應交由直轄市、縣（市）主管機關安置於兒童及少年福利機構、寄養家庭或其他適當之醫療、教育機構，期間不得逾3個月。安置期間，法院得依職權或依直轄市、縣（市）主管機關、被害人、父母、監護人或其他適當之人之聲請，裁定停止安置，並交由被害人之父母、監護人或其他適當之人保護及教養。

（三）評估持續安置之必要性：第18條：直轄市、縣（市）主管機關應於被害人安置後45日內，向法院提出審前報告，並聲請法院裁定。審前報告如有不完備者，法院得命於7日內補正。第19條：法院依前條之聲請，於相關事證調查完竣後7日內對被害人為下列裁定：1.認無安置必要者應不付安置，並交付父母、監護人或其他適當之人。其為無合法有效之停（居）留許可之外國人、大陸地區人民、香港、澳門居民或臺灣地區無戶籍國民，亦同；2.認有安置之必要者，應裁定安置於直轄市、縣（市）主管機關自行設立或委託之兒童及少年福利機構、寄養家庭、中途學校或其他適當之醫療、教育機構，期間不得逾二年；3.其他適當之處遇方式。第21條：被害人經依第19條安置後，主管機關應每3個月進行評估。經評估無繼續安置、有變更安置處所或為其他更適當處遇方式之必要者，得聲請法院為停止安置、變更處所或其他適當處遇之裁定。被害人於安置期間年滿18歲，經評估有繼續安置之必要者，得繼續安置至期滿或年滿20歲。

（四）設置中途學校：第22條：中央教育主管機關及中央主管機關應聯合設置或協調直轄市、縣（市）主管機關設置安置被害人之中途學校。

（五）實施追蹤輔導：第30條：直轄市、縣（市）主管機關應對有

下列情形之一之被害人進行輔導處遇及追蹤，並提供就學、就業、自立生活或其他必要之協助，其期間至少一年或至其年滿20歲止：1.經依第15條第2項第1款及第3款規定處遇者；2.經依第16條第1項、第2項規定不付安置之處遇者；3.經依第16條第2項規定安置於兒童及少年福利機構、寄養家庭或其他適當之醫療、教育機構，屆期返家者；4.經依第16條第3項規定裁定停止安置，並交由被害人之父母、監護人或其他適當之人保護及教養者；5.經依第19條第1項第2款規定之安置期滿；6.經依第21條規定裁定安置期滿或停止安置。

（六）令父母接受親職教育：第29條：直轄市、縣（市）主管機關得令被害人之父母、監護人或其他實際照顧之人接受8小時以上50小時以下之親職教育輔導，並得實施家庭處遇計畫。

第五節　兒少性剝削防治作為

雖然近半世紀以來臺灣政治、經濟、文化的變遷甚鉅，但是就少年犯罪問題、研究與政策之特色而言，則約略僅可以區分為兩階段：第一階段是1940年代至1980年代末約歷經四十年，此時期少年犯罪問題因政治環境因素被高度控制，政府也無需抗制少年犯罪的具體政策；第二階段是1980年代末迄今的三十年間，因政治解嚴、商業主義掛帥、傳統文化崩解、價值多元化後的少年犯罪問題，呈現集團化、年輕化、追求金錢享樂、暴力化是其特色，相關研究眾多、亦促使政府正視少年犯罪問題，擬定具體政策，並促成相關法律的快速增修。第一階段經歷的時間雖然2倍於第二階段，但犯罪率增長的速度，第二階段卻是2倍於第一階段。衡諸臺灣社會近來兒少問題質的惡化，有一半的原因可以歸諸於外在環境影響下呈現「小大人、大兒童」的混沌現象。另一半的原因則可歸因於逆勢操作的政府或教育政策，每每以禁錮和限制的政策因應知識或資訊的快速發展和傳播，再輔以反應過慢的經濟、政治、教育、家庭、法律等制度交織出來的臺灣社會體系，使兒少累再犯、暴力犯罪增加。長期以來，社會賦予兒少的角色多半是休閒性與學習性的，缺乏充權、自主的角度。既然無社會地位是臺灣未成年人所處環境的寫照，兒少又如何能展現其主體性？

又如何試圖改變成人對他們的看法呢？今日兒少犯罪問題的量變似乎有轉變為質變的趨勢，也就是兒少犯罪行為開始具有成人化、暴力化、低齡化、中產階級化、多樣化、病態化與享樂化等特質，嚴重到社會與政府無法迴避。因此，少年事件的防制亟需橫跨司法、教育、社政、警政、新聞、青年輔導、勞工以及法務等相關部門，並結合社會整體資源共同推動（周愫嫻、許福生、黃翠紋，2005）。

至於在兒少從事性剝削防治作為上，除加強初級預防作為外，在特別預防作為方面，首先可以從兒少就學情形、家庭情形、生活情形來辨識是否為有從事性剝削行為之虞的高危險群，並參酌實務機關提出的指標供家長及學校參考，以及早辨識出是類高危險群體給予輔導及諮商。此外，防治兒少性剝削事件發生，需要完整的社會網絡共同合作，從社會大眾對兒少從事性剝削的態度凝聚共識開始，還需納入學校、警察、司法機關、社工單位與民間團體等；在完成保護安置後，離開收容所的後續追蹤輔導是避免其重回色情場所的關鍵拉力之一，而這部分也很難僅憑藉政府機關的有限資源即可做到，皆有賴整合社會資源，形成社會防治網才能竟全功。本節有關兒少性剝削的防治作為，即先介紹從事性剝削的高危險兒少辨識指標，進而談論防治是類案件的社會網絡機制。

一、辨視指標

（一）就學情形

從犯罪學社會控制理論來看，當個人與社會連接的社會鍵（social bond）產生破裂或削弱時，即可能衍生偏差行為。而正值求學過程的兒少，一旦離開校園，脫離規範的束縛，失去了與社會鍵的聯繫，極易產生偏差行為。因此，學業的中輟可能是犯罪發生的開端。伊慶春（1992）針對78位從事性剝削少女的分析研究，發現收容少女繼續升學的不多，多為國中肄業者，比例為42.3%，而國小肄（畢）業者亦占33.3%，只有10.2%的個案為高中學歷。另一份1998年針對66位收容少女與一般少女的比較研究亦發現（黃富源、林滄崧，2002），從事性剝削的少女輟學比例非常高，60%的個案是國中肄業，其比例與一般少女相較，顯著來得高。另外，其在學校的挫折感上也較一般少女高，顯示這些個案在學校中

較無法獲得肯定與成就。再者，1999年對208位從事特種行業的青少年男女所做的問卷調查發現（伊慶春，1992），中輟是預測青少年是否從事特種行業的指標之一，過去有中輟經驗的兒少較容易從事特種行業。行政院青年輔導委員會的研究報告亦指出（陳玉書、許春金、馬傳鎮、黃翠紋等，2000），客觀學業成績與青少年犯罪行為間具有明顯的相關，且操行越差、有逃學及曠課經驗者，越可能有犯罪行為。而我國學者的研究也證實（許春金，2009），學術能力或興趣的缺乏易兒少成為潛在的偏差行為者，而學術能力較強、學業成績較佳者，由於不願以自己未來光明的前途為賭注和冒險的對象，因此較不易從事偏差行為。這說明了學術能力、學業表現和因此而產生的對學校之附著感，是預測兒少偏差行為的重要變項。

（二）家庭情形

　　家庭是社會最基本的組織，也是兒少主要的生活環境。過去研究在再顯示，只要雙親與子女間能建立堅強的感情鍵、有良好的溝通、父母能成為子女的榜樣，則孩子從事偏差行為或犯罪行為的可能性大為降低。反之，若父母在家中設定子女認為不合理的規定，或過分的責罵或懲罰，則可能將兒少推出於家庭生活之外，提高兒少從事偏差或犯罪行為的可能性（許春金，2010）。前節討論也提到，家庭問題是促成兒少從事性剝削的主因之一，例如破碎的家庭由於單親父或母陪伴與監督子女不易，可能提高兒少從事偏差行為的機率，1996年7月至1997年3月間，臺灣省政府社會處針對21縣市452位從事性剝削的被害少女所做的調查報告中發現，其父母婚姻狀況正常者僅占34.7%，其餘家庭破碎者，包括雙親離異、分居等，高達40.6%。此外，國內過去研究也發現，家庭問題除了父母感情不睦導致家庭破碎外，還包括管教不當、家庭溝通困難、嚴重疏忽、經濟遭逢變故等，例如一份針對親子關係與少年犯罪傾向影響的研究發現（黃富源，1986），親子關係之良窳會影響少年犯罪的傾向。而行政院青年輔導委員會（1996）的報告也提到，大部分的研究發現家庭關係品質越差，偏差或犯罪行為就越多越嚴重，而犯罪少年的父母比較容易出現拒絕、嚴格、矛盾、及分歧的態度，其中尤以拒絕的態度最明顯。而國外研究報告也舉出家庭不和諧與疏忽、父母人格異常、教養不當甚至性虐待、

亂倫等因素是值得注意的指標。因此，我國學者認為，家庭為決定少年偏差與犯罪行為之關鍵所在，尤其在犯罪（含非行）傾向濃厚、破碎、貧困、親子關係不良或父母管教失當之家庭成長的少年，更易走向偏差與犯罪之生活型態（蔡德輝、楊士隆，2001）。

（三）生活情形

過去國內許多研究指出，從事性剝削之兒少在比起一般的學生有某些不同的生活模式，例如：較容易出現離家、蹺課、使用毒品、抽煙、喝酒、沉迷網路交友、結交有前科之人、參加不良組織、異性交往經驗多、有過早的性行為等（林滄崧，1998；鄭瑞隆，1997；游淑華，1996；陳皎眉，1995；伊慶春，1992）。1992年針對78位安置於機構中從事性剝削的未成年少女訪談發現（伊慶春，1992），近八成的受訪者曾經離家出走，而離家出走者從事性剝削的前三個理由是：為維持自己生存、出於好奇及賺錢容易，若計算其首次離家到首次從事性剝削的時間，近四成在一年內發生，而二年內發生者提高到了八成，且離家出走者在一年以上時，性觀念最有可能從正向轉負向。另外，1996所做的研究也發現，從事性剝削的少女在從事性剝削之前或其間，有抽菸、逃家、飆車、翹課等行為的比例高達七成以上，另外惡言辱罵、打架、與異性同居等也有一半的比例（鄭瑞隆，1997）。顯見，生活型態偏頗與否，和兒少是否從事特種行業的行為有高度關聯性，且偏差行為歷時越長，對正確性觀念的建立越不利。可能的原因，或許是生活型態偏頗的少年為了支持自己的生活開銷與對金錢的需求，加上其生活環境中容易接觸到特種行業，以身體換取金錢就會成為其考慮的選項之一，久而久之在習以為常後，加上周遭許多朋友都如此做，便認為此種行為沒什麼大不了。而如果其人格特質屬低自尊、低自我概念者，根據學者蒐集國內外文獻研究發現，其從事性剝削的可能性較高（蔡宗晃、詹毓玫、李家順，2011）。我國針對從事性剝削的兒少調查後也發現，這些兒少對本身的自信比較不足，普遍呈現低自尊、低自我概念的現象，部分兒少還有自傷或自殺的傾向（李宗憲，2002）。不過值得注意的是，由於家庭是養成兒少人格的地方，家庭功能的不健全可能造成個體產生低自尊、低自我概念的現象，而家庭問題也是兒少從事性剝削的重要辨識指標之一，兩者之間有可能互為因果的關係

存在。但不管如何，對於生活型態偏差的高危險群兒少，是從事兒少性剝削防治時特別需要注意的目標群。

（四）實務單位提出之指標

　　為能協助實務人員辨識兒少從事性交易行為，及早介入輔導，已研發出幾項外顯行為之辨識指標，來判斷兒少是否有從事性剝削之虞。不過特別值得注意的，下列指標不可作為兒少是否從事性交易的絕對指標，僅可視之為危險警訊或參考依據（教育部，2012；台南市警察局婦幼隊，2012；臺灣展翅協會，2012）：

　　1. 裝扮是否過於成熟、暴露或過分華麗。

　　2. 有無法交待之行蹤。

　　3. 有無法交待之金錢收入。

　　4. 帶有保險套或服用避孕藥。

　　5. 朋友不符其年紀所應交往之對象。

　　6. 型態之改變，如離家、輟學等。

　　7. 言行舉止之改變。

　　8. 出手過於闊綽、購買名牌用品、常炫耀購買用品等。

　　9. 人際關係改變，如家庭互動疏離等。

　　10. 情緒改變，如憂鬱、無望感、易怒或有攻擊行為等。

　　綜合上述幾項指標來看，兒少如有以下幾種方面的情形，值得成人注意是否有從事性剝削之虞，俾能及早採取預防作為（參閱表11-3）：

表11-3　兒少疑似從事性剝削行為辨識指標

面向	行為方面	外表方面	家庭及學業方面	物質方面	心理方面
指標	1. 隨身帶有關於避孕之措施，例如攜帶保險套或服用避孕藥等。 2. 無法清楚交代行蹤。 3. 無法清楚交代金錢來源。 4. 交往之友人年齡超乎其應該對象。	1. 打扮是否過於暴露或華麗。 2. 穿著超乎年齡。	1. 中輟。 2. 逃家或離家。	1. 使用奢侈品。 2. 消費能力超乎其零用金。 3. 出手異常闊綽。	1. 不合年紀的性知識或性行為。 2. 低自尊、低自我概念。 3. 自殺的想法或行動。

表11-3　兒少疑似從事性剝削行為辨識指標（續）

面向	行為方面	外表方面	家庭及學業方面	物質方面	心理方面
	5. 施用毒品、非法施用管制藥品或其他有害身心健康之物質。 6. 經常在外遊蕩。 7. 失去活力、精神恍惚。 8. 有偏差行為。				

二、社會網絡防治

　　由於兒少是需要我們保護的一群，對於從事性剝削的兒少，政府採行保護措施的立場，視其為被害人，需加以救援、輔導。但研究卻發現（臺灣終止童妓協會，2006），遭查獲兒少對於政府強制保護的手段往往採取抗拒的態度，大部分皆稱「自願」淪落色情場所，不認為需要被救援、保護，因而造成救援上的困難與安置機構輔導上的無功。加上社會大眾對從事性剝削的兒少多投以異樣的眼光，將其視為罪犯，標籤化的結果造成其日後復歸社會的困難。這些因素對救援工作產生極大的困擾。故在社會網絡防治的部分，首先是要凝聚各相關單位及社會大眾對於防治兒少從事性剝削行為的共識，從教育和社會福利的角度出發，進而發揮防治宣導、救援與安置、輔導等功能。

　　其次，學校是兒少主要的生活場所，在國內的研究發現（黃富源，2008），有偏差行為的少年蹺課情形嚴重，且輟學更經常伴隨著逃家的行為而存在，並和兒少從事性剝削有顯著相關（黃富源、林蒼崧，2002）。而通常這些兒少在國小高年級階段就已有不良的徵兆，可能一開始是展現在交友複雜上，之後再加上課業成就低落，學校生活無法吸引他們，開始蹺課或輟學，又使得其交友更為偏差，若再有不良成人或團體利用或吸收，使得這些兒少越來越偏離正常學生生活的軌道。其因失去「學校」這一個重要的社會鍵連結，且逃家的兒少無一技之長，往往只能透過犯罪所得維持生活開銷。因此，防治兒少從事性剝削的社會網絡中，

最重要的一環即為學校。故在校園防治兒少從事性剝削工作方面，首先要掌握高風險的兒少，對於相關偏差行為輔導重點（如霸凌、蹺課或輟學等行為）不僅是在國中階段而已，更要下修至國小中高年級階段，以及早防治。

另外，研究調查發現，大多數從事性剝削的兒少在未從事性剝削前大多數均曾與人發生過性行為，且教育程度許多為國中肄業，在1998年的調查中曾顯示（黃富源、許春金、黃翠紋等，1998），近四成從事性剝削的少女不認為有受過正式的性教育，加上現今傳播媒體發達，兒少從有線電視或網路中輕易的即可接觸到色情資訊，但這些傳播媒體所表達的概念不見得妥當，極可能讓身心未成熟的兒少對性產生誤解，成為無形的危機。故正規的性教育課程顯得甚為重要，且為及早防治，性教育及相關法律概念宣導課程應提早至國小中高年級階段，以收校園防治之效。

在司法處遇方面，針對僅有從事性剝削之虞，未實際從事性剝削的兒少，例如因警方於網路巡邏之際查獲者，有學者認為（臺灣終止童妓協會，2006），應依兒童及少年福利保護模式來處遇，即要求照顧兒少之人，例如父母、監護人，禁止其從事應受禁止之行為，若照顧者未盡到該項責任，則應令其接受親職教育輔導。而另一方面，若有性剝削之虞的兒少有公權力介入輔導之需要者，才在其父母、監護人之申請或同意下協調適當機構協助、輔導或安置。以避免兒少直接進入司法體系，造成事實上的標籤效果，使得兒少從事性剝削背後的真正原因，諸如家庭問題、社會因素等因此被忽略而未受到完整的解決。另一方面，對實際從事性剝削的兒少，其行為特性其實與偏差少年相似，而與成年的性犯罪者特性差異較大，因此在這部分的防治則應以救援保護的態度，讓其脫離原有的環境，避免其再回去重操舊業。另外，過去研究亦指出，如因父母嚴重失職，導致兒少淪落從娼，國家社會應懲罰其父母，或對其施予輔導教育，情節嚴重，在必要時應依法宣告剝奪其親權，避免其繼續傷害孩子的身心（鄭瑞隆，1999）。目前我國雖設有收容中心及中途學校的強治安置作法，惟收容安置的司法處遇結束後，仍有待其他社會網絡彌補其不足之處。

而在社政單位部分，由於研究發現，翹家或輟學的兒少從事性剝削比例偏高，如能由專業的社工員結合少年隊員警和受過訓練的志工，主動深入這些兒少經常出入的場所，主動找尋並付出關心，了解個案離家、輟學

之原因與急迫需求，提供個別化的幫助，或可減少兒少被不法分子引誘、利用或因個人的好奇與衝動，而淪入色情行業，達到事先預防的效果。另外，在事後處遇方面，兒童及少年性剝削防制條例規定，內政部、各直轄市、縣市政府應設置專門安置從事性剝削或有從事性剝削之虞的兒童及少年緊急收容中心與短期收容中心。且在與教育部共同協調下設置專門安置之中途學校，目的是為了安置保護並提供服務予法院裁定需要特殊關懷之從事性剝削的兒少。此外，不論兒少是否接受安置，皆須由社工輔導其重新回歸社會，從表11-4可以看出中途學校的目標功能（曾華源、黃韻如，2009）。

表11-4　中途學校目標與功能

功能	專業分工	主要工作內容
生活養育及保護安置	導師、住宿生管理員	• 生活事務處理：包含金錢規劃教導、一般就醫。 • 生活照顧與一般生活問題處理。 • 休假期間生活作息關懷。 • 夜間及未放假學生之生活起居管理。 • 住宿區之食衣住行，衛生習慣管理。 • 一般生活自理能力教導。
一般課程及技藝教育	導師、專業課程教師、輔導教師	• 課程規劃設計與課程教育。 • 班級經營管理。 • 學生家長溝通聯繫。
偏差行為及價值輔導	輔導教師、社工師	• 輔導課程設計及團體代領。 • 個別專業諮商工作。 • 社會資源連結及整合。 • 離校回歸追蹤輔導。 • 親職教育課程安排及家長邀請。

資料來源：曾華源、黃韻如（2009）。內政部兒童局「中途學校特殊教育及輔導實施成效探討研究」委託研究報告，頁29。

換言之，離開政府安置保護後的兒少，是否日後會繼續從事性剝削，與其家庭狀況和後續追蹤輔導有關，如果接受輔導兒少的生活困擾，例如家庭關係衝突、經濟困境、就業就學不易等問題仍舊存在，走回熟悉方便的性剝削誘惑就可能再度考驗這些兒少。曾華源、黃韻如（2009）的研究就發現，中途學校的離校學生雖對就學經驗持正面的態度，但都認

為要能維持在學校的自我期許是十分困難的事，有些人甚至希望可以再回到中途學校生活。然而，由於兒少從事性剝削的原因型態差異甚大，所需的服務需求五花八門，但相關的政府資源卻相當有限，後續的追蹤輔導所需的專業能力與投入的成本極高，各縣市在這方面投入之資源與服務品質落差甚大，絕大多數的縣市都面臨社工流動率偏高、人力不足及缺乏專業團隊的困境。因此，整合社會其他資源形成網絡式的防治就顯得格外重要。我國許多社會公益團體，例如勵馨基金會、臺灣展翅協會等對保護兒少免於性剝削工作不遺餘力，在預防宣導、救援與安置工作上有相當的成就。政府應將官方及民間的力量作整合，結合各個環節的社政資源，從政策、預防宣導、救援、安置保護、輔導追蹤等各方面來保護從事性剝削之兒童及少年。

第六節　小結

　　家庭是人類社會最基本的組織，也是個體可塑性最大時期的主要生活環境，而父母則是這個中心的主宰。個體自幼在家中的種種經驗，對其日後人格與個性的形成有決定性的影響。倘若父母缺乏適當的育兒技巧，不僅對兒少身心戕害非常大，亦且會影響到其在校表現與交友，而使其成為偏差或犯罪少年。不但是家庭與社會的沉重負擔與不幸，亦將危害國家與社會安全。今日臺灣社會面臨著出生率下降、人口老化、新移民家庭及新臺灣之子人數漸增、離婚單親家庭增加，貧富差距提高等問題，使得更多兒少失去家庭的支柱，而無法獲得完善的保護。在變遷的社會中，隨著家庭功能與結構的改變，保護兒少健康的成長已成為社會與國家的責任。而在少年事件的型態上，由於兒少生活型態的改變，產生了新興的犯罪樣態，例如利用網路聊天室、BBS、msn等進行性剝削、販毒、媒介色情、詐欺、偷竊、恐嚇勒索等行為，或在私人聚會場所、旅館等進行違法行為，不但執法人員查處困難，現有法律規範也落後於違反行為樣態之後。因此，能夠呈現在官方統計數字的，都是檢警「懂得、了解、查得到」的犯罪行為，新興犯罪行為則成了新的兒少犯罪黑數來源（周愫嫻、許福生、黃翠紋，2005）。

而在未成年人從事性剝削活動的防治工作方面，由於未成年人身心發展尚未成熟，無論其從事性剝削是否出於意願，都是一種性剝削，也是法律制止的行為。因此，對於和兒少進行性剝削行為的成年人，需加以處罰，希望能夠遏阻是類案件。而對於從事性剝削的兒少，則要加以保護，避免其淪入色情行業。而探究兒少為何從事性剝削的原因甚多，從早期因家庭貧困，被迫或被賣從事色情行業的人口販賣問題，到近期自願從事性剝削者占多數，原因複雜化，不單僅牽涉到法律上的問題，跟整個社會環境因素也息息相關，不論是家庭功能不彰，社會風氣影響，還是受到引誘，兒少性剝削背後所代表的社會問題遠超過性剝削此一外顯行為。尤其在網路發達的現今，網路也成為兒少性剝削的另一管道，或是其獲取色情資訊的來源之一，且由於網路的特性，更增加了執法機關查緝上網路援交的困難。但不論性剝削的型態如何改變，性剝削此一行為對兒少身心發展皆造成重大的影響，對於日後身體健康、人格健全與社會適應上皆有不利。因此，站在兒少保護立場，針對兒少性剝削案件的處理上，應有別於一般犯罪案件處理，從事性剝削的兒少在法律上視其為被害人，除了需匿名保護外，在警察機關做筆錄時，還需有社工人員陪同偵訊，並需進行緊急安置。

我國對遭受性剝削的兒少訂有「兒童及少年性剝削防制條例」作為處理該類案件的依據。然而解決社會問題不單單從法制面解決，所謂「預防重於治療」，從家庭及學校開始採行防治作為才是正本清源的根本方法。有關兒少從事性剝削的相關研究與實務機關處理該類案件所觀察得知的幾項指標可以作為辨識高危險群兒少的參考，其中可從兒少的家庭、學校、生活情形及個人認知等幾方面做觀察，一旦發現危險的徵兆即應盡快介入輔導，以防其進一步惡化成觸法行為。由於司法處遇是防治的最後一道防線，應盡量避免兒少進入到司法系統中。而對於被裁定收容於安置機關的兒少，主要目的是輔導其適應社會，遠離色情行業。不過，這些收容於安置保護場所的兒少在離開收容場所後，若原先的問題並未獲得解決，仍有可能重蹈覆轍，而這些問題牽涉到原生家庭狀況、經濟情形、就學與就業問題等，不是僅針對兒少的個人行為及想法做矯正即可見效，也非單靠政府有限的追蹤輔導資源即可處理。政府能做的，除了責成其父母盡其親職

教育功能外，往往還需結合各式社會網絡資源，包括民間團體及社會大眾共同防治那些曾從事過性剝削的兒少，在回到社會後又重新回到色情場所。

第十二章　目睹家庭暴力兒童與少年保護

第一節　前言

　　「家庭」不僅是個體接觸最早的社會組織，從人類歷史觀之，家與人的關係也從未有人能成功地以其他方式取代。由於個人在家庭的時間比任何其他場合多，因此除了語言、知識、各種行動及生活習慣外，家庭對個人人格特質、態度、觀念、社會行為、心理及情緒發展更具有直接且持久的影響（柯富仁，2003）。就兒少而言，在這個人生快速發展階段中，個體的危險因素主要是發生於家庭，而不良的家庭成員互動關係及管教技巧將會增加兒少未來的行為問題風險。在家庭的互動關係上，家庭成員的衝突不僅會增加未成年人犯罪行為的風險，甚且生長在家庭成員間有嚴重衝突環境中的兒少（尤其是在有親密關係暴力的家庭中），將會比那些成員沒有嚴重衝突的兒少，未來更容易產生行為問題。此外，兒少的父母如果較具攻擊性，而且他目睹親密關係暴力或是本身即是兒少虐待的被害人，將會讓他們長大成人後（甚或從青少年時期開始）變得較具攻擊性並有暴力行為[1]。依據「家庭暴力防治法」第2條，所謂「目睹家庭暴力」係指：看見或直接聽聞家庭暴力；本法第4條第2項第3款規定「教育主管機關：各級學校家庭暴力防治教育、目睹家庭暴力兒童及少年之輔導措施、家庭暴力被害人及其子女就學權益之維護等相關事宜」；本法第59條第5項第2款更重申：「高級中等以下學校對目睹家庭暴力兒童及少年納入學生輔導。」此外，家庭暴力及（暨）性侵害防治中心於受理家庭暴力事件通報時，應評估是否有未成年子女目睹家庭暴力之情事，並提供或轉介有需要之目睹家庭暴力兒童及少年身心治療、諮商、社會與心理評估及處置。

　　雖然在親密關係暴力家庭中有許多是有子女者，但社會大眾對處在

1　所謂「目睹婚暴兒少」係指：經常目睹雙親之一方對另一方施予虐待的未成年子女。包括：直接看到或聽到被害的一方遭受威脅、毆打，或雖未目睹施暴過程，但是看到這些行為所造成的效果，如肢體上的傷痕或驚嚇、哭泣等。

此種家庭環境中兒少需求的關心，相對其他類型的家庭暴力行為相對較為緩慢。在兒少保護政策上，更常會忽略那些處於親密關係暴力情境下的兒少，也是一群亟待保護的高危險群。晚近隨著越來越多的研究發現，家庭內各類暴力行為互為正向相關，當家中有一類暴力行為發生，將會影響另一類暴力行為的發生（Jaffe, 1995）。使得世人注意到，有親密關係暴力的父母可能會將夫妻間的衝突轉移到子女身上，使家庭衝突的焦點從配偶之間轉移到父母與子女之間，而形成親子關係的緊張衝突。此時，兒少可能成為代罪羔羊、或與雙親其中一方共同來對抗另一方，致增加兒少受到波及與虐待的風險。因此，親密關係暴力家庭中的兒少往往不僅需面對父母親的親密關係暴力事件，亦常成為兒少受虐的被害人（Appel & Holden, 1998）。例如，Strauss和Gells（1988）於1985年進行一項美國全國性的普查，對遭受親密關係暴力婦女的人數加以估計，發現在進行普查的這一年，美國約有180萬的婦女遭受丈夫或是同居人的身體攻擊，而在這些婦女中有很多是照護子女者，因此連帶地也有許多兒少目睹母親被毆打，而這些兒少亦可能同時遭受虐待。根據這項普查的估計，約有330萬名兒少目睹母親被父親（或是代理父親職責者）毆打。至於其發生率為何？由於各學者之間的樣本來源不同亦影響其所推估之數值。在國內，林淑娥（2000）曾以台北市為例，逐一檢閱台北市家庭暴力及性侵害防治中心保護專線，自1998年1月到1999年12月這二年期間，親密關係暴力及兒少受虐開案轉介之個案資料中發現，親密關係暴力與兒少受虐同時發生在同一個家庭中有229例，而該段期間共有兒少受虐新案1,370件，親密關係暴力新案有1,381件，故合併發生案例占兒少受虐新案為16.7%；占親密關係暴力新案則為16.58%。黃志中（1999）分析高雄醫學院中71位遭受身體虐待的門診婦女之資料，結果顯示：在這些婦女的家庭中有58.8%合併兒少受虐問題、78.9%合併目睹兒少。最後，黃翠紋（2012）蒐集各縣市警察局2008年至2010年這三年所受理的36,268件親密關係暴力事件調查紀錄表進行內容分析發現，計有10,061件（占27.74%）的親密關係暴力事件發生時，有兒少目睹暴力發生；有3,701件（占10.20%）的親密關係暴力事件同時合併發生兒少遭受虐待的情形。雖然由於這些研究的樣本來源不同，致所推估的比率有所出入，但均已清楚地提醒我們，當家庭裡出現親密關係暴力時，被害人可能不僅止於受虐配偶，對同住家中的子女而言，

亦可能造成嚴重的身心傷害。對目睹親密關係暴力而本身又遭受虐待的兒少而言，因承受雙重壓力源，使其生活適應的嚴重程度往往超過只經歷單一暴力類型的被害人，而這將使其身心嚴重受創，並有礙其人格的健全發展（Grych, Jouriles, Swank, McDonald & Norwood, 2000）。

　　親密關係暴力家庭中的子女可能會直接遭受暴力波及而成為受虐兒少，也可能目睹母親遭受父親虐待，甚且即使在母親離開施暴的父親後，暴力仍然可能持續，而使子女長期處於暴力情境中（Eriksson & Hester, 2001）。因此，父母有親密關係暴力問題對生長於暴力家庭的兒少影響非常深遠，而親密關係暴力的被害人亦往往不僅限於婦女本身，還包括目睹這一切的子女們。這群子女長期處在暴力的陰影下，不僅容易在情緒、人際互動、行為及性別觀念等方面有所困擾，也因為親密關係暴力事件常易造成親子關係的緊張、衝突或產生過分依附的關係。不僅如此，這群兒少長大後亦容易成為家庭暴力的複製者。傳統社會有很多人以為「孩子小，不懂事」，而輕忽暴力對兒少心靈的傷害。因此，早期在家庭暴力研究領域，少有學者關注這群孩子的處境，而在家庭暴力服務體系中，也很少針對這群孩子獨立開案，僅能將其與受暴母親合併服務，使得家暴服務體系出現缺口。

　　在美國，自1990年代初受到聯邦與州政府提供給受虐婦女服務方案經費增加的影響，間接促成兒少服務方案的成長。同時，從1992年開始，由一群心理治療師及兒少發展專家所推動的「兒少目睹暴力計畫」提供兒少及家庭各種諮商服務。在臺灣，自1990年代中期，隨著親密關係暴力逐漸受到重視之際，亦開始有越來越多的學者關注到目睹親密關係暴力對暴力家庭中未成年兒少的影響。而有關目睹婚暴兒少的服務方案推展方面，為使目睹暴力兒少權益受到正視並協助孩子的創傷與復原，最早係由善牧基金會於2001年正式成立全臺灣第一個以目睹婚暴兒少為主體的獨立服務中心「小羊之家—目睹暴力兒童服務中心」，期望陪伴孩子度過生命的黑暗時刻。此後，陸續有一些民間團體開辦目睹婚暴兒少服務方案，但多分散在婦保、兒少保或是家庭服務相關機構，亦有少數機構發展出提供目睹婚暴兒少服務的專責單位（任彥蓉，2009）。另一方面，就現行法規而言，依「兒童及少年福利與權益保障法」第64條「目睹家庭暴力之兒童及少年，經直轄市、縣（市）主管機關列為保護個案者」之規

定，目睹婚暴兒少需合併兒保個案才有機會進入兒保體系接受服務。因此，晚近雖有越來越多縣市開辦目睹婚暴兒少服務方案，但多是站在婦保的觀點服務目睹兒少。

本章首先探討目睹父母親密關係暴力對兒少的影響，除就親密關係暴力家庭的成員互動關係，以及目睹親密關係暴力與兒童和少年行為問題及暴力的關聯性加以論述外，並將針對兒少對父母親密關係暴力之反應進行實證研究，以了解兒少目睹父母親密關係暴力時的反應，以及加害人對在場子女所施加暴力之情形。其次，雖然不論受虐婦女所遭受的暴力傷害有多嚴重，她皆有權決定是否繼續停留於受虐關係，但是如果其未成年子女亦同時遭受加害人的嚴重虐待，則此時國家公權力將必須不顧受虐婦女的意願而介入處理。因此，本章將就受虐婦女對子女的保護責任此一議題加以探討。最後再分別探討目睹親密關係暴力兒少的預防措施，以及受虐婦女與加害人對子女親權之行使問題二個議題。

第二節　目睹親密關係暴力對兒少的影響

家庭是影響個體行為最重要且最深遠的社會化機構，大多數人都會認同家庭環境對子女日後的行為有長遠影響的觀念。因此，如果一個生長在犯罪家庭中的人，他日後成為犯罪者的機會將會比那些生長在正常家庭中的人來得大。而家庭環境因素，諸如：父親無業、犯罪或是破碎家庭，也會影響子女的行為。事實上，有許多被判刑的青少年，都與他們幼年成長時期重複被剝奪有極大的關聯性。從青少年的偏差行為和行為困擾來觀察，家庭成員關係的不和諧是兒童期被剝奪的重要因素之一，目睹親密關係暴力就兒童而言，即是一種精神上的虐待。而Layzer、Goodson和DeLange（1985）曾經對六個以庇護所為單位的方案進行評估研究，發現這些兒少經常顯示出（超過70%）與情緒有關的問題，包括：焦慮、過度哭泣、悲傷，以及經常有睡眠困擾的問題。該研究也發現，有40%的小孩與成人有互動不良的情形。最後，Hughes（1982）也有相同的發現，她稱這些兒少是「情緒貧窮的人」（emotionally needy）。

由於有越來越多的文獻探討親密關係暴力所衍生的問題，使得人們

開始正視親密關係暴力的嚴重性，並因而促使世界上許多國家已經將其界定為該國的社會問題，間接地也開始引發許多針對兒少目睹親密關係暴力問題嚴重性的程度進行探討。這些研究發現，目睹親密關係暴力對兒少影響的程度和範圍是相當嚴重的。例如，Jaffe、Wolfe和Wilson（1995）發現，目睹親密關係暴力的男童與那些遭受身體虐待的男童有類似的情緒和行為問題，而且這二個群體比那些未遭受虐待，或是未曾目睹親密關係暴力的男童有較多的情緒困擾和行為問題。而Sternberg 、Lamb、Greenbaum和Lorey等人（1993）也發現，目睹父母親密關係暴力的兒少其「兒少憂鬱量表」（Children's Depression Inventory）上的分數高於未曾目睹暴力行為的小孩，至於他們分數的等級則與收容於心理健康中心（mental health center）的兒少相類似。Hughes（1988）發現，目睹暴力的兒少在自我概念的測量上，分數較一般的小孩來得低。此外，這些兒少也有較低的自我控制與社會能力，以及較差的學校附著與社會問題的解決能力。最後，Fischer在加拿大所進行的研究則更進一步指出，一個人若是在兒童時期目擊了父母親之間的衝突與暴力攻擊，將是預測其未來犯罪行為（包括：攻擊、強姦、謀殺、搶劫等暴力行為）的一項重要指標（轉引自Groves & Zuckerman, 1997）。因此，目睹親密關係暴力對兒少來說，將會危及他們許多的機能。

以下將分就親密關係暴力家庭的成員互動關係，以及目睹親密關係暴力與兒童和少年行為問題及暴力的關聯性二個部分，探討目睹親密關係暴力對兒少的影響。而最後，則將針對兒少對父母親密關係暴力之反應進行實證研究，以了解兒少目睹父母親之親密關係暴力時的反應，以及加害人對在場子女所施加暴力之情形。

一、親密關係暴力家庭的成員互動關係

Zeanah和Scheeringa（1997）以生長於貧窮家庭的小孩為對象，進行一個縱貫性的研究，來探討兒少的發展情形。在這個研究中，他們檢驗了母子（女）間依附強度，以及發生於母親與其前任或是現任丈夫間的暴力行為二者是否有關係存在。結果發現：母子間的依附強度和母親是否遭受丈夫的暴力攻擊，有很強的關聯性存在。那些母子之間有很強依附關係的母親，和她現任丈夫有很低程度的暴力關係（52%的樣本）；而那些母子

之間有很低依附關係（有許多是解組的關係）的母親，則和她現任丈夫存在著很高程度的暴力關係（39%的樣本）。另一個比較特殊的發現是，母親與其前任丈夫的關係則不會影響到和子女之間的關係。同時，該研究也發現：在那些與現任丈夫沒有暴力關係的母親之中，其與子女有穩固關係的比率為63%，而只有25%的母親與子女之間的依附關係不良；反之，那些與現任丈夫存有暴力關係的母親，與子女之間的依附均是極度不良。造成此種現象的原因，可能是當暴力事件發生時，會使母親或是子女產生害怕，而影響到彼此之間的關係與依附程度。而此種情形在那些出現「被毆婦女症候群」的婦女身上尤為明顯[2]。因此，當母親處於嚴重的暴力衝突時，將會影響育兒技巧及與子女之間的關係。

國內相關的研究亦有類似的發現，例如紀雅芬（1998）的研究即發現，當親密關係暴力頻率與嚴重度越高時，將會使得親子間的依附關係品質越差；而負向因應策略使用越頻繁時，青少年的健康狀況則越差。胡美齡（1998）的研究也發現，受虐婦女的子女對父親的看法及感覺包括：害怕、緊張、不喜歡、認為父親有神經病、無理取鬧等，因應父親的方式則包括：躲避、離家的企圖與行動、順從父親、疏離父親、想與父親反抗等。從受虐婦女主觀知覺其丈夫與子女的互動狀況，則約可歸納為三種：一是要視丈夫的心情而定；二是丈夫極少與子女互動，動則打罵；三是丈夫也很少與子女互動，但父子之間有較為正向的互動。整體而言，多數父親對子女展現皆為處罰性、暴力、喜怒無常的情緒及行為；父子關係不但疏離，且充滿緊張及衝突。至於受虐婦女教養子女的方式，則可分為兩種：大部分婦女花很多心力去管教子女，有部分婦女則因工作、家務兩頭忙，較少時間管教子女。婦女會採取口頭提醒、說故事、罵、打、罰跪、罰站、減少讓子女出門、以物質或精神鼓勵子女等方式教育子女。大部分母子之間是互相護衛、支持關心的聯盟狀況。也有少數母子之間有疏離、誤解的狀況出現。

一般而言，許多生長在親密關係暴力家庭的兒少都有創傷後壓力失調的症狀。而且這些兒少會因為年齡、壓力失調和模仿的型態、性別、目睹

2　「被毆婦女症候群」是指婦女在屢遭配偶毆打後，心理上所出現的焦慮、失憶、情緒激動、認知扭曲，和身心障礙等困擾（黃富源，1995）。

暴力的嚴重性與頻率、暴力是否已經停止，特別是受虐婦女是否因親密關係暴力而影響其育兒技巧等因素，而有不同的效應。此時，法律和社會對受虐婦女及其小孩保護的可及性，在改善或是減少目睹親密關係暴力對兒少影響的方面是很有幫助的。目睹親密關係暴力的兒少，就猶如生長於戰區中的兒少一樣，所不同的是：施暴者往往是他們的父親（或是代理父親職責者）。這些兒少經常沒有安全的地方可以逃避親密關係暴力，而且經常有很強烈的家庭和社會壓力，無法將其目睹的暴力事件說出來。

二、目睹親密關係暴力與兒少行為問題及暴力的關聯性

由於家庭是人類最重要的社會化機構，早期的哲學家即確定家庭所扮演角色的重要性。為了強調個體早期生命經驗的重要性，Starte指出：「一個人無法斷絕與家庭的關係，它就像天花一樣——當一個人在小時候患了病之後，終其一生都會跟著他。」亦即所謂的「本性難移」（The child is the father of the man）。由於家庭對一個人的影響是如此深遠，兒童或是青少年目睹家庭中的暴力行為，未來也將較可能有暴力的行為，因此它可說是「暴力的搖籃」。雖然暴力或許沒有發生在自己的身上，但是目睹暴力對兒少的影響仍是非常巨大，尤其暴力若是發生在自己的家中，則對兒少的影響將更為深遠[3]。其對兒少可能會造成不良的效應，不但會引發情緒與行為方面的問題，也會影響學校課業的表現。這些兒少可能會有沮喪、焦慮、身體上的不適、社會疏離與偏見、不聽從成人的話及違反法律、與同儕間的肢體衝突，以及其他各種行為問題。例如，Barnett、Miller-Perrin和Perrin（1997）綜合整理親密關係暴力對兒少影響的相關研究後，將親密關係暴力對兒少的影響分成三大方面，包括內向性行為和情

---

[3] 大多數的人都會同意目睹暴力行為對兒童的發展有相當大的關聯性，但到底要觀看到何種暴力程度才會對兒童產生影響，則學者之間有不同的看法，例如，Newson（1994）認為，雖然兒童沒有直接目睹到暴力行為的現場（如觀看電視上的暴力畫面），也可能會產生類似的效果。但是這個論點卻被另外一些犯罪心理學家所駁斥，例如，Cumberbach（1994）認為，電視和電影上的暴力畫面對兒童及青少年並沒有直接的影響，實際發生於身邊的暴力行為對其影響與衝擊，才是更加的深遠。這主要是因為他們所目睹到的電視和電影上暴力行為，並沒有那麼直接衝擊他們的心靈所致。而Browne（1985）的研究則進一步指出，有3～10%在暴力家庭中長大的小孩，是最有可能受到媒體上的暴力畫面所影響。事實上，他們可能會優先選擇有暴力傾向的素材，加上受到媒體上的暴力畫面影響，使他們面臨生活上的困難時，將會使他們選擇以暴力的方式來解決。

緒問題（如退縮、焦慮、低自尊等）、外向性行為問題（如攻擊、酒精與藥物濫用等）、學校問題和社會能力（如低度問題解決能力）。O'Keefe（1995）以研究時的過去一年中，遭受身體虐待的184位隨著母親住在庇護所的兒少（7～13歲）為研究對象，發現目睹親密關係暴力合併受虐的兒少，和目睹親密關係暴力兒少在外向性行為，尤其是攻擊行為上有顯著差異，但是在性別此一變項上則無差異。

在兒少諸多行為問題中，最引人注目的又莫過於暴力行為、自我傷害行為，以及創傷後壓力症候群。因此，以下將分就此三部分加以論述：

（一）暴力行為

截至目前為止，已有許多研究發現：在兒童期目睹父母親密關係暴力，將會影響個體日後的行為及人格的發展，使其易於學習到以暴力的方式解決問題。而且不論兒少本身是否遭受虐待，只要他曾經目睹親密關係暴力的發生，對他日後的人格發展和對社會關係的態度，也仍然有很深遠的影響。例如，Jaffe、Wolfe和Wilson（1995）在他們所編著的《受虐婦女的小孩》（*Children of Battered Women*）這本書中曾經指出，在目睹了父母之間的暴力行為之後，男童和女童都會學習到：暴力也是一種親屬之間解決問題的方式。暴力家庭中的子女也同時學習到迫害的行為——男性可以使用攻擊的手段，以獲取權力和控制其他家庭成員。結果，這些家庭的子女也將改變他們的行為。Straus和Gells（1988）的研究也發現，男性若是在孩童時期曾經目睹父母親的肢體衝突，未來攻擊配偶的可能性將是3倍於那些未曾目睹到親密關係暴力的男性。此外，Hughes（1988）也發現，兒少本身即是受虐兒加上又目睹到父母親之間的暴力衝突，將會比那些非受虐兒少而有目睹到父母親之間暴力衝突的人，有更多情緒困擾與行為問題。最後，Livingstone（1986）的研究也指出，當兒少目睹成人毆打他的單親母親之後，他對母親的暴力行為也將變得更加頻繁與嚴重。在他的研究樣本中，有29%的單親母親遭受這樣的攻擊行為。這或許是因為這些兒少也想藉此來控制他們的母親，或是無法諒解她的離婚行為，使他們必須與父親分開的行為表現。

而國內研究也有相同的發現，例如夏以玲（1998）的研究發現，暴力犯罪少年所受到的虐待程度及目睹父母發生親密關係暴力的程度要比非

暴力犯罪少年及一般少年高。而胡美齡（1998）以受虐婦女為對象，調查親密關係暴力對兒少的影響。結果也發現，親密關係暴力對兒少不良影響包括：子女學習父親不良的暴力行為、子女不敢結婚或婚姻受到父親影響、子女在個性上出現自卑、畏縮、封閉及易恐懼的狀況、子女的情緒亦受到父母親的影響，子女無法好好唸書等五種。其次，黃富源（1995）在歸納親密關係暴力的發生原因後，認為屬於家庭不良因素者約有：家庭教養不當、家庭結構缺陷和病理家庭等三部分：1.教養不當因素，如暴力家庭養育暴力子女；2.家庭結構缺陷，如破碎家庭；3.病理家庭，如失序、衝突家庭。

　　最後，根據筆者的研究（2000）也發現，童年期的受虐經驗，對其日後人格與個性的形成有決定性的影響。父母親虐待子女的行為，不僅對兒少的身心戕害非常大，亦且會影響到其在校表現與交友，並進而可能使其成為偏差或犯罪少年。如此一來，不但是家庭與社會的沉重負擔與不幸，亦將危害國家與社會。由本研究亦可發現，兒少遭受虐待雖不會立即產生偏差或犯罪行為，但若不即時介入干預，即可能會使其日後產生偏差或犯罪行為。

　　從上述這些研究可以發現，其研究結果均極為類似——生長於暴力家庭中的小孩，確實比一般家庭的小孩易於使用暴力的方式來解決問題，也促使吾人不得不對暴力家庭的重視[4]。亦難怪許多學者語重心長的提醒我們：**家庭中的不良互動關係，對生長其中的個體將有長遠的不良負面影響**。那些生長在父母有衝突和暴力行為家庭環境中的小孩，也比較可能有家庭外的暴力行為發生（Browne & Herbert, 1997）。

（二）自我傷害行為

　　另一個常為研究者所關注的不良行為後果，則是暴力家庭中小孩的自我傷害與低自尊現象。當兒少目睹父母親的自我傷害行為（如割傷自己、

---

[4] 當然，筆者必須強調的是：持這個論點時也必須非常小心，其所潛藏的最主要危險在於它對暴力家庭具有烙印作用，使生長於其間的孩童未來容易變成施暴者。況且一個人之所以有暴力的行為是有許多原因所促發而成的，而不是單純的因為他來自於一個暴力家庭。因此，一個曾經目睹父母親親密關係暴力的人，充其量只是他們比一般人更容易有施暴行為的傾向而已，但並不能夠說這是一個決定性的因素。更何況有許多此種家庭長大的小孩子，並沒有因此而成為一個施暴者。

酒精與藥物濫用行為等），以及破壞家庭中的物品後，他們也比較可能有自我虐待與疏忽的行為。例如，Browne（1994）的研究即發現，在適應上發生問題的犯罪者中，十分之九的人有過自我傷害的行為。而他們這種自我傷害的行為，與其「解離性的人格特質」（dissociative personality traits）有極密切的關係。在這些人中，有29%的人在幼年時期甚至有極為嚴重的受虐經驗。國內陳皎眉（1995）的研究也發現，相較於一般少女，從事特種行業的少女自尊心低於一般學生，這些少女較多生長於單親或是破碎家庭，父或母親亡故的比例高於一般學生。至於父母親的婚姻狀況也不同於一般學生：父母親離婚、分居皆高於一般學生，而父母親維持婚姻關係者卻低於一般學生。

由於兒少直接目睹發生於家庭中的暴力行為，將可能影響他們的社會行為。因為它教導攻擊的行為方式、增加了攻擊的情境、減低了對攻擊行為的抑制作用、扭曲了對衝突解決方式的觀點，以及使個體對暴力行為較不敏感。因此，對那些接受保護，或是安全適應出現問題的青少年提供諮商輔導是無庸置疑的。至於對這些兒少的社會介入方案，Wilson、Jaffe和Wolfe（1989）認為可以使用兒少的社會問題解決技巧，及以教育為基礎的諮商來改善。而Harbin和Madden（1989）也建議，當兒少目睹到暴力行為之後，為人父母者若能夠立即採取以下幾個措施，或許可以杜絕暴力行為對兒少的影響：1.與子女討論他們所目睹的暴力行為；2.家庭所有的成員都要企圖降低嚴重的暴力衝突行為；3.避免懲罰，或是對不適當的攻擊行為有不一致的態度。

最後，必須提醒的是：當婦女所面臨的親密關係暴力行為已經不是自己的能力所能夠解決時，則應該為自己或是子女尋求外部的幫助。

（三）創傷後壓力症候群

創傷理論認為，當事件引發個體害怕、無助感和過度刺激，使當事人內心覺得受到傷害，將會造成心理上的創傷。雖然並不是所有的兒少對同一事件均有相同的反應，然而確實有一些兒少當他目睹母親遭受虐待，或是生命遭受威脅時，會對其內心造成極度的創傷。兒少的創傷後壓力症狀群（PTSD）最初是用以描述參與越戰的老兵所顯示出來的生、心理症狀，以捕捉這些人所經歷的嚴重而持續的效應。而就生活於親密關係暴力

家庭的小孩而言，他們所經歷的暴力也猶如老兵一樣，是不可預測與缺乏控制的。

　　Suderman和Jaffe（1997）認為，兒少目睹親密關係暴力之後的PTSD症狀可能包括：1.暴露於自己或是他人所經歷的死亡威脅或是嚴重傷害的事件中；2.經由暴力事件一再的重演和對事件痛苦的記憶，或是重複作與事件有關的惡夢，而一再經歷痛苦的事件；3.堅決避免與創傷有關的刺激，以及對一般的反應沒有感應；以及4.持續性的亢奮症狀，包括：睡眠失調、易怒或是容易生氣、注意力很難集中、過度警戒，以及有過度驚嚇的反應。逃避的症狀有時候可能會使他們對別人沒有一般應有的知覺，並且可能有感情分離的傾向。不過這些症狀必須持續一個月以上，而且被害人在社會、學校（或是職業）的適應上有較低的機能。

　　過去對兒少創傷後壓力症候群的研究是與單一不幸事件有關，如經歷了火災、綁架、目睹槍殺案、經歷地震或是其他天災，以及被狗攻擊等等。對被害人所持續的創傷研究，也都是以這些單一不幸事件的倖存者為對象來進行研究。而在針對兒少所持續的創傷進行研究時，則包括：亂倫、性虐待、兄弟姐妹間的虐待、身體虐待，或是戰爭等。目前有關兒少PTSD的研究，大多數是集中在目睹母親受到嚴重暴力攻擊的小孩身上，例如：目睹自己的母親殺人，或是目睹母親被謀殺、性侵害，或是被嚴重攻擊的兒少身上。這些研究發現，其研究對象普遍存在著PTSD的症狀，如果沒有及早實施干預措施將對兒少產生諸多不良影響（Rossman, 1998; Lehmann, 1995）。例如：Lehmann（1995）曾經針對跟隨母親住進庇護中心的兒少進行研究（這些兒少均曾經目睹過親密關係暴力），結果發現有57%的研究樣本顯示出PTSD的所有症狀，另外大多數的樣本都有或多或少的PTSD症狀。這個研究說明了，目睹親密關係暴力對兒少影響的嚴重性。而Rossman（1998）以400位受虐婦女的子女（年齡層為4～13歲）為研究對象也發現，長期處於親密關係暴力家庭中，不但可能使這些兒少產生PTSD症狀，並將因而使其產生行為問題，以及認知扭曲而影響其在學校與社會上的表現。

第三節　受虐婦女對子女的保護責任

　　在討論親密關係暴力對兒少的影響上，親密關係暴力受虐婦女是否應該負起保護子女的責任，近年來也逐漸受到關注。在保護工作上，若是能夠對其責任加以釐清，將會讓我們對其子女的保護工作進行更加順利。

　　雖然過去許多國家致力於兒少保護運動不遺餘力，然而兒保專業人員卻往往忽略受虐兒少家庭中也可能同時發生其他家庭暴力事件（尤其是親密關係暴力），及其問題的嚴重性。人們很可能只會將焦點集中在受虐兒少及其施虐者的身上，卻往往忽略沒有施虐行為的母親可能同時也是被害人。因此，人們可能會譴責這些母親，認為她知道（或是應該知道）自己子女遭受丈夫（或是同居人）的虐待，卻沒有善盡職責來保護子女。我們往往會單純的假設：既然她為人母親，理應負起責任保護自己子女的安全，而當她沒有善盡保護之責時，就應該遭受譴責，而忽略了其間互動關係的複雜性[5]。以下將闡述親密關係暴力受虐婦女對子女的保護責任。

一、親密關係暴力與兒少保護的關係

　　直到最近十幾年，人們才慢慢注意到在受虐兒少的家中，也可能同時存在著親密關係暴力（反之亦然）。許多專業人員已經開始接受訓練，以察覺其間的關聯性，並注意到二者之間的動態關係。社工員在處理兒少受虐時，也會同時注意到其家庭是否有親密關係暴力的現象。而從1980年代開始，在兒少虐待的研究上，學者已經開始注意到其與親密關係暴力之間的交互關係，此種趨勢一直延續到1990年代。其中，有一個議題最近幾年一直受到這個領域的各種專業人員所重視——當他們致力於兒少或是婦女的保護時，也會同時注意到另一方的需求（Wilson, 1998）。因此，研究者可能會同時將焦點集中在加害人對婦女以及兒少的施虐行為上。就婦女保護專業人員而言，婦女是他們所要保護的對象，因此他們最主要的目的是要符合案主的需求，並且將他們安置到一個安全的環境中，但也會

5　以1999年婦幼節前夕發生於高雄的駱姓二兄弟被母親駱明慧的同居人凌虐致死事件為例，我們可以發現，事後經由媒體披露駱女在親密關係中亦處於受虐角色，但是當時不論是社會大眾，或是媒體仍對駱女的親職角色、親密關係有諸多不滿，使得輿論對真正的施虐者評價反而不明顯。

同時注意到受虐婦女的子女所面臨之問題。而就兒少保護專業人員而言，則保護兒少是他們最主要的任務，至於對兒少的母親提供一些支持，只不過是確保兒少安全的一種方法而已。但他們也同時認知到，保護兒少的最好方式就是幫助他們的照護者—在這樣的個案中就是確保受虐婦女的安全。

　　雖然受虐婦女獲得安全已經有一些基本的程序，而且在婦女獲得安全的保障之前，在她們與施虐者的關係上她們可能會採取一些措施。然而受虐婦女由於在身體、財務、精神，和安全的多重壓力之下，到最後卻可能會迫使她們回到施虐者的身邊。此時，受虐婦女對子女應該負擔何種責任，就變成一個相當敏感的問題。處理親密關係暴力的專業人員，可能會以受虐婦女的期望和需求為訴求。因為就這些專業人員而言，受虐婦女已經是一個成人，她們有自由意願可以選擇自己所期望的生活方式。假使經過最後的分析，她們仍舊決定留在不安全的地方，她依然有權選擇這麼做。

　　然而，當兒少保護社工員碰到同樣的情況，社工員所考慮的將不只是受虐婦女的期望而已，還必須衡量她的意願，以及在受暴過程中保護子女的能力。雖然受虐婦女有權決定是否要讓自己留在不安全的地方，但兒保專業人員則不會任意的讓兒少跟隨母親繼續留在危險的地方。不管選擇留下來或是離開，有許多母親會認為自己的選擇是對的。而儘管有許多危險，但這些母親卻會認為她們已無其他選擇。當兒保專業人員介入時，則可能採取一些替代方案，如果他們並不同意那些害怕自己的家庭破裂甚於對加害人恐懼的母親之觀點，則可能採取比較強硬的措施——將其未成年子女年帶走，安置到收容機構或是寄養家庭中。

二、兒少保護專業考量與受虐婦女的關係

　　雖然誰應該為兒少受虐的事實負責，或是誰應該負起保護兒少的責任是一個頗為抽象的概念，但是有一些問題卻是兒保專業人員必須重視的問題。例如，Wilson（1998）即指出，兒保專業人員在處理時必須能夠回答以下幾個的問題：

　　（一）這個母親是否真的想要為她的子女提供一個安全的環境？她是否認清子女所處環境的危險性？她在乎嗎？她是否希望環境能夠改變？假

使她已經準備好要有所改變，或是假使她不想有所改變時，我們將需要採取什麼樣的措施？

（二）假使這個母親不想改變，我們能否協助這些受虐的母親認清她的子女可能遭遇的危險，以及是否有改變和迅速採取一些保護措施的需要嗎？她對察覺這些改變，或是做一個很好判斷的能力是否有一些障礙（例如她是否是一個酒精、藥物濫用者，或是一個精神病患）？她能否克服這些障礙？我們是否能夠幫助她有能力站起來，以便使她可以認清改變的需要？

（三）她是否渴望或是願意改變目前的處境？

（四）她是否相信採取保護措施之後，她及子女的生活可以改善？假使答案是否定的，那麼她為子女提供安全的努力將不會持續太久。我們應該和那些受虐的母親一起評估，當採取保護的措施時，她所獲得的是什麼？而她所失去的又是什麼？我們必須協助她體認到，當採取一些保護她子女的措施時，她所獲得的將會比失去的來得多。然而這樣的抉擇，在現實社會中卻並不一定這麼清楚。假使我們希望受虐母親的努力可以成功，那麼我們應該幫助她尋找出可以滿足她及子女需求的替代方式，而不要繼續依賴對她的子女而言是最危險的人。

（五）即使當受虐的母親已經渴望為子女採取保護的措施及想要改變現況時，她是否有能力可以成功？她可能已經嘗試過，但到最後卻失敗了。她可能目前正處於分居程序的最初階段，或是她可能對自己能否成功的能力感到極度的懷疑，而我們是否能夠幫助她相信自己可以成功，然後確實的採取行動呢？假使答案是肯定的，那麼就應該提供各種可以尋求的資源，來支持她的努力。

三、親密關係暴力家庭中兒少保護之原則與注意事項

雖然相關研究與家庭暴力防治法一經規定，在保護被害人免於持續遭受親密關係暴力外，也必須同時評估案家兒童的被害風險。然而遭受親密關係暴力傷害的母親或其他照顧者，在短期內往往無法滿足自己或子女的需求。他們也可能因為過往所遭受的暴力侵害而對暴力不敏感，導致無法就暴力對他們或孩子的風險和影響進行理性的評估。因此，目前正處於暴力階段或受過創傷的母親或照顧者可能需要訊息和支持，以了解家庭暴

力對其子女的影響。受害的父母（通常是母親）與子女之間的關係經常受到家庭暴力的影響。例如，兒童可能會對母親的能力能否保護他們的安全抱持懷疑的態度，特別是如果她尚未意識到暴力行為對她及子女影響時。母親可能需要幫助，協助孩子了解他們在家庭中所遭受的負面經歷（Department of Human Services, 2012）。

（一）評估暴力家庭中兒童需求與安全之原則

　　過去在親密關係暴力案件的處遇工作，社工的個案處遇重點多聚焦於被害人身上，但越來越多的處遇強調，須將被害人與兒童的風險與需求分別評估。再就兒童保護而言[6]，早期大多數有關兒保風險和保護因素研究，係集中在家庭關係、兒童在學校學業成就、同儕關係以及個人特徵的個人或群體層面變項（Farrington, Loeber, Jolliffe & Pardini, 2008; Thornberry & Krohn, 2005）。從1980年代開始，受到Garbarino和Sherman（1980）研究的啟發[7]，啟動學者對社區風險因素的關注，從而促使各國政府在防治工作上，將社區列為重要的預防層面。當將環境層面的變項視為風險因素時，它們通常係以社會解組理論進行概念化和操作，包括：生活在貧困中的人口百分比，社區中族群組成，居住流動率和社區犯罪率等變項被概念化為增加負面結果或更多可能的風險因素（Kurlychek et al., 2012）。例如，Barry（1994）研究發現，加強社區對低收入家庭的支持非常重要，因為他們的社區流動性較低，非正式支持的資源較少。他提出

6　在親密關係暴力家庭中，兒童可能直接遭受相對人的暴力攻擊，或是雖然僅目睹親密關係暴力，但都將對兒童發展造成相當不利的影響，因此本研究特別以兒童保護案件稱之，屬於廣義的兒童保護概念。

7　Garbarino和Sherman（1980）使用多元迴歸分析方法，以社區經濟狀況、居民人口背景變項和社區民眾對兒童保護態度等變項為自變項，了解其對兒童保護的影響程度。該研究選擇了二個社會經濟水平相當的社區，一個是兒保高風險社區，另一個是兒保低風險社區，社區的選擇係透過對小學校長和郵差等與社區有密切接觸的專家為訪談對象，藉以了解社區概況並作為篩選社區的方法。在確定所欲研究的社區後，從每個社區抽取樣本並進行訪談以確定家庭的壓力和社會支持狀況（特別關注可以提供協助的來源、社交網絡、與社區互動情形）及正式家庭支持系統的使用。研究結果發現，社區是兒童保護的重要風險因素；高風險社區的家庭雖然在社會經濟上與低風險社區的家庭相似，但在高風險社區的家庭較易發生兒保事件。他們將這個社區描述為「貧困社區」，在這個社區中，家庭自身的問題被社區環境「複雜而不是改善」。相較之下，虐待率低的社區中，居民之間的社會交流較多，家庭能夠使用更多的社區資源，家庭對社區的評價也是積極的。

社區預防兒童受虐重要性的四個假設：1.兒童受虐部分原因來自壓力和社會孤立的結果，而壓力和孤立又可以歸因於心理和環境因素；2.社區可以鼓勵或阻礙生活在其中家庭的父母養育子女能力，也會影響社會融合程度，因此可以透過提高社區品質來預防部分兒保案件；3.社區的生活品質也受到內部力量影響，例如居民的經濟條件和資源可用性等外部因素；以及4.任何預防兒童受虐的策略都應該同時解決內部和外部問題，並應側重於強化風險家庭中父母的能力，以及改善社區的風險。

美國兒童局（U. S. Children's Bureau, 2013）也指出，若能建構以下六項保護因子，將可以有效降低兒童受虐的風險：1.培養親子的依附關係：當父母和子女彼此之間有強烈、溫暖的感情時，將建構親子間的信賴關係；2.了解育兒以及兒童健全發展所需的技巧：讓父母了解子女如何健全成長和發展，並進一步讓父母可以為子女提供一個可以發揮其潛能的環境；3.父母的適應能力：情緒控管能力佳的父母擁有積極的態度、問題解決能力，有效地應對挑戰，並且也有能力可以教導子女對憤怒和沮喪情緒的控管；4.父母具有良好社交關係：父母有值得信賴和關懷的非正式支持系統，提供鼓勵和協助來面對家庭的日常挑戰，為父母提供情感支持；5.為弱勢家庭父母提供具體支持：弱勢家庭父母往往需要基本的生活資源，如食物，衣服，住房，交通以及其他基本服務，以滿足家庭特定需求（如兒保，醫療保健和心理健康服務），並確保子女的健康和福祉；6.兒童有良好的社交和情感能力：兒童能夠與他人積極互動，自我調節行為和溝通情感，與家人、朋友和同儕之間的關係更為積極，若欠缺這些能力的兒童將可能面臨更大的受虐風險。

綜上，早期兒保工作側重於識別有遭受虐待或疏忽風險的兒童以及加害人的處遇措施，透過確認個人與家庭層面的風險和提供保護措施，被認為是兒保工作最直接和最有效的途徑。然而，自1970年代以來，兒童所身處的外在環境在兒童保護工作的重要性漸受重視，社區不僅可以在家庭暴力發揮預防效果，社區暴力和社區結構因素也可能會為脆弱家庭帶來更多的壓力和創傷，因而也可能加劇或是成為對兒童不利發展的重要影響因素（Herrenkohl, Higgins, Merrick & Leeb, 2015）。截至今日，已經有許多研究證明兒童所身處社區的社會、經濟、文化和建築等特徵為其日後發展奠定重要基礎，這些影響有時甚至是終身的。

（二）評估暴力家庭中兒童需求與安全時應注意事項

　　良好的親子關係以及安全、穩定的家庭與社區環境是兒童生命中最強大，最具保護性的力量。除可促進兒童健康成長，也可以緩解壓力和創傷的影響，而這必須以健全的家庭、學校和社區作為兒童身心發展的基石。然而所有兒童的發展都面臨一些風險，其中可能包括家庭暴力、貧困、家庭功能障礙、身心障礙或其他健康問題、兒童受虐、學習能力不足或父母教養能力不足等因素。要了解孩子的表現，我們必須協助父母了解孩子在家裡、學校和社會中的行為、感受以及與他人的互動。兒童的表現不僅僅取決於家庭暴力的影響，必須將一系列風險因素對兒童的影響及其生活的積極面向共同考慮（Davies, 2011）。

　　就跟受虐婦女一樣，每個兒童都是獨一無二的，而且都有不同的優勢、資源、風險和文化背景。因此，兒童安全策略應評估每個兒童面臨的具體風險並了解可以使用的資源，更重要的是，需了解兒童與父親或母親的伴侶（如果他不是他們的父親）的關係為何。大多數父母對自身教養子女的方式很敏感，如果討論讓父母感到內疚或讓他們感覺過於挑剔，就會停止與社工討論。反之，支持她教育子女的談話語氣會有較好的效果，尤其就親密關係暴力被害人而言，已經遭受相對人無情的貶低和批評，當社工對被害人的養育方式有擔憂時，很可能讓被害人拒絕服務。再者，兒童的年齡也是決定社工工作方法的重要因素。如果的年齡足夠大，社工可以直接跟年齡較大的兒童討論與父親的關係；或有其他機構正在服務兒童，那麼也可以從這些服務兒童的專業人員中，蒐集兒童的資訊。以下問題是社工與被害人討論有關兒童的對話參考（Davies, 2011; Davies, Menard & Davis, 2011）：

　　開場白：可以聊一下妳的孩子嗎？他們怎麼樣？妳喜歡妳孩子的哪些地方？他們哪些事情讓妳開心？他們喜歡做什麼？他們擅長什麼？他們有哪些地方會讓妳擔心嗎？

　　至於評估兒童狀況則有以下建議的評估題目：

1. 他們與父親的關係如何？和妳的伴侶的關係如何（如果相對人不是他們的父親）？
2. 其他媽媽告訴我，她們的伴侶有時對孩子很刻薄，妳有沒有擔心

過這種問題？

3. 妳的伴侶曾經傷害過妳的孩子嗎？如果是這樣，妳能告訴我更多嗎？

4. 他曾威脅要帶走他們嗎？或是讓他們遠離妳？他有沒有利用過孩子來控制妳？還是找妳？

5. 妳有沒有擔心讓他們單獨留在他身邊？

6. 妳與孩子的關係中，是否有任何妳不喜歡或想改善的地方？

7. 我可以如何協助妳？

8. 他對待妳的其他孩子，是否與對待妳們共同擁有的孩子不同（如果孩子是不同父親）？

9. 妳對孩子有什麼樣的期待？想要妳的孩子有什麼樣的成就？

10. 有關孩子的事情，妳還有什麼想告訴我的，或是想要補充的事情嗎？

當社工對兒童風險的看法與被害人的看法不同時該如何處理？此時可以檢查自己觀點的準確性，並與被害人討論差異。與一位媽媽談論她對孩子風險的不同看法是具有挑戰性的。如果社工得到被害人的信任、尊重她的文化，並表明理解和重視她的育兒觀點，那麼將較能夠讓被害人願意跟社工討論子女的問題。因此，提升被害人討論子女問題意願的最佳方法，是了解她對養育子女的看法以及她如何看待自己作為母親的角色，並願意與社工一起協助她的孩子。與評估被害人的風險一樣，在評估兒童的風險時，也包含三個部分：1.理解母親的觀點；2.檢查社工自己的觀點；以及3.尊重並努力達成一致。在評估兒童的風險時，社工的觀點很可能包括來自兒童母親以外的其他來源的訊息。例如，可以直接與孩子交談，或者從兒童社工、老師、警察甚至兒童的父親那裡獲取訊息。當然，必須對此類訊息的準確性進行判斷，並且應以不會造成被害人的困擾或使她不信任的方式使用這些訊息。

社工能做哪些事情來提升被害人照顧子女的能力（Davies, Menard & Davis, 2011）：

1. 協助她找到她請求的支持和資源。

2. 鼓勵她傾聽孩子的意見。

3. 在她的家庭和養育方法的文化背景下尊重並制定策略。

4. 肯定為人父母養育子女能力本來就有很大的挑戰，尤其是在她要應對暴力和生活貧困的情況下。

5. 傾聽她的擔憂和挑戰，以及她對孩子的希望和夢想。

6. 提供有關兒童發展的訊息，協助她了解子女的需求和行為。

7. 了解她的子女與他們的父親的關係，並了解她如何看待這種關閉。鼓勵她在子女談論父親時傾聽他們的聲音，並了解他們在他身邊的感覺。

8. 協助她了解她的子女暴露在家庭暴力環境下的反應，以及她可以為子女做些什麼。

9. 支持她的理解，即她的子女有他們自己的需求和顧慮（與她分開）。

10. 與她的伴侶談論孩子周圍的衝突／挑戰——探索減少衝突／挑戰的策略。

11. 在她的安全計畫中，提供育兒所需要的資源和支持。

綜合社工對兒童的服務策略可以包括（Davies, Menard & Davis, 2011）：

1. 協助解決人類的基本需求。與父母合作，提高她為孩子提供足夠營養、住所、醫療保健、情感支持和教育的能力。

2. 協助兒童擺脫暴力並探索他們的興趣，諸如與其他家庭成員建立更好的關係、信仰機構、運動、愛好、學校等的方面。

3. 被害人（受虐母親）的育兒指導。

4. 兒童父親（相對人）的育兒指導，以及有關他們母親的計畫的訊息。

5. 轉介兒童所需的服務方案，包括：兒保服務方案、兒童行為健康和其他社區兒童計畫。

　　值得注意的是，如果社工無法透過跟父母的合作確保兒童的安全，那麼就必須採取其他策略來保護他們免受嚴重傷害。這可能意味著讓其他家庭成員參與、社會服務、制定育兒干預計畫，或者在某些情況下，可能需要兒童保護團隊的參與。它還可能包括將離開作為一種策略和服務的探索，諸如申請遠離的保護令或監督會面交往等法庭的命令（Davies, 2011）。

第四節　目睹親密關係暴力兒少的預防措施

　　目前已有越來越多人認知到，對那些生長於親密關係暴力家庭的兒少，提供安全環境的重要性。通常在這些兒少的內心，會覺得自己被家庭、學校、社會所遺棄，因此也較容易從事犯罪行為，以便讓自己有掌控和有力量的感覺。警察往往會發現，在其所受理刑案的觸法兒少中，有許多是來自於此類家庭中的小孩。而社工員也會發現，特別難以和這些有疏離感的兒少溝通，他們經常抱持著「不要接近我」的態度。這些人一旦離家後，為了維持其在街頭上的生活，很有可能終其一生均為刑事司法體系的常客，社會對他們亦莫可奈何[8]。「預防重於治療」，對目睹親密關係暴力的兒少及早介入處遇，以及加強灌輸社會上一般青少年正確的觀念，應該才是治本之道。

一、運用於目睹親密關係暴力兒少身上的處遇措施

　　過去研究已經顯示出，社會介入協助這些目睹親密關係暴力兒少的迫切性。在美國，過去經常運用於這些兒少身上的一種干預措施，是結構性的團體處遇，此種團體的課程設計通常是6至10節課，具有很強的教育成分。課程的議題包括：標籤感覺、處理憤怒的情緒、安全技巧、社會支持、社會能力和自我概念、父母或暴力的責任、了解親密關係暴力，以及對家庭的願望。Sudermann和Jaffe（1997）對這個方案的評估指出，兒少於接受干預之後在安全技巧上有顯著的改善、對他們父母親的認知有改

8　有一些研究指出，在青少年離家的案件中，有相當高比率的人是因為遭受嚴重的性與身體暴力、精神上的疏忽，或是父母親有親密關係暴力而離家出走的。這些兒童與青少年是屬於處在危險情境中的逃亡者、被脅迫的逃亡者，或是被害的逃亡者。然而在這些人中，有一部分的人在街頭上會變成犯罪被害人或是加害人。在兒童時期有一些不幸經驗的青少年，特別容易再度成為被害人，而當他們企圖控制所處環境及維持在社會上的生活時，他們也容易成為犯罪者。例如，Straus（1994）的研究發現，在離家出走之後，有50%的兒童會依賴賣淫、偷竊、毒品交易，或是從事其他犯罪行為來維持自己的生活。尤其當小孩子逃家的時間超過6個月以上，他們就幾乎不可能再對接受教育、找工作感到興趣，與家人的聯繫也很少。因為他們認為在街頭上的遭遇，比他們過去在家庭內的遭遇要有趣多了。Browne和Herbert（1997）的研究即發現，有75%的受虐兒童後來沒有與虐待他們的父（或母）親聯絡。因此，如果沒有及早的介入干預，這些兒童及青少年將可能會與那些在外遊蕩的青少年（甚至是成人）結合在一起，並且以犯罪的方式來維持他們在街頭上的生活。

善、更加了解發生於母親身上的暴力對母親可能產生的效應、增加對父親的愛，以及對父親暴力行為的拒絕。在這個團體的訓練過程中，訓練者想要達成的目標有四個，包括：破除迷思、學習保護自己、有確實的經驗，以及強化自我概念。然而這個方法只適用於那些有輕微行為問題的小孩，至於那些已經有好幾年重複嚴重暴力行為的小孩，則較不適宜使用這種團體過程的處遇方式。

因此，Sudermann和Jaffe（1997）又發展出新的問卷，來評估那些目睹親密關係暴力的兒少對團體課程的反應，而且也運用到嚴重受虐兒少的團體課程上。初步的結論指出，所有的團體干預課程都有積極的結果，包括：改善安全技巧、對暴力分派了適當的責任、去除虐妻行為的迷思，以及學習以非暴力的方式來解決衝突的情境。團體的干預措施就受虐兒少而言，在其經驗的處理、對親密關係暴力迷思的去除、澄清暴力的責任，以及將焦點集中在非暴力衝突的解決等方面可能是比較有效的。而那些暴露在嚴重及重複的家庭暴力環境中的小孩，則更需要施以深入而長時期的處遇措施才能有效。而在國內，婦女救援基金會於提供婦女支持性、治療性團體服務的同時，發現到家中有目睹暴力兒少的嚴重性及需要服務的重要性，因此自2001年開始為目睹兒少規劃設計若干團體課程，諸如：目睹兒少的EQ小子團體、兒童遊戲治療團體、親子瑜珈團體、及兒童肢體律動團體。同時，自2003年開始，並推動目睹暴力兒少藝術治療團體，嘗試透過長期及短期工作坊時間的安排，讓有需要的兒少皆可參與活動，以減少目睹親密關係暴力兒少的心理創傷，學習以正向的態度及方式處理衝突及面對壓力（婦女救援基金會，2003）。

二、運用於一般青少年的預防策略

兒少遭受虐待或是目睹親密關係暴力行為，以及目睹暴力與從事暴力行為之間既有了上述的關聯性之後，我們可以發現在預防的策略上，加強對兒少教育的重要性。由於成人在認知觀念上已經定型改變不易，因此在人際間暴力行為預防方案中，將以改變我們社會上青少年的價值觀念最為重要。此外，也有很多家庭對子女的教育，已無法扮演其應有之功能。因此，在社會的控制機構中，我們可以以學校（尤其是國民中學）作為初級預防的單位。青少年在這個階段開始對異性產生興趣、整合價值觀念，

以及想要離開父母。在以學校為基礎的教育方案中，主要是希望透過訓練以影響青少年的認知與態度，讓他們未來不會涉及人際間的暴力行為。而且根據O'leary、Malone和Tyree（1994）研究也發現，那些有親密關係暴力行為的人，有一半的人事實上早在與異性約會時就已經有這種傾向。因此，對這些人若能夠在他們開始約會時即介入處理，將可以減少他們日後發生親密關係暴力的可能性。

　　至於以學校為基礎的暴力預防方案成效如何？根據Jones（1987）的研究發現，接受干預措施的人在其認知上有改善，但是態度卻依然沒有改變，其中女學生的成效較男生來得好。而由於男生的反應並不如預期，因此研究者建議，未來的干預措施應該將焦點集中在讓參與者強化控制憤怒的能力上。而Macgowan（1995）也曾經針對美國六至九年級的440名學生進行前、後測準實驗研究。他讓這些研究樣本接受五個小時有關人際間暴力的講授課程，其內容包括：認知、態度，和處理人際間暴力的方法。此外，在這個研究設計中還包括一組控制組，沒有接受任何處遇措施。結果發現，與控制組比較起來，實驗組在非身體的暴力行為之認知與態度上有改變。但是在身體暴力或是處理暴力關係方法上的態度則沒有改變。然而Jaffe、Sudermann、Reitzel和Killip（1992）針對國中生所進行的另一項前、後測準實驗研究其成效則較好。在這項研究中，他們讓737個國中學生接受一天的干預課程訓練，上課之前先接受測驗，上課之後再接受測驗，比較其間的差異。結果發現，學生對人際間暴力的認識，以及人際間暴力的信仰和態度均有改變。同時，女生的改變也比男生來得大。在這項研究中所面臨的一個問題是，研究人員發現從課堂上的討論一直到接受後測為止，就某些男生而言，課程所宣導的一些內容可能與傳統的男性價值觀念相反，就這些樣本而言，干預課程的成效仍然是不大的。因此，這項研究認為，就那些已經有偏差價值觀念的兒少而言，干預措施所需花費的時間將必須比一般兒少來得長。

　　從上述這些評估研究可以發現，如果能夠對國民中學的學生施以數個小時的教育課程，相信可以改變其認知，避免其使用暴力的方式來處理問題。因此，我國在家庭暴力防治法第49條乃規定：各級中小學每學年應有家庭暴力防治課程。近年來內政部家防會亦注意到社政單位所推動的目睹婚暴兒少方案，往往聚焦於婚暴通報案件中伴隨被害人一起接受保護的未

成年子女，故進入社政保護系統的目睹兒少不僅為少數，而且受害已深，復原不易，故而注意到將預防工作擴及到學校教育的重要，並編製目睹家庭暴力宣導品供學校教師自行上網下載並融入課程教學，包括：「校園裡的春天—學校教師如何關懷目睹家庭暴力兒童少年」、「人生領航員—協助目睹家庭暴力的孩子」、「扭轉生命旅程—24個協助目睹兒少的實驗性教案」（適用國小）、「小愛的畫本—家庭暴力目睹兒童」（適用國小）、「教師關懷目睹家庭暴力兒童及少年晤談指引」（適用國中小）等教材。

第五節　受虐婦女與加害人對子女親權之行使

　　當受虐婦女已下定決心脫離受虐關係時，首當其衝的，將是對子女親權的行使問題。事實上，由於今日婚姻之目的已變更為以個人本身之結合為目的，而當夫妻一方已無意願與對方共同維持婚姻關係時，則應允其離婚，使得完善的離婚制度亦有其存在的必要[9]。在離婚事件中，若當事人還有未成年子女時，則更應謹慎處理其婚姻關係。當夫妻雙方於離婚時，若還有子女未成年，則其不僅需承受父母離婚的痛楚，而且還需面對外界對其歧視的眼光。因此，在夫妻離婚事件中，他們可以說是離婚的最大受害者（黃翠紋，2000）。有鑒於此，在離婚事件中，除了考量夫妻雙方的情況外，最重要者，係需預先詳加規劃於夫妻離婚後，雙方如何行使親權，以使子女所受的傷害減至最低。而許多國家因應離婚率逐漸升高的現象，也都於相關法律中修正對子女親權行使的規定。

　　在傳統社會中，一般通念認為：親權乃父母對子女的權利，將子女視為其可以任意支配的對象，使得以往在夫妻離婚時，就如何對未成年子女行使親權的決定，多未考量未成年子女的權利主體性。但今日則因承認未成年子女具有主體性的地位，因此認為父母親權應限於為遂行其對未成

9　學者林菊枝（1985）認為：「離婚制度存在之主要根據，有如下三點：一、從不幸婚姻中解救婚姻當事人；二、基於保護子女之觀點，婚姻既已破裂，對子女有危害時，應准予離異；三、基於事實上之需要，因全面禁止離婚，並不能阻止婚姻之不破裂，且易造成另營事實之婚姻等情事。」參閱林秀雄（1987）。

年子女養育義務的必要範圍內，才具有意義，並強調其義務性，甚至有主張廢除「親權」的用語（柯富仁，2003）。因此，今日夫妻在決定離婚時，對未成年子女如何行使親權，係立於「未成年子女最佳利益」的最高指導原則下。但如何將此原則具體化，則攸關離婚後親權行使規定是否合宜，並將影響未成年子女的照顧品質。我國於1996年9月修正民法親屬編時，有關父母對未成年子女親權行使的規定，無論是在婚姻關係存續中或是離婚後，均首次引進「未成年子女最佳利益」原則，作為法院裁判的依據。而為因應九二一地震後所產生的大量孤兒的實際需要，又修正民法第1094條第1項法定監護人的順序，以及第2項：法院基於未成年子女之最佳利益得依特定人之申請為其選定或改定適當之監護人，以貫徹保護未成年人利益之本旨；又，第1094條之1規定：「法院選定或改定監護人時，應依受監護人之最佳利益，審酌一切情狀，尤應注意下列事項：一、受監護人之年齡、性別、意願、健康情形及人格發展需要。二、監護人之年齡、職業、品行、意願、態度、健康情形、經濟能力、生活狀況及有無犯罪前科紀錄。三、監護人與受監護人間或受監護人與其他共同生活之人間之情感及利害關係。……。」又例如修正民法第1055條及第1055條之1，以期讓子女於夫妻離婚後，能有適當的親權人或監護人；並修正民法第1089條的父權優先條款，明定父母對未成年子女重大事項權利之行使意思不一致時，得請求法院依未成年子女最佳利益酌定之，而法院為裁判前，則應聽取未成年子女、主管機關或社會福利機構之意見。在2012年8月公布之兒童及少年福利與權益保障法，更是參照了聯合國兒童權利公約[10]（UN Convention on the Rights of the Child, 1989）及其他國家有關兒少保護法規之立法例，於第5條第1項規定政府及公私立機構、團體處理兒童及少年相關事務時，應以兒童及少年之「最佳利益」為優先考量[11]。最後，於2011年12月經立法院三讀通過的家事事件法則更進一步強調對面臨父母離異家庭中未成年子女權益的保護。本法期待透過整合司法事務

---

10 兒童權利公約第3條第1項規定：「關於兒童的一切行動，不論是由公私社會福利機構、法院、行政當局或立法機構執行，均應以兒童的最大利益為一種首要考慮。」

11 兒童及少年福利與權益保障法第5條第1項規定：「政府及公私立機構、團體處理兒童及少年相關事務時，應以兒童及少年之最佳利益為優先考量，並依其心智成熟程度權衡其意見；有關其保護及救助，並應優先處理。」

官、家事調查官、程序監理人、社工、心理師、醫師、律師、家事調解委員等不同專業人員，以協助法官處理家事紛爭。然而畢竟本法於我國係屬新的法制，許多措施尚待建構，故而施行成效有待長期觀察。

隨著國人離婚率日益升高，越顯完善離婚制度的重要性。而在夫妻訴請裁判離婚事件之婚姻關係處理上，最重要者，亦莫過於未成年子女親權之裁定，以及日後當事人與子女之會面交往等問題。而此等問題，在存有親密關係暴力問題的家庭中，則更需要謹慎處理。有許多親密關係暴力加害人會威脅被害人不得離開他，如果離開將對其施加更為嚴重的暴力（甚至要殺害她）。因此，當親密關係暴力被害人與加害人分手或離婚後，其所遭受的親密關係暴力問題可能會更加嚴重，甚且許多的婦女因而遭到加害人的殺害（Websdale, 1999）。根據Websdale（1999）分析1994年佛羅里達的47件夫殺妻的案件即發現，有33件是發生在妻子（同居人）與加害人談判離婚（或分手）的過程中。許多被害人在離開加害人後，由於加害人對被害人的占有欲，將使得其持續騷擾被害人，而此種情形又特別容易發生在被害人與加害人爭取子女親權的談判過程中，或是在加害人探視（或是被害人探視）子女的過程中。有許多加害人會利用探視子女的機會持續對被害人施加威脅與報復；或是利用子女，以迫使被害人回到受虐的關係中（Dalton, 1999）。

在夫妻打算離婚的過程中，如果雙方皆有扶養子女的意願時，雖然子女可能是比較幸福的，但是如果雙方對親權之行使未達共識，則將使子女再度陷入夫妻之紛爭中[12]。而此種情形在原本已有親密關係暴力的家庭中，則將使得原本之親密關係暴力問題更加惡化（Lamb, 1999）。因此，目前許多國家在夫妻離婚時對子女親權的裁定，多朝向採取調解的方式處

---

[12] 在國內，根據晚晴協會以2004年上半年統計資料發現，該協會接獲的「法律諮詢」有暴增趨勢，較2003年同期成長達百分百。從該資料發現，不同世代的父母親，在離婚時對處理子女親權的觀念有所不同。二十幾歲的七年級已打破以往「黃臉婆」被拋棄的刻板印象；絕大多數強調要子女「探視權」，但不要「監護權」，和3、40歲的五、六年級生截然不同。根據晚晴協會輔導過程發現，五、六年級生離婚大多堅持要子女監護權，導致雙方僵持不下。而目前5、60歲的三、四年級甚至年紀較大者，則因兒女已長大成人，爭執重點移往財產分配，顯示不同世代面對離婚後有關子女親權行使問題有不同訴求（tw.news.yahoo.com/040810/19/vqtr.html）。

理[13]（Eriksson & Hester, 2001）。主要是因為以調解模式來處理，至少具有以下優點（Committee of Ministers of the Council of Europe, 1998；黃翠紋，2001）：一、可以改善家庭成員之間的溝通情形；二、可以減少已有紛爭配偶之間的衝突情形再次發生；三、可以締造以溫和的方式來解決衝突的效果；四、可以讓夫妻、父母以及子女之間的接觸不會中斷；五、不論是就夫妻或是國家而言，都可以減少因為分居或是離婚而產生的社會與經濟上損失；六、降低解決衝突所需要的時間。

　　其次，在審酌子女親權賦予方面，則是植基在「子女之最佳利益原則」下。「未成年子女最佳利益原則」是國際兒少人權法與近代歐美各國親子法所遵循的基本立法原則，我國也於民法第1055條之1，針對「未成年子女最佳利益」提供法院判斷的依據。但無可諱言的，「未成年子女最佳利益」仍是一個不確定的法律概念，至今仍無法對此原則做成更為具體化的定義，以致於實務處理上常令人無所適從，甚至造成法官恣意解釋與認定的空間。影響所及，則是未成年子女的利益無法確保，並將可能影響日後會面交往的進行。至於會面交往權，在各國普遍被認為是父母權利之一，此權利乃父母親與子女分離時，藉以維持情感的方法。而基於未成年子女利益的保護，若會面交往不利於未成年子女時，應該加以限制，即會面交往權雖係父母之固有權，但僅在無害於子女利益之虞時，或無侵害他方親權人行使親權之虞時，才可以准許。而此所謂不利益，應係指此會面交往對子女有極大的不利益時，才能加以限制，不能夠僅因為道德上的非難，而加諸於父母的會面交往權上。更具體地說，當子女有遭受虐待，或親權人係親密關係暴力的被害人時，則加害人的會面交往權應該被限制。我國在家庭暴力防治法實施後，有關因親密關係暴力的事實存在而行使子

---

13 涉及親密關係暴力的案件是否適合調解？在過去有許多不同之正反見解，但今日已有許多國家採取調解之方式處理，只是在處理上實務人員必須特別注意被害人再度遭受暴力之危險性。以澳洲為例，過去對此類事件是否適合以調解的方式來處理，學者專家之間的意見有很大的分歧。反對者的理由主要是因為雙方當事人之間權力不對等，若是進行調解其結果將對被害人不利。而如今實務上認為此類事件仍可進行調解，只是在處理上將會比其他的家事事件更為小心謹慎。若是在法庭外所進行之調解，除了必須在當事人的合意下才可進行外，調解人員在調解前亦需對當事人進行晤談，並謹慎評估其接受調解的可行性。至於在法庭內所進行之晤談，除實施調解之人員需具有調解員資格外，調解員亦需判斷當事人間的力量是否均衡，而調解員亦需秉持中立的立場。為了確保被害人的權益，澳洲法律亦允許調解員在親密關係暴力事件的處理上，可以以更積極的態度介入。參閱Astor, H. (1994)。

女會面權時，係依據該法第13條第2項第7款規定：「核發定相對人對未成年子女會面交往之方式，必要時並得禁止會面交往之通常保護令。」並於家庭暴力防治法第43條訂有未成年子女會面交往改定之規定：「法院依法為未成年子女酌定或改定權利義務之行使或負擔之人時，對已發生家庭暴力者，推定由加害人行使或負擔權利義務不利於該子女。」第44條第2項規定：「法院依法准許家庭暴力加害人會面交往其未成年子女時，應審酌子女及被害人之安全，並得為下列一款或數款命令：一、於特定安全場所交付子女。二、由第三人或機關、團體監督會面交往，並得定會面交往時應遵守之事項。三、完成加害人處遇計畫或其他特定輔導為會面交往條件。四、負擔監督會面交往費用。五、禁止過夜會面交往。六、準時、安全交還子女，並繳納保證金。七、其他保護子女、被害人或其他家庭成員安全之條件。」

第六節　小結

　　目睹親密關係暴力對兒少的傷害是非常巨大的，可能會妨礙兒少在精神、社會和行為等各層面的正常發展。目睹親密關係暴力兒少經常使用自己的力量，來避免憶起所目睹的事件，或是以各種形式重複經歷目睹的事件，包括：作惡夢和倒敘。這些兒少經常會擔心母親的安全，而若是與父親分離之後，則可能會想念父親。此外，他們也必須在暴力發生後調適生活上的改變，例如與雙親之一分離，並掛念何時可以與其重聚等問題。因此，與沒有家庭暴力的小孩比較起來，他們經常無法將心思放在學校、同儕或是日常的活動上。同時，相較於一般家庭的小孩，此類家庭的小孩容易產生各種行為問題，其中最常被關注的行為則是暴力、自我傷害的行為，以及創傷後壓力症候群。

　　過去在家庭暴力的研究上，許多研究者往往只是針對單一面向進行探討，若不是僅針對兒少受虐，即是針對親密關係暴力或是對老人虐待的議題進行探討，很少學者企圖建立解釋家庭暴力的一般化模式，以及探討其間的互動關係。而目前在兒少受虐的研究領域中，已經有越來越多的人注意到那些處於親密關係暴力家庭的兒少往往也是親密關係暴力的被害

人，甚而世代相承成為潛在的親密關係暴力加害人。臺灣社會，自1998年家庭暴力防治法公布實施後，兒少受虐、婦女受暴等問題逐漸浮上公共議題檯面，亦開始有越來越多的學者關注目睹親密關係暴力對暴力家庭中未成年兒少的影響。而從善牧基金會於2001年正式成立全臺灣第一個以目睹婚暴兒少為主體的獨立服務中心後，陸續有一些民間團體開辦目睹婚暴兒少服務方案，亦看到了目睹婚暴兒少服務的成果。同時，為能提升預防的成效，近幾年亦從社政單位的處遇服務逐漸擴展至教育體系的預防工作。但另一方面，這些方案的實施效果為何，則顯少研究者針對此一部分進行探究。由於目睹暴力對兒少所造成的短期及長期的創傷涵蓋了情緒、認知、自我概念行為、及人際關係的影響。我們在此議題的研究與努力僅十餘年的時間，因此還無法提出全面而有效的對策，未來仍有很大的努力空間。而在親密關係暴力防治領域中，又以對父母因親密關係暴力而離異時，如何遂行子女親權之行使，而能確保未成年子女之最佳利益原則是最需注意者。由於我國未像一些先進國家訂有執行之注意事項（如日本訂有「離婚父母對會面交往對應注意事項」），以為提供執行會面交往的實務人員判斷基準。而且我國目前在離婚父母與子女會面交往也還存在諸多問題，因此我們未來對國內的子女會面制度仍有繼續加以研究與改善之必要。

　　由於目睹親密關係暴力將為兒少帶來情緒和行為上嚴重的不良後果，也因而增加他們日後從事暴力行為的危險性。然而社會（包括刑事司法和社會福利系統）卻一直到最近才對這個問題加以重視，主要的原因恐怕在於社會大眾直到最近才重視親密關係暴力被害人權益的結果。就目睹親密關係暴力的兒少來說，他們所迫切需要的，就是個人的安全與暴力能夠停止。為了達成這個目標，就必須結合刑事司法和社工員的力量，以及改善社會大眾的態度來保護與支持這些生活於親密關係暴力家庭中的受虐婦女及其小孩。

第十三章　結論

第一節　前言

　　人權乃人性尊嚴不可或缺的一部分，是人與生俱來的基本權利和自由，亦是個體不論其性別、種族、年齡、社會階級皆應享有的權利。任何社會或政府不得任意剝奪、侵犯，甚至應積極提供個人表達和發展的機會，以達到尊重個人尊嚴及追求美好生活的目標。然而兒少在傳統社會中所占的位置及角色是隱性、次等及附屬的，除了基本生存權外，許多權益均受到極大限縮。而在社會科學研究中，亦將人的生命歷程切割為幼兒期、兒童期、少年期、青年期、成人期、中年期、老人期等階段，此種情形一直持續至1980年代初，人們都深信「小孩就是小孩，大人就是大人」的說法，在教育上也以不同方式教養不同年齡層的個體。因此，社會長期以來賦予兒少的角色多半是休閒性與學習性的，缺乏充權與自主，許多法律上的權利都沒有給予適當的保障（周愫嫻、許福生、黃翠紋，2005）。再就婦女的地位而言，傳統社會對男女性別角色的刻畫，則使得女性的角色被侷限在生兒育女與保護家庭的工作上，不僅抑制女性的發展，並因而遭致許多方面不平等的對待。鑒於二次世界大戰對人類社會所造成的傷害，聯合國的成立有兩大宗旨：追求世界和平與維護基本人權，並因而制定許多人權公約，其中最重要者包括：1948年通過「防止與懲制種族滅絕罪公約」、1965年通過「消除一切形式種族歧視公約」、1979年通過「消除對婦女一切形式歧視公約」、1984年通過「禁止酷刑和其他殘忍、不人道或有辱人格的待遇或處罰公約」，以及1989年通過「兒童權利公約」等，透過這些公約宣誓國際社會對人權的重視。因此，近年來婦女與兒少權益保障已成為許多國家、各國際組織與人權團體所共同追求的目標。

　　在婦幼人權議題中，人身安全權受到關注可追溯至1970年代。此種婦幼長期遭受漠視的人權受到當時一些社會背景所影響才開始受到關注，許多國家並因而推動諸多立法與防治政策。首先，由於婦女運動與女性主

義的興起和蓬勃發展，帶動世界各地對婦女傳統角色地位的省思與檢討，使得社會中既存已久的男尊女卑、性別不平等現象，遭到質疑與批判。而1995年在北京所召開的第四次世界婦女大會，則進一步揭開了國際間性別主流化序幕，自此，如何提升女性在各方面的權益，已成為評估一個國家競爭力的重要指標之一。而在婦女權益大幅提升的同時，兒少權益亦同時受到關注，並促成許多國家政府採行更積極的兒少保護作為。另一方面，工業革命後，雖然帶來了人類社會的進步繁榮，卻也由於社會歷經快速的變遷，造成社會結構與人民生活型態的轉變，人們的價值觀與意念也有相當的變異，除了因而衍生各種社會問題，並對社會運作造成嚴重的衝擊。基本上，社會問題在各時代反映的內容可能有所不同，但一般咸認為當代最突出的社會問題包括：少子化與人口老化等人口問題、生態環境遭破壞問題、勞動就業問題及犯罪問題。其中，為能使人民有一安全、和平的生活環境，如何控制犯罪，使人民可以免於遭受犯罪侵害或擔心遭受犯罪侵害的恐懼感，以及如何降低兒少犯罪與被害問題，使國家可以有很高的人口素質，提升國家整體競爭力，乃成為政府必須努力改善的重要社會問題。在1970年代，歐美各國面臨很高的犯罪率，促成實證犯罪學派所主張的教化政策遭受質疑，而以威嚇理論為基礎的嚴刑峻罰再度掘起，並因而改變當代的刑事政策[1]。最後，傳統刑事司法系統著重於加害人權益的保障，而犯罪學的研究亦著重於對加害人的研究，但隨著被害者學的研究漸受重視，除了國際被害者學術研討會自1973年起定期召開外，聯合國並於1985年通過「犯罪與權力濫用之被害人宣言」，使得越來越多人注意到被害人在刑事訴訟過程中所遭遇的不平等對待，並促使許多國家的

---

1 基本上，一個社會的主流價值觀和主要利益會影響政治體系犯罪化或除罪化某種行為。當然，犯罪原因論也會隨不同時代的局勢和價值觀而有所不同。因此，當一個社會的價值觀導向與利益優先順序產生變化時，社會問題或犯罪防治政策也將隨其改變。舉例簡言，在過去並沒有所謂的「家庭暴力罪」、「違反保護令作」；在19世紀時，英國甚至有所謂的「拇指法案」，賦予先生毆妻的權利。而在家庭暴力防治法實施後，對家庭成員施暴的行為，則可能構成犯罪的事實。在自由主義當道時期，「機會理論」（opportunity theory）受重視的程度自然提高，但當保守主義所主張的「威嚇理論」（deterrence theory）意識型態盛行時就會被其所取代。接著，與機會理論相呼應的公共政策（諸如矯正、就業輔導與訓練等）便可能被以威嚇理論為基礎的嚴刑峻罰所取代。而此種取代或改變，通常並不是來自學者的研究發現或決策者對於政策的想法，而是社會價值觀或政治考量的優先順序發生改變的緣故（孟維德，2012）。

政府開始重視被害人權益。尤其隨著婦女大量投入就業市場，改變婦女的生活型態，但亦間接促成婦女被害風險的提高，也使得婦女的被害問題受到關注。在此同時，由於家庭結構與生活型態的轉變，對於兒少的保護不足，也讓兒少被害率上升。因此，在婦女權益、兒少權益與被害人權益保障等方面訴求的影響下，婦幼人身安全保護乃逐漸成為政府重要的政策內涵。

臺灣的性別暴力防治運動雖然從1990年代才有較為具體的行動，但過去三十年來，在許多有心人士的共同努力下，已累積相當多的具體成果。在臺灣，性別平權運動由最初被斥為異教邪說，倡導人常被貼上「性解放」的異樣標籤，迄今已逐漸獲得社會的關注與認同。這一路披荊斬棘，是需要結合眾多有心人士的智慧與力量來克服重重質疑與挑戰。在民主的社會中，尊重不同的族群、思想、價值觀等，是非常重要的核心價值，這也是為什麼在憲法中，很清楚地指出：「中華民國人民，無分男女、宗教、種族、階級、黨派，在法律上一律平等。」今日臺灣社會隨著人權保障與性別平權意識的抬頭、政府政策的宣導及執行，婦幼人權已有很大的進展，而在2012年「消除對婦女一切形式歧視公約施行法」（CEDAW施行法）的正式實施，則將更進一步促成免於遭受性別暴力權益的保障。但另一方面，相較於歐美社會在婦女、兒少與被害人權益的保障訴求，是歷經相當長久的努力才累積的成果，相形之下，我國在性別暴力防治政策的討論起步較晚。在短短二十年間，「性別暴力」從一個國人陌生的名詞成為政府的重要政策，對性別暴力防治政策的推動，在我國除了是一種政策學習外，相關討論背後主要還存在著「提升人權」的動力。然而也由於我國許多性別暴力防治法規與政策是學習國外經驗，這些法規與政策在地化實踐的效果為何？是需要審慎評估的。同時，由於人身安全的危害因素有許多是與社會文化密切相關，文化的改變需要時間，而性別暴力防治政策在我國推動的時間尚短，因此未來仍須持續落實推動相關防治政策，方能深耕於臺灣社會並發揮預期的效果。

本章統合前面各章的論述，分就當前臺灣性別暴力防治政策所面臨的問題與困境，以及我國性別暴力防治政策之未來努力方向等二個面向分述如下。

第二節 當前性別暴力防治政策所面臨的問題與困境

近年來，隨著人身安全逐漸受到重視，而兒少保護也納入保障的範疇，與婦女人身安全並列為性別暴力防治重要議題。今日，隨著性別暴力專屬法規陸續通過實施後，不論是中央政府或是各縣市政府皆已逐步推動諸多方案，以處理或防治性別暴力事件。但由於目前推動上仍面臨諸多問題，而影響實施成效。茲舉其重要者歸納如下：

一、防治網絡效能有待提升

由於性別暴力事件的態樣極為多元、發生原因極為複雜，使得性別暴力事件的解決與防治需要多項專業的合作。在服務輸送的過程中，有賴網絡間各相關單位皆能負起其應有的角色與責任，以及不同單位間可以通力合作，形成緊密的銜接服務網，方能獲致預期成效。而當一個單位的人力資源明顯多於團隊中其他單位時，將會使其所必須負擔的工作較其他單位多（Garcia, 2003）。在此種不平衡的現象下，可能會造成某個單位的案件負荷量過重，必須處理許多事件，或是各自為政的情況。在這些情況下，團隊的效率已經喪失了（Pence & Wilson, 1994）。誠如 Macleod（1989）所言，跨單位的合作取向，是在問題解決和尋求解答的訴求下，將各個領域的參與者納入工作團隊之中。基本上，它包含了所有讓參與者一起工作的正式與非正式方法，以改善對於事件的回應。但另一方面，跨單位的合作取向卻也潛藏了一些衝突因素，諸如各單位有著不同的任務導向、決策模式、家庭維繫觀點、加害人處遇方式、團隊績效評量方式、工作型態、組織文化、人際互動模式等因素，皆可能影響網絡整合的成效（Pence & Wilson, 1994; Trute, Adkins & MacDonald, 1992）。

為了整合網絡單位間服務的傳遞，和避免工作重疊或是拉大單位之間的鴻溝，如何建構完善的性別暴力防治網絡，不僅在此類事件防治工作上相當重要，亦當是政府責無旁貸的責任。因此，建構不同專業間的合作機制，便成為最具關鍵的作為，而近年來英美等國紛紛藉著各式的整合性方案來推動網絡合作。雖然我國政府亦體察建構防治網絡與機制之重要性，在性別暴力專屬防治（制）法規中均有強調網絡聯繫與合作的重要性，並因而成立內政部兒童局、內政部家庭暴力及性侵害防治委員會（行政院組

改後為衛生福利部保護服務司）、縣市家庭暴力及性侵害防治中心等單位，以期結合社政、警政、衛生、教育、司法等相關單位的資源與人力。然而由於各單位普遍存在著本位主義，彼此之間無隸屬關係亦無法直接指揮統籌，加上在分工上如無明確法規依據，所協助項目是否逾越各該職權範圍，導致有網絡合作協助的界線不明的情形，故而往往產生協調及合作上的困境。不僅如此，目前雖然存在許多相關網絡會議，但卻未予以整合與區分，而造成行政資源與網絡人力的浪費，故而應該進行全面檢討整併。

二、性別暴力防治業務需要投入龐大資源但卻面臨經費短缺窘境

　　許多國家傳統的犯罪抗制策略多半是透過資源（包括財力、物力及人力等）的大量投入，希望藉由增加預算及刑事司法政策的改革來控制犯罪。然而自1970年代起，在某些學者的眼中是「資源缺乏」（Resource Scarcity）的時代，為了因應此種時代，學者Levine甚至提出所謂的「裁減管理」（Cutback Management）方案。他認為：20世紀上半葉的預算成長已成過去，未來面臨的將是「預算負成長」（Negative Budgeting）時期的來臨，因此公共行政必須以新的方法來因應。但因應市政以及國家財政緊縮問題，使得此種措施面臨考驗（黃翠紋、孟維德，2012）。同樣地，我國近年來不論是中央或地方政府普遍面臨稅收短少、財務緊縮的困境，然而隨著性別暴力防治工作受到關注，相關法規與方案陸續通過與執行，使得政府必須投入更多的經費與預算在此類事件的防治工作上，如何開源節流，已成為性別暴力防治工作必須努力改善的政策方向。

三、人力資源短缺困境

　　由於性別暴力防治工作係一新興的業務，網絡各單位普遍面臨承辦人力不足，尚須兼辦多項業務的困境。社政與警政單位尤其如此，社政單位常有人力不足，導致社工員無法充分消化案量，當然亦無法提供充分的服務給每個個案，於分享資源衝突的情形下，自然就傾向處理較受重視的案類，而排擠危機度較低個案或較不受重視案類的工作。再就警政單位而言，為彰顯政府推動性別暴力防治工作的決心，自2005年9月所有縣（市）警察局皆已成立婦幼警察隊。然而卻由於面臨政府推動人事精簡的

政策以及政府財政困難等現實環境的影響，使得這些新增加婦幼警察隊的縣市皆未因新增單位而在人力與預算資源上有所增加。婦幼警察隊員額僅能在縣（市）警察局現行編制員額內調整運用；甚至有婦幼警察隊出現沒有辦公費用可以支用的窘境。在各單位普遍皆有人力不足的現象下，造成現有人員案件及業務負擔過重，進而導致案件處理品質低落以及個案服務不夠深入等情形出現。不僅如此，由於性別暴力事件特殊，處理人員除需要資深、具備多面向專業能力外，防治工作亦具高度勞力密集的性質，故個人與組織經驗的累積傳承相當重要。由於不易處理，長期惡性循環下，則進一步導致性別暴力實務工作者流動頻繁。目前除社政單位長期存有社工人力不足、人員流動頻繁的問題外，在警察、醫療及其他專業網絡上，也都面臨相同處境。如此一來，地方上無論個人或組織，根本無法累積足夠經驗，致專業能力難以精進等現象。甚而在面對被害人時，有專業敏感度不足的現象，而影響案件處理品質或影響被害人的情緒。

四、各縣市推動方案雖有增加趨勢但缺乏系統性整合與分析

隨著性別暴力專屬法規陸續實施後，政府推動性別暴力防治工作已有很大進展，除行政院各所屬部會定期對所屬下級單位進行例行性業務評鑑外，各縣市家防中心則透過衛生福利部對之評比與至他縣市相互觀摩的機會，累積服務經驗並陸續推出服務方案。然而其實施成效如何？根據楊立華、黃翠紋（2009）在協助桃園縣政府社會處進行「社會福利方案提升研討工作坊」的過程中發現，近年來社會處雖然積極推動諸多方案，但當檢視縣府所推動的社會福利方案（包含社會處家防中心所推動之家暴防治方案）時卻可發現，縣府雖不斷推出新方案，但對於所推動方案之成效並未予以分析，縣府或承接方案的民間社福機構人員對於福利方案效能之評估能力亦有待加強，甚且在社會福利資源的網絡連結能力亦需再加以充實[2]。而此種情形，在其他縣市亦不斷上演。事實上，實務工作者在進行社會工作專業處遇過程中，必須有明確的服務指標作為實務依據，方能確

---

2 目前在許多社會福利方案執行成果分析上，大多僅針對受服務對象進行滿意度調查，且進行調查的對象亦非普查或隨機抽樣，故而往往很難了解方案之實施效能，為改善此種現象，桃園縣政府社會局乃推動改善作為以為因應。

認是否已經為案主提供適切的服務，更進而確認個案問題是否解決。在資源有限的情況下，為免資源浪費，中央有必要協助各地方政府對於現行所推動的防治方案進行系統性評估，以了解其實施現況與執行困境，據以建構實施策略，從而形成完善的防護網絡。

五、欠缺完善與準確的評量工具

面對逐年增加的性別暴力事件，政府必須針對加害人的危險程度，施以不同的防治與處遇方案，使得完善與準確的評量工具便扮演了相當重要的角色。然而相較於其他犯罪類型在犯罪預測之發展，性別暴力事件加害人危險評估工具的發展相對較落後，而此種現象在臺灣亦然。雖然我國政府已注意到對婚姻暴力、性侵害加害人進行危險評估之重要性，但目前政府所推動的加害人危險分級方案尚有諸多問題有待改善，且並非所有案件皆有評量工具。例如，目前在家庭暴力危險評估工具之研發上，僅有婚姻暴力危險評估量表，但該量表於兒少受虐與老人虐待事件的適用性則相對薄弱，且量表對於婚姻移民的適用性亦較差。因此，亟待中央主管機關研訂一參考指標供各地方政府參採。同時，為提升加害人危險評估之準確度，亦有必要分別針對各類型加害人之特質予以研究，進而建構具有信、效度之評量工具。

六、對於性別暴力事件缺乏系統性的干預作為

由於我國性別暴力防治工作受到關注的動能，主要是經由婦女團體的倡導，故而目前政府所提供的服務往往較著重於對受虐婦女的保護。然而就被害人保護政策而言，若過度著重於對被害人的保護，而不檢討被害的原因，有時不僅無法提供被害人真正所需要的協助，有時反而會招致被害人未來再次被害的風險。從過去有關被害者學的研究發現，許多性別暴力事件的發生，被害人扮演相當重要的角色，被害人在遇害前若能採取預防作為，或許可免除不幸事件的發生。甚且曾有被害經驗的民眾，比無被害經驗民眾未來有更高的遇害風險。甚且犯罪被害調查亦顯示，有相當高比例的犯罪沒有進入警察系統，進入警察系統的犯罪只有部分獲得解決，甚至只有少數的犯罪人被科刑（黃翠紋、孟維德，2012）。由於人身安全遭受威脅主要因素有：（一）環境不安全，可能的來源包括：家庭、校園

與休閒場所；（二）民眾無安全意識致易遭受被害；以及（三）被害後未受到保護或協助致反覆被害等三種來源。因此，除了政府與社會大眾必須共同努力建構安全的社會環境外，人民亦必須建立安全的意識，並透過建構安全保護網以協助不幸遇害的民眾。而就性別暴力預防工作而言，除了建構安全的社會環境外，從被害預防的角度，人民本身的自我防衛能力與意識亦是避免成為被害人的重要因素。

其次，為能建構安全的社會環境，加害人處遇方案的推動亦扮演舉足輕重的角色。以家庭暴力事件防治為例，家庭暴力防治法第1條明文規定：「為防治家庭暴力行為及保護被害人權益，特制定本法。」在此情形下，早先的防治方案欠缺從男性（加害人）的角度提供關懷服務，使得男性在面對家庭暴力問題時，往往沒有尋求協助的管道，在不知如何面對的情形下累積的負面情緒使其可能選擇再度施暴，而讓暴力問題越演越烈。因此，衛生福利部保護服務司乃自2004年6月23日起開辦「男性關懷專線」，提供男性求助者面對家庭問題時有一管道可獲得諮詢與輔導。此外，近年來亦有部分縣市關注到為加害人提供關懷服務的重要性。首先是台北市政府家防中心於2005年至2006年開始思考規劃目睹家庭暴力兒童少年輔導方案及婚姻暴力相對人輔導方案，並於2007年分別委託善牧基金會與張老師基金會提供服務，期望讓家庭暴力的當事人（加害人、被害人及其子女）都能獲得協助，進而降低暴力風險。但實施至今卻面臨諸多問題（江幸慧，2009）：（一）由於服務模式尚待建構，原定辦理之加害人團體或認知教育課程，推廣不易，而成效亦難以評估；（二）網絡各單位成員信任關係有待持續建立。此後亦有部分縣市政府陸續推動家庭暴力加害人關懷服務方案，但其實施效能卻值得關注，以目前此類方案所面臨的主要問題包括：此類方案與被害人服務相當不同，加害人常會淡化暴力、尋求協助意願不高，加上國內對加害人的服務仍相當陌生，致方案實施策略尚待建構，甚且執行單位在不知如何推動方案的情形下，個案不多。凡此種種，顯示政府雖已逐漸關注家庭暴力防治工作需從兩造當事人以及整體家庭危機干預之重要性，但對於此類方案之實施策略卻還在探索中。

最後，目前性別暴力政策仍著重於對受虐婦女的保護，但對兒少保護與老人被害的關注程度則顯得疲弱無力。以家庭暴力為例，目前大多數

的資源係投入在親密關係暴力事件的防治工作，然而親密關係暴力事件中，不僅僅是成人遭受到傷害，往往也會合併發生兒少受虐或目睹兒少心理創傷之問題。對於目睹兒少創傷諮商輔導之重要性雖已受到關注，然而如何連結目睹兒少諮商資源的模式卻尚未建立，導致各縣市對於目睹兒少之相關服務作法不一。據此，未來宜針對目睹親密關係暴力之兒少諮商服務，訂定合作機制與建立明確的連結模式。不僅如此，隨著社會快速變遷與醫療科技的大幅度進步，使得人類健康與生活品質呈現出明顯的改善、國民平均生命餘命持續延長、老年人口比率不斷增加。然而在變遷的社會中，老人被遺棄、忽略，甚至虐待的事件時有所聞，已演變為嚴重的社會問題。但另一方面，由於老人受虐未受到應有的重視，不僅阻礙國內對老人虐待現況的資訊掌握，在不了解老人實際受虐狀況下，也間接阻礙更深入研究的進行。在此情形下，老人保護工作案主服務流程目前仍然缺乏明確的服務指標作為實務依據，使得實務工作者在進行社會工作專業處遇過程中，不能確認是否提供案主適切的服務，更無法有效確認個案問題解決與否。而根據黃翠紋、鄧學仁（2005）的研究發現，目前縣市政府在老人保護的重點工作，主要包括：失智老人走失協尋、獨居老人照護與緊急救援系統，以及老人受虐等三大類。在老人受虐事件處理現況方面，目前各縣市政府所受理的老人虐待事件以老人遭受疏忽者所占比率最高，至於遭受嚴重虐待的老人數量存在許多犯罪黑數。在通報來源方面，除了由警政、醫療等系統通報外，大多數是由鄰居、里長所舉報的。而各單位在處理受虐老人案件時，最常面臨的困擾則包括：需要跨縣市聯絡的案件、社工人員介入個案時欠缺清楚的辨識指標、人力不足無法進行完善追蹤輔導、受虐老人本身隱忍不願提出告訴，以及涉及財產糾紛等問題。因此，在老人受虐事件之介入上，未來恐亦應有必要朝推動整合性服務方案與建構清楚之評量工具方向而努力。

第三節　性別暴力防治政策之未來方向

綜上，筆者在本書最後提出我國性別暴力防治政策的未來努力方向，主要包括：持續強化性別暴力的預防工作、持續提升性別暴力防治網

絡效能、改變心態積極結合治安社區理念發展具特色的在地模式、強化風險預警機制、擴充網絡單位以提升防治效能、落實推動兒童及少年福利與權益保障法並重新思考政府與家長於兒少保護工作的關係。

一、持續從三級預防的觀點落實推動防治政策

當一個社會的人們已經準備好不再容許性別暴力危害行為的存在時,將較有可能使其社會大眾不再侵犯性別暴力的行為。因此,當社會對性別暴力事件的譴責和關注增加,以及對性別暴力的加害人處罰增加時,累積的成果或可減少此類事件的發生。同時,若是社會已經決定以國家公權力介入的方式來解決性別暴力危害問題時,政府各網絡人員所扮演的角色及處理模式,將對其防治成效有很大的影響。但另一方面,若是將焦點置於被害輔導,則其成效將非常有限。因此,任何犯罪類型防治工作最佳的防治效能在於初級及第二級預防工作,尤其初級預防工作所投注的成本最小,但是功效最大。有別於再犯預防必須投入極大的資本於生命、身體安全的保護,若能在初級預防工作做好,必能降低後續投入的成本。因此,未來仍應持續關注初級、二級預防的工作。具體而言,主要的作為包括:

(一)持續並落實推動防治教育:教育才是內化潛在犯罪者道德觀與正確性觀念的最根本方法。教育注重潛移默化,需要長時間施教才能發揮效果;至於宣導則是強調解決現象面的問題。兩者具有本質上的差異。因此,宣導可以由警察或社政單位負責,教育就必須由學校實施。然而,不管是由學校、警察或社政單位所推動,要使教育能夠發揮長治久安的效果,唯有擬定良好的教材以及訓練專業的授教者,才能奏效。經由持續並落實推動防治教育,讓性別平等與正確的兩性關係從學子身上紮根,從而學習正確面對衝突情緒的作法,將正確的家庭經營觀念與對他人權益尊重提升為國民的公民素養。

(二)加強社會教育:未成年兒少是易受傷害且難以自我保護之一群,故兒少保護觀念與作法其實應放在成人身上,應加強主要照顧者及其家人之兒少保護教育工作。故應強化國人對兒少人權的重視與尊重,協調民間團體以兒少人權議題為主軸,透過多元化媒體管道,教育國人尊重兒少人權,正視兒少受虐與犯罪問題,全面強加預防宣導工作。

　　（三）形塑國人跨國婚姻文化接納度：由於我國適婚男女人口比例失調，加上全球化的效應，未來勢必有更多國人經由跨國聯姻的方式來組成家庭。然而在這樣的趨勢下，過去卻發生許多讓人遺憾的新移民被害案例，不可諱言我國國人對於跨國婚姻的文化素養仍有待加強，對於迎接新移民的來臨尚未準備充足。因此，未來需持續形塑國人對跨國婚姻的正確觀念，屏棄買賣婚姻的迷思，採取開放、接納的態度迎接家庭新成員。

　　（四）提升實務工作者多元文化敏感度：隨著我國婚姻移民人數的逐漸增多，實務工作者與婚姻移民接觸的機會亦逐漸增多，且跨國婚姻的衝擊往往使婚姻衝突的機會較多，致使實務上與婚姻移民工作的機會大增。然而，實務工作者在面對異國文化差異時，如何屏除自身對婚姻移民的文化偏見，以婚姻移民原生國文化的角度去服務、協助婚姻移民，則挑戰實務工作者本身對不同文化的敏感度。據此，實務工作者宜具有更開放、接納的胸襟接受多元文化，方能提供最完整服務。

二、持續提升性別暴力防治網絡效能

　　性別暴力防治工作是一項無形的資本財，需要不斷的投入、挹注資源。然而公部門的資源與人力配套有限，在面對逐年攀升的案件量，如何於有限的資源中提升網絡服務的精緻度與細緻度，是未來需要更審慎思考的。

　　（一）提升整體專業能力：首先必須使各單位專責人員能夠久任，唯有專業人員久任才能真正有效提升網絡人員的專業能力；再者，專業能力的提升，除了針對各自單位的專業領域外，對其他網絡單位的專業領域及業務內容也應有基本了解，才不至於發生網絡單位本位主義各自為政的困境，且各網絡單位不同領域則有不同的專業期許，故仍需再精進，如此才能真正提升整體的專業能力。除了實務經驗傳承外，亦應加強落實實務人員在職訓練，以提升網絡成員專業能力及角色認知，並制定網絡專業人員獎懲制度、工作手冊等，確保服務的時效與品質。

　　（二）補足人力並專責久任：由於性別暴力防治工作相當繁瑣及專業，需要投注大量的專業人力與資源，因此在工作推動上常會發現各網絡單位有人力不足的問題，且防治工作牽涉單位眾多，當網絡人員無法專責久任而時有遷調情況時，會破壞網絡單位間原本已建立的合作默契，讓案

件掌握較容易中斷，就會不斷面臨工作協調的困難。因此，各網絡單位均應重視性別暴力防治工作，補足相關人力專業編制並成立專責小組，降低有限人力分散的狀況，以專業分工來提高成效，並發展性別暴力防治相關認證制度。

（三）落實網絡成員分工克盡其責：在中央大力的推動下，各縣市雖然都已建立網絡合作機制，然而由於各縣市資源、合作默契不一，導致於各縣市網絡合作發展上也有相當程度的落差。現行網絡合作上，在無法完全屏棄各自本位主義的箝制下，各單位仍對權責的劃分與分工上有所疑義。網絡合作是必須屏棄所有的成見，結合所有的資源通力合作，方能發揮資源加乘的極大值。因此，各網絡成員應落實分工，並克盡其責，才能發揮網絡合作的最佳效果。

（四）建立溝通平台強化資源聯結：性別暴力防治工作是一門跨網絡的協同科學，必須仰賴各個不同領域的專業人才，集結智慧共同合作方能成功。在多元人力的需求下，為求專業人力適才適所，未來宜針對性別暴力防治網絡的人力資源，進行統合管理，以因應性別暴力防治工作之推展。其次，對有限資源應進行合理分配。面對性別暴力事件逐年增加，惟經費及人力資源有限，如資源平均分配給個案只能獲得簡單粗淺的服務內容，因此，應該依據案件的輕重緩急合理分配資源，將多數資源放在特殊緊急的個案上，避免資源浪費。儘管目前網絡間的通訊仍倚賴各縣市家庭暴力防治中心辦理，然而各縣市家庭暴力防治中心本質上仍以提供個案保護工作為主。未來希冀各縣市家庭暴力及性侵害防治中心能強化其連結功能，以成為各縣市網絡資訊樞紐為目標，發揮最快速的資訊、資源統合機制，以增強網絡合作的效能。

（五）持續改善整合性服務方案的精緻度：為能提升性別暴力防治團隊工作效能，除了各單位皆必須針對其特有問題尋求解決對策外，亦必須透過共同舉辦業務講習、協調聯繫會報的方式，強化各單位之間的溝通與合作關係，讓彼此了解本身以及對方的權責和工作承接的方式。而為改善此種現象，政府近年來在防治工作上亦逐步推動整合性服務方案，諸如「性侵害整合性團隊服務方案」及「家庭暴力安全防護網」等，透過這些方案的推動，已使得許多縣市的防治網絡合作關係逐漸改善，但未來仍需持續改善整合性服務方案的精緻度。

三、改變心態積極結合治安社區理念發展具特色的在地模式

　　因應經濟不景氣，各級政府預算緊縮，大力倡導人事精簡政策，再加上民眾的自主性提高，對政府的各項需求及服務能力期待增多，致各政府機關的工作量增加。面對此重重的困境，政府為解決人員不足問題及滿足民眾對政府服務項目及品質的要求，運用民力的措施應運而生。事實上，從人類歷史觀之，「犯罪預防」始於人們對犯罪的積極回應，尋求解決所面臨的犯罪問題。其演變的歷史相當悠久，僅在形式上有所不同而已。從歷史發展的脈絡我們可以看出，早期犯罪預防以民間力量為主；而後國家權利擴張取而代之，並加以主導。然而1970年代末，面對居高不下的犯罪率，社區犯罪預防因運而生，強調結合民間與政府的力量共同預防犯罪。再者，就犯罪預防工作而言，由於犯罪並不是均勻散布在每個地方，有些地區很少發生犯罪，近年來多項研究證據顯示，犯罪集中在地點的現象，可能要比集中在人身上來的大。同時，有些特定類型犯罪的聚集現象較為明顯，這些案件類型包括：強盜、強制性交、家庭暴力、不法目的侵入（burglary）等犯罪有較高的地區集中趨勢。誠如日常活動理論所揭示，犯罪的發生主要是因為設施管理的方式、設施中的標的被潛在犯罪者所認知的價值及可接近性、具親近關係監控者出現的可能性、以及守衛的監控程度等所致。吸引潛在犯罪者的地點，大多具有許多物理性或社會性特徵，這些特徵包含：明顯缺乏監控、容易接近、容易取得有價值的東西（或潛在被害者出現）。因此，許多犯罪預防方案的評估顯示，若能排除這些吸引特徵將可以減少犯罪發生，而若是能加強對於地點的管理或監控，也會降低該地點的犯罪。方法之一，係透過環境設計以改變引發犯罪的情境、特性及動力，才能產生較大的犯罪預防效應，不僅是長期的效應，還可擴散至熱點的外圍區域。另一個方法，則係透過民力的運用，以強化對地點的監控。

　　在臺灣社會，目前已有越來越多人體察到：治安工作的良窳，並非警察或是任何政府機關所能夠獨立承擔的。所謂「警力有限，而民力無窮」，今後要有效改善社會治安，首重運用民間力量、結合社區資源，藉由動員社區整體力量，共同協助政府來防制犯罪，以建構全面性安全防衛體系。尤其自2005年7月起，內政部為配合行政院「臺灣健康社區六星計

畫」，運用村（里）及社區人力資源，推動社區治安營造工作，強化社區自我防衛能力，建構優質治安社區，函頒「內政部補助社區治安守望相助隊作業要點」，將社區守望相助巡守隊亦納入治安社區重要一環，為擴大其功能性，並將「守望相助巡守隊」更名為「守望相助隊」，擴大其服務功能，分成巡守組、家暴防治組及減災組，全面落實治安社區化理念。其工作事項如下：（一）維護巡守區域及其周圍之安全與交通秩序；（二）提供犯罪線索，舉發違法、違規案件；（三）協助社區防災及急難救護；（四）通報及防範家庭暴力或兒童少年受虐待事件。而行政院所推動的「社會安全網」第二期，除特別強調必須強化：新世代反毒策略行動綱領與社會安全網的連結與合作，以及強化各地方檢察署司法保護中心轉介功能，然而迄今仍止於政府機關合作關係的建立。再者，推動治安社區的組織政策亦不可流於形式，必須針對志工的特性、招募管道、福利報酬、工作項目、管理訓練、考核獎勵等，做最妥善有效的規劃與管理制度，以免造成負面影響。而在政府機關運用社區民力，協助政府推行公共服務與政策，相關部門主政者需有跳脫以往觀念的新思維，從整合觀點讓民間志願服務系統所具有的充沛力量，能突顯其實質的功能與定位。絕不能將其視為工具，應多加尊重，並有效規劃與運用。設計一套適切可行的方案，讓志願服務人力得以發揮才能，提高工作熱忱，產生成就感願意為民服務。

四、強化風險預警機制

經常可以在政府的決策過程中看到以下此種現象，就是原封不動的將某一個國家或其他地區所實施的成功方案，移植到其他機關實施，而未考慮在地的區域特性。而就犯罪預防工作亦是如此，過去實施成功的犯罪控制方案，並不保證一定能夠適用於未來的環境。治安問題或許在表面上相似，但是問題的背景可能不同，引發問題的原因機制可能不同，所造成的後果當然也就不同。同樣地，在人身安全遭受危害問題的解決上，亦會因轄區特性，以及當事人特質而需有不同的解決方案。因此，誠如N. Tilley的研究發現，高品質犯罪分析的結果，往往是形成犯罪控制策略的前提。但所謂高品質的犯罪分析，不必然要透過複雜的分析方法，只要能夠提供足以讓問題導向程序（即掃描、分析、回應及評估）向前進展所需要的事實資料即可（Tilley, 2002）。為能達成此種目標，可從以下方向著手：

（一）妥善評量性別暴力防治工作與方案的效能並予以分級：效能評量，乃是科學導向的犯罪控制措施在運作程序上的關鍵。如果評量錯誤將導致嚴重後果，如重大資源的浪費或涉及人權、性別暴力等問題，評量途徑就必須嚴格（Scott, 2000）。此外，現有制度及政策基於政府資源有限，均朝向分類、分級方向發展，利用危險評估工具將個案依據危險程度篩選出高危機與中低危機個案。例如性侵害證物盒的鑑定以陌生人案件為優先，且部分縣市社會處亦將兩小無猜的案件服務委託給民間單位處理，對於性侵害被害的服務工作也逐漸朝向分類服務的趨勢。

（二）強化風險評量工具的實用性：良好的風險預警機制有賴高品質的風險評量工具，然而過往我國所使用的評量工具常係直接參考國外所使用的量表，致其評量的信、效度頗受質疑。未能強化風險評量工具的實用性，除應透過分析過去已發生個案的相關資料，持續發展一份具有信、效度的評估工具，建構符合我國民情所需，具備信度與效度的個案危險評估工具。此外，在不同的處遇階段有其不同的危機指標，故應該有各自的評估工具。

五、擴充網絡單位以提升防治效能

目前許多縣市性別暴力事件的處理，常以社政與警政這二個單位為主要的負責單位，然而若無其他單位的共同合作，往往難以發揮應有的效能，故而未來有必要強化網絡其他單位的介入。

（一）提升教育系統對性別暴力防治工作的參與和功能：現階段教育單位對性別暴力防治工作的參與度較低，因此必須提升教育單位的功能，除加強教育單位在性別暴力事件處理的流程與相關知能外，還要加強學校方面有關性別議題的教育課程。以性侵害事件為例，被害人年齡以18歲以下為最多，而此年齡層的孩子正在國小、國中、高中職求學階段，由於教師和學生的長期接觸，所建立的師生情感及對學生的了解，使得教師容易觀察出學生受侵害或異常的舉止，同時也是學生願意吐露隱情的對象。老師若懷疑學生遭受性侵害時，發現後立即處理並輔導遭受性侵害的學生，可將事情作完善的處理。且經由老師對性侵害防治的說明，強化學生的自我保護意識，教導正確的預防原則及應變能力，則可避免傷害的發生，建議教育單位針對各年齡層學生規劃性侵害防治教育課程，強調身體自我保

護概念、性病健康觀念及相關法律知識,將自我保護及法治概念融入教育中。惟教育單位對性別暴力防治工作的參與度較低,必須要提升教育單位的功能,並加強老師與學校對性別暴力防治相關政策及流程的了解,加強性別暴力防治宣導。

(二)強化民政單位與村里長的角色與責任:在新的兒童及少年福利與權益保障法中,將鄰里長納入責任通報範圍內,就是要賦予鄰里長對社區內各戶動態情況掌握之責任。因此,民政單位必須提供鄰里長必要的指導與訓練,提高他們對社區內高風險家庭的敏感度、辨識能力,讓他們在服務民眾的過程中發現有需要的個人或家庭時,都能主動向社政、警政部門通報轉介或結合資源,為里民解決問題。

(三)應更突顯移民署防治角色與功能:過往研究顯示,新移民遭受家暴問題存在許多犯罪黑數,原因在於部分新移民與外界的聯繫操控於夫家,無法取得資訊管道,透過電視媒體宣導相關法令或性別暴力事項則礙於語言關係,新移民未必全然了解。因而造成許多新移民會默默忍受家庭暴力,雖然政府機關設置求助管道,但實際運用上,新移民有許多困難之處。近幾年除跨國婚姻所衍生的問題逐漸浮上檯面,在多方的努力之下,移民適應與輔導工作漸漸地也受到重視。我國目前是由移民署統籌移民相關法制與輔導措施的運作,並推動許多協助新移民的適應工作。在服務婚姻移民遭受家庭暴力事件的過程中,由於婚姻移民往往牽涉到移民身分的問題,必須委由移民署的權責協助辦理。然而,移民署現階段投入家庭暴力防治工作上仍不足夠,對於家庭暴力的認知亦有加強的空間,導致與各單位在合作機制或是權責工作上,仍稍有陌生。因此,移民署應更投入於婚姻移民受暴防治工作,尤其是在初級預防上,具體作法是在面談機制階段安排跨國婚姻之本國籍申請人參與一定時數的多元教育課程,協助申請人在婚前對於跨國婚姻所會面臨到的文化問題有所了解,以幫助跨國婚姻雙方能更快適應彼此,建立一個美滿的家庭。此外,目前移民署專勤隊對新移民家庭執行訪視等勤務,為機關主動查察的動態勤務,若能透過勤務的訪視機會,多了解新移民的家庭生活,或是藉由鄰里居民的管道來了解。此外,執行訪視勤務時若能特別關注新移民家庭暴力高風險家庭,相信可以有效發掘受暴而無法求助的新移民被害人。

(四)提升法官處理性別暴力事件的專業敏感度:近年來,隨著婦

幼專屬法規陸續通過，於各地檢署皆成立婦幼專股，由受有專業訓練的檢察官專責處理此類案件。反之，在各級法院受理此類案件的法官卻未能專責處理，其對婦幼案件的認知常有很大落差，有許多法官甚至對被害人欠缺同理心，因而倍受批評。以性侵害案件的處理為例，雖然政府推動減述作業已十餘年，但許多被害人迄今仍然要經歷冗長的司法程序，還要不斷出庭重複陳述被害經過，必須接受措辭激烈或令人恐懼的交互詰問，再加上加害人可能因證據不足而獲得不起訴處分或被判無罪。如此的司法程序不但未能使被害人獲得司法正義，甚至被害人在司法審理過程中得不到應有的尊重與保護，而造成被害人更嚴重的二次傷害。因此，司法體系應該強化相關人員性別觀念，檢視相關案件處理流程，擴展設置相關專業服務人力，強化被害人保護機制，如陪同出庭、隔離訊問或詰問、建置「指認室」等硬體保護措施。

六、落實推動兒童及少年福利與權益保障法並重新思考政府與家長於兒少保護工作的關係

　　雖然從各種角度而言，為人父母是一項非常專業的工作，且比其他行業需要付出更多的時間、金錢、心力，但是綜觀人類歷史與所有的社會，則沒有產生過要求為人父母者需要具有基本資格的現象。尤其在傳統中國社會中，未成年子女等同於父母的私有財產，父母具有處置權、管理權、職業權、婚姻權以及可以對子女所有的生活領域以及行動加以掌控，而國家則以尊重家庭是個人城堡的觀念，不曾對父母的資格與掌控權提出任何質疑。然而在變遷的社會中，人民的價值觀及各種角色規範都在調整之際，不僅衝擊舊有的家庭結構與功能，亦使得親子互動關係與品質大受影響。所謂「少年的問題種因於家庭、顯現於學校、惡化於社會」，家庭不僅孕育個體的生命，亦是個體各種行為問題的根源。在國家機器不斷擴大以及社會力興起的現代，兒少是父母或家庭的私有財觀念已面臨極大的挑戰（周愫嫻、許福生、黃翠紋，2005；黃翠紋，2000）。變遷的社會中，有許多問題是值得吾人認真思考的，包括：政府、家長與未成年子女三者的關係為何？家長對未成年子女的權利與義務關係為何？政府在獎勵人民生育的同時，是否也該思考如何提升父母的親職能力？事實上，「家庭也會傷人」的觀念早已受到許多曾為家庭被害人以及家庭問題的研究者

所贊同；今日已經打破了「天下無不是父母」的迷思，並使得國家的權力滲透到家庭中，腐蝕家庭與外界壁壘分明的關係。但另一方面，雖然今日已經合法化國家對兒少的保護權力，但考量過去國人對兒少人權一向較為漠視，未來除持續落實推動兒童及少年福利與權益保障法外，有以下的課題是我們在兒少保護工作中必須思考的（黃翠紋，2000；陳英姿，1999）：

（一）如何在兒少本位、父母本位、家庭本位三者之間，有一整合性的操作原則。

（二）如何在父母責任、國家責任以及社會責任三者間，取得一個平衡點。

（三）如何調和兒少最佳利益與成人最佳利益之間的動態性緊張與對立。

第四節　結語

　　埃莉諾・羅斯福（Eleanor Roosevelt）女士在擔任「世界人權宣言」起草委員會主席時曾言：「普世的人權究竟由何處開始？從微不足道的地方，近到在家裡。這些地方太小，小到在世界地圖上根本找不到，即使如此，這些地方是由個人所組成的世界，人們居住的街坊中，人們就讀的學校裡，上班的辦公室或工作的農場。在這些地方，每個男人、女人、兒少都在追求平等的正義、機會的均等、及免於受歧視的尊嚴。除非人們的權利在這些地方可以受到保障，否則在外面的世界中，這些權利不會具有任何的意義。」而1948年12月10日聯合國大會所通過的「世界人權宣言」則進一步指出，正義、平等和尊嚴是男女老幼人人皆應享有的基本人權，人人有權享有生命、自由和免於遭受性別暴力的權利。因此，確保人身安全方面的權利，乃成為人權的重要指標。然而相對於其他人權指標，人身安全權利則直到近半世紀以來，才受到應有的重視。而我國雖然起步較晚，但近二十年來的性別暴力防治工作亦有頗大的進展。但另一方面，由於性別暴力發生的原因極為複雜，態樣極為多元，致其解決的方式與涉及的知識與面向相較於其他社會問題來得廣泛。甚且婦幼人身安全遭受危

害，常是受到其他面向的社會問題所影響。因此，未來仍有很大幅度的改善空間。

　　就學界而言，相較於歐美社會，「性別暴力」在我國不僅是一門新興的學科，其間亦涉及犯罪學、被害者學、婦女權益與福利、兒少權益與福利等知識。由於涉及的領域多元，故並不容易清楚與完整的介紹。因此，基本上，本書是一項嘗試，筆者嘗試從政策分析的角度將此種知識導入。在本書中，筆者從犯罪學、被害者學、婦女權益與福利、兒少權益與福利等相關理論與思維出發，儘可能有系統的探討，期待帶領對此一領域有興趣的同學、老師以及社工、警察、犯罪防治與其他專業的實務工作者進入性別暴力防治的領域，以協助大家善用這些知識於日常生活或工作中，並據以降低性別暴力的數量及損害。然而由於性別暴力問題複雜且具動態性，科學分析為導向的控制策略在國內仍處發展階段，尚未成熟，不論是對於問題分析的質與量，都有許多待加強之處。筆者相信，藉由更多的科學研究及更多學者與實務人員的參與，未來政府防治性別暴力問題的對策將會更完整、更具創造性，效果也將會更理想。

參考書目

一、中文部分

CEDAW資訊網（2023）。第六十七屆會議（2017）第35號一般性建議：關於基於性別的暴力侵害婦女行為（更新第19號一般性建議）。http://www.cedaw.org.tw/tw/en-global/news/detail/249，搜尋日期：2023/11/16。

丁雁琪（1995）。婚姻暴力服務現況——一個實務工作者的經驗分享，兒童保護暨婚姻暴力輔導工作坊論文集，彰化縣政府社會科主辦。

中時電子報（2012）。載偷渡客船隻愛琴海翻沉至少58死，2012年9月6日國際新聞版，http://news.chinatimes.com/world/130504/132012090602213.html，搜尋日期：2013/2/6。

中國時報（2013）。移民署破獲勞力剝削人口販運案件，嘉義地方版。

今日新聞（2012）。6成上班族曾遭職場性騷擾「開黃腔」最惹人厭，http://www.nownews.com/2011/03/02/11490-2692989.htm，搜尋日期：2012/9/11。

內政部（2003）。外籍與大陸配偶照顧輔導措施專案報告。

內政部（2004）。九十二年外籍與大陸配偶生活狀況調查報告，http://www.ris.gov.tw/zh_TW/346/，搜尋日期：2013/1/30。

內政部入出國及移民署（2008）。移民工作白皮書。

內政部入出國及移民署（2012）。「美國2012年人口販運報告」我國回應說明，網址：http://www.immigration.gov.tw/welcome.htm/，搜尋日期：2013/2/6。

內政部入出國及移民署（2012）。行蹤不明外勞人數統計，http://www.immigration.gov.tw/ct.asp?xItem=1183521&ctNode=29699&mp=1/，搜尋日期：2013/2/6。

內政部兒童局（2008）。96年度兒童及少年性交易防制工作成果報告書，內政部兒童局編印。

內政部社會司（2006）。內政部設置外籍配偶家庭服務中心實施計畫。

內政部家庭暴力及性侵害防治委員會（2012）。100年度性騷擾事件申訴調查統計，http://dspc.moi.gov.tw/ct.asp?xItem=2950&ctNode=1445&mp=1/，搜尋日期：2012/9/11。

內政部移民署（2024）。新住民照顧輔導。https://www.immigration.gov.tw/5382/

5385/5388/7178/223704，搜尋日期：2024/7/14。

內政部移民署移民事務組（2024）。查緝人口販運，https://www.immigration.gov.tw/
5385/7344/7350/8940/?alias=settledown，搜尋日期：2024/7/14。

內政部統計處（2012）。100年第21週內政統計通報-100年新生嬰兒生母狀況分
析。http://sowf.moi.gov.tw/stat/week/list.htm/，搜尋日期：2013/2/6。

內政部警政署（2011）。100年第1次婦幼業務主管會議──「研商性侵害加害人記
報到及查訪作業程序」會議資料，搜尋日期：2012/2/19。

內政部警政署（2022a）。跟蹤騷擾防制法重要條文釋義。

內政部警政署（2022b）。防制跟蹤騷擾推動諮詢小組第1屆第2次會議資料，
2022/12/20。

內政部警政署（2023）。跟蹤騷擾防制法施行周年統計分析報告，內政部跟蹤騷擾
防制法施行周年研討會。

內政部警政署（2023）。警政統計年報。https://www.npa.gov.tw/ch/app/data/view?mo
dule=wg063&id=2238&serno=11A1078255，搜尋日期：2023/6/23。

方淑薇（2009）。我國政府機關職場性騷擾防制之研究，國立臺灣海洋大學海洋法
律研究所碩士論文。

方嘉鴻（2003）。外籍新娘婚姻暴力求助行為及其保護措施之研究，中央警察大學
犯罪防治研究所碩士論文。

毛兆莉（2007）。外籍新娘婚姻暴力被害人特質與警察處理經驗之研究──以基隆
市為例，中央警察大學行政管理研究所碩士論文。

王秀燕（2007）。由社會支持網絡的形成累積外籍配偶社會資本，社區發展季刊，
119：84-102。

王佩齡（2008）。網路援助交際案件之實證研究──以違反兒童及少年性交易防制
條例第29條為中心，中央警察大學刑事警察研究所碩士論文。

王勇、馬文魁（2002）。國際移民政策的現狀及發展趨勢，武警學院學報，19
（4）：71-89。

王皇玉（2022）。跟蹤騷擾防制法之條文釋疑──以第三條規定為中心，國立臺灣
大學：跟蹤騷擾防制法元年研討會，頁1-26。

王翔涵（2009）。「那個仲介／媒人有告訴我……」─跨國婚姻仲介與跨國婚姻家
庭，性別平等教育季刊，44：111-117。

王雅各（1999a）。婦女解放運動與二十世紀的性別現象，收錄於王雅各主編，性
屬關係（上）──性別與社會建構（頁1-26），台北：心理出版社。

王雅各（1999b）。台灣婦女解放運動史，台北：巨流出版。

王寬弘（2010）。我國警察機關防制人口販運執行作為意見之實證調查——以女性被性剝削案件為例，國境警察學報，14：69-110。

王燦槐（2001）。我國性侵害受害者服務政策之分析——談官方性侵害防治中心的服務困境，中大社會文化學報，11：1-28。

王麗容（1999）。性別歧視、性騷擾和性侵害的社會建構，兩性平等教育期刊，8：12-15。

世界移民組織（International Organization for Migration, IOM），World Migration Report 2011，http://publications.iom.int/bookstore/free/WMR2011_English.pdf/，搜尋日期：2013/2/6。

史倩玲（2011）。性別發展損失最少排名 我國位居第4，http://www.lihpao.com/?action- viewnews-itemid-112894，搜尋日期：2013/5/30。

司法院（2011）。公布本院大法官議決釋字第六八九號解釋，司法院公報，53（11）：7-118。

立法院（2011）。性侵害犯罪防治法修正沿革，http://lis.ly.gov.tw/lgcgi/lglaw，搜尋日期：2012/2/12。

立法院（2015a）。院總字第1774號，委員提案第17654號，立法院第8屆第7會期第10次會議議案關係文書，頁97-108。

立法院（2015b）。立法院第8屆第7會期第10次會議紀錄，立法院公報，104（35）。

立法院（2016）。院總字第1409號，委員提案第18978號，頁91-94。

立法院（2020）。立法院第10屆第1會期內政、社會福利及衛生環境兩委員會第1次聯席會議紀錄，立法院公報，109（26）：377-453。

立法院（2023）。「犯罪被害人保護法」名稱修正為「犯罪被害人權益保障法」；並修正全文，https://www.ly.gov.tw/Pages/Detail.aspx?nodeid=33324&pid=226860，搜尋日期：2023/6/24。

立法院公報（2001）。90（62）：294-295。

伊慶春（1992）。雛妓問題防治途徑之研究，行政院研究發展考核委員會研究案。

全國婦女國是會議（2011）。性別平等政策綱領，http://www.women100.org.tw/main_page.aspx?PARENT_ID=35，搜尋日期：2012/6/28。

江幸慧（2009）。台北市家庭暴力相對人預防性服務措施——防治網絡合作概念，2009年建構家庭暴力安全防護網高峰論壇論文集（頁120-129），內政部主

辦。

江振亨（2009）。從復原力探討矯治社會工作在犯罪矯治之運用與發展，社區發展季刊，125：424-439。

行政院（2018）。強化社會安全網第一期計畫，https://www.mohw.gov.tw/cp-3763-40093-1.html，搜尋日期：2023/6/25。

行政院（2021）。強化社會安全網第二期計畫，https://topics.mohw.gov.tw/SS/cp-4515-62472-204.html，搜尋日期：2023/6/25。

行政院（2022）。跟蹤騷擾防制法施行工作整備情形。https://www.ey.gov.tw/Page/448DE008087A1971/6d2255c4-fb9f-4e1d-b7f3-cad3b081eb29/，搜尋日期2023/1/12

行政院（2023）。性平三法修法──打造有效、友善、可信賴的性騷防治制度，https://www.ey.gov.tw/Page/5A8A0CB5B41DA11E/3a28b968-5354-4876-a05a-c6f69da5d285，搜尋日期：2024/6/27。

行政院主計處（2012）。受僱員工薪資調查統計，http://www.dgbas.gov.tw/ct.asp?xItem=1135&ctNode=3253/，搜尋日期：2012/10/16。

行政院主計總處（2011）。社會指標統計年報。

行政院主計總處（2023）。我國國際性別平權綜合指數，https://www.stat.gov.tw/cp.aspx?n=3067，搜尋日期：2023/6/25。

行政院性別平等會（2021）。數位/網路性別暴力之定義、類型及其內涵說明，https://gec.ey.gov.tw/Page/ED8994F4EF5AD73E/2ab74b7e-0bdb-4067-b43a-4a3cf-c9e2a1e，搜尋日期：2023/12/20。

行政院性別平等會（2022）。國家報告，https://gec.ey.gov.tw/Page/4F1236117429F91E，搜尋日期：2023/11/25。

行政院性別平等會（2023a）。第4次國家報告，https://gec.ey.gov.tw/Page/11E499B6A6E6D7AD，搜尋日期：2023/6/24。

行政院性別平等會（2023b）。性別平等政策綱領，https://gec.ey.gov.tw/Page/FD420B6572C922EA，搜尋日期：2024/6/24。

行政院青年輔導委員會（1996）。我國青少年犯罪研究之整合分析，行政院青年輔導委員會編印。

行政院婦女權益促進委員會（2004），婦女政策綱領，http://cwrp.moi.gov.tw/ site.aspx?site_sn=31，搜尋日期：2012/6/28。

行政院婦女權益促進委員會（2011）。性別平等政策綱領，http://www.womenweb.

org.tw/wrp.asp/，搜尋日期：2011/10/11。

行政院勞工委員會性別統計指標（2011）。http://statdb.cla.gov.tw/html/sex/ rpt-menusex3.htm/，搜尋日期：2012/10/11。

行政院勞工委員會性別勞動統計（2011）。http://statdb.cla.gov.tw/statis/stmain. jsp? sys=210&kind=21&type=1&funid=q02031&rdm=cafUiW9X/，搜尋日期：2012/9/10。

何慧卿（2005）。性騷擾申訴人申訴歷程之個案研究，玄奘社會科學學報，3：115-142。

何慧卿（2006）。性別平等教育法下的校園性騷擾暨性侵害調查之程序正義：受害人保護及行為人權益之兼顧，台北：國立臺灣師範大學公民教育與活動領導學系博士論文。

余漢儀（1996）。兒童保護服務體系之研究，台北：內政部社會司。

余慧君（2002）。兩性工作平等法，台北：蔚理。

吳天泰（1993）。由教育的觀點談原住民雛妓問題，國教天地，44：4-9。

吳文哲（2022）。跟蹤騷擾鎖命危機（下），https://global.udn.com/global_vision/story/8664/6197421，搜尋日期：2022/9/20。

吳正坤（2009）。論性侵害案犯罪原因與矯治對策之探討，僑光技術學院學術研討會論文集。

吳秀照（2004）。東南亞外籍女性配偶對於發展遲緩子女的教養環境與主體經驗初探，社區發展季刊，105：159-175。

吳孟蓉（1998）。收容機構不幸少女生涯期許相關因素之探討，暨南大學社會政策與社會工作研究所碩士論文。

吳金鳳（2004）。澎湖地區外籍新娘生活適應與政府生活輔導措施相關之研究，國立中山大學公共事務管理研究所碩士論文。

吳素霞、林明傑（2001）。從性罪犯治療理論探討我國社區性侵害犯罪加害人之身心治療及輔導教育制度，刑事政策與犯罪研究論文集，4：1-23。

吳素霞、張錦麗（2011）。十年磨一劍——我國家庭暴力防治工作之回顧與展望，社區發展季刊，133：328-345。

吳雅琪（2010）。評介Doris T. Chang〈二十世紀台灣婦女運動〉，台灣學研究，9：145-152。

呂秀蓮（1977）。新女性何去何從，台北：拓荒者。

呂靜妮、李怡賢（2009）。東南亞新移民女性文化適應之經驗歷程，耕莘學報，

7：55-63。

宋世傑（2009）。臺灣與新加坡移民政策制定因素之比較研究，暨南國際大學東南亞研究所碩士論文。

李元貞（2010）。台灣婦運及其政治意涵，2010世界公民人權高峰會，http://www.worldcitizens.org.tw/awc2010/ch/F/F_d_detail.php?view_id=1234/，搜尋日期：2012/10/16。

李永然、葉建偉（2010），從聯合國人權公約談我國婦女、兒童人權保障，社團法人中華人權協會，http://www.cahr.org.tw/lawtalk_detail.php?nid=337，搜尋日期：2012/6/28。

李安妮（2011）。性別平等政策綱領，全國婦女國是會議。

李育政（2011）。觀護人運作預防性測謊之經驗分析，國立中正大學犯罪防治研究所碩士論文。

李宗憲（2002）。援交少女與性交易、色情業少女、一般少女之自我概念比較研究，國立中正大學犯罪防治研究所碩士論文。

李秉叡（2009）。全球論述中的性別平等以性別主流化為例，世新大學性別研究所碩士論文。

李政展（2009）。全球化人口移動之國境管理安全之研究，國立中山大學中國與亞太區域研究所碩士論文。

李園會（1996）。兒童權利公約。台北：李園會。

李瑞金（1997）。英國兒童福利簡介，收錄於周震歐主編兒童福利（頁56-63），台北：巨流出版社。

沈倖如（2002）。天堂之梯？——台越跨國商品化婚姻中的權力與抵抗，清華大學社會學研究所碩士論文。

沈勝昂（2005）。性侵害犯罪加害人再犯危險評估量表之建立——動態危險因素之探測（二），內政部委託研究報告。

沈勝昂、林明傑（2007）。變與不變——性侵害再犯「穩定動態危險因子」與「急性動態危險因子」的意義，犯罪學期刊，10（2）：1-28。

兒福聯盟（2012）。2012年兒少網路行為調查報告，http://www.children.org.tw/news/advocacy_detail/354/，搜尋日期：2012/12/30。

周月清（1996）。婚姻暴力—理論分析與社會工作處置，台北：巨流圖書公司。

周佳宥（2011）。性侵犯刑後處遇之研究，國家政策研究基金會，http://www.npf.org.tw/post/2/9618，搜尋日期：2012/2/22。

周坤寶（2012）。婚姻移民親密關係暴力危險評估工具與防治策略之研究，中央警察大學警察政策研究所碩士論文。

周國雄、施威良（2005）。純真與世故的混合體——從事檳榔西施少女之工作經驗與價值認知，台北縣少年輔導委員會94年自行研究報告。

周淑君（2009）。蘭陽地區居民對東南亞新移民女性態度之研究，宜蘭文獻雜誌，83：142-173。

周愫嫻（2005）。更生人就業權、雇主僱用權與社會安全的平衡，中央警察大學犯罪防治學報，6：55-91。

周愫嫻、許福生、黃翠紋（2005）。青少年犯罪與被害預防，收錄於行政院青年輔導委員會主編青少年政策白皮書（頁109-122），行政院青少年事務促進委員會、行政院青年輔導委員會印製。

周煌智（2001）。性侵害犯罪加害人鑑定與刑前治療實務，刑事法雜誌，45（3）：127-144。

周煌智、郭壽宏、陳筱萍、張永源（2000）。性侵害加害人的特徵與治療策略，公共衛生，27（1）：1-14。

孟維德（2022）。犯罪分析與安全治理（5版），台北：五南圖書。

孟維德（2023）。跨國犯罪（7版），台北：五南圖書。

孟維德、黃翠紋（2011）。女性新移民家庭暴力被害人警政系統服務之實施現況、困境與分析，內政部委託研究。

林心如（1998）。聯合國與女性人權，新世紀智庫論壇，4：22-33。

林明傑（2004）。性犯罪之再犯率、危險評估、及未來法律展望，律師雜誌，301：74-97。

林明傑（2004）。婚姻暴力加害人再犯危險與致命危險評估量表之研究，內政部家庭暴力及性侵害防治委員會委託研究。

林明鏘（1995）。論德國工作場所性騷擾保護法——兼論我國立法政策與立法草案，臺大法學論叢，25（1）：69-90。

林東茂（1997）。刑事政策及其相關學科，中央警察大學法學論集，2：327-333。

林芳玫（2009）。性別主流化在台灣：從國際發展到在地化實踐，新世紀智庫論壇，45：32-38。

林紀東（1957）。刑法上之損害賠償問題，刑事法雜誌，1（4）：1-8。

林婉婷（2009）。性侵害犯處遇之現況與未來發展，亞洲家庭暴力與性侵害期刊，5（2）：205-222。

林滄崧（1998）。不幸少女（雛妓）從事性交易相關因素之研究，中央警察大學犯罪防治研究所碩士論文。

林萬億（2008）。臺灣的人口變遷與因應對策，新世紀社會保障制度的建構與創新：跨時變遷與跨國比較國際學術研討會論文集，頁3-14。

林鞸婷（2011）。從犯罪被害人之主觀感受探討我國犯罪被害補償金制度，臺北大學犯罪學研究所碩士論文。

法務部（2009）。97年少年兒童犯罪概況及其分析，法務部編印。

邱汝娜、林維言（2004）。邁向多元與包容的社會——談現階段外籍與大陸配偶的照顧與輔導措施，社區發展，105：6-19。

邱琦（2005）。工作場所性騷擾民事責任之研究，臺大法學論叢，34（2）：181-213。

金孟華（2010）。從女性主義法學觀察性侵害法律改革之演進，國立交通大學科技法律研究所碩士論文。

施銀河（2008）。性別工作平等法實施現況與展望，研考雙月刊，32（4）：22-31。

施慧玲（2005）。論性剝削被害兒童少年之處遇規範——以兒童少年發展權為法律中心價值之思考，法務部「刑事政策與犯罪研究論文集（五）」，http://www.moj.gov.tw/ct.asp?xItem=29760&ctNode=28261&mp=001，搜尋日期：2012/12/30。

施慧玲（2006）。兒童及少年從事網路性交易問題之防治與處遇之國際比較研究，內政部兒童局委託研究報告。

施慧玲、廖宗聖、陳竹上（2014）。推動聯合國兒童權利公約國內法化，衛生福利部社會家庭署委託研究。

柯今尉（2009）。性別平等教育法在大專校院實施現況之研究——以校園性騷擾事件之處理為範疇，國立臺灣師範大學公民教育與活動領導學系碩士論文。

柯納爾、鄭昆山、盧映潔（2003），德國如何在刑事程序中改善被害人的地位——以「行為人與被害人調解制度」為討論重點，軍法專刊，49（4）：21–31。

洪千惠（2011）。東南亞新移民夫妻之家的意義建構研究，國立彰化師範大學輔導與諮商學系博士論文。

洪文惠（1995）。未成年少女從娼原因之探討，律師通訊，187：20-22。

Crara Bingham & Laura Leedy Gansler著，紀建文譯（2006）。北國性騷擾，台北：五南圖書。

美國在台協會（AIT）（2012）。美國2012年人口販運問題報告——臺灣部分，http://www.ait.org.tw/zh/officialtext-ot1204.html/，搜尋日期：2013/2/6。

胡嘉林（2008）。我國入出境管理組織變革之研究——從「入出國及移民署」成立探討，銘傳大學國家發展與兩岸關係所碩士論文。

胡藹若（2004）。就驅力論台灣婦女人權運動特質的蛻變（1949～2000），國立台灣師範大學政治學學報，3：1-56。

范碧玲整理（1990）。李元貞談現存的性別體系、臺灣的婦女運動、「婦女新知」的推行，中國論壇，347：49-57。

風傳媒（2023）。#MeToo改變了什麼？全球近九成人口對女性有偏見，東亞要189年才達性別平等，https://today.line.me/tw/v2/article/7N893ll?utm_source=lineshare，搜尋日期：2023/6/25。

唐文慧、王宏仁（2011）。結構限制下的能動性施展——台越跨國婚姻受暴婦女的動態父權協商，台灣社會研究季刊，82：123-170。

唐秀麗（2003）。少女網路援助交際行為與生活經驗相關性之研究，國立中正大學犯罪防治研究所碩士論文。

夏曉鵑（2000）。資本國際化下的國際婚姻——以臺灣的「外籍新娘」現象為例，臺灣社會研究季刊，39：45-92。

夏曉鵑（2001）。「外籍新娘」現象之媒體建構，臺灣社會研究季刊，43：153-196。

孫秀蕙（1998）。台灣網際網路發展與問題初探，廣播與電視，3（4）：1-20。

孫鳳卿（2001）。性侵害加害人之犯罪型態與危險性探討，高雄醫學大學醫學研究所碩士論文。

徐宗國（1995）。工作內涵與性別角色，新北：稻鄉。

徐建麟（2008）。我國新移民輔導政策之研究-以新移民女性婚姻穩定性為中心，中央警察大學外事警察所碩士論文。

徐遵慈（2002）。兩岸參與區域貿易協定的機會與挑戰，區域貿易協定之發展暨其對APEC與我國之影響研討會。

教育部統計處（2010），校園性騷擾事件統計，http://www.edu.tw/statistics/content.aspx? site_content_sn=8168/，搜尋日期：2012/10/11。

桃園縣政府（2009）。桃園縣政府98年度第2次婦女權益促進委員會——外籍配偶服務專案報告。

涂秀蕊（2001）。性侵害法律求援Q&A，台北：永然文化。

財團法人婦女權益促進發展基金會（2007）。性別主流化，財團法人權益促進發展基金會。

財團法人婦女權益促進發展基金會（2007）。婦女年鑑首版。

Ute Frevert著，馬維麟譯（1995）。德國婦女運動史：走過兩世紀的滄桑（*Frauen-Geschichte zwischen burgerlicher Verbesserung und neuer Weiblichkeit*），台北：五南圖書。

馬翠華（2004）。我國工作場所性騷擾法制之現況與未來發展，中正大學法律研究所研士論文。

高毓婷（2000）。從「援助交際──中學女生放課後的危險遊戲」一書看台灣青少年價值觀，中等教育，51（4）：137-142。

高鳳仙（1998）。家庭暴力防治法規專論，台北：五南圖書。

高鳳仙（2005）。性暴力防治法規──性侵害、性騷擾及性交易相關問題，台北：新學林。

高鳳英（2009）。刑法第224條強制猥褻罪與性騷擾防治法第25條性騷擾罪區分標準之建立──一個法律社會學角度的嘗試，國立臺北大學律學系碩士論文。

國立歷史博物館（2012）。搜尋臺灣女人，http://women.nmth.gov.tw/zh-tw/Content/ Content.aspx? para=387&Class=83&page=0&type=Content/，搜尋日期：2012/10/22。

常春月刊（2023）。專家點名「這些人」最易變成性騷擾加害者！揭「5大性騷擾迷思」：傳圖片也構成，https://today.line.me/tw/v2/article/JP8OrGP，搜尋日期：2024/6/20。

張甘妹（1965）。被害者學之重要性，刑事法雜誌，9（2）：19-27。

張甘妹（1995）。犯罪學原論，台北：三民。

張國書（2001）。簡介「暴力侵害婦女」此概念在國際人權規範中的內涵，新世紀智庫論壇，14：66-74。

張彩鈴（2000）。青少年從事特種行業歷程與適應之質化研究，中央警察大學犯罪防治研究所碩士論文。

張維容（2020）。我國規制跟蹤騷擾行之法規研究，中央警察大學學報，57：57-59。

張錦華（2004）。建立我國「女性與媒體」指標之研究，行政院國家科學委員會專題計畫。

張錦麗（1999）。性騷擾對被害人之傷害及防治之道，社區發展季刊，86：216-

225。

張錦麗（2005）。台灣地區「性侵害被害人減少重複陳述方案」之行動研究，國立暨南大學社會政策與社會工作學系博士論文。

張錦麗等（2011）。性別平等與暴力防治，台灣警察專科學校。

張鎮宏（2022）。首爾地鐵新堂站跟騷殺人事件：韓國「不要再殺女」的第N次怒吼，報導者，https://www.twreporter.org/a/hello-world-2022-09-21，搜尋日期：2022/9/20。

張瓊月（1993）。不幸少女對機構需求之研究──以雲林教養院的習藝學員為例，內政部委託案。

梁雙蓮等（1989）。婦女與政治參與，婦女新知基金會出版部。

現代婦女基金會（2021）。跟騷法立法十年 昂首未來路仍長，https://www.38.org.tw/blog2_detail.asp?mem_auto=38&p_kind=%E7%8F%BE%E4%BB%A3%E6%B6%88%E6%81%AF&p_kind2=%E7%8F%BE%E4%BB%A3%E8%A7%80%E9%BB%9E/，搜尋日期：2023/1/12。

現代婦女教育基金會（2010）。親密關係暴力危險評估，內政部家庭暴力及性侵害防治委員。

章光明、洪文玲、黃翠紋、張淵菘、張維容、溫翎佑（2019）。警察機關協助被害人工作之研究，內政部警政署委託研究。

許乃丹（2009）。是性道德還是身體自主權？──性騷擾防治法實務運作爭議之研究，國立高雄師範大學性別教育研究所碩士論文。

許玉君（2011）。兩性平權 台灣亞洲第一，聯合新聞網，http://udn.com/NEWS/NATIONAL/NAT1/6099416.shtml#ixzz2JLjhJoaS/，搜尋日期：2013/1/28。

許金玲（2010）。婦女人權，聯合國/NGO台灣世界公民總會，http://www.worldcitizens.org.tw/ awc2010/ch/F/F_d_detail.php?view_id=189/，搜尋日期：2012/6/28。

許春金（2010）。犯罪學，台北：三民書局總經銷。

許春金、馬傳鎮（1999）。台灣地區性侵害犯罪狀況與型態之調查研究，內政部性侵害防治委員會。

許春金、黃翠紋（1998）。從幾塊錢到一杯茶和同情一西方犯罪被害者協助的悲慘歷史，警學叢刊，29（1）：151-168。

許啟義（2000）。犯罪被害人保護法之實用權益，台北：永然文化。

許雅惠（2004）。東南亞外籍配偶家庭兒童生活狀況之研究，內政部兒童局補助研究報告。

許雅惠（2010）。南投縣家庭暴力被害人垂直整合服務方案──99年度方案評估報告，南投縣基督教青年會，內政部補助計畫。

許雅惠、黃彥宜（2012），女性移民性別暴力問題研究，內政部家庭暴力暨性侵害防治委員會委託研究。

許雅斐（2011）。反人口販運與母權政治：性產業的罪罰化，行政院國家科學委員會專題計畫。

許福生、盧映潔、林裕順、張錦麗、黃蘭媖（2012）。犯罪被害人保護政策體檢報告，法務部委託研究計畫。

郭建安（1997）。犯罪被害人學，北京：北京大學出版社。

郭玲惠（2008）。臺北市落實婦女權益保障之研究，台北市政府委託研究。

郭靜晃、薛慧平（2004）。外籍配偶母職角色轉換困境與需求之探析──以東南亞外籍女性配偶為例，社區發展季刊，105：116-132。

陳月娥（2000），勞動市場職業性別隔離決定性因素之研究，國立台灣大學國家發展研究所博士論文。

陳世杰（2002）。中美家庭暴力事件有關保護令制度之比較研究，中原財經法學，8：281-316。

陳玉書、許春金、馬傳鎮、黃翠紋等（2000）。青少年從事特種行業影響因素及防制對策之研究，行政院青輔會委託研究。

陳志東（2002）。少女從娼途徑，兩性平等教育季刊，20：54-59。

陳志柔、于德林（2005），臺灣民眾對外來配偶移民政策的態度，台灣社會學，10：95-147。

陳孟君（2003）。警察機關防處東南亞籍與大陸女性配偶婚姻暴力之現況與處理模式之研究，中央警察大學警察政策研究所碩士論文。

陳明傳（2008）。國際防制人口販運問題之研究，第二屆國境安全與人口移動學術研討會論文集。

陳芬苓、黃翠紋、嚴祥鸞（2010）。家庭暴力防治政策成效之研究，行政院研究發展考核委員會委託研究。

陳若璋（1992a）。台灣婚姻暴力之本質、歷程與影響，婦女與兩性期刊，3：117-147。

陳若璋（1992b）。台灣婚姻高危險因子之探討，台大社會學刊，21：123-160。

陳若璋（1994），兒童、青少年性虐待防治與輔導手冊，台北：張老師文化事業股份有限公司。

陳英姿（1999）。台灣兒童人權連三年不及格，聯合報，1999/11/20第6版。

陳素秋（2009）。女性主義轉法律公、私界線之實踐：台灣的性騷擾立法探究，台灣社會研究季刊，76：7-55。

陳彬、李昌林、薛竑、高峰（2008），刑事被害人救濟制度研究，西南政法大學法學學術文庫。

陳清福（1999）。我國入出境管理法制化問題之研究，中央警察大學碩士論文。

陳皎眉（1995）。雛妓的家庭與個人因素及其對策之探討，律師通訊，187：12-19。

陳婷蕙（1997）。婚姻暴力中受虐婦女對脫離受虐關係的因應行為之研究，東海大學社會工作研究所碩士論文。

陳惠馨（2005）。認真對待性別平等教育法──性別平等教育法之立法與展望，國家政策季刊，4（1）：21-32。

陳隆志（1998）。五十年來的國際人權，新世紀智庫論壇，2：100-106。

陳雅雯（2005）。外籍配偶子女在國小生活適應之研究──以宜蘭縣蘇澳鎮某國小為例，國立東華大學美崙校區社會發展研究所碩士論文。

陳慈幸（2011）。司法改革的另一思考：從日本纏擾（Stalker）防治法談起，司法新聲，97：78-104

陳慧女（1992）。從娼少女之個人及家庭特質與其逃家行為之分析，東吳大學社會學研究所碩士論文。

陳燕卿（2006）。台灣職場性騷擾防治政策之分析，社區發展季刊，114：375-389。

陳麗娟（2008）。由婚姻真實性探討婚姻移民問題，中央警察大學外事警察碩士論文。

彭南元（1998）。美國少年法庭之百年回顧與前瞻，法學叢刊，171：66-98。

彭淑華（1998）。兒童福利政策發展解析，收錄於二十一世紀基金會主編兒童福利大體檢（頁11-36），台北：中華徵信所。

彭淑華（2005）。2012兒童人權調查指標調查報告，社團法人中國人權協會研究報告，http://www.cahr.org.tw，搜尋日期：2013/1/28。

彭淑華（2011）。由蹣跚學步到昂首前行：臺灣兒童保護政策、法規與實務之發展經驗，社區發展季刊，133：273-293。

曾華源、黃韻如（2009）。中途學校特殊教育及輔導實施成效探討研究，內政部兒童局委託研究。

曾嫈瑾、古允文（2010）。到底應主觀還是該客觀：從性騷擾防治法的實務執行解讀性騷擾的樣貌，臺灣社會福利學刊，9（1）：165-212。

游美貴（2009）。大陸及外籍配偶生活處遇及權益之研究，內政部入出國及移民署委託研究。

游淑華（1996）。從事色情工作雛妓生活現況之分析，東海大學社會工作研究所碩士論文。

湯琇雅（1993）。婚姻暴力中婦女受虐狀況及其因應過程之初探，東吳大學社會工作研究所碩士論文。

湯靜蓮、蔡怡佳（2000）。我痛！走出婚姻暴力的陰影，台北：張老師文化事業股份有限公司。

焦興鎧（2006）。我國防治性騷擾法制之建構，法令月刊，57（5）：4-27。

焦興鎧（2007）。我國校園性騷擾防治機制之建構——性別平等教育法相關條文之剖析，臺北大學法學論叢，62：41-90。

黃淑玲（1995）。未成年少女從事色情行業的原因與生活狀況之探討——「自願」與「被賣」、原住民與漢人的差異，律師通訊，187：8-11。

黃淑玲、游美惠主編（2012）。性別向度與台灣社會（2版），台北：巨流。

黃富源（1987）。親子關係人格適應與內外控取向對少年犯罪傾向影響之研究，警政學報，12：293-316。

黃富源（1997）。向企業性騷擾說再見——工作場所性騷擾防治手冊，台北：勞資關係協進會。

黃富源（2000）。警察與女性被害人——警察系統回應的被害者學觀點，台北：新迪文化。

黃富源（2008）。兒童少年防害性自主罪之研究，法務部委託研究報告。

黃富源、孟維德（1997）。明恥整合、共和主義及其政策，警學叢刊，27（4）：215-231。

黃富源、林滄崧（2002）。不幸少女形成因素與防制對策，警學叢刊，32（4）：109-136。

黃富源、張錦麗（1995）。工作場所性騷擾預防手冊，台北：現代婦女基金會。

黃富源、許春金、黃翠紋等（1998）。台灣地區「不幸少女」保護防治作為評估之研究，內政部社會司委託研究。

黃富源、黃徵男（1999）。性侵害加害人之特質與犯罪手法之研究，內政部性侵害防治委員會委託研究。

黃富源、蔡庭榕、楊永年、鄧學仁（2007）。跨國人口販運之態樣、原因及防治策略之研究，內政部入出國及移民署委託研究。

黃嵩立、黃默、陳俊宏（2014）。建構我國人權指標及調查之研究，國家發展委員會委託研究。

黃義成（2016）。論觸法少年之移送制度，政大法學評論，147：203-277。

黃義凱（2007）。全球化下移民對我國家安全之影響——以臺灣婚姻移民為例，中央警察大學外事研究所碩士論文。

黃翠紋（1998）。家庭暴力防治法之探討——兼論台灣地區警察處理婚姻暴力問題之現況，收錄於中央警察大學行政警察學系，1998年學術研討會論文集。

黃翠紋（2000）。警察防處兒童虐待事件之研究——整合性調查團隊之策略，桃園：中央警察大學出版社。

黃翠紋（2012）。家庭暴力事件危險評估工具使用概況之評析，2012年治安警政治理模式學術研討會論文，中央警察大學行政警察學系主辦。

黃翠紋（2022）。性別暴力再犯風險評估及管理之演變與展望，軍法專刊，68（5）：22-49。

黃翠紋（2022）。跟蹤騷擾暴力風險評估與管理——從騷擾到暴力攻擊，警政論叢，22：87-118。

黃翠紋、孟維德（2012）。警察與犯罪預防，台北：五南圖書。

黃翠紋、孟維德（2017）。警察與犯罪預防（增訂2版），台北：五南圖書。

黃翠紋、林淑君（2010）。兒童及少年性交易案件處理原則及判案標準，桃園縣政府委託研究

黃翠紋、林淑君（2016），高危機親密關係暴力事件特性與處遇作為之分析，犯罪學期刊，19（1）：20-58。

黃翠紋、陳佳雯（2012）。我國性侵害防治政策推動現況之研究，警政論叢，12：1-31。

黃翠紋、斯儀仙（2018）。性侵犯類型學及其處遇措施之研究，警政論叢，18：1-38。

黃翠紋、鄧學仁（2005）。老人保護現況及其改進措施之實證研究——以社工人員之意見為例，中央警察大學法學論集，10：277-320。

黃翠紋、戴韶銘（2023）。少年警察職權之變革：曝險少年輔導機制之研析，收錄於中央警察大學及內政部警政署，2023警政與警察法學學術研討會論文集，頁217-242。

黃翠紋主編（2023）。性別平權與警察實務（3版），桃園：中央警察大學出版
　　社。

黃蘭媖、許春金、黃翠紋（2011）。修復式正義理念運用於刑事司法制度之探討，
　　法務部委託研究計畫。

黃鶴仁（2007）。由「聯審處」邁向「移民署」，跨世紀的航向，入出國及移民署
　　成立專刊，頁14-16。

楊立華、黃翠紋（2009）。桃園縣政府社會福利方案品質研討工作坊，桃園縣政府
　　社會處委託。

楊東連（2009）。論我國性騷擾法制：實定法律解釋與適用之探究，僑光學報，
　　32：1-14。

楊婉瑩、曾昭媛（2011）。我國婚姻移民政策措施之影響評估與因應對策，行政院
　　研究發展考核委員會委託研究。

楊愉安（2011）。我國新移民婦女的婚姻暴力求助與受助經驗之研究，臺灣大學社
　　會工作學研究所碩士論文。

楊聰財、魏兆玟（2009）。性騷擾防治法實施後之職場相關文獻分析，亞洲家庭暴
　　力與性侵害期刊，5（2）：195-204。

葉玉如、黃翠紋（2010）。建構家暴事件安全防護網──談高雄市運作經驗，2010
　　因應風險社會──社會工作的終身專業成長研討會論文集，台灣社會工作專業
　　人員協會主辦。

葉郁菁、馬財專（2008）。家庭暴力與性侵害之新移民女性人權──籍別的探討與
　　比較，刑事政策與犯罪研究論文集，11：211-230。

葉肅科（2006）。新移民女性人權問題：社會資本／融合觀點，應用倫理研究通
　　訊，39：33-45。

鄔佩麗（2002）。性侵害被害人保護方案之初探研究──以性侵害被害人需求為導
　　向，內政部委託研究。

雷家宏（1998）。中國古代鄉里生活，台北：台灣商務。

廖義男（1997）。國家賠償法（增訂版6刷），台北：三民。

趙碧華（2011）。台灣婦女人權指標調查報告，中華人權協會研究報告。

趙碧華（2015）。2015臺灣婦女人權指標調查報告，社團法人中華人權協會研究報
　　告。

Gelles, R. J. & Cornell, C. P.著，劉秀娟譯（1996）。家庭暴力，台北：揚智。

劉昭君（2004）。少女性交易行為之轉變歷程，國立台北大學社會學系碩士論文。

劉貴珍（2001）。外籍新娘跨文化適應與對現行管理制度態度之探討，大葉大學工業關係研究所碩士論文。

潘淑滿（2001）。婚姻暴力現象與制度的反思，社區發展季刊，94：134-146。

潘淑滿（2003）。婚姻暴力的發展路徑與模式：台灣與美國的比較，社區發展季刊，101：276-292。

蔡正道、吳素霞（2001）。我國家庭暴力防治工作之規劃與展望，社區發展季刊，94：5-18。

蔡宗晃、詹毓玫、李家順（2011）。低自尊與負面情緒對非行青少年的影響，犯罪學期刊，14（1）：1-29。

蔡青芸（2022）。政院通過「少年事件處理法」修正案保障少年人身自由及健全成長，世界民報，http://www.worldpeoplenews.com/content/news/338575，搜尋日期：2023/6/3。

蔡婉瑜（2008）。台南市國民小學教師職場性騷擾調查研究，國立臺南大學教育經營與管理研究所碩士論文。

蔡淑鈴（1987）。「職業隔離現象與教育成就：性別之比較分析」，中國社會學刊，11：61-91。

蔡墩銘（1961）。論刑法上損害賠償之規定，刑事法雜誌，5（1）：14-25。

蔡德輝、楊士隆（2001）。少年犯罪——理論與實務，台北：五南圖書。

衛生福利部社會及家庭署（2022）。什麼是脆弱家庭？要如何辨識脆弱家庭？https://topics.mohw.gov.tw/SS/cp-4531-50117-204.html，搜尋日期：2024/7/7。

鄭凱榕（2010）。以CEDAW作為衡量人權標準，網氏／罔市女性電子報，http://www.frontier.org.tw/bongchhi/?p=9330/，搜尋日期：2012/6/28。

鄭瑞隆（1997）。少女從娼原因與防制策略之研究，犯罪學期刊，3：85-120。

鄭瑞隆（1999）。從娼少女家庭暴力經驗與防止少女從娼策略之研究，台灣社會問題研究學術研討會，中央研究院社會問題研究推動委員會主辦。

鄭瑞隆、王文中（2002）。家庭暴力加害人特質與處遇評估工具之研究，內政部家庭暴力防治委員會委託研究報告。

鄭麗君（2008）。戰後台灣女警的發展——以台北市為例，1947～2000，中央大學歷史研究所碩士論文。

鄭麗珍、陳毓文（1998）。兒童及少年性交易防制工作服務模式之研究——以台北市經驗為例，台北市政府社會局。

盧映潔（2005）。性犯罪之分布狀況再犯率研究——以德國及台灣為說明，臺大法

學論叢，34（5）：1-84。

蕭昭娟（2000）。國際遷移之調適研究，國立臺灣師範大學地理研究所碩士論文。

蕭蒼澤（2005）。性侵害立法變遷之研究，國立台北大學犯罪防治研究所論文。

賴芳玉、楊汝滿（2013）。從性侵害或家暴案件探究被害者代理人之刑事程序地位，http://www.oasislaw.com.tw/knowledge_detail.aspx?ID=7b0ddd8f- b932-4b3d-a782-bc26925857d1，搜尋日期：2013/3/18。

Catharine A. MacKinnon著，賴慈芸、雷文玫、李金梅譯（1993）。性騷擾與性別歧視——職業婦女困境剖析，台北：時報。

勵馨基金會（1997）。淺談「兒童及少年性交易防制條例」之訂定緣由及立法過程——兼談施行困境及我們的期待，律師雜誌，212：32-36。

勵馨基金會（2001）。網路使用者之「援助交際」、「情色工作」態度及行為調查報告，http://www.goh.org.tw/topic/data/report_prostitution5.pdf/，搜尋日期：2012/12/30。

勵馨基金會（2007）。網路援交現況之探討，www.goh.org.tw/topic/data/report_pros-titution3.pdf/，搜尋日期：2012/12/30。

勵馨基金會（2010）。性交易孩子之生活、工作經驗，http://www.goh.org.tw/news/main.asp?ym=201004&id=ac10041301/，搜尋日期：2012/12/30。

聯合國婦女署（2014）。後2015年婦女權利專家會議報告，http://www.iwomenweb.org.tw/Upload/WebArchive/3630/CSW59%E5%B0%88%E5%AE%B6%E6%9C%83%E8%AD%B0%E5%A0%B1%E5%91%8A.pdf，搜尋日期：2023/11/17。

聯合報（1994）。疼惜女人「狼言豬語」大公開 婦女們起來吧 522攜手上街頭 拒絕男人騷擾，http://www.feminist.sinica.edu.tw/push/push1-199405.21.htm/，搜尋日期：2012/10/22。

謝立功、黃翠紋（2005）。大陸與外籍配偶移民政策與法制之探討，行政院國家科學委員會專題研究。

謝秀芬（2004）。家庭社會工作：理論與實務，台北：雙葉書廊。

謝臥龍（2010）。性別之主流化的歷史背景，在地實踐與國際接軌，城市發展，99年專刊：84-96。

謝臥龍、洪素珍、劉惠嬰、陳玲容（2003）。國際婚姻中婚姻本質與性別權利關係的探討：以台灣受暴國際新娘為例，性別、暴力與權力研討會論文集，頁61-95。

謝若蘭（2008）。聯合國婦女會議與人權，台灣國際研究季刊，4（2）：53-79。

謝鵬翔（1999）。美國工作場所性騷擾法制之研究，中國文化大學勞工研究所碩士論文。

鍾志宏、吳慧菁（2009）。從犯罪共通性理論探討性犯罪再犯現象，犯罪與刑事司法期刊，13：145-170。

簡明珊（2002）。台灣婦運細說來時路，http://www.newstory.info/2002/05 /post_41.html，搜尋日期：2012/6/28。

顏朱吟（2009）。臺灣社會跨國婚姻女性之歷史映照：「流離尋岸」的另一面鏡子，高雄師大學報，27：67-82。

羅燦煐（2002）。他的性騷擾？她的性騷擾？：性騷擾的性別化建構，臺灣社會研究，46：193-249。

顧燕翎（2000）。變遷的兩性關係——檢驗二十世紀婦運成果，歷史月刊，144：60-65。

二、英文部分

Abraham, M. (2005). Domestic Violence and the Indian Diaspora in the United States Indian. *Journal of Gender Studies*, 12(2&3): 427-452.

Adopt US Kids. (2019). *Guide to the Adopt US Kids Support Services Assessment Tool: Instructions and Considerations*. Retrieved from https://www.vic.gov.au/family-violence-multi-agency-risk-assessment-and-management-framework-practice-guides/foundation./ [Accessed 21/January/2024].

Albuquerque, M., Basinskaite, D., Martins, M. M., Mira, R. & Pautasso, E. (2013). *European Manual of Risk Assessment*. European Commission.

Alderden, M. A. & Ullman, S. E. (2012). Creating a more complete and current picture examining police and prosecutor decision-making when processing sexual assault cases. *Violence Against Women*, 18(5): 525-551.

Alessandri, S. M. (1991). Play and social behavior in maltreated preschoolers. *Development and Psychopathology*, 3: 191-205.

Alexander, E. F., Backes, B. L. & Johnson, M. D. (2022). Evaluating measures of intimate partner violence using consensus-based standards of validity. *Trauma, Violence, & Abuse*, 23(5): 1549-1567.

Amir, Menachem. (1971). *Patterns in Forcible Rape*. Chicago: University of Chicago Press.

Anderson, S. M., Boulette, T. R. & Schwartz, A. H. (1991). Psychological matreatment. In R. T. Ammerman & M. Hersen. (Eds.), *Case studies in family violence* (pp. 304-308).

New York: Plenum.

Andrew, D. A. & Bonta, J. (1994). *The Psychology of Criminal Conduct*. OH: Anderson Pub.

Andrews, D. A. (2011). The impact of nonprogrammatic factors on criminal-justice interventions. *Legal and Criminological Psychology*, 16(1): 1-23.

Andrews, D. A. & Bonta, J. (2010). *The Psychology of Criminal Conduct* (5th Ed.). Cincinnati, OH: Anderson Publishing.

Andrews, D. A., Bonta, J. & Wormith, J. S. (2011). The risk-need-responsivity (RNR) model: Does adding the good lives model contribute to effective crime prevention? *Criminal Justice and Behavior*, 38(7): 735-755.

Andrews, D. A., Bonta, J. & Wormith, S. J. (2006). The recent past and near future of risk and/or need assessment. *Crime and Delinquency*, 52: 7-27.

Anker, Richard. (1997). Theories of occupational segregation by sex: an overview. *International Labor Review*, 136(3): 315-339.

Antler, J. & Antler, S. (1979). From child rescue to family protection. *Children and Youth Services Review*, 1: 177-204.

Arthur, S. (1992). *The Decline of the Rehabilitative Ideal: Penal Policy and Social Purpose*. CT: Yale University Press.

ASU Center for Problem-Oriented Policing. (2004). *The Challenges of Policing Stalking*. Retrieved from https://popcenter.asu.edu/content/stalking-0/legal-definitions -in-the-eu/ [Accessed 7/January/2024].

Baker, J. A. (2015). *Protection from Harassment Act: 5 Things You Need to Know about the Landmark Legislation*. Retrieved from https://www.straitstimes.com/singapore/protection-from-harassment-act-5-things-you-need-to-know-about-the-landmark-legislation/ [Accessed 3/June/2022].

Barbaree, H. E., Seto, M. C., Serin, R. C., Amos, N. L. & Preston, D. L. (1994). Comparison between sexual and nonsexual rapist subtypes. *Criminal Justice and Behavior*, 21(1): 95-114.

Barnett, O. W., Miller-Perrin, C. L. & Perrin, R. D. (1997). *Family violence across the lifespan: An introduction*. CA: Sage Pub.

Barry, F. D. (1994). A neighborhood-based approach: What is it? In G. B. Melton & F. D. Barry (Eds.), *Protecting children from abuse and neglect: Foundations for a new national strategy* (pp. 15-34). New York, NY: The Guilford Press.

Battered Women's Justice Project. (2021). Risk Assessment. https://www.bwjp.org/ourwork/topics/risk-assessment.html.

Baum, K., Catalano, S., Rand, M. & Rose, C. (2009). *Stalking victimization in the United States* (NCJ 224527). Bureau of Justice Statistics Special Report. Washington, DC: U.S. Department of Justice.

Baumer, E. P. & Lauritsen, J. L. (2010). Reporting crime to the police, 1973-2005: A multivariate analysis of long-term trends in the National Crime Survey (NCS) and National Crime Victimization Survey (NCVS). *Criminology*, 48: 131-185.

Becker,J. V. & Hunter, J. A. (1992). Evaluation of treatment outcome for adult perpetrators of child abuse. *Criminal Justice and Behavior*, 19: 74-92.

Benitez, C. T., McNiel, D. E. & Binder, R. L. (2010). Do protection orders protect? *Journal of the American Academy of Psychiatry and Law*, 38(3): 376-385.

Bickley, J. & Beech, A. R. (2001). Classifying child abusers: Its relevance to theory and clinical practice. *International Journal of Offender Therapy and Comparative Criminology*, 45: 51-69.

Blog (2021). *New CY Legislation for Harassment and Stalking*. Retrieved from https://forthewomen.com.cy/en/new-cy-legislation-for-harassment-and-stalking/ [Accessed 3/June/2023].

Blokland, A. & Lussier, P. (2015). *Sex Offenders: A Criminal Career Approach*. Oxford: Wiley Blackwell.

Bonta, J. & Andrews, D. A. (2007). *Risk-Need-Responsivity Model for Offender Assessment and Rehabilitation*. Public Safety Canada.

Bonta, J. (2018). *Twenty-five Years of the Level of Service (LS) Instruments*. Retrieved from https://www.linkedin.com/pulse/twenty-five-years-level-service-ls- instruments-james-bonta/ [Accessed 14/April/2023].

Bouffard, L. A., Bouffard, J. A., Nobles, M. R. & Askew, L. (2021). Still in the shadows: The unresponsiveness of stalking prosecution rates to increased legislative attention. *Journal of Criminal Justice*, 73, https://doi.org/10.1016/j.jcrimjus.2021.101794.

Bourgon, G. & Armstrong, B. (2005). Transferring the principles of effective treatment into a "Real World" prison setting. *Criminal Justice and Behavior*, 32: 3-25.

Boyer, D. & Fine, D. (1991). Sexual abuse as a factor in adolescent pregnancy and child maltreatment. *Family Planning Perspectives*, 24: 4-19.

Brady, P. Q. & Nobles, M. R. (2017). The dark figure of stalking: Examining law enforcement response. *Journal of Interpersonal Violence*, 32(20): 3149 -3173.

Braga, A. A. (2002). *Problem-oriented policing and crime prevention*. Monsey, NY: Criminal Justice Press.

Brassard, M. R., Hart, S. N. & Hardy, D. (1993). The psychological maltreatment ratings-cales. *Child Abuse & Neglect*, 17: 715-729.

Briere, J. & Zaidi, L. Y. (1989). Sexual abuse histories and sequelae in female psychiatric emergency room patients. *American Journal of Psychiatry*, 146: 1602-1606.

Briere, J. (1992). Methodological issues in the study of sexual abuse effects. *Journal of Consulting and Clinical Psychology*, 60: 196-203.

Browne, K. D. (1993). Violence in the family and its links to child abuse. *Bailliere's Clinical Paediatrics*, 1(1): 149-164.

Browne, K. D. (1995), Alleviating spouse relationship difficulties. *Counselling Psychology Quarterly*, 8(2): 109-122.

Browne, K. & Herbert, M. (1997). *Preventing family violence*. New York: John Wiley & Sons, Inc.

Burton, D. L. (2003). Male adolescents: Sexual victimization and subsequent sexual abuse. *Child & Adolescent Social Work Journal*, 20(4): 277-296.

Buzawa, E. S. & Buzawa, C. G. (2003). *Domestic violence: The criminal justice response* (3rd Ed.). CA: Sage Pub.

Bynes, A., Graterol, M. & Chatres, R. (2007). State Obligation and the Convention on the Elimination of all Forms of Discrimination Against Women. Retrieved from http//ssm. com/ abstract=1001553 [Accessed 16/August/2008].

Byrnes, A. C., Graterol, M. H. & Chartres, R. L. (2007). State obligation and the convention on the elimination of all forms of discrimination against women. *UNSW Law Research Paper*, 48: 1-127.

Camilleri, J. A. & Quinsey, V.L. (2008). Pedophilia: Assessment and treatment. In D. R. Laws & W. O'Donohue (Eds.), *Sexual Deviance: Theory, Assessment, and Treatment*, vol. 2 (pp. 183-212). New York: Guilford Press.

Campbell, J. C. (2005). Assessing dangerousness in domestic violence case: History, challenges, and opportunities. *Criminology*, 43(4): 653-672.

Campbell, J. C., Webster, D. W. & Glass, N. (2009). The danger assessment: Validation of a lethality risk assessment instrument for intimate partner femicide. *Journal of Interpersonal Violence*, 24(4): 653-674.

Campbell, J. C., Webster, D., Koziol-McLain, J. et al. (2003). Assessing Risk Factors for Intimate Partner Homicide. *National Institute of Justice Journal*, 250: 14-19.

Canter, D. V. & Ioannou, M. (2004). A multivariate model of stalking behaviours. *Behavior-*

metrika, 31: 113-130.

Caplan, C. (1964). *Principles of Preventive Psychiatry*. New York: Basic Books.

Caspi, A., McClay, J., Moffitt, T. E., Mill, J., Martin, J. et al. (2002). Role of genotype in the cycle of violence in maltreated children. *Science*, 297: 851-854.

Cayabyab, M. J. (2014). *Bill Eyes Prison Sentence, Fines vs Stalkers.* Retrieved from https://newsinfo.inquirer.net/646740/bill-eyes-prison-sentence-fines-vs-stalkers/ [Accessed 3/June/2023].

Cazenave, N. A. & Straus, M. A. (1979). Race, class, network embeddedness and family violence: A research for potent support systems. *Journal of Comparative Family Studies*, 10(3): 281-300.

Centers for Disease Control and Prevention. (2021). Fast Facts: Preventing Stalking. Retrieved from https://www.cdc.gov/violenceprevention/intimatepartnerviolence/ stalking/fastfact.html [Accessed 3/June/2023].

Cerezo, M. A. & Fraias, D. (1994). Emotional and cognitive adjustment in abused children. *Child Abuse & Neglect*, 18: 923-932.

Chlioudakis, E. (2020). Risk Assessment Tools in Criminal Justice Is There a Need for such Tools in Europe and Could Their Use Be in Compliance with European Data Protection Law. *Society and Justice*, 1(2): 72-96.

Cicchetti, D. (1990). The organization and coherence of socioemotional, cognitive, and representational development: Illustrations through a developmental psychology perspective on down syndrome and child maltreatment. In R. Thompson (Ed.), *Nebraska Symposium on Motivation* (Vol. 36, pp. 259-366). Lincoln: University of Nebraska Press.

Cleaver, K., Maras, P., Oram, C. & McCallum, K. (2019). A review of UK based multi-agency approaches to early intervention in domestic abuse: Lessons to be learnt from existing evaluation studies. *Aggression and Violent Behaviour*, 46: 140-155.

Cobb, S. (1997). The domestication of violence in mediation. *Law & Society Review*, 31(3): 397-439.

Cohn, A. H. & Daro, D. (1987). Is treatment too late? What ten years of evaluative research tell us. *Child Abuse & Neglect*, 11: 433-442.

Comes-Schwartz, B., Horowitz, J. & Cardarelli, A. (1990). *Child sexual abuse: The initial effects*. Newbury Park, CA: Sage Pub.

Committee of Ministers of the Council of Europe. (1999). Mediation in Penal Matters. Recommendation No R (99)19. WWW.VICTIMOLOGY. NL.

Community Law. (2023a). *Harassment in the Community: Getting Protection Under the*

Harassment Act. Retrieved from https://communitylaw.org.nz/community-law-manual/chapter-28-harassment-and-bullying/harassment-in-the-community-getting-protection-under-the-harassment-act/ [Accessed 9/January/2024].

Community Law. (2023b). *Going to the Police: When the Criminal Law Can Help with Harassment*. Retrieved from https://communitylaw.org.nz/community-law-manual/ chapter-28-harassment-and-bullying/going-to-the-police-when-the-criminal-law-can-help-with-harassment/criminal-harassment-harassment-act/ [Accessed 9/January/2024].

Connolly, C., Huzurbazar, S. & Routh-McGee, T. (2000). Multiple parties in domestic violence situations and arrest. *Journal of Criminal Justice, 28*: 181-188.

Corcoran, J., Stephenson, M., Perryman, D. & Allen, S. (2001). Perceptions and utilization of police-social work crisis intervention approach to domestic violence. *Families in Society*, 82(4): 393-398.

Cordell, K. D., Snowden, L. R. & Hosier, L. (2016). Patterns and priorities of service need identified through the Child and Adolescent Needs and Strengths (CANS) assessment. *Child and Youth Services Review*, 60: 129-135.

Costin, L. (1985). The historical context of child welfare. In J. Laird & A. Hartman (Eds.), *A Handbook of Child Welfar*e (pp. 34-60). New York: Free Press.

Costin, L. B., Karger, H. J. & Stoesz, D. (1996). *The Politics of Child Abuse in American*. New York: Oxford University Press.

Cross, C., Richards, K. & Smith, R. G. (2016). The reporting experiences and support needs of victims of online fraud. *Trends & issues in crime and criminal justice*, 518, https://www.aic.gov.au/sites/default/files/2020-05/tandi518.pdf.

Crosson-Tower, C. (1999). *Understanding child abuse and neglect* (4th Ed). MA: Allyn & Bacon.

David, M. N. F. (2018). The neo-criminalization of stalking in the Portuguese legal system. *Journal of Forensic and Legal Medicine,* 58: 199-204.

Davies, J. (2011). *Advocacy and Safety Planning for Victims in Contact*. U.S. Department of Health and Human Services.

Davies, J., Menard, A. & Davis, L. (2011). *Helping Battered Women in Contact With Current or Former Partners: A Guide for Domestic Violence Advocates*. U.S. Department of Health and Human Services.

Davis, R. C. & Helnley, M. (1990). Victim service programs. In A. J. Lurigio, W. S. Skogan & R. C. Davis (Eds.) *Victim of Crime: Problems, Policies and Programs*. CA: Sage Pub.

DeKeseredy, W. S. (2000). Current controversies on defining nonlethal violence against women in intimate heterosexual relationships: Empirical implications. *Violence against Women*, 6: 32-50.

Department of Human Services. (2012). *Family Violence Risk Assessment and Risk Management Framework and Practice Guides 1-3*. Melbourne, Australia: Victorian Government.

Doerner, W. G. & Lab, S. P. (2002). *Victimology* (3rd Ed.). Cincinnati, OH: Anderson.

Doris T. Chang (2009) .*Women's Movements in Twentieth-Century Taiwan*. Urbana and Chicaga: University of Illinois Press.

Dorne, C. K. (1997). *Child Maltreatment: A Primer in History, Public Policy and Research* (2nd Ed.). New York: Harrow and Heston.

Douglas, K. S. & Skeem, J. L. (2015). Violence risk assessment getting specific about being dynamic. *Psychology, Public Policy, and Law*, 11(3): 347-383.

Downs, A. (1972). Up and down with ecology-The issue attention cycle. *Public Interest*, 32: 38-50.

Doyle, C. (1994). *Child Sexual Abuse: A Guide for Health Professionals*. New York: Chapman & Hall Inc.

Dunn, S. (2021). Is it actually violence? Framing technology-facilitated abuse as violence. In J. Bailey, A. Flynn & N. Henry (Eds.) *The Emerald International Handbook of Technology-Facilitated Violence and Abuse* (pp. 25-45). Leeds, Emerald Publishing Limited.

Dutta, G. K. (2022). *Stalking Laws in India*. Retrieved from https://blog.finology.in/Legal-news/stalking-laws-in-india/ [Accessed 26/January/2023].

Dutton, D. G. & Kropp, R. P. (2000). A review of domestic violence risk instruments. *Trauma, Violence and Abuse*, 1(2): 171-181.

Dutton, D. G. (1995). *The domestic assault of women: Psychological and criminal justice perspectives*. Vancouver, BC: University of British Columbia Press.

Dutton, D. G. & Kropp, M. (2000). Violence risk prediction: Clinical and actuarial measures and the role of psychopath checklist. *British Journal of Psychiatry*, 177(4): 303-311.

Eckenrode, J., Laird, M. & Doris, J. (1993). School performance and disciplinary problems among abused and neglected children. *Development Psychology*, 29: 53-63.

Egger, T., Jäggi, J. & Guggenbühl, T. (2017). *Measures to Combat Stalking: Overview of National and International Models Used in Practice*. Switzerland, Federal Office for Gender Equality

Elbow, M. (1977). Theoretical considerations of violent marriages. *Social Casework*, 58: 515-526.

Elias, R. (1993). *Victim Still: The political manipulation of crime victim.* CA: Sage Pub.

Elliott, D. M. & Briere, J. (1994). Forensic sexual abuse evaluations: Disclosures and symptomatology. *Behavioral Science and the Law*, 12: 261-277.

Elliott, D. M. & Briere, J. (1995). Posttraumatic stress associated with delayed recall of sexual abuse: Ageneral population study. *Journal of Traumatic Stress Studies*, 8: 629-684.

Erickson, M. F. & Egeland, B. (1987). A development view of the psychological consequences of maltreatment. *School Psychology Review*, 16(2): 156-168.

Erickson, M. F., Sroufe, L. & Egeland, B. (1985). The relationship between quality of attachment and behavior problems in preschool in a high-risk sample. In I. Bretherton & E. Waters (Eds.), *Child Development monographs* (pp. 147-166). Chicago: University of Chicago Press.

European Institute for Gender Equality. (2019). *Stalking*. Retrieved from https://eige.europa.eu/gender-based-violence/regulatory-and-legal-framework/legal-definitions-in-the-eu/ [Accessed 28/January/2024].

Fairbairn, J. (2015). Rape threats and revenge porn: Defining sexual violence in the digital age. In J. Bailey & V. Steeves (Eds.), *E-Girls, E-Citizens: Putting Technology, Theory and Policy into Dialogue with Girls' and Young Women's Voices* (pp. 229-252). Ottawa, ON: University of Ottawa Press.

Faller, K. C. & Ziefert, M. (1981). Causes of child abuse and neglect. In K. Faller (Ed.), *Social Work with Abused and Neglected Children*. New York: Free Press.

Famularo, R., Kinscherff, R. & Fenton, T. (1992). Psychiatric diagnoses of abusive mothers: A preliminary report. *Journal of Nervous and Mental Diseases*, 180: 658-661.

Fantuzzo, J. W. (1990). Behavioral treatment of the victims of child abuse and neglect. *Behavior Modification*, 14: 316-339.

Farrington, D. P., Loeber, R., Jolliffe, D. & Pardini, D. A. (2008). Promotive and risk processes at different life stages. In R. Loeber (Ed.), *Violence and serious theft* (pp. 169-229). New York, NY: Routledge.

Fazel, S., Burghart, M., Fanshawe, T., Gil, S. D., Monahan, J. & Yu, R. (2022). The predictive performance of criminal risk assessment tools used at sentencing: Systematic review of validation studies. *Journal of Criminal Justice*, 81(3), DOI: 10.1016/j.jcrimjus.2022.101902

Feiring, C., Taska, L. S. & Lewis, M. (1998). Social support and children's and adolescents' adaptation to sexual abuse. *Journal of Interpersonal Violence*, 13(2): 240-260.

Ferraro, K. & Johnson, J. (1983). How women experience battering: The process of victimization. *Social Problems*, 30: 325-339.

Ferrer-Perez, V. A., Bosch-Fiol, E., Ferreiro-Basurto, V., Delgado-Alvarez, C. & Sánchez-Prada, A. (2020). Comparing implicit and explicit attitudes toward intimate partner violence against women. *Frontiers in Psychology*, 11: 2147.

Finkelhor, D. (1984). *Child sexual abuse*. New York: Free Press.

Fitzgerald, L. F., Schullman, S. L., Bailey, N., Richards, M. & Swecker, J. (1988). The incident and dimensions of sexual harassment in academia and the workplace. *Journal of Vocational Behavior*, 32: 152-175.

Freund, K. (1990). Courtship disorder. In W. L. Marshall, D. R. Laws, H. E. Barbaree (Eds.), *Handbook of sexual assault: Issues, theories and treatment of the offender*. New York: Plenum Press.

Friedrich, W. N. & Luecke, W. (1989). Young school-age sexually aggressive children. *Professional Psychology*, 19 : 155-164.

Fritsche, S. P., Rempel, M., Tallon, J. A., Adler, J. & Reyes, N. (2017). *Demystifying Risk Assessment: Key Principles and Controversies*. Center for Court Innovation.

Gaensbauer, T. J., Mrazek, D. & Harmon, R. J. (1980). Affective behavior patterns in abused and/or neglected infants. In N. Frude (Ed.), *The Understanding and Prevention of Child Abuse: Psychological Approaches* (pp.188-196). London: Concord.

Garbarino, J. & Sherman, D. (1980). High-risk neighborhoods and high-risk families: The human ecology of child maltreatment. *Child Development*, 51: 188-198.

Garcia, V. (2003). Difference' in the police department: Women, policing, and doing gender. *Journal of Contemporary Criminal Justice*, 19(3): 330-344.

Gardner, L. (1980). The endocrinology of abuse dwarfism: With a note on Charles Dickens as child advocate. In L .Gardner (Ed.), *Traumatic Abuse and Neglect of Children at Home* (pp. 375-380). Baltimore: The Johns Hopkins University Press.

Gells, R. J (1985). Family violence. *Annual Reviews Social*, 11, 347-367.

Gells, R. J (1997). *Intimate violence in families*. CA: Sage Pub.

Gerbi, L. (1994). Spousal violence: Understanding and intervention techniques. *Journal of Family Psychotherapy*, 5(4): 19-32.

Giacomazzi, A. L. & Smithey, M. (2001). Community policing and family violence against women: Lessons learned from a multiagency collaborative. *Police Quarterly*, 4(1), 99-

121.

Gil, E. & Johnson, T. C. (1993). *Sexualized Children: Assessment and Treatment of Sexualized Children and Children Who Molest*. Rockville, MD: Launch.

Glass, N., Perrin, N., Hanson, G. et al., (2008). Risk for Reassault in Abusive Female Same-Sex Relationships. *American Journal of Public Health*, 98(6): 1021-1027.

Gondolf, E. W. & Fisher, E. R. (1991). Wife battering. In R. T. Ammerman & M. Hersen (Eds.), *Case studies in family violence* (pp. 273-274). New York: Plenum.

Goodman, G. S. & Bottoms, B. L. (1993). *Child Victim, Child Witness*. New York: Guiford.

Goodman, L. A., Dutton, M. A. & Bennett, L. (2000). Predicting repeat abuse among arrested batterers: Use of the danger assessment scale in the criminal justice system. *Journal of Interpersonal Violence*, 12(1): 63-74.

Goodwin, J., Brown, S. L. & Skilling, T. A. (2022). Gender Differences in the Prevalence and Predictive Validity of Protective Factors in a Sample of Justice-Involved Youth. *Youth Violence and Juvenile Justice*, 20(3): 231-249.

Gordon, H., Kelty, S. F. & Julian, R. (2015). Psychometric Evaluation of the Level of Service Case Management Inventory Among Australian Offenders Completing Community-Based Sentences. *Criminal Justice and Behavior*, 42(11): 1089-1109.

Gordon, L. (1989). *Heroes of Their Own Lives: The Politics and History of Family Violence: Boston 1880-1960*. New York: Penguin.

Gottfredson, M. R. & Gottfredson, D. M. (1988). *Decision Making in Criminal Justice: Toward the Rational Exercise of Discretion* (2nd Ed.). New York, NY: Plenum.

Gourash, N. (1987). Help-seeking: A review of the literature. *American Journal of Community Psychology*, 6(5): 413-423.

Government of Canada. (2012). *A Handbook for Police and Crown Prosecutors on Criminal Harassment*. Retrieved from https://www.justice.gc.ca/eng/rp-pr/cj-jp/ fv-vf/har/ part1.html#history`/ [Accessed 26/January/2024].

Governments of Australia and South Australia. (2022). *Stalking*. https://lawhandbook. sa.gov.au/ch21s07s05s03.php

Gray, E. (1993). *Unequal Justice: The Prosecution of Child Sexual Abuse*. New York: Free Press.

Groth, A. N. (1979). Men who rape: The psychology of the offender. New York, NY: Plenum.

Grove, W. M. (2005). Clinical versus statistical prediction: The contribution of Paul E. Meehl. Journal of Clinical Psychology, 61: 1233-1237

Groves, R. M., Salfati, C. G. & Elliot, D. (2004). The influence of prior offender/victim relationship on offender stalking behavior. *Journal of Investigative Psychology and Offender Profiling*, 1: 153-167.

Gruber, J. E. (1992). A typology of personal and environmental sexual harassment: Research and policy implications for the 1990s. *Sex Roles*, 26(11): 447-464.

Guelke, J. & Sorel, T. (2016). Violations of privacy and law: The case of stalking. *Law, Ethics and Philosophy*. (4), 32-60.

Gustavsson, N. S. & Segal, E. A. (1994). *Critical Issues in Child Welfare*. CA: Sage Pub.

Gutek, B. A. & Morasch, B. (1982). Sex-rations, sex-role spillover, and sexual harassment of women at work. *The Journal of Social Issues*, 38 (4): 55-74.

Hanson, R. K. & Morton-Bourgon, K. E. (2005). The characteristics of persistent sexual offenders: A meta-analysis of recidivism studies. *Journal of Consulting and Clinical Psychology*, 73: 1154-1163.

Hanson, R. K. (2001). Sex offender risk assessment. In C. R. Hollin (Ed.), *Handbook of offender assessment and treatment* (pp. 85-96). NY: John Wiley & Sons.

Hanson, R. K. & Yates, P. M. (2013). Psychological treatment of sex offenders. *Current Psychiatry Reports*, 15: 1-8.

Hanson, R. K., Harris, A. J. R., Scott, T. & Helmus, L. (2007). *Assessing the Risk of Sexual Offenders on Community Supervision: The Dynamic Supervision Project* (User Report No. 2007-05). Ottawa, Canada: Public Safety Canada.

Harris, A. J. R. & Hanson, R. K. (2010). Clinical, actuarial and dynamic risk assessment of sexual offenders: Why do things change? *Journal of Sexual Aggression*, 16(3): 296-310.

Harris, D. A. (2010). Theories of female sexual offending. In T. R. Gannon & F. Cortoni (Eds.), *Female sexual offenders*. London: Wiley.

Harris, D. A., Mazerolle, P. & Knight, R. A. (2009). Understanding male sexual offending: A comparison of general and specialist theories. *Criminal Justice and Behavior*, 36: 1051-1069.

Hart, S. N. & Brassard, M. R. (1991). Psychological maltreatment: Progress achieved. *Development and Psychopathology*, 3: 61-70.

Haskett, M. (1990). Social problem-solving skills of young physically abused children. *Child Psychiatry and Human Development*, 21: 109-118.

Haskett, M. & Kistner, J. A. (1991). Social interactions and peer perceptions of young physically abused children. *Child Development*, 62: 979-990.

Hay, T. & Jones, L. (1994). Social interventions to prevent child abuse and neglect. *Child Welfare*, 73: 379-403.

Hayghe, H. V. (1998). Women's Labor Force Participation, *Family Economics and Nutrition Review*, 11(4): 55-56.

Helfer, R., McKinney, J. & Kempe, R. (1976). Arresting or freezing the developmental process. In R. Helfer & C. H. Kempe (Eds.), *The Family and the Community* (pp.55-73). MA: Ballinger.

Helmus, L. & Bourgon,G. (2011). Taking stock of 15 years of research on the Spousal Assault Risk Assessment Guide (SARA): A critical review. *International Journal of Forensic Mental Health*, 10: 64-75.

Herbert, T., Silver, R. & Ellard, J. (1991). Coping with an abusive relationships: How and why do women stay? *Journal of Marriage and the Family*, 53: 311-325.

Herman, S. & Markon, M. (2017). *Problem-Oriented Guides for Police Problem-Specific Guides Series.* Washington, D C: National Center for Victims of Crime.

Herrenkohl, T., Higgins, D., Merrick, M. & Leeb, R. (2015).Positioning a public health framework at the intersection of child maltreatment and intimate partner violence. Child Abuse & Neglect. Retrieved from doi.org/10.1016/ j.chiab.2015.04.013

Hilton, N. Z. & Ennis, L. (2020). Intimate partner violence risk assessment and management: An RNR approach to threat assessment. In S.J. Wormith, L.A. Craig, & T. E. Hogue (Eds.), *The Wiley Handbook of What Works in Violence Risk Management: Theory, Research, and Practice* (163–182). John Wiley & Sons Ltd.

Holt S., Buckley H., Whelan S. (2008).The impact of exposure to domestic violence on children and young people: a review of the literature. Child *Abuse Negl*, 32(8): 798-810

Holzworth-munroe, A. & Stuart, G. L. (1994). Typologies of male batterers: Three subtypes and differences among them. *Psychological Bulletin*, 116: 467-497.

Hotaling, G. T., Straus, M. A. & Lincoln, A. J. (1990). Intrafamily violence and crime and violence outside the family. In M. A. Straus & R. J. Gelles (Eds.), *Physical violence in American families: Risk factors and adaptations to violence in 8,145 families* (pp. 341-470). New Brunswick, NJ: Transaction Books.

Hotte, J. P. & Rafman, S. (1992). The specific effects of incent on prepubertal girls from dysfunctional families. *Child Abuse & Neglect*, 16: 273-283.

Howarth,E., Moore, T. H. M., Welton, N. J., Lewis, N., Stanley, N. et al. (2016). *Improving Outcomes for Children Exposed to Domestic Violence: An Evidence Synthesis*. Southampton (UK): NIHR Journals Library.

Hoyle, C. (2008). Will she be safe? A critical analysis of risk assessment in domestic violence cases. *Children and Youth Services Review*, 30(3): 323-337.

Huesmann, L. R. (2018). An integrative theoretical understanding of aggression: A brief exposition. *Current Opinion in Psychology*, 19: 119-124.

Huesmann, L. R., Moise-Titus, J., Podolski, C. P. & Eron, L. D. (2003). Longitudinal relations between childhood exposure to media violence and adult aggression and violence: 1977-1992. *Developmental Psychology*, 39: 201-221.

Jaaber, R. A. & Dasgupta, S. D. (2002). *Assessing_Social_Risks_of_Battered_Women*. Retrieved from http://citeseerx.ist.psu.edu/viewdoc/summary?doi=10.1.1.307.9960 [Accessed 28/January/2024].

Jacobsen, Joyce P. (1994). Sex segregation at work: Trends and predictions, *Social Science Journal*, 31(2): 153-168.

Jerath, K., Tompson, L. & Belur, J. (2022a). Risk Management in Stalking Victims: A Multi-Agency Approach to Victim Advocacy. *Journal of Interpersonal Violence*, 37: 8989-9015.

Jerath, K., Tompson, L. & Belur, J. (2022b). Treating and managing stalking offenders: findings from a multi-agency clinical intervention. *Psychology, Crime & Law*, DOI: 10.1080/1068316X.2022.2057981.

Jewkes, R., Sen, P. & Garcia-Moreno, C. (2002). Sexual violence. In E. G. Krug & L. L. Dahlberg (Eds), *World Report on Violence and Health* (pp 147-181). Geneva: World Health Organization.

Kalmuss, D. S. & Straus, M. A. (1990). Wife's marital dependency and wife abuse. In M. A. Straus & R. J. Gelles (Eds.), *Physical violence in American families* (pp. 375-386). NJ: Transaction Pub.

Katz, S. & Mazur, A. M. (1979). *Understanding the Rape Victim: A Synthesis of Research Findings*. New York: John Wiley & Sons.

Kazemian, L. (2015). *Straight Lives: The Balance between Human Dignity, Public Safety, and Desistance from Crime*. New York, NY: Research & Evaluation Center, John Jay College of Criminal Justice, City University of New York.

Kee, J. (2005). Cultivating Violence through Technology? Exploring the Connections between Information Communication Technologies (ICT) and Violence against Women (VAW). The Association for Progressive Communications. Retrieved from http://www.genderit.org/sites/default/upload/VAW_ICT_EN.pdf.

Kempe, C. H., Silverman, F. N., Steele, B. F., Droegemueller, W. & Silver, H. K. (1962).

The battered-child syndrome. *Journal of the American Medical Association*, 181: 17-24.

Kokko, K., Pulkkinen, L., Huesmann, L. R., Dubow, E. F. & Boxer, P. (2009). Intensity of aggression in childhood as a predictor of different Forms of adult aggression: A two-country (Finland and United States) analysis. *Journal of Adolescent Research*, 19(1): 9-34.

Kolko, D. J. (1992). Characteristics of child victims of physical violence. *Research Findings and Clinical Implications. Journal of Interpersonal Violence*, 7: 244-276.

Kolko, D. J., Moser, J. T. & Weldy, S. R. (1988). Behavioral/ emotional indicators of child sexual abuse among child psychiatric inpatients: A comparison with physical abuse. *Child Abuse & Neglect*, 12: 529-541.

Kolla, N. J. & Bortolato, M. (2020). The role of monoamine oxidase A in the neurobiology of aggressive, antisocial, and violent behavior: a tale of mice and men. *Progress in Neurobiology*, 194(4): 101875. DOI:10.1016/j.pneurobio.2020.101875.

Korkodeilou, J. (2016). Stalking victims, victims of sexual violence and criminal justice system responses: Is there a difference or just "business as usual"? *British Journal of Criminology*, 56(2): 256-273.

Kropp, P. R. & Hart, S. D. (2000). The Spousal Assault Risk Assessment (SARA) Guide: Reliability and validity in adult male offenders. *Law and Human Behavior*, 24(1): 101-118.

Kropp, P. R. (2004). Some questions regarding spousal assault risk assessment. *Violence Against Women*, 10(6): 676-697.

Kropp, P. R. (2008). Intimate partner violence risk assessment and management. *Violence and Victims*, 23(2): 202-220.

Kurlychek, M. C., Krohn, M. D., Dong, B., Hall, G. P. & Lizotte, A. J. (2012). Protection from risk: An exploration of when and how neighborhood-Level factors can reduce violent youth outcomes. *Youth Violence and Juvenile Justice*, 10(1): 83-106.

Kurz, D. (1992). Battering and the criminal justice system: A feminist view. In E. S. Buzawa & C. G. Buzawa (Eds.), *Domestic violence: The changing criminal justice response* (pp. 293-295). Connecticut: Auburn House.

Lab, S. P. (2010). *Crime Prevention: Approaches, Practices and Evaluations*. Cincinnati, OH: Anderson Pub.

LaFave, W. R. & Israel, J. H. (1985). *Criminal Procedure*. MN: West Group.

Lamb, M. F., Gaensbauer, T. J., Malkin, C. M. & Schultz, L. A. (1985). The effects of child maltreatment on security of infant-adult attachment. *Infant Behavior and Development*, 8: 34-45.

LeBeau, J. L. (1987). Patterns of stranger and serial rape offending: Factors distinguishing apprehended and at large offenders. *The Journal of Criminal Law and criminology*, 78(2): 309-327.

Lees, S. (1996). *Carnal knowledge: Rape on trial*. London: Hamish Hamilton.

Leign, J. W. (1998). *Communicating for Cultural Competence*. Boston: Allyn and Bacon.

Leippe, M. R., Brigham, J. C., Cousins, C. & Romanczyk, A. (1989). The opinion and practices of criminal attorneys regarding child eyewitnesses: A survey. In S. J. Ceci, M. P. Toglia & D. F. Ross (Eds.), *Perspectives on the Child Witness* (pp.117-136). New York: Springer-Verlag.

Leitenberg, H., Greenwald, E. & Cado, S. (1992). A retrospective study of long-term methods of coping with having been sexually abused during childhood. *Journal of Interpersonal Violence*, 4: 452-468.

Leiter, J. & Johnsen, M. C. (1994). Child maltreatment and school performance. *American Journal of Education*, 102: 154-189.

Lempert, L. (1996). Women's strategies for survival: Developing agency in abusive relationships. *Journal of Family Violence*, 11: 269-289.

Leskinen, E. A., Rabelo, V. C. & Cortina, L. M. (2015). Gender stereotyping and harassment: a "catch-22" for women in the workplace. *Psychology, Public Policy, and Law*, 21: 192-204.

Lew, M. (1988). *Victims No Longer*. New York: Harper & Row.

Li, D., Chu, C. M., Xu, X. Zeng, G. & Ruby, K. (2019). Risk and Protective Factors for Probation Success Among Youth Offenders in Singapore. *Youth Violence and Juvenile Justice*, 17(2): 194-213.

Lindsey, D. (1994). Mandated reporting and child abuse fatalities: Requirements for a system to protect children. *Social Work Research*, 18: 41-54.

Logan, J. M. & Ericlucas, J. (2020). Evolving Practices for a More Comprehensive Response to Domestic Violence. Washington State Legislature.

Loheswar, R. (2022). *Anti-stalking Bill passed unanimously in Parliament*. Retrieved from https://www.malaymail.com/news/malaysia/2022/10/03/anti-stalking-bill- passed-unanimously-in-parliament/31407`/ [Accessed 26/January/2024].

Lünnemann, K. & Wolthuis, A. (2015). *Restorative Justice in Cases of Domestic Violence*. Retrieved from http://www.verwey-jonker.nl/publicaties/2015/restorativejustice-incases-of-domestic-violence-/ [Accessed 26/January/2024].

Lutz, M., Zani, D., Fritz, M., Dudeck, M. & Franke, I. (2022). A review and comparative analysis of the risk-needs-responsivity, good lives, and recovery models in forensic psychiatric treatment. *Frontiers in Psychiatry*, 13. Retrieved from https://doi.org/10.3389/fpsyt.2022.988905./ [Accessed 24/April/2023].

Lyons, J. S. & Fernando, A. D. (2017). *California Child and Adolescent Needs and Strengths*. California, Praed Foundation.

Lyons, J. S. (2009). *Communimetrics: A Communication Theory of Measurement in Human Service Settings*. New York: Springer.

Macas, T. (2014). *Many Stalkers Need Treatment—Psychiatrist*. Retrieved from https://www.gmanetwork.com/news/topstories/nation/386122/many-stalkers-need-treatment-psychiatrist/story/ [Accessed 3/June/2023].

MacKenzie, R. D., Psych, D. & James, D. V. (2011). Management and treatment of stalkers: Problems, options, and solutions. *Behavioral Sciences and the Law*, 29: 220-239.

Macleod, L. (1989). *Wife battering and the web of hope: Progress, dilemmas and visions of prevention*. Discussion paper prepared for Working Together: 1989 National Forum on Family Violence, held at Ottawa.

MacMillan, I. G. & Gartner, R. (1999). When she brings home the bacon: Labor-force participation and the risk of spousal violence against women. *Journal of Marriage & the Family*, 61: 947-958.

Magnusson, D. & Bergman, L. A. (1990). Pattern approach to the study of pathways from childhood to adulthood. In L. N. Robins & M. Rutter (Eds). *Straight and Devious Pathways from Childhood to Adulthood* (pp. 101-115). New York: Cambridge University Press.

Maguire, M. & Shaplan, J. (1997). Provisions for victims in an international context. In R. C. Davis, A. J. Lurigio & W. G. Skogan (Eds.) *Victims of Crime* (2nd Ed.). London: Sage Pub.

Mallion, J. S. (2021). Good Lives model: Importance of interagency collaboration in preventing violent recidivism. *Societies*, 11(3): 96. Retrieved from https://doi.org/10.3390/soc11030096/ [Accessed 30/April/2023].

Malsch, M. (2007). Stalking: Do criminalization and punishment help. *Punishment & Society*, 9(2): 201-209.

Mannarino A. P., Cohen, J. A. & Berman, S. R. (1994). The children's attributions and perceptions scale: A new measure of sexual abuse-related factors. *Journal of Clinical*

Child Psychology, 23: 204-211.

Marshall, W. L., Marshall, L. E., Serran, G. & Fernandez, Y. M. (2006). *Treating Sexual Offenders: An Integrated Approach*. New York, NY: Routledge.

Martin, H. P. & Beezley, P. (1976). Personality of abused children. In H. P. Martin (Ed.), *The Child Abuse* (pp. 105-111). MA: Ballinger.

Martin, J. A. & Elmer, E. (1992). Battered children grown up: A follow-up study of individuals severely maltreated as children. *Child Abuse & Neglect*, 16: 75-87.

Mcewan, T. E., Mullen, P. E. & Mackenzie, R. (2007). Anti-stalking legislation in practice: Are we meeting community needs? *Psychiatry, Psychology and Law*, 14(2): 207-217

McFarlane, J. M., Campbell, J. C., Wilt, S., Sachs, C. J., Ulrich, Y. & Xu, X. (1999). Stalking and intimate partner femicide. *Homicide Studies*, 3: 300-316.

McGrath, R. J., Cumming, G. F., Burchard, B. L., Zeoli, S. & Ellerby, L. (2010). *Current Practices and Emerging Trends in Sexual Abuser Management: The Safer Society 2009 North American Survey. Brandon*. VT: Safer Society Press.

Meltzoff, A. N. (2005). Imitation and other minds: The "Like Me" hypothesis. In S. Hurley & N. Chater (Eds.), *Perspectives on Imitation: From Mirror Neurons to Memes* (pp. 55-78). Cambridge, MA: MIT Press.

Mertus, J., Flowers, N. & Dutt, M. (1999). *Local Action Global Change Learning About the Human Rights of Women and Girls*. Unifem and The Center for Women's Global Leadership.

Messing, J. T., Campbell, J. C. & Snider, C. (2017).Validation and adaptation of the danger assessment-5: A brief intimate partner violence risk assessment. *Journal of Advanced Nursing*, 73(12): 3220-3230.

Miller, N. (2002). *Stalking Laws and Implementation Practices: A National Review for Policymakers and Practitioners*. Alexandria, Virginia: National Institute of Justice to the Institute for Law and Justice.

Milner, J. S. (1993). Social information processing and physical child abuse. *Clinical Psychology Review*, 13: 275-294.

Mimi, H. S. & M. P. Ayala (1983). Early sexual exploitation as an influence in prostitution. *National Association of Social Work*, 15: 285-288.

Minister of Justice and Attorney General of Canada. (2003). *Stalking is a Crime Call Criminal Harassment*. Ottawa, Ontario, Department of Justice Canada.

Mitchell, T. (2016). *More than a Third of Stalking Victims Targeted Online*. Retrieved from https://www.getsafeonline.org/personal/news-item/more-than-a-third-of-stalkingvictims-targeted-online [Accessed 27/May/2024].

Moffat, K. H. & Maurutto, P. (2004). *Youth Risk/Need Assessment: An Overview of Issues and Practices*. Research and Statistics Division Department of Justice Canada.

Molter, S. (2020). *Violence against Women. On the implementation of the Istanbul Convention in Denmark*. Country-specific version of the Working Paper No. 21 of the Observatory for Sociopolitical Developments in Europe.

Morgan, J. & Zedner, L. (1992). *Child Victims: Crime, Impact, and Criminal Justice*. New York: Oxford University Press.

Murhula, P. B. B. & Singh, S. B (2019). A critical analysis on offenders Rehabilitation approach in South Africa: A review of the literature. *African Journal of Criminology and Justice Studies*, 12(1): 21-43.

Myers, J. E. B. (1994). Child abuse: The response of legal system. In M. Costanzo & S. Oskamp (Eds.), *Violence and Law* (pp. 63-88). CA: Sage Pub.

National Center for Victims of Crime. (2007). *The Model Stalking Code Revisited: Responding to the New Realities of Stalking*. Washington, DC: National Center for Victims of Crime.

National Center for Victims of Crime. (2008). *Responding to Stalking: A Guide for Prosecutors*. Washington, DC: Stalking Resource Center, National Center for Victims of Crime.

National Center for Victims of Crime. (2012). *Stalking*. Washington, DC: U.S. Dept. of Justice, Office of Community Oriented Policing Services.

National Research Council. (2014). *The Experience of Imprisonment. In: The Growth of Incarceration in the United States: Exploring Causes and Consequences* (pp. 157-201). Washington, DC: The National Academies Press.

Netto, N. R., Carter, J. M. & Bonell, C. (2014). A Systematic review of interventions that adopt the "Good Lives" approach to offender rehabilitation. *Journal of Offender Rehabilitation*, 53(6): 403-432.

New Zealand Government. (2021). *Legal Help When being Harassed*. Retrieved from https://www.govt.nz/browse/law-crime-and-justice/abuse-harassment-domestic-violence/legal-help-when-being-harassed/ [Accessed 17/January/2023].

Newman, G. (1989). *Understanding Violence*. J.B. Lippincott Company.

Nicholls, T. L., Desmarais, S. L., Douglas, K. S. & Kropp, P. (2006). Violence risk assessments with perpetrators of intimate partner abuse. In J. Hamel & T. Nicholls (Eds.), *Family Interventions in domestic violence: A handbook of gender-inclusive theory and treatment* (pp. 275-301). New York: Springer Publishing Company.

Nijdam-Jones, A., Rosenfeld, B., Gerbrandij, J., Quick, E. & Galietta, M. (2018). Psychopathology of stalking offenders: Examining the clinical, demographic, and stalking characteristics of a community-based sample. *Criminal Justice and Behaviour,* 45(5): 712-731.

Northcott, M. (2013). *Intimate Partner Violence Risk Assessment Tools: A Review*. Department of Justice Canada or the Government of Canada.

O'Donohue, W., Downs, K. & Yeater, E. A. (1998). Sexual harassment: A review of the literature. *Aggression and Violent Behavior*, 3(2): 111-128.

O'Hagan, K. (1993). *Emotional and phychological abuse of children*. Toronto: University of Toronto Press, Inc.

Oates, R. K. (1996). *The Spectrum of Child Abuse: Assessment, Treatment, and Prevention*. New York: Brunner/ Mazel.

O'Carroll, V., McSwiggan, L. & Campbell, M. (2016). Health and social care professionals' attitudes to interprofessional working and interprofessional education: A literature review. *Journal of Interprofessional Care*, 30(1): 42-49.

Office for National Statistics. (2019). *Stalking: Findings from the Crime Survey for England and Wales*. Retrieved from https://www.ons.gov.uk/peoplepopulationandcommunity/crimeandjustice/ [Accessed 26/February/2023].

Office on Violence Against Women. (2022). *Improving Law Enforcement Response to Sexual Assault and Domestic Violence by Identifying and Preventing Gender Bias*. Washington DC: U.S. Department of Justice.

Ogle, P. S., Maier-Katkin, D. & Bernard, T. J. (1998). Homicide by women. In S. Henry & W. Einstadter (Eds.), *The criminology theory reader* (pp. 400-413). New York: New York University Press.

Orloff, L. E., Jang, D. & Klein, C. F. (1995). With no place to return: Improving advocacy for battered women. *Family Law Quarterly*, 29(2): 307-321.

Owens, J. G. (2016). Why Definitions Matter: Stalking Victimization in the United States. *Journal of Interpersonal Violence*, 31(12): 2196-2226.

Pagelow, M. D. (1984). *Family violence*. New York: Greenwood Press.

Pailing, A., Boon, J. & Egan, V. (2014). Personality, the dark triad and violence. *Personality and Individual Differences*, 67: 81-86.

Palriwala, R. & Uberoi, P. (2005). Marriage and migration in Asia: gender issues. *Indian Journal of Gender Studies*, 12(2&3): v-xxix.

Parkhill, A. J., Nixon, T. & McEwan, T. E. (2022). A critical analysis of stalking theory and implications for research and practice. *Behavioral Sciences & the Law*, 40(5): 562-583.

Path, Ã. M, Mullen PE & Purcell R. (2001). Management of victims of stalking. *Advances in Psychiatric Treatment*, 7: 399-406.

Pavlou, S. & Scott, M. (2019). *A Guide to Risk Assessment and Risk Management of Intimate Partner Violence against Women for Police*. European Institute for Gender Equality, European Unio.

Peckover, S. & Golding, B. (2015). Domestic abuse and safeguarding children: Critical issues for multi-agency work. *Child Abuse Review*. 26(1): 40-50.

Pelton, L. H. (1985). *The Social Context of Child Abuse and Neglect*. New York: Human Science Press.

Pence, D. & Wilson, C. (1994). *Team Investigation of Child Sexual Abuse: The Uneasy Alliance*. CA: Sage Pub.

Pence, E. & Shepard, M. (1999). An introduction: Developing a coordinated community response. In M. Shepard & E. Pence (Eds.), *Coordinating community responses to domestic violence* (pp. 13-25). CA: Sage Pub.

Pence, E. & Paymar, M. (1993). *Education groups for men who batter.* New York: Springer.

Pennsylvania v. Ritchie, 480 U.S. 39 (1987).

Perez, C. & Widom, C. (1994). Childhood victimization and long-term intellectual and academic outcomes. *Child Abuse & Neglect*, 18: 617-633.

Peters, J. M., Dinsmore, J. & Toth, P. (1989). Why prosecute child abuse? *South Dakota Law Review*, 34: 649-659.

Pfouts, J. (1978). Violence families: Copping responses of abused wives. *Child Welfare*, 57: 101-111.

Polansky, N., Chalmers, M. A., Buttenwieser, E. & Williams, D. P. (1991). *Damaged Parents: An Anatomy of Child Neglect*. Chicago: University of Chicago Press.

Posick, C. (2014). Victimization and reporting to the police: The role of negative emotionality. *Psychology of Violence*, 4: 210-223.

Presser, L. & Lowenkamp, C. T. (1999). Restorative justice and offender screening. *Journal of Criminal Justice*, 27(4): 335-347.

Purcell R, Pathé M, Mullen P: Editorial. (2004). When Do Repeated Intrusions Become Stalking? *J Forensic Psychiatry Psychol*, 15: 571-583.

Quinn-Evans, L., Keatley, D. A., Arntfield, M. & Sheridan, L. (2021). A behavior sequence analysis of victims' accounts of stalking behaviors. *Journal of Interpersonal Violence,*

36: 6979-6997.

Ramsey County Community Human Services Department. (2010). Ramsey County Supervisory Guide: Comprehensive Family Assessment. Minnesota: U.S. Department of Health and Human Services.

Reyns, B. W. & Randa, R. (2017). Victim Reporting Behaviors Following Identity Theft Victimization: Results From the National Crime Victimization Survey. *Crime & Delinquency*, 63(7): 814-838.

Rice, R. (1985). The well-being of families and children: A context for child welfare. In J. Laird & A. Hartman (Eds.), *A Handbook of Child Welfare* (pp. 61-76). New York: Free Press.

Rosenbaum, A. & Maiuro, R. (1990). Perpetrators of spouse abuse. In R. T. Ammerman & M. Hersen (Eds.), *Treatment of family* (pp. 280-309). New York: Wiley.

Rosenfeld, B., Galietta, M., Foellmi, M., Coupland, S., Turner, Z., Stern, S., Wijetunga, C., Gerbrandij, J. & Ivanoff, A. (2019). Dialectical behaviour therapy (DBT) for the treatment of stalking offenders: A randomized controlled study. *Law and Human Behavior*, 43(4): 319-328.

Roy, R. (1998). *Childhood Abuse and Chronic Pain: A Curious Relationship?* Toronto: University of Toronto Press.

Russell, D. E. (1983). The Incidence and Prevalence of Intra-familial and Extra-familial Sexual Abuse of Female Children. *Child Abuse and Neglect*, 7: 133-146.

Samson, C. (2022). *Malaysia Set to Criminalize all forms of Stalking.* Retrieved from https://nextshark.com/malaysia-criminalize-stalking`/ [Accessed 26/January/2023].

Sandler, J. C. & Freeman, N. J. (2007). Typology of female sex offenders: A test of Vandiver and Kercher. *Sexual Abuse: A Journal of Research and Treatment*, 19: 73-89.

Sarrel, P. M. & Masters, W. H. (1982). Sexual molestation of men by women. *Archives of Sexual Behavior*, 11: 117-131.

Satinsky, S., Harris, L., Farhang, L. & Alexander, G. (2016). *Excessive Revocations in Wisconsin: The Health Impacts of Locking People up without a New Conviction.* Wisconsin. Oakland, CA: Human Impact Partners.

Saunders, B. E., Kilpatrick, D. G., Resnick, H. S., Hanson, R. A. & Lipovsky, J. A. (1992). Epidemiological characteristics of child sexual abuse: Results from Wave II of The National Women's Study. Paper presented at the San Diego Conference on Responding to Child Maltreatment, San Diego.

Saunders, D. G. (1992). A typology of men who batter: Three types derived from cluster analysis. *American Journal of Orthopsychiatry*, 62(2): 264-275.

Scerbo, A. S. & Kolko, D. J. (1995). Child physical abuse and aggression: Preliminary findings on the role of internalizing problems. *Journal of the American Academy of Child and Adolescent*, 34: 1060-1066.

Schene, P. (1997). Child abuse and neglect policy: History, models, and future directions. In J. Briere, L. Berliner, J. A. Bulkley, C. Jenny & T. Reid (Eds.), *The APSAC Handbook on Child Maltreatment* (pp. 385-397). CA: Sage Pub.

Schlesinger, L. B. (2006). Celebrity stalking, homicide, and suicide: A psychological autopsy, *International Journal of Offender Therapy and Comparative Criminology*, 50(1): 39-46.

Schmidta, S., van der Meera, E., Tydecksc, S. & Bliesener, T. (2018). How Culture and Migration Affect Risk Assessment. *The European Journal of Psychology Applied to Legal Context*, 10(2): 65-78.

Scott, M. (2000). *Problem-oriented policing: Reflections on the first 20 years*. Washington, DC: Office of Community Oriented Policing Services, U.S. Department of Justice.

Scully, D. (1990). *Understanding sexual violence: A study of convicted rapists*. Cambridge: Unwin Hyman.

Seguin, J. R., Zoccolillo, M., Zelazo, P., Boivin, M., Perusse, D. et al. (2004). Physical aggression during early childhood: Trajectories and predictors. *Pediatrics*, 114(1): e43-e50.

Senior, P., Wong, K., Culshaw, A., et al. (2011). *Process Evaluation of Five Integrated Offender Management Pioneer Areas*, London: Ministry of Justice.

Sets, J. E. & Straus, M. A. (1990). The marriage license: A comparison of assaults in dating, cohabitating, and married couples. In M. A. Straus & R. J. Gelles (Eds.), *Physical violence in American families* (pp. 227-244). NJ: Transaction Pub.

Shalansky, C., Ericksen, J. & Henderson, A. D. (1999). Abused women and child custody: The ongoing exposure to abusive ex-partners. *Journal of Advanced Nursing*, 29: 416-426.

Shalini, S. (2018). *Anti-Stalking Laws in India*. Retrieved from https://www.myadvo.in/blog/the-unavailing-laws-on-stalking-in-india/ [Accessed 26/January/2023].

Sher, K. J. (1985). Subjective effects of alcohol: The influence of setting and individual differences in alcohol expectancies. *Journal of Studies on Alcohol*, 46: 137-146.

Sims, B., Yost, B. & Abbott, C. (2006). The Efficacy of Victim Services Programs; Alleviating the Psychological Suffering of Crime Victims. *Criminal Justice Policy Review*,

17(4): 387-406.

Singapore Legal Advice. (2019). *Here's What You Can Do If Someone is Stalking You*. Retrieved from https://singaporelegaladvice.com/law-articles/someone-stalking-me/ [Accessed 3/June/2023].

Singh, J. P., Grann, M. & Fazel, S. (2011). A comparative study of violence risk assessment tools: A systematic review and metaregression analysis of 68 studies involving 25, 980 participants. *Clinical Psychology Review*, 31: 499-513.

Skeem, J. L. & Monahan, J. (2011). Current directions in violence risk assessment. *Current Directions in Psychological Science*, 20(1): 38-42.

Skogan, W. G. (1988). Community organizations and crime. In M. Tonry & N. Morris (Eds.), *Crime and justice: A review of research, Vol.10* (pp. 47-71). I.L.: The University of Chicago Press.

Smith, B. E. & Hillenbrand, S. W. (1997). Making victim whole again-restitution, VORP, and compensation. In R. C. Davis, A. J. Lurigio & W. G. Skogan (Eds.), *Victims of Crime* (2nd Ed.). London: Sage Pub.

Smith, T. (2022). *Malaysia Becomes Latest Asian-Pacific Nation to Pass Anti-Stalking Law*. Retrieved from https://nowthisnews.com/news/malaysia-passes-anti-stalking-bill-in-first-for-the-country/ [Accessed 26/January/2024].

Snider, C., Webster, D., O'Sullivan, C. S. & Campbell, J. (2009). Intimate Partner Violence: Development of a Brief Risk Assessment for the Emergency Department. Academic Emergency Medicine, 16: 1208-1216.

Soderstrom, M. F. P., Childs, K. K. & Frick, P. J. (2020). The Role of Protective Factors in the Predictive Accuracy of the Structured Assessment of Violence Risk in Youth (SAVRY). *Youth Violence and Juvenile Justice*, 18(1): 78-95.

Sorensen, T. & Snow, B. (1991). How children tell: The process of disclosure in child sexual abuse. *Child Welfare League of American*, 70: 3-15.

Spence-Diehl E. (2004). Intensive case management for victims of stalking: A pilot test evaluation. *Brief Treatment and Crisis Intervention*, 24: 323-341.

Sponsler-Garcia, C. (2015). *Accounting for Risk and Danger Practice Checklists Coordinating Risk Assessment in Domestic Violence Cases*. Minneapolis, MN: Battered Women's Justice Project.

Springs F. E. & Friedrich, W. N. (1992). Health risk behaviors and medical sequelae of childhood sexual abuse. *Mayo Clinic Proceedings*, 67: 527-532.

Steinmetz, S. K. (1984). Family violence towards elders. In S. Saunders, A. Anderson, C.

Hart & G. Rubenstein (Eds.), *Violence individuals and families: A handbook for practitioners* (pp. 129-141). Springfield, Ill: Thomas.

Straus, D. (1993). Facilitated collaborative problem solving and process management. In L. Hall (Ed.), *Negotiation strategies for mutual gain* (pp. 28-42). CA: Sage Pub.

Straus, M. (1980). A sociological perspective on the causes of family violence. In M. R. Green (Ed.), *Violence and The Family* (pp. 1-16). Boulder, CO: Westview.

Straus, M. A. & Gelles, R. J. (Eds.) (1990). *Physical violence in American families*. New Brunswick, NJ: Transaction.

Struman, P. (2000). *Drug assisted sexual assault*. London: Home Office, Police Research Award Scheme.

Stubbs, J. (1997). Shame, defiance, and violence against women: A critical analysis of 'communitraian' conferencing. In S. Cook & J. Bessant (Eds.), *Women's Encounters with Violence: Australian Experiences* (pp. 109-126). CA: Sage Pub.

Tangri, S. S., Burt, M. R. & Johnson, L. B. (1982). Sexual harassment at work: Three explanatory models. The Journal of Social Issues, 38 (4): 33-54.

Tarling, R. & Morris, K. (2010). Reporting crime to the police. *British Journal of Criminology*, 50: 474-490.

Taylor-Dunn, H., Bowen, E. & Gilchrist, E. (2021). Reporting harassment and stalking to the police: A qualitative study of victims' experiences. *Journal of Interpersonal Violence*, 36(11-12): 5965-5992.

The World Bank. (2011). *World Development Report 2012: Gender equality and development*. Washington D.C.

Thomas, E. & Scott, A. J. (2021). Current understandings of sex-based harassment and stalking perpetration. In J. M. Brown & M. A. H. Horvath (Eds.), *Cambridge Handbook of Forensic Psychology* (2nd Ed.) (pp. 167-194). Cambridge: Cambridge University Press.

Thompson, C. (2017).*Using Risk and Need Assessments to Enhance Outcomes and educe Disparities in the Criminal Justice System*. Washington, DC, National Institute of Corrections.

Thornberry, T. P. & Krohn, M. D. (2005). Applying interactional theory to the explanation of continuity and change in antisocial behavior. In D. P. Farrington (Ed.), *Integrated developmental & life-course theories of offending* (pp. 183-209). New Brunswick, NJ: Transaction Publishers.

Till, F. J. (1980). *Sexual harassment: A report on the sexual harassment of students*. Washington, DC: National Advisory Council on Women's Educational Programs.

Tilley, N. (2002). Introduction: Analysis for crime prevention. In N. Tilley (Ed.), *Analysis for crime prevention* (pp. 1-12). Monsey, NY: Criminal Justice Press.

Tjaden, F. J. & Thoennes, N. (1992). Predictors of legal intervention in child maltreatment cases. *Child Abuse & Neglect*, 16: 809-821.

Tjaden, P. G. (2009). Stalking Policies and Research in the United States: A Twenty Year Retrospective. *European Journal of Criminal Policy Research*, 15: 261-278.

Tolliver, R., Valle, L., Dopke, C., Serra, L. & Milner, J. (1998). Child physical abuse. In N. Jackson & G. C. Oates (Eds.), *Violence in Intimate Relationships: Examining Sociological and Psychological Issues* (pp. 1-23). MA: Butterworth-Heinemann.

Trute, B., Adkins, E. & MacDonald, G. (1992). Professional attitudes regarding the sexual abuse of children: Comparing police, child welfare and community mental health. *Child Abuse & Neglect*, 3: 359-369.

U. S. Children's Bureau. (2013). *Preventing Child Abuse and Neglect*. Retrieved from https://www.childwelfare.gov/ [Accessed 31/January/2024].

U.S. Department of Justice. (2020). *An Overview of Offender Reentry*. Washington, DC: National Institute of Justice.

UN Women. (2016). *The Economic Costs of Violence Against Women*. New York: UN Women.

UN Women. (2017). *Facts and Figures: Ending Violence Against Women*. New York: UN Women.

UN Women. (2022). FAQs: Types of Violence Against Women and Girls. Retrieved from https://www.unwomen.org/en/what-we-do/ending-violence-against-women/faqs/types-of-violence [Accessed 31/January/2024].

UN Women. (2023). *Take Action: 10 Ways You can Help End Violence Against Women*. Retrieved from https://www.unwomen.org/en/news/stories/2020/11/compilation- take-action-to-help-end-violence-against-women [Accessed 30/January/2024].

United Nations. (1993). *Declaration on the Elimination of Violence against Women*, GA Resolution 48/104. New York: UN.

United Nations (2006). 2004 World Survey on the Role of Women in Development - Women and International Migration. Retrieved from http://www.un.org/womenwatch/daw/Review/documents/press-releases/WorldSurvey-Women&Migration.pdf [Accessed 15/January/2010].

United Nations. (2017).General recommendation No. 35 on gender-based violence against women, updating general recommendation No. 19.CEDAW/C/GC/35.

United Nations. (2023). *The Preventable Pandemic: Sexual and Gender-Based Violence*. Retrieved from https://www.un.org/en/academic-impact/preventable-pandemic-sexual-and-gender-based-violence [Accessed 20/January/2024].

United Nations Human Rights Council. (UNHRC, 2018). *Report of the Special Rapporteur on Violence against Women*. (A/HRC/38/47) New York: United Nations.

UNODC & UN Women. (2023). *Gender-Related Killings of Women and Girls (Femicide/ Feminicide): Global Estimates of Female Intimate Partner/Family-Related Homicides in 2022*. United Nations Office on Drugs and Crime.

UNODC. (2010). *Handbook on Effective Police Response to Violence Against Women*. New York: United Nations.

van der Aa, S. (2018). New trends in the criminalization of stalking in the EU member states. *European Journal on Criminal Policy and Research*, 24: 315-333.

van der Aa, S. & Römkens, R. (2013). The state of the art in stalking legislation: Reflections on European developments. *European Criminal Law Review*, 3(2): 232-256.

Van Ness, D. W. (1996). Restorative justice and international human rights. In B. Galaway & J. Hudson (Eds.). *Restorative Justice: International Perspectives* (pp. 17-36). New York: Criminal Justice Press.

Van Ness, D. & Strong, K. H. (1997). *Restorative Justice. Cincinnati*. OH: Anderson Pub.

Van Voorhis, P. (1985). Restitution outcome and probationers' assessments of restitution. *Criminal Justice and Behavior*, 12: 259-287.

Vandiver, D. M. & Kercher, G. (2004). Offender and victim characteristics of registered female sex offenders in Texas: A proposed typology of female sexual offenders. *Sexual Abuse: A Journal of Research and Treatment*, 16: 121-137.

Victorian State Government. (2020). Family Violence Multi Agency Risk Assessment and Management Framework: Practice Guides. Australia, Family Safety Victoria.

Vijayendran, G. & Chua, L. (2014). An Act to End All Acts of Harassment? Retrieved from https://v1.lawgazette.com.sg/2014-06/1061.htm/ [Accessed 17/January/ 2022].

Villacampa, C. & Pujols, A. (2019). Effects of and coping strategies for stalking victimisation in Spain: Consequences for its criminalization. *International Journal of Law, Crime and Justice*, 56: 27-38.

Villar, H. M. (2010). *An Act Defining the Crime of Stalking and Providing the Penalties Therefor*. Retrieved from https://legacy.senate.gov.ph/lisdata/101328605!.pdf/ [Accessed 10/June/2022].

Viray, P. L. (2014). *Bill Seeks to Declare 'Stalking' as Criminal Offense*. Retrieved from https://www.philstar.com/headlines/2014/11/03/1387624/bill-seeks-declare-stalking-criminal-offense/ [Accessed 3/June/2024].

Vissing, Y. M., Straus, M. A., Gelles, R. J. & Harrop, J. W. (1991). Verbal aggression by parents and psychosocial problems of children. *Child Abuse & Neglect*, 15: 223-238.

Wald, M. (1976). State intervention on behalf of "neglected" children: Standards for removal of children from their homes, monitoring the status of children in foster care, and termination of parental rights. *Stanford Law Review*, 28: 623-707.

Walker, L. (1979). *Myth and reality: The battered women*. NY: Harper & Row Pub.

Walker, L. (1994). *Abused women and survivor therapy: A practical guide for the psychotherapist*. Washington, DC: American Psychological Association.

Wallace, H. (2002). *Family violence: Legal, medical, and social perspectives* (3rd Ed.). MA: Allyn & Bacon.

Ward, T. & Stewart, C. (2003). The Relationship between Human Needs and Criminogenic Needs. *Psychology, Crime & Law*, 9(3): 219-224

Ward, T. (2002). Good lives and the rehabilitation of offenders: Promises and problems. *Aggression and Violent Behavior*, 7(5): 513-528.

Weis, J. G. (1989). Family violence research methodology and design. In L. Ohlin & M. Tonry (Eds.), *Family violence. crime and justice: A review of research* (pp. 117-162). Chicago: University of Chicago Press.

Wekerle, C. & Wolfe, D. A. (1993). Prevention of child physical abuse and neglect: Promising new directions. *Clinical Psychology Review*, 13: 501-540.

Weston, J. A., Cooloton, M., Halsey, S., Covington, S., Gilbert, J. Sorrentino-Kelley, L., & Renoud, S. S. (1993). A legacy of violence in nonorganic failure to thrive. *Child Abuse & Neglect*. 17: 709-714.

Whitcomb, D. (1992). Legal reforms on behalf of child witnesses: Recent developments in the American courts. In H. Dent & R. Flin (Eds.), *Children as Witnesses* (pp. 151-166). New York: John Wiley & Sons Ltd.

White House. (2022). *Executive Order on Advancing Effective, Accountable Policing and Criminal Justice Practices to Enhance Public Trust and Public Safety*. Retrieved from https://www.whitehouse.gov/briefing-room/presidential-actions/2022/05/25/executive-order-on-advancing-effective-accountable-policing-and-criminal-justice-practices-to-enhance-public-trust-and-public-safety/ [Accessed 20/January/2024].

WHO & UN Women. (2020). RESPECT: Women: *Services Ensured*. UN Women.

WHO. (2012). *Understanding and addressing violence against women: Intimate partner violence*. Retrieved from http://apps.who.int/iris/bitstream/handle/10665/77432/who_rhr_12.36_eng.pdf?sequence=1 [Accessed 30/January/2024].

WHO. (2021). Violence against Women. Retrieved from https://www.who.int/news-room/fact-sheets/detail/violence-against-women [Accessed 30/January/2024].

WHO. (2020). *Youth Violence*. Retrieved from https://www.who.int/news-room/fact-sheets/detail/youth-violence [Accessed 30/January/2024].

Wiehe, V. R. (1998). *Understanding family violence: Treating and preventing partner, child, sibling, and elder abuse*. CA: Sage Pub.

William, C. L. (1993). *Doing Women's Work: Men in Traditional Occupations*, Newbury Park, CA: Sage Pub.

Williams, K. R. (2012). Family violence risk assessment: A predictive cross-validation study of the Domestic Violence Screening Instrument-Revised (DVSI-R). *Law and Human Behavior*, 36(2): 120-129.

Williams, Linda S. (1984). The classic rape: When do victims report? *Social Problems*, 31(4): 113-127.

Willis, G. M., Ward, T. & Levenson, J. S. (2014). The good lives model (GLM): an evaluation of GLM operationalization in North American treatment programs. *Sex Abuse*, 26(1): 58-81.

Wolfe, D. A., Reppucci, N. D. & Hart, S. (1995). Child abuse prevention: Knowledge and priorities. *Journal of Clinical Child Psychology*, 24: 5-22.

Women In Transition. (2021). *Keeping Safe: A Workbook for Developing Safety Plans*. Philadelphia, PA: Women In Transition.

World Health Organization, Department of Reproductive Health and Research, London School of Hygiene and Tropical Medicine and South African Medical Research Council. (2013). *Global and Regional Estimates of Violence Against Women: Prevalence and Health Effects of Intimate Partner Violence and Non-partner Sexual Violence*. New York: WHO.

Wright, M. (1996). Can Mediation be an alternative to criminal justice? In B. Galaway & J. Hudson (Eds.), *Restorative Justice: International Perspectives*. (pp. 227-240). New York: Criminal Justice Press.

Wyk, J. V., Benson, M., L. Fox, G. L. & DeMaris, A. (2003). Detangling individual-, partner-, and community-level correlates of partner violence. *Crime & Delinquency*, 40(3): 412-438.

Yates, P. M., Prescott, D. S. & Ward, T. (2010). Applying the Good Lives and Self-regula-tion Models to Sex Offender Treatment: A Practical Guide for Clinicians. Brandon, VT: Safer Society Press. Retrieved from http://www.safersociety.org/safer-society-press/ [Accessed 26/January/2024].

Yeo, J. & Jen, W. Q. (2014). *Implications of Singapore's new Protection from Harassment Bill 2014.* Retrieved from https://www.lexology.com/library/detail.aspx?g=43cd1393-9968-447a-97bd-3c51e649fecb/ [Accessed 3/June/2023].

Yu, M. & Williams, L. (2006). Migration and Women in Intercultural Marriage in Taiwan, Paper presented to East Asian Women's Symposium: Family Policy and Improvements in Quality of Life of Local Women, Busan, 20 October 2006, Korea.

Yunus, A. (2022). *Anti-stalking Bill Passed in Dewan Rakyat Voice Vote.* Retrieved from https://www.nst.com.my/news/nation/2022/10/836844/anti-stalking-bill-passed-de-wan-rakyat-voice-vote`/ [Accessed 26/January/2024].

Zehr, H. (1990). *Changing Lenses: A New Focus for Crime and Justice.* Scottsdale, PA: Herald Press.

Zehr, H. (1995). *A New Focus for Crime and Justice: Changing Lenses.* Scottsdale, PA: Herald Press.

三、日文部分

ネクスパート法律事務所（2021）。ストーカーへの措置とは？警告・禁止命令・逮捕の概要と傾向。から検索https://nexpert-law.com/keiji/stalker/（日付を参照14 Nov. 2022）。

三戦法務事務所（2022）。DV対策（保護命令）・ストーカー対策（警告・禁止命令）サポート。から検索https://www.sanchin-houmu.com/antidv&stalker.html/ /（日付を参照04 Nov. 2022）。

太田達也（2014）。ストーカー行為に対する刑事法的規制の在り方，刑法雑誌，55（3）：493-504。

弁護士法人VERYBES（2021）。Tストーカー警告を受けても取り下げ・撤回は可能？前科前歴になるのか？から検索https://sakai.vbest.jp/columns/criminal/g_sex/5766/（日付を参照05 Nov. 2022）。

弁護士法人泉総合法律事務所（2021）。警察からストーカー警告された場合の正しい対応。から検索https://izumi-keiji.jp/column/seihanzai/stalker-keikoku/（日付を参照10 Nov. 2022）。

国会衆議院（2021）。日本第二百四回国会衆議院内閣委員会会議録，23号。

岡田久美子（2000）。ストーカー行為等規制法。法学セミナー，550号，頁61-63。

岸和田オフィスの事務所（2021）。ストーカー規制法に違反する行為とは？罰則やつきまとい等の具体例。から検索https://kishiwada.vbest.jp/columns/criminal/g_sex/939/から検索https://nexpert-law.com/keiji/stalker/（日付を参照10 Nov. 2022）。

萩原達也（2021）。ストーカーが諦めるときとは？ストーカー行為を諦めさせる方法。から検索https://best-legal.jp/stalker-give-up-15197/（日付を参照04 Nov. 2022）。

四、韓文部分

Namu Wiki（2022）。스토킹，https://namu.wiki/w/%EC%8A%A4%ED%86%A0%ED%82%B9，搜尋日期：2023/1/3。

The Hankyoreh（2022）。[사설] 한계 드러낸 '스토킹 처벌법' 1년, 더 촘촘히 보완해야，https://www.hani.co.kr/arti/opinion/editorial/1063658.html，搜尋日期：2023/1/3。

법무부（2022）。스토킹범죄의 처벌 등에 관한 법률 일부개정법률（안） 입법예고，https://www.moleg.go.kr/lawinfo/makingInfo.mo?lawSeq=70436&lawCd=2000000293487&&lawType=TYPE5&mid=a10104010000，搜尋日期：2023/1/27。

신은숙（2021）。스토킹 범죄의 처벌 등에 관한 법률 시행，http://www.m-economymynews.com/news/article.html?no=32149，搜尋日期：2023/1/3。

이현정（2021）。「스토킹범죄의 처벌 등에 관한 법률」의 문제점과 개선방안。한국경찰연구，20（4）：265-284。

國家圖書館出版品預行編目資料

性別暴力防治政策／黃翠紋著. －－二
版. －－臺北市：五南圖書出版股份有限公
司, 2024.09
　面；　公分
ISBN 978-626-393-715-4 (平裝)

1.CST: 兒童保護　2.CST: 女性福利　3.CST:
暴力犯罪　4.CST: 犯罪防制

548.13　　　　　　　　113012663

1V05

性別暴力防治政策

作　　者 ― 黃翠紋（300.9）

企劃主編 ― 劉靜芬

責任編輯 ― 林佳瑩

封面設計 ― 封怡彤

出 版 者 ― 五南圖書出版股份有限公司

發 行 人 ― 楊榮川

總 經 理 ― 楊士清

總 編 輯 ― 楊秀麗

地　　址：106臺北市大安區和平東路二段339號4樓

電　　話：(02)2705-5066

網　　址：https://www.wunan.com.tw

電子郵件：wunan@wunan.com.tw

劃撥帳號：01068953

戶　　名：五南圖書出版股份有限公司

法律顧問　林勝安律師

出版日期　2013年9月初版一刷
　　　　　2024年9月二版一刷

定　　價　新臺幣620元

經典永恆・名著常在

五十週年的獻禮——經典名著文庫

五南，五十年了，半個世紀，人生旅程的一大半，走過來了。
思索著，邁向百年的未來歷程，能為知識界、文化學術界作些什麼？
在速食文化的生態下，有什麼值得讓人雋永品味的？

歷代經典・當今名著，經過時間的洗禮，千錘百鍊，流傳至今，光芒耀人；
不僅使我們能領悟前人的智慧，同時也增深加廣我們思考的深度與視野。
我們決心投入巨資，有計畫的系統梳選，成立「經典名著文庫」，
希望收入古今中外思想性的、充滿睿智與獨見的經典、名著。
這是一項理想性的、永續性的巨大出版工程。
不在意讀者的眾寡，只考慮它的學術價值，力求完整展現先哲思想的軌跡；
為知識界開啟一片智慧之窗，營造一座百花綻放的世界文明公園，
任君遨遊、取菁吸蜜、嘉惠學子！